研究&方法

# R軟體 統計應用分析實務

吳明隆 著

五南圖書出版公司 印行

# 序

　　量化研究的數據要想將資料變為有用的資訊，必須藉用統計應用軟體加以分析，市面統計分析應用軟體各有其特色與功能，但這些統計軟體多數是要購買付費，隨著巨量數據的發展與研究者個別的需求，可以下載開放原始碼與免費的「R 軟體」成為量化統計分析的主流軟體之一。

　　R 軟體有完整的線上文件說明、示範案例，更有豐富的函數與附加套件 (package)，R 軟體安裝簡易，軟體安裝字型可以選取適合研究者專屬的語言類型。R 軟體有強大的統計分析功能、可以進行各種函數運算、有多元的繪圖功能，同時具備計算與繪圖環境的語言，有立即互動模式視窗、也有可以編寫一系列語法指令的 R 編輯器視窗。R 軟體結合繪圖、數理統計、計算等特性，研究者除可直接使用內定函數進行統計分析與繪製圖形外，也可以自行撰寫語法指令列進行快速的分析程序。

　　R 統計軟體是一個操作簡便、功能強大的軟體、可以進行單變量與多變量、母數與無母數分析的統計應用分析。本書從使用者觀察出發，從實務的角度論述，介紹問卷統計分析中常被研究者使用的統計方法，包括 R 軟體視窗界面的說明、R 軟體資料類型、R 軟體中資料檔的匯入與轉換、統計圖的繪製、次數分配與統計檢定、描述性統計、單一群體之母數檢定、雙群體之母數檢定、單因子變異數分析、卡方檢定、相關與迴歸分析、因素分析與項目分析、共變數分析、二因子變異數分析、因素分析典型相關分析、邏輯斯迴歸與淨相關分析等。

　　書中章節內容循序漸進，解說完整，包含量化研究程序中常見的統計方法，適合 R 軟體初學者、也適用於想使用 R 軟體進行量化數據進行統計分析的讀者。由於 R 軟體附加套件中的函數功能非常多，書中無法完全一一介紹，有興趣的讀者可以參閱線上文件的說明，為取得更多套件資訊與範例文件，配合 help( ) 函數與 RSiteSearch( ) 函數，可快速獲取所需的資訊。

　　本書得以順利出版，要感謝五南圖書公司的鼎力支持與協助，尤其是張毓芬副總編輯與侯家嵐編輯的行政支援與幫忙。作者於本書的撰寫期間雖然十分投入用心，但恐有能力不及或論述未周詳之處，這些疏漏或錯誤的內容，盼請讀者、各方先進或專家學者不吝斧正。

吳明隆 謹識

2015 年 7 月

# 目錄

# Contents

# Contents

# R 軟體視窗界面

- ■R 軟體視窗功能表

- ■資料編輯器

- ■R 軟體的物件名稱與套件

- ■命令稿視窗 –R 編輯器

- ■R 圖形 (R Graphics) 視窗

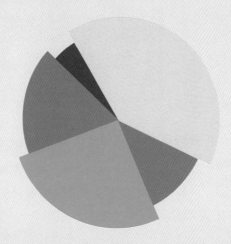

　　R 軟體是一個免費自由軟體，軟體下載的網址為「http://www.r-project.org/」，R 軟體首頁如下（擷取日期 2015 年 0301），按左邊「CRAN」（鏡射）連結至要下載的地方，目前 Taiwan 有二個「CRAN」（鏡射）位置。

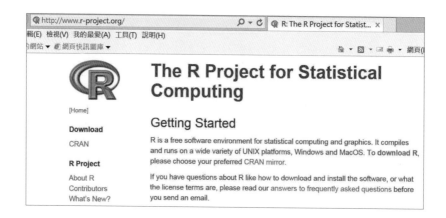

　　R 軟體開啟後的視窗界面如下：

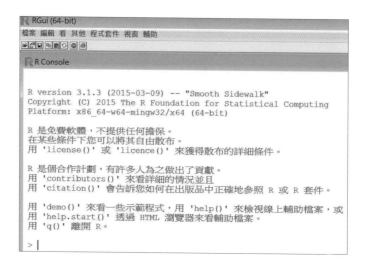

　　R 軟體是一種圖形使用者介面 (R Graphics User Interface;[RGui])，RGui 主視窗中包括 R 主控台 / R 控制台（R Console）視窗、命令稿（Script）的「R 編輯器」（R Editor）視窗、資料檔編修的「R 資料編輯器」視窗、呈現繪製圖形的 R 圖形視窗。

 R 軟體視窗功能表

　　RGui 的視窗界面功能表包含檔案（File）、編輯（Edit）、看（View）、其他（Misc）、程式套件（Package）、視窗（Windows）、輔助（Help）。「R Console」（R 軟體主控台）視窗的提示符號為「>」，符號後面可輸入程式、語法或函數，主控台視窗呈現的是一種立即互動的模式，若語法有誤或函數錯誤會立即出現警告或錯誤訊息。

```
> varx<sqrt(36)  ## 指派 <- 或 =，範例少一個「-」號
錯誤：找不到物件 'varx'
> varx<-SQRT(36)  ## 平方根函數為小寫字母
錯誤：沒有這個函數 "SQRT"
```

　　R 主控台立即互動模式 > 下可以進行數學運算、邏輯判斷、函數語法執行等：

```
> print(sqrt(10+26)^2/10)
[1] 3.6
> print(100>=50)
[1] TRUE
```

　　「程式套件」功能表可以選取要安裝的套件、套件軟體存放的鏡射位置、更新程式套件等,若要查詢 R 軟體已安裝那些套件,可以使用「**library( )**」函數查詢,功能表包含「載入程式套件」、「設定 CRAN 鏡像」、「選擇存放處」、「安裝程式套件」、「更新程式套件」、「用本機的 zip 檔案來安裝程式套件」等選項。

使用函數 **library( )** 查詢已安裝的 R 軟體套件範例界面:

```
> library( )
```

　　滑鼠指向「R 編輯器」對話視窗中，「檔案」功能表包括「建立新的命令稿」、「開啟命令稿」、「儲存命令稿」、「命令稿另存新檔」、「列印」、「關閉命令稿」等選項。命令稿是 R 軟體批次指令視窗，可以同時撰寫許多程式、函數語法，其功能相當於主控台每個函數或程式的組合。命令稿的對話視窗標題為「R 編輯器」，存檔的副檔名為「.R」，未存檔的命名稿視窗界面為「未命名－R 編輯器」。

　　滑鼠指標點向 R 主控台視窗界面時（作用中的視窗為主控台），「編輯」功能表選單包括「複製」、「貼上」、「只能用貼上命令」、「複製和貼上」、「全部選取」、「清空主控台」、「資料編輯器」、「GUI 偏好設定」等次選項。「清空主控台」次選單可以將主控台互動交談模式與輸出結果全部清楚，呈現空白的視窗（原有的物件或變數並沒有被刪除掉）。

滑鼠停留在 R 主控台視窗中（作用中的視窗為主控台），「檔案」功能表主選單包括「輸入 R 程式碼」、「建立新的命令稿」、「開啟命令稿」（副檔名為 .R 的檔案）、「顯示檔案」、「載入工作空間」、「儲存工作空間」（儲存主控台的資訊，檔案類型為「R images(*.Rdata)」、「變更現行目錄」（設定資料檔存取的磁碟機與資料夾的位置）、「載入命令歷程」、「儲存命令歷程」（儲存之前交談模式過程的記錄資訊）、「列印」、「儲存到檔案」、「離開」等次選項。

執行功能表列「程式套件」/「設定 CRAN 鏡像」程序，或「更新程式套件」或「安裝程式套件」程序時，R 軟體會要求操作者設定 CRAN 鏡射的位置，範例「CRAN mirror」鏡射位置選取「Taiwan(Taipei)」選項，之後按「確定」鈕（「CRAN mirror」鏡射位置指的從那個伺服器或主機進行套件軟體的下載或安裝）。

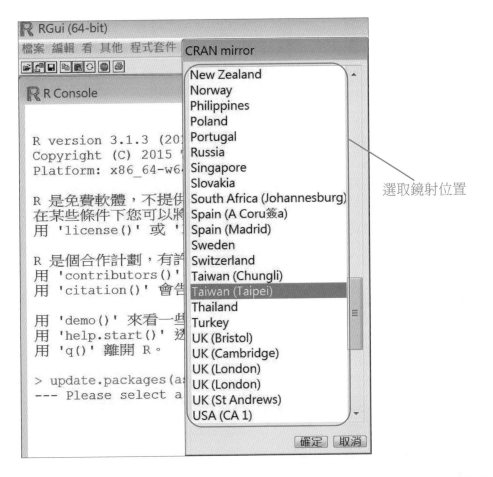

執行功能表列「程式套件」/「安裝程式套件」選項時,研究者可以自行選定要安裝的套件,範例視窗之「packages」對話視窗中,選取要安裝的套件為「car」,選完套件再按「確定」鈕(安裝程式套件時,可以一次選取多個套件)。

安裝套件後，欲使用某個套件，必須於程式中先使用「**library( )**」函數或 **require( )** 函數來載入套件，**library( )** 函數的語法為「library（套件名稱）」（**require ( )** 函數的語法為「require（套件名稱）」）：

```
> age<-c(10:20)
> print(age)
 [1] 10 11 12 13 14 15 16 17 18 19 20
## 呈現 age 向量物件中所有數值
> recode(age,"10:14='第 1 組';15:20='第 2 組'")
錯誤：沒有這個函數 "recode"
## 以 recode 函數將數值分成二組，數值 10 至 14 為第 1 組、數值 15 至
20 為第 2 組，錯誤訊息為無法使用 recode 函數。
```

語法中的錯誤是因為函數 **recode( )** 並非安裝時的基本套件函數，而是另外安裝的套件 car 中的一個函數，要使用此函數必須先安裝 car 套件，第一次使用時，必須將套件載入主控台中。

載入套件名稱 car，使用 **recode( )** 函數：

```
> library(car)
> recode(age,"10:14='第 1 組';15:20='第 2 組'")
 [1] "第 1 組" "第 1 組" "第 1 組" "第 1 組" "第 1 組" "第 2 組" "第 2
組" "第 2 組" "第 2 組"
[10] "第 2 組" "第 2 組"
```

若沒有另外安裝相關套件，則載入套件時，會出現錯誤訊息，如描述性統計量函數：

```
> library(fBasics)
錯誤在 library(fBasics) : there is no package called 'fBasics'
```

錯誤訊息告知研究者 R 軟體中沒有 fBasics 套件，因而無法載入。

範例為執行功能列「程式套件」/「安裝程式套件」程序，選取 CRAN 鏡射的位置，於「Packages」視窗中選取「fBasics」套件名稱，按「確定」鈕。

安裝完「fBasics」套件名稱後的視窗畫面如下：

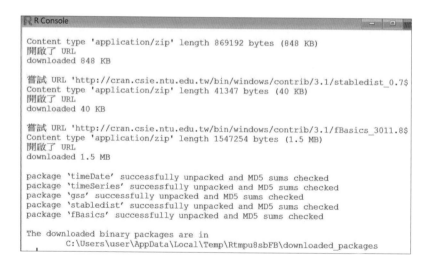

主控台中重新載入套件 fBasics：

```
> library(fBasics)
Loading required package: timeDate
Loading required package: timeSeries
Rmetrics Package fBasics
```

載入套件的函數也可使用 **require( )**：

```
> require(fBasics)
Loading required package: fBasics
Loading required package: timeDate
Loading required package: timeSeries
Rmetrics Package fBasics
```

　　下載安裝套件程序在 R 主控台立即互動模式下的函數語法為 install. packages（" 套件名稱 "），研究者只要選擇安裝鏡射位置即可：

```
> install.packages("fBasics")
```

　　R 軟體之文字互動模式可以逐一輸入各指令或語法，將所有指令或語法可以寫在編輯器對話視窗（命令稿視窗）。「看」（檢視）功能表選單包括是否呈現工具列或狀態列，內定八個工具列分別為「開啟命令稿」、「載入工作區」、「儲存工作區」、「複製」、「貼上」、「複製與貼上」、「停止目前的計算」、「列印」等。

　　執行功能表列「編輯」/「GUI 偏好設定」程序，可以開啟「Rgui 配置編輯器」對話視窗，視窗內容可以設主控台顯示的文字字形、文字大小（size）、文字型態（style）等。

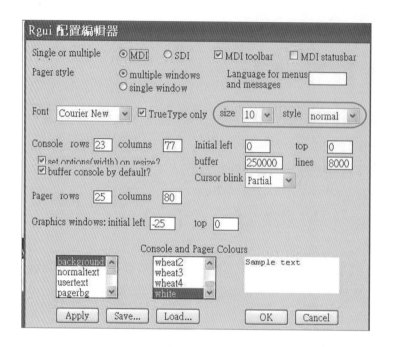

　　「其他」（檢視）功能表選單包含「停止目前的計算」、「停止所有計算」、「緩衝區輸出」、「自動完成字詞」、「檔名補完」、「列出目的物件（包含之前界定的函數、變數等）」、「刪除所有目的物件」、「列出搜尋路徑 (P)」等次選項。

執行功能表列「其他」/「刪除所有目的物件」程序，可以將界定於主控台中的物件或變數全部刪除，對應的函數為「**rm(list=ls(all=TRUE))**」：

```
> rm(list=ls(all=TRUE))
```

執行功能表列「其他」/「列出目的物件」程序，可以將界定於主控台中的物件或變數全部列出，對應的函數為 **ls( )**：

```
> ls()
character(0)
```

　　「輔助」功能表選單包括「主控台的操作說明」、「關於 Windows 上 R 的 FAQ(W)」、「手冊（PDF 檔案）」、「R 函式（文字檔案）」（為 **help( )** 函數的應用）、「Html 輔助」、「搜尋輔助」、「search.r-project.org」、「關於」（為 **apropos( )** 函數的應用）、連結至 R 首頁、連結至 CRAN 首頁等。

　　執行功能表列「輔助」/「R 函式（文字檔案）」程序，會開啟「Question」對話視窗，「求助於」下的方框鍵入要查詢的函數，如「seq」，會開啟標的函數的用法與範例，其功能相當於互動模式視窗中鍵入「**help("seq")**」運算式。

執行功能表列「輔助」/「關於」程序,會開啟「Question」對話視窗,「關於」下的方框鍵入要查詢的字串,如「seq」,表示 R 軟體中有那些函數包含「seq」這個字串,其功能相當於互動模式視窗中鍵入「**apropos("seq")**」運算式。

```
> apropos("seq")
[1] "seq"        "seq.Date"    "seq.default" "seq.int"    "seq.POSIXt"
[6] "seq_along"  "seq_len"     "sequence"
```

想要查看 R 軟體各式圖形繪製的範例,可以使用「**demo(graphics)**」函數,之後出現「Type <Return> to start」,按「Enter」鍵,即可看到繪圖視窗中的範例圖形:

```
>demo(graphics)
    demo(graphics)
    ---- ~~~~~~~~
Type <Return> to start :
> # Copyright (C) 1997-2009 The R Core Team
>
> require(datasets)
> require(grDevices); require(graphics)
<略>
```

主控台中使用「**demo(graphics)**」函數繪製的示範圖形如下：

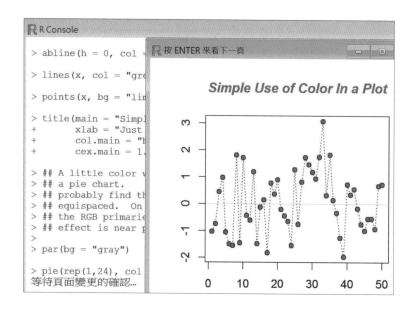

　　將 R 主控台的資訊儲存，執行功能表「檔案」/「儲存工作空間」程序，或是執行「**save.image( )**」函數，範例中的主控台資訊儲存在 D 磁碟機之 R 資料夾之下，檔案為「Ri01」，檔案類型為「*.Rdata」。

```
> save.image("D:\\R\\Ri01")
```

　　利用 **write.table( )** 函數將資料框架 a 儲存在 D 磁碟機之 R 資料夾中，文書檔的檔名為「test.txt」，資料間以定位點隔開。

```
> write.table(a,"d:/R/test.txt", row.names=F, sep='\t',append=F)
```

　　記事本視窗之「test.txt」檔案的內容，第一橫列 "a1"、"a2"、"a3"、"a4"、"sex" 為變數名稱。

| test - 記事本 | | | | |
|---|---|---|---|---|
| 檔案(F) 編輯(E) 格式(O) 檢視(V) 說明(H) | | | | |
| "a1" | "a2" | "a3" | "a4" | "sex" |
| 1 | 2 | 4 | 6 | 1 |
| 3 | 3 | 9 | 3 | 2 |
| 5 | 4 | 11 | 2 | 2 |
| 7 | 5 | 15 | 1 | 2 |
| 8 | 6 | 5 | 4 | 1 |

　　R 軟體運作時，資料檔的存取或讀取會預設一個工作目錄 (work directory)，此預設工作目錄一般是在文件資料夾中，資料儲存或匯入時，若沒有指定標的資料夾，會以預設工作目錄為資料夾，查詢目前 R 軟體資料的存取位置時，可使用「**getwd( )**」函數：

```
> getwd()
[1] "C:/Users/user/Documents"
## 資料存取預設的工作目錄為 C 磁碟機的「Users/user/Documents」資料夾
```

　　若要更改作用中資料存取的位置，可使用「**setwd( )**」函數，其語法為「setwd（" 磁碟機 : / 資料夾 / 資料夾 "）：

```
> setwd("E:/R_DEMO")
# 設定資料存取的工作目錄為 E 磁碟機之「R_DEMO」資料夾
> getwd()
[1] "E:/R_DEMO"
```

　　以 **setwd( )** 函數設定存取之工作目錄必須先於檔案總管中增列，若是資料夾工作目錄不存在，則會出現錯誤訊息。

> > setwd("D:/R_DEMO")
> Error in setwd("D:/R_DEMO") : cannot change working directory
> #D 磁碟機中沒有「R_DEMO」資料夾之工作目錄名稱，因而無法進行工作目錄的變更

　　**setwd( )** 函數的功能在於設定存取的工作目錄，也可以執行功能表列「檔案」/ 變更現行目錄程序，開啟「瀏覽資料夾」對話視窗，於視窗內直接選取資料檔存取的磁碟機與資料夾，再按「確定」鈕。

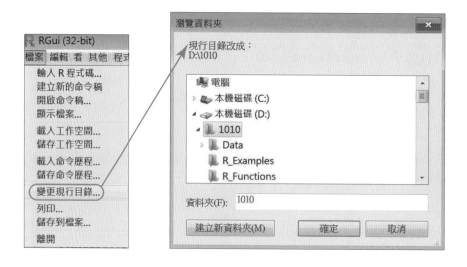

　　上述瀏覽資料夾對話視窗選取 D 磁碟機中的「1010」資料夾，表示目前的工作目錄為「"D:/1010"」，開啟資料檔時，若資料檔儲存在 D 磁碟機「1010」資料夾內，不用再界定存取的目錄。「檔案」/「變更現行目錄」程序可以快速選定資料檔儲存的位置，不用再另外以函數界定，建議研究者多加使用此功能表列功能。

　　R 軟體的特色在於函數的使用，若是對某個函數的用法不清楚，想要查詢函數的語法，可使用 help（查詢函數），進行完整函數指令用法的查詢，或是「??

查詢套件」。如研究者想要搜尋 **write.table** 函數的用法：

```
> help(write.table)
starting httpd help server ... done
```

　　函數語法的查詢包含三個內容，一為 Usage 完整語法的界定、二為函數中引數的說明、三為 Examples（範例）舉例。

一、Usage（完整語法與內定參數設定）

```
write.table(x, file = "", append = FALSE, quote = TRUE, sep = " ",
            eol = "\n", na = "NA", dec = ".", row.names = TRUE,
            col.names = TRUE,fileEncoding = "")」
```
write.csv(...)、write.csv2(...)

二、語法後面會有 Arguments 表格（引數或參數說明，函數中的副指令）

　　引數 x 為要儲存的資料檔物件，可以是矩陣或資料框架。引數 file 為要儲存的新檔案位置與新檔名，若之前已界定工作目錄，則直接輸入檔名，完整表示式：如 "d:/tempdata/test.txt"，或 "d:/tempdata/test.csv"。引數 append 內定選項為「FALSE」，表示新儲存的資料檔會覆蓋原先已存的外部檔案資料（新資料完全取代舊資料），選項為「TRUE」，表示新儲存的資料檔會接續於原資料檔的後面。引數 quote 內定選項為真，表示文字行或類別行的變數（以文字水準標記之因子變數）資料匯出後會增列雙引號；引數 sep 用以設定資料間的分隔符號，如 sep=" " 表示以空白隔開、sep="," 表示以逗號「,」隔開、sep="\t" 表示文書檔以定位點隔開。引數 eol 為每個橫列結束的文字符號，預設符號為 "\n"（此符號為 Unix 作業系統符號），Windows 視窗的符號為「eol = "\r\n"」。引數 na 為原資料檔中若有遺漏值（內定遺漏值資料以 NA 表示），輸出後新資料檔內遺漏值的呈現符號，內定為「NA」，若改為 na = "."，格式型態類似 SPSS 統計軟體遺漏值的表示方式。引數 dec 為設定小數點的表示方式，此引數內定選項最好不要更改。引數 row.names 為增列橫列的名稱，橫列名稱為文字向量。col.names 為新資料檔中增列直行的名稱，直行名稱為文字向量，若原有資料檔中已有變數名稱，引數 row.names、col.names 的選項改為「F」，直接使用原資料檔物件的變數名稱較為方便。若要直接存成試算表的 CSV 檔案，**write.table** 函數直接改為 **write.csv** 或 **write.csv2** 函數。引數 fileEncoding 為檔案字型編碼格式，一般不會使用此引數。

三、Examples（範例），如：

write.table(x, file = "test.csv", sep = ",", col.names = NA,
　　　　　　 qmethod = "double")

write.csv(x, file = "test.csv")

在 R 主控台視窗中若要查詢遠端線上有關 R 軟體的文件，使用 RSiteSearch（" 關鍵字詞 "）函數語法，如查詢線上 R 軟體典型相關的文件：

```
> RSiteSearch("cancor")
A search query has been submitted to http://search.r-project.org
The results page should open in your browser shortly
```

查詢線上 R 軟體線性迴歸分析的文件或介紹：

```
> RSiteSearch("linear regression")
A search query has been submitted to http://search.r-project.org
The results page should open in your browser shortly
```

##  資料編輯器

主控台視窗要編輯一個空白的資料框架 (data.frame) 物件，使用 **edit( )** 函數，R 軟體之資料框架性質相當於一個二維陣列，橫列資料為樣本觀察值、直行為變數資料，資料框架物件的性質在統計軟體稱為資料檔。

```
> temp.data<-edit(data.frame())
```

執行上述函數，可以開啟「資料編輯器」對話視窗，視窗中的最上面橫列為內定變數名稱，流水號為樣本觀察值的資料。

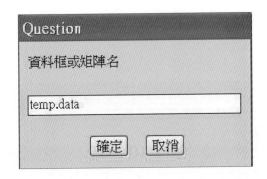

執行功能表列「編輯」/「資料編輯器」程序，於「資料框或矩陣名」下方輸入已建立的資料框架物件名稱，也可以開啟「資料編輯器」對話視窗。

在內定變數名稱var1儲存格中點選一下，可以開啟變數編輯器次對話視窗，視窗中可以界定變數名稱與變數類型，內定的變數類型為文字（character），另一個變數類型為數值（numeric）。

範例第一個直欄變數名稱設定為 sex，變數屬性為文字。

範例第二個直欄變數名稱設定為 year，變數類型為數值。

第三個變數至第五個變數的變數名稱依序為 IT1、IT2、IT3，樣本觀察值共有五筆資料。退出資料編輯器可以直接按視窗右上角的視窗關閉符號「×」號，或執行功能表列「檔案」/「關閉」程序。

主控台的互動模式下，使用「print.data.frmae（物件框架名稱）」函數輸出資料檔 temp.data 的內容。由於性別變數的類型為文字，水準數值可以鍵入文字標記，範例為 F、M 或女生、男生。

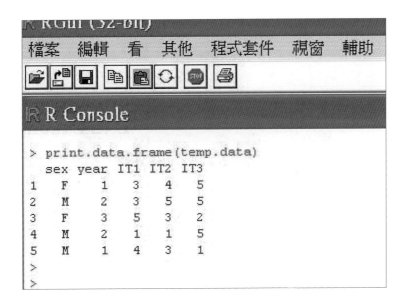

繼續編輯資料框架物件，執行功能表列「編輯」/「資料編輯器」程序，於「資料框或矩陣名」下方輸入要修改增列的資料框架物件名稱，如 temp.data，或於主控台互動模式下使用 edit（資料框架物件名稱）函數語法，均可以開啟「資料編輯器」視窗進行資料的編修或變數的增列。

> edit(temp.data)

如果之前沒有界定資料框架物件，使用 edit（資料框架物件名稱）函數語法，開啟資料框架物件時會出現錯誤訊息。

> edit(new_data)
錯誤在 edit(new_data)：找不到物件 'new_data'

執行功能表列「編輯」/「資料編輯器」程序，在資料框或矩陣名的下方框鍵入新資料框架名稱，範例為 new_data ，由於主控台視窗中未界定 new_data 物件名稱，按下「確定」鈕後，會出現錯誤訊息。

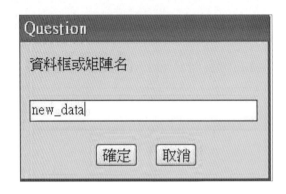

「Information」(訊息) 次視窗中出現「找不到 'new_data'」的錯誤訊息。

使用 R 軟體「資料編輯器」建立的資料框架物件要進行儲存，否則 R 軟體視窗關閉後，資料檔會消失，回存成外部檔案以試算表 CSV 類型或文書檔 (*.txt) 較為方便。有關 R 軟體「資料編輯器」資料檔的建立、編修與存檔後面章節有更詳細介紹。

 **參** R 軟體的物件名稱與套件

R 軟體的變數名稱或物件名稱，必須以英文為起始字母，大小寫是有差異的，分派或指定的符號可使用「＝」或「<-」（本書中的物件指派或設定符號中，二個符號交互使用），二者的功能是相同的。內定的遺漏值或缺失值（missing value）以文字串「NA」表示（為空白未填答的資料、NA 文字為大寫，小寫 na 為一般文字），一個運算式中若要分成多列，於互動模式下增列「＋」號（半形）串連，多個運算式合併在同一列時，以分號「；」（半形）加以區隔，要呈現之前鍵入的運算式列按方向鍵的向上鍵 ，按一下方向鍵會呈現之前最後的運算式，再按一次向上鍵 ，會呈現倒數第二次的運算式，依次類推。

R 軟體向量界定的起始字母為小寫 c，若鍵入為大寫 C 或全形字都無法識別，一個字母不同，大小寫不同，對應的函數或程式就不一樣。

```
> X1=C(2,4,5)
Error in C(2, 4, 5) : object not interpretable as a factor
# 指定 X1 向量的數值為 2、4、5，「C」要鍵入小寫
> X1=c(2,4,5)
 # 於運算式的前後增列括號，可以直接輸出運算式的結果
> (X1=c(2,4,5))
[1] 2 4 5
```

將 A2(A 為大寫) 向量內容界定為「班級、性別、國文分數、數學分數」，R 軟體中的 A2 物件（或變數）與 a2 物件（或變數）是不一樣的：

```
>A2<-c(" 班級 "," 性別 "," 國文分數 "," 數學分數 ")
>a2   ##a2 與 A2 是二個不同變數或物件名稱
錯誤 : 找不到物件 'a2'
>A2
[1] " 班級 " " 性別 " " 國文分數 "   " 數學分數 "
```

　　R 軟體函數的英文大小寫的屬性是完全不同的，多數函數的關鍵字詞是小寫，部分會夾雜大寫，此部分研究者在操作 R 軟體時要格外注意。如模擬 N 個平均數為 0、標準差為 1（內定數值，平均數與標準差均可更改）的隨機亂數 **rnorm( )** 函數，若研究者將函數其中一個字母鍵入為大寫，均會出現錯誤：

```
> round(rnorm(10,0,1),2) ## 出現十個 N(0,1) 的隨機亂數
 [1] -0.53 0.19 -1.77 0.53 -0.92 0.51 -1.37 1.79 0.71 -0.33
> round(rNorm(10,0,1),2)
錯誤：沒有這個函數 "rNorm"
> round(rNORM(10,0,1),2)
錯誤：沒有這個函數 "rNORM"
```

　　錯誤訊息顯示沒有相關字的對應函數，函數的一個英文字母錯誤或大小寫不同，R 軟體便會視為不同的指令或物件。

　　在變數名稱或物件命名方法，最好不要使用函數名稱或統計量數，否則研究者可能會造成混淆，雖然命令也可以執行，但有錯誤時較難發現，如計量變數的平均數函數為 **mean( )**，以 mean 作為向量物件名稱就較為不適切：

```
> mean<-c(1,2,5,10,4)
> print(mean)
[1]  1  2  5 10  4
> print(mean(mean))
[1] 4.4
```

　　print(mean(mean)) 語法中，第一個 **mean( )** 為基本套件之描述性統計量平均數函數，第二個 mean 為數值向量物件名稱。此種變數或物件命名很容易混淆，為區別會使用到內定函數名稱，變數或物件命名可以加底線 (_) 或點 (.)，如 press.model、press_model 等。

　　將多列運算式寫成一列運算式，運算式或函數間要以分號「;」區隔，如：

```
> X=-25; Y=36;abs(X);sqrt(Y);(Z=X+Y)
[1] 25
[1] 6
[1] 11
#abs( ) 為絕對值函數、sqrt( ) 為平方根函數
```

　　主控台中建立的物件或變數會保留在開啟的視窗界面中，若要刪除之前所有的物件，可以使用「**rm(list=ls())**」函數，只要刪除特定物件，函數語法為「rm（物件名稱）」：

```
> rm(list=ls())
```

　　查看主控台中有那些物件函數為 **objects( )**。
主控台中有三個物件 sex、year、back。

```
> sex=c("F","M","M","F","F","F","M")
> year=c(1,1,2,2,3,3,1,1,1,1,1)
> back=c(sex,year)
> print(back)
 [1] "F" "M" "M" "F" "F" "F" "M" "1" "1" "2" "2" "3" "3" "1" "1" "1" "1" "1"
```

　　使用 **objects( )** 函數查看主控台中有那些物件：

```
> objects()
[1] "back" "sex"  "year"
```

　　使用 **rm( )** 函數刪除 sex 物件，語法為「rm(sex )」，刪除 back、sex 二個物件，語法為「rm(back,sex )」。
　　使用 **rm(list=ls())** 函數可以一次刪除所有物件，使用 **objects( )** 函數查看結

果出現「character(0)」，表示主控台中沒有物件。

```
> rm(list=ls())
> objects()
character(0)
```

物件查詢函數 **objects( )** 的最後面 s 英文字母不能省略，否則會出現錯誤訊息。

```
> object()
錯誤：沒有這個函數 "object"
```

執行功能表列「編輯」/「清空主控台」程序只是把主控台的畫面清除為空白，原先設定的變數或物件均會保留於主控台中，除非退出主控台對話視窗，才會將所有物件清除。

使用套件中的函數，必須先將套件先載入主控台，否則套件無法使用。安裝 R 軟體程式時只會安裝基本套件，基本套件中的函數可以直接使用，但 R 軟體許多統計分析函數都有對應的套件，這些套件需要額外安裝，所有套件名稱在 R 軟體主控台「程式套件」功能表中可以查詢。

查看目前已安裝在電腦中的套件列表可使用 **search( )** 函數：

```
> search()
[1] ".GlobalEnv"          "package:stats"     "package:graphics"
[4] "package:grDevices"  "package:utils"      "package:datasets"
[7] "package:methods"     "Autoloads"         "package:base"
```

".GlobalEnv" 表示的 R 軟體的工作空間，目前安裝的套件形式為「"package:套件名稱"」，已載入 R 軟體的套件為 stats、graphics、grDevices、utils 、datasets 、methods、 base 等，這些套件多數是基本套件，即安裝 R 軟體程式時

會一起安裝。

　　許多 R 軟體套件中也有內建資料檔範例供研究者開啟練習，欲存取其他套件中的資料檔，可以使用 **data( )** 函數，函數引數可以直接套件名稱與資料集檔案名稱，語法函數為：「data（資料集名稱 ,package=" 套件名稱 "）」，範例為讀取基本套件「datasets」內的一個資料集 pressure。

```
> data(pressure,package="datasets")
> head(pressure,3)       ## 輸出資料集前三筆資料
  temperature pressure
1       0   0.0002
2      20   0.0012
3      40   0.0060
```

　　載入套件的函數為 library( 套件名稱 )，查看套件內包括那些函數，可以使用「help(package= 套件名稱 )」，例如查詢 car 套件內包括那些函數：

```
> help(package=car)
```

　　連結的頁面左邊是函數名稱（依英文字母順序排列），右邊是函數功能的說明，car 套件函數查詢部分結果如下：

| car-package | Companion to Applied Regression |
|---|---|
| | -- A -- |
| Adler | Experimenter Expectations |
| AMSsurvey | American Math Society Survey Data |
| Angell | Moral Integration of American Cities |
| Anova | Anova Tables for Various Statistical Models |
| Anova.aov | Anova Tables for Various Statistical Models |
| Anova.coxph | Anova Tables for Various Statistical Models |
| | -- R -- |
| Recode | Recode a Variable |
| recode | Recode a Variable |
| regLine | Plot Regression Line |

其中包含 **recode( )** 重新編碼函數。**Anova( )** 函數、**Anova.aov( )** 函數、**Anova.coxph( )** 函數在於不同統計模式之 Anova（變異數分析）表格彙整、**regLine( )** 函數為迴歸線圖的繪製。

查詢 car 套件的語法為「??car」、查詢 shape 套件的語法為「??shape」，若是指令有錯誤，會直接提示錯誤訊息與如何修改。

```
> ??car
> ??shape
```

範例語法使用，要使用二個半形 ??，若只鍵入一個半形 ?，會出現錯誤訊息：

```
> ?car
#?car 語法錯誤
No documentation for 'car' in specified packages and libraries:
you could try '??car'
```

查詢 fBasics 套件中包含那些函數與函數用法：

```
> help(package=fBasics)
```

查詢 normtest 套件的用法：

```
> help(package=normtest)
starting httpd help server ... done
```

所有查詢套件中包含的函數會依英文字母的順序排列，左邊是函數名稱，右邊是函數功能或作用的簡短說明，至於函數的完整語法與引數說明，可以直接點選函數連接的對應網頁。查詢 fBasics 套件開啟的主畫面視窗如下：

Rmetrics - Markets and Basic Statistics

Documentation for package 'fBasics' version 3011.87

• DESCRIPTION file.

**Help Pages**

A B C D F G H I J K L M N P Q R S T U V misc

fBasics-package     Portfolio Modelling, Optimization and Backtesting

查詢 normtest 套件，對應的函數與函數簡要說明如下：

| | |
|---|---|
| ajb.norm.test | Adjusted Jarque-Bera test for normality |
| frosini.norm.test | Frosini test for normality |
| geary.norm.test | Geary test for normality |
| hegazy1.norm.test | Hegazy-Green test for normality |
| hegazy2.norm.test | Hegazy-Green test for normality |
| jb.norm.test | Jarque-Bera test for normality |
| kurtosis.norm.test | Kurtosis test for normality |
| skewness.norm.test | Skewness test for normality |
| spiegelhalter.norm.test | Spiegelhalter test for normality |
| wb.norm.test | Weisberg-Bingham test for normality |

normtest 套件中函數的功能在於各式常態性檢定，如 **frosini.norm.test( )** 函數在於進行 Frosini 常態性檢定、**kurtosis.norm.test( )** 函數在於常態性之峰度檢定、**skewness.norm.test( )** 函數在於常態性之偏態檢定等。

載入的套件後，若要從主控台中卸載或移除，使用 **detach( )** 函數，語法為「detach（package: 套件名稱）」。

```
> detach(package:car)
```

如果套件沒有載入主控台，進行套件的卸載或移除指令，會出現錯誤訊息：

```
> detach(package:car)
錯誤在 detach(package:car) : invalid 'name' argument
```

移除套件時，「detach（package: 套件名稱）」用法中，半形「:」不能使用全形或「＝」取代，如：

```
> require(fBasics)
Loading required package: fBasics
> detach(package=fBasics)        ##detach 函數中不能使用「＝」
Error in detach(package = fBasics) : unused argument (package = fBasics)
> detach(package:fBasics)
```

對基本套件中函數的用法，直接使用「help（函數名稱）」可開啟語法使用對應的網頁，內除了語法界定外，最後有範例可以參考。

```
> help(detach)
```

使用 **help.start( )** 函數可以連結至 R 統計資料分析的網頁，查詢相關 R 軟體的手冊文件與已安裝在電腦中的套件，包括基本套件與增列安裝套件。

```
> help.start()
starting httpd help server ... done
```

R 軟體統計資料分析的頁面如下，參考（Reference）選項中包括套件（Packages）、搜尋引擎與關鍵字（Search Engine & Keywords），選項功能允許使用者以關鍵字詞搜尋 R 軟體輔助文件，如研究者鍵入關鍵字詞「anova」，可以查尋到可以進行 anova 分析的套件、函數與範例。

Statistical Data Analysis

Manuals

An Introduction to R　　　　　　　　　The R Language Definition
Writing R Extensions　　　　　　R Installation and Administration
R Data Import/Export　　　　　　　　　　　　　R Internals

Reference

Packages　　　　　　　　　　　Search Engine & Keywords

Miscellaneous Material

## 肆　命令稿視窗 -R 編輯器

　　R 主控台開啟的命令稿 (script) 視窗名稱為「R 編輯器」，「R 編輯器」視窗是一系列指令的集合，可以將主控台立即互動模式指令變成一長串的語法。因而研究者可於「R 編輯器」視窗界面中撰寫多行指令，或同時使用多種函數，範例的「R 編輯器」視窗界面為設定二個計量變數向量，求出二個計量變數的相關與決定係數（R 平方）。

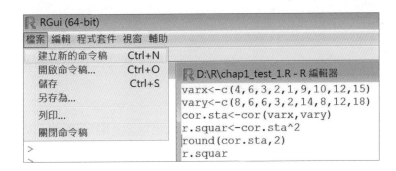

　　執行功能表列「編輯」/「執行全部」程序，可以執行撰寫於「R 編輯器」視窗界面中的指令或函數。

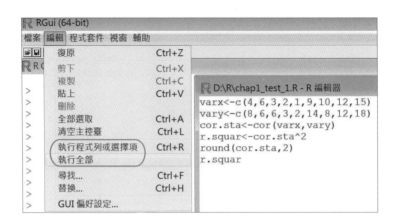

　　執行於「R 編輯器」視窗界面中的指令，R 主控台視窗界面中的畫面如下：

```
> varx<-c(4,6,3,2,1,9,10,12,15)
> vary<-c(8,6,6,3,2,14,8,12,18)
> cor.sta<-cor(varx,vary)    ## 求出二個計量變數的相關係數
> r.squar<-cor.sta^2      ## 求出相關係數的平方
> round(cor.sta,2)
[1] 0.9
> r.squar
[1] 0.8173907
```

　　變數 varx 與 vary 的相關係數 r 為 0.9，決定係數 r 平方 =0.818。

　　要執行「R 編輯器」視窗中的指令列，「R 編輯器」視窗要在開啟狀態（滑鼠在 R 編輯器視窗內任何處點選一下），否則編輯功能表列不會出現執行指令列的選項。範例為開啟 R 編輯器視窗，但滑鼠指標點向 R 主控台，作用的視窗界面為 R 主控台而非 R 編輯器視窗，功能表列「編輯」的選項的內容與之前不同。

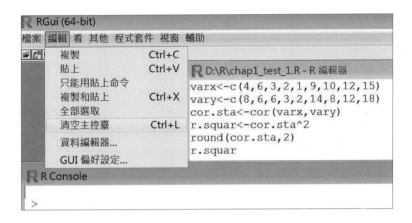

範例之「R 編輯器」視窗的命令程式如下，檔案名稱為「loop_ex.R」儲存在 D 磁碟機資料夾 R 之下：

```
sct<-paste(" 原始分數 "," 轉換分數 ")
print(sct)
for (  i in 60:65 )
{
sc<-round(c(i, sqrt(i)*10),2)
print(sc)
}
```

在 R 主控台 (R 控制台 ) 視窗中要直接執行 R 軟體編輯器視窗存檔之程式列或語法，使用 **source( )** 函數呼叫，如：

```
> source("d:/R/loop_ex.R")
[1] " 原始分數  轉換分數 "
[1] 60.00   77.46
[1] 61.0    78.1
[1] 62.00   78.74
[1] 63.00   79.37
[1] 64      80
[1] 65.00   80.62
```

　　R 編輯器視窗程式列若於 R 主控台視窗中直接執行，會逐列出現對應的程式指令，再出現對應的結果（執行功能表列「編輯」/「執行全部」程序）：

```
> sct<-paste(" 原始分數 "," 轉換分數 ")
> print(sct)
[1] " 原始分數 轉換分數 "
> for ( i in 60:65 )
+ {
+ sc<-round(c(i, sqrt(i)*10),2)
+ print(sc)
+ }
[1] 60.00   77.46
[1] 61.0    78.1
[1] 62.00   78.74
[1] 63.00   79.37
[1] 64      80
[1] 65.00   80.62
```

　　研究者想將 R 軟體輸出結果直接儲存在外部檔案，可以使用 **sink( )** 函數，範例為將輸出的次數分配表與向量組合矩陣輸出到 E 磁碟機資料夾 R_DEMO 中，儲存的檔名為「temp_1.txt」文書檔的檔案類型：

```
> sink("E:/R_DEMO/temp_1.txt")  ## 界定輸出結果至外部檔案中
> sex=c("F","M","M","F","F","F","M")
> year<-c(1,1,2,2,3,3,1)
> arrall<-cbind(sex,year)
> table(factor(sex))
> table(factor(year))
> print(arrall)
> sink()   ## 結束儲存的動作
```

以記事本開啟「temp_1.txt」檔案，文字檔儲存的運算結果內容如下：

```
F M
4 3
1 2 3
3 2 2
  sex year
[1,] "F" "1"
[2,] "M" "1"
[3,] "M" "2"
[4,] "F" "2"
[5,] "F" "3"
[6,] "F" "3"
[7,] "M" "1"
```

　　在主控台現行工作目錄下，可以使用「**list.files( )**」函數查詢工作目錄資料夾中的所有檔案，如要查看工作目錄下所有子目錄的檔案，可以使用「> list.files(recursive=T))」語法：

```
> list.files()
 [1] "newdata.csv"    "newdata.docx"  "newdata.R"      "newdata.txt"
 [5] "newdata.xlsx"  "newdata_1.csv" "newdata_1.txt"  "s1.jpg"
 [9] "s2.jpg"         "s3.jpg"        "s4.jpg"         "s5.jpg"
[13] "s6.jpg"         "s7.jpg"        "s8.jpg"         "Thumbs.db"
```

查看工作目錄下所有檔案，包括子目錄資料夾中的檔案：

```
> list.files(recursive=T)
```

# 伍 R 圖形 (R Graphics) 視窗

R 軟體另一個常見的視窗界面為 R 圖形 (R Graphics)，執行 R 軟體主控台指令列之繪圖函數時，繪製的圖形會於 R 圖形 (R Graphics) 視窗中呈現，繪製的圖檔可以根據視窗大小調整，也可以進行圖檔儲存動作。

使用 **curve( )** 函數繪製常態曲線分配圖，曲線寬度設定為 2、曲線顏色設定為藍色（對應的顏色數值為 4），增列 **grid( )** 函數繪製格線：

```
> curve(dnorm,-3.5,+3.5,lwd=2,col=4)
> grid(lty=3,lwd=2)
```

圖形繪製的視窗名稱為「R Graphics」（R 圖形），R 圖形視窗對應的功能表列檔案選項有「另存為」、「複製到剪貼簿」、「列印」、「關閉裝置」，「另存為」選項可以進行圖檔的儲存動作，範例存檔的類型為「Jpeg」，存檔品質選取「100% 品質」。

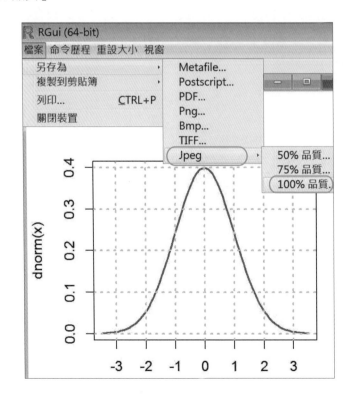

　　「重設大小」功能表列有三個選項：R 模式、適合視窗大小、固定大小，當研究者調整視窗大小後，可選取「適合視窗大小」選項，選項功能可根據視窗寬高自動調整圖檔至最適當的大小。

　　R「Jpeg 檔案」對話視窗中，存檔類型 (T) 為「Jpeg files(*.jpeg,*.jpg)」，檔案名稱自行鍵入，範例鍵入圖檔名稱為「pict_1」，檔案存放 C 磁碟機資料夾 Data 下，按「存檔」鈕後，可完成圖檔的存檔。

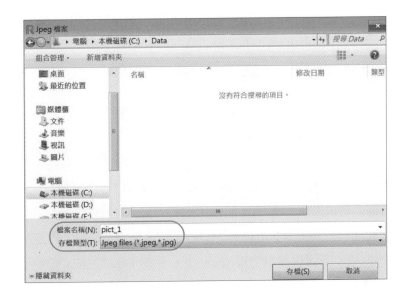

　　R 主控台立即模式視窗界面中，使用 **savePlot( )** 函數也可以進行圖檔的存檔程序，函數語法為 savePlot(filename=" 存檔位置與檔名 ",type=" 檔案類型 "。

```
> savePlot(filename="c:/Data/pict_2",type="jpeg")
```

　　R 編輯器視窗指令列可以繪製一個有圖例的折線圖，範例變數 varx 為五個壓力變數水準數值編碼、變數 vary 為五個壓力向度的分數：

```
varx=c(1,2,3,4,5)
vary=c(6,5,8,2,3)
plot(varx,vary,type="n",xaxt="n")
lines(varx,vary,lwd=2,xaxt="n")
plot(varx,vary,pch=0,cex=2,type="o",lwd=2,xaxt="n")
axis(1,at=c(1:5),labels=c(" 課堂壓力 "," 考試壓力 "," 期望壓力 "," 情感壓力 "," 補習壓力 "))
```

　　指令列 plot(varx,vary,type="n",xaxt="n") 界定繪製一個圖形區域，圖例符號隱藏，X 軸對應的水準數值不呈現。

　　指令列 lines(varx,vary,lwd=2,xaxt="n") 界定繪製五個壓力向度分數點的折線圖，線度寬度為 2，引數 xaxt 設定 X 軸對應的水準數值不呈現 (屬低階繪圖函數，要有高階繪圖函數繪製圖形區域才能使用 )。

　　指令列 plot(varx,vary,pch=0,cex=2,type="o",lwd=2,xaxt="n") 界定繪製圖例符號，圖例大小 =2，圖例符號為方形 (pch=0)， 引數 xaxt 設定 X 軸對應的水準數值不呈現。

　　指令列 axis(1,at=c(1:5),labels=c(" 課堂壓力 "," 考試壓力 "," 期望壓力 "," 情感壓力 "," 補習壓力 ")) 界定 X 軸五個水準數值文字標記為五個壓力向度名稱 (屬低階繪圖函數，要有高階繪圖函數繪製圖形區域才能使用 )。

　　R 控制台執行 R 軟體指令列之視窗如下：

```
> varx=c(1,2,3,4,5)
> vary=c(6,5,8,2,3)
> plot(varx,vary,type="n",xaxt="n")
> lines(varx,vary,lwd=2,xaxt="n")
> plot(varx,vary,pch=0,cex=2,type="o",lwd=2,xaxt="n")
>axis(1,at=c(1:5),labels=c(" 課堂壓力 "," 考試壓力 "," 期望壓力 "," 情感壓力 "," 補習壓力 "))
```

範例視窗為 R 編輯器的視窗界面：

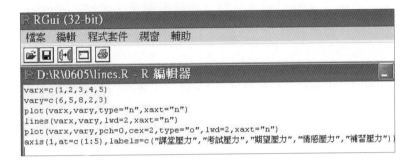

範例視窗為 R 主控台的視窗界面（指令列的文字為紅色）：

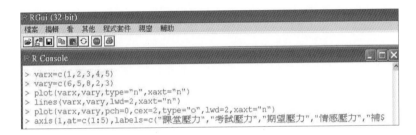

R 圖形 (R Graphics: Device 2( ACTIVE)) 視窗呈現的折線圖如下：

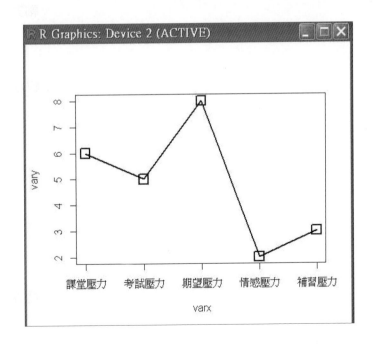

　　R 圖形視窗內定只能繪製一個圖形，當繪製另一個圖形時，原先視窗圖形會被替換掉，若要將 R 圖形視窗分割為小圖形視窗，使用 par(mfrow=c( 列數 , 行數 )) 函數語法，如將圖形視窗分割成 2×2 四格的小視窗：

```
>par(mfrow=c(2,2))  ## 分割成 2×2 四格小圖形視窗
>par(mfrow=c(1,2))  ## 分割成 1×2 二格小圖形視窗
>par(mfrow=c(1,1))  ## 還原為 1×1 一格視窗
```

# R 軟體基本資料型態

■向量、陣列與資料框架

■函數 seq( ) 與 rep( ) 的應用

■遺漏值的排除與置換

■使用變數索引置換遺漏值

■常態機率分配函數

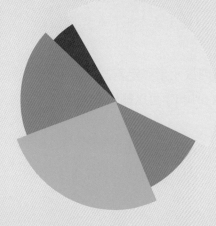

R 軟體視窗運算中，向量（vector）是最基本的核心要素，對應於資料檔而言，向量的屬性相當於資料檔中的變數（直行資料），或是橫列觀察值。向量是單一維度的，將向量組合變成二個維度的資料就是矩陣（matrix）或陣列（array），二個維度的矩陣或陣列的型態就是資料檔建檔的類型。橫列資料為樣本觀察值、直行資料為變數，直行變數的測量值可以為文字、數值，資料檔在 R 軟體的物件類型中稱為「資料框架」（data-frame），資料框架物件可以同時包含不同變數類型。將二維向度擴大，可以建立三維的陣列，三維陣列的統計應用如二個因子變數交叉表中，再增列一個階層因子變數，以探討不同水準群組中前二個因子變數的次數分配與百分比。

## 壹 向量、陣列與資料框架

R 軟體可以使用半形冒號（:）表示一系列數值的運算式，以聯結函數構成的 1 至 10 十個數值的向量（vector），其簡化表示式為 c(1:10)，向量語法為小寫 **c( )**，向量外增列一組括號（ ）表示將結果立即呈現，向量內的元素可以為數值、文字。主控台立即互動模式的符號為「>」，符號右邊可以界定向量內容、進行邏輯運算式判斷、直接執行數學運算程序等：

```
> (c(1:10))    ## 以冒號界定起始數值與結束數值
 [1] 1 2 3 4 5 6 7 8 9 10
## 上述語法函數也可以將所有元素鍵入
> c(1,2,3,4,5,6,7,8,9,10)   ## 元素間以半形逗號隔開
 [1] 1 2 3 4 5 6 7 8 9 10
```

向量元素界定若為文字，文字前後要增列 ""，否則會出現錯誤訊息，使用函數 **print( )** 可以輸出結果：

```
> print(c(1:10))
 [1] 1 2 3 4 5 6 7 8 9 10
```

函數 **cat( )** 作用與函數 **print( )** 作用類似,可以將結果輸出,使用 **cat( )** 函數時橫列的結束要增列「"\n"」符號(段落結束引數)。

```
> cat(c(1:10),"\n")
1 2 3 4 5 6 7 8 9 10
```

函數 **cat( )**(concatentate and print)的功能包含連結與輸出,可以文字、數值結果、運算式等進行串連,如:

```
> varx<-36
> cat("varx=",varx,"----var 平方根 =",sqrt(varx),"\n")
varx= 36 ----var 平方根 = 6
```

引數 "\n" 表示換行、引數 sep=" ",表示串連的文字、數值間連結的符號,範例為一個空白鍵:

```
> cat("varx=",varx,"var 平方根 =",sqrt(varx),sep=" ","\n")
varx= 36 var 平方根 = 6
```

使用 **cat ( )** 函數可以將百分比比值轉換成一般百分比的表示參數:

```
> varx=0.456
> cat("varx=",varx," 轉換成百分比 =",varx*100,"%","\n")
varx= 0.456 轉換成百分比 = 45.6 %
```

就問卷題項的作答而言，向量即是資料檔中的一個變數，以向量表示題項中每個選項被勾選的次數也可以，如第一題五個選項（完全不同意、不同意、無意見、同意、完全同意）被勾選的次數分別為 15、30、20、50、40，以向量表示即為整理後的次數分配，此種向量包含元素及元素的次數：

```
> it01=c(" 完全不同意 "=15," 不同意 "=30," 無意見 "=20," 同意 "=50," 完
全同意 "=40)
> it01
完全不同意    不同意    無意見    同意  完全同意
    15         30        20       50      40
```

以次數分配表構成的向量，可直接進行百分比適合度的考驗，考驗五個選項被勾選的百分比是否相同：

```
> chisq.test(it01)
        Chi-squared test for given probabilities
data:  it01
X-squared = 26.4516, df = 4, p-value = 2.566e-05
```

百分比適合度檢定的卡方統計量為 26.4516，自由度為 4，顯著性 p 值 <.001，達到統計顯著水準，拒絕虛無假設，五個選項被勾選的百分比有顯著不同（顯著性 p 值 2.566e−05 等於 $2.566 \times 10^{-5}$）。

若要擷取向量元素中的部分元素，如五個選項只要出現「同意」與「完全同意」被勾選的次數，可以在向量後面增列 [ 向量部分子集 ]：

> it01=c(" 完全不同意 "=15," 不同意 "=30," 無意見 "=20," 同意 "=50," 完
全同意 "=40)[c(" 同意 "," 完全同意 ")]
> print(it01)
　　同意　　完全同意
　　50　　　　40

　　R 軟體的聯結函數（concatenation function）最常使用者為向量（vector），
聯結函數為 **c( )**（英文字母 c 為半形小寫，在 R 軟體中函數或語法關鍵字多數
為小寫字母）。每個聯結函數可以看作是一個向量，多個聯結函數（向量）
可以組合成一個矩陣（matrix/matrices）、陣列（array）或資料框架（data
frmges，資料框架是一般資料檔的型態），矩陣維度個數的延伸為陣列（array）。

```
> x1<-c(1,4,7,10) ## 界 定 x1 向 量 物 件 內 的 元 素 ， 也 可 以 設 定
x1=c(1,4,7,10)
> x2<-(4:8)    ## 界 定 x2 向 量 物 件 內 的 元 素 為 4、5、6、7、8
> x2
[1] 4 5 6 7 8
> x1
[1]  1  4  7 10
> x3<-c(letters[1:5]) ## 界 定 x3 向 量 物 件 內 的 元 素 為 前 五 個 英 文 字 母
> x3
[1] "a" "b" "c" "d" "e"
```

　　指令列設定變數 x1 的內容為數值 1,4,7,10，指派設定的符號可以使用「＝」
號，或「<-」，二個符號在 R 軟體視窗中是相同的功能。

查看向量 ( 變項 ) 的屬性，可以使用「**class( )**」函數：

```
> class(x1)
[1] "numeric"
> class(x3)
[1] "character"
```

x1 向量物件為數值、x3 向量物件為文字。在 R 軟體中變項類型除數值、文字外，最常使用的變數類型為「factor」（因子變數），因子變數是一種類別，如年級變項包括一年級、二年級、三年級、四年級四個水準或群體，則年級變項不是數值（連續變項），而是一種類別變項。**factor( )** 與 **as.factor( )** 函數不同，前者是直接界定變數型態或變數類型為因子（factor，因子變項在變異數分析中為群組變項），**as.factor( )** 函數是將其餘變數型態轉換為因子變數類型，函數 **factor( )** 與 **as.factor( )** 的作用雖然不同，但最終變數類型是相同的。類別變數以水準數值編碼的資料檔，以類別變數作為組別變數進行假設檢定時，最好增列 **factor( )** 函數，如 **factor(year)**，以免 R 軟體誤認為計量變數，而得出錯誤的參數估計值。

使用 **match( )** 函數可以在向量（直行變數）中搜尋某個特定值，回傳的參數為元素所在的位置：

```
> varx<-c(60,34,24,65,76,67,80,90)
> match(65,varx)
[1] 4
```

函數 **match( )** 回傳的數值為 4，表示搜尋的數值 65 在向量中的第四個位置（位於第四個元素）。

**which.min( )** 函數、**which.max( )** 函數可以搜尋向量中最大值與最小值的所在位置。

```
> which.min(varx)
[1] 3
> which.max(varx)
[1] 8
```

which.min( ) 函數回傳參數為 3，表示向量中最小值元素位置在第三個（數值 =24）；which. max ( ) 函數回傳參數為 8，表示向量中最大值元素位置在第八個（數值 =90）。

界定性別物件為文字向量：

```
> sex<-c(" 男 "," 男 "," 女 "," 女 "," 女 "," 男 "," 男 ")
> print(sex)
[1] " 男 " " 男 " " 女 " " 女 " " 女 " " 男 " " 男 "
```

性別物件有七個元素，以 class( ) 函數查詢向量的類型，向量元素的屬性為文字「character」：

```
> class(sex)
[1] "character"
```

使用 length( ) 函數可以查詢向量中包含多少個元素：

```
> length(sex)
[1] 7
```

以 **level( )** 函數查詢 sex 向量的水準組別：

```
> levels(sex)
NULL
```

因為原先 sex 物件界定為文字，不是因子變數，輸出結果為「NULL」。

使用 **factor( )** 函數將物件 sex 文字向量界定為因子向量：

```
> sex_gro<-factor(sex)
> print (sex_gro)
[1] 男 男 女 女 女 男 男
Levels: 女 男
## sex_gro 向量物件有七個元素，分為二大類別：「女」、「男」
```

結果輸出中七個元素沒有增列雙引號，表示變數類型不是文字，輸出結果最後一列為因子水準群組，二個水準群組分別為女、男（表示式為 Levels： 女 男）。

以 **as.factor( )** 函數將文字向量 sex 物件轉換為因子，若向量或變數為因子類型，使用 **levels( )** 函數可以查詢因子中的水準數值（組別）。

```
> sex_gro1<-as.factor(sex)
> print(sex_gro1)
[1] 男 男 女 女 女 男 男
Levels: 女 男
> levels(sex_gro)
[1] " 女 " " 男 "
> levels(sex_gro1)
[1] " 女 " " 男 "
##as.factor( ) 函數的功能與 factor( ) 函數的功能都可以將變數類型界定為
因子變數
```

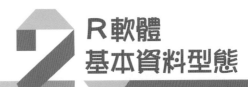

　　sex 是一個文字向量物件，共有七個元素，利用 **factor( )** 函數或 **as.factor( )** 函數將向量轉換為因子（類別）變數，二個水準類別分別為「女」、「男」。在資料檔的變數中，變數類型主要分為因子（factor）、數值（numeric），如果變數的類型為文字（character）也可作為類別變數（組別變數，R 軟體中稱為因子變項），數值變數要作為因子變數最好增列 **factor( )** 函數。

　　R 軟體中向量或變數物件屬性在問卷統計分析程序中，常見的變數型態為文字（character）、數值（numeric）、整數（integer）、類別 / 因子（factor）。各種變數類型函數的前面若以「as.」為起始，表示進行變數類型的轉換，如變數轉換為因子類型使用的函數為 **as.factor( )**，將矩陣轉為資料框架型態物件使用的函數為 **as.data.frame( )**，將資料框架物件轉換為矩陣型態物件的函數為 **as.matrix( )**，將系列文字或數值轉換為向量的函數為 **as.vector( )**，將變數型態轉換為數值變數函數為 **as.numeric( )**，將變數型態轉換為整數變數函數為 **as.integer( )**。

　　對於已經建立的向量資料而言，若要在某個元素的前後增列新的元素，可以使用 **append( )** 函數，函數語法為「append（向量物件 , 新數值 ,after=n）」，引數「after=n」表示在第 n 個元素之後插入新的數值，若 n=0 表示新數值在向量最前面。

```
>vary<-c(3,10,5,8,7,12,14,2)
> new.vary<-append(vary, 0, after=3) ## 第三個元素之後插入 0
> print(new.vary)
[1]  3 10  5  0  8  7 12 14  2
```

插入的新元素除了可以是單一個別元素外，也可以是向量物件元素：

```
> n.value<-c(99,100)
> new.vary<-append(vary, n.value, after=0)
> print(new.vary)
 [1] 99 100  3 10  5  8  7 12 14  2
```

數值向量轉換為文字向量，數值元素呈現結果相同，但文字向量轉換為數值向量後，元素內容會全變為遺漏值：

```
> sex<-c("F","F","M","M","F","F","NA","M") ##sex 向量的元素為文字
> class(sex) ## 查詢 sex 向量物件的型態
[1] "character"
> sex_gro<-as.factor(sex) ## 將文字向量轉換為因子向量
> print(sex_gro)
[1] F F M M F F NA M
Levels: F M NA
> sex_int<-as.integer(sex) ## 將文字向量轉換為整數，向量元素為遺漏值
警告訊息：
強制變更過程中產生了 NA
> print(sex_int)
[1] NA NA NA NA NA NA NA NA
```

家庭結構物件 home 有四個文字向量：

```
> home<-c(" 完整 "," 單親 "," 隔代 "," 其他 ")
> as.numeric(home) ## 文字向量轉換為數值向量，元素為遺漏值
[1] NA NA NA NA
警告訊息：
強制變更過程中產生了 NA
> print(as.numeric(home))
[1] NA NA NA NA
警告訊息：
In print(as.numeric(home))：強制變更過程中產生了 NA
```

多數統計軟體在界定組別變數（因子類別變數）時，因子中的各水準數值都要直接輸入數值，如 1 為男生、2 為女生，因而水準數值只能鍵入 1、2，水

準內容不能直接輸入「男生」、「女生」。R軟體的因子變數,可以使用文字
變數型態輸入各水準群組的名稱,再將變數轉為因子變數型態即可,只是因子
變數中各水準直接鍵入中文組別名稱,可能比較不方便。研究者除可以在試算
表中輸入對應數值,再以取代方式,將數值取代對應的水準(群組)名稱外,
最簡便的方法是資料檔匯入R軟體主控台後,直接使用car套件中的recode( )
函數進行水準數值的轉換。因子變數的水準群組直接增列群組名稱標記,對於
統計分析結果的報表解讀較為便利,也比較不會解釋錯誤。

水準類別出現的順序,可以使用 **ordered( )** 函數界定,如水準群組順序要
依序出現「男」、「女」:

```
> sex_g=ordered(sex_gro, levels=c("男","女"))
> print(sex_g)
[1] 男 男 女 女 女 男 男
Levels: 男 < 女
```

**table( )** 函數可以求出因子變數各水準類別的次數分配:

```
> table(sex_g) ## 以 table( ) 函數求出 sex_g 變數二個類別的次數
sex_g
男 女
 4  3
> table(sex_gro) ## 以 table( ) 函數求出 sex_gro 變數二個類別的次數
sex_gro
女 男
 3  4
```

水準類別出現的順序也可以直接使用「**factor( )**」函數中的副指令或參數 levels，語法為「levels=c（界定水準類別出現的順序）」。範例為界定三個年級的向量，向量物件為 year，使用 **factor( )** 函數將向量物件 year 屬性改為因子：

```
>year<-c(3,2,2,3,2,1,1,1,3,3,3)
> ( year<-factor(year) )
 [1] 3 2 2 3 2 1 1 1 3 3 3
Levels: 1 2 3
# 物件變數前後增列一組括號 ( )，可以直接輸出運算式的結果
```

因子變項三個水準數值分別為 1、2、3。使用 **length( )** 函數求出向量物件中有多少個元素（樣本觀察值）：

```
> length(year)
[1] 11
```

將輸出結果改為水準數值 3、2、1。

```
> year_g<-factor(year,levels=c("3","2","1"))
> print(year_g)
 [1] 3 2 2 3 2 1 1 1 3 3 3
Levels: 3 2 1
> year_g1<-factor(year,levels=c(3,2,1))
> print(year_g1)
 [1] 3 2 2 3 2 1 1 1 3 3 3
Levels: 3 2 1
```

向量元素若為數值類型，可以進行各種基本描述性統計，如平均數函數為 **mean( )**、加總函數為 **sum( )**、變異數函數為 **var( )**、標準差函數為 **sd( )**、中位數函數為 **median( )**。R 軟體中的標準差參數與變異數參數是抽樣樣本的標準差

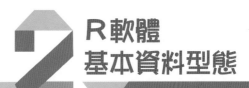

與變異數，不是母群體的母數值，此種統計程序與 SPSS 統計程序的設定是相同的。

```
>varx<-c(1,4,7,10)
> mean(varx);sum(varx);var(varx);sqrt(var(varx));sd(varx);median(varx)
[1] 5.5        ## 平均數
[1] 22         ## 總和
[1] 15         ## 變異數
[1] 3.872983 ## 標準差
[1] 3.872983 ## 標準差
[1] 5.5        ## 中位數
```

利用樣本統計量推論母群體參數的方法稱為統計推論，在推論統計中，研究者常從母群體隨機抽取若干個有限樣本數，再從抽取的樣本數來推估母群體的性質。如果研究者想利用樣本數據所得的變異數或標準差來推估母群體的變異數或標準差時，會發生「低估」的情形（即實際上母群體的變異數或標準差比抽取樣本之變異數或標準差來得大）；因而樣本所得的變異數（或標準差）不是母群體變異數（或標準差）的不偏估計量（unbiased estimator）。為改善樣本變異數低估母群體變異數的問題，樣本不偏估計值的分母項要改為 n-1，以符號$\hat{\sigma}^2$表示，$\hat{\sigma}^2$的計算公式如下（吳明隆，2007）：

$$\hat{\sigma}^2 = \hat{S}^2 = \frac{SS}{n-1} = \frac{\Sigma(X_i - \overline{X})^2}{n-1}$$

$$\hat{\sigma} = \hat{S} = \sqrt{\frac{SS}{n-1}} = \sqrt{\frac{\Sigma(X_i - \overline{X})^2}{n-1}}$$

範例中四個元素數值分別為 1、4、7、10，樣本變異數求法為：

$$\frac{(1-5.5)^2 + (4-5.5)^2 + (7-5.5)^2 + (10-5.5)^2}{4-1} = \frac{45}{3} = 15$$

標準差為：$\sqrt{15} = 3.87298$。樣本變異數與樣本標準差參數利用公式轉換為

R 軟體程式如下（命令稿 R 編輯器視窗中的程式）：

```
varx<-c(1,4,7,10)
tot=0
for (i in 1:length(varx))
{
 tot=(varx[i]-mean(varx))^2+tot
 var.sd=sqrt(tot/(length(varx)-1))
}
print(var.sd)
```

R 控制台執行 R 編輯器視窗指令列之視窗界面如下：

```
> varx<-c(1,4,7,10)
> tot=0
> for (i in 1:length(varx))
+ {
+ tot=(varx[i]-mean(varx))^2+tot
+ var.sd=sqrt(tot/(length(varx)-1))
+ }
> print(var.sd)
[1] 3.872983
```

　　程式中的函數「length( )」可以求出向量物件中有多少個元素，範例中有四個數值，表示元素個數為 4。「for (i in 1:length(varx))」程式表示的是 i 的數值從 1 至 4。求出 varx 向量某個元素的數值或內容，可以直接界定元素索引值，範例 varx[1]=1、varx[2]=4、varx[3]=7、varx[4]=10，向量四個元素的索引數值分別為 1、2、3、4。運算式中的加號「+」是自動產生的，當函數語法或運算式缺少對應的括號或中括號，或是程式尚未結束，按「Enter」鍵後，互動模式視窗會自動出現「+」號，提醒研究者；如「> ( sco=c(45,89,72,75)」運算式少

一個右括號「)」，按下確定鍵後，會自動出現「+」，此時，再按下右括號「)」，
即會出現結果。

```
> ( sco=c(45,89,72,75)  ## 運算式少一個右括號「)」，按輸入鍵
+ )                    ## 於自動出現＋符號後面鍵入右括號 )，再按輸
                          入鍵
[1] 45 89 72 75
```

「+」號出現後，強迫跳離，可按左上角「Esc」鍵，強迫跳離運算式後出
現的互動模式符號為「+>」。

```
> ( sco=c(45,89,72,75) ## 按「Enter」鍵
+  ## 按「Enter」鍵
  ## 按「Esc」鍵
+ >
```

向量元素對應的位置為索引，第一個元素的索引引數為 1、第二個元素的
索引引數為 2，依次類推，索引引數以 [ ] 符號表示：

```
> varx[2];varx[3]    ## 求出向量物件第二個與第三個元素
[1] 4
[1] 7
> varx[5]
[1] NA
# 向量中沒有第五個元素值，第五個索引數值的內容為遺漏值「NA」。
```

已經宣告的向量物件，可以將某個索引元素重新界定為新的數值，如「varx[4]=15」，表示第四個元素內容重新界定為 15，「varx[5]=25」表示增列第五個元素內容為 25。

```
> varx[4]=15   ##varx 向量中的第四個元素修改為 15
> varx[5]=25   ##varx 向量中的第五個元素增列為 25
> print(varx)
[1]  1  4  7  15  25
```

如果之前沒有宣告變數名稱或陣列變數物件（這些變數物件以英文字母為起始），則指定或使用這些變數名稱或物件時會出現錯誤訊息，如：

```
> vary[3]=5
Error in vary[3] = 5 : object 'vary' not found
# 主控台中的物件 ( 或變數名稱 ) 沒有 vary 物件，運算式或函數無法執行
```

刪除某個索引元素或向量，於索引數值前面或向量物件前面增列負數符號，如「varx[-1]」，表示刪除 varx 物件或向量中的第一個元素。

```
> varx[-1]
[1] 4  7  15  25
```

使用索引只擷取部分向量物件的元素，範例為只擷取第二個、第五個、第七個元素：

```
> vary<-c(3,10,5,8,7,12,14,2)
> vary[c(2,5,7)]
[1] 10  7  14
```

使用索引排除部分向量物件中的元素，範例為排除第二個（數值為 10）、
第六個（數值為 12）、第八個元素（數值為 2）：

```
> vary[-c(2,6,8)]
[1]  3  5  8  7 14
```

從向量物件中取得元素，並將向量元素轉換為矩陣，使用 matrix（向量物件,
列數 , 行數 ,byrow=）函數，引數 byrow 可以界定資料讀取是先橫列後直行，或
是先直行後橫列，選項為「TRUE」表示資料讀取的分派是先橫列後直行。範
例為向量物件 one.vector 的元素包括 1 至 12 個數值的元素，轉換為 3 列 4 行的
矩陣。

矩陣中的引數設定為「byrow= TRUE」，矩陣物件名稱設定為「typea.
matrix」：

```
> one.vector<-c(1:12)
> typea.matrix<-matrix(one.vector,3,4,byrow=T)
> print(typea.matrix)
     [,1] [,2] [,3] [,4]
[1,]   1    2    3    4
[2,]   5    6    7    8
[3,]   9   10   11   12
```

上述矩陣中向量元素的排列順序為先橫列後直行。

矩陣中的引數設定為「byrow= F」，矩陣物件名稱設定為「typeb.matrix」

```
> typeb.matrix<-matrix(one.vector,3,4,byrow=F)
> print(typeb.matrix)
     [,1] [,2] [,3] [,4]
[1,]   1    4    7   10
[2,]   2    5    8   11
[3,]   3    6    9   12
```

上述矩陣中向量的元素排列的順序為先直行後橫列。

二個向量的聯結可以組合為聯結向量 (jointing vectors/concatenating vectors)，如：

```
> var1<-c(1,3,5,7,9)
> var2<-c(2,4,6,8,10)
> varall<-c(var1,var2)
> print(varall)
 [1]  1  3  5  7  9  2  4  6  8  10
```

上述語法為二個向量合併為一個向量，若是向量組合採用函數 cbind( )、rbind( )，組合後的屬性為陣列 (array)。函數 rbind( ) 是橫列的組合，在資料框架物件中是觀察值的合併，函數 cbind( ) 是直欄的組合，在資料框架物件中是變數的合併。

```
> var1<-c(1,3,5,7,9)
>var2<-c(2,4,6,8,10)
> var3<-rbind(var1,var2)
> print(var3)
     [,1] [,2] [,3] [,4] [,5]
var1   1    3    5    7    9
var2   2    4    6    8   10
```

物件 var3 是一個二列五行的陣列，資料框架物件中有二筆觀察值，五個變數。

有四筆學生資料，每筆資料包括學生性別、年級、三次考試成績，使用函數 rbind( ) 整合為陣列：

```
> ob1<-c(" 男 "," 一年級 ",67,75,84)
> ob2<-c(" 女 "," 二年級 ",85,65,92)
> ob3<-c(" 女 "," 一年級 ",98,84,75)
```

```
> ob4<-c(" 男 "," 一年級 ",65,58,62)
> oball<-rbind(ob1,ob2,ob3,ob4)
> print(oball)
     [,1]      [,2]     [,3]  [,4]  [,5]
ob1 " 男 " " 一年級 " "67" "75" "84"
ob2 " 女 " " 二年級 " "85" "65" "92"
ob3 " 女 " " 一年級 " "98" "84" "75"
ob4 " 男 " " 一年級 " "65" "58" "62"
```

將 oball 陣列轉換為資料框架物件，結果如下，由於原陣列沒有直行沒有
變數名稱，轉換為資料框架物件後，會以內定設定的變數名稱 V1、V2、V3、
V4、V5 取代。資料框架物件即是資料檔型態，可以進行各種統計分析與圖形
繪製程序。

```
> print(as.data.frame(oball))
     V1    V2    V3 V4 V5
ob1  男  一年級  67  75  84
ob2  女  二年級  85  65  92
ob3  女  一年級  98  84  75
ob4  男  一年級  65  58  62
```

轉換陣列或矩陣型態物件，直行標題名稱可以重新界定，函數為 **colnames( )**：

```
> col_t<-c(" 性別 "," 年級 "," 分數 1 "," 分數 2 "," 分數 3 ")
> colnames(oball)<-(col_t)
> print(oball)
     性別      年級    分數 1  分數 2  分數 3
ob1 " 男 "  " 一年級 "  "67"    "75"    "84"
ob2 " 女 "  " 二年級 "  "85"    "65"    "92"
ob3 " 女 "  " 一年級 "  "98"    "84"    "75"
ob4 " 男 "  " 一年級 "  "65"    "58"    "62"
```

使用 **as.data.frame( )** 函數轉換為資料框架型態結果輸出：

```
> print(as.data.frame(oball))
     性別  年級  分數 1 分數 2 分數 3
ob1  男  一年級  67    75    84
ob2  女  二年級  85    65    92
ob3  女  一年級  98    84    75
ob4  男  一年級  65    58    62
```

轉換後的資料框架（資料檔）界定一個物件名稱，範例為 oballdata，由於資料型態為資料框架物件（是一個資料檔），可以進行變數的各種假設檢定：

```
>oballdata<-as.data.frame(oball)
```

函數 **cbind( )** 是直行的組合，在資料框架物件中是變數的增列（向量是一個直行變數，有二個向量，合併後有二個變數）：

```
> var4<-cbind(var1,var2)
> print(var4)
     var1 var2
[1,]  1   2
[2,]  3   4
[3,]  5   6
[4,]  7   8
[5,]  9   10
```

物件 var4 是一個五列二行的陣列，二個直行變數名稱分別為 var1、var2。

## 貳 函數 seq( ) 與 rep( ) 的應用

函數 **seq( )** 可以求出一系列等差異的量數，其語法為：seq（起始數值，結束數值， by= 遞增或遞減量數），如：

```
> seq(10,20, by=2)        ## 差異量數 =+2
[1] 10 12 14 16 18 20
> seq(1, 10, by = pi)
[1] 1.000000 4.141593 7.283185
> seq(+3,-3,by=-1)        ## 差異量數 =-1
[1] 3  2  1  0 -1 -2 -3
> seq(+3,-3,-1)           ## 引數 by 可以省略，差異量數 =-1
[1] 3  2  1  0 -1 -2 -3
```

函數 **seq( )** 之括號中若僅是單一數值，則表示從 1 至該數值，表示方法如：

```
> seq(10)
 [1] 1 2 3 4 5 6 7 8 9 10
> seq(-10)
 [1]  1  0 -1 -2 -3 -4 -5 -6 -7 -8 -9 -10
```

函數 **seq( )** 中，參數若為「length=n」，表示從起始數值至結束數值分為 n 等分之等距量數，如：

```
> seq(1,10,length=3)
[1] 1.0  5.5  10.0
> seq(10,20,length=5)
[1] 10.0 12.5 15.0 17.5 20.0
```

重複（repeat）函數 **rep( )**，其基本函數語法為：rep(x, times= 重複次數，

each=n)，引數 each 界定向量內每個元素重複的個數。如「rep(5, times=4)」或「rep(5, 4)」均會重複出現 4 個數值 5。加上 len=n 參數，表示可以產生 n 個物件。

```
> rep(2:5, 2)
[1] 2 3 4 5 2 3 4 5
# 重複出現二次 2 至 5 數值
> rep(2:5, each=2)
[1] 2 2 3 3 4 4 5 5
#2 至 5 的數值每個均連續出現二次
> rep(2:5, each=2,len=6)
[1] 2 2 3 3 4 4
#2 至 5 的數值每個均連續出現二次，只取出前六個元素
> rep(2:5, times=3,each=2) ## 每個元素均出現二個，重複出現三次
 [1] 2 2 3 3 4 4 5 5 2 2 3 3 4 4 5 5 2 2 3 3 4 4 5 5
```

界定三個年級水準文字各重複出現四個元素：

```
> year<-rep(c(" 一年級 "," 二年級 "," 三年級 "),c(4,4,4))
> print(year)
 [1] " 一年級 "" 一年級 "" 一年級 "" 一年級 "" 二年級 "" 二年級 "
    " 二年級 "" 二年級 "
 [9] " 三年級 "" 三年級 "" 三年級 "" 三年級 "
```

上述語法函數中，由於各水準類別出現的次數相同，語法簡化為：

```
> year<-rep(c(" 一年級 "," 二年級 "," 三年級 "),4)
> print(year)
 [1] " 一年級 " " 二年級 " " 三年級 " " 一年級 " " 二年級 " " 三年級 "
     " 一年級 " " 二年級 "
 [9] " 三年級 " " 一年級 " " 二年級 " " 三年級 "
```

直接使用 rep(4,3) 界定三個元素各重複四次：

```
> year1<-rep(c(" 一年級 "," 二年級 "," 三年級 "),rep(4,3))
> print(year1)
 [1] " 一年級 " " 一年級 " " 一年級 " " 一年級 " " 二年級 " " 二年級 " " 二
年級 " " 二年級 "
 [9] " 三年級 " " 三年級 " " 三年級 " " 三年級 "
```

如果各文字元素出現的次數不同，必須分開界定後面的向量，範例為三個
年級文字分別出現二次、四次、三次：

```
> year2<-rep(c(" 一年級 "," 二年級 "," 三年級 "),c(2,4,3))
> print(year2)
[1] " 一年級 " " 一年級 " " 二年級 " " 二年級 " " 二年級 " " 二年級 " " 三年
級 " " 三年級 "
[9] " 三年級 "
```

　　組合 **seq( )** 函數與 matrix 函數，或組合 **rep( )** 函數與 matrix 函數，可以建立矩陣，矩陣型態如資料檔型態（R 軟體稱為資料框架），橫列數據為樣本觀察值，直行為變數名稱，其表示式為「I 橫列 ×J 直行」矩陣型態如：

```
> matrix(seq(1:20),ncol=5) ##ncol=5 表示界定矩陣為五個直行
     [,1]  [,2]  [,3]  [,4]  [,5]
[1,]   1    5    9    13    17
[2,]   2    6    10   14    18
[3,]   3    7    11   15    19
[4,]   4    8    12   16    20
> matrix(rep("A", 16), nrow=4) ## 引數 nrow=4 表示界定矩陣為四個橫列
     [,1]  [,2]  [,3]  [,4]
[1,] "A"  "A"  "A"  "A"
[2,] "A"  "A"  "A"  "A"
[3,] "A"  "A"  "A"  "A"
[4,] "A"  "A"  "A"  "A"
> matrix(rep("A", 16), nrow=2) ##nrow=4 表示界定矩陣為二個橫列
     [,1] [,2]  [,3] [,4]  [,5] [,6] [,7]  [,8]
[1,] "A"  "A"  "A"  "A"  "A"  "A"  "A"  "A"
[2,] "A"  "A"  "A"  "A"  "A"  "A"  "A"  "A"
```

　　查詢矩陣的維度，可使用「**dim( )**」函數，維度呈現的參數第一個為橫列個數、第二個參數為直行個數。

```
> ma<-matrix(rep("A", 16), nrow=2)
> dim(ma)
[1] 2  8
##ma 矩陣是一個二個橫列、八個直行的矩陣或陣列
```

陣列包括橫列、直行，要求出橫列數值、直行數值參數可以使用 nrow( )、
ncol( ) 函數，length( ) 函數可以求出陣列中所有元素的個數。

```
> matrix(seq(1:20),ncol=5)
     [,1]  [,2]  [,3]  [,4]  [,5]
[1,]   1    5    9    13   17
[2,]   2    6    10   14   18
[3,]   3    7    11   15   19
[4,]   4    8    12   16   20
##ncol=5，表示界定陣列的直行為 5，陣列共有 20 個元素，橫列的數值
為 4
> ma<-matrix(seq(1:20),ncol=5)
> length(ma) ## 陣列共有 20 個元素
[1] 20
> ncol(ma);nrow(ma)
[1] 5
[1] 4
# 求出陣列物件 ma 的直行數與橫列數
```

矩陣物件中元素的表示為「陣列物件名稱 [i,j]」，「i」索引表示的是第 i
個橫列，「j」索引表示的是第 j 個直行。

```
> ma[3,2] # 求出第 3 橫列第 2 直行的陣列元素
[1] 7
> ma[1,] # 求出第 1 橫列的元素
[1] 1 5 9 13 17
> ma[,1] # 求出第 1 直行的元素
[1] 1 2 3 4
> ma[,3] # 求出第 3 直行的元素
[1] 9 10 11 12
```

物件名稱 [,n] 為陣列第 n 個直行元素，若以資料框架物件而言，則取出資料檔中第 n 個直行變數的內容。

上述陣列的運算式，也可以使用 **array( )** 函數，「**array( )**」函數的參數為「dim=c(i,j)」，表示陣列為 i 個橫列、j 個直行的矩陣。

```
> temp_m<-array(1:20,dim=c(4,5)) ## 界定 4×5 的陣列
>print(temp_m)
     [,1]  [,2]  [,3]  [,4]  [,5]
[1,]  1     5     9     13    17
[2,]  2     6     10    14    18
[3,]  3     7     11    15    19
[4,]  4     8     12    16    20
## 陣列為四個橫列五個直行的矩陣
```

以 colnames（矩陣物件名稱）界定直行的標題（變數名稱），範例五個直行變數名稱分別界定為「分數 1」、「分數 2」、「分數 3」、「分數 4」、「分數 5」。範例中主控台變數或陣列名稱設定為中文只便於讀者知悉，實際上 R 軟體在讀取包含中文變數的資料檔時，有時會產生錯誤。英文版主控台開啟的資料編輯器視窗會產生亂碼，因而研究者若要將資料檔匯入 R 軟體中進行統計分析，變數名稱最好「英文起始字母」，不要使用中文，其優點是便於之後統計分析各指令的鍵入與操作。

```
> col_t=c(" 分數 1"," 分數 2"," 分數 3"," 分數 4"," 分數 5")
> colnames(temp_m)<-(col_t)
> print(temp_m)
     分數 1   分數 2   分數 3   分數 4   分數 5
[1,]  1       5       9       13      17
[2,]  2       6       10      14      18
[3,]  3       7       11      15      19
[4,]  4       8       12      16      20
```

以 rownames( 矩陣物件名稱 ) 界定矩陣橫列的標題：

```
> obs<-c("st01","st02","st03","st04")
> rownames(temp_m)<-obs
> print(temp_m)
      分數 1  分數 2  分數 3  分數 4  分數 5
st01   1       5       9      13      17
st02   2       6      10      14      18
st03   3       7      11      15      19
st04   4       8      12      16      20
```

使用函數 **paste( )** 可以將文字與數值合併，或將文字與文字合併，**paste( )** 的語法為「paste（合併物件或文字 , sep="", collapse=NULL）」，引數 sep 設定文字串接時連接的符號，引數 collapse 界定是否合併為單一文字列表。

以迴圈建立 st01 至 st04 ，使用 **paste( )** 函數將文字串連：

編輯器視窗指令如下：

```
obs=""
for( i in 1:4)
obs<-paste(obs,"st0",i,sep="")
print(obs)
```

主控台中的視窗界面如下：

```
> obs=""
> for( i in 1:4)
+ obs<-paste(obs,"st0",i,sep="")
> print(obs)
[1] "st01st02st03st04"
```

以 **colnames( )** 函數與 **rownames( )** 函數可以查看陣列的直行標題與橫列標題名稱，增列索引數值可以查看索引對應的設定名稱。

```
> colnames(temp_m)
[1] " 分數 1" " 分數 2" " 分數 3" " 分數 4" " 分數 5"
> colnames(temp_m)[2] ## 查看直行第二個標題名稱
[1] " 分數 2"
> rownames(temp_m)
[1] "st01" "st02" "st03" "st04"
> rownames(temp_m)[1] ## 查看橫列中第一列的標題
[1] "st01"
```

使用 **paste( )** 函數與 **rownames( )** 函數直接替換橫列標題的名稱，R 編輯器視窗的指令列為：

```
obs=""          ## 界定一個空字串的變數
for( i in 1:4)  ## 迴圈的數值從 1 到 4
rownames(temp_m)[i]<-paste(obs," 學生 0",i,sep="")
print(temp_m)
```

R 主控台執行 R 編輯器指令列的視窗界面如下：

```
> obs=""
> for( i in 1:4)
+ rownames(temp_m)[i]<-paste(obs," 學生 0",i,sep="")
> print(temp_m)
       分數 1  分數 2  分數 3  分數 4  分數 5
學生 01    1       5       9      13      17
學生 02    2       6      10      14      18
學生 03    3       7      11      15      19
學生 04    4       8      12      16      20
```

使用 **as.data.frame( )** 函數將矩陣物件 temp_m 轉換為資料框架物件（資料檔型態）：

```
> temp.data<-as.data.frame(temp_m)
> print(temp.data)
         分數1  分數2  分數3  分數4  分數5
學生01    1      5      9      13     17
學生02    2      6      10     14     18
學生03    3      7      11     15     19
學生04    4      8      12     16     20
```

矩陣或陣列物件中的變數無法直接進行統計分析，資料框架物件或資料檔物件才可以進行統計分析程序，以第一直行變數名稱「分數1」為例，分別以資料框架物件 temp.data 與矩陣物件 temp_m 求平均數：

```
> mean(temp.data$ 分數 1)
[1] 2.5
> mean(temp_m$ 分數 1)
錯誤在 temp_m$ 分數 1 : $ operator is invalid for atomic vectors
```

資料框架物件中的變數「分數1」的平均數為2.5；矩陣直行第一個標題「分數1」無法進行平均數的運算。

資料框架物件 temp.data 中，進行每位學生前三個分數的加總，加總後的分數以新變數 sc3_1 作為資料框架物件 temp.data 的一個變數：

```
> temp.data$sc3_1<-(temp.data$ 分 數 1+temp.data$ 分 數 2+temp.data$ 分
數 3)
> print(temp.data)
          分數 1   分數 2   分數 3   分數 4   分數 5   sc3_1
學生 01    1       5        9        13       17       15
學生 02    2       6        10       14       18       18
學生 03    3       7        11       15       19       21
學生 04    4       8        12       16       20       24
```

同樣的程序應用於矩陣物件 temp_m 中會出現錯誤，無法進行每個橫列前三個直行數值的加總：

```
> temp_m$sc3_1<-(temp_m$ 分數 1+temp_m$ 分數 2+temp_m$ 分數 3)
錯誤在 temp_m$ 分數 1 : $ operator is invalid for atomic vectors
```

array 函數與 seq 函數的組合應用中，**seq( )** 函數產生 1 至 20 的數值，這些數值依序排列為 4 列 5 行的陣列：

```
>( ma2<-array(seq(1,20,by=1),dim=c(4,5)) )
     [,1]  [,2]  [,3]  [,4]  [,5]
[1,]  1     5     9     13    17
[2,]  2     6     10    14    18
[3,]  3     7     11    15    19
[4,]  4     8     12    16    20
```

索引矩陣的應用如：

```
> varx<-array(1:20,dim=c(4,5))  ## 界定 4×5 陣列
> i<-array(c(1:3,4:2),dim=c(3,2)) ## 界定 3×2 陣列
> print(varx)
     [,1] [,2] [,3] [,4] [,5]
[1,]  1    5    9   13   17
[2,]  2    6   10   14   18
[3,]  3    7   11   15   19
[4,]  4    8   12   16   20
> print(i)   ##3×2 陣列元素
     [,1] [,2]
[1,]  1    4
[2,]  2    3
[3,]  3    2
> varx[i]
[1] 13  10   7
> print(varx)
     [,1] [,2] [,3] [,4] [,5]
[1,]  1    5    9   13   17
[2,]  2    6   10   14   18
[3,]  3    7   11   15   19
[4,]  4    8   12   16   20
> varx[i]<-60 ## 矩陣元素 (1,4)、(2,3)、(3,2) 內容以數值 60 取代
> print(varx)
     [,1] [,2] [,3] [,4] [,5]
[1,]  1    5    9   60   17
[2,]  2    6   60   14   18
[3,]  3   60   11   15   19
[4,]  4    8   12   16   20
```

如果陣列是一個正方形矩陣 (i=j)，可以利用「**det( )**」函數求出矩陣的行列式數值（determinant）、利用 **eigen( )** 函數求出矩陣的特徵值（eigenvalues）與特徵向量（eigenvectors）。

```
> ma<-array(seq(1:9),dim=c(3,3));ma
     [,1] [,2] [,3]
[1,]   1    4    7
[2,]   2    5    8
[3,]   3    6    9
> det(ma)
[1] 0
> eigen(ma)
$values
[1]  1.611684e+01 -1.116844e+00 -5.700691e-16
$vectors
           [,1]        [,2]        [,3]
[1,] -0.4645473  -0.8829060   0.4082483
[2,] -0.5707955  -0.2395204  -0.8164966
[3,] -0.6770438   0.4038651   0.4082483
```

## 參 遺漏值的排除與置換

遺漏值（missing value）是受試者沒有勾選或填答的題項，原始資料檔鍵入資料時，對於沒有作答的題項會以空白表示（或以 NA 代替）。空白資料匯入 R 軟體後會以內定的遺漏值符號 NA 取代。

在統計分析程序有時會將變數中有遺漏值觀察值（向量元素）排除，以有效填答資料作為標的資料檔，此時，可使用函數 **na.omit( )** 或 **na.exclude( )** 將遺漏值排除。直行變數若有遺漏值，無法進行參數估計值的計算。

範例有八位樣本觀察值，二位學生沒有成績，可以使用 **length( )** 函數計算

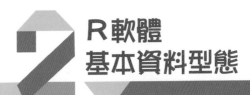
樣本個數，但使用加總 **sum( )** 函數、平均數 **mean( )** 函數、標準差 **sd( )** 函數等計算樣本估計值均出現 NA。

```
> score<-c(9,5,4,3,NA,8,1,NA)
> length(score)
[1] 8
> sum(score)
[1] NA
> mean(score)
[1] NA
> sd(score)
[1] NA
```

使用函數 **na.omit( )** 排除有遺漏值的元素：

```
> y=c(2,5,8,9,10,NA,12,NA)    ##y 向量元素中有二個遺漏值
> ny<-na.omit(y)     ## 以 na.omit() 函數排除遺漏值
> print(ny)
[1]  2  5  8  9 10 12
attr(,"na.action")   ## attr 函數中的引數為 "na.action"
[1] 6 8
attr(,"class")
[1] "omit"
```

使用 **na. exclude( )** 函數排除遺漏值：

```
> ny_1<-na.exclude(y)
> print(ny_1)
[1]  2  5  8  9  10  12
attr(,"na.action")
[1] 6 8
attr(,"class")
[1] "exclude"
```

向量元素中第六個與第八個為遺漏值，排除後有效個數為 6，未排除前的個數為 8。

```
> length(y);length(ny);length(ny_1)
[1] 8
[1] 6
[1] 6
```

原資料檔中建於試算表中的內容如下，空白儲存格表示觀察值沒有作答的題項，空白表示，資料檔匯入 R 軟體視窗中，空白資料為遺漏值，資料檔物件以 R 軟體預設值「NA」表示（R 軟體內設的遺漏值為 NA）。

|   | A | B | C | D | E | F | G | H |
|---|---|---|---|---|---|---|---|---|
| 1 | num | sex | b01 | b02 | b03 | b04 | b05 | b06 |
| 2 | s01 | 男 | 5 | 6 | 9 | 8 | 10 | 8 |
| 3 | s02 | 男 | 2 | 3 | 3 | 4 | 5 | 9 |
| 4 | s03 | 女 | 7 | 6 |  |  | 6 | 5 |
| 5 | s04 | 男 | 2 |  | 5 | 3 | 4 | 8 |
| 6 | s05 | 女 | 3 |  |  | 3 | 8 | 7 |
| 7 | s06 | 女 | 5 | 5 | 6 | 7 | 6 | 6 |
| 8 | s07 | 女 | 4 | 3 | 5 | 9 | 7 | 5 |
| 9 | s08 | 女 | 2 | 3 | 4 | 5 | 6 | 10 |

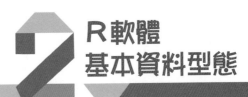

　　原始資料檔檔名為試算表建檔之 CSV 檔案「nadata.csv」，資料檔讀入 R
軟體後分派給物件 nada，資料檔物件中遺漏值（原先空白未作答的題項，或遺
漏的數值）以內定符號「NA」表示。資料檔所在位置在 D 磁碟機中的 R 資料
夾下，執行功能表列「檔案」/「變更現行目錄」程序，先設定資料檔儲存的位置。
使用 **read.csv( )** 函數讀取資料檔：

```
> nada<-read.csv("nadata.csv",header=T)
> nada
  num sex  b01 b02 b03 b04 b05 b06
1 s01   男   5   6   9   8  10   8
2 s02   男   2   3   3   4   5   9
3 s03   女   7   6  NA  NA   6   5
4 s04   男   2  NA   5   3   4   8
5 s05   女   3  NA  NA   3   8   7
6 s06   女   5   5   6   7   6   6
7 s07   女   4   3   5   9   7   5
8 s08   女   2   3   4   5   6  10
```

利用 **na.omit( )** 函數排除有遺漏值的觀察值：

```
> omda<-na.omit(nada)
> omda
  num sex  b01 b02 b03 b04 b05 b06
1 s01   男   5   6   9   8  10   8
2 s02   男   2   3   3   4   5   9
6 s06   女   5   5   6   7   6   6
7 s07   女   4   3   5   9   7   5
8 s08   女   2   3   4   5   6  10
```

　　函數 **is.na( )** 可以呈現向量元素中那些元素為遺漏值，若為遺漏值會出現「TRUE」，若元素非遺漏值會呈現「FALSE」：

```
> is.na(nada)
        num    sex    b01    b02    b03    b04    b05    b06
[1,] FALSE FALSE FALSE FALSE FALSE FALSE FALSE FALSE
[2,] FALSE FALSE FALSE FALSE FALSE FALSE FALSE FALSE
[3,] FALSE FALSE FALSE FALSE TRUE  TRUE  FALSE FALSE
[4,] FALSE FALSE FALSE TRUE  FALSE FALSE FALSE FALSE
[5,] FALSE FALSE FALSE TRUE  TRUE  FALSE FALSE FALSE
<略>
```

　　使用 which 函數，配合 **is.na( )** 遺漏值函數進行邏輯條件判別，可以查看變數中第幾筆資料為遺漏值，以變數索引 4（變數名稱 b02）為例，變數索引 4（變數名稱 b02）的遺漏值為樣本觀察值 4 與 5，邏輯條件的判別為「選取直行變數內容是遺漏值者的元素」。

```
> temp4.nada<-which(is.na(nada[,4]==TRUE))
> temp4.nada
[1] 4  5
```

變數索引 5（變數名稱 b03）的遺漏值為樣本觀察值 3 與 5。

```
> temp5.nada<-which(is.na(nada[,5]==TRUE))
> temp5.nada
[1] 3  5
```

變數索引 6（變數名稱 b04）的遺漏值為樣本觀察值 3：

```
> temp6.nada<-which(is.na(nada[,6]==TRUE))
> temp6.nada
[1] 3
```

　　使用負數索引參數可以把某個變數中的遺漏值觀察值排除保留（邏輯條件為假的樣本觀察值，邏輯條件為假表示直行變數內容不是遺漏值），範例為排除變數索引 4（變數名稱 b02）中樣本觀察值的內容為遺漏值後的資料框架內容：

```
> new4.data<-nada[-temp4.nada,]
> new4.data
  num sex  b01  b02  b03 b04 b05 b06
1 s01  男   5    6    9   8  10   8
2 s02  男   2    3    3   4   5   9
3 s03  女   7    6   NA  NA   6   5
6 s06  女   5    5    6   7   6   6
7 s07  女   4    3    5   9   7   5
8 s08  女   2    3    4   5   6  10
```

　　變數索引的數值為正值，保留邏輯條件為真的樣本觀察值，範例為保留變數索引 4（變數名稱為 b02）中樣本觀察值的內容為遺漏值的資料框架內容：

```
> new4m.data<-nada[temp4.nada,]
> new4m.data
  num sex  b01 b02 b03  b04 b05 b06
4 s04  男   2  NA   5    3   4   8
5 s05  女   3  NA  NA    3   8   7
```

由於 new4.data 資料框架中的變數 b02 沒有遺漏值，可以使用 **mean( )** 函數求出六位有效觀察值的樣本平均數估計值，平均數參數取到小數第一位 =4.3。

```
> in.mean<-round(mean(new4.data$b02),1)
> in.mean
[1] 4.3
```

使用 **is.na( )** 函數篩選變數 b02 中有遺漏值的觀察值，條件物件名稱界定為 cond。

```
> cond=which(is.na(nada$b02==TRUE))
> cond
[1] 4  5
```

將有效觀察值求得的平均數 4.3 置換於遺漏值的觀察值樣本中。

```
> nada$b02[cond]<-in.mean
> nada
  num sex b01 b02 b03  b04 b05 b06
1 s01  男  5  6.0  9    8  10   8
2 s02  男  2  3.0  3    4   5   9
3 s03  女  7  6.0 NA   NA   6   5
4 s04  男  2  4.3  5    3   4   8
5 s05  女  3  4.3 NA    3   8   7
6 s06  女  5  5.0  6    7   6   6
7 s07  女  4  3.0  5    9   7   5
8 s08  女  2  3.0  4    5   6  10
```

置換資料框架 b03 變數中遺漏值的程序為：

```
> cond=which(is.na(nada$b03==TRUE))
> new5.data<-nada[-cond,]
> in.mean<-round(mean(new5.data$b03),1)
> nada$b03[cond]<-in.mean
> nada
```

| num | sex | b01 | b02 | b03 | b04 | b05 | b06 |
|-----|-----|-----|-----|-----|-----|-----|-----|
| 1 s01 | 男 | 5 | 6.0 | 9.0 | 8 | 10 | 8 |
| 2 s02 | 男 | 2 | 3.0 | 3.0 | 4 | 5 | 9 |
| 3 s03 | 女 | 7 | 6.0 | 5.3 | NA | 6 | 5 |
| 4 s04 | 男 | 2 | 4.3 | 5.0 | 3 | 4 | 8 |
| 5 s05 | 女 | 3 | 4.3 | 5.3 | 3 | 8 | 7 |
| 6 s06 | 女 | 5 | 5.0 | 6.0 | 7 | 6 | 6 |
| 7 s07 | 女 | 4 | 3.0 | 5.0 | 9 | 7 | 5 |
| 8 s08 | 女 | 2 | 3.0 | 4.0 | 5 | 6 | 10 |

置換資料框架物件 nada 中的變數 b04 遺漏值的程序為：

```
> cond=which(is.na(nada$b04==TRUE))
> new6.data<-nada[-cond,]
> in.mean<-round(mean(new6.data$b04),1)
> nada$b04[cond]<-in.mean
```

上述語法函數撰寫於 R 編輯器視窗的完整指令如下：

```
cond=which(is.na(nada$b02==TRUE))  ## 置換變數 b02 的遺漏值
new2.data<-nada[-cond,]
in.mean<-round(mean(new2.data$b02),1)
nada$b02[cond]<-in.mean
cond=which(is.na(nada$b03==TRUE))   ## 置換變數 b03 的遺漏值
new5.data<-nada[-cond,]
in.mean<-round(mean(new5.data$b03),1)
nada$b03[cond]<-in.mean
cond=which(is.na(nada$b04==TRUE))   ## 置換變數 b04 的遺漏值
new6.data<-nada[-cond,]
in.mean<-round(mean(new6.data$b04),1)
nada$b04[cond]<-in.mean
print.data.frame(nada)
```

R 主控台中執行 R 編輯器視窗之命令列結果的視窗界面為：

```
R Console
> cond=which(is.na(nada$b02==TRUE))
> new2.data<-nada[-cond,]
> in.mean<-round(mean(new2.data$b02),1)
> nada$b02[cond]<-in.mean
> cond=which(is.na(nada$b03==TRUE))
> new5.data<-nada[-cond,]
> in.mean<-round(mean(new5.data$b03),1)
> nada$b03[cond]<-in.mean
> cond=which(is.na(nada$b04==TRUE))
> new6.data<-nada[-cond,]
> in.mean<-round(mean(new6.data$b04),1)
> nada$b04[cond]<-in.mean
> print.data.frame(nada)
  num sex b01 b02 b03 b04 b05 b06
1 s01  男   5 6.0 9.0 8.0  10   8
2 s02  男   2 3.0 3.0 4.0   5   9
3 s03  女   7 6.0 5.3 5.6   6   5
4 s04  男   2 4.3 5.0 3.0   4   8
5 s05  女   3 4.3 5.3 3.0   8   7
6 s06  女   5 5.0 6.0 7.0   6   6
7 s07  女   4 3.0 5.0 9.0   7   5
8 s08  女   2 3.0 4.0 5.0   6  10
```

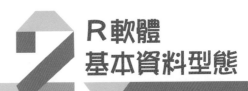

函數 **is.na( )** 配合 **sum( )** 函數可以求出資料檔物件中全部有多少個遺漏值 ( 結果為「TRUE」的總個數 )：

```
> sum(is.na(nada))   ## 資料檔物件 nada 的遺漏值個數全部有五個
[1] 5
> sum(is.na(omda)) ## 資料檔物件 omda 的遺漏值個數全部有 0 個
[1] 0
```

**Is.na( )** 函數配合 **sapply( )** 函數可以計算資料檔中各直行變數遺漏值的個數 (number of missing values)(Maindonald, 2008)：

```
> sapply(nada,function(x)su=sum(is.na(x)))
num sex  b01  b02 b03 b04 b05  b06
 0   0    0    2   2   1   0    0
```

變項 b02、b03 的遺漏值個數各有二個，變項 b04 的遺漏值個數有一個，其餘變數沒有遺漏值。

使用 **sapply( )** 函數也可以求出資料框架物件中的變數那些是因子變數，資料框架內容為：

```
> ob1<-c(" 男 "," 一年級 ",67,75,84)
> ob2<-c(" 女 "," 二年級 ",85,65,92)
> ob3<-c(" 女 "," 一年級 ",98,84,75)
> ob4<-c(" 男 "," 一年級 ",65,58,62)
> oball<-rbind(ob1,ob2,ob3,ob4)
> col_t=c("sex","year","sc1","sc2","sc3")
> colnames(oball)<-(col_t)
> print(as.data.frame(oball))
    sex  year  sc1 sc2 sc3
ob1 男 一年級 67  75  84
ob2 女 二年級 85  65  92
ob3 女 一年級 98  84  75
ob4 男 一年級 65  58  62
```

使用 **as.data.frame( )** 函數將陣列物件 oball 轉換為資料框架物件，使用 **as.numeric( )** 函數將變數 sc1、sc2、sc3 轉換為數值類型變數：

```
> oball<-as.data.frame(oball)
> oball$sc1<-as.numeric(oball$sc1)
> oball$sc2<-as.numeric(oball$sc2)
> oball$sc3<-as.numeric(oball$sc3)
```

使用 sapply（資料框架物件 ,is.factor）函數檢核那些直行變數是因子變數（factor）：

```
> sapply(oball,is.factor)
  sex    year    sc1    sc2    sc3
 TRUE  TRUE  FALSE  FALSE FALSE
```

直行變數輸出結果為真（TRUE）表示變數類型為因子變數，輸出結果為假（FALSE）表示變數類型不是因子變數。

範例函數語法界定：如果直行變數類型為因子變數則輸出水準個數，若是變數類型不是因子變數則回傳數值 0，表示不是因子變數。

```
> sapply(oball,function(x) if(!is.factor(x)) return(0) else length(levels(x)))
 sex  year  sc1  sc2  sc3
  2    2    0    0    0
```

性別（sex）、年級（year）二個因子變數的水準數值均為 2，其餘三個變數非因子變數。

## 肆 使用變數索引置換遺漏值

資料檔「mis_data.csv」的資料內容如下，受試者有 20 位，在 13 題項的作答情形如下（量表型態為李克特五點量表，題項的測量值介於 1 至 5），受試者對應的題項變數空白，表示受試者沒有勾選或未作答。

| STID | I1 | I2 | I3 | I4 | I5 | I6 | I7 | I8 | I9 | I10 | I11 | I12 | I13 |
|------|----|----|----|----|----|----|----|----|----|-----|-----|-----|-----|
| st01 | 3 | 4 | 3 | 4 | 1 | 2 | 2 | 1 | 4 | 2 | 5 | 5 | 4 |
| st02 |   | 1 | 1 | 1 | 1 | 1 | 1 | 1 | 5 | 2 | 5 | 5 | 5 |
| st03 | 5 |   | 1 | 1 | 2 | 2 | 1 | 2 | 1 | 1 | 5 | 5 | 5 |
| st04 | 1 | 2 |   | 2 | 1 | 2 | 2 | 2 | 3 | 2 | 3 | 2 | 3 |
| st05 | 1 | 1 | 1 |   | 1 | 1 | 1 | 1 | 1 | 5 | 5 | 5 | 1 |
| st06 | 3 | 2 | 5 | 1 |   | 1 | 1 | 1 | 2 | 2 | 5 | 5 | 2 |
| st07 | 1 | 1 | 3 | 2 | 3 |   | 2 | 2 | 3 | 2 | 3 | 4 | 3 |
| st08 | 2 | 2 | 1 | 1 | 1 | 2 |   | 1 | 2 | 1 | 4 | 5 | 5 |
| st09 | 2 | 5 | 2 | 4 | 2 | 1 | 1 |   | 2 | 5 | 5 | 5 | 2 |
| st10 | 2 | 5 | 2 | 4 | 2 | 1 | 1 | 1 |   | 5 | 5 | 5 | 2 |
| st11 |   | 3 | 2 | 2 | 2 | 2 | 2 | 2 | 2 |   | 3 | 3 | 3 |
| st12 | 2 | 2 | 2 | 3 | 2 | 2 | 3 | 3 | 2 | 3 |   | 3 | 2 |
| st13 | 2 | 2 | 4 | 1 | 2 | 2 | 1 | 1 | 4 | 2 | 4 |   | 3 |
| st14 | 1 | 1 | 1 | 3 | 1 | 1 | 1 | 1 | 2 | 2 | 4 | 4 |   |
| st15 | 5 | 5 | 5 | 1 |   | 1 | 1 | 1 | 4 | 4 | 4 | 5 | 4 |
| st16 | 3 | 3 | 3 | 2 | 2 | 3 | 3 | 3 | 2 | 1 | 5 |   | 4 |
| st17 | 1 | 2 | 4 | 1 | 1 | 1 | 1 | 2 | 3 |   | 2 | 2 | 5 |
| st18 | 2 | 1 | 1 | 2 | 2 | 2 | 2 | 2 | 2 | 2 | 2 | 2 | 2 |
| st19 | 2 | 1 | 1 | 1 | 1 | 1 | 1 | 1 | 4 | 5 | 5 | 3 | 2 |
| st20 | 1 | 1 | 3 | 2 | 2 | 1 | 1 | 2 | 3 | 5 | 5 | 5 |   |

資料檔匯入 R 軟體後的資料框架物件設為 mdata。

```
> mdata<-read.csv("mis_data.csv",header=T)
> print.data.frame(mdata)
```

|    | STID | I1 | I2 | I3 | I4 | I5 | I6 | I7 | I8 | I9 | I10 | I11 | I12 | I13 |
|----|------|----|----|----|----|----|----|----|----|----|-----|-----|-----|-----|
| 1  | st01 | 3  | 4  | 3  | 4  | 1  | 2  | 2  | 1  | 4  | 2   | 5   | 5   | 4   |
| 2  | st02 | NA | 1  | 1  | 1  | 1  | 1  | 1  | 1  | 5  | 2   | 5   | 5   | 5   |
| 3  | st03 | 5  | NA | 1  | 1  | 2  | 2  | 1  | 2  | 1  | 1   | 5   | 5   | 5   |
| 4  | st04 | 1  | 2  | NA | 2  | 1  | 2  | 2  | 2  | 3  | 2   | 3   | 2   | 3   |
| 5  | st05 | 1  | 1  | 1  | NA | 1  | 1  | 1  | 1  | 1  | 5   | 5   | 5   | 1   |
| 6  | st06 | 3  | 2  | 5  | 1  | NA | 1  | 1  | 1  | 2  | 2   | 5   | 5   | 2   |
| 7  | st07 | 1  | 1  | 3  | 2  | 3  | NA | 2  | 2  | 3  | 2   | 3   | 4   | 3   |
| 8  | st08 | 2  | 2  | 1  | 1  | 2  | 2  | NA | 1  | 2  | 1   | 4   | 5   | 5   |
| 9  | st09 | 2  | 5  | 2  | 4  | 2  | 1  | 1  | NA | 2  | 5   | 5   | 5   | 2   |
| 10 | st10 | 2  | 5  | 2  | 4  | 2  | 1  | 1  | 1  | NA | 5   | 5   | 5   | 2   |
| 11 | st11 | NA | 3  | 2  | 2  | 2  | 2  | 2  | 2  | 2  | NA  | 3   | 3   | 3   |
| 12 | st12 | 2  | 2  | 2  | 3  | 2  | 3  | 3  | 2  | 3  | NA  | 3   | 2   |     |
| 13 | st13 | 2  | 2  | 4  | 1  | 2  | 2  | 1  | 1  | 4  | 2   | 4   | NA  | 3   |
| 14 | st14 | 1  | 1  | 1  | 3  | 1  | 1  | 1  | 1  | 2  | 2   | 4   | 4   | NA  |
| 15 | st15 | 5  | 5  | 5  | 1  | NA | 1  | 1  | 1  | 4  | 4   | 4   | 5   | 4   |
| 16 | st16 | 3  | 3  | 3  | 2  | 2  | 3  | 3  | 3  | 2  | 1   | 5   | 4   | 4   |
| 17 | st17 | 1  | 2  | 4  | 1  | 1  | 1  | 1  | 2  | 3  | NA  | 2   | 2   | 5   |
| 18 | st18 | 2  | 1  | 2  | 2  | 2  | 2  | 2  | 2  | 2  | 2   | 2   | 2   | 2   |
| 19 | st19 | 2  | 1  | 1  | 1  | 1  | 1  | 1  | 4  | 5  | 5   | 5   | 3   | 2   |
| 20 | st20 | 1  | 1  | 3  | 2  | 2  | 1  | 1  | 2  | 3  | 5   | 5   | 5   | NA  |

原資料檔中受試者未勾選的題項（空白元素）會自動以 NA 符號表示，NA 符號表示的是對應元素為遺漏值。

求出原始資料框架（原始資料檔）物件 rmdata 中各題項變數有效觀察值個數與排除遺漏值後的樣本平均數。直接使用函數與指定變數名稱求出第 1 題 I1

有效觀察值個數與平均數：

```
> round(mean(na.omit(I1)),2)
[1] 2.17
> length(na.omit(I1))
[1] 18
```

使用迴圈與變數索引求出 13 個題項之有效樣本數與題項平均數，R 編輯器視窗指令列為：

```
mdata<-read.csv("mis_data.csv",header=T)
rmdata<-data.frame(mdata)
attach(rmdata)
for( i in 2:14)
{
cat(names(rmdata[i]),"M=",round(mean(na.omit(rmdata[,i])),2),"
N=",length(na.omit(rmdata[,i])),"\n")
}
```

指令列以 **cat( )** 函數結合變數名稱與參數估計值的輸出。

指令 names(rmdata[i]) 為使用函數 **names( )** 輸出索引對應的變數名稱。

指令 round(mean(na.omit(rmdata[,i])),2) 界定求出排除遺漏值後變數的平均數。

指令 length(na.omit(rmdata[,i])) 界定求出排除遺漏值後有效觀察值個數。

引數 "\n" 表示隔行顯示。

R 主控台執行 R 編輯器指令列結果為：

```
> for( i in 2:14)
+ {
+ cat(names(rmdata[i]),"M=",round(mean(na.omit(rmdata[,i])),2),"N=",length
(na.omit(rmdata[,i])),"\n")
+ }
I1 M= 2.17  N= 18
I2 M= 2.32  N= 19
I3 M= 2.37  N= 19
I4 M= 2     N= 19
I5 M= 1.61  N= 18
I6 M= 1.53  N= 19
I7 M= 1.47  N= 19
I8 M= 1.58  N= 19
I9 M= 2.68   N= 19
I10 M= 2.83  N= 18
I11 M= 4.16  N= 19
I12 M= 4.05  N= 19
I13 M= 3.17  N= 18
```

使用 **na.omit( )** 函數排除樣本觀察值（或受試者）有未勾選的題項變數：

```
> no.mdata<-na.omit(mdata)
> print.data.frame(no.mdata)
   STID I1 I2 I3 I4 I5 I6 I7 I8 I9 I10 I11 I12 I13
 1 st01  3  4  3  4  1  2  2  1  4   2   5   5   4
16 st16  3  3  3  2  2  3  3  3  2   1   5   4   4
18 st18  2  1  1  2  2  2  2  2  2   2   2   2   2
19 st19  2  1  1  1  1  1  1  1  4   5   5   3   2
```

　　有效樣本數只剩 4 個。在問卷調查程序中，若是抽取的樣本數很多，只挑選受試者在所有題項都有勾選或作答的樣本，對之後的統計分析沒有影響。若是抽取的樣本數不多或研究的母群體是特殊群體，受試者只有在一、二題沒有作答或勾選，就直接捨棄不用，可能會造成統計分析的樣本數不足。

　　若是受試者在問卷填答或勾選中，只有一題或二題沒有作答，可以使用平均數置換法來置換對應的遺漏值，以平均數置換法操作較為簡易，對樣本平均數估計值的影響偏誤甚小。

```
> sapply(mdata,function(x)su=sum(is.na(x)))
STID  I1  I2  I3  I4  I5  I6  I7  I8  I9  I10  I11  I12  I13
   0   2   1   1   1   2   1   1   1   1    2    1    1    2
```

　　使用 **sapply( )** 函數檢核每個變數的遺漏值個數，有四個題項二位受試者未作答、有九個題項均只有一位受試者未作答。

　　使用變數索引配合指令列，以有效樣本數之測量值的平均數置換遺漏值。

　　R 編輯器視窗界面的指令語法為：

```
rmdata<-data.frame(mdata)
attach(rmdata)
for( i in 2:14)
{
 cond=which(is.na(rmdata[[i]]==TRUE))
 nodata<-rmdata[-cond,]
 in.mean<-round(mean(nodata[[i]]),1)
 rmdata[[i]][cond]<-in.mean
}
print.data.frame(rmdata)
```

　　指令列 rmdata<-data.frame(mdata) 表示複製一個資料框架物件，新的資料框架物件名稱為 rmdata。

指令列 attach(rmdata) 界定資料框架物件 rmdata 依附在 R 主控台中。

指令列 for( i in 2:14) 設定變數索引從 2 到 14，變數索引 1 為學生編號，13 個題項變數的索引從第 2 個至第 14 個。

指令列 cond=which(is.na(rmdata[[i]]==TRUE)) 設定變數中有遺漏值的元素。

指令列 nodata<-rmdata[-cond,] 界定沒有遺漏值的觀察值存入 nodata 物件。

指令列 in.mean<-round(mean(nodata[[i]]),1) 求出變數有效觀察值的平均數。

指令列 rmdata[[i]][cond]<-in.mean 界定以平均數置換對應的變數遺漏值元素。

R 控制台執行 R 編輯器視窗指令列結果如下：

```
> rmdata<-data.frame(mdata)
> attach(rmdata)
The following objects are masked from rmdata (pos = 3):
    I1, I10, I11, I12, I13, I2, I3, I4, I5, I6, I7, I8, I9, STID
> for( i in 2:14)
+ {
+ cond=which(is.na(rmdata[[i]]==TRUE))
+ nodata<-rmdata[-cond,]
+ in.mean<-round(mean(nodata[[i]]),1)
+ rmdata[[i]][cond]<-in.mean
+ }
> print.data.frame(rmdata)
```

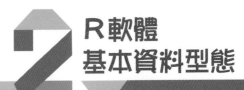

R 主控台輸出 rmdata 資料框架內容界面為：

```
R R Console
> print.data.frame(rmdata)
   STID  I1  I2  I3  I4  I5  I6  I7  I8  I9 I10 I11 I12 I13
1  st01 3.0 4.0 3.0   4 1.0 2.0 2.0 1.0 4.0 2.0 5.0 5.0 4.0
2  st02 2.2 1.0 1.0   1 1.0 1.0 1.0 1.0 5.0 2.0 5.0 5.0 5.0
3  st03 5.0 2.3 1.0   1 2.0 2.0 1.0 2.0 1.0 1.0 5.0 5.0 5.0
4  st04 1.0 2.0 2.4   2 1.0 2.0 2.0 2.0 3.0 2.0 3.0 2.0 3.0
5  st05 1.0 1.0 1.0   2 1.0 1.0 1.0 1.0 5.0 5.0 5.0 5.0 1.0
6  st06 3.0 2.0 5.0   1 1.6 1.0 1.0 1.0 2.0 2.0 5.0 5.0 2.0
7  st07 1.0 1.0 3.0   2 3.0 1.5 2.0 2.0 3.0 2.0 3.0 4.0 3.0
8  st08 2.0 2.0 1.0   1 1.0 2.0 1.5 1.0 2.0 1.0 4.0 5.0 5.0
9  st09 2.0 5.0 2.0   4 2.0 1.0 1.0 1.6 2.0 5.0 5.0 5.0 2.0
10 st10 2.0 5.0 2.0   4 2.0 1.0 1.0 1.0 2.7 5.0 5.0 5.0 2.0
11 st11 2.2 3.0 2.0   2 2.0 2.0 2.0 2.0 2.0 2.8 3.0 3.0 3.0
12 st12 2.0 2.0 2.0   3 2.0 2.0 3.0 3.0 2.0 3.0 4.2 3.0 2.0
13 st13 2.0 2.0 4.0   1 2.0 2.0 1.0 1.0 4.0 2.0 4.0 4.1 3.0
14 st14 1.0 1.0 1.0   3 1.0 1.0 1.0 1.0 2.0 2.0 4.0 4.0 3.2
15 st15 5.0 5.0 5.0   1 1.6 1.0 1.0 1.0 4.0 4.0 4.0 5.0 4.0
16 st16 3.0 3.0 3.0   2 2.0 3.0 3.0 3.0 2.0 1.0 5.0 4.0 4.0
17 st17 1.0 2.0 4.0   1 1.0 1.0 1.0 2.0 3.0 2.8 2.0 2.0 5.0
18 st18 2.0 1.0 1.0   2 2.0 2.0 2.0 2.0 2.0 2.0 2.0 2.0 2.0
19 st19 2.0 1.0 1.0   1 1.0 1.0 1.0 1.0 4.0 5.0 5.0 3.0 2.0
20 st20 1.0 1.0 3.0   2 2.0 1.0 1.0 2.0 3.0 5.0 5.0 5.0 3.2
```

求出量表 13 個題項的平均數，R 編輯器視窗指令列為：

```
attach(rmdata)
for( i in 2:14)
cat(names(rmdata[i]),"M=",round(mean(rmdata[,i]),2),"\n")
```

R 控制台執行 R 編輯器指令列的結果為：

```
> for( i in 2:14)
+ cat(names(rmdata[i]),"M=",round(mean(rmdata[,i]),2),"\n")
I1 M= 2.17
I2 M= 2.31
I3 M= 2.37
I4 M= 2
I5 M= 1.61
I6 M= 1.52
I7 M= 1.48
I8 M= 1.58
I9 M= 2.68
I10 M= 2.83
I11 M= 4.16
I12 M= 4.05
I13 M= 3.17
```

變數類型如為因子變數（間斷變數），不能使用平均數置換遺漏值，最好使用眾數置換。

 # 伍 常態機率分配函數

rnorm(n,0,1) 隨機抽取 n 個常態分配 N(0,1)（平均數等於 0、標準差 =1 的標準分數）下的隨機亂數。

隨機出現 10 個 N(0,1) 的隨機亂數：

```
> rnorm(10,0,1)
 [1] -0.14835050 -1.36302199 -0.01902104  1.02162860  0.56202350
      0.02071939
 [7]  1.13366042 -0.92094923  1.04302482  0.85472528
```

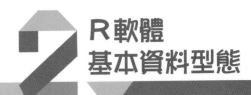

如果隨機抽取的 n 個數愈大，則隨機亂數值繪製的直方圖愈會接近常態分配：

```
> hist(rnorm(1000,0,1))
```

函數 hist( ) 功能可以繪製直方圖，有關函數用法與引數設定，後面的章節有詳細介紹。

產生平均數為 50、標準差等於 10 的隨機亂數 10 個：

```
> rnorm(10,50,10)
 [1] 46.20567  56.64375  50.39581  22.84627  44.00146  34.37288  64.87009
     58.08780
 [9] 37.88737  45.46788
```

以小寫 r 為開頭的函數簡稱可以產生對應函數的隨機亂數，如 **runif( )** 產生均勻分配隨機亂數、**rbinom( )** 產生二項分配隨機亂數。

```
> runif(10,-5,5)     ## 產生 10 個介於 -5 至 +5 之間的均勻分配隨機亂數
 [1] -2.6660813  0.3003812 -4.8133863 -1.9436467 -1.0614173  1.5225933
 [7] -1.4558661  0.8442476 -2.1846432  4.6284941
> rbinom(10,6,0.5) ## 產生 10 個二項分配隨機亂數
 [1] 2 4 3 2 2 4 4 1 4 5
```

dnorm(x,0,1) 計算常態分配 N(0,1) 下之機率密度函數的數值。

　　以機率密度函數計算常態分配曲線下的 Z 值為 −3、−2、−1、0、1、2、3 時之曲線高度：

```
> round(dnorm(seq(-3,+3,1)),4)
[1] 0.0044    0.0540    0.2420    0.3989    0.2420    0.0540    0.0044
```

　　Z 值 =0 時，常態分配曲線高度 =0.3989（曲線最高點），Z 值絕對值 =1 時，常態分配曲線高度 =0.2420、Z 值絕對值 =2 時，常態分配曲線高度 =0.0540、Z 值絕對值 =3 時，常態分配曲線高度 =0.0044。

　　上述 **seq( )** 函數可以呈現有規則變化的系列數值，第一個引數為起始數值、第二個引數為結束數值、第三個引數為變化情形：

```
> seq(-3,3,1)        ## 遞增變化，數值增加 1
[1] -3 -2 -1  0  1  2  3
> seq(3,-3,-1)   ## 遞減變化，數值減少 1
[1]   3   2   1   0 -1 -2 -3
```

　　pnorm(x,0,1) 計算常態分配 N(0,1) 下之累積機率函數值 (cumulative distribution function，簡稱 [CDF])。

```
> pnorm(1.96)
[1] 0.9750021
```

　　Z 值 =+1.96 時，累積機率函數值約 0.975。

```
> round(pnorm(2.58),4)
[1] 0.9951
```

　　Z 值 =+2.58 時，累積機率函數值約 0.995。

Z值=−3、−2、−1、0、1、2、3時,常態曲線下累積的曲線面積:

> round(pnorm(seq(-3,+3,1)),4)
[1] 0.0013  0.0228  0.1587  0.5000  0.8413  0.9772  0.9987

$\mu-3\sigma$ 時,常態曲線下累積的曲線面積 =0.0013;$\mu-2\sigma$ 時,常態曲線下累積的曲線面積 =0.0228;$\mu-1\sigma$ 時,常態曲線下累積的曲線面積 =0.1587;$\mu$=0 時,常態曲線下累積的曲線面積 =0.5000;$\mu+1\sigma$ 時,常態曲線下累積的曲線面積 =0.8413;$\mu+2\sigma$ 時,常態曲線下累積的曲線面積 =0.9772;$\mu+3\sigma$ 時,常態曲線下累積的曲線面積 =0.9987。

常態分配曲線下,得分在 $\mu\pm1\sigma$ 間的總面積約 0.6827:

> pnorm(+1)-pnorm(-1)
[1] 0.6826895

得分在 $\mu\pm2\sigma$ 間的總面積約 0.9544:

> pnorm(+2)-pnorm(-2)
[1] 0.9544997

得分在 $\mu\pm3\sigma$ 間的總面積約 0.9973:

> pnorm(+3)-pnorm(-3)
[1] 0.9973002

qnorm(p,0,1) 計算常態分配 N(0,1) 下之累積機率函數值對應的分位數 Z 值（數值）。

```
> qnorm(0.975)
[1] 1.959964( 大約等於 1.96)
> qnorm(1-0.975)
[1] -1.959964( 大約等於 -1.96)
```

雙尾檢定時，界定顯著水準 $\alpha$=.05（第一類型錯誤），$Z_{\frac{.05}{2}} = Z_{.025} = -1.96$、$Z_{1-\frac{.05}{2}} = Z_{.975} = 1.96$，拒絕域臨界值 Z 值統計量為 1.96，估計值統計量若小於 −1.96，或大於 +1.96，則落入拒絕域，有足夠證據拒絕虛無假設。

```
> qnorm(0.995)
[1] 2.575829
> qnorm(1-0.995)
[1] -2.575829
```

單尾檢定時，界定顯著水準 $\alpha$=.05（第一類型錯誤），二個拒絕域臨界值為 +2.5758、−2.5758（臨界點約等於 +2.58、−2.58）。單尾右側檢定時，估計值統計量要大於 +2.5758，才會落入拒絕域；單尾左側檢定時，估計值統計量要小於 −2.5758，才會落入拒絕域。

繪製 $\mu \pm 2\sigma$ 間之曲線的機率密度圖形（總面積約 0.9544），R 編輯器視窗的指令列為：

```
## 繪製常態曲線圖
curve(dnorm(x,0,1),xlim=c(-3,+3),lwd=2)
## 上下二個標準差間的區域
zx=c(-2,seq(-2,+2,0.01),2)
dy=c(0,dnorm(seq(-2,2,0.01)),0)
polygon(zx,dy,col="gray70")
```

指令列 curve(dnorm(x,0,1),xlim=c(-3,+3),lwd=2) 繪製常態曲線圖，X 軸的數值界限在 -3 至 +3，曲線寬度 =2。

## 上下二個標準差間的區域。

指令列 zx=c(-2,seq(-2,+2,0.01),2) 設定第一個點的座標，X 軸從 -2 至 +2。

指令列 dy=c(0,dnorm(seq(-2,2,0.01)),0) 設定第二個點的座標，為 X 軸數值對應的曲線高度（Y 軸座標）。

指令列 polygon(zx,dy,col="gray70") 繪製座標點的多邊形，引數 col 界定多邊形內的顏色。

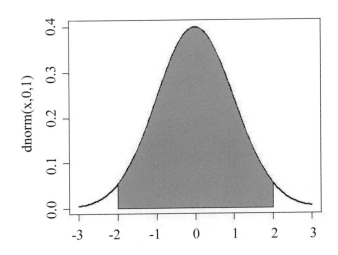

繪製 $\mu+2.58\sigma$ 累積機率密度（總面積約 0.995），R 編輯器視窗指令列為：

```
curve(dnorm(x,0,1),xlim=c(-3,+3),lwd=2)
zx=c(-3,seq(-3,+2.58,0.01),2.58)
dy=c(0,dnorm(seq(-3,2.58,0.01)),0)
polygon(zx,dy,col="gray70")
text(2.58,0.1,"Z=2.58")
```

函數 **text( )** 增列文字說明於對應的座標軸處。

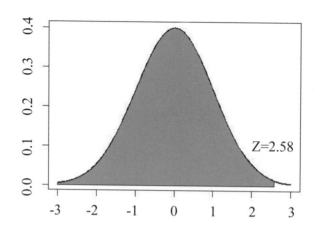

繪製 $\mu-1.96\sigma$ 累積機率密度（總面積約 0.025）：

```
> qnorm(0.025)
[1] -1.959964：
```

增列低階繪圖函數 **text( )**，將說明文字輸出於圖形區設定之座標軸上，X 軸的數值界限從 −3.5 至 +3.5，R 編輯器視窗指令列為：

```
curve(dnorm(x,0,1),xlim=c(-3.5,+3.5),lwd=2)
zx=c(-3.5,seq(-3.5,-1.96,0.01),-1.96)
dy=c(0,dnorm(seq(-3.5,-1.96,0.01)),0)
polygon(zx,dy,col="blue")
text(-3.0,0.1,"Z=-1.96")
segments(-1.96,0,-1.96,0.4,lwd=2,lty=3)
```

指令列 segments(−1.96,0,-1.96,0.4,lwd=2,lty=3) 為繪製直線，直線的寬度 =2，型態為點線。

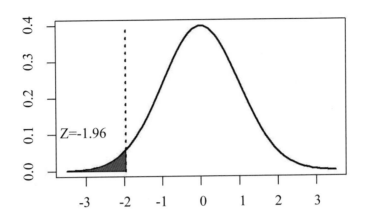

繪製 $\mu+1.96\sigma$ 以上的區域面積：

```
curve(dnorm(x,0,1),xlim=c(-3.5,+3.5),lwd=2)
zx=c(1.96,seq(1.96,+3.5,0.01),+3.5)
dy=c(0,dnorm(seq(1.96,+3.5,0.01)),0)
polygon(zx,dy,col="blue")
text(3.0,0.05,"Z=+1.96")
segments(1.96,0,1.96,0.4,lwd=2,lty=3)
```

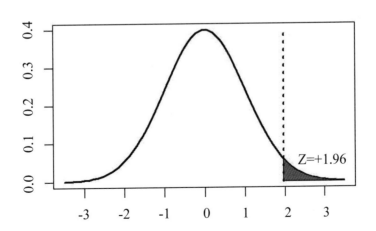

# 資料檔的匯入與輸出

■ R 資料編輯器鍵入資料

■ 讀取外部檔案

■ 命令稿 (script) 與索引應用

■ 選取樣本觀察值與排序

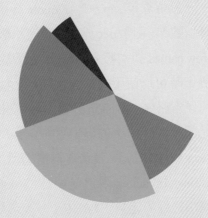

　　R 軟體中原始資料檔的建檔可以採用試算表（微軟 Excel 應用軟體）與文書處理軟體（記事本或 Word 軟體），若以試算表建檔，橫列第一列為變數名稱，第二列之後為觀察值或問卷資料；存檔時的存檔類型為以逗號分隔資料的 CSV 檔案（R 軟體也可讀取未轉換的試算表檔案，副檔名為「*.xls」或「*.xlsx」，但需要額外安裝相關軟體，對一般讀者較為不方便）。文字檔的存檔類型，第一橫列為變數名稱，第二橫列以後為觀察值或問卷資料，資料間以空白鍵隔開，或以定位鍵 (Tab) 分開，輸入 R 軟體的資料檔為一個資料框架物件。

　　R 軟體讀取外部檔案的函數為「**read.table( )**」或「**read.csv( )**」，**read. table( )** 函數的引數比較多，研究者可鍵入「> help(read.table)」語法查詢，簡化的語法函數為：

　　　　read.table(file, header = FALSE, sep = "", quote = " ＼ ",

　　　　　　　　dec = ".",row.names, col.names,skip = 0

　　　　　　　　，blank.lines.skip = TRUE，stringsAsFactors= default.
　　　　　　　　stringsAsFactors())

　　引數 file 為外部檔案名稱與儲存位置，若已界定儲存位置，直接鍵入檔名，檔名前後增列一組雙引號 ""，完整範例如「"E:/R_DEMO/temp.txt"」、「"E:/R_DEMO/temp.csv"」。

　　引數 header 界定原資料檔中的第一橫列是否為變數名稱，內定選項為「FALSE」，建議選項改為「TRUE」，因為多數資料檔在建檔時第一橫列會增列變數名稱。引數 sep = "" 界定資料檔中資料間的分隔符號，若是試算表 CSV 檔案，一般會界定 sep = ","。quote 界定文字兩旁增列的符號，內定選項為前後一個雙引號 ""。引數 dec 界定數值有小數點時的小數點的符號，此選項不用更改。引數 row.names 與引數 col.names 在界定資料匯入時可以界定橫列或直行變數名稱，界定時可以使用向量文字物件，如果資料檔中原先有輸入變數名稱，二個選項可以省略。引數 skip 界定讀取資料檔時，先跳過幾筆觀察值（橫列個數），再開始讀取資料，內定選項數值「=0」，表示不進行跳過動作。引數界定「blank. lines.skip = TRUE」，表示資料檔橫列（觀察值）全部空白時，該筆資料跳過。引數 stringsAsFactors 內定選項為「=default.stringsAsFactors( )」，界定選項為邏輯，選項最好界定為「TRUE」，表示變數內容若為文字，會將變數型態轉換為

因子（factor）類型變數，一般資料建檔時，變數資料內容為文字型態多是組別變數，因而選項不用更改（除了日期或個別人名等不屬於因子變數類型者，在資料匯入時，為維持文字變數的原有屬性，可界定引數 stringsAsFactors=F）。

讀取試算表 CSV 檔案類型的外部資料檔時，可以直接使用 **read.csv( )** 函數，**read.csv( )** 函數的語法為：

read.csv(file, header = TRUE, sep = ",", quote = "\"",
        dec = ".", fill = TRUE)
read.csv2(file, header = TRUE, sep = ";", quote = "\"",
        dec = ",", fill = TRUE)

引數 fill 內定選項為「TRUE」，表示每筆觀察值（橫列資料）的長度可以不一樣，長度不一樣表示觀察值在對應的變數允許有遺漏值，讀取資料時，選項設定不用更改。

## 壹 R 資料編輯器鍵入資料

R 軟體具有一般統計軟體資料直接建檔的功能（如 SPSS 統計軟體），包含變數的設定與每筆資料檔的增刪。

R 軟體直接建立變數與輸入資料時，先開啟一個空白的資料框架物件，範例中的資料框架物件為 newdata，開啟空白資料框架的函數為 **edit(data.frame( ))**，函數功能會開啟資料編輯器的對話視窗。

```
newdata<-edit(data.frame())
```

如果沒有設定資料框架物件名稱，使用 **edit(data.frame( ))** 函數也可以開啟 R 資料編輯器視窗，關閉 R 資料編輯器視窗後，設定的變數與鍵入的資料會直接輸出於 R 主控台中，無法以資料檔型態回儲於外部檔案。

```
> edit(data.frame())
```

視窗界面內定的變數名稱為 var1、var2、var3、……等，變數名稱內定屬性為文字（另一變數屬性為數值）。滑鼠在變數儲存格上點選一下，可以開啟變數編輯器視窗，在「變數名稱」右邊方格輸入對應的變數名稱，內定類型為「character」（文字），另一個選項為「numeric」（數值）。若是人口變數或背景變數的水準群組要直接鍵入文字群組標記（如男生、女生），則變數類型要選取文字，計量變數或檢定變數（如題項、分數、量表勾選情形）要選取數值選項，直接輸入數值或測量值。

範例中界定變數名稱有 stid、sex、year、it01、it02、it03、it04，樣本觀察值共有七個。

| | stid | sex | year | it01 | it02 | it03 | it04 |
|---|------|-----|------|------|------|------|------|
| 1 | st01 | F | 1年級 | 3 | 4 | 3 | 4 |
| 2 | st02 | M | 1年級 | 5 | 5 | 4 | 5 |
| 3 | st03 | M | 2年級 | 1 | 3 | 4 | 4 |
| 4 | st04 | F | 2年級 | 3 | 4 | 5 | 3 |
| 5 | st05 | M | 3年級 | 4 | 5 | 3 | 3 |
| 6 | st06 | M | 3年級 | 2 | 3 | 5 | 2 |
| 7 | st07 | F | 1年級 | 3 | 3 | 4 | 5 |
| 8 | | | | | | | |
| 9 | | | | | | | |

資料鍵入完按右上角關閉鈕，以 **print( )** 函數查看結果：

```
> print(newdata)
  stid sex  year  it01 it02 it03 it04
1 st01  F  1年級    3    4    3    4
2 st02  M  1年級    5    5    4    5
3 st03  M  2年級    1    3    4    4
4 st04  F  2年級    3    4    5    3
5 st05  M  3年級    4    5    3    3
6 st06  M  3年級    2    3    5    2
7 st07  F  1年級    3    3    4    5
```

變數類型設定中，stid（學生編號）、sex（學生性別）、year（學生年級）都是文字型態，其餘變數類型為數值。輸出結果中的第一直行流水編號 1、2、3……、7，是列的資料標籤，此標籤是自動增列，在資料檔匯出時，一般樣本自動編號之標籤沒有作用，對應的引數為「row.names」，引數選項界定為「=FLASE」。

　　研究者若要繼續編輯資料框架物件「newdata」內容，以 fix（資料框架物件）函數開啟 R 資料編輯器視窗，或使用函數 edit（資料框架物件） 開啟 R 資料編輯器視窗，開啟 R 資料編輯器視窗後可增列修改資料檔、變更變數名稱或增列新變數：

> fix(newdata)

　　要使用 **fix( )** 函數開啟 R 資料編輯器，主控台的資料框架物件必須已經界定完畢，如果主控台沒有對應的資料框架物件名稱，則不會開啟 R 資料編輯器視窗，而是開啟 R 編輯器視窗，視窗內容為自訂函數的設定：

```
function ()
{

}
```

　　R 資料編輯器的視窗界面如下：

| R 資料編輯器 | | | | | | | |
|---|---|---|---|---|---|---|---|
|  | stid | sex | year | it01 | it02 | it03 | it04 | var8 |
| 1 | st01 | F | 1年級 | 3 | 4 | 3 | 4 | |
| 2 | st02 | M | 1年級 | 5 | 5 | 4 | 5 | |
| 3 | st03 | M | 2年級 | 1 | 3 | 4 | 4 | |
| 4 | st04 | F | 2年級 | 3 | 4 | 5 | 3 | |
| 5 | st05 | M | 3年級 | 4 | 5 | 3 | 3 | |
| 6 | st06 | M | 3年級 | 2 | 3 | 5 | 2 | |
| 7 | st07 | F | 1年級 | 3 | 3 | 4 | 5 | |
| 8 | st08 | M | 1年級 | 4 | 5 | 5 | 5 | |
| 9 | st09 | M | 1年級 | 3 | 4 | 4 | 1 | |
| 10 | | | | | | | | |

　　範例中增加二筆資料，資料框架物件「newdata」有九筆觀察值，七個變數。印出資料框架的內容可以直接使用 **print.data.frame( )** 函數，**print.data.frame( )** 函數與 **print( )** 函數中的引數類似，print(x, ..., digits = NULL, quote = FALSE,

right = TRUE, row.names = TRUE)。引數中可以界定最少數值出現的個數、是否增列引號、是否向右靠齊、變數名稱是否呈現等。

```
> print.data.frame(newdata)
   stid  sex  year    it01 it02 it03 it04
1  st01  F   1 年級    3    4    3    4
2  st02  M   1 年級    5    5    4    5
3  st03  M   2 年級    1    3    4    4
4  st04  F   2 年級    3    4    5    3
5  st05  M   3 年級    4    5    3    3
6  st06  M   3 年級    2    3    5    2
7  st07  F   1 年級    3    3    4    5
8  st08  M   1 年級    4    5    5    5
9  st09  M   1 年級    3    4    4    1
```

退出資料編輯器視窗後，接續編輯資料框架物件，於主控台視窗內使用 **fix( )** 函數或 **edit( )** 函數再開啟 R 資料編輯器視窗：

```
> fix(newdata)
```

在資料編輯器視窗中增列一筆資料，增加一個變數 it05。

| | stid | sex | year | it01 | it02 | it03 | it04 | it05 |
|---|---|---|---|---|---|---|---|---|
| 1 | st01 | F | 1年級 | 3 | 4 | 3 | 4 | 5 |
| 2 | st02 | M | 1年級 | 5 | 5 | 4 | 5 | 4 |
| 3 | st03 | M | 2年級 | 1 | 3 | 4 | 4 | 4 |
| 4 | st04 | F | 2年級 | 3 | 4 | 5 | 3 | 5 |
| 5 | st05 | M | 3年級 | 4 | 5 | 3 | 3 | 4 |
| 6 | st06 | M | 3年級 | 2 | 3 | 5 | 2 | 5 |
| 7 | st07 | F | 1年級 | 3 | 3 | 4 | 5 | 3 |
| 8 | st08 | M | 1年級 | 4 | 5 | 5 | 5 | 4 |
| 9 | st09 | M | 1年級 | 3 | 4 | 4 | 1 | 1 |
| 10 | st10 | F | 2年級 | 2 | 1 | 1 | 5 | 5 |
| 11 | | | | | | | | |
| 12 | | | | | | | | |

R 資料編輯器

以 **print.data.frame( )** 函數輸出結果：

```
> print.data.frame(newdata)
   stid sex year  it01 it02 it03 it04 it05
1  st01 F  1年級  3    4    3    4    5
2  st02 M  1年級  5    5    4    5    4
3  st03 M  2年級  1    3    4    4    4
4  st04 F  2年級  3    4    5    3    5
5  st05 M  3年級  4    5    3    3    4
6  st06 M  3年級  2    3    5    2    5
7  st07 F  1年級  3    3    4    5    3
8  st08 M  1年級  4    5    5    5    4
9  st09 M  1年級  3    4    4    1    1
10 st10 F  2年級  2    1    1    5    5
```

要將主控台中的資料框架物件 newdata 儲存在外部檔案中，外部檔案常見者為試算表的「.CSV」類型檔案、文書檔「.txt」類型檔案。儲存檔案的函數為 **write.csv( )** 或 **write.table( )**。

以 **write.csv( )** 函數儲存檔案，簡要語法為：write.csv（原物件名稱,"位置與檔案名稱"）：

```
> write.csv(newdata,"d:/R/newdata.csv")
```

如果研究者已經先行界定變更工作目錄 ( 執行功能表列「檔案」/「變更工作目錄」程序 )，則儲取位置可以省略：

```
> write.csv(newdata,"newdata.csv")
```

「newdata.csv」檔案的試算表視窗界面如下：

|  | A | B | C | D | E | F | G | H | I |
|---|---|---|---|---|---|---|---|---|---|
| 1 |  | stid | sex | year | it01 | it02 | it03 | it04 | it05 |
| 2 | 1 | st01 | F | 1年級 | 3 | 4 | 3 | 4 | 5 |
| 3 | 2 | st02 | M | 1年級 | 5 | 5 | 4 | 5 | 4 |
| 4 | 3 | st03 | M | 2年級 | 1 | 3 | 4 | 4 | 4 |
| 5 | 4 | st04 | F | 2年級 | 3 | 4 | 5 | 3 | 5 |
| 6 | 5 | st05 | M | 3年級 | 4 | 5 | 3 | 3 | 4 |
| 7 | 6 | st06 | M | 3年級 | 2 | 3 | 5 | 2 | 5 |
| 8 | 7 | st07 | F | 1年級 | 3 | 3 | 4 | 5 | 3 |
| 9 | 8 | st08 | M | 1年級 | 4 | 5 | 5 | 5 | 4 |
| 10 | 9 | st09 | M | 1年級 | 3 | 4 | 4 | 1 | 1 |
| 11 | 10 | st10 | F | 2年級 | 2 | 1 | 1 | 5 | 5 |
| 12 |  |  |  |  |  |  |  |  |  |

試算表內容輸出的結果為（其中第一直行為自動增列的流水編號）：

|  | stid | sex | year | it01 | it02 | it03 | it04 | it05 |
|---|---|---|---|---|---|---|---|---|
| **1** | st01 | F | 1 年級 | 3 | 4 | 3 | 4 | 5 |
| **2** | st02 | M | 1 年級 | 5 | 5 | 4 | 5 | 4 |
| **3** | st03 | M | 2 年級 | 1 | 3 | 4 | 4 | 4 |
| **4** | st04 | F | 2 年級 | 3 | 4 | 5 | 3 | 5 |
| **5** | st05 | M | 3 年級 | 4 | 5 | 3 | 3 | 4 |
| **6** | st06 | M | 3 年級 | 2 | 3 | 5 | 2 | 5 |
| **7** | st07 | F | 1 年級 | 3 | 3 | 4 | 5 | 3 |
| **8** | st08 | M | 1 年級 | 4 | 5 | 5 | 5 | 4 |
| **9** | st09 | M | 1 年級 | 3 | 4 | 4 | 1 | 1 |
| **10** | st10 | F | 2 年級 | 2 | 1 | 1 | 5 | 5 |

匯出試算表之 CSV 檔案時，函數 **write.csv( )** 增列「row.names=F」，可以
排除自動增列的流水號標籤直行，流水編號直行若沒有排除，將來再匯入資料
檔至 R 主控台中會單獨成為一個直行變數。

```
> write.csv(newdata,"newdata_1.csv",row.names=F)
```

儲存資料框架物件時，**write.csv( )** 函數增列引數設定「row.names=F」，可以排除第一直行流水編號，「newdata_1.csv」的資料檔內容如下：

| stid | sex | year | it01 | it02 | it03 | it04 | it05 |
|------|-----|------|------|------|------|------|------|
| st01 | F | 1 年級 | 3 | 4 | 3 | 4 | 5 |
| st02 | M | 1 年級 | 5 | 5 | 4 | 5 | 4 |
| st03 | M | 2 年級 | 1 | 3 | 4 | 4 | 4 |
| st0  | F | 2 年級 | 3 | 4 | 5 | 3 | 5 |
| st05 | M | 3 年級 | 4 | 5 | 3 | 3 | 4 |
| st06 | M | 3 年級 | 2 | 3 | 5 | 2 | 5 |
| st07 | F | 1 年級 | 3 | 3 | 4 | 5 | 3 |
| st08 | M | 1 年級 | 4 | 5 | 5 | 5 | 4 |
| st09 | M | 1 年級 | 3 | 4 | 4 | 1 | 1 |
| st10 | F | 2 年級 | 2 | 1 | 1 | 5 | 5 |

將檔案儲存為文書檔類型（副檔名為 .txt）的語法如下（文書檔資料間以空白隔開，不增列雙引號）：

```
> write.table(newdata,"newdata.txt",sep=" ",quote=F)
```

將新檔案直接存在 C 磁碟機資料夾「test」中，資料檔名稱為「newdata.txt」：

```
> write.table(newdata,"c:/test/newdata.txt",sep=" ",quote=F)
```

記事本應用軟體開啟「newdata.txt」檔案的視窗界面為：

```
newdata.txt - 記事本
檔案(F)  編輯(E)  格式(O)  檢視(V)  說明(H)
stid sex year it01 it02 it03 it04 it05
1 st01 F 1年級 3 4 3 4 5
2 st02 M 1年級 5 5 4 5 4
3 st03 M 2年級 1 3 4 4 4
4 st04 F 2年級 3 4 5 3 5
5 st05 M 3年級 4 5 3 3 4
6 st06 M 3年級 2 3 5 2 5
7 st07 F 1年級 3 3 4 5 3
8 st08 M 1年級 4 5 5 5 4
9 st09 M 1年級 3 4 4 1 1
10 st10 F 2年級 2 1 1 5 5
```

資料框架物件匯出成文書檔，取消流水編號標籤，資料檔內容以空白鍵隔開，write.table( )語法函數中的引數界定增列「sep=" "」、「row.names=F」。

```
> write.table(newdata,"newdata_1.txt",sep=" ",quote=F,row.names=F)
```

「newdata_1.txt」檔案用記事本軟體開啟的視窗界面為（資料檔排除第一直行流水編號，如果沒有排除流水編號欄，資料檔再匯入 R 主控台中變數欄與資料欄會出現無法配對情況）：

```
newdata_1 - 記事本
檔案(F)  編輯(E)  格式(O)  檢視(V)  說明(H)
stid sex year it01 it02 it03 it04 it05
st01 F 1年級 3 4 3 4 5
st02 M 1年級 5 5 4 5 4
st03 M 2年級 1 3 4 4 4
st04 F 2年級 3 4 5 3 5
st05 M 3年級 4 5 3 3 4
st06 M 3年級 2 3 5 2 5
st07 F 1年級 3 3 4 5 3
st08 M 1年級 4 5 5 5 4
st09 M 1年級 3 4 4 1 1
st10 F 2年級 2 1 1 5 5
```

# 貳  讀取外部檔案

範例以人格特質量表匯入為例：

人格特質量表

一、基本資料

性別：□男生　　　□女生 [sex]

學業成就：□高學業組（80-100 分）□中學業組（60-69 分）□低學業組

（0-59 分）[sg]

二、題項內容

| | 從不這樣 1 | 2 | 3 | 4 | 總是這樣 5 |
|---|---|---|---|---|---|
| 情緒管理向度 (ta1) | □ | □ | □ | □ | □ |
| 1. 我能了解自己的情緒狀態。(a1) | □ | □ | □ | □ | □ |
| 2. 我不能適當的管理自己的情緒 ( 反向題 )。(a2) | □ | □ | □ | □ | □ |
| 3. 我能夠包容別人的情緒狀態。(a3) | □ | □ | □ | □ | □ |
| 溝通協調向度 (ta2) | □ | □ | □ | □ | □ |
| 4. 和別人溝通時，我會主動把自己的需求告訴對方。(a4) | □ | □ | □ | □ | □ |
| 5. 遇到不同意見時，我無法敞開胸懷與他人進行協商 ( 反向題 )。(a5) | □ | □ | □ | □ | □ |
| 6. 與別人有爭執時，我也能好好和對方理性對話。(a6) | □ | □ | □ | □ | □ |
| 時間規劃向度 (ta3) | □ | □ | □ | □ | □ |
| 7. 我會做好時間管理。(a7) | □ | □ | □ | □ | □ |
| 8. 我會善用零碎時間完成要做的工作。(a8) | □ | □ | □ | □ | □ |

註：1. 各題項後面括號內的文字為變數名稱，八個題項的變數編碼為 a1、a2、……、a8。

　　2. 情緒管理向度包含第 1 題至第 3 題、溝通協調向度包含第 4 題至第 6 題、時間規劃向度包含第 7 題至第 8 題。

變數與資料檔在試算表中建檔的格式與觀察值資料如下：

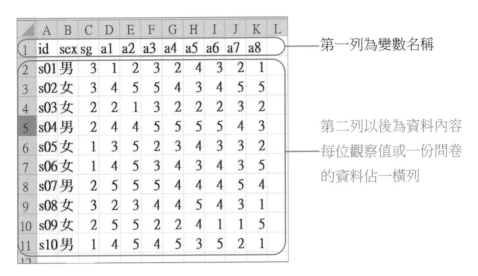

第一列為變數名稱

第二列以後為資料內容
每位觀察值或一份問卷
的資料佔一橫列

　　在試算表對話視窗中執行功能表列「檔案」/「另存新檔」程序，開啟「另存新檔」對話視窗，存檔類型 (T) 選取「CSV（逗號分隔）」，「檔案名稱 (N)」右方框輸入存檔檔名，範例為「pers」，按「儲存」鈕，完整檔名為「pers.csv」（CSV 檔案表示是以逗號分隔資料內容 (comma-separated values)，此種檔案可用 Excel 試算表應用軟體直接建立儲存與開啟）。

使用 **read.csv( )** 函數讀取試算表之 CSV 格式類型檔案，資料檔匯入 R 主控台後的資料框架物件名稱設定為 dpers。

```
> setwd("d:/R")  ## 設定資料檔儲存位置
> dpers=read.csv("pers.csv",header=T)
> dpers
   id  sex sg a1 a2 a3 a4 a5 a6 a7 a8
1  s01 男  3  1  2  3  2  4  3  2  1
2  s02 女  3  4  5  5  4  3  4  5  5
3  s03 女  2  2  1  3  2  2  2  3  2
4  s04 男  2  4  4  5  5  5  5  4  3
5  s05 女  1  3  5  2  3  4  3  3  2
6  s06 女  1  4  5  3  4  5  5  5  5
7  s07 男  2  5  5  5  4  4  4  5  4
8  s08 女  3  2  3  4  4  5  4  3  1
9  s09 女  2  5  5  2  2  4  1  1  5
10 s10 男  1  4  5  4  5  3  5  2  1
```

第一列「setwd("d:/R")」為設定試算表資料檔存放的位置與資料夾，範例將資料檔「pers.csv」儲存在 D 磁碟機之資料夾「R」之下。資料檔存放的位置設定也可以執行功能表列「檔案」/「變更現行目錄」程序，以檔案瀏覽視窗直接選定。

第二列「dpers=read.csv("pers.csv",header=T)」為讀取資料檔的語法，匯入資料檔之資料框架物件指定為「dpers」(資料框架物件名稱可以自訂，但要以英文字母作為起始)。引數「header=T」語法表示指定第一橫列的資料為變數名稱，若是將語法改為「header=F」，則第一橫列的資料為觀察值資料不是變數名稱，由於資料檔中沒有變數名稱，匯入的資料框架檔之直行變數預設為 V1、V2、V3、……。

上述語法函數的第一列與第二列可以合併，在匯入資料檔時可以直接增列資料檔所存放的磁碟機與資料夾位置，範例為存於 D 磁碟機中的資料夾「R」

之下，檔名為「pers.csv」。

> dpers=read.csv("d:/R/pers.csv",header=T)

上述匯入資料檔的語法改為「read.table」時，要增列「sep=","」，表示資料檔是以半形逗號「,」分隔資料。

> dpers=read.table("pers.csv",header=T,sep=",")
> dpers

範例試算表「pers_1.csv」資料檔中的第一橫列沒有增列變數名稱（一般以試算表建檔時，第一橫列都會先設定變數名稱，沒有變數名稱的資料檔筆者不建議採用，因為會造成建檔資料的錯誤，範例功能只在於說明）。

| | A | B | C | D | E | F | G | H | I | J | K |
|---|---|---|---|---|---|---|---|---|---|---|---|
| 1 | s01 | 男 | 3 | 1 | 2 | 3 | 2 | 4 | 3 | 2 | 1 |
| 2 | s02 | 女 | 3 | 4 | 5 | 5 | 4 | 3 | 4 | 5 | 5 |
| 3 | s03 | 女 | 2 | 2 | 1 | 3 | 2 | 2 | 2 | 3 | 2 |
| 4 | s04 | 男 | 2 | 4 | 4 | 5 | 5 | 5 | 5 | 4 | 3 |
| 5 | s05 | 女 | 1 | 3 | 5 | 2 | 3 | 4 | 3 | 3 | 2 |
| 6 | s06 | 女 | 1 | 4 | 5 | 3 | 4 | 3 | 4 | 3 | 5 |
| 7 | s07 | 男 | 2 | 5 | 5 | 5 | 4 | 4 | 4 | 5 | 4 |
| 8 | s08 | 女 | 3 | 2 | 3 | 4 | 4 | 5 | 4 | 3 | 1 |
| 9 | s09 | 女 | 2 | 5 | 5 | 2 | 2 | 4 | 1 | 1 | 5 |
| 10 | s10 | 男 | 1 | 4 | 5 | 4 | 5 | 3 | 5 | 2 | 1 |

資料檔匯入的函數語法：

```
> dpers_1=read.csv("pers_1.csv",header=F)
> dpers_1
     V1  V2  V3  V4  V5  V6  V7  V8  V9  V10  V11
1   s01  男   3   1   2   3   2   4   3   2    1
2   s02  女   3   4   5   5   4   3   4   5    5
3   s03  女   2   2   1   3   2   2   2   3    2
4   s04  男   2   4   4   5   5   5   5   4    3
5   s05  女   1   3   5   2   3   4   3   3    2
6   s06  女   1   4   5   3   4   3   4   3    5
7   s07  男   2   5   5   5   4   4   4   5    4
8   s08  女   3   2   3   4   4   5   4   3    1
9   s09  女   2   5   5   2   2   4   1   1    5
10  s10  男   1   4   5   4   5   3   5   2    1
```

由於「pers_1.csv」資料檔中的第一橫列沒有設定變數名稱，因而匯入資料檔時，將「header」的數值設定為「F」，內定的變數名稱以預設值取代。由於原資料檔有十一個直行，因而會有十一個變數名稱：V1、V2、……、V11。

上述匯入資料檔的語法可改為「**read.table( )**」函數：

```
>dpers_1=read.table("pers_1.csv",header=F,sep=",")
>dpers_1
    V1  V2  V3  V4  V5  V6  V7  V8  V9  V10  V11
1  s01  男   3   1   2   3   2   4   3   2    1
2  s02  女   3   4   5   5   4   3   4   5    5
3  s03  女   2   2   1   3   2   2   2   3    2
4  s04  男   2   4   4   5   5   5   5   4    3
```

| 5 | s05 | 女 | 1 | 3 | 5 | 2 | 3 | 4 | 3 | 3 | 2 |
| 6 | s06 | 女 | 1 | 4 | 5 | 3 | 4 | 3 | 4 | 3 | 5 |
| 7 | s07 | 男 | 2 | 5 | 5 | 5 | 4 | 4 | 4 | 5 | 4 |
| 8 | s08 | 女 | 3 | 2 | 3 | 4 | 4 | 5 | 4 | 3 | 1 |
| 9 | s09 | 女 | 2 | 5 | 5 | 2 | 2 | 4 | 1 | 1 | 5 |
| 10 | s10 | 男 | 1 | 4 | 5 | 4 | 5 | 3 | 5 | 2 | 1 |

　　語法中的「sep=","」表示資料檔是以半形逗號「,」分隔資料檔,如果資料檔是以定位鍵(Tab)分隔資料,引數界定為「sep="\t"」。原始資料檔「pers_1.csv」第一橫列沒有鍵入變數名稱,第一列為觀察值 s01 的資料,「read.table」副指令之「header」對應的參數設為「F」,函數會採用預設的變數名稱 V1、V2、V3、……等作為各直行內定的變數名稱(V 為英文字母大寫)。**read.table( )** 函數中,常用的副指令有「skip=k」,資料檔匯入時,前面 k 列不讀取,預設的參數為「skip=0」,表示從第一橫列開始讀取資料(筆者建議研究者不要修改此選項,否則讀取資料容易錯誤,試算表建檔時也從第一橫列開始,第一列先設定對應變數的英文字,第二列開始再輸入各筆樣本觀察值資料)。「blank.lines.skip」遇到完全空白的橫列是否讀取,內定的參數為「blank.lines.skip=T」,對應的參數設定為「blank.lines.skip=F」,資料檔中的遺漏值/缺失值(missing values)匯入至主控台後內定的文字串符號為「NA」,如果研究者要重先界定,可使用 na.strings 副指令,如「ns.strings="."」,匯入的資料檔若有遺漏值,會以「.」表示。

若是資料檔本身沒有變數名稱，研究者不採用內定預設的變項作為變數名稱，可以使用「col.names」引數設定直行的變數名稱，主控台的程式如下：

```
> va=c("編號","性別","組別","a1","a2","a3","a4","a5","a6","a7","a8")
> dpers_1=read.table("pers_1.csv",header=F,col.names=va,sep=",")
> dpers_1
   編號 性別 組別 a1 a2 a3 a4 a5 a6 a7 a8
1  s01  男   3   1  2  3  2  4  3  2  1
2  s02  女   3   4  5  5  4  3  4  5  5
3  s03  女   2   2  1  3  2  2  2  3  2
4  s04  男   2   4  5  5  5  5  5  4  3
5  s05  女   1   3  5  2  3  4  3  2
6  s06  女   1   4  5  3  4  3  4  3  5
7  s07  男   2   5  5  5  4  4  4  5  4
8  s08  女   3   2  3  4  5  4  5  3  1
9  s09  女   2   5  5  2  2  4  1  1  5
10 s10  男   1   4  5  4  5  3  5  2  1
```

上述程式之第一列與第二列若合併為一列，語法如下：

```
>dpers_2=read.table("pers_1.csv",header=F,col.names=c("編號","性別","組
別","a1","a2","a3","a4","a5","a6","a7","a8"),sep=",")
```

以文書處理軟體建立的資料檔，變項資料與變項資料間要以空白鍵隔開，或以定位鍵「Tab」隔開；第一橫列若有鍵入變數名稱，資料檔匯入 R 軟體主控台的程式如下（範例記事本儲存的資料檔為十筆觀察值的資料，第一列有鍵入變數名稱，資料檔的檔名為 person1.txt）。

| id | sex | sg | a1 | a2 | a3 | a4 | a5 | a6 | a7 | a8 |
|----|-----|----|----|----|----|----|----|----|----|----|
| s01 | 男 | 3 | 1 | 2 | 3 | 2 | 4 | 3 | 2 | 1 |
| s02 | 女 | 3 | 4 | 5 | 5 | 4 | 3 | 4 | 5 | 5 |
| s03 | 女 | 2 | 2 | 1 | 3 | 2 | 2 | 2 | 3 | 2 |
| s04 | 男 | 2 | 4 | 4 | 5 | 5 | 5 | 5 | 4 | 3 |
| s05 | 女 | 1 | 3 | 5 | 2 | 3 | 4 | 3 | 3 | 2 |
| s06 | 女 | 1 | 4 | 5 | 3 | 4 | 3 | 4 | 3 | 5 |
| s07 | 男 | 2 | 5 | 5 | 5 | 4 | 4 | 4 | 5 | 4 |
| s08 | 女 | 3 | 2 | 3 | 4 | 4 | 5 | 4 | 3 | 1 |
| s09 | 女 | 2 | 5 | 5 | 2 | 2 | 4 | 1 | 1 | 5 |
| s10 | 男 | 1 | 4 | 5 | 4 | 5 | 3 | 5 | 2 | 1 |

read.table( ) 函數讀取文書檔建立的資料語法：

```
> dp=read.table("person1.txt",header=T)
> dp
   id  sex  sg a1 a2 a3 a4 a5 a6 a7 a8
1 s01  男   3  1  2  3  2  4  3  2  1
2 s02  女   3  4  5  5  4  3  4  5  5
3 s03  女   2  2  1  3  2  2  2  3  2
4 s04  男   2  4  4  5  5  5  5  4  3
5 s05  女   1  3  5  2  3  4  3  3  2
```

資料檔匯入至 R 主控台時要指定一個資料框架物件名稱，才能進行變數資料的擷取，上述範例為 dp。

範例記事本儲存的資料檔為十筆觀察值的資料，第一列沒有鍵入變數名稱，資料檔的檔名為 person.txt。

由於資料檔第一列沒有建立變數名稱，read.table( ) 函數中的引數界定「header=F」，資料檔匯入後內定的第一列變數名稱為 V1、V2、……、V11（資料檔有十一個直行資料，對應的直行變數有 11 個）

```
> person=read.table("person.txt",header=F)
> print.data.frame(person)
    V1  V2 V3 V4 V5 V6 V7 V8 V9 V10 V11
1   s01 男  3  1  2  3  2  4  3  2   1
2   s02 女  3  4  5  5  4  3  4  5   5
3   s03 女  2  2  1  3  2  2  2  3   2
4   s04 男  2  4  4  5  5  5  5  4   3
5   s05 女  1  3  5  2  3  4  3  3   2
6   s06 女  1  4  5  3  4  3  4  3   5
7   s07 男  2  5  5  5  4  4  4  5   4
8   s08 女  3  2  3  4  4  5  4  3   1
9   s09 女  2  5  5  2  2  4  1  1   5
10  s10 男  1  4  5  4  5  3  5  2   1
```

若是匯入資料檔時，語法函數沒有界定變數名稱文字向量，也可以在資料檔匯入主控台後增列資料框架物件的變數名稱，使用 colnames（資料框架物件名稱）函數，變數名稱對應的向量必須為文字向量，且向量元素個數要等於原直行欄的個數：

```
>colnames(person)=c("stid","sex","gro","I1","I2","I3","I4","I5","I6","I7","I8")
```

R 主控台的視窗界面為：

```
> colnames(person)=c("stid","sex","gro","I1","I2","I3","I4","I5","I6","I7","I8")
> print.data.frame(person)
   stid sex gro I1 I2 I3 I4 I5 I6 I7 I8
1  s01  男   3  1  2  3  2  4  3  2  1
2  s02  女   3  4  5  5  4  3  4  5  5
3  s03  女   2  2  1  3  2  2  2  3  2
4  s04  男   2  4  4  5  5  5  5  4  3
5  s05  女   1  3  5  2  3  4  3  3  2
6  s06  女   1  4  5  3  4  3  4  3  5
7  s07  男   2  5  5  5  4  4  4  5  4
8  s08  女   3  2  3  4  4  5  4  3  1
9  s09  女   2  5  5  2  2  4  1  1  5
10 s10  男   1  4  5  4  5  3  5  2  1
> |
```

匯入資料檔「person.txt」增列變數名稱的語法（八題個人特質行為的變項設為 b1、b2、……、b8），先以文字向量建立變數名稱，向量屬性為文字，引數（副指令）col.names 後面界定文字變數向量：

> va=c("編號","性別","組別","b1","b2","b3","b4","b5","b6","b7","b8")

> dp0=read.table("person.txt",header=F,col.names=va)

> dp0

|   | 編號 | 性別 | 組別 | b1 | b2 | b3 | b4 | b5 | b6 | b7 | b8 |
|---|------|------|------|----|----|----|----|----|----|----|----|
| 1 | s01  | 男   | 3    | 1  | 2  | 3  | 2  | 4  | 3  | 2  | 1  |
| 2 | s02  | 女   | 3    | 4  | 5  | 5  | 4  | 3  | 4  | 5  | 5  |
| 3 | s03  | 女   | 2    | 2  | 1  | 3  | 2  | 2  | 2  | 3  | 2  |
| 4 | s04  | 男   | 2    | 4  | 4  | 5  | 5  | 5  | 5  | 4  | 3  |
| 5 | s05  | 女   | 1    | 3  | 5  | 2  | 3  | 4  | 3  | 3  | 2  |

**命令稿（script）與索引應用**

　　一系列的指令或程式，最好開啟新的命令稿（New script）（R 編輯器視窗），於命令稿視窗內鍵入程式（或語法），之後將命令稿的程式存檔執行。按功能表列「編輯」/「執行程式列或選擇項」，或「編輯」/「執行全部」，若是程式或語法有錯誤可回到命令稿視窗內修改；命令稿視窗指令執行時，其程式會逐一呈現於主控台視窗中。對應需要撰寫多行命令或多個函數的語法，撰寫在命令稿視窗 (R 編輯器視窗) 中較為方便，尤其是語法有錯字或函數引數有錯誤時，修改較為方便。

　　範例為三列的資料：

```
setwd("d:/R")
va=c(" 編號 "," 性別 "," 組別 ","a1","a2","a3","a4","a5","a6","a7","a8")
dp=read.table("person.txt",header=F,col.names=va)
```

　　第一列為設定資料檔儲存路徑；第二列為設定文字向量，以作為資料框架物件的變數名稱；第三列為讀取沒有變數列的文書檔內容，使用設定的文字向量作為資料框架物件的變數名稱。

```
R  D:\R\test.R - R Editor
setwd("d:/R")
va=c("編號","性別","組別","a1","a2","a3","a4","a5","a6","a7","a8")
dp=read.table("person.txt",header=F,col.names=va)
dp
```

　　在 R 軟體主控台（R Console）視窗中，程式的顏色為紅色字，輸出結果的字體顏色為藍色字。

```
R Console
> setwd("d:/R")
> va=c("編號","性別","組別","a1","a2","a3","a4","a5","a6","a7","a8")
> dp=read.table("person.txt",header=F,col.names=va)
> dp
   編號 性別 組別 a1 a2 a3 a4 a5 a6 a7 a8
1  s01   男    3  1  2  3  2  4  3  2  1
2  s02   女    3  4  5  5  4  3  4  5  5
3  s03   女    2  2  1  3  2  2  2  3  2
4  s04   男    2  4  4  5  5  5  5  4  3
5  s05   女    1  3  5  2  3  4  3  3  2
6
7    D:\R\R02.R - R Editor
8    setwd("d:/R")
9    va=c("編號","性別","組別","a1","a2","a3","a4","a5","a6","a7","a8")
10   dp=read.table("person.txt",header=F,col.names=va)
>    dp
```

　　匯入至主控台的資料檔是一個資料框架（data.frame）的型態，資料檔匯入時最好設定一個資料框架物件（可以跟資料檔名稱相同），範例中的資料檔物件或資料框架物件名稱為「dp」。讀取資料檔變數內容的指令為「資料框架物件 $ 變數名稱」，或是「資料框架物件 $[[ 變數名稱索引 ]]」、「資料框架物件 $ " 變數名稱 "」。以下為讀取學生學業成就組別變數的幾種方法：

```
> dp$ 組別
 [1] 3 3 2 2 1 1 2 3 2 1
> dp["組別"]
   組別
1     3
2     3
3     2
4     2
5     1
6     1
7     2
8     3
9     2
10    1
> dp[["組別"]]
 [1] 3 3 2 2 1 1 2 3 2 1
> dp[[3]]  ## 組別變數的索引位置為 3，橫列第 3 個變數
 [1] 3 3 2 2 1 1 2 3 2 1
```

　　上述範例為呈現資料框架物件之變數索引數值為 3 的變數向量內容，索引數值 3 的變數為「組別」，若將索引數值改為 2，則呈現第二個變數「性別」的內容。

```
> dp[[2]]
 [1] 男 女 女 男 女 女 男 女 女 男
Levels: 女 男
# 呈現資料框架之索引數值為 2 的變數向量內容，索引數值 2 的變項為
「性別」
Levels: 女　男
> dp[,"性別"]
 [1] 男 女 女 男 女 女 男 女 女 男
Levels: 女　男
> dp["性別"]
  性別
1   男
2   女
3   女
4   男
5   女
6   女
7   男
8   女
9   女
10  男
```

　　變數索引中 dp[2]、dp[[2]] 二個變數都指向性別變數，但使用變數索引出現的結果不一樣，前者接近資料框架的類型、後者為文字向量：

```
> dp[2]
   性別
1   男
2   女
3   女
4   男
5   女
6   女
7   男
8   女
9   女
10  男
> dp[[2]]
 [1] 男 女 女 男 女 女 男 女 女 男
Levels: 女 男
> dp[,2]
 [1] 男 女 女 男 女 女 男 女 女 男
```

　　使用 **class( )** 函數查看二者的類型，dp[[2]] 的類型為文字向量，變數類型為因子；dp[2] 為資料框架（data.frame），dp[,2] 的類型為文字向量，變數類型為因子：

```
> class(dp[[2]])
[1] "factor"
> class(dp[2])
[1] "data.frame"
> class(dp[,2])
[1] "factor"
```

　　資料框架物件本身是一個二個維度的陣列，直接指定橫列數與直行數可以呈現對應的元素（觀察值對應的變數內容），如第二橫列第五直行的元素為 5、第一橫列第九直行的元素為 3：

```
> dp[[2,5]]
[1] 5
> dp[2,5]
[1] 5
> dp[1,9]
[1] 3
> dp[[1,9]]
[1] 3
  編號 性別 組別 a1 a2 a3 a4 a5 a6 a7 a8
1 s01 男    3   1  2  3  2  4  3  2  1
2 s02 女    3   4  5  5  4  3  4  5  5
```

　　查詢資料檔的維度，資料框架若轉為矩陣，第一個數值為橫列、第二個數值為直行，橫列表示的是觀察值、直行表示的是變數。範例資料檔中有十個觀察值、十一個變數，矩陣（matrices）的維度為 10×11。

```
> dim(dp)   ## 第 1 個數值 10 為觀察值 ( 列 )、第 2 個數值 11 為變數個
數 ( 直行 )
[1] 10  11
> dim(dp)[2] ## 查詢資料框架的第二個維度為直行，有 11 變數
[1] 11
> dim(dp)[1] ## 查詢資料框架的第一個維度為橫列，有 10 位觀察值
[1] 10
> dim(dp[,4:11]) ## 全部觀察值個數與第 4 個至第 11 個變數個數
[1] 10  8
> dim(dp[5,4:11]) ## 第 5 筆觀察值 ( 一列 )、8 個變數
[1] 1  8
> dim(dp[3:5,4:11]) ##3 個觀察值 ( 三列 )、8 個變數
[1] 3  8
```

資料框架或資料檔物件轉換為矩陣函數為 **as.matrix( )**，觀察值為橫列、變數為直行。

```
> madp=as.matrix(dp)
> madp
    編號  性別 組別 a1  a2  a3  a4  a5  a6  a7  a8
[1,] "s01" " 男 " "3" "1" "2" "3" "2" "4" "3" "2" "1"
[2,] "s02" " 女 " "3" "4" "5" "5" "4" "3" "4" "5" "5"
[3,] "s03" " 女 " "2" "2" "1" "3" "2" "2" "2" "3" "2"
[4,] "s04" " 男 " "2" "4" "4" "5" "5" "5" "5" "4" "3"
[5,] "s05" " 女 " "1" "3" "5" "2" "3" "4" "3" "3" "2"
[6,] "s06" " 女 " "1" "4" "5" "3" "4" "3" "4" "3" "5"
[7,] "s07" " 男 " "2" "5" "5" "5" "4" "4" "4" "5" "4"
[8,] "s08" " 女 " "3" "2" "3" "4" "4" "5" "4" "3" "1"
[9,] "s09" " 女 " "2" "5" "5" "2" "2" "4" "1" "1" "5"
[10,] "s10" " 男 " "1" "4" "5" "4" "5" "3" "5" "2" "1"
```

資料檔本身的結構是一個二維陣列型態，匯入 R 軟體後的類型為資料框架（data frames），資料框架才能進行各種統計分析，因而研究者將資料檔匯入 R 軟體後，不要進行物件類型轉換。資料框架本身也具有 R 軟體中列表（list）的特性，可以同時包含數值向量、文字向量，直行欄可設定變數名稱等特性。

變數若為類別變數（因子變數），可使用 **levels( )** 函數查詢變數的水準：

```
> levels(dp$ 性別 )
[1] " 女 " " 男 "
> levels(as.factor(dp$ 組別 ))   ## 先將組別數值型態轉換為水準類別型態
  [1] "1" "2" "3"
```

資料檔中可以使用函數 **names( )** 來查詢變數名稱：

```
> names(dp)
[1] " 編號 " " 性別 " " 組別 " "a1"  "a2"  "a3"  "a4"  "a5"  "a6"  "a7"
[11] "a8"
> head(names(dp),n=3)    ## 查詢前三個變數名稱
[1] " 編號 " " 性別 " " 組別 "
> tail(names(dp),n=8)    ## 查詢後八個變數名稱
[1] "a1" "a2" "a3" "a4" "a5" "a6" "a7" "a8"
```

R 軟體中的函數會結合物件使用，因而物件名稱最好不要設定為中文，此外，便於變數的鍵入與加快處理流程，變數名稱也不要使用中文。

資料框架變數索引的數值向量可以從原先資料檔中擷取若干直行變數，如擷取八個題項變數，函數語法 dp[c(4:11)]、dp[,c(4:11)]、dp[,4:11] 均可以：

```
> dp[c(4:11)]
   a1 a2 a3 a4 a5 a6  a7 a8
1  1  2  3  2  4  3  2  1
2  4  5  5  4  3  4  5  5
< 略 >
> dp[,c(4:11)]
   a1 a2 a3 a4 a5 a6  a7 a8
1  1  2  3  2  4  3  2  1
2  4  5  5  4  3  4  5  5
< 略 >
```

　　函數語法 dp[,c(1:3)] 與 dp[c(1:3)] 的功能相同，均可以從原資料框架物件中
擷取前三個直行變數：

```
> dp[c(1:3)]
  編號 性別 組別
1 s01  男   3
2 s02  女   3
3 s03  女   2
<略>
```

使用函數 **colSums( )** 配合變數索引，可以求出直行計量變數的總和：

```
>colSums(dp[,4:11])
a1  a2  a3  a4  a5  a6  a7  a8
34  40  36  35  37  35  31  29
```

使用函數 **colMeans( )** 配合變數索引，可以求出計量變數的平均數：

```
> colMeans(dp[,4:11])
 a1  a2  a3  a4  a5  a6  a7  a8
3.4 4.0 3.6 3.5 3.7 3.5 3.1 2.9
```

　　使用 **rowSums( )** 函數與 **rowMeans( )** 函數，可以求出各樣本觀察值在八個
題項變數的加總分數與平均分數：

```
> rowSums(dp[,4:11])
 [1] 18 35 17 35 25 31 36 26 25 29
> rowMeans(dp[,4:11])
 [1] 2.250 4.375 2.125 4.375 3.125 3.875 4.500 3.250 3.125 3.625
```

## 肆 選取樣本觀察值與排序

資料框架物件中所有樣本觀察值與變數，可以直接使用索引進行變數的刪除，保留對應統計分析的變數。資料編輯器建立的十筆觀察值資料如下：

```
>newdata<-read.csv("newdata_1.csv",header=T)
> print(newdata)
   stid  sex   year   it01  it02  it03  it04  it05
1  st01   F  1 年級   3     4     3     4     5
2  st02   M  1 年級   5     5     4     5     4
3  st03   M  2 年級   1     3     4     4     4
4  st04   F  2 年級   3     4     5     3     5
5  st05   M  3 年級   4     5     3     3     4
6  st06   M  3 年級   2     3     5     2     5
7  st07   F  1 年級   3     3     4     5     3
8  st08   M  1 年級   4     5     5     5     4
9  st09   M  1 年級   3     4     4     1     1
10 st10   F  2 年級   2     1     1     5     5
```

查看第五筆觀察值在所有變數的資料：

```
> newdata[5,]
   stid  sex   year   it01  it02  it03  it04  it05
5  st05   M  3 年級   4     5     3     3     4
```

查看第三個變數索引的十位觀察值資料：

```
 newdata[,3]        ## 也可以使用「newdata[[3]]」函數語法
[1] 1 年級 1 年級 2 年級 2 年級 3 年級 3 年級 1 年級 1 年級 1 年級 2 年級
Levels: 1 年級 2 年級 3 年級
```

　　想要從現有資料框架物件中選取只符合特定條件的樣本觀察值，可以使用 **subset( )** 函數，範例只選取性別變數 sex 為女生的樣本：

```
> F.data<-subset(newdata,newdata$sex=="F")
> print(F.data)
   stid sex year   it01 it02 it03 it04 it05
1  st01  F 1 年級    3    4    3    4    5
4  st04  F 2 年級    3    4    5    3    5
7  st07  F 1 年級    3    3    4    5    3
10 st10  F 2 年級    2    1    1    5    5
```

　　語法中「newdata$sex=="F"」為邏輯判斷式，若將二個等號「==」改為一個等號「=」表示指派或設定，會出現錯誤訊息，如：

```
> F.data<-subset(newdata,newdata$sex="F")
Error: unexpected '=' in "F.data<-subset(newdata,newdata$sex="F")
```

　　語法中「newdata$sex=="F"」把雙引號取消，雖不會出現錯誤訊息，但 F.data 物件中並沒有樣本觀察值。

```
> F.data<-subset(newdata,newdata$sex==F)
> print(F.data)
[1] stid sex  year it01 it02 it03 it04 it05
<0 rows> (or 0-length row.names)
```

選取樣本觀察值在 it01 變數勾選測量值大於等於 4 分者：

```
> it01.data<-subset(newdata,newdata$it01>=4)
> print(it01.data)
  stid sex  year  it01 it02 it03 it04 it05
2 st02  M  1 年級  5   5    4    5    4
5 st05  M  3 年級  4   5    3    3    4
8 st08  M  1 年級  4   5    5    5    4
```

函數 **subset( )** 可以選擇特定條件的觀察值，以進行分數／測量值的轉換程序，或進行特定群組的統計分析。二因子變異數分析程序中的單純主要效果檢定（simple main effect test），就需要選擇特定因子變數中水準群組觀察值以進行統計分析。範例為只選取一年級的樣本觀察值：

```
> y1.year<-subset(newdata,year=="1 年級 ")
> print(y1.year)
  stid sex  year  it01 it02 it03 it04 it05
1 st01  F  1 年級  3   4    3    4    5
2 st02  M  1 年級  5   5    4    5    4
7 st07  F  1 年級  3   3    4    5    3
8 st08  M  1 年級  4   5    5    5    4
9 st09  M  1 年級  3   4    4    1    1
```

使用且函數（&），選取年級變數之水準群體為 1 年級且性別變數是女生的樣本觀察值：

```
> my1.year<-subset(newdata,year=="1 年級 " & sex=="M")
> print(my1.year)
  stid sex year it01 it02 it03 it04 it05
2 st02 M 1 年級  5    5    4    5    4
8 st08 M 1 年級  4    5    5    5    4
9 st09 M 1 年級  3    4    4    1    1
```

使用或函數（|），選取年級變數之水準群體為 3 年級的樣本觀察值或是性別變數是女生的樣本觀察值：

```
> sel.data<-subset(newdata,year=="3 年級 " | sex=="M")
> print(sel.data)
  stid sex year it01 it02 it03 it04 it05
2 st02 M 1 年級  5    5    4    5    4
3 st03 M 2 年級  1    3    4    4    4
5 st05 M 3 年級  4    5    3    3    4
6 st06 M 3 年級  2    3    5    2    5
8 st08 M 1 年級  4    5    5    5    4
9 st09 M 1 年級  3    4    4    1    1
```

選取的樣本觀察值為 3 年級女生或 1 年級男生：

```
> sel.data<-(newdata,( year=="3 年級 " & sex=="M") | ( year=="1 年級 " &
sex=="F"))
> print(sel.data)
  stid sex year it01 it02 it03 it04 it05
1 st01 F 1 年級  3    4    3    4    5
5 st05 M 3 年級  4    5    3    3    4
6 st06 M 3 年級  2    3    5    2    5
7 st07 F 1 年級  3    3    4    5    3
```

使用 **order( )** 函數可以根據變數測量值或文字筆劃排序，排序時對應觀察值的所有變數都會跟著變動，範例為根據受試者在 it01 題項得分的高低進行排序：

```
> newdata[order(it01),]
   stid  sex  year    it01  it02  it03  it04  it05
3  st03  M  2 年級    1     3     4     4     4
6  st06  M  3 年級    2     3     5     2     5
10 st10  F  2 年級    2     1     1     5     5
1  st01  F  1 年級    3     4     3     4     5
4  st04  F  2 年級    3     4     5     3     5
7  st07  F  1 年級    3     3     4     5     3
9  st09  M  1 年級    3     4     4     1     1
5  st05  M  3 年級    4     5     3     3     4
8  st08  M  1 年級    4     5     5     5     4
2  st02  M  1 年級    5     5     4     5     4
```

增列引數選項「decreasing=T」，可以根據測量值的大小進行遞減排列（order( ) 函數內定的引數 decreasing 選項界定「=F」，表示進行的是遞增排序）。

```
> newdata[order(it01,decreasing=T),]
   stid  sex  year    it01  it02  it03  it04  it05
2  st02  M  1 年級    5     5     4     5     4
5  st05  M  3 年級    4     5     3     3     4
8  st08  M  1 年級    4     5     5     5     4
1  st01  F  1 年級    3     4     3     4     5
4  st04  F  2 年級    3     4     5     3     5
7  st07  F  1 年級    3     3     4     5     3
9  st09  M  1 年級    3     4     4     1     1
```

```
6   st06  M  3 年級  2   3   5   2   5
10  st10  F  2 年級  2   1   1   5   5
3   st03  M  2 年級  1   3   4   4   4
```

界定資料框架物件排序後的資料檔名稱分別為 t.data、f.data：

```
> t.data<-newdata[order(it01,decreasing=T),]
> f.data<-newdata[order(it01,decreasing=F),]
```

以向量元素位置數值查詢第三筆資料的測量值：

```
> t.data$it01[3]
[1] 4
> f.data$it01[3]
[1] 2
```

元素數值可以是一個區間，如同時查詢排序後變數 it01 第三筆至第五筆的測量值：

```
> f.data$it01[3:5]
[1] 2   3   3
> t.data$it01[3:5]
[1] 4   3   3
```

上述排序與測量值大小的查詢語法，在進行項目分析時十分有用，因為量表項目分析的程序在於將量表題項加總後，求出加總分數前 27%、後 27% 的臨界分數。如果樣本觀察值有 200 位，則前 27%、後 27% 的臨界分數點剛好為排序後第 54 位觀察值，假設總分的變數為 total、排序後資料框架物件名稱為 f.data、d.data，查詢第 54 位觀察值臨界分數點語法為 f.data$total[54]、 d.data$total[54]。

依照年級變數的水準群組中文筆劃排序，函數為 newdata[order(year),]：

```
> newdata[order(year),]
   stid sex   year   it01 it02 it03 it04 it05
1  st01  F  1 年級   3    4    3    4    5
2  st02  M  1 年級   5    5    4    5    4
7  st07  F  1 年級   3    3    4    5    3
8  st08  M  1 年級   4    5    5    5    4
9  st09  M  1 年級   3    4    4    1    1
3  st03  M  2 年級   1    3    4    4    4
4  st04  F  2 年級   3    4    5    3    5
10 st10  F  2 年級   2    1    1    5    5
5  st05  M  3 年級   4    5    3    3    4
6  st06  M  3 年級   2    3    5    2    5
```

用 which( ) 函數進行邏輯條件判別，可以只選取資料框架物件中的直行變數內容，如選取性別為女生的樣本，直行變數為年級：

```
newdata$year[which(sex=="F")]
[1] 1 年級 2 年級 1 年級 2 年級
Levels: 1 年級 2 年級 3 年級
```

從資料框架物件中選取男生樣本，查看樣本在 it03 的勾選情況，並進行加總：

```
> newdata$it03[which(newdata$sex=="M")]
[1] 4 4 3 5 5 4
> newdata[,6][which(newdata$sex=="M")]
[1] 4 4 3 5 5 4
> sum(newdata[,6][which(newdata$sex=="M")])    ##sum() 為加總函數
[1] 25
> length(newdata[,6][which(newdata$sex=="M")])    ##length() 為觀察值個
數函數
[1] 6
```

求出 1 年級樣本在 it05 的總和與平均數：

```
> newdata$it05[which(newdata$year=="1 年級 ")]
[1] 5 4 3 4 1
> sum(newdata$it05[which(newdata$year=="1 年級 ")])
[1] 17
> mean(newdata$it05[which(newdata$year=="1 年級 ")])
[1] 3.4
```

刪除前三個人口變項，只保留後面五個題項的資料框架物件，以負向量引
數表示：

```
> back.data<-newdata[-c(1,2,3)]
> head(back.data,3)
  it01 it02 it03 it04 it05
1  3    4    3    4    5
2  5    5    4    5    4
3  1    3    4    4    4
```

新資料框架只保留年級（year）、it01、it02、it03 四個變數：

```
> new1.data<-newdata[c(3,4:6)]        ## 索引中正數表示變數保留
> head(new1.data,3)
    year    it01  it02  it03
1 1 年級    3     4     3
2 1 年級    5     5     4
3 2 年級    1     3     4
```

資料框架物件 it.newdata 只保留五個題項的變數內容：

```
> it.newdata<-newdata[c(4:8)]
> print(it.newdata)
   it01  it02  it03  it04  it05
1   3     4     3     4     5
2   5     5     4     5     4
3   1     3     4     4     4
4   3     4     5     3     5
5   4     5     3     3     4
6   2     3     5     2     5
7   3     3     4     5     3
8   4     5     5     5     4
9   3     4     4     1     1
10  2     1     1     5     5
```

如果資料框架物件變數都是計量變數，可以直接使用 **apply( )** 函數計算各橫列或各直行相關的統計量數。**apply( )** 函數語法為「apply（資料框架物件,1/2,統計量數）」，函數中間的數值如為 1 表示進行的是橫列（樣本觀察值）的處理，中間引數數值如為 2 表示進行的是直行（變數）的處理。範例為求出十位觀察

值在五個題項的加總分數：

```
> apply(it.newdata,1,sum)
 [1] 19 23 16 20 19 17 18 23 13 14
```

求出十位觀察值在五個變數（直行）的總分：

```
> apply(it.newdata,2,sum)
   it01  it02  it03  it04  it05
    30    37    38    37    40
```

函數 **apply( )** 的第三個統計量數配合函數，求出十位觀察值在五個題項的總和、平均數、標準差、有效個數：

```
>apply(it.newdata,2,function(fx) c(sum(fx),mean(fx),sd(fx),length(fx)))
      it01    it02    it03    it04    it05
[1,] 30.00 37.00 38.00  37.00 40.00
[2,]  3.00  3.70  3.80   3.70  4.00
[3,]  1.15  1.25  1.23   1.42  1.25
[4,] 10.00 10.00 10.00 10.00 10.00
```

語法指令之文字向量中，**sum( )** 為總和函數、mean 為平均數函數、sd 為標準差函數、length 為觀察值個數函數。

# 4 反向題編碼與題項加總

- ■ 資料檔反向題的編碼

- ■ 向度變數的增列（指標題項的加總或平均）

- ■ 資料檔的整合

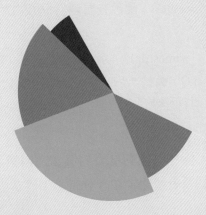

　　本章主要就題項反向題與量表向度變數的增列加以說明。心理特質傾向量表或態度量表／測驗中通常會以建構效度或內容效度建構量表效度，量表或測驗除可進行量表總分的檢定分析外，也會對量表中向度進行各種統計檢定分析，向度／層面／構面是數個題項分數的加總或平均。

 **壹　資料檔反向題的編碼**

　　範例資料檔的變數名稱依序為「編號、性別、組別、a1、……、a8」，編號變數的順序為 1、性別變數的順序為 2，組別變數的順序為 3，a1 變數的順序為 4，其對應的索引參數數值分別為 1、2、3、4。

　　使用第三章的語法函數匯入人格特質量表，R 主控台視窗的資料框架物件名稱設定為 dp。

```
> setwd("d:/R")
> va=c("編號","性別","組別","a1","a2","a3","a4","a5","a6","a7","a8")
> dp=read.table("person.txt",header=F,col.names=va)
>
> print.data.frame(dp)
   編號 性別 組別 a1 a2 a3 a4 a5 a6 a7 a8
1   s01   男    3   1  2  3  2  4  3  2  1
2   s02   女    3   4  5  5  4  3  4  5  5
3   s03   女    2   2  1  3  2  2  2  3  2
4   s04   男    2   4  4  5  5  5  5  4  3
5   s05   女    1   3  5  2  3  4  3  3  2
6   s06   女    1   4  5  3  4  3  4  3  5
7   s07   男    2   5  5  5  4  4  4  5  4
8   s08   女    3   2  3  4  4  5  4  3  1
9   s09   女    2   5  5  2  2  4  1  1  5
10  s10   男    1   4  5  4  5  3  5  2  1
```

　　以 **names( )** 函數查看資料框架物件的所有變數，變數個數共有 11 個。

```
> names(dp)
 [1] " 編號 " " 性別 " " 組別 " "a1"  "a2"  "a3"  "a4"  "a5"  "a6"  "a7"
[11] "a8"
```

　　人格特質傾向量表的第 2 題與第 5 題是反向題，原量表採用的是李克特的五點量表型態，在計分時必須將這二題反向題反向計分，原先勾選 1 者為 5

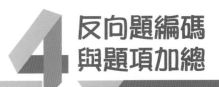
分、勾選 2 者為 4 分、勾選 3 者為 3 分、勾選 4 者為 2 分、勾選 5 者為 1 分。如果量表型態為六點量表，則反向題反向計分之舊值與新值編碼為：1 → 6、2 → 5、3 → 4、4 → 3、5 → 2、6 → 1；若是量表型態為四點量表，則反向題反向計分之舊值與新值編碼為：1 → 4、2 → 3、3 → 2、4 → 1。

查看十位樣本在第 2 題與第 5 題原始勾選情況，使用「資料框架物件名稱 $ 變數名稱」語法：

```
> dp$a2
 [1] 2 5 1 4 5 5 5 3 5 5
> dp$a5
 [1] 4 3 2 5 4 3 4 5 4 3
# 原始十位觀察值在第 2 題與第 5 題的作答情形
```

反向題反向計分編碼可以使用 record( ) 函數，record( ) 函數為 car 套件中的一個函數，因而要安裝 car 套件。若套件已安裝，使用其中的函數要先將套件載入主控台中，record( ) 函數基本語法為「record（變數，" 原規則 1= 新編碼 1; 原規則 2= 新編碼 2"）」，原規則引數可以是一個向量或一個範圍，或單一數值：

```
> library(car)
#recorde 函數在 car 套件內，開啟 car 套件
> recode(dp$a2, "1=5; 2=4; 3=3; 4=2; 5=1")
 [1] 4 1 5 2 1 1 1 3 1 1
> recode(dp$a5, "1=5; 2=4; 3=3; 4=2; 5=1")
 [1] 2 3 4 1 2 3 2 1 2 3
# 第 2 題與第 5 題的變數測量值，舊值為 1 者新值重新編碼為 5、舊值為
2 者新值重新編碼為 4、舊值為 3 者新值重新編碼為 3、舊值為 4 者新值
重新編碼為 2、舊值為 5 者新值重新編碼為 1
```

　　變數 a2、a5 重新編碼後的測量值要取代原先輸入的測量值，要指定變數名稱與變數所依附的資料框架物件，如果沒有界定資料框架物件的題項變數，則資料框架物件內容不會變更：

```
> library(car)
> recode(dp$a2, "1=5; 2=4; 3=3; 4=2; 5=1")
 [1] 4 1 5 2 1 1 1 3 1 1
> recode(dp$a5, "1=5; 2=4; 3=3; 4=2; 5=1")
 [1] 2 3 4 1 2 3 2 1 2 3
> print.data.frame(dp)
   編號 性別 組別 a1 a2 a3 a4 a5 a6 a7 a8
1  s01  男   3   1  2  3  2  4  3  2  1
2  s02  女   3   4  5  5  4  3  4  5  5
3  s03  女   2   2  1  3  2  2  2  3  2
4  s04  男   2   4  4  5  5  5  5  4  3
5  s05  女   1   3  5  2  3  4  3  3  2
6  s06  女   1   4  5  3  4  3  4  3  5
7  s07  男   2   5  5  5  4  4  5  4
8  s08  女   3   2  3  4  4  5  4  3  1
9  s09  女   2   5  5  2  2  4  1  1  5
10 s10  男   1   4  5  4  5  3  5  2  1
```

　　上述語法函數中雖有執行 **recode( )** 函數，進行變數 a2、a5 二個題項變數的重新編碼指令列，但由於未將重新編碼後的測量值覆蓋於原資料框架物件中的變數 a2、a5，因而原資料框架物件 a2、a5 二個題項變數的測量值並未進行更新動作。

```
dp$a2<-recode(dp$a2, "1=5; 2=4; 3=3; 4=2; 5=1")
dp$a5<-recode(dp$a5, "1=5; 2=4; 3=3; 4=2; 5=1")
```

函數 recode( ) 也可以使用於因子變數類型的水準群組標記，範例中「組別」
變數的水準數值1為高學業組、水準數值2為中學業組、水準數值3為低學業組。

dp$ 組別 <-recode(dp$ 組別 , "1=' 高學業組 '; 2=' 中學業組 '; 3=' 低學業組 '")

R 編輯器視窗中的完整指令語法為：

```
library(car)
dp$a2<-recode(dp$a2, "1=5; 2=4; 3=3; 4=2; 5=1")
dp$a5<-recode(dp$a5, "1=5; 2=4; 3=3; 4=2; 5=1")
dp$ 組別 <-recode(dp$ 組別 , "1=' 高學業組 '; 2=' 中學業組 '; 3=' 低學業組 '")
print.data.frame(dp)
```

主控台執行 R 編輯器視窗的指令列之視窗界面如下：

```
> dp$a2<-recode(dp$a2, "1=5; 2=4; 3=3; 4=2; 5=1")
> dp$a5<-recode(dp$a5, "1=5; 2=4; 3=3; 4=2; 5=1")
> dp$組別<-recode(dp$組別, "1='高學業組'; 2='中學業組'; 3='低學業組'")
> print.data.frame(dp)
   編號 性別   組別 a1 a2 a3 a4 a5 a6 a7 a8
1  s01  男 低學業組  1  4  3  2  2  3  2  1
2  s02  女 低學業組  4  1  5  4  3  4  5  5
3  s03  女 中學業組  2  5  3  2  4  2  3  2
4  s04  男 中學業組  4  2  5  5  1  5  4  3
5  s05  女 高學業組  3  1  2  3  2  3  3  2
6  s06  女 高學業組  4  1  3  4  3  4  3  5
7  s07  男 中學業組  5  1  5  4  2  4  5  4
8  s08  女 低學業組  2  3  4  4  1  4  3  1
9  s09  女 中學業組  5  1  2  2  2  1  1  5
10 s10  男 高學業組  4  1  4  5  3  5  2  1
> |
```

**貳** 向度變數的增列（指標題項的加總或平均）

人格特質傾向量表包含三個向度：「情緒管理」、「溝通協調」、「時間規劃」。「情緒管理」變項為第 1 題至第 3 題的加總（或平均）、「溝通協調」變項為第 4 題至第 6 題的加總（或平均）、「時間規劃」為第 7 題至第 8 題的加總（或平均）。

三個向度變數的產生語法為：

```
> dp$ta1=dp$a1+dp$a2+dp$a3
> dp$ta2=dp$a4+dp$a5+dp$a6
> dp$ta3=dp$a7+dp$a8
```

語法中「dp$ta1」的變數表示向量物件名稱 ta1 作為資料框架物件 dp 的一個直行變數。

資料框架物件 dp 的變數中新增三個向度變數名稱：ta1、ta2、ta3：

```
> dp$ta1=dp$a1+dp$a2+dp$a3
> dp$ta2=dp$a4+dp$a5+dp$a6
> dp$ta3=dp$a7+dp$a8
> print.data.frame(dp)
   編號 性別   組別 a1 a2 a3 a4 a5 a6 a7 a8 ta1 ta2 ta3
1  s01  男 低學業組  1  4  3  2  2  3  2  1   8   7   3
2  s02  女 低學業組  4  1  5  4  3  4  5  5  10  11  10
3  s03  女 中學業組  2  5  3  2  4  2  3  2  10   8   5
4  s04  男 中學業組  4  2  5  5  1  5  4  3  11  11   7
5  s05  女 高學業組  3  1  2  3  2  3  3  2   6   8   5
6  s06  女 高學業組  4  1  3  4  3  4  3  5   8  11   8
7  s07  男 中學業組  5  1  5  4  2  4  5  4  11  10   9
8  s08  女 低學業組  2  3  4  4  1  4  3  1   9   9   4
9  s09  女 中學業組  5  1  2  2  2  1  1  5   8   5   6
10 s10  男 高學業組  4  1  4  5  3  5  2  1   9  13   3
>
```

若是研究者要直接鍵入變數名稱，可以先將資料檔或資料框架物件名稱依附在主控台視窗中，其函數為「attach（資料檔物件名稱或資料框架物件名稱）」。範例匯入的資料檔物件名稱為「dp」，先指定標的資料檔「attach(dp)」，表示將資料框架物件暫時附加於主控台中，此時可以直接查看資料框架中的變數名稱內容。

```
> attach(dp)
> dp$ta1=a1+a2+a3
> dp$ta2=a4+a5+a6
> dp$ta3=a7+a8
# 由於 ta1、ta2、ta3 在原資料檔變數中沒有，若要增列於原資料檔中，
作為變數之一，必須加以指定標的資料框架物件。
```

統計分析時，研究者對於向度變項測量值若要採用題項加總的平均，則只要將題項加總後再除以題項數（向度以加總分數為測量值或以單題平均分數為測量值，統計檢定的結果是相同的，包含統計量數與顯著性，唯一的差異參數為平均數、標準差與平均數標準誤）。

```
# 求出每位觀察值在三個向度的單題平均數測量值
> attach(dp)
> dp$ta4=round((a1+a2+a3)/3,1)
> dp$ta5=round((a4+a5+a6)/3,1)
> dp$ta6=round((a7+a8)/2,1)
> dp$ta7=round((ta1+ta2+ta3)/8,1)
```

資料框架物件名稱設定依附在主控台視窗中，若沒有卸載或關閉 R 主控台視窗，之後可以不必再界定依附關係。範例中的單題平均數增列 round( ) 函數，將小數點四捨五入到小數第一位。

　　資料框架物件增列三個向度單題平均數變數 ta4、ta5、ta6，人格特質量表八題的單題平均數變數為 ta7。範例中量表全部題項加總可以直接使用八個題項變數：「dp$ta7=round((a1+a2+a3+a4+a5+a6+a7+a8)/8,1)」

```
> dp$ta4=round((a1+a2+a3)/3,1)
> dp$ta5=round((a4+a5+a6)/3,1)
> dp$ta6=round((a7+a8)/2,1)
> dp$ta7=round((ta1+ta2+ta3)/8,1)
> print.data.frame(dp)
   編號 性別     組別 a1 a2 a3 a4 a5 a6 a7 a8 ta1 ta2 ta3 ta4 ta5 ta6 ta7
1   s01   男 低學業組  1  4  3  2  2  3  2  1   8   7   3 2.7 2.3 1.5 2.2
2   s02   女 低學業組  4  1  5  4  3  4  5  5  10  11  10 3.3 3.7 5.0 3.9
3   s03   女 中學業組  2  5  3  2  4  2  3  2  10   8   5 3.3 2.7 2.5 2.9
4   s04   男 中學業組  4  2  5  5  1  5  4  3  11  11   7 3.7 3.7 3.5 3.6
5   s05   女 高學業組  3  1  2  3  2  3  3  2   6   8   5 2.0 2.7 2.5 2.4
6   s06   女 高學業組  4  1  3  4  3  4  3  5   8  11   8 2.7 3.7 4.0 3.4
7   s07   男 中學業組  5  1  5  4  2  4  5  4  11  10   9 3.7 3.3 4.5 3.8
8   s08   女 低學業組  2  3  4  4  1  4  3  1   9   9   4 3.0 3.0 2.0 2.8
9   s09   女 中學業組  5  1  2  2  2  1  1  5   8   5   6 2.7 1.7 3.0 2.4
10  s10   男 高學業組  4  1  4  5  3  5  2  1   9  13   3 3.0 4.3 1.5 3.1
```

　　將原始資料檔與增列的向度變數存檔，範例為存成試算表 .csv 檔案，檔案名稱為「personbak.csv」，橫列變數名稱採用原來的變項。

```
write.table(dp,"d:/R/personbak.csv", row.names=F, sep=',',append=F)
```

　　檔案寫入外部檔案（儲存）之前若有執行變更工作目錄 (Change dir) 程序，可以簡化為：

```
write.table(dp,"personbak.csv", row.names=F, sep=',',append=F)
```

　　存檔後「personbak.csv」的內容如下：

| 編號 | 性別 | 組別 | a1 | a2 | a3 | a4 | a5 | a6 | a7 | a8 | ta1 | ta2 | ta3 | ta4 | ta5 | ta6 | ta7 |
|---|---|---|---|---|---|---|---|---|---|---|---|---|---|---|---|---|---|
| s01 | 男 | 低學業組 | 1 | 4 | 3 | 2 | 2 | 3 | 2 | 1 | 8 | 7 | 3 | 2.7 | 2.3 | 1.5 | 2.2 |
| s02 | 女 | 低學業組 | 4 | 1 | 5 | 4 | 3 | 4 | 5 | 5 | 10 | 11 | 10 | 3.3 | 3.7 | 5.0 | 3.9 |
| s03 | 女 | 中學業組 | 2 | 5 | 3 | 2 | 4 | 2 | 3 | 2 | 10 | 8 | 5 | 3.3 | 2.7 | 2.5 | 2.9 |
| s04 | 男 | 中學業組 | 4 | 2 | 5 | 5 | 1 | 5 | 4 | 3 | 11 | 11 | 7 | 3.7 | 3.7 | 3.5 | 3.6 |
| s05 | 女 | 高學業組 | 3 | 1 | 2 | 3 | 2 | 3 | 3 | 2 | 6 | 8 | 5 | 2.0 | 2.7 | 2.5 | 2.4 |
| s06 | 女 | 高學業組 | 4 | 1 | 3 | 4 | 3 | 4 | 3 | 5 | 8 | 11 | 8 | 2.7 | 3.7 | 4.0 | 3.4 |

| 編號 | 性別 | 組別 | a1 | a2 | a3 | a4 | a5 | a6 | a7 | a8 | ta1 | ta2 | ta3 | ta4 | ta5 | ta6 | ta7 |
|------|------|--------|----|----|----|----|----|----|----|----|-----|-----|-----|-----|-----|-----|-----|
| s07 | 男 | 中學業組 | 5 | 1 | 5 | 4 | 2 | 4 | 5 | 4 | 11 | 10 | 9 | 3.7 | 3.3 | 4.5 | 3.8 |
| s08 | 女 | 低學業組 | 2 | 3 | 4 | 4 | 1 | 4 | 3 | 1 | 9 | 9 | 4 | 3.0 | 3.0 | 2.0 | 2.8 |
| s09 | 女 | 中學業組 | 5 | 1 | 2 | 2 | 2 | 1 | 1 | 5 | 8 | 5 | 6 | 2.7 | 1.7 | 3.0 | 2.4 |
| s10 | 男 | 高學業組 | 4 | 1 | 4 | 5 | 3 | 5 | 2 | 1 | 9 | 13 | 3 | 3.0 | 4.3 | 1.5 | 3.1 |

Excel 試算表開啟「personbak.csv」資料檔的視窗界面為：

| | A | B | C | D | E | F | G | H | I | J | K | L | M | N | O | P | Q | R |
|---|------|------|--------|----|----|----|----|----|----|----|----|-----|-----|-----|-----|-----|-----|-----|
| 1 | 編號 | 性別 | 組別 | a1 | a2 | a3 | a4 | a5 | a6 | a7 | a8 | ta1 | ta2 | ta3 | ta4 | ta5 | ta6 | ta7 |
| 2 | s01 | 男 | 低學業組 | 1 | 4 | 3 | 2 | 2 | 3 | 2 | 1 | 8 | 7 | 3 | 2.7 | 2.3 | 1.5 | 2.2 |
| 3 | s02 | 女 | 低學業組 | 4 | 1 | 5 | 4 | 3 | 4 | 5 | 5 | 10 | 11 | 10 | 3.3 | 3.7 | 5.0 | 3.9 |
| 4 | s03 | 女 | 中學業組 | 2 | 5 | 3 | 2 | 4 | 2 | 3 | 2 | 10 | 8 | 5 | 3.3 | 2.7 | 2.5 | 2.9 |
| 5 | s04 | 男 | 中學業組 | 4 | 2 | 5 | 5 | 1 | 5 | 4 | 3 | 11 | 11 | 7 | 3.7 | 3.7 | 3.5 | 3.6 |
| 6 | s05 | 女 | 高學業組 | 3 | 1 | 2 | 3 | 2 | 3 | 3 | 2 | 6 | 8 | 5 | 2.0 | 2.7 | 2.5 | 2.4 |
| 7 | s06 | 女 | 高學業組 | 4 | 1 | 4 | 3 | 2 | 3 | 5 | 8 | 11 | 8 | 2.7 | 3.7 | 4.0 | 3.4 |
| 8 | s07 | 男 | 中學業組 | 5 | 1 | 5 | 4 | 2 | 4 | 5 | 4 | 11 | 10 | 9 | 3.7 | 3.3 | 4.5 | 3.8 |
| 9 | s08 | 女 | 低學業組 | 2 | 3 | 4 | 4 | 1 | 4 | 3 | 1 | 9 | 9 | 4 | 3.0 | 3.0 | 2.0 | 2.8 |
| 10 | s09 | 女 | 中學業組 | 5 | 1 | 2 | 2 | 2 | 1 | 1 | 5 | 8 | 5 | 6 | 2.7 | 1.7 | 3.0 | 2.4 |
| 11 | s10 | 男 | 高學業組 | 4 | 1 | 4 | 5 | 3 | 5 | 2 | 1 | 9 | 13 | 3 | 3.0 | 4.3 | 1.5 | 3.1 |

　　求單題平均數時，如果沒有增列四捨五入等相關函數，小數點的位數一般會保留超過二位，進行向度單題平均運算，要真正取到小數第二位，最好配合使用 round(x, n) 函數，函數的中引數 x 為一個數值、n 為小數位數，如「round(x, 2)」表示回傳測量值到小數第 2 位（第 3 位四捨五入）。**round( )** 函數若沒有指定小數位數，表示四捨五入到整數位。其餘數學函數類似的函數有「**ceiling( )**」、「**floor( )**」、「**trunc( )**」函數；「**ceiling(x)**」函數表示回傳大於等於 x 的最小整數值，「**floor(x )**」函數表示回傳小於等於 x 的最小整數值，「**trunc(x )**」函數表示回傳 x 測量值的整數值，小數位數無條件捨去。

```
> x=25.5467;y=32.2567
> trunc(x);trunc(y)
[1] 25
[1] 32
> floor(x);floor(y)
[1] 25
[1] 32
> ceiling(x);ceiling(y)
[1] 26
[1] 33
> round(x,1);round(y,2)
[1] 25.5
[1] 32.26
```

每位觀察值在三個向度的單題平均數測量值若要回傳至小數第 2 位，可使用 **round(x,n)** 函數較為方便。

```
> dp$ta1=round((a1+a2+a3)/3,2)
> dp$ta2=round((a4+a5+a6)/3,2)
> dp$ta3=round((a7+a8)/2,2)
```

量表向度變數的增列，除採用題項變數直接加總外，也可以使用橫列加總與橫列平均數函數，橫列數值變數加總函數為 **rowSums( )**、橫列數值變數平均數函數為 **rowMeans( )**。範例複製一個新的資料框架物件，物件名稱為 newdp( 資料檔內容已反向計分 )：

```
>> newdp<-dp
> print(newdp)
  編號 性別   組別   a1 a2 a3 a4 a5 a6 a7 a8
1 s01 男  低學業組 1  4  3  2  2  3  2  1
2 s02 女  低學業組 4  1  5  4  3  4  5  5
<略>
```

求出樣本觀察值在三個向度與量表總分，使用 **rowSums( )** 函數配合變數索引向量：

```
> newdp$TA=rowSums(newdp[,4:6])
> newdp$TB=rowSums(newdp[,7:9])
> newdp$TC=rowSums(newdp[,10:11])
> newdp$TD=rowSums(newdp[,4:11])
> print.data.frame(newdp)
   編號 性別   組別   a1 a2 a3 a4 a5 a6 a7 a8 TA TB TC TD
1  s01 男  低學業組 1  4  3  2  2  3  2  1  8  7  3 18
2  s02 女  低學業組 4  1  5  4  3  4  5  5 10 11 10 31
3  s03 女  中學業組 2  5  3  2  4  2  3  2 10  8  5 23
4  s04 男  中學業組 4  2  5  5  1  5  4  3 11 11  7 29
5  s05 女  高學業組 3  1  2  3  2  3  3  2  6  8  5 19
6  s06 女  高學業組 4  1  3  4  3  4  3  5 11  8 11 27
7  s07 男  中學業組 5  1  5  4  2  4  5  4 11 10  9 30
8  s08 女  低學業組 2  3  4  4  1  4  3  1  9  9  4 22
9  s09 女  中學業組 5  1  2  2  2  1  1  5  8  5  6 19
10 s10 男  高學業組 4  1  4  5  3  5  2  1  9 13  3 25
```

如果向度包含的題項變數是跳躍式，變數索引中直接增列數值向量，逐一列出題項變數索引比較不會出現錯誤，如：rowSums(newdp[,c(4,6,8)])。

使用 **rowMeans( )** 函數求出樣本觀察值在三個向度與整體量表得分的平均數，平均數四捨五入到小數第二位：

```
> newdp$AA=round(rowMeans(newdp[,4:6]),2)
> newdp$AB=round(rowMeans(newdp[,7:9]),2)
> newdp$AC=round(rowMeans(newdp[,10:11]),2)
> newdp$AD=round(rowMeans(newdp[,4:11]),2)
```

以數值向量輸出樣本觀察值編號、向度及整體量表加總變數，向度及整體量表得分平均數變數：

```
> print.data.frame(newdp[,c(1,12:19)])
```

| | 編號 | TA | TB | TC | TD | AA | AB | AC | AD |
|---|---|---|---|---|---|---|---|---|---|
| 1 | s01 | 8 | 7 | 3 | 18 | 2.67 | 2.33 | 1.5 | 2.25 |
| 2 | s02 | 10 | 11 | 10 | 31 | 3.33 | 3.67 | 5.0 | 3.88 |
| 3 | s03 | 10 | 8 | 5 | 23 | 3.33 | 2.67 | 2.5 | 2.88 |
| 4 | s04 | 11 | 11 | 7 | 29 | 3.67 | 3.67 | 3.5 | 3.62 |
| 5 | s05 | 6 | 8 | 5 | 19 | 2.00 | 2.67 | 2.5 | 2.38 |
| 6 | s06 | 8 | 11 | 8 | 27 | 2.67 | 3.67 | 4.0 | 3.38 |
| 7 | s07 | 11 | 10 | 9 | 30 | 3.67 | 3.33 | 4.5 | 3.75 |
| 8 | s08 | 9 | 9 | 4 | 22 | 3.00 | 3.00 | 2.0 | 2.75 |
| 9 | s09 | 8 | 5 | 6 | 19 | 2.67 | 1.67 | 3.0 | 2.38 |
| 10 | s10 | 9 | 13 | 3 | 25 | 3.00 | 4.33 | 1.5 | 3.12 |

向度的加總也可以直接使用變數索引，以資料框架物件 newdata 為例，五個題項變數分別為「it01」、「it02」、「it03」、「it04」、「it05」；假設其中的家庭壓力向度包括「it02」（標題向量索引數值 =5）、「it04」（標題向量索引數值 =7）二題；學校壓力向度包括「it01」（標題向量索引數值 =4）、「it03」（標題向量索引數值 =6）、「it05」三題（標題向量索引數值 =8），以函數 names（資料框架物件）查看變數名稱：

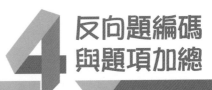
```
> names(newdata)
 [1] "stid" "sex"  "year" "it01" "it02" "it03" "it04" "it05"
索引 1     2     3     4     5     6     7     8
```

R 編輯器視窗中二個壓力向度與壓力總分的加總語法為：

```
newdata$hp<-newdata[[5]]+newdata[[7]]
newdata$sp<-newdata[[4]]+newdata[[6]]+newdata[[8]]
newdata$totp<-newdata[[4]]+newdata[[5]]+newdata[[6]]+newdata[[7]]+
newdata[[8]]
print.data.frame(newdata)
```

R 主控台的視窗界面與輸出結果如下：

```
> newdata$hp<-newdata[[5]]+newdata[[7]]
> newdata$sp<-newdata[[4]]+newdata[[6]]+newdata[[8]]
> newdata$totp<-newdata[[4]]+newdata[[5]]+newdata[[6]] +newdata[[7]]+newdata$
> print.data.frame(newdata)
   stid sex  year it01 it02 it03 it04 it05 hp sp totp
1  st01  F 1年級    3    4    3    4    5  8 11   19
2  st02  M 1年級    5    5    4    5    4 10 13   23
3  st03  M 2年級    1    3    4    4    4  7  9   16
4  st04  F 2年級    3    4    5    3    5  7 13   20
5  st05  M 3年級    4    5    3    3    4  8 11   19
6  st06  M 3年級    2    3    5    2    5  5 12   17
7  st07  F 1年級    3    3    4    5    3  8 10   18
8  st08  M 1年級    4    5    5    5    4 10 13   23
9  st09  M 1年級    3    4    4    1    1  5  8   13
10 st10  F 2年級    2    1    1    5    5  6  8   14
```

以索引值作為資料框架物件的回傳或題項加總時，下列二個方式輸出結果數值表面相同，但物件屬性不同。「資料框架物件 [n]」回傳的是一個直行的資料框架，不是一個數值向量；「資料框架物件 [[n]]」回傳的是直行向量，因而「資料框架物件 [[n]]」表示的運算式才能作為一個直行變數回傳到原資料框架物件中，界定的新變數名稱可以直接增列於原資料框架之中。

```
> newdata[4]    ## 回傳一個只包含一行的資料框架
    it01
1   3
2   5
3   1
4   3
5   4
6   2
7   3
8   4
9   3
10  2
> newdata[[4]]   ## 回傳一個直行數值資料 ( 向量物件 )
 [1] 3 5 1 3 4 2 3 4 3 2
```

　　R 編輯器視窗中變數索引語法改為下列指令列，雖然也可以進行加總，但增列在資料框架物件 newdata 中的變數並不是語法指令中界定的變數名稱，研究者還要進行變數名稱的修改：

```
newdata$hp<-newdata[5]+newdata[7]
newdata$sp<-newdata[4]+newdata[6]+newdata[8]
newdata$totp<-newdata[[4]]+newdata[[5]]+newdata[[6]]+newdata[[7]]+
newdata[[8]]
```

使用 **rowSums( )** 函數進行樣本觀察值在二個向度與整體壓力的加總：

```
> pdata<-newdata
> pdata$HP=rowSums(pdata[,c(5,7)])
> pdata$SP=rowSums(pdata[,c(4,6,8)])
> pdata$TP=rowSums(pdata[,4:8])
```

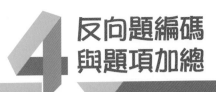

使用 rowMeans( ) 函數進行樣本觀察值在二個向度與整體壓力得分的平均數：

```
> pdata$AHP=round(rowMeans(pdata[,c(5,7)]),2)
> pdata$ASP=round(rowMeans(pdata[,c(4,6,8)]),2)
> pdata$ATP=round(rowMeans(pdata[,4:8]),2)
```

輸出人口變數與增列的向度變數：

```
> print.data.frame(pdata[,c(1:3,9:14)])
   stid sex year  HP SP TP AHP ASP ATP
1  st01  F 1 年級  8 11 19  4.0 3.67 3.8
2  st02  M 1 年級 10 13 23  5.0 4.33 4.6
3  st03  M 2 年級  7  9 16  3.5 3.00 3.2
4  st04  F 2 年級  7 13 20  3.5 4.33 4.0
5  st05  M 3 年級  8 11 19  4.0 3.67 3.8
6  st06  M 3 年級  5 12 17  2.5 4.00 3.4
7  st07  F 1 年級  8 10 18  4.0 3.33 3.6
8  st08  M 1 年級 10 13 23  5.0 4.33 4.6
9  st09  M 1 年級  5  8 13  2.5 2.67 2.6
10 st10  F 2 年級  6  8 14  3.0 2.67 2.8
```

問卷統計程序中，對於量表向度（構面）變數增列的較快方式為使用 rowSums( ) 函數與 rowMeans( ) 函數。但使用此二個函數時，若是題項變數較多，要注意變數索引之數值向量的核對，否則一旦有錯誤，之後統計分析的結果都會有偏誤。

155

## 參 資料檔的整合

資料檔物件的整合與變數合併，可以使用 **merge( )** 函數與 **rbind( )** 函數。**rbind( )** 函數可以直接進行二個資料框架物件之橫向合併（樣本觀察值的合併），樣本觀察值的合併為資料的堆疊。範例中匯入三個資料檔，資料檔物件名稱分別為 dm1、dm2、dm3。

```
> dm1=read.csv("mat1.csv",header=T)
> dm2=read.csv("mat2.csv",header=T)
> dm3=read.csv("mat3.csv",header=T)
> print(dm1)
   Id  gender  a1 a2 a3 a4 a5  msco
1 s01    M     9  7  8  6  5    57
2 s02    F     3  4  1  5  8    45
3 s03    F     2  3  6  5  1    68
4 s04    M     3  4  7  9  8    91
5 s05    M     3  6  8  9  4    74
> prin(dm2)
> prin(dm2)
   Id  gender  a1 a2 a3 a4 a5  msco
1 s06    F     2  3  1  5  4    78
2 s07    M     5  6  7  9  5    54
3 s08    M     6  3  2  8  3    43
4 s09    F     1  6  8  4  9    82
> print(dm3)
```

|   | Id | moti | anxi |
|---|-----|------|------|
| 1 | s07 | 6 | 7 |
| 2 | s08 | 3 | 5 |
| 3 | s01 | 4 | 4 |
| 4 | s02 | 5 | 8 |
| 5 | s03 | 1 | 10 |

資料檔或資料框架物件 dm1、dm2 有相同的變數（直行變數相同），二個資料檔進行橫向上下合併，橫向合併在於將數個群組合併為一個群組，橫向合併可將觀察群值組堆疊在一起，使用「rbind( )」函數：

```
> ( dm_12<-rbind(dm1,dm2))
```

|   | Id | gender | a1 | a2 | a3 | a4 | a5 | msco |
|---|-----|--------|----|----|----|----|----|------|
| 1 | s01 | M | 9 | 7 | 8 | 6 | 5 | 57 |
| 2 | s02 | F | 3 | 4 | 1 | 5 | 8 | 45 |
| 3 | s03 | F | 2 | 3 | 6 | 5 | 1 | 68 |
| 4 | s04 | M | 3 | 4 | 7 | 9 | 8 | 91 |
| 5 | s05 | M | 3 | 6 | 8 | 9 | 4 | 74 |
| 6 | s06 | F | 2 | 3 | 1 | 5 | 4 | 78 |
| 7 | s07 | M | 5 | 6 | 7 | 9 | 5 | 54 |
| 8 | s08 | M | 6 | 3 | 2 | 8 | 3 | 43 |
| 9 | s09 | F | 1 | 6 | 8 | 4 | 9 | 82 |

合併時資料檔物件的順序為 dm1、dm2，因而 dm2 資料檔物件中觀察值資料列會置於 dm1 資料檔物件中觀察值資料列的後面，此種合併是一種橫列觀察值資料的整合。

　　資料檔或資料框架物件 dm1、dm3 的變項不同，部分觀察值（id 變數）相同，進行變數的整合，變數間的合併可使用「**merge( ) 函數**」，**merge( )** 函數的基本語法為：

```
merge(x, y, by = intersect(names(x), names(y)),
    by.x = by, by.y = by, all = FALSE, all.x = all, all.y = all,
    sort = TRUE)
```

　　上述語法中 x、y 為資料框架或資料檔物件，all = FALSE 只顯示二者識別變數名稱交集的觀察值，all = TRUE 顯示二者識別變數名稱聯集的觀察值，by、by.x、by.y 參數後面指定為二個資料檔合併時依據的直行識別變數名稱。範例為根據資料檔物件 dm1 之直行變項「id」進行觀察值的合併，合併時以聯集方法進行，由於部分觀察值合併後在部分變項的數值為遺漏值，觀察值對應的遺漏值位置以「NA」表示，對應的變數如為文字類型，遺漏值出現的符號為 <NA>。

```
> merge(dm1,dm3,by.dm1=id, all=T)
   id  gender a1 a2 a3 a4 a5 msco moti anxi
1 s01    M     9  7  8  6  5  57    4    4
2 s02    F     3  4  1  5  8  45    5    8
3 s03    F     2  3  6  5  1  68    1   10
4 s04    M     3  4  7  9  8  91   NA   NA
5 s05    M     3  6  8  9  4  74   NA   NA
6 s07  <NA>  NA NA NA NA NA  NA    6    7
7 s08  <NA>  NA NA NA NA NA  NA    3    5
```

　　合併時，all 參數未加以設定，表示以內定選項「all = FALSE」為主，合併時採用的是交集方法。識別變數名稱「id」，表示在二個資料檔均有相同 id 的觀察值（受試者）才會進行合併，二個資料檔之「id」直行變數中，均有的觀察值編號為 s01、s02、s03。

```
> merge(dm1,dm3,by.dm1=id)
  Id gender  a1 a2 a3 a4 a5 msco  moti  anxi
1 s01   M     9  7  8  6  5   57    4     4
2 s02   F     3  4  1  5  8   45    5     8
3 s03   F     2  3  6  5  1   68    1    10
```

　　採用交集的合併，只有相同識別變數的觀察值才會進行合併，二個資料檔物件相同的識別變數編號觀察值只有三位，二個資料框架物件沒有相同的關鍵對應變數的觀察值不會進行合併。

# 5 | 資料的處理與轉換

■匯入與儲存資料檔

■資料檔的分割

■分割檔案函數

■資料檔重新編碼

■資料檔的排序與等級化

■資料框架之資料型態的轉換

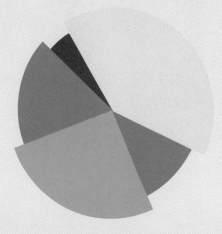

範例中的資料檔共有 100 位觀察值、直行變項包括學生編號（id）、班級（三分類別變項，水準數值編碼為 1、2、3）、性別（二分類別變項，水準數值 1、2，水準數值 1 為男生群體、2 為女生群體）、父親教育程度（類別變項，水準數值 1 為國中小、水準數值 2 為高中職、水準數值 3 為專科、水準數值 4 為大學、水準數值 5 為研究所）、數學成績（msco）、英文成績（esco）、學習動機（五點量表，數值愈大表示學習動機愈高）、父親管教方式（1 為民主、2 為權威、3 為放任）。

 **匯入與儲存資料檔**

```
> setwd("d:/R")
> dsc=read.csv("sc_1.csv",header=T)
> head(dsc,5)
   id  cla sex pedu msco esco moti disc
1 s001  3   1    2   65   40    1    1
2 s002  3   1    4   65   40    1    2
3 s003  3   2    4   76   41    1    3
4 s004  3   2    3   82   41    1    1
5 s005  3   1    1   66   41    1    1
> length(dsc);length(dsc$id)
[1] 8   ## 資料框架物件 dsc 有 8 個變數名稱
[1] 100   ## 資料框架物件的 id 變數之有效樣本數 N=100
```

R 軟體主控台／控制台（R Console）擷取的視窗界面如下，使用 **head( )** 函數輸出資料框架物件前幾筆觀察值（內定的數值為 6，表示輸出前六筆資料）：

```
>  setwd("d:/R")
>  dsc=read.csv("sc_1.csv",header=T)
>  head(dsc,5)
    id cla sex pedu msco esco moti disc
1 s001   3   1    2   65   40    1    1
2 s002   3   1    4   65   40    1    2
3 s003   3   2    4   76   41    1    3
4 s004   3   2    3   82   41    1    1
5 s005   3   1    1   66   41    1    1
> names(dsc)
[1] "id"   "cla"  "sex"  "pedu" "msco" "esco" "moti" "disc"
>
```

查看資料檔中的變數名稱，可使用 **colnames( )** 函數與 **names( )** 函數，語法為「colnames（資料庫物件名稱）」、「names（資料庫物件名稱）」：

> colnames(dsc)

[1] "id"   "cla" "sex" "pedu" "msco" "esco" "moti" "disc"

> names(dsc)

[1] "id"   "cla" "sex" "pedu" "msco" "esco" "moti" "disc"

使用 lapply（資料框架物件，length）函數或 sapply（資料框架物件，length）函數可以查看各直行變數中有效樣本觀察值的個數。

使用 **lapply( )** 函數：

> lapply(dsc,length)

$id

[1] 100

$cla

[1] 100

$sex

[1] 100

$pedu

```
[1] 100
$msco
[1] 100
$esco
[1] 100
$moti
[1] 100
$disc
[1] 100
```

使用 **sapply( )** 函數：

```
> sapply(dsc,length)
  id  cla  sex  pedu  msco  esco  moti  disc
 100  100  100  100   100   100   100   100
```

語法 **sapply( )** 函數回傳的是有效樣本數組成的向量，**tapply( )** 函數回傳的是有效樣本數組成的列表（list），八個變數的樣本個數均為 100（八個向量的元素個數 =100）。

查看資料檔物件中某個變數的內容（元素，數值或文字），先以 **attach( )** 函數串連資料檔，使用語法：

```
>attach(dsc) ## 將資料框架物件 dsc 依附在 R 主控台中
>dsc[[6]]
 [1]  40 40 41 41 41 41 41 42 42 42 43 43 45 46 46 46 47 47 48 48 49 49 50 51
[25]  52 53 53 54 54 54 54 54 54 56 57 57 57 57 57 58 58 58 59 60 61 61 62 62
[49]  63 63 64 65 65 65 66 66 66 66 67 67 68 68 68 69 69 71 72 72 73 73 75 76
[73]  76 76 77 77 78 78 80 80 81 83 83 84 84 85 85 87 88 89 89 90 91 91 92 93
[97]  94 94 96 97
```

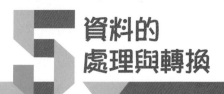
```
>dsc[6]
    esco
1    40
2    40
＜略＞
99   96
100  97
```

　　資料檔中共有八個變數名稱，第 6 個變數名稱為「esco」，以 [ ] 索引表示其數值為 6。語法函數直接使用「資料框架物件名稱 $ 變數名稱」( 如 dsc$esco) 可以表示資料檔中變數的內容或將變數內容取代或進行變更。

　　上述語法也可使用「>dsc[,"esco"]」，表示，[ ] 中的逗號若鍵入向量數值表示要呈現的觀察值編號，如要查詢前十位樣本學生的英文成績，使用語法為：

```
> dsc[1:10,"esco"]
 [1] 40  40  41  41  41  41  41  42  42  42
```

查詢編號第 1 號、25 號、49 號、73 號學生的英文成績：

```
> dsc[c(1,25,49,73),"esco"]
[1] 40  52  63  76
```

　　在進行變數重新編碼之前，使用 **attach( )** 函數，將標的資料框架或資料庫附加於 R 主控台中，範例資料框架（資料檔）物件名稱為「dsc」，設定附加的資料庫函數為 **attach(dsc)**。以 **search( )** 函數查看套件與附加物件，其中包括「dsc」物件。

```
> attach(dsc)
> search()
 [1] ".GlobalEnv"          "dsc"                  "package:stats"
 [4] "package:graphics"  "package:grDevices"  "package:utils"
 [7] "package:datasets"  "package:methods"    "Autoloads"
[10] "package:base"
```

　　附加於主控台中的資料框架物件要從主控台中移除或卸載，使用 **detach( )** 函數：

```
> detach(dsc)
> search()
[1] ".GlobalEnv"          "package:stats"      "package:graphics"
[4] "package:grDevices"  "package:utils"      "package:datasets"
[7] "package:methods"    "Autoloads"          "package:base"
```

　　資料框架物件名稱「dsc」已經從 R 主控台中被移除。

　　將每位觀察值的數學成績與英文成績加總後除以 2 以求其平均值，平均數為數值變數作為資料檔的變數之一，變數名稱為 scav。

```
dsc$scav=round((msco+esco)/2,1)
> head(dsc)
    Id  cla sex pedu msco esco moti disc scav
1 s001   3   1    2    65   40    1    1  52.5
2 s002   3   1    4    65   40    1    2  52.5
3 s003   3   2    4    76   41    1    3  58.5
4 s004   3   2    3    82   41    1    1  61.5
5 s005   3   1    1    66   41    1    1  53.5
6 s006   3   1    3    91   41    1    1  66.0
```

函數「**head( )**」內定呈現的樣本數值為資料檔前六筆的觀察值，在主控台的資料檔物件中雖包含 scav（數學與英文成績二科平均分數），但資料檔未進行存檔，因而關閉 R 軟體視窗後，因為沒有執行資料框架物件存檔動作，資料檔「sc_1.csv」內容並沒有更新。研究者若要將增列的變數內容保留，或更新的資料框架內容儲存，要使用 **write.table( )** 函數或 **write.csv( )** 函數將資料框架物件寫入外部檔案中。

## 貳　資料檔的分割

使用 **cut( )** 函數可以將資料框架某個數值向量分成數個群組。

**cut( )** 函數的基本語法如下：

```
cut(x, breaks, labels = NULL,
    include.lowest = FALSE, right = TRUE,
    ordered_result = FALSE)
```

語法中的 x 為資料檔中的變數（或數值向量）。breaks 參數（或稱引數）為切割點，單一數值要大於 2，切割點也可以是一個數值向量（numeric vector），觀察值根據切割點數分成均等的 k 個群組。labels 參數為切割後類別水準的標記，如果 labels = FALSE 傳回 factor 變數，內定選項為「"(a,b]"」）。

right = TRUE 參數設定，表示左端開放、右端封閉（不包括數值）的區間；
include.lowest = FALSE 參數設定表示數值切割時不含各區間的最小值。ordered_
result = FALSE 參數設定表示切割資料時，觀察值是否進行排序。引數選項若內
定為「TRUE」（簡寫 T）或「FALSE」（簡寫 F），表示為邏輯表示式，若內
定選項為「TRUE」，另一個選項為「FALSE」；內定選項為「FALSE」，另一
個選項為「TRUE」。範例為將 100 位觀察值依數學成績 msco 測量值的高低，
切割為五個群組。

　　將觀察值的數學成績平均分為五個組別：

```
> cut(msco, breaks=5, labels=NULL)
 [1] (58,72]   (58,72]   (72,86]   (72,86]   (58,72]   (86,100] (86,100]
 [8] (72,86]   (58,72]   (72,86]   (72,86]   (44,58]   (58,72]   (72,86]
＜略＞
[92] (44,58]   (86,100] (72,86]   (58,72]   (72,86]   (29.9,44] (58,72]
[99] (72,86]   (72,86]
Levels: (29.9,44]  (44,58] (58,72] (72,86] (86,100]
```

　　五個群組分數為 43 分以下、44 分至 57 分、58 分至 71 分、72 分至 85 分、
86 分以上。

　　由於沒有設定五個水準群體類別的標記，因而會以內定 "(a,b]" 表示，增列
標記參數，將五個群體水準類別依序重新編碼為 1、2、3、4、5。

```
> cut(msco, breaks=5, labels=c(1:5))
 [1] 3 3 4 4 3 5 5 4 3 4 4 2 3 4 3 4 4 1 2 5 3 3 4 1 4 5 5 4 4 3 1 5 4 3 3 1
[37] 4 3 5 4 4 4 2 3 4 3 3 3 5 3 3 3 3 5 2 4 2 5 4 1 5 4 2 4 3 3 4 4 5 3 3 3
[73] 4 3 3 4 2 4 5 3 3 4 3 3 3 2 4 5 3 4 4 2 5 4 3 4 1 3 4 4
Levels: 1 2 3 4 5
```

　　labels 標記五個水準群體編碼改為 E、D、C、B、A：

```
> cut(msco, breaks=5, labels=c("E", "D", "C", "B", "A"))
  [1] C C B B C A A B C B B D C B C B B E D A C C B E B A A B B C E A B C C E
[37] B C A B B B D C B C C C A C C C C A D B D A B E A B D B C C B B A C C C
[73] B C C B D B A C C B C C C D B A C B B D A B C B E C B B
Levels: E D C B A
```

配合使用 **table( )** 函數，可以求出各水準群體的次數分配，五個群體人數分別為 6、9、35、35、15。

```
> table( cut(msco, breaks=5, labels=c(1:5)))

 1  2  3  4  5
 6  9 35 35 15
> table(cut(msco, breaks=5, labels=c("E", "D", "C", "B", "A")))

 E  D  C  B  A
 6  9 35 35 15
```

## 參　分割檔案函數

分割檔案函數 **split( )** 可以將資料檔依設定條件分成數個子集資料框架（數個群組），函數 **split( )** 語法為：

「split(x, f, drop = FALSE)」

引數 x 為要進行分割為群體的向量或資料框架（要分割的資料檔物件）。引數 f 為分類變數／因子變數（factor），資料檔中為間斷變數（類別或次序變數），引數設定為邏輯指標，另一個引數選項為 TRUE。

依班級變項的水準類別將樣本學生的英文成績分割：

```
> split(esco,cla)
$`1`
[1] 54 54 54 54 54 57 58 61 62 63 65 66 66 67 68 68 69 72 72 73 73 76 76 76
[25] 80 81 84 84 85 88 89 90 92 93 94 96
$`2`
[1] 53 54 56 57 57 57 57 58 60 61 62 63 64 65 65 66 66 67 68 69 71 75 77 77
[25] 78 78 80 85 87 89 91 91 94 97
$`3`
[1] 40 40 41 41 41 41 41 42 42 42 43 43 45 46 46 46 47 47 48 48 49 49 50 51
[25] 52 53 58 59 83 83
```

依班級間斷變數將班級資料分割，被分割的變數不是向量（一個變數），而是資料框架（資料檔），語法為「split(dsc,cla)」：

```
> split(dsc,cla)
$`1`
      Id  cla sex pedu msco esco moti disc scav
28 s028  1   1   3    79   54   2    3    66.5
29 s029  1   1   3    78   54   2    3    66.0
30 s030  1   2   2    59   54   2    1    56.5
31 s031  1   2   4    30   54   2    2    42.0
32 s032  1   2   5    95   54   2    3    74.5
$`2`
      Id  cla sex pedu msco esco moti disc scav
27 s027  2   1   1    87   53   2    3    70.0
33 s033  2   1   2    85   54   3    1    69.5
34 s034  2   1   4    61   56   3    2    58.5
36 s036  2   1   2    42   57   3    1    49.5
37 s037  2   1   2    79   57   3    2    68.0
```

$`3`
| | Id | cla | sex | pedu | msco | esco | moti | disc | scav |
|---|-----|-----|-----|------|------|------|------|------|------|
| 1 | s001 | 3 | 1 | 2 | 65 | 40 | 1 | 1 | 52.5 |
| 2 | s002 | 3 | 1 | 4 | 65 | 40 | 1 | 2 | 52.5 |
| 3 | s003 | 3 | 2 | 4 | 76 | 41 | 1 | 3 | 58.5 |
| 4 | s004 | 3 | 2 | 3 | 82 | 41 | 1 | 1 | 61.5 |
| 5 | s005 | 3 | 1 | 1 | 66 | 41 | 1 | 1 | 53.5 |

註：上述三個班級的觀察值只呈現部分樣本個數。

分組後的組別代號為水準數值物件 [[1]]、物件 [[2]]、物件 [[3]]。

根據班級將資料框架分割成子資料檔，分割後的物件名稱為 gro.cla

```
> gro.cla<-split(dsc,cla)
```

以分割後指派的物件 gro.cla 分別輸出三個班級樣本觀察值的資料：

```
> head(gro.cla[[1]])
```
| | Id | cla | sex | pedu | msco | esco | moti | disc | scav |
|----|------|-----|-----|------|------|------|------|------|------|
| 28 | s028 | 1 | 1 | 3 | 79 | 54 | 2 | 3 | 66.5 |
| 29 | s029 | 1 | 1 | 3 | 78 | 54 | 2 | 3 | 66.0 |
| 30 | s030 | 1 | 2 | 2 | 59 | 54 | 2 | 1 | 56.5 |
| 31 | s031 | 1 | 2 | 4 | 30 | 54 | 2 | 2 | 42.0 |
| 32 | s032 | 1 | 2 | 5 | 95 | 54 | 2 | 3 | 74.5 |
| 35 | s035 | 1 | 2 | 4 | 64 | 57 | 3 | 3 | 60.5 |
```
> head(gro.cla[[2]])
```

```
     Id   cla sex pedu  msco  esco  moti disc scav
27 s027  2   1    1     87    53     2    3   70.0
33 s033  2   1    2     85    54     3    1   69.5
34 s034  2   1    4     61    56     3    2   58.5
36 s036  2   1    2     42    57     3    1   49.5
37 s037  2   1    2     79    57     3    2   68.0
38 s038  2   2    1     68    57     3    3   62.5
> head(gro.cla[[3]])
     Id   cla sex pedu  msco  esco  moti disc scav
1  s001  3   1    2     65    40     1    1   52.5
2  s002  3   1    4     65    40     1    2   52.5
3  s003  3   2    4     76    41     1    3   58.5
4  s004  3   2    3     82    41     1    1   61.5
5  s005  3   1    1     66    41     1    1   53.5
6  s006  3   1    3     91    41     1    1   66.0
```

根據父親管教態度三個水準群組將資料框架物件分成三個子資料框架，使用 **head( )** 函數輸出三個群組前三筆資料內容：

```
> gro.disc<-split(dsc,disc)
> head(gro.disc[[1]],3)
    Id   cla sex pedu  msco  esco  moti disc scav
1 s001  3  男生  2    65    40     1  民主 52.5
4 s004  3  女生  3    82    41     1  民主 61.5
5 s005  3  男生  1    66    41     1  民主 53.5
```

```
> head(gro.disc[[2]],3)
   Id  cla sex pedu msco esco moti disc scav
2 s002  3 男生   4   65   40   1 權威 52.5
7 s007  3 男生   3   94   41   1 權威 67.5
8 s008  3 男生   4   74   42   1 權威 58.0
> head(gro.disc[[3]],3)
   Id  cla sex pedu msco esco moti disc scav
3  s003  3 女生   4   76   41   1 放任 58.5
11 s011  3 男生   2   77   43   1 放任 60.0
12 s012  3 女生   2   50   43   1 放任 46.5
```

使用 mean( ) 函數分別求出三種父親管教方式群體之樣本觀察值英文成績的平均數：

```
> mean(gro.disc[[1]]$esco)
[1] 61.74194
> mean(gro.disc[[2]]$esco)
[1] 66.02857
> mean(gro.disc[[3]]$esco)
[1] 65.91176
```

民主管教方式群組的平均數為 61.742、權威管教方式群組的平均數為 66.029、放任管教方式群組的平均數為 65.912。

與 **split( )** 函數具有類似功能者為 **unstack( )** 函數，函數語法為「unstack(data. frame（計量變數 , 因子變數））」，如依父親三種管教方式群體探究三個水準英文成績，範例為求平均數：

```
> gro.disc<-unstack(data.frame(esco,disc))
> print(gro.disc[[1]])
 [1] 40 41 41 41 46 46 46 47 47 48 54 54 57 57 58 61 61 64 65 68 69 69 71 77
[25] 77 78 78 85 87 88 93
> print(gro.disc[[2]])
 [1] 41 43 43 45 52 53 53 54 54 54 57 57 58 60 63 63 65 65 66 66 66 66 72 72
[25] 73 73 83 84 84 85 91 91 92 97
> print(gro.disc[[3]])
 [1] 40 41 42 42 42 48 49 49 50 51 54 56 57 58 59 62 62 67 67 68 68 75 76 76
[25] 76 80 80 81 83 89 89 90 94 94 96
```

求出三個水準群體英文成績的平均數：

```
> mean(gro.disc[[1]])     ## 民主群組
[1] 61.74194
> mean(gro.disc[[2]])     ## 放任群組
[1] 65.91176
> mean(gro.disc[[3]])     ## 權威群組
[1] 66.02857
```

以 **tapply( )** 函數求出父親管教方式三個群組在英文成績的平均數：

```
> tapply(esco, factor(disc), mean)
   民主        放任        權威
61.74194    65.91176    66.02857
```

## 肆 資料檔重新編碼

反向題反向計分、計量變數的分組，因子變數中水準群組的合併等都可以使用 **record( )** 函數。

變數重新編碼比較簡便的函數為 car 套件中的 **recode( )** 函數，**recode( )** 函數的基本語法：

> recode(var, recodes, as.factor.result, as.numeric.result=TRUE, levels)
>
> 「var」引數為數值向量、文字向量或類別。「recodes」界定字串編碼的規則：「舊數值＝編碼後的新數值」，as.factor.result 參數內定為 TRUE，表示回傳因子類別結果。Levels 引數為選項引數，界定回傳水準類別分類排序的前後。

**recode( )** 函數是套件 car 內定函數之一，因而要先安裝 car 套件，函數使用前要先載入 car 套件，語法為：

```
> library(car)
```

套件只要載入一次即可，若沒有被卸載或移除，不用再重新載入。

在人口變數或背景變數（因子型態變數）中，原資料檔輸入的資料為水準數值，為便於報表解讀，可使用 **recode( )** 函數將水準數值編碼為群組名稱。

性別 sex 變數中，水準數值 1 為男生群體、水準數值 2 為女生群體：

```
> dsc$sex<-recode(sex,"1='男生';2='女生' ")
```

父親管教方式 disc 變數中，水準數值 1 為民主方式、水準數值 2 為權威方式、水準數值 3 為放任方式：

```
> dsc$disc<-recode(disc,"1='民主';2='權威';3='放任' ")
```

二個因子變數 sex 與 disc 二個將水準數值重新編碼為對應的群組名稱，資料框架物件的內容如下：

```
> head(dsc,3)
   Id   cla sex pedu msco esco moti disc
1 s001  3  男生  2   65   40   1  民主
2 s002  3  男生  4   65   40   1  權威
3 s003  3  女生  4   76   41   1  放任
```

範例為將 100 位樣本學生依數學成績（變項名稱 msco）測量值的高低分為五個群體：60 分以下（群組水準編碼為 1）、60 分至 69 分（群組水準編碼為 2）、70 分至 79 分（群組水準編碼為 3）、80 分至 89 分（群組水準編碼為 4）、90 分至 100（群組水準編碼為 5）。

```
> msco_g=recode(msco, "0:59=1; 60:69=2; 70:79=3; 80:89=4; 90:100=5")
> table(msco_g) ## 求出五個組別的人次
msco_g
 1  2  3  4  5
16 28 30 16 10
```

輸出結果顯示 60 分以下的樣本數有 16 位、60 分至 69 分的樣本數有 28 位、70 分至 79 分的樣本數有 30 位、80 分至 89 分的樣本數有 16 位、90 分以上的樣本數有 10 位。

將 100 位樣本學生在數學成績的分組變數增列於原資料檔中，作為資料框架物件的變數之一，增列資料框架物件名稱於變數之前，範例之變數名稱為 g.msc。

```
> dsc$g.msc=recode(msco, "0:59=1; 60:69=2; 70:79=3; 80:89=4; 90:100=5")
> head(dsc)
   Id  cla sex pedu msco esco moti disc g.msc
1 s001  3  男生  2   65   40   1  民主   2
2 s002  3  男生  4   65   40   1  權威   2
3 s003  3  女生  4   76   41   1  放任   3
4 s004  3  女生  3   82   41   1  民主   4
5 s005  3  男生  1   66   41   1  民主   2
6 s006  3  男生  3   91   41   1  民主   5
```

record( ) 函數語法中，測量值的最低分（low）可以使用「lo」表示；測量
值最高分（high）可以使用「hi」表示（lo、hi 均要小寫）。

```
> table(msco_g=recode(msco, "lo:59=1; 60:69=2; 70:79=3; 80:89=4;
90:hi=5"))
msco_g
 1  2  3  4  5
16 28 30 16 10
```

將 100 位樣本觀察值之數學成績分為二個群體，60 分以下者重新編碼為「不
及格」、60 分以上者重新編碼為「及格」。重新編碼中由於「不及格」、「及格」
為文字串，其前後要增列單引號：'不及格'、'及格'。

```
> table(msc_g<-recode(msco, "lo:59='不及格'; 60:hi='及格' "))
不及格   及格
 16     84
```

　　不及格群體的學生有 16 位、及格的學生有 84 位。重新編碼為二個群組時，第二個群體也可使用「else」邏輯判別式表示。

```
> table(msc_g<-recode(msco,"lo:59='不及格';else='及格' "))
不及格　　及格
  16　　　 84
```

　　在父親教育程度（pedu）變項五個水準群體的次數類別中，水準數值 1 為國中小群組、水準數值 2 為高中職群組、水準數值 3 為專科群組、水準數值 4 為大學群組、水準數值 5 為研究所群組。五個群組有效觀察值人次分別為 19、26、25、27、3，其中第五個群組的人數只有 3 位，之後進行假設檢定時，群體間人次差異過大，因而將第 4 個水準類別與第 5 個水準類別二個群組合併，群組標記改為「大學以上」。

```
> table(pedu)
pedu
 1  2  3  4  5
19 26 25 27  3
```

　　重新編碼時，原水準類別 1 者編碼為 1、原水準類別 2 者編碼為 2、原水準類別 3 者編碼為 3、原水準類別 4 者編碼為 4、原水準類別 5 者編碼為 4。

```
> table( npedu=recode(pedu, "1=1; 2=2; 3=3; 4:5=4"))
npedu
 1  2  3  4
19 26 25 30
```

　　父親教育程度重新編碼後，四個水準類別的人次分別為 19、26、25、30。如果想將重新編碼後的新變數作為原先資料檔物件的變數之一，只要以資料框架物件名稱加以串連即可，語法表示為「資料框架物件名稱 $ 新變數名稱」。

```
> dsc$n.pedu<-recode(pedu,"1='國中小'; 2='高中職'; 3='專科'; 4:5='大學以
上' ")
> head(dsc)
    id   cla sex pedu msco esco moti disc g.msc n.pedu
1 s001  3  男生  2   65   40   1   民主   2   高中職
2 s002  3  男生  4   65   40   1   權威   2   大學以上
3 s003  3  女生  4   76   41   1   放任   3   大學以上
4 s004  3  女生  3   82   41   1   民主   4    專科
5 s005  3  男生  1   66   41   1   民主   2   國中小
6 s006  3  男生  3   91   41   1   民主   5    專科
```

重新編碼後的資料框架物件，最好以新檔名儲存在工作目錄中，以便於日後統計分析之用：

```
> write.csv(dsc,"dsc_reco.csv",row.names=F)
```

資料檔「dsc_reco.csv」檔案，以試算表 Excel 開啟後，視窗界面圖示為（第一橫列為變數名稱）：

| | A | B | C | D | E | F | G | H | I | J | K |
|---|---|---|---|---|---|---|---|---|---|---|---|
| 1 | id | cla | sex | pedu | msco | esco | moti | disc | g.msc | n.pedu | |
| 2 | s001 | 3 | 男生 | 2 | 65 | 40 | 1 | 民主 | 2 | 高中職 | |
| 3 | s002 | 3 | 男生 | 4 | 65 | 40 | 1 | 權威 | 2 | 大學以上 | |
| 4 | s003 | 3 | 女生 | 4 | 76 | 41 | 1 | 放任 | 3 | 大學以上 | |
| 5 | s004 | 3 | 女生 | 3 | 82 | 41 | 1 | 民主 | 4 | 專科 | |
| 6 | s005 | 3 | 男生 | 1 | 66 | 41 | 1 | 民主 | 2 | 國中小 | |
| 7 | s006 | 3 | 男生 | 3 | 91 | 41 | 1 | 民主 | 5 | 專科 | |
| 8 | s007 | 3 | 男生 | 3 | 94 | 41 | 1 | 權威 | 5 | 專科 | |

# 伍 資料檔的排序與等級化

資料檔排序函數為 sort( )，sort( ) 函數語法為：

```
sort(x, decreasing = FALSE, na.last = NA)
```

x為排序的標的變數，包括類別、數值、文字或邏輯向量。decreasing（遞減）參數內定選項為「FALSE」，表示由小至大排序（不進行遞減排序，改進行遞增排序），若引數選項為「TLUE」表示排序時由大至小排列。na.last 參數可以設定遺漏值（NA）排序時是否放在前面或後面，引數選項為「FALSE」，遺漏值觀察值排序在資料檔前面，引數選項為「TLUE」，遺漏值觀察值排序在資料檔後面。

A向量元素包括二筆遺漏值元素：

```
> a=c(2,13,15,10,NA,NA,9,4)
> sort(a, decreasing=T) ## 遞減排列，遺漏值觀察值被排除
[1] 15 13 10  9  4  2
> sort(a, decreasing=F) ## 遞增排列，遺漏值觀察值被排除
[1]  2  4  9 10 13 15
> sort(a, decreasing=F, na.last=F) ## 遺漏值排序在前
[1] NA NA  2  4  9 10 13 15
> sort(a, decreasing=F, na.last=T) ## 遺漏值排序在後
[1]  2  4  9 10 13 15 NA NA
> sort(a, decreasing=T, na.last=T) ## 遺漏值排序在後
[1] 15 13 10  9  4  2 NA NA
> sort(a, decreasing=T, na.last=F) ## 遺漏值排序在前
[1] NA NA 15 13 10  9  4  2
```

資料檔中的 100 位觀察值依英文成績（esco）測量值大小進行遞減排序：

```
> sort(esco, decreasing=T)
 [1] 97 96 94 94 93 92 91 91 90 89 89 88 87 85 85 84 84 83 83 81 80 80 78 78
[25] 77 77 76 76 76 75 73 73 72 72 71 69 69 68 68 68 67 67 66 66 66 66 65 65
[49] 65 64 63 63 62 62 61 61 60 59 58 58 58 57 57 57 57 57 56 54 54 54 54 54
[73] 54 53 53 52 51 50 49 49 48 48 47 47 46 46 46 45 43 43 42 42 42 41 41 41
[97] 41 41 40 40
```

在資料轉換中，有時會依計量變項測量值的高低，依前 30%、中 40%、後 30%，分成高、中、低三組，或項目分析時取計量變項的前後 27% 作為高分組、低分組。要進行計量變項分組（重新編碼），必須檢核 27% 或 30% 的臨界分數（分割點），才能進行重新編碼，使用排序函數 **sort( )** 與索引查詢可以求出 27% 或 30% 觀察值的臨界分數。

```
> esco_s<-sort(esco, decreasing=T) # 遞減排序
> esco_s[30] # 前面第 30 位觀察值的分數，N 總數為 100
[1] 75
> esco_s<-sort(esco, decreasing=F) # 遞增排序
> esco_s[30] # 第 30 位觀察值的分數為 54
[1] 54
> esco_s[27:30] # 第 27 位至第 30 位觀察值的分數
[1] 53 54 54 54
```

述語法中，因為總樣本數 N=100，前 30% 的觀察值為 100×30%=30，分組臨界點為排序後第 30 位觀察值的分數。英文成績重新編碼成不同變數，新增的分類變項為「g.esco」，英文成績 75 分以上者水準數值編碼為 1（高分組）、英文成績 54 分以下者水準數值編碼為 3（低分組）、介於二者中間水準數值編碼為 2（中分組）。

```
> dsc$g.esco<-recode(esco, "lo:54=3;55:74=2;75:hi=1")
>print(dsc)
```

| | id | cla | sex | pedu | msco | esco | moti | disc | g.msc | n.pedu | g.esco |
|---|---|---|---|---|---|---|---|---|---|---|---|
| 1 | s001 | 3 | 男生 | 2 | 65 | 40 | 1 | 民主 | 2 | 高中職 | 3 |
| 2 | s002 | 3 | 男生 | 4 | 65 | 40 | 1 | 權威 | 2 | 大學以上 | 3 |
| 3 | s003 | 3 | 女生 | 4 | 76 | 41 | 1 | 放任 | 3 | 大學以上 | 3 |
| <略> | | | | | | | | | | | |
| 67 | s067 | 1 | 男生 | 3 | 74 | 72 | 4 | 放任 | 3 | 專科 | 2 |
| 68 | s068 | 1 | 男生 | 4 | 75 | 72 | 4 | 放任 | 3 | 大學以上 | 2 |
| 69 | s069 | 1 | 男生 | 3 | 100 | 73 | 4 | 放任 | 5 | 專科 | 2 |
| <略> | | | | | | | | | | | |
| 98 | s098 | 2 | 女生 | 4 | 72 | 94 | 5 | 權威 | 3 | 大學以上 | 1 |
| 99 | s099 | 1 | 女生 | 1 | 84 | 96 | 5 | 權威 | 4 | 國中小 | 1 |
| 100 | s100 | 2 | 女生 | 2 | 76 | 97 | 5 | 放任 | 3 | 高中職 | 1 |

求出測量值排序後的等級使用 rank( ) 函數，計量變項測量值轉換為等級，常用於無母數的假設檢定程序中。

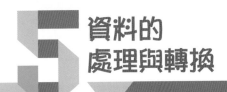

**rank( )** 函數的基本語法：

```
rank(x, na.last = TRUE,
    ties.method = c("average", "first", "random", "max", "min"))
```

語法中 x 為數值、文字或邏輯向量。參數 na.last 為遺漏值等級處理的順序，選項「FALSE」，遺漏值等級在前面，選項「TRUE」，遺漏值等級在後面，選項「NA」，將遺漏值排除，遺漏值觀察值不納入等級排序。ties.method 參數表示測量值或分數相同時，等級如何排序，引數選項包括使用等級平均數、第一個觀察值的等級、隨機、最大等級或最小等級。排除遺漏值之觀察值，等級函數之等級序，最小值或最低分之觀察值（元素）的等級為 1、次小或次低分之等級為 2，若二個元素的等級相同（如均為 3、3），排列等級界定可採用平均值、最小值、最大值、第一個元素的等級等。

```
 a<-c(4,13,15,10,NA,NA,9,4,13,13,NA)
> ( sa<-sort(a, decreasing=T,na.last=T)) ## 進行遞減排序
[1] 15  13  13  13  10  9  4  4  NA  NA  NA
# 等級 8 7 6 5 4 3 2 1，遺漏值之元素排除
> rank(sa, ties.method="average",na.last=NA)
[1] 8.0 6.0 6.0 6.0 4.0 3.0 1.5 1.5
# 等值結方法採用等級平均
>rank(sa, ties.method="min",na.last=NA)
[1] 8 5 5 5 4 3 1 1
# 等值結方法採用最小等級
>rank(sa, ties.method="max",na.last=T)
[1] 8 7 7 7 4 3 2 2 9 10 11
# 等值結方法採用最大等級，遺漏值元素也納入
```

ties.method 參數選項若使用「random」選項，表示測量值或分數相同時，依元素出現的順序指定一個等級。

```
>( sa<-sort(a, decreasing=T,na.last=NA))
[1] 15  13  13  13  10  9  4  4
> rank( ( sa<-sort(a, decreasing=T,na.last=NA)),ties.method='random')
[1] 8  5  7  6  4  3  1  2
```

將資料檔物件中的數學成績測量值高低求出等級（排名）：

```
> rank(msco)
 [1]  30.0 30.0 64.5 77.5 33.5 91.0 95.5 56.0 21.0 64.5 67.0  8.0 47.5 52.0
<略>
[85] 47.5 12.0 52.0 86.5 18.5 60.5 84.0 13.0 99.5 75.0 25.5 56.0  6.0 49.5
[99] 80.0 64.5
```

將數學成績變項之等級改為測量值最大或分數最高者給序 1（一般成績的排名），同分者等級採用等級平均，之後將等級變數作為資料庫物件的變項之一。

```
> dsc$rmsco<-(length(msco)+1-rank(msco,ties.method='average'))
```

語法中「length(msco)」為有效觀察值個數（N=100），length(msco)+1 減掉原等級最高者（R=100，測量值最高分），會轉換等級為 1 的觀察值或元素，等級 1 是觀察值中測量值最高者。

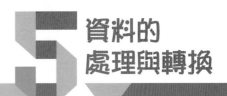

變數 score 有 9 個分數，二種不同等級排序如下：

```
> score<-c(45,23,65,98,72,84,69,54,61)
> r.score<-rank(score)
## 分數最小或測量值最低的元素等級排序為 1
> print(r.score)
[1] 2 1 5 9 7 8 6 3 4
> r1.score<-length(score)+1-r.score
## 分數最大或測量值最高的元素等級排序為 1
> print(r1.score)
[1] 8 9 5 1 3 2 4 7 6
```

## 陸 資料框架之資料型態的轉換

資料框架之資料型態的轉換可以使用 **melt( )** 函數。**melt( )** 函數的語法為：

「melt(data, id.vars, measure.vars,

　　variable_name = "variable", na.rm = !preserve.na, preserve.na =TRUE)」

參數 data 為資料框架或資料檔物件。參數 id.vars 為識別變數（ID），識別變項可以為整數或文字向量。measure.vars 參數為測量變項所組成的文字向量，引數省略表示全部採用非 ID 變數。variable_name 參數為變數名稱，用來界定轉換後新變數的名稱。na.rm 參數表示遺漏值是否從資料檔中移除，內定為刪除不保留，對應 preserve.na =TRUE 參數選項的設定為「TRUE」。

在相依樣本或重複量數之變異數分析中，常會使用 **melt( )** 函數進行資料框架物件型態的轉換，建立區組變數、重複量測變數、測量值或分數變數。

　　範例資料檔中，每位學生有三次的平時考試成績（s1、s2、s3），一次定
期考查成績（s4）、一個學習態度分數（att），試算表檔名為「ms1.csv」。

```
>dms=read.csv("ms1.csv",header=T)
>print(dms)
   id  sex s1 s2 s3 s4 att
1 s01  M   9  7  8  6  57
2 s02  F   3  4  1  5  45
3 s03  F   2  3  6  5  68
4 s04  M   3  4  7  9  91
5 s05  M   3  6  8  9  74
```

　　函數 melt 內建於 reshape 套件之內，先載入 reshape 套件才能使用 **melt( )**
函數。範例為依學生的 id 編號、性別，重新將三次平時考分數整合為一個變數
數值，內定的變項名稱為 variable、對應的測量值變數為 value。

```
>library(reshape)
>dms_1<-melt(dms,id.vars=c("id","sex"),measure.vars=c("s1","s2","s3"))
> dms_1
   id  sex variable  value
1  s01  M     s1      9
2  s02  F     s1      3
3  s03  F     s1      2
4  s04  M     s1      3
5  s05  M     s1      3
```

```
6  s01  M     s2    7
7  s02  F     s2    4
8  s03  F     s2    3
9  s04  M     s2    4
10 s05  M     s2    6
11 s01  M     s3    8
12 s02  F     s3    1
13 s03  F     s3    6
14 s04  M     s3    7
15 s05  M     s3    8
```

　　將資料框架四個變項名稱（變數索引為 1 至 4）重新命名為「編號」、「性別」、「次數」、「測量值」。

```
> names(dms_1)[1:4]=c(" 編號 "," 性別 "," 次數 "," 測量值 ")
> dms_1
   編號  性別  次數  測量值
1   s01   M     s1    9
2   s02   F     s1    3
3   s03   F     s1    2
4   s04   M     s1    3
5   s05   M     s1    3
6   s01   M     s2    7
7   s02   F     s2    4
8   s03   F     s2    3
9   s04   M     s2    4
10  s05   M     s2    6
```

若研究者要進行三次平時考在檢定變數的差異比較時，最好將平時考的次數分別以 1、2、3 表示（R 軟體的因子變數的水準群組內容可以直接使用文字），原 a1 以 1 取代、a2 以 2 取代、a3 以 3 取代，並以 as.numeric 函數將字串轉換為數值：

```
>dms_1$" 次數 "=as.numeric(sub("s","",dms_1$" 次數 "))
    編號 性別 次數 測量值
1   s01  M    1    9
2   s02  F    1    3
3   s03  F    1    2
4   s04  M    1    3
5   s05  M    1    3
6   s01  M    2    7
7   s02  F    2    4
8   s03  F    2    3
9   s04  M    2    4
10  s05  M    2    6
11  s01  M    3    8
12  s02  F    3    1
13  s03  F    3    6
14  s04  M    3    7
15  s05  M    3    8
```

上述語法中的函數 sub( ) 用法為取代，其基本語法為「sub（原字串 , 新字串 , 向量名稱或變數）」，新字串若為「""」空雙引號表示以空白取代。

```
> st<-c("stu1","stu2","stu3","stu4","stu5") ##st 為文字向量
> stu_1<-sub("stu","900",st) ## 以 900 字串取代 stu 字串
> stu_1
[1] "9001" "9002" "9003" "9004" "9005"
> stu_2<-as.numeric(stu_1)
> class(stu_1);class(stu_2) ## 函數 class( ) 查詢向量物件的屬性
[1] "character"  ##stu_1 向量或變數為文字
[1] "numeric"    ##stu_2 向量或變數為數值
```

就文字串而言，要計算文字串的字元數（半形字母或符號），使用 **nchar( )** 函數：

```
> wel<-c("data","analysis")
> nchar(wel)
[1] 4 8
```

文字間的連結或文字與符號、數字的連結，不能直接使用運算符號，應使用 **paste( )** 函數，如：

```
> bay_a<-paste("Bayesian","data","analysis")
> print(bay_a)
[1] "Bayesian data analysis"
```

**paste( )** 函數內定文字間的連結符號為一個空白鍵，如果要重新界定文字間的連結符號可以使用引數「sep=""」，如「sep=","」表示以逗號分隔串連，雙引號中間可以為空字串。

```
> bay_a<-paste("Bayesian","data","analysis","002",sep="-")
> print(bay_a)
[1] "Bayesian-data-analysis-002"
```

　　另一個常用的文字類型函數為 **substr( )**，函數為 **substr( )** 的語法為「substr（文字或文字向量 , 起始數值 , 結束數值）」，函數功能在於從一個文字列中抽取出子字串，如：

```
> dabr<-c("data","analysis")
> substr(dabr,1,3)
[1] "dat" "ana"
```

　　上述語法函數為在文字向量中，從每個文字元素中的第 1 個字元取到第 3 個字元。

# 次數分配

- ■ 函數 table( ) 的應用
- ■ xtabs( ) 函數的應用
- ■ 因子變數的圖形

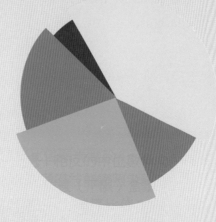

　　向量或變數的尺度若為間斷變數（名義尺度或次序尺度）而非計量變數，對於資料的統計分析一般是採用次數分配表；交叉表假設考驗的統計量為卡方值，以卡方檢定考驗設計變項（J 個類別群體或 J 個處理水準）在反應變項（I 個類別或 I 個反應項目）之百分比值大小的差異，I×J 交叉表的檢定又稱為百分比同質性考驗。若研究者探討的是同一變數中水準類別間百分比的差異情況，則稱為適合度考驗，適合度考驗在考驗實際觀察次數與期望次數（或理論次數）間的差異情況。

 ## 壹　函數 table( ) 的應用

　　間斷變數次數百分比統計的函數為 **table( )**，**table( )** 函數語法為：

「table(..., exclude =NULL, useNA = c("no",

　　"ifany", "always"), dnn = list.names(...)」。

　　「...」引數為一個以上可以作為分類的變項，包括文字串或資料框架的因子變數，使用界定為 v1,v2,……,vk。exclude 參數界定遺漏值是否排除，選項界定為「NULL」，對應的參數 useNA 選項界定為「= "always"」，次數分配程序排除遺漏值。dnn 參數為維度的變數名數，是字串向量。簡化 **table( )** 函數語法為：「table(v1,v2,……,vk, dnn = 文字向量 )。

　　範例試算表資料檔案為「dsc_reco.csv」：

```
> setwd("d:/R")
> dsc=read.csv("dsc_reco.csv",header=T)
> attach(dsc)
```

　　R 主控台前十筆的資料檔如下：

```
R Console
        id cla   sex pedu msco esco moti disc g.msc  n.pedu
1   s001   3  男生    2   65   40    1 民主     2   高中職
2   s002   3  男生    4   65   40    1 權威     2  大學以上
3   s003   3  女生    4   76   41    1 放任     3  大學以上
4   s004   3  女生    3   82   41    1 民主     4    專科
5   s005   3  男生    1   66   41    1 民主     2   國中小
6   s006   3  男生    3   91   41    1 民主     5    專科
7   s007   3  男生    3   94   41    1 權威     5    專科
8   s008   3  男生    4   74   42    1 權威     3  大學以上
9   s009   3  男生    4   62   42    1 權威     2  大學以上
10  s010   3  男生    4   76   42    1 權威     3  大學以上
```

　　以 **table( )** 函數求出學生性別（sex）、班級（cla）、父親管教方式（disc）
三個變數的水準類別次數：

```
> table(sex);table(cla);table(disc)
sex
女生 男生
 53   47
cla
 1  2  3
36 34 30
disc
民主 放任 權威
 31   34   35
```

　　使用引數 exclude 可以排除某個水準群組的次數統計，範例為排除父親管教態度
中的「放任」水準群組，只呈現民主、權威二種管教態度的次數統計：

```
> table(disc, exclude = " 放任 ")
disc
民主 權威
 31   35
```

　　就性別變項而言，男生群體、女生群體的人數分別為 47、53；就班級變項而言，三個班級人數分別為 36、34、30；就父親管教方式而言，採取民主（水準類別 1）、權威（水準類別 2）、放任（水準類別 3）的人次分別為 31、35、34。

　　以學生性別為設計變項、以父親管教方式為反應變項，求出性別與父親管教方式的交叉表（細格人數）。

```
> table(sex,disc,dnn=c(" 性別 "," 管教 ")) ## 以 dnn 引數界定變數名稱
        管教
  性別   民主  放任  權威
  女生    18    16    19
  男生    13    18    16
```

上表為六個細格的人次，未統計邊緣加總次數。

求出交叉表邊緣總數，可以使用 **addmargins( )** 函數：

```
> addmargins(table(sex,disc,dnn=c(" 性別 "," 管教 ")))
        管教
  性別   民主  放任  權威  Sum
  女生    18    16    19    53
  男生    13    18    16    47
  Sum     31    34    35   100
```

　　若要單獨分別求出交叉表橫列加總或直行加總次數，可以使用 **rowSums( )** 函數與 colSums 函數。**rowSums( )** 函數可以統計橫列細格的加總，colSums 函數可以統計直行細格的加總。

```
> rowSums(table(sex,disc,dnn=c(" 性別 "," 管教 ")))
女生 男生
 53    47
>colSums(table(sex,disc,dnn=c(" 性別 "," 管教 ")))
民主 放任 權威
 31    34    35
```

使用「**prop.table( )**」函數可以求出交叉表細格的百分比。

**prop.table( )** 函數的基本語法為：「prop.table(x, margin = NULL)」，prop.
**table( )** 函數的第二個引數為 1 或 2，引數 1 表示計算橫列次數的百分比，引數
2 表示計算直行次數的百分比。細格百分比配合 **round( )** 函數可取到指定的小
數位數。

性別與管教交叉表物件名稱為 tsd，以 **round( )** 函數求至小數第三位（轉換
為百分比時呈現到小數第一位）。

```
> tsd<-(table(sex,disc,dnn=c(" 性別 "," 管教 ")))
> round(prop.table(tsd,1),3)
       管教
 性別   民主   放任   權威
 女生   0.340  0.302  0.358
 男生   0.277  0.383  0.340
> round(prop.table(tsd,2),3)
       管教
 性別   民主   放任   權威
 女生   0.581  0.471  0.543
 男生   0.419  0.529  0.457
```

將交叉表的細格百分比值 ×100，可以轉換為百分比：

```
>tsd<-(table(sex,disc,dnn=c(" 性別 %"," 管教 %")))
>cro.table<-round(prop.table(tsd,1),3)*100
> print(cro.table)
          管教 %
性別 %   民主   放任   權威
女生     34.0   30.2   35.8
男生     27.7   38.3   34.0
```

配合 margin.table 函數求出邊緣百分比：

```
> prop.table((margin.table(tsd,2)))  ## 直行邊緣百分比
管教
民主   放任   權威
0.31   0.34   0.35
> prop.table((margin.table(tsd,1)))  ## 橫列邊緣百分比
性別
女生   男生
0.53   0.47
```

上述學生性別與父親管教方式的交叉表整理如下表：

| | | | disc | | | 總和 |
|---|---|---|---|---|---|---|
| | | | 1 民主 | 2 權威 | 3 放任 | |
| sex | 1 男生 | 個數 | 13 | 16 | 18 | 47 |
| | | 橫列百分比 | 27.7% | 34.0% | 38.3% | 100.0% |
| | | 直行百分比 | 41.9% | 45.7% | 52.9% | 47.0% |
| | 2 女生 | 個數 | 18 | 19 | 16 | 53 |
| | | 橫列百分比 | 34.0% | 35.8% | 30.2% | 100.0% |
| | | 直行百分比 | 58.1% | 54.3% | 47.1% | 53.0% |
| 總和 | | 個數 | 31 | 35 | 34 | 100 |
| | | 整體的 % | 31.0% | 35.0% | 34.0% | 100.0% |

table( ) 函數中若類別變項有三個，會依第三個類別變項水準群組分割，進行前二個類別變項的交叉表統計分析，如：

```
> table(sex,disc,cla,dnn=c(" 性別 "," 管教 "," 班級 "))
, , 班級 = 1
        管教
性別  民主  放任  權威
女生    5     5      9
男生    1    10      6
, , 班級 = 2
        管教
性別  民主  放任  權威
女生    8     7      5
男生    7     4      3
, , 班級 = 3
        管教
性別  民主  放任  權威
女生    5     4      5
男生    5     4      7
```

　　上述三個因子變數（三個間斷變數）構成的交叉表類似三個維度的陣列，因為交叉表只能呈現二個維度，因而會以第三個因子變數的水準群組成不同次群體，再進行前二個因子變數交叉表統計分析。

　　組合 table( ) 函數與 addmargins( ) 函數可以求出細格次數與邊緣加總次數：

```
> addmargins(table(sex,disc,cla,dnn=c(" 性別 "," 管教 "," 班級 ")))
, , 班級 = 1
        管教
性別   民主   放任   權威   Sum
女生    5      5      9     19
男生    1     10      6     17
Sum     6     15     15     36
, , 班級 = 2
        管教
性別   民主   放任   權威   Sum
女生    8      7      5     20
男生    7      4      3     14
Sum    15     11      8     34
, , 班級 = 3
        管教
性別   民主   放任   權威   Sum
女生    5      4      5     14
男生    5      4      7     16
Sum    10      8     12     30
, , 班級 = Sum
        管教
性別   民主   放任   權威   Sum
女生   18     16     19     53
男生   13     18     16     47
Sum    31     34     35    100
```

求出各細格與邊緣的百分比，小數位數四捨五入到小數第三位：

```
> sdc<-addmargins(table(sex,disc,cla,dnn=c(" 性別 "," 管教 "," 班級 ")))
> round(prop.table(sdc),3)
, , 班級 = 1
        管教
性別  民主   放任   權威   Sum
女生  0.006  0.006  0.011  0.024
男生  0.001  0.012  0.008  0.021
Sum   0.008  0.019  0.019  0.045
, , 班級 = 2
        管教
性別  民主   放任   權威   Sum
女生  0.010  0.009  0.006  0.025
男生  0.009  0.005  0.004  0.018
Sum   0.019  0.014  0.010  0.042
, , 班級 = 3
        管教
性別  民主   放任   權威   Sum
女生  0.006  0.005  0.006  0.018
男生  0.006  0.005  0.009  0.020
Sum   0.012  0.010  0.015  0.038
, , 班級 = Sum
        管教
性別  民主   放任   權威   Sum
女生  0.022  0.020  0.024  0.066
男生  0.016  0.022  0.020  0.059
Sum   0.039  0.042  0.044  0.125
```

Hmisc 套件中的函數 describe( ) 也有類似 table( ) 的功能，可以求出間斷變數的次數統計表，若變數為計量變數，可求出其平均數。describe( ) 可以指定單一變數或資料檔索引多個變數

```
>library(Hmisc)    ## 載入 Hmisc 套件
> describe(moti) ## 求出學習動機五個選項的次數與百分比
moti
      n  missing   unique   Info   Mean
    100     0         5     0.95     3

              1   2   3   4   5
Frequency    15  18  30  20  17
     %       15  18  30  20  17
```

以變數索引方式求出班級、學生性別、父親教育學歷的次數分配：

```
> describe(dsc[,2:4])   ## 求出第一橫列變數索引中第 2 個至第 4 個的次數
  分配
> describe(dsc[,2:4])
dsc[, 2:4]
 3 Variables     100 Observations
---------------------------------------------------------------
cla
      n  missing   unique   Info   Mean
    100     0         3     0.89   1.94
1 (36, 36%), 2 (34, 34%), 3 (30, 30%)
---------------------------------------------------------------
sex
      n  missing   unique
    100     0         2
女生 (53, 53%), 男生 (47, 47%)
---------------------------------------------------------------
```

```
pedu
    n   missing   unique   Info   Mean
   100     0         5      0.94   2.69

               1   2   3   4   5
Frequency  19  26  25  27  3
    %          19  26  25  27  3
-----------------------------------------------------------------
```

輸出結果參數「unique」下的數值為因子變數的水準群組個數。

使用函數 describe( ) 求出次數分配表時，下列三種函數語法均可以使用，其功能在於求出變數（索引數值 =10）n.pedu 的次數分配：

```
> describe(dsc[10])
dsc[10]
 1  Variables    100  Observations
-----------------------------------------------------------------
n.pedu
    n   missing   unique
   100     0         4
大學以上 (30, 30%), 高中職 (26, 26%), 國中小 (19, 19%), 專科 (25, 25%)
-----------------------------------------------------------------
> describe(dsc[,10])
dsc[, 10]
    n   missing   unique
   100     0         4
大學以上 (30, 30%), 高中職 (26, 26%), 國中小 (19, 19%), 專科 (25, 25%)
> describe(n.pedu)
n.pedu
    n   missing   unique
   100     0         4
大學以上 (30, 30%), 高中職 (26, 26%), 國中小 (19, 19%), 專科 (25, 25%)
```

求出數學成績、英文成績的次數分配：

```
> describe(dsc[5:6])
dsc[5:6]

 2  Variables      100  Observations
--------------------------------------------------------------------
msco
 n    missing   unique   Info   Mean   .05    .10    .25    .50
100     0        52       1    71.51  43.95  53.90  64.00  72.50
  .75    .90     .95
 80.25  89.20   94.00
lowest : 30  31  40  42  43, highest:  93  94  95  99 100
--------------------------------------------------------------------
esco
 n    missing   unique   Info   Mean   .05    .10    .25    .50
100     0        50       1    64.66  41.00  42.90  52.75  63.50
  .75    .90     .95
 77.00  89.00   92.05
lowest : 40 41 42 43 45, highest: 92 93 94 96 97
--------------------------------------------------------------------
```

就英文成績而言，有效個數 N=100，遺漏值數值為 0，不同數值大小的測量值有 50 個，平均數為 64.66、第一個四分位數為 52.75、第二個四分位數為 63.50、第三個四分位數為 77.00，最低五個測量值依序為 40、41、42、43、45；最高五個測量值依序為 97、96、94、93、92。

## 貳 xtabs( ) 函數的應用

以 **xtabs( )** 函數求出分組之次數統計表。**xtabs( )** 函數的語法為：

「xtabs(formula = ~., data = parent.frame(), subset,
na.action, exclude = c(NA, NaN))」

引數 formula 為運算公式，公式形式為「計數變數～分類變數 1+ 分類變數
2+……+ 分類變數 k」。data 參數是一個矩陣或資料框架物件名稱。subset 參數
為界定子集觀察值之向量，為邏輯運算式。na.action 參數為資料檔中的遺漏值
是否納入，內定選項為排除遺漏值。簡化的語法公式為：

「xtabs( ~ 分類變數 1+ 分類變數 2+……,data= 資料檔物件名稱 ,subset)

求出學生性別與父親管教方式的交叉表：

```
> xtabs(~sex+disc, data=dsc)
      disc
 sex  民主  放任  權威
女生   18    16    19
男生   13    18    16
```

subset 引數界定班級變數的水準類別，分別以班級為單位，求出學生性別
與父親管教方式的交叉表。subset 引數的語法為「subset=( 班級變數名稱 ==水
準類別數值 )」：

```
> xtabs( ~sex+disc, data=dsc, subset=(cla==1))
      disc
 sex  民主  放任  權威
女生    5     5     9
男生    1    10     6
```

```
> xtabs( ~sex+disc, data=dsc, subset=(cla==2))
        disc
 sex   民主  放任  權威
 女生    8    7     5
 男生    7    4     3
> xtabs( ~sex+disc, data=dsc, subset=(cla==3))
        disc
 sex   民主  放任  權威
 女生    5    4     5
 男生    5    4     7
```

　　邏輯運算式常用者如整除「%%」、且「&」（「&&」）、或「|」（||）、等於「==」、不等於「!=」、大於等於「>=」、小於等於「<=」、「前數值 %in% 數值範圍」等，邏輯運算式一般用於程式命令或條件選取中。

　　上述語法函數中的引數「subset=」的邏輯條件只界定為（cla=1），交叉表細格如下（總數只有 1 位）：

```
> xtabs( ~sex+disc, data=dsc, subset=(cla=1))
        disc
 sex   民主  放任  權威
 女生    0    0     0
 男生    1    0     0
```

　　三個水準類別中，可使用邏輯判別式取出符合條件的群體進行分析。範例為求出前二個班級的交叉表：

```
> xtabs( ~sex+disc, data=dsc, subset=((cla %in% c(1,2))))
        disc
 sex   民主   放任   權威
女生   13     12     14
男生    8     14      9
> xtabs( ~sex+disc, data=dsc, subset=((cla<3)))
        disc
 sex   民主   放任   權威
女生   13     12     14
男生    8     14      9
```

「cla %in% c(1,2)」語法引數表示變數 cla 的測量值包含 1 或 2 者。

變數屬性若為名義或次序尺度，除以次數分配表求出各水準類別的次數與百分比外，也可以配合長條圖與圓餅圖表示水準類別間次數的變化。

##  參　因子變數的圖形

繪製因子變數的圖形常見的有長條圖與圓餅圖。

### 一、長條圖

長條圖（條形圖）的繪製函數 **barplot( )**。**barplot( )** 函數的基本語法為：

```
「barplot(v1, width = 1, space = NULL,
          names.arg = NULL, legend.text = NULL, beside = FALSE,
          horiz = FALSE, density = NULL, angle = 45,
          col = NULL, border = par("fg"),
          main = NULL, sub = NULL, xlab = NULL, ylab = NULL,
          xlim = NULL, ylim = NULL, xpd = TRUE,
          axes = TRUE, axisnames = TRUE,
          cex.axis = par("cex.axis"), cex.names = par("cex.axis"),
          inside = TRUE, plot = TRUE」
```

引數 v1 為資料檔間斷變數的次數分配（也可以是數值向量或矩陣）。引數 space 可設定每個條形的寬度，數值愈大，寬度愈大，選項數值可以設定二個，第一個數值為相同群組間直條的寬度距離、第二個數值為二個群間的寬度。引數 names.arg 為界定長條標記，若引數省略，會以內定變數的水準類別表示（或矩陣的直行名字）。引數 horiz 內定選項為「FALSE」，表示繪製直式的長條圖，選項若為「TRUE」表示繪製橫式的長條圖。引數 density 內定選項為「NULL」表示不繪製長條的陰影線。引數 angle 界定陰影線的斜度，數值為角度。引數 col 為設定長條內部的顏色，顏色設定使用對應的英文字詞或數值。引數 border 為長條邊框的顏色，選項為「NA」表示不設定邊框顏色。引數 main、sub 為界定長條圖的主要標題與次標題名稱。引數 xlab 界定 x 軸的標記。引數 ylab 界定 y 軸的標記。引數 xlim、ylim 分別界定 x 軸、y 軸的數值範圍。引數 xpd 界定是否長條圖可以超出繪圖視窗。引數 axes 選項為「TRUE」，表示繪製圖中的垂直線，否則繪製水平線。引數 cex.names 界定增列軸名稱之水準類別 ( 長條標記 )。引數 plot 選項如為「FALSE」表示不繪製圖形。引數選項「plot = TRUE」表示繪製圖形。至於其餘圖形函數的引數設定與長條圖類似。

求出學習動機（很低、低、普通、高、很高）的五個選項的次數分配表：

```
> table(moti)
moti
 1  2  3  4  5
15 18 30 20 17
```

繪出學習動機五個水準群組次數的長條圖，barplot( ) 函數直接使用內定的引數設定：

```
>barplot(table(moti))
```

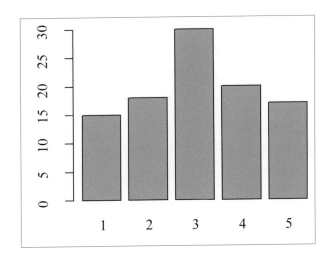

長條圖函數 **barplot( )** 增列引數 ylim 設定 Y 軸數值的界限,範例為 0 至 35。使用 **text( )** 低階繪圖函數增列長條圖上方之次數分配統計次數數值,數值的顏色為藍色:

```
> barplot(table(moti),ylim=c(0,35))
> text(c(1:5), table(moti)+3, table(moti), col=4)
```

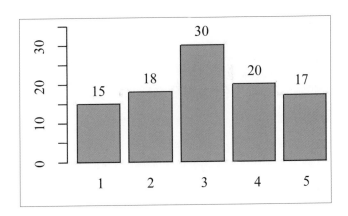

　　增列部分引數（或副指令）內容，以 main 引數設定長條圖標題，以 xlab、ylab 引數分別設定 X 軸與 Y 軸的標題，以 col 引數界定長條圖的顏色為綠色、以 border 引數界定長條圖的邊框顏色為藍色，圖的密度參數設為 40（有細紋或斜線）。

> barplot(table(moti),main=" 學習動機長條圖 ",xlab=" 學習動機 ", ylab = "次數",col="green",border="blue",density=40)

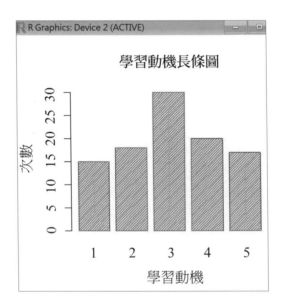

　　增列五個水準類別的標記名稱，標記名稱為文字向量，以引數 names 串連，長條圖的密度參數改為 20：

>labels=c(" 很低 "," 低 "," 普通 "," 高 "," 很高 ")
>barplot(table(moti),main=" 學習動機長條圖 ",xlab=" 學習動機 ",
  names=labels,ylab =" 次數 ",col="green",border="blue",density=20)

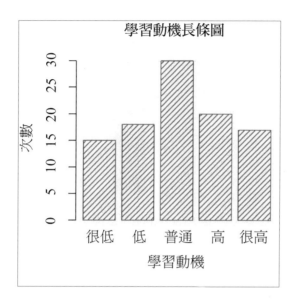

使用邏輯判別式加入長條圖的顏色中，範例為變數 moti 五個選項被勾選的次數大於 25 者，長條圖的顏色為黑色（顏色數值為 1）、選項勾選的次數小於 25 者，長條圖的顏色為白色（顏色數值為 0）。

```
> f.col<-c(0,1)[as.numeric(table(moti)>25)+1]
> barplot(table(moti),col=f.col)
```

函數語法「[as.numeric(table(moti)>25)+1]」是一個邏輯運算式，以 **table( )** 函數求出五個水準選項被勾選的次數，將次數轉為數值向量，向量元素如果大於 25，表示條件為真，此時邏輯運算式回傳數值為 1，回傳值 1 再加上 1=2，向量引數的數值為 2，對應的顏色為黑色（向量的第二個元素為 1）；相對的，條件為假時（數值小於 25），邏輯運算式回傳數值為 0，回傳值 0 再加上 1=1，向量引數的數值為 1，對應的顏色為白色（向量的第一個元素為 0）（蔡佳泓，2015）。

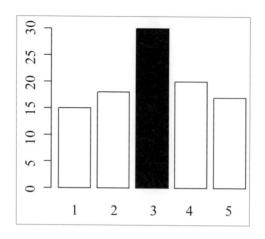

套件 lattice 中也有繪圖函數的功能，長條圖函數為 **barchart( )**，內定選項可以繪製水平型的長條圖：

```
> library(lattice)
> f.col<-c(0,1)[as.numeric(table(moti)>=20)+1]
> barchart(table(moti),col=f.col,ylab="moti")
```

語法函數界定選項被勾選項的次數大於等於 20 者長條內部顏色填上黑色。

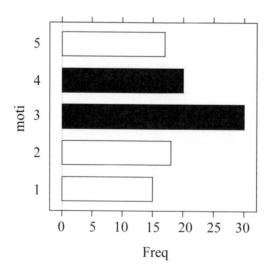

以 **plot( )** 函數繪製折線圖，配合 **text( )** 函數增列點圖示的次數：

> plot(table(moti),type="b",col=1,ylim=c(0,35))
> text(table(moti),labels=(c(15,18,30,20,17)),pos=1)

函數 **text( )** 中的引數 pos 為原始圖示點位移的位置量。相對於 **plot( )** 繪圖函數，**text( )** 繪圖函數稱為低階繪圖函數，此種函數要依附在高階繪圖函數中，沒有高階繪圖函數，如長條圖、折線圖、直方圖等繪製繪圖區，無法使用低階繪圖函數。

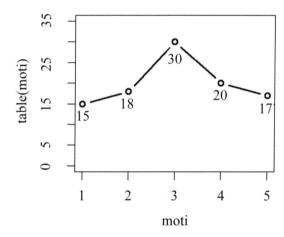

完整折線圖可使用以下語法指令，R 編輯器視窗指令列為：

```
varx=c(1:5)
vary=table(moti)
plot(vary,type="b",col=1,cex=2,lwd=2,ylim=c(0,36),xaxt="n")
lines(varx,vary,lwd=2)
text(varx,vary,labels=vary,pos=1)
axis(1,at=c(1:5),labels=c(" 很低 "," 低 "," 普通 "," 高 "," 很高 "))
```

指令列 varx=c(1:5) 界定 X 軸五個水準數值。

指令列 vary=table(moti) 設定 Y 軸五個水準數值的次數統計。

指令列 plot(vary,type="b",col=1,cex=2,lwd=2,ylim=c(0,36),xaxt="n") 繪製次數統計圖例符號，圖例寬度線為 2，Y 軸的界限為 0 至 36、不呈現 X 軸的標記。

指令列 lines(varx,vary,lwd=2) 增列繪製五個水準數值之次數的折線圖。

指令列 text(varx,vary,labels=vary,pos=1) 增列座標軸對應的次數。

指令列 axis(1,at=c(1:5),labels=c(" 很低 "," 低 "," 普通 "," 高 "," 很高 ")) 增列 X 軸五個水準數值的標記文字。

R 圖形繪製的折線圖如下：

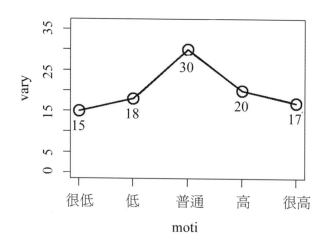

二、圓餅圖

間斷變數的水準類別為次數或百分比，除以長條圖繪製外，也可以使用圓餅圖。

圓餅圖函數為 **pie( )**，函數語法如下：

「pie(x, labels = names(x), edges = 200, radius = 0.8,

　　clockwise = FALSE, init.angle = if(clockwise) 90 else 0,

　　density = NULL, angle = 45, col = NULL, border = NULL,

　　lty = NULL, main = NULL」

引數 x 為非負值的向量，資料檔中的間斷變數（factor 類別物件）。引數 labels 為扇形區的文字名稱或表示式。引數 edges 為稜角的設定。引數 radius 為圓餅圖半徑大小的設定。引數 clockwise 表示圓餅圖是依順時針或反時針繪製扇形。引數 init.angle 表示繪製扇形時的起始角度。引數 density 為陰影線的密度，單位為英吋，內定選項為「NULL」。引數 angle 為陰影線的斜度，選項數值為角度（反時針方向 )。引數 col 為扇形區域填滿的顏色設定。引數 border 為扇形區域邊框的顏色設定。引數 main 為圖形標題的界定。

繪出圓餅圖，**pie( )** 函數直接使用內定的引數設定：

```
>pie(table(moti))
```

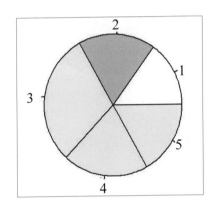

繪製圓餅圖時增列五個扇形區的顏色設定（依序為白色、紅色、綠色、黃色、黑色）、以 labels 引數增列五個扇形區的標記名稱，以 border 引數界定圖形邊框為藍色。

```
> pie(table(moti),main=" 學習動機圓餅圖 ", border="blue",col=c("white",
"red","green","yellow","black"), labels=c(" 很低 "," 低 "," 普通 "," 高 "," 很
高 "))
```

上述語法中顏色與標記的設定可先以向量方式指定，圓餅圖水準類別的引

數為 label，以引數 label 串連水準類別文字向量：

```
> nlab=c(" 很低 "," 低 "," 普通 "," 高 "," 很高 ")
> col_c= c("white","red","green","yellow","black")
> pie(table(moti),main=" 學習動機圓餅圖 ", border="blue",label=nlab,col=
col_c)
```

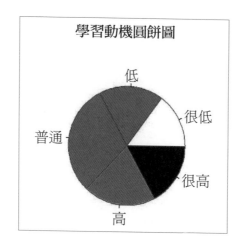

增列圓餅圖的標記與次百分比：

```
> lab_1=c(" 很低 "," 低 "," 普通 "," 高 "," 很高 ")
> col_c= c(0:4)
> per.moti<-(table(moti)*100)/length(moti)
> lab_2<-paste(lab_1,"(",per.moti,"%)")
> pie(table(moti), border="blue",label=lab_2,col=col_c)
```

函數語法中的顏色直接以 0、1、2、3、4 五個數值表示，標記以 **paste( )** 函數串接文字與百分比數值，百分比為各選項被勾選次數除以有效樣本數。

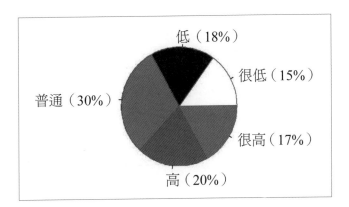

上述圓餅圖都是 2D 平面圖形，若是使用者要繪製 3D 圓餅圖，可以使用 plotrix 套件，plotrix 是 R 軟體中有關繪圖函數的套件，繪製 3D 圓餅圖的函數 為 **pie3D( )**，其中函數關鍵字 pie3D 之 D 英文字母為大寫：

```
> library(plotrix)
> lab_1=c(" 很低 "," 低 "," 普通 "," 高 "," 很高 ")
> col_c= c("white","gray80","gray60","gray50","black")
> per.moti<-(table(moti)*100)/length(moti)
> lab_2<-paste(lab_1,"(",per.moti,"%)")
> pie3D(table(moti), labels=lab_2,col=col_c,labelcex=0.8,explode=0.04)
```

函數語法中的引數「labelcex=0.8」為界定標記文字的大小、引數 「explode=0.04」為界定立體扇形分開的程度，數值愈大，立體扇形分離程度愈 大。

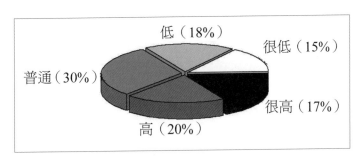

# 7 描述性統計量

■ 基本描述性統計量

■ tapply( ) 函數與 aggregate( ) 函數的應用

■ 標準分數

■ 計量變數的圖形

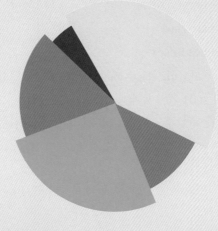

資料框架物件中的變數如果是計量變數（連續變數），可以求出其各種描述性統計量數，包含集中量數、變異量數、相對地位量數、偏態、峰度等。

R 軟體套件 fBasics 中的函數 **basicStats( )** 可直接呈現下列描述性統計量：nobs（有效觀察值個數）、 Nas（遺漏值個數）、 Minimum（最小值）、 Maximum（最大值）、1. Quartile（第一個四分位數）、 3. Quartile（第三個四分位數）、 Mean（平均數）、Median（中位數）、Sum（總和）、SE Mean（平均數標準誤）、LCL Mean（平均數區間下限值）、UCL Mean（平均數區間上限值）、Variance（變異數）、 Stdev（標準差）、Skewness（偏態）、Kurtosis（峰度）。

專屬敘述統計的函數如下：樣本數 **length( )**、總和 **sum( )**、平均數 **mean( )**、中位數 **medaian( )**、變異數 **var( )**、標準差 **sd( )**、最小值 **min( )**、最大值 **max( )**、全距 **range( )**、百分位數 **quantile( )**。包含五個統計量的函數 **fivenum( )**，五個統計量為最小值、第一個四分位數（百分位數 25）、中位數、第三個四分位數（百分位數 75）、最大值（minimum、lower-hinge、median、upper-hinge、maximum）。**summary( )** 函數的功能可以呈現計量變數的最小值、第一個四分位數、中位數、平均數、第三個四分位數、最大值等六個統計量參數。

## 壹 基本描述性統計量

使用 fBasics 套件中的 **basicStats( )** 函數求出數學成績的描述性統計量：

```
> library(fBasics)
> attach(dsc)
> head(dsc)
    id   cla sex pedu msco esco moti disc g.msc n.pedu
1 s001   3  男生   2   65   40    1   民主   2    高中職
2 s002   3  男生   4   65   40    1   權威   2   大學以上
3 s003   3  女生   4   76   41    1   放任   3   大學以上
```

| 4 s004 | 3 | 女生 | 3 | 82 | 41 | 1 | 民主 | 4 | 專科 |
| 5 s005 | 3 | 男生 | 1 | 66 | 41 | 1 | 民主 | 2 | 國中小 |
| 6 s006 | 3 | 男生 | 3 | 91 | 41 | 1 | 民主 | 5 | 專科 |

```
> round(basicStats(msco),2)
```

|  | msco |
| --- | --- |
| nobs | 100.00 |
| NAs | 0.00 |
| Minimum | 30.00 |
| Maximum | 100.00 |
| 1. Quartile | 64.00 |
| 3. Quartile | 80.25 |
| Mean | 71.51 |
| Median | 72.50 |
| Sum | 7151.00 |
| SE Mean | 1.44 |
| LCL Mean | 68.66 |
| UCL Mean | 74.36 |
| Variance | 206.90 |
| Stdev | 14.38 |
| Skewness | -0.43 |
| Kurtosis | 0.28 |

　　就數學成績而言，有效樣本數個數等於 100、遺漏值個數為 0、最小值為 30、最大值為 100，第一個四分位數為 64.00、第三個四分位數為 80.25，四分位距（interquartile range;[IQR]）＝第三個四分位數減第一個四分位數 =80.25－64.00=16.25、平均數為 71.51、中位數為 72.50、總和為 7151.00、平均數標準誤為 1.44、平均數 95% 信賴區間的下限為 68.66、上限為 74.36、變異數為 206.90、標準差為 14.38、偏態係數為 −0.43（左偏）、峰度係數為 0.28（稍為陡峭）。中位數即第二個四分位數，百分位數為 50，使用 **quantile( )** 函數求法為：

```
> quantile(msco,0.50)
 50%
72.5
```

　　第一個四分位數（百分位數 25）、第三個四分位數（百分位數 75）統計量數，可使用 **quantile( )** 函數求出：

```
> quantile(msco,0.25)
25%
 64
> quantile(msco,0.75)
 75%
80.25
```

　　以變數引數求出數學成績、英文成績、學習動機三個計量變數的描述性統計量，小數點位數四捨五入至小數第二位：

```
> round(basicStats(dsc[,5:7]),2)
          msco    esco    moti
nobs    100.00  100.00  100.00
NAs       0.00    0.00    0.00
```

| | | | |
|---|---|---|---|
| Minimum | 30.00 | 40.00 | 1.00 |
| Maximum | 100.00 | 97.00 | 5.00 |
| 1. Quartile | 64.00 | 52.75 | 2.00 |
| 3. Quartile | 80.25 | 77.00 | 4.00 |
| Mean | 71.51 | 64.66 | 3.06 |
| Median | 72.50 | 63.50 | 3.00 |
| Sum | 7151.00 | 6466.00 | 306.00 |
| SE Mean | 1.44 | 1.61 | 0.13 |
| LCL Mean | 68.66 | 61.46 | 2.80 |
| UCL Mean | 74.36 | 67.86 | 3.32 |
| Variance | 206.90 | 260.47 | 1.67 |
| Stdev | 14.38 | 16.14 | 1.29 |
| Skewness | -0.43 | 0.25 | -0.05 |
| Kurtosis | 0.28 | -1.03 | -1.04 |

basicStats(dsc[,5:7]) 函數語法也可以使用 basicStats(dsc[5:7])：

```
> round(basicStats(dsc[5:7]),2)
```

| | msco | esco | moti |
|---|---|---|---|
| nobs | 100.00 | 100.00 | 100.00[ 觀察值個數 ] |
| NAs | 0.00 | 0.00 | 0.00[ 遺漏值個數 ] |
| Minimum | 30.00 | 40.00 | 1.00[ 最小值 ] |
| Maximum | 100.00 | 97.00 | 5.00[ 最大值 ] |
| 1. Quartile | 64.00 | 52.75 | 2.00[ 第一個四分位數 ] |
| 3. Quartile | 80.25 | 77.00 | 4.00[ 第三個四分位數 ] |
| Mean | 71.51 | 64.66 | 3.06[ 平均數 ] |
| Median | 72.50 | 63.50 | 3.00[ 中位數 ] |

```
Sum        7151.00   6466.00   306.00[ 總和 ]
SE Mean    1.44      1.61      0.13[ 平均數標準誤 ]
LCL Mean   68.66     61.46     2.80[ 平均數 95% 信賴區間下限值 ]
UCL Mean   74.36     67.86     3.32[ 平均數 95% 信賴區間上限值 ]
Variance   206.90    260.47    1.67[ 變異數 ]
Stdev      14.38     16.14     1.29[ 標準差 ]
Skewness   -0.43     0.25      -0.05[ 偏態係數 ]
Kurtosis   0.28      -1.03     -1.04[ 峰度係數 ]
```

以 fivenum( ) 函數呈現數學成績、英文成績、學習動機三個變項的描述性統計量（最小值、第一個四分位數（百分位數 25）、中位數、第三個四分位數（百分位數 75）、最大值），數學成績變數而言，五個統計量數分別為 30.0、64.0、72.5、80.5、100.0。

```
> fivenum(msco);fivenum(esco);fivenum(moti)
[1] 30.0 64.0 72.5 80.5 100.0
[1] 40.0 52.5 63.5 77.0 97.0
[1]  1    2    3    4    5
```

以 summary( ) 函數呈現數學成績、英文成績、學習動機三個變項的描述性統計量，包括最小值、第一個四分位數（百分位數 25）、中位數、平均數、第三個四分位數（百分位數 75）、最大值，以就數學成績變數而言，六個統計量數分別為 30.00、64.0、72.50、71.51、80.25、100.00。

```
> summary(msco);summary(esco);summary(moti)
   Min.    1st Qu.   Median   Mean    3rd Qu.   Max.
[ 最小值    Q1       中位數    平均數   Q3        最大值 ]
   30.00   64.00     72.50    71.51   80.25     100.00
```

| Min. | 1st Qu. | Median | Mean | 3rd Qu. | Max. |
|------|---------|--------|------|---------|------|
| 40.00 | 52.75 | 63.50 | 64.66 | 77.00 | 97.00 |
| Min. | 1st Qu. | Median | Mean | 3rd Qu. | Max. |
| 1.00 | 2.00 | 3.00 | 3.06 | 4.00 | 5.00 |

指定標的變數除可直接使用變數名稱外，也可以使用變數所在的索引編號，如「（dsc[,5:7]）」表示資料檔物件 dsc 中第五個至第七個變數（msco、esco、moti）：

```
> summary(dsc[,5:7])
        msco             esco            moti
Min.    : 30.00  Min.    :40.00  Min.    :1.00
1st Qu. : 64.00  1st Qu. :52.75  1st Qu  .:2.00
Median  : 72.50  Median  :63.50  Median  :3.00
Mean    : 71.51  Mean    :64.66  Mean    :3.06
3rd Qu. : 80.25  3rd Qu. :77.00  3rd Qu. :4.00
Max.    :100.00  Max.    :97.00  Max.    :5.00
```

語法函數 summary(dsc[,5:7])，也可以使用 summary(dsc[5:7])。

資料框架物件 dsc 的變數名稱中，變數水準或測量值以數值表示者有 cla、pedu、msco、esco、moti、g.msc。

```
> names(dsc)
[1] "id"    "cla"   "sex"   "pedu"  "msco"  "esco"  "moti"  "disc"
[9] "g.msc" "n.pedu"
```

　　使用 **sapply( )** 函數可以求出資料框架物件中以數值建檔變數的統計量數，語法函數為「sapply( 資料框架，函數名稱 )。

　　求出資料框架物件 dsc 所有變數的平均數：

```
>sapply(dsc,mean)
   id   cla   sex  pedu  msco  esco  moti  disc  g.msc  n.pedu
   NA  1.94    NA  2.69  71.51  64.66  3.06   NA   2.76     NA
Warning messages:
1: In mean.default(X[[1L]], ...) :
   argument is not numeric or logical: returning NA
2: In mean.default(X[[3L]], ...) :
   argument is not numeric or logical: returning NA
3: In mean.default(X[[8L]], ...) :
   argument is not numeric or logical: returning NA
4: In mean.default(X[[10L]], ...) :
   argument is not numeric or logical: returning NA
```

　　變數建檔內容如為文字，則無法估算統計量數，變數對應的平均數結果為「NA」，並會出現引數不是數值類型或邏輯類型變數的警告訊息，回傳參數的數值為 NA。

　　求出資料框架物件所有變數的標準差：

```
> round(sapply(dsc,sd),2)
    id   cla   sex  pedu  msco  esco  moti  disc  g.msc  n.pedu
 29.01  0.81  0.50  1.15  14.38  16.14  1.29  0.82   1.20   1.16
```

　　數學成績、英文成績、學習動機三個計量變數的標準差分別為 14.38、16.14、1.29。

　　某些統計函數作為 **sapply( )** 函數的引數時，資料框架物件中所有變數必須都是計量變數，或變數內容以數值編碼者。範例為從原始資料框架物件中抽取四個變數：pedu、msco、esco、moti，新資料框架物件名稱界定為「dsc_part」。

```
> dsc_part<-dsc[c(4:7)]
> head(dsc_part)
   pedu  msco  esco  moti
1    2    65    40    1
2    4    65    40    1
3    4    76    41    1
4    3    82    41    1
5    1    66    41    1
6    3    91    41    1
```

以 **sapply( )** 函數求出變數的全距的上下限值（最小值、最大值）：

```
> sapply(dsc_part,range)
      pedu  msco  esco  moti
[1,]    1    30    40    1
[2,]    5   100    97    5
```

　　sapply( ) 函數的作用與 lapply( ) 函數功能類似，只是二個函數回傳的屬性不同，回傳資料的結果格式也不相同。

```
> lapply(dsc_part,mean)  ## 求變數的平均數
$pedu
[1] 2.69
$msco
[1] 71.51
$esco
[1] 64.66
$moti
[1] 3.06
> lapply(dsc_part,range)      ## 求變數的最小值、最大值
$pedu
[1] 1 5
$msco
[1]  30 100
$esco
[1] 40 97
$moti
[1] 1 5
```

　　如果變數本身是因子類型，如性別、父親教育程度、父親管教方式等變數，此種變數尺度為類別變數，其描述性統計量數是沒有實質意義的，要以次數分配表結果呈現才有意義。

## 貳 tapply( ) 函數與 aggregate( ) 函數的應用

使用 tapply( ) 函數可以求出間斷變數各水準類別在計量變數的平均值。

tapply( ) 函數的語法為：「tapply( 計量變數 x，因子變數 f, FUN = NULL)」。

引數 x 為物件變數，是一種向量變數。參數 f 是一個以上類別（因子變數）的文字向量。參數 FUN 為界定是否應用觀察值函數名稱，內定選項為「NULL」。

```
# 求出三個班級在數學成績變數的平均數
> round(tapply(msco, factor(cla), mean),2)
    1     2     3
72.33  71.65  70.37
# 求出三種父親管教方式在數學成績變數的平均數
> round(tapply(msco, disc, mean),2)
 民主   放任   權威
69.42  74.94  70.03
# 求出男生群體、女生群體在數學成績變數的平均數
> round(tapply(msco, sex, mean),2)
 女生   男生
69.83  73.40
```

函數 tapply( ) 中的引數「levels= 文字向量」可以界定文字標記水準之因子變數輸出的順序（內定的輸出順序為第一個文字的筆劃），以父親三種管教方式為例，內定輸出的三個水準群組為民主（原水準數值編碼為 1）、放任（原水準數值編碼為 3）、權威（原水準數值編碼為 2），若要依原水準數值編碼順序出現群組名稱：民主、權威、放任，因子變數界定中增列 levels=c(" 民主 "," 權威 "," 放任 ") 引數：

```
> round(tapply(msco, factor(disc, levels=c("民主"," 權威"," 放任")),
mean),2)
  民主   權威   放任
69.42  70.03  74.94
> round(tapply(msco, disc, levels=c(" 民主 "," 權威 "," 放任 "), mean),2)
  民主   放任   權威
69.42  74.94  70.03
```

　　函數 tapply 中的統計量數若改為 sd 則可以求出各分組群體的標準差，var 則可以求出各分組群體的變異數。數值型的因子變數，在因子變數前面最好增列 **factor( )** 函數，以明確界定變數為因子變數，如果因子變數的水準群組為文字，R 軟體會自動將其視為因子變數，於變數前面增列 **factor( )** 函數也可以。

```
# 求出三個班級群體在數學成績的標準差
> round(tapply(msco, factor(cla), sd),2)
    1        2        3
14.62   13.45   15.50
# 求出三種父親管教方式群組在數學成績的標準差，指定水準群組順序
>round(tapply(msco, factor(disc, levels=c(" 民主 "," 權威 "," 放任 ")), sd),2)
  民主   權威   放任
14.12  15.59  13.05
# 求出三種父親管教方式群組在數學成績的標準差，依內定文字水準筆
劃排序
> round(tapply(msco, factor(disc), sd),2)
  民主   放任   權威
14.12  13.05  15.59
```

求出男生、女生二個群體在數學成績的標準差：

```
> round(tapply(msco, factor(sex), sd),2)
 女生   男生
15.90  12.35
> round(tapply(msco, sex, sd),2)
 女生   男生
15.90  12.35
> round(tapply(msco, factor(sex, levels=c(" 男生 "," 女生 ")), sd),2)
 男生   女生
12.35  15.90
```

以班級為單位，求出班級在數學成績變數的最小值、最大值與有效個數：

```
> round(tapply(msco, factor(cla, levels=c(1,2,3)), min),2)
# 求出三個班級數學成績的最小值
 1   2   3
30  42  31
> round(tapply(msco, factor(cla, levels=c(1,2,3)), max),2)
# 求出三個班級數學成績的最大值
 1    2    3
100  100  99
> round(tapply(msco, factor(cla, levels=c(1,2,3)), length),2)
# 求出三個班級數學成績的有效觀察值 ( 各組人數 )
 1   2   3
36  34  30
```

上述三個班級在數學成績的描述性統計量整理如下表：

| | Cla | 個數 | 最小值 | 最大值 | 平均數 | 標準差 |
|---|---|---|---|---|---|---|
| 1 | msco | 36 | 30 | 100 | 72.33 | 14.62 |
| 2 | msco | 34 | 42 | 100 | 71.65 | 13.45 |
| 3 | msco | 30 | 31 | 99 | 70.37 | 15.50 |

tapply 函數中的引數 x 也可以為變數間的數學運算式，如「（msco+esco）/2」運算式表示先計算觀察值在數學成績與英文成績的平均值分數，之後再求出三個班級的平均值之平均分數。

```
> round(tapply((msco+esco)/2, factor(cla, levels=c(1,2,3)), mean),2)
    1      2      3
 72.47  71.04  59.47
```

上述語法函數可簡化為：

```
> round(tapply((msco+esco)/2, factor(cla), mean),2)
    1      2      3
 72.47  71.04  59.47
```

三個班級在二科學業成績的總平均數分別為 72.47、71.04、59.47。

函數 tapply 最後的描述性統計量參數可以使用函數，範例為求出四個不同父親教育程度群體在數學成績的總和、平均數、標準差、觀察值個數：

```
> tapply(msco,n.pedu,function(x) c(sum(x),mean(x),sd(x),length(x)))
$ 大學以上
[1] 2096.00000   69.86667   14.55485   30.00000
$ 高中職
[1] 1853.00000   71.26923   13.65154   26.00000
$ 國中小
[1] 1380.00000   72.63158   14.70151   19.00000
$ 專科
[1] 1822.00000   72.88000   15.32514   25.00000
```

範例為求出三種不同父親管教方式樣本群體之英文成績的總和、平均數、標準差、觀察值個數,輸出結果指派的物件名稱為 esco.disc。

```
> esco.disc<-tapply(esco,disc,function(x) c(sum(x),mean(x),sd(x),length(x)))
> esco.disc[1]    ## 輸出民主水準群組的描述性統計量
$ 民主
[1] 1914.00000   61.74194   15.70131   31.00000
> esco.disc[2]    ## 輸出放任水準群組的描述性統計量
$ 放任
[1] 2241.00000   65.91176   15.30175   34.00000
> esco.disc[3]    ## 輸出權威水準群組的描述性統計量
$ 權威
[1] 2311.00000   66.02857   17.38912   35.00000
```

　　以 **which( )** 函數可以選取分組群組，範例為根據三個班級因子變數的水準數值，分別求出三個班級數學成績的平均數。

```
> cm1<-msco[which(cla==1)]
> cm2<-msco[which(cla==2)]
> cm3<-msco[which(cla==3)]
> mean(cm1);mean(cm2);mean(cm3)
[1] 72.33333
[1] 71.64706
[1] 70.36667
```

　　**which( )** 函數結合描述性統計量函數可以直接求出指定群組的統計量參數：

```
> mean(msco[which(cla==1)])    ## 甲班數學成績的平均數
[1] 72.33333
> mean(msco[which(cla==2)])    ## 乙班數學成績的平均數
[1] 71.64706
> mean(msco[which(cla==3)])    ## 丙班數學成績的平均數
[1] 70.36667
> sd(msco[which(cla==1)])      ## 甲班數學成績的標準差
[1] 14.62483
> sd(msco[which(cla==2)])      ## 乙班數學成績的標準差
[1] 13.44773
> sd(msco[which(cla==3)])      ## 丙班數學成績的標準差
[1] 15.49746
```

which( ) 函數結合 table( ) 函數可以直接求出指定群組的次數分配：

```
> table(moti[which(cla==1)])
 1  2  3  4  5
 1  5 10 10 10
> table(moti[which(cla==2)])
 1  2  3  4  5
 1  2 15  9  7
> table(moti[which(cla==3)])
 1  2  3  4
13 11  5  1
```

使用 by( ) 函數也可以求出因子變數群組的統計量，by( ) 函數的語法為：
「by( 資料框架或變數，因子變數，函數 )」以 by( ) 函數求出不同性別群組的
描述性統計量：

```
> by(dsc$msco,sex,summary)
sex: 女生
   Min.  1st Qu.  Median   Mean  3rd Qu.   Max.
  30.00   64.00   71.00   69.83   81.00  100.00
-----------------------------------------------------------
sex: 男生
   Min.  1st Qu.  Median   Mean  3rd Qu.   Max.
  42.0    65.0    74.0    73.4    79.0   100.0
```

使用 **by( )** 函數求出三種父親管教方式下樣本觀察值的描述性統計量：

```
> by(dsc$esco,disc,summary)
disc: 民主
   Min.   1st Qu.   Median   Mean   3rd Qu.   Max.
   40.00   47.00    61.00    61.74   74.00    93.00

------------------------------------------------------------

disc: 放任
   Min.   1st Qu.   Median   Mean   3rd Qu.   Max.
   41.00   54.00    65.00    65.91   73.00    97.00

------------------------------------------------------------

disc: 權威
   Min.   1st Qu.   Median   Mean   3rd Qu.   Max.
   40.00   50.50    67.00    66.03   80.00    96.00
```

使用 **aggregate( )** 函數求出計量變數在因子變數群組的描述性統計量也很簡便，**aggregate( )** 函數語法為：aggregate( 計量變數 , by=list( 分組變數 ), 自訂函數或統計量函數 )。

求出不同性別的群組在數學成績與英文成績的平均數：

```
> aggregate(dsc[,c(5:6)],by=list(dsc[,3]),mean)
   Group.1    msco      esco
1   女生    69.83019   69.43396
2   男生    73.40426   59.27660
> aggregate(dsc[,c(5:6)],by=list(dsc[,"sex"]),mean)
   Group.1    msco      esco
1   女生    69.83019   69.43396
2   男生    73.40426   59.27660
```

求出三種父親管教方式群組在數學成績、英文成績的平均數：

```
> aggregate(dsc[,c(5:6)],by=list(dsc[,8]),mean)
    Group.1     msco      esco
1   民主     69.41935   61.74194
2   放任     74.94118   65.91176
3   權威     70.02857   66.02857
> aggregate(dsc[,c(5:6)],by=list(dsc[,"disc"]),mean)
    Group.1     msco      esco
1   民主     69.41935   61.74194
2   放任     74.94118   65.91176
3   權威     70.02857   66.02857
```

求出三種父親管教方式群組在數學成績、英文成績的標準差：

```
> aggregate(dsc[,c(5:6)],by=list(dsc[,8]),sd)
    Group.1     msco      esco
1   民主     14.12037   15.70131
2   放任     13.05453   15.30175
3   權威     15.59126   17.38912
> aggregate(dsc[,c(5:6)],by=list(dsc[,"disc"]),sd)
    Group.1     msco      esco
1   民主     14.12037   15.70131
2   放任     13.05453   15.30175
3   權威     15.59126   17.38912
```

　　使用自訂函數，求出三種父親管教方式群組在數學成績、英文成績的平均數、標準差與樣本個數：

```
>aggregate(dsc[,c(5:6)],by=list(dsc[,"disc"]),function(x)c(mean(x),sd(x),length(x)))
  Group.1  msco.1    msco.2     msco.3    esco.1    esco.2     esco.3
1  民主    69.41935  14.12037   31.00000  61.74194  15.70131   31.00000
2  放任    74.94118  13.05453   34.00000  65.91176  15.30175   34.00000
3  權威    70.02857  15.59126   35.00000  66.02857  17.38912   35.00000
```

　　使用自訂函數，求出女生群組、男生群組在數學成績、英文成績的平均數、標準差與樣本個數：

```
>aggregate(dsc[,c(5:6)],by=list(dsc[,"sex"]),function(x)c(mean(x),sd(x),length(x)))
  Group.1  msco.1    msco.2     msco.3    esco.1    esco.2     esco.3
1  女生    69.83019  15.90324   53.00000  69.43396  16.97454   53.00000
2  男生    73.40426  12.34761   47.00000  59.27660  13.37860   47.00000
```

　　求出班級與性別二個因子變數之細格平均數與標準差：

```
> aggregate(dsc[,c(5:6)],by=list(dsc[,2],dsc[,3]),function(x) c(mean(x),sd(x)))
  Group.1  Group.2   msco.1      msco.2      esco.1      esco.2
1    1     女生     69.684211   15.495708   74.578947   15.283672
2    2     女生     73.450000   13.578136   76.300000   12.477770
3    3     女生     64.857143   19.049963   52.642857   13.664143
4    1     男生     75.294118   13.419970   70.411765    9.931382
5    2     男生     69.071429   13.321263   62.071429    7.690797
6    3     男生     75.187500    9.833404   45.000000    5.215362
```

求出父親管教方式與性別二個因子變數之細格平均數與標準差：

```
> aggregate(dsc[,c(5:6)],by=list(dsc[,"disc"],dsc[,"sex"]),function(x)
c(mean(x),sd(x)))
    Group.1  Group.2   msco.1     msco.2     esco.1     esco.2
1   民主     女生     68.16667   15.25952   65.61111   16.58539
2   放任     女生     74.06250   13.35399   69.25000   18.34303
3   權威     女生     67.84211   18.41878   73.21053   16.20212
4   民主     男生     71.15385   12.76614   56.38462   13.15636
5   放任     男生     75.72222   13.11849   62.94444   11.73969
6   權威     男生     72.62500   11.43022   57.50000   15.08200
```

## 參 標準分數

研究者若要從原始資料檔中選取部分符合條件的觀察值進行分析，可使用以下語法：資料檔物件名稱 [ 資料檔物件名稱 $ 變數名稱 + 邏輯運算式 ,]，如分別選取三個班級，三個班級資料檔物件分別命名為 dsc_c1、dsc_c2、dsc_c3。

```
> dsc_c1<-dsc[dsc$cla=="1",]
>head(dsc_c1)
     id   cla  sex  pedu  msco  esco  moti  disc  g.msc  n.pedu
28  s028  1   男生   3     79    54    2    放任    3     專科
29  s029  1   男生   3     78    54    2    放任    3     專科
30  s030  1   女生   2     59    54    2    民主    1     高中職
31  s031  1   女生   4     30    54    2    權威    1     大學以上
32  s032  1   女生   5     95    54    2    放任    5     大學以上
35  s035  1   女生   4     64    57    3    放任    2     大學以上
> dsc_c2<-dsc[dsc$cla=="2",]
> head(dsc_c2)
```

```
      id  cla  sex  pedu  msco  esco  moti  disc  g.msc  n.pedu
27 s027   2   男生   1     87    53    2    放任    4     國中小
33 s033   2   男生   2     85    54    3    民主    4     高中職
34 s034   2   男生   4     61    56    3    權威    2     大學以上
36 s036   2   男生   2     42    57    3    民主    1     高中職
37 s037   2   男生   2     79    57    3    權威    3     高中職
38 s038   2   女生   1     68    57    3    放任    2     國中小
> dsc_c3<-dsc[dsc$cla=="3",]
> head(dsc_c3)
      id  cla  sex  pedu  msco  esco  moti  disc  g.msc  n.pedu
1  s001   3   男生   2     65    40    1    民主    2     高中職
2  s002   3   男生   4     65    40    1    權威    2     大學以上
3  s003   3   女生   4     76    41    1    放任    3     大學以上
4  s004   3   女生   3     82    41    1    民主    4     專科
5  s005   3   男生   1     66    41    1    民主    2     國中小
6  s006   3   男生   3     91    41    1    民主    5     專科
```

選取第一個班級觀察值且樣本學生的性別水準編碼為 2（女生群體）：

```
> dsc_c1<-dsc[dsc$cla=="1" & dsc$sex==" 女生 ",]
> head(dsc_c1)
      id  cla  sex  pedu  msco  esco  moti  disc  g.msc  n.pedu
30 s030   1   女生   2     59    54    2    民主    1     高中職
31 s031   1   女生   4     30    54    2    權威    1     大學以上
32 s032   1   女生   5     95    54    2    放任    5     大學以上
35 s035   1   女生   4     64    57    3    放任    2     大學以上
40 s040   1   女生   2     81    58    3    權威    4     高中職
45 s045   1   女生   2     86    61    3    民主    4     高中職
```

之前若啟動 **attach( )** 函數，附加資料框架物件於主控台中，上述語法可以簡化為：

```
> attach(dsc)
> dsc_12<-dsc[cla==1 & sex==" 女生 ",]
> head(dsc_12)
      id  cla  sex  pedu  msco  esco  moti  disc  g.msc  n.pedu
30 s030   1   女生    2    59    54    2    民主    1     高中職
31 s031   1   女生    4    30    54    2    權威    1    大學以上
32 s032   1   女生    5    95    54    2    放任    5    大學以上
35 s035   1   女生    4    64    57    3    放任    2    大學以上
40 s040   1   女生    2    81    58    3    權威    4     高中職
45 s045   1   女生    2    86    61    3    民主    4     高中職
```

R 軟體程式中常用的邏輯判斷式在於進行邏輯判斷，符合條件者為「TRUE」，不符合條件者為「FALSE」，邏輯判斷式常運用於條件執行指令中，如 if（邏輯判斷式）{ 條件為真的結果 } else { 條件為假的結果 }，邏輯判斷式符號如：大於等於「>=」、小於等於「<=」、等於「==」、不等於「!=」、且或交集「&」或「&&」、或及聯集「|」、「||」、A 是否在 B 之中「A%in%B」，如「2%in%c(2,3,4)」。範例為選取第三個班級且數學成績高於 90 分的觀察值。

```
> dsc_3m<-dsc[cla==3 & msco>90,]
> head(dsc_3m)
      id  cla  sex  pedu  msco  esco  moti  disc  g.msc  n.pedu
6  s006   3   男生    3    91    41    1    民主    5      專科
7  s007   3   男生    3    94    41    1    權威    5      專科
20 s020   3   女生    4    99    48    3    權威    5    大學以上
```

以班級或群組為單位，將計量變數原始測量值轉化為群組平均數 =0、標準差 =1 的量數稱為標準分數。標準分數又稱為 Z 分數（Z score），Z 分數的數學定義為：$Z = \frac{X_i - \overline{M}}{sd}$，運算式中的 $sd$ 為樣本標準差、$\overline{M}$ 為樣本平均數，根據運算式定義：Z 分數是群組樣本觀察值的分數（測量值）減掉群組平均數，再除以群組標準差。把 Z 分數進行直線轉換：Z 分數乘上 10+50，轉換後的量數稱為 T 分數。

R 軟體基本套件中的函數 scale( ) 可以求出計量變數的 Z 分數，scale( ) 函數括號內的物件如為資料框架，會回傳矩陣格式之測量值標準化分數。

求出第一個班級樣本學生數學成績的 Z 分數，以函數 mean( ) 求出班級數學成績的平均數、以函數 sd( ) 求出班級數學成績的標準差，每位學生數學原始成績減掉班級平均數的差異值再除以標準差，可得樣本學生的 Z 分數。以 round( ) 函數將 z 分數四捨五入到小數第三位，數學成績 Z 分數檔案變數為 zms1。

```
> dsc_c1<-dsc[dsc$cla=="1",]
> dsc_c1$zms1<-(dsc_c1$msco-mean(dsc_c1$msco))/sd(dsc_c1$msco)
> dsc_c1$zms1<-round(dsc_c1$zms1,3)
> head(dsc_c1)
     id cla sex pedu msco esco moti disc g.msc n.pedu    zms1
28 s028   1 男生    3   79   54    2 放任     3   專科   0.456
29 s029   1 男生    3   78   54    2 放任     3   專科   0.387
30 s030   1 女生    2   59   54    2 民主     1 高中職  -0.912
31 s031   1 女生    4   30   54    2 權威     1 大學以上 -2.895
32 s032   1 女生    5   95   54    2 放任     5 大學以上  1.550
35 s035   1 女生    4   64   57    3 放任     2 大學以上 -0.570
```

直接使用 **scale( )** 函數求出第一個班級觀察值數學成績的 Z 分數：

```
> dsc_c1<-dsc[dsc$cla=="1",]
> zms2<-round(scale(dsc_c1$msco),3)
> head(zms2)
        [,1]
[1,]   0.456
[2,]   0.387
[3,]  -0.912
[4,]  -2.895
[5,]   1.550
[6,]  -0.570
```

將班級數學成績轉換的 Z 分數以公式「10×Z 分數 +50」轉換，可以求出班級學生的 T 分數：

```
> dsc_c1$tms1<-dsc_c1$zms1*10+50
> head(dsc_c1)
```

| id | cla | sex | pedu | msco | esco | moti | disc | g.msc | n.pedu | zms1 | tms1 |
|---|---|---|---|---|---|---|---|---|---|---|---|
| 28 s028 | 1 | 男生 | 3 | 79 | 54 | 2 | 放任 | 3 | 專科 | 0.456 | 54.56 |
| 29 s029 | 1 | 男生 | 3 | 78 | 54 | 2 | 放任 | 3 | 專科 | 0.387 | 53.87 |
| 30 s030 | 1 | 女生 | 2 | 59 | 54 | 2 | 民主 | 1 | 高中職 | -0.912 | 40.88 |
| 31 s031 | 1 | 女生 | 4 | 30 | 54 | 2 | 權威 | 1 | 大學以上 | -2.895 | 21.05 |
| 32 s032 | 1 | 女生 | 5 | 95 | 54 | 2 | 放任 | 5 | 大學以上 | 1.550 | 65.50 |
| 35 s035 | 1 | 女生 | 4 | 64 | 57 | 3 | 放任 | 2 | 大學以上 | -0.570 | 44.30 |

　　求出第一個班級數學成績 Z 分數、T 分數的標準差與平均數：

```
> round(sd(dsc_c1$zms1),2);round(sd(dsc_c1$tms1),2)
[1] 1
[1] 10
> round(mean(dsc_c1$zms1),2);round(mean(dsc_c1$tms1),2)
[1] 0
[1] 50
```

　　Z 分數的標準差為 1、平均數為 0，T 分數的標準差為 10、平均數為 50。

　　求出三個班級數學成績的 Z 分數，並將 Z 分數轉換為 T 分數，命令稿 R 編輯器視窗的完整語法為：

```
dsc=read.csv("sc_1.csv",header=T)
attach(dsc)
dsc_c1<-dsc[dsc$cla==1,]
dsc_c2<-dsc[dsc$cla==2,]
dsc_c3<-dsc[dsc$cla==3,]
## 求出第一個班級的 Z 分數
dsc_c1$zms1<-(dsc_c1$msco-mean(dsc_c1$msco))/sd(dsc_c1$msco)
dsc_c1$zms1<-round(dsc_c1$zms1,3)
## 求出第二個班級的 Z 分數
dsc_c2$zms1<-(dsc_c2$msco-mean(dsc_c2$msco))/sd(dsc_c2$msco)
dsc_c2$zms1<-round(dsc_c2$zms1,3)
## 求出第三個班級的 Z 分數
dsc_c3$zms1<-(dsc_c3$msco-mean(dsc_c3$msco))/sd(dsc_c3$msco)
dsc_c3$zms1<-round(dsc_c3$zms1,3)
## 將三個分割班級再整合成一個資料檔
dsc_zm<-rbind(dsc_c1,dsc_c2,dsc_c3)
## 求出 T 分數，以變數名稱 tms1 增列於資料檔物件 dsc_zm 中
dsc_zm$tms1<-dsc_zm$zms1*10+50
```

語法中的 dsc_zm<-rbind(dsc_c1,dsc_c2,dsc_c3)，將三個分隔班級的資料檔以函數 **rbind( )** 整合，三個班級數學成績 Z 分數的變數名稱均為 zms1。由於三個班級的變數名稱相同，有相同的直行變數，可以直接進行觀察值的合併（堆疊），合併後再以公式「Z 分數 ×10+50」求出 T 分數，範例中 T 分數的變數名稱為 tms1。

使用 **scale( )** 函數將數學成績轉為 Z 分數、T 分數：

```
setwd("d:/R")
dsc=read.csv("dsc_reco.csv",header=T)
attach(dsc)
dsc_c1<-dsc[dsc$cla==1,]
dsc_c2<-dsc[dsc$cla==2,]
dsc_c3<-dsc[dsc$cla==3,]
## 求出第一個班級的 Z 分數
dsc_c1$zms1<-round(scale(dsc_c1$msco),3)
## 求出第二個班級的 Z 分數
dsc_c2$zms1<-round(scale(dsc_c2$msco),3)
## 求出第三個班級的 Z 分數
dsc_c3$zms1<-round(scale(dsc_c3$msco),3)
## 將三個分割班級再整合成一個資料檔
dsc_zm<-rbind(dsc_c1,dsc_c2,dsc_c3)
## 求出 T 分數，以變數名稱 tms1 增列於資料檔物件 dsc_zm 中
dsc_zm$tms1<-dsc_zm$zms1*10+50
print.data.frame(dsc_zm)
```

R 軟體編輯器命令稿視窗中語法圖示界面如下：

```
R D:\R\Z_SCORE.R - R Editor
setwd("d:/R")
dsc=read.csv("dsc_reco.csv",header=T)
attach(dsc)
dsc_c1<-dsc[dsc$cla==1,]
dsc_c2<-dsc[dsc$cla==2,]
dsc_c3<-dsc[dsc$cla==3,]
##求出第一個班級的Z分數
dsc_c1$zms1<-round(scale(dsc_c1$msco),3)
##求出第二個班級的Z分數
dsc_c2$zms1<-round(scale(dsc_c2$msco),3)
##求出第三個班級的Z分數
dsc_c3$zms1<-round(scale(dsc_c3$msco),3)
##將三個分割班級再整合成一個資料檔
dsc_zm<-rbind(dsc_c1,dsc_c2,dsc_c3)
##求出T分數，以變數名稱tms1增列於資料檔物件dsc_zm中
dsc_zm$tms1<-dsc_zm$zms1*10+50
print.data.frame(dsc_zm)
```

執行功能表列「編輯」/「執行全部」程序，或選取編輯器視窗中的語法列，執行功能表列「編輯」/「執行程式列或選擇項」程序，可以執行命令稿語法。

命令語法執行結果出現在主控台的視窗界面中，語法命令字以紅色字表示，語法命令最後一列以 **print.data.frame( )** 函數呈現資料檔，輸出結果的文字為藍色字，命令列的指令為紅色字：

```
R R Console
> dsc_c1<-dsc[dsc$cla==1,]
> dsc_c2<-dsc[dsc$cla==2,]
> dsc_c3<-dsc[dsc$cla==3,]
> ##求出第一個班級的Z分數
> dsc_c1$zms1<-round(scale(dsc_c1$msco),3)
> ##求出第二個班級的Z分數
> dsc_c2$zms1<-round(scale(dsc_c2$msco),3)
> ##求出第三個班級的Z分數
> dsc_c3$zms1<-round(scale(dsc_c3$msco),3)
> ##將三個分割班級再整合成一個資料檔
> dsc_zm<-rbind(dsc_c1,dsc_c2,dsc_c3)
> ##求出T分數，以變數名稱tms1增列於資料檔物件dsc_zm中
> dsc_zm$tms1<-dsc_zm$zms1*10+50
> print.data.frame(dsc_zm)
      id cla  sex pedu msco esco moti disc g.msc   n.pedu   zms1  tms1
28  s028   1  男生    3   79   54    2 放任     3    專科  0.456 54.56
29  s029   1  男生    3   78   54    2 放任     3    專科  0.387 53.87
30  s030   1  女生    2   59   54    2 民主     1  高中職 -0.912 40.88
31  s031   1  女生    4   30   54    2 權威     1 大學以上 -2.895 21.05
32  s032   1  女生    5   95   54    2 放任     5 大學以上  1.550 65.50
35  s035   1  女生    4   64   57    3 放任     2 大學以上 -0.570 44.30
40  s040   1  女生    2   81   58    3 權威     4  高中職  0.593 55.93
45  s045   1  女生    2   86   61    3 民主     4  高中職  0.934 59.34
```

使用樣本選取引數，可以篩選班級樣本觀察值進行測量值分數的標準化轉換程序與 T 分數的轉換。指令列 dsc$zms[cla==i]<-round(scale(msco[cla==i]),2) 中，參數 i 若等於 1，則指令列為 dsc$zms[cla==1]<-round(scale(msco[cla==1]),2)，表示只選取第一個班級樣本 ( 變數 cla 水準數值編碼等於 1 的觀察值 ) 進行標準分數的轉換，轉換後的 Z 分數存於資料框架物件 dsc 中變數 zms 之中。指令列 dsc$tms[cla==i]<-round(scale(msco[cla==i]),2)*10+50 就等於 dsc$tms[cla==1]<-round(scale(msco[cla==1]),2)*10+50，表示求出第一個班級數學成績的 T 分數，T 分數測量值存於資料框架物件 dsc 中變數 tms 之中。

```
setwd("d:/R")
dsc=read.csv("sc_1.csv",header=T)
attach(dsc)
for (i in 1:3)
{
dsc$zms[cla==i]<-round(scale(msco[cla==i]),2)
dsc$tms[cla==i]<-round(scale(msco[cla==i]),2)*10+50
}
print.data.frame(dsc)
```

R 編輯器指令列之視窗界面將班級數設定為一個變數名稱，班級數迴圈指令修改為 for (i in 1:gronum)，其中設定數值變數 gronum=3，因而迴圈 for (i in 1:gronum) 就等於 for (i in 1:3)，表示班級變數水準數值編碼從 1 至 3：

```
setwd("d:/R")
dsc=read.csv("sc_1.csv",header=T)
attach(dsc)
gronum=3
for (i in 1:gronum)
{
dsc$zms[cla==i]<-round(scale(msco[cla==i]),2)
dsc$tms[cla==i]<-round(scale(msco[cla==i]),2)*10+50
}
print.data.frame(dsc)
```

　　範例為十個班級學期末的平均學業成績，每個班級各抽取十位學生，樣本觀察值有 100 位。由於各班平常考與任課教師不同，各班學期平均成績評分的基準不一樣，為增加統計分析的效度與正確性，以班級為單位，進行樣本學生學期學業成績（變數 score）的標準化程序，將原始分數轉換為標準分數，再轉換為 T 分數。資料檔中的變數名稱包括學生編號（num）、班級變數（class）、學生性別（sex）、學期學業成績（score）。

　　原始資料檔檔名為「tenscore.csv」，匯入 R 軟體主控台之資料框架物件名稱界定為 dscore，使用 **names( )** 函數查看資料框架物件變數名稱。

```
>setwd("d:/R")
>dscore=read.csv("tenscore.csv",header=T)
>attach(dscore)
> names(dscore)
[1] "num"   "class" "sex"   "score"
```

十個班級樣本學生的學期成績平均數介於 56.7 分至 80.1 分：

```
> tapply(score,factor(class),mean)
   1    2    3    4    5    6    7    8    9   10
76.0 74.0 72.6 79.5 80.1 56.7 67.0 80.8 68.9 80.4
```

十個班級樣本學生的學期成績標準差介於 9.31 至 16.96 之間：

```
> round(tapply(score,factor(class),sd),2)
    1    2     3     4     5     6     7     8    9    10
15.74 9.31 15.69 15.04 14.07 14.63 16.96 10.09 9.95 15.49
```

將十個班級變數 score 之測量值轉換為標準分數與 T 分數的指令語法如下，指令列中的 Z 分數變數界定為 zscore、T 分數變數界定為 tscore。R 編輯器視窗為：

```
gronum=10
for (i in 1:gronum)
{
 dscore$zscore[class==i]<-round(scale(score[class==i]),3)
 dscore$tscore[class==i]<-round(scale(score[class==i]),3)*10+50
}
print.data.frame(dscore)
```

R 主控台執行 R 編輯器視窗指令列的結果如下：

```
> gronum=10
> for (i in 1:10)
+ {
+ dscore$zscore[class==i]<-round(scale(score[class==i]),3)
+ dscore$tscore[class==i]<-round(scale(score[class==i]),3)*10+50
+ }
> print.data.frame(dscore)
```

|    | num  | class | sex | score | zscore | tscore |
|----|------|-------|-----|-------|--------|--------|
| 1  | s001 | 1     | 1   | 60    | -1.016 | 39.84  |
| 2  | s002 | 1     | 1   | 78    | 0.127  | 51.27  |
| 3  | s003 | 1     | 2   | 78    | 0.127  | 51.27  |
| 4  | s004 | 1     | 2   | 65    | -0.699 | 43.01  |
| 5  | s005 | 1     | 2   | 91    | 0.953  | 59.53  |
| 6  | s006 | 1     | 1   | 57    | -1.207 | 37.93  |
| 7  | s007 | 1     | 1   | 55    | -1.334 | 36.66  |
| 8  | s008 | 1     | 2   | 97    | 1.334  | 63.34  |
| 9  | s009 | 1     | 2   | 87    | 0.699  | 56.99  |
| 10 | s010 | 1     | 1   | 92    | 1.016  | 60.16  |
| 11 | s011 | 2     | 1   | 60    | -1.504 | 34.96  |
| 12 | s012 | 2     | 1   | 78    | 0.430  | 54.30  |
| 13 | s013 | 2     | 2   | 64    | -1.074 | 39.26  |
| 14 | s014 | 2     | 2   | 71    | -0.322 | 46.78  |
| 15 | s015 | 2     | 2   | 65    | -0.967 | 40.33  |
| 16 | s016 | 2     | 1   | 84    | 1.074  | 60.74  |
| 17 | s017 | 2     | 1   | 85    | 1.182  | 61.82  |
| 18 | s018 | 2     | 2   | 76    | 0.215  | 52.15  |
| 19 | s019 | 2     | 2   | 71    | -0.322 | 46.78  |
| 20 | s020 | 2     | 1   | 86    | 1.289  | 62.89  |

＜略＞

| | | | | | | |
|---|---|---|---|---|---|---|
| 81 | s081 | 9 | 1 | 60 | -0.895 | 41.05 |
| 82 | s082 | 9 | 1 | 78 | 0.915 | 59.15 |
| 83 | s083 | 9 | 2 | 62 | -0.694 | 43.06 |
| 84 | s084 | 9 | 2 | 64 | -0.492 | 45.08 |
| 85 | s085 | 9 | 2 | 63 | -0.593 | 44.07 |
| 86 | s086 | 9 | 1 | 67 | -0.191 | 48.09 |
| 87 | s087 | 9 | 1 | 79 | 1.015 | 60.15 |
| 88 | s088 | 9 | 2 | 80 | 1.116 | 61.16 |
| 89 | s089 | 9 | 2 | 82 | 1.317 | 63.17 |
| 90 | s090 | 9 | 1 | 54 | -1.498 | 35.02 |
| 91 | s091 | 10 | 1 | 60 | -1.317 | 36.83 |
| 92 | s092 | 10 | 1 | 78 | -0.155 | 48.45 |
| 93 | s093 | 10 | 2 | 92 | 0.749 | 57.49 |
| 94 | s094 | 10 | 2 | 94 | 0.878 | 58.78 |
| 95 | s095 | 10 | 2 | 96 | 1.007 | 60.07 |
| 96 | s096 | 10 | 1 | 97 | 1.071 | 60.71 |
| 97 | s097 | 10 | 1 | 87 | 0.426 | 54.26 |
| 98 | s098 | 10 | 2 | 78 | -0.155 | 48.45 |
| 99 | s099 | 10 | 2 | 54 | -1.704 | 32.96 |
| 100 | s100 | 10 | 1 | 68 | -0.800 | 42.0 |

　　上述輸出結果中相同學業成績分數的樣本觀察值，以班級為單位轉換為標準分數（Z 分數後），Z 分數與 T 分數並會相同，因為各班級的平均數與標準差均不相同，以第 1 個班級樣本觀察值 s001、s002 而言，其原始分數分別為 60、78，轉換為 Z 分數與 T 分數後分別為 −1.106、39.84；0.127、51.27。第 2 個班級樣本觀察值 s011、s012 而言，其原始分數分別為 60、78，轉換為 Z 分數與 T 分數後分別為 −1.504、34.96；0.430、54.30。第 9 個班級樣本觀察值 s081、s082 而言，其原始分數分別為 60、78，轉換為 Z 分數與 T 分數後分別為 −0.895、41.05；0.915、59.15。第 10 個班級樣本觀察值 s091、s092 而言，其原始分數分別為 60、78，轉換為 Z 分數與 T 分數後分別為 −1.317、36.83；

−0.155、48.45。

學期成績分數轉換為 Z 分數後，十個班級 Z 分數的平均數與標準差為：

```
> round(tapply(zscore,factor(class),mean),3)
 1 2 3 4 5 6 7 8 9 10
 0 0 0 0 0 0 0 0 0  0
> round(tapply(zscore,factor(class),sd),3)
 1 2 3 4 5 6 7 8 9 10
 1 1 1 1 1 1 1 1 1  1
```

以班級為單位將樣本觀察值的學期成績分數轉換為標準分數後，各班 Z 分數的平均數均等於 0、標準差均等於 1。

十個班級 T 分數的平均數與標準差為：

```
> round(tapply(tscore,factor(class),mean),2)
  1  2  3  4  5  6  7  8  9  10
 50 50 50 50 50 50 50 50 50 50
> round(tapply(tscore,factor(class),sd),2)
  1  2  3  4  5  6  7  8  9  10
 10 10 10 10 10 10 10 10 10 10
```

以班級為單位將樣本觀察值的學期成績分數轉換為 T 分數後，各班 T 分數的平均數均為 50、標準差均等於 10。

## 肆 計量變數的圖形

計量變數若要以圖形表示，常見的圖形有直方圖、盒形圖與常態機率圖。

### 一、直方圖

直方圖的函數為 **hist( )**，函數語法為：

hist(x, breaks =, freq = NULL, probability = !freq,
     include.lowest = TRUE, right = TRUE,
     density = NULL, angle = 45, col = NULL, border = NULL,
     main = " 圖標題名稱 " ,xlim = range(breaks), ylim = NULL,
     xlab = xname, ylab,axes = TRUE, plot = TRUE, labels = FALSE)。

引數 x 為數值向量或資料檔的計量變數。引數 breaks 為數值向量的分割點設定，可以是一個運算式函數。freq 引數選項為「TRUE」直方圖表示的是次數，選項為 FALSE 表示呈現的數值為 y 軸的機率密度，probability 引數設為「TRUE」表示 Y 軸為機率。right 引數選項為「TRUE」表示直方圖的細格為右端封閉、左端開放的區間。density 引數為陰影線密度的設定，單位為英吋，內定的選項為「NULL」，表示不繪製陰影線。angle 引數陰影線的斜度，選項數值為角度。col 為設定填滿直方圖長條的顏色屬性，內定為選項「NULL」，表示直方圖內部為空白，顏色設定為對應的英文字或數字。border 引數設定直方圖之長條邊框的顏色，內定選項為標準背景色。main 引數界定直方圖的圖標題名稱。xlab 引數界定 X 軸的名稱、ylab 引數界定 Y 軸的名稱。引數 axes 內定選項為「TRUE」，表示繪製軸線。引數 plot 內定選項為「TRUE」，表示繪製直方圖，否則只呈現區間的次數。labels 為邏輯或文字設定，增列於長條上端的標記說明。

繪製 100 位學生數學成績分布的直方圖，邊框為藍色、條形內容為綠色：

```
>hist(msco,col="green",border="blue",density=60)
```

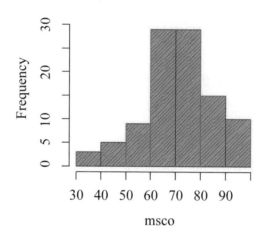

引數中增列「breaks=10」表示將 X 軸的數值切割為更精細。

```
> hist(msco,breaks=10,col="green",border="blue",density=60)
```

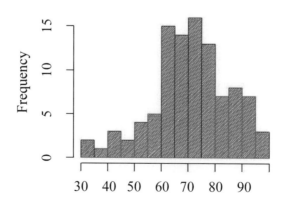

　　直方圖中 Y 軸改為機率密度，增列引數「prob=T」，並繪製寬度為 2.0 的
黑色曲線（引數為 lwd）：

```
> hist(msco,breaks=10,prob=T)
> lines(density(msco),col="black",lwd=2.0)
```

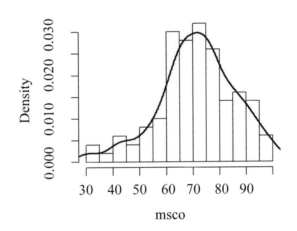

**Histogram of msco**

　　配合 **str( )** 函數可以增列直方圖各長條對應的數值（次數），引數 ylim 界
定 Y 軸數值的下限（最小值）與上限（最大值），範例為繪製 100 位樣本觀察
值之英文成績的直方圖：

```
>str(hist(esco,labels=T,col=3,border=1,density=60,main=NULL,ylim
=c(0,25)))
List of 6
 $ breaks  : num [1:7] 40 50 60 70 80 90 100
 $ counts  : int [1:6] 23 21 21 15 12 8
 $ density : num [1:6] 0.023 0.021 0.021 0.015 0.012 0.008
 $ mids    : num [1:6] 45 55 65 75 85 95
 $ xname   : chr "esco"
 $ equidist: logi TRUE
 - attr(*, "class")= chr "histogram"
```

增列長條對應次數的直方圖如下：

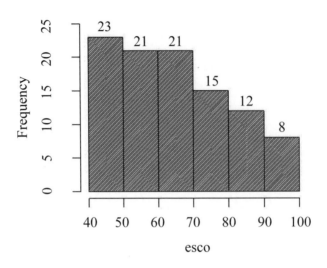

繪製學習動機五個選項的直方圖，採用內定顏色：

```
> str(hist(moti,labels=T,density=20,main="",ylim=c(0,35)))
List of 6
 $ breaks  : num [1:9] 1 1.5 2 2.5 3 3.5 4 4.5 5
 $ counts  : int [1:8] 15 18 0 30 0 20 0 17
 $ density : num [1:8] 0.3 0.36 0 0.6 0 0.4 0 0.34
 $ mids    : num [1:8] 1.25 1.75 2.25 2.75 3.25 3.75 4.25 4.75
 $ xname   : chr "moti"
 $ equidist: logi TRUE
 - attr(*, "class")= chr "histogram"
```

學習動機直方圖五個選項被勾選的次數分別為 15、18、30、20、17。

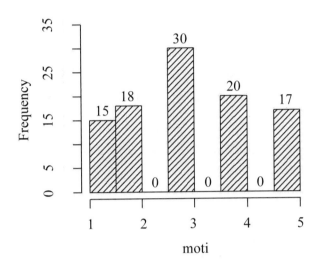

二、盒形圖

盒形圖圖示中所代表的統計量如下（吳明隆，2014）：

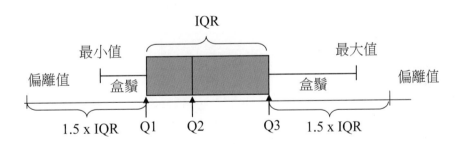

在盒形圖中箱形的左右兩邊分別為第一四分位數 $Q_1$、第三四分位數 $Q_3$，箱形包含了中間 50% 的數據，箱形中的垂直線條為中位數 $Q_2$，中位數的線條將箱形中的資料分成二部分。如果中位數在箱形中間，而左、右二條的盒鬚線長度大約相等，表示資料分布為常態分配。如果中位數偏向右邊第三四分位數 $Q_3$ 處，且右邊（上限）的盒鬚線長度較左邊（下限）盒鬚線長度為短，表示資料分布為負偏態，觀察值的分數集中在高分處；相反的中位數偏向左邊第一四分位數 $Q_1$ 處，且右邊（上限）的盒鬚線長度較左邊（下限）盒鬚線長度為長，表示資料分布為正偏態，觀察值的分數集中在低分處。觀察值的位置點若位於盒長之 1.5 倍以上（1.5× 四分位距）則稱為偏離值（outlier），偏離值會以小圓圈點符號表示，觀察值的位置點若位於盒長之 3 倍以上（3× 四分位距）則稱為極端值（extreme value），極端值會以小 * 符號表示。

　　盒形圖的函數為 **boxplot( )**，其語法指令基本上與直方圖差不多，主要語法為：「boxplot( 變數或向量 ,horizontal=T 或 F ,col)，引數「horizontal=T」選項表示繪製水平盒形圖，「horizontal=F」內定選項為繪製垂直盒形圖，引數 col 為方形盒內部的顏色設定，可以使用數值或對應的英文單字。

　　繪製 100 位學生英文成績的盒形圖，引數 col 顏色設定為灰色，顏色引數後面可以直接界定為數值顏色如：「> boxplot(esco,col=8)」，引數 col 後面的數值各代表一種顏色，如 1 為黑色、2 為紅色、4 為藍色、5 為青色、7 為黃色等。

```
> boxplot(esco,col="gray")
```

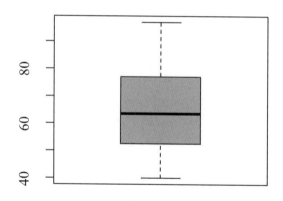

　　繪製學生數學成績與英文成績的盒形圖，二個盒形圖會同時出現在 R Graphics（R 圖形）對話視窗中，第一個盒形圖的方形盒為灰色、第二個盒形圖方形盒為綠色。

```
> boxplot(dsc[,5:6],col=c("gray","green"))
```

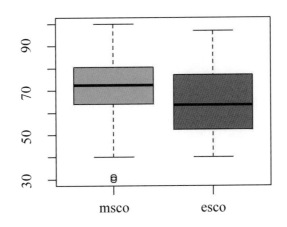

上述語法可以簡化為：

```
> boxplot(dsc[,5:6],col=c(8,3))
```

將盒形圖改為水平方式呈現，增列界定引數「horizontal=T」設定：

```
> boxplot(dsc[,5:6],horizontal=T,col=c("gray","green"))
```

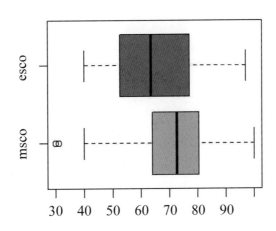

使用 lattics 套件中的函數 **bwplot( )** 可以繪製單一變數水平盒形圖（內定選項），繪製英文成績的水平盒形圖：

```
>library(lattics)
> bwplot(esco)
```

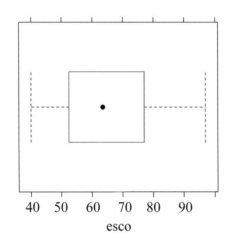

繪製男生群組、女生群組在英文成績變數的盒形圖：

```
>library(lattics)
> bwplot(esco~sex)
```

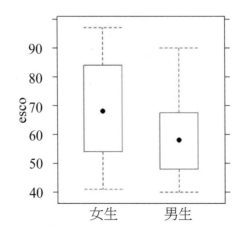

### 三、常態機率圖

常態機率分布圖（normal probability plot），為檢驗測量值是否為常態性的另一種方法，其方法乃是將觀察值依小至大加以排序，然後將每一個數值與其常態分配的期望值配對。若是樣本觀察值為一常態分配，則圖中圈圈所構成的實際累積機率分配會分布在理論常態累積機率直線圖上，即常態機率分布圖為一直線時，則資料呈現常態分配（吳明隆，2014）。常態機率圖只作為資料分配是否接近常態分配型態的初步檢核而已，計量變數分配是否符合常態分配假定，要使用 R 軟體提供的常態分配函數進行統計檢定。

若研究者要增列繪製計量變數之常態機率圖，可使用 **qqnorm( )** 函數、**qqline( )** 函數，如要繪製數學成績的常態機率，函數語法為：

```
> qqnorm(msco,ylab="m_score");qqline(msco)
```

數學成績常態機率圖如下：

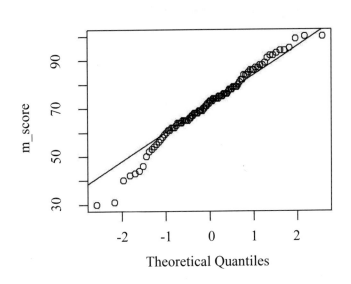

常態機率圖又稱為常態 Q-Q 圖，圖形可以作為計量變數是否符合常態分配

的初步判別，如果圓點分布在直線的附近或在直線周圍，表示資料符合常態分配的可能性比較大，但變數是否真正符合常態分配最好經由常態性考驗，從考驗量數的參數與顯著性來判別。

繪製英文成績的常態機率，函數語法為：

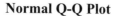

```
> qqnorm(esco,ylab="score");qqline(esco)
```

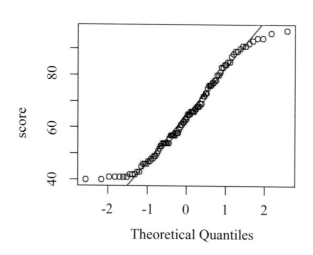

**Normal Q-Q Plot**

母數統計分析程序中，許多統計方法假定之一為資料的常態性的假定，R軟體中對於常態性假定的套件為「nortest」，「nortest」套件提供五種常態性檢定的函數：

**ad.test( )**：Anderson-Darling 常態性檢定。

**cvm.test( )**：Cramer-von Mises 常態性檢定。

**lillie.test( )**：Lilliefors（Kolmogorov-Smirnov）常態性檢定。

**pearson.test( )**：Pearson chi-square 常態性檢定。

**sf.test( )**：Shapiro-Francia 常態性檢定。

　　**sf.test(x)** 檢定方法適用於觀察值個數（或數值向量元素）在 5 至 5000 之間，**ad.test( )**、**cvm.test( )** 函數使用時之觀察值個數（或數值向量元素）最少為 7，**lillie.test( )** 函數使用時之觀察值個數（或數值向量元素）最少為 4。上述常態性檢定的虛無假設為：「資料分配型態＝常態分配」，對立假設為母體分配型態不是常態分配。

　　與「nortest」套件十分類以的函數為「normtest」套件，二個套件中包含的函數並不相同，「normtest」套件主要進行其餘常態性分布與峰度及偏態的檢定，常態性峰度檢定的函數為「**kurtosis.norm.test( )**」、常態性偏態檢定的函數為「**skewness.norm.test( )**」。

　　使用 normtest 套件中的函數 **skewness.norm.test( )** 進行數學成績與英文成績的常態係數是否顯著等於 0 的檢定：

```
> library(normtest)
> skewness.norm.test(msco)
      Skewness test for normality
data:  msco
T = -0.4358, p-value = 0.072
> skewness.norm.test(esco)
      Skewness test for normality
data: esco
T = 0.2577, p-value = 0.2655
```

　　就數學成績而言，偏態係數檢定值統計量 T= −0.436、顯著性 p 值 ＝ 0.072>.05，未達統計顯著水準，接受虛無假設，偏態係數顯著等於 0。就英文成績而言，偏態係數檢定值統計量 T=0.258、顯著性 p 值 =0.266>.05，未達統計顯著水準，接受虛無假設，偏態係數顯著等於 0。偏態係數檢定結果，若是 T 值統計量達到統計顯著水準（p<.05），表示偏態係數顯著不等於 0。此時，偏態係數若大於 0（T 值統計量為正），表示分配型態為右偏或正偏；偏態係數如果小於 0（T 值統計量為負），表示分配型態為左偏或負偏。

　　使用 normtest 套件中的函數 **kurtosis.norm.test( )** 進行數學成績與英文成績

的峰度係數是否顯著等於 0 的檢定：

```
> kurtosis.norm.test(msco)
        Kurtosis test for normality
data:  msco
T = 3.3449, p-value = 0.4315
> kurtosis.norm.test(esco)
        Kurtosis test for normality
data:  esco
T = 2.0089, p-value = 0.028
```

　　就數學成績而言，峰度係數檢定值統計量 T=3.345、顯著性 p 值 =0.432>.05，未達統計顯著水準，接受虛無假設，峰度係數顯著等於 0，分配曲線為常態峰。就英文成績而言，偏態係數檢定值統計量 T=2.089、顯著性 p 值 =0.028<.05，達統計顯著水準，拒絕虛無假設，峰度係數顯著不等於 0。由於 T 值為正值，表示峰度曲線較接近高狹峰（次數分配曲線比常態分配曲線較為陡峭）。

　　使用 nortest 套件常態性檢定函數進行常態性檢定，檢定變數為數學成績變數：

```
> library(nortest)
> ad.test(msco )
        Anderson-Darling normality test
data: msco
A = 0.4467, p-value = 0.2757
> cvm.test(msco )
        Cramer-von Mises normality test
data: msco
```

W = 0.0615, p-value = 0.3578

> lillie.test(msco )

      Lilliefors (Kolmogorov-Smirnov) normality test

data: msco

D = 0.0708, p-value = 0.2505

> pearson.test(msco)

      Pearson chi-square normality test

data: msco

P = 8.68, p-value = 0.5627

> sf.test(msco )

      Shapiro-Francia normality test

data: msco

W = 0.9809, p-value = 0.1376

就 Anderson-Darling 常態性檢定法而言，統計量數 A = 0.4467、顯著性 p 值 = 0.2757>.05，接受虛無假設（資料分型態＝常態分配）；就 Kolmogorov-Smirnov 常態性檢定法而言，統計量數 D = 0.0708、顯著性 p 值 =0.2505 >.05，接受虛無假設（資料分布型態＝常態分配）。就 Shapiro-Francia 常態性檢定法而言，統計量數 W = 0.9809、顯著性 p 值 = 0.1376>.05，接受虛無假設。

R 軟體基本套件中也提供 **shapiro.test( )** 函數進行計量變數的常態性檢定：

> shapiro.test(msco)

      Shapiro-Wilk normality test

data: msco

W = 0.8086, p-value = 4.593e-10

統計量 W=0.8086、顯著性 p 值 =4.593e-10<.05，拒絕虛無假設，數學成績分配不是常態分配（$4.593\mathrm{e}{-}10 = \dfrac{4.593}{10^{10}}$）。

進行計量變數英文成績之常態性考驗：

```
> ad.test(esco )
      Anderson-Darling normality test
data:  esco
A = 0.9866, p-value = 0.01273
> cvm.test(esco )
      Cramer-von Mises normality test
data:  esco
W = 0.129, p-value = 0.04452
> lillie.test(esco )
      Lilliefors (Kolmogorov-Smirnov) normality test
data:  esco
D = 0.0801, p-value = 0.1187
> pearson.test(esco)
      Pearson chi-square normality test
data:  esco
P = 11.02, p-value = 0.356
> sf.test(esco )
      Shapiro-Francia normality test
data:  esco
W = 0.9642, p-value = 0.009743
```

Anderson-Darling 常態性檢定結果之統計量 A=0.9866，顯著性 p 值 = 0.01273，拒絕虛無假設；Cramer-von Mises 常態性檢定結果之統計量 W = 0.129，顯著性 p 值 =0.04452，拒絕虛無假設；Lilliefors（Kolmogorov-Smirnov） 常態性檢定結果之統計量 D = 0.0801，顯著性 p 值 = 0.1187，接受虛無假設；Pearson chi-square 常態性檢定結果之統計量 P = 11.02，顯著性 p 值 = 0.356，接受虛無假設；Shapiro-Francia 常態性檢定結果之統計量 W = 0.9642，顯著性 p 值 = 0.009743，拒絕虛無假設。母數統計法中，許多統計分析對於計量變數違反常態性假定時也有很高的強韌性（統計結果的偏誤很小），因而在進行常態性假定考驗時，可將顯著性水準定為嚴格一些，如將顯著水準 $\alpha$ 定為 .01 或 .001。

以函數 **shapiro.test( )** 進行英文成績常態性檢定：

```
> shapiro.test(esco)
       Shapiro-Wilk normality test
data:  esco
W = 0.9566, p-value = 0.002326
```

Shapiro-Wilk 統計量 W= 0.9566，顯著性 p 值 =0.002326，拒絕虛無假設（假定顯著水準為 $\alpha$ 定為 .05）。

在同一顯著水準下，使用多種方法進行常態性檢定時，若有些達到顯著水準（拒絕虛無假設）、有些未達顯著水準（接受虛無假設）；研究者可以綜合判斷，若達顯著水準的統計量較多，可以作出拒絕虛無假設的結論（資料型態未符合常態分配假定）。相對的，若未達顯著水準的統計量較多，可以作出接受虛無假設的結論（資料型態符合常態分配假定）。

# 8 卡方檢定

■適合度考驗

■百分比同質性檢定

■卡方獨立性檢定

■ 2×2 列聯表分析

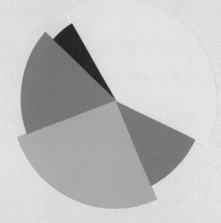

　　卡方檢定（chi-square test；$\chi^2$）用於檢定的變數類型為間斷變數（類別變數），R 軟體稱為因子變數（factor）。從外部資料檔匯入 R 軟體主控台的資料框架，變數的內容若為文字，R 軟體會視為因子變數，變數水準內容如為鍵入數值，但變數類型為間斷變數（因子變數），可以使用 **as.factor( )** 函數加以轉換，或直接使用 **factor( )** 函數界定變數為因子變數。進行檢定的變數只有一個，作用在於檢定變數中各水準類別實際觀察次數與理論期望次數間的差異，此種檢定稱為卡方適合度檢定或卡方適合度考驗（test of goodness-of-fit）。

　　如果檢定變數有二個（均為間斷變數），檢定目的在於探究二個間斷變數之類別間的關係，稱為百分比同質性檢定（test of homegeneity of proportions）。百分比同質性檢定的自變項稱為設計變項（design variable），水準類別有 J 個群體或 J 個分類；依變項稱為反應變項（response variable），水準類別有 I 個反應，卡方列聯表為 I×J，自由度為（I–1）×（J–1），檢定的目的在於探究不同 J 個群體在 I 個反應的百分比是否相同。

　　列聯表中如果二個變數均為反應變數，二個變數無法判別何者為設計變數時，則列聯表的卡方檢定為卡方獨立性考驗（test of independence）。獨立性考驗在考驗二個間斷變數是否有關，虛無假設為二個變數間沒有關聯、對立假設為二個變數有相關（有相關表示二個變數間不是獨立的）。若是卡方值未達統計顯著水準，接受虛無假設：二個變數沒有相關，沒有相關表示二個變數是獨立的。卡方檢定時，若是方形列聯表（橫列數與直行數相同），效果值可以使用列聯係數（C），列聯係數量數與卡方統計量的關係為：$C = \sqrt{\dfrac{\chi^2}{\chi^2 + N}}$。如果是 2×2 列聯表，二個變數間的關聯性指標可使用 $\boldsymbol{\phi}$（phi）係數，$\boldsymbol{\phi}$（phi）係數與卡方值統計量間的關係為：$\boldsymbol{\phi} = \sqrt{\dfrac{\chi^2}{N}}$。

　　卡方檢定函數 **chisq.test( )** 基本語法為：

　　「chisq.test(x, y = NULL, correct = TRUE, p = rep(1/length(x), length(x)), simulate.p.value = FALSE, B = 2000)」。

　　引數 x 為數值向量或矩陣，y 為數值向量，若 x 為矩陣 y 引數不用界定，若 x 為分類變數，y 分類變數與 x 分類變數的元素要相同。引數 correct 的界定

為邏輯選項，當計算 2×2 列聯表時界定是否使用連續性校正參數，內定選項為「TRUE」。引數 p 為 x 與相同長度機率的向量。引數 simulate.p.value 內定選項為「FALSE」，表示計算顯著性 p 值時不使用 Monte Carlo 模擬計算方法，對應的邏輯選項為「TRUE」。引數 B 後面的數值可以界定 Monte Carlo 檢定時模擬產製樣本數的個數，內定的數值設定為 2000。

 **適合度考驗**

範例中以向量直接建立五個選項的次數，向量物件名稱為 it01：

```
> it01=c(" 非常同意 "=30," 同意 "=70," 無意見 "=32," 不同意 "=28," 非常
不同意 "=40)
> chisq.test(it01)
        Chi-squared test for given probabilities
data: it01
X-squared = 30.2, df = 4, p-value = 4.456e-06
```

卡方值統計量為 30.2、自由度為 4，顯著性 p 值 = 4.456 x $10^{-6}$ = $\frac{4.456}{10^6}$ <.05（一般統計分析軟體會出現 p 值 =.000），達到統計顯著水準，表示五個選項被勾選的次數或百分比有顯著不同，其中以勾選「同意」選項的百分比最多、而以勾選「不同意」的百分比最少。上述卡方檢定五個選項期望值設定為相等，五個選項被勾選的總次數為 200，每個選項的期望個數為 200÷5=40，觀察個數與期望個數的差異值為殘差。表格整理如下：

| 選項 | 觀察個數 | 期望個數 | 殘差 |
|---|---|---|---|
| 非常同意 | 30 | 40.0 | -10.0 |
| 同意 | 70 | 40.0 | 30.0 |
| 無意見 | 32 | 40.0 | -8.0 |
| 不同意 | 28 | 40.0 | -12.0 |
| 非常不同意 | 40 | 40.0 | 0.0 |
| 總和 | 200 | | |

當假定每個選項（水準群組）的比例相等時，表示每個選項的理論期望次數相同，卡方適合度考驗的虛無假設為：

$$H_0：P_1：P_2：P_3：P_4：P_5 = 0.20：0.20：0.20：0.20：0.20$$

或

$$H_0：f_1：f_2：f_3：f_4：f_5 = 40：40：40：40：40$$

或

$$H_0：P_1：P_2：P_3：P_4：P_5 = 1：1：1：1：1$$

對立假設為五個選項中至少有一個選項被勾選的次數或百分比與其他選項被勾選的次數或百分比有顯著不同。

卡方統計量的運算式為 $\chi^2 = \dfrac{\Sigma(f_0 - f_e)^2}{f_e}$，其中 $f_o$ 為觀察次數、$f_e$ 為理論期望次數。範例卡方值統計量中的期望值為 40，卡方值統計量求法：

```
> exp<-40
>chi.sta<-(30-exp)^2/exp+(70-exp)^2/exp+(32-exp)^2/exp+(28-exp)^2/
exp+(40-exp)^2/exp
> print(chi.sta)
[1] 30.2
```

若之前三個月五個選項被勾選的機率分別為 0.15、0.25、0.15、0.25、0.20，研究者要探究的是三個月後五個選項被勾選的情況與三個月前的情況是否有所不同（選項期望個數不同）：

虛無假設為：$H_0：P_1：P_2：P_3：P_4：P_5 = 0.15：0.25：0.15：0.25：0.20$

在卡方檢定函數中直接將選項機率或百分比數值以向量增列，引數為 p：

```
> chisq.test(it01,p=c(0.15,0.25,0.15,0.25,0.20))

     Chi-squared test for given probabilities

data:  it01
X-squared = 17.8133, df = 4, p-value = 0.001342
```

卡方統計量為 17.813，自由度等於 4，顯著性 p=0.001<.05，結果為虛無假設的可能性很低，有足夠證據拒絕虛無假設。

引數 p 也可以使用獨立向量物件先界定，再將向量物件置於卡方檢定函數中：

```
> it01=c(" 非常同意 "=30," 同意 "=70," 無意見 "=32," 不同意 "=28," 非常
不同意 "=40)
> ratio=c(0.15,0.25,0.15,0.25,0.20)
> chisq.test(it01,p=ratio)
        Chi-squared test for given probabilities
data:  it01
X-squared = 17.8133, df = 4, p-value = 0.001342
```

卡方統計量為 17.813，自由度等於 4，顯著性 p=0.001<.05，達到統計顯著水準，拒絕虛無假設，觀察次數（個數）與期望次數（個數）的差異顯著不等於 0，五個選項三個月前被勾選的情況與三個月後被勾選的情況有顯著不同。三個月前勾選「同意」與「不同意」選項的百分比較多（25%），三個月後勾選「非常不同意」選項的百分比最多（35%）。

| 選項 | 觀察個數 | 期望個數 | 殘差 |
|---|---|---|---|
| 非常同意 | 30 | 30.0 | 0.0 |
| 同意 | 70 | 50.0 | 20.0 |
| 無意見 | 32 | 30.0 | 2.0 |
| 不同意 | 28 | 50.0 | -32.0 |
| 非常不同意 | 40 | 40.0 | 0.0 |
| 總和 | 200 | | |

範例卡方值統計量直接以定義公式求出：

```
>chi.sta<-(30-30)^2/30+(70-50)^2/50+(32-30)^2/30+(28-50)^2/50+(40-40)^2/40
> print(chi.sta)
[1] 17.81333
```

範例資料檔為包含學生數學成績、英文成績、學習動機等 100 位樣本觀察值的資料：

```
> setwd("d:/R")
> dsc=read.csv("dsc_reco.csv",header=T)
> attach(dsc)
```

學習動機五個選項（很低、低、普通、高、很高）被勾選的百分比是否有顯著不同，以 **tabulate( )** 或 **table( )** 函數求出選項的次數，以 **prop.table( )** 函數求出選項的百分比：

```
> tabulate(factor(moti))
# 將變數 moti 變為類別變數，再統計五個類別的次數
[1] 15 18 30 20 17
> prop.table(table(moti))
moti
   1    2    3    4    5
0.15 0.18 0.30 0.20 0.17
```

五個選項被勾選的次數分別為 15、18、30、20、17，對應的百分比分別為 15%、18%、30%、20%、17%。

　　求出五個選項被勾選的百分比是否有顯著不同，卡方檢定函數配合
**tabulate ( )** 函數：

> chisq.test(tabulate(factor(moti)))
　　　Chi-squared test for given probabilities
data:  tabulate(factor(moti))
X-squared = 6.9, df = 4, p-value = 0.1413

卡方檢定函數配合 **table( )** 函數：

> chisq.test(table(moti))
　　　Chi-squared test for given probabilities
data:  table(moti)
X-squared = 6.9, df = 4, p-value = 0.1413

　　卡方值統計量為 6.90、自由度為 4，顯著性 p 值 =0.141>.05，未達統計顯
著水準，接受虛無假設，表示五個選項被勾選的次數或百分比沒有顯著不同。
　　虛無假設：$P_1=P_2=P_3=P_4=P_5=0.20$。

|  | 觀察個數 | 期望個數 | 殘差 |
|---|---|---|---|
| 很低 | 15 | 20.0 | -5.0 |
| 低 | 18 | 20.0 | -2.0 |
| 普通 | 30 | 20.0 | 10.0 |
| 高 | 20 | 20.0 | 0.0 |
| 很高 | 17 | 20.0 | -3.0 |
| 總和 | 100 |  |  |

上述語法可以拆解以下二列，第一列先求出學習動機 moti 五個選項的被勾選的次數，將結果回傳給物件 f.moti。第二列直接使用 **chisq.test( )** 函數進行卡方檢定：

```
f.moti<-(table(moti))
> chisq.test(f.moti)
        Chi-squared test for given probabilities
data:  f.moti
X-squared = 6.9, df = 4, p-value = 0.1413
```

由於學習動機 moti 是資料檔中的一個變數，有效個數為 100，變數內容是數字，因而 R 軟體會將變數類型視為數值型態，不是因子變數。若沒有先求出水準類別的次數，直接納入在 **chisq.test( )** 函數中，統計結果所得的卡方值統計量、顯著性機率值 p 都是錯誤的，如：

```
> chisq.test(moti)
        Chi-squared test for given probabilities
data:  moti
X-squared = 54.1307, df = 99, p-value = 0.9999
警告訊息：
In chisq.test(moti) : Chi-squared approximation may be incorrect
```

卡方值統計量為 54.131、自由度為 99、顯著性為 1.000，五個選項的自由度為 5−1=4，自由度應為 4 而非 99。最後一列警告訊息：對變數 moti 進行的卡方檢定程序中，卡方近似值可能是不正確的（In chisq.test(moti) : Chi-squared approximation may be incorrect）。

## 貳 百分比同質性檢定

以性別為設計變數（design variables）、學生學習動機五個選項為反應變數（response variable），進行二個變數間的卡方同質性考驗。在卡方同質性考驗中，設計變項為自變項、反應變項為依變項，若卡方值統計量達到統計顯著水準，表示不同性別學生在學習動機選項勾選的百分比有顯著不同；相對的，如果卡方值統計量未達統計顯著水準，表示不同性別學生在學習動機選項勾選的百分比沒有顯著差異存在。

進行卡方同質性檢定時，可以直接將設計變數與反應變數納入 **chisq.test( )** 函數中，不用進行次數統計的轉換：

```
> chisq.test(sex,moti)
        Pearson's Chi-squared test
data:  sex and moti
X-squared = 9.1776, df = 4, p-value = 0.05681
```

卡方統計量為 9.178、自由度為 4，顯著性 p 值 =0.057>.05，未達統計顯著水準，表示性別變數與學習動機變數無關，即不同性別的群體在學習動機選項勾選的百分比間沒有顯著不同。資料框架物件中的性別變數之水準群組已重新編碼為男生、女生，因而 R 軟體會視為因子變數，學習動機變數的內容為數字，進行卡方同質性檢定時，最好還是以函數 **factor( )** 界定其為因子變數。

```
> chisq.test(sex,factor(moti))
        Pearson's Chi-squared test
data:  sex and factor(moti)
X-squared = 9.1776, df = 4, p-value = 0.05681
```

卡方值統計量 =9.178、自由度為 4，顯著性 p 值 =0.057>.05，未達統計顯著水準。

進行卡方百分比同質性檢定時，**chisq.test( )** 函數中的設計變數、反應變數的順序不同沒有關係，輸出結果的卡方值、自由度、顯著性機率值 p 都是相同的。在統計軟體中，選入橫列變數與選入直行變數若是不同，統計量數（包含次數、百分比等量數）是相同的，只是排列結果變數之橫列、直行位置對調而已。

```
> chisq.test(factor(moti),sex)
        Pearson's Chi-squared test
data:  factor(moti) and sex
X-squared = 9.1776, df = 4, p-value = 0.05681
```

卡方值統計量 =9.178、自由度為 4，顯著性 p 值 =0.057>.05，未達統計顯著水準。

求出交叉表的細格與邊緣次數，5×2 交叉表的自由度 =（5-1）×（2-1）=4×1=4，範例的交叉表呈現為 2×5 型態（二個橫列五個直行）：

```
> addmargins(table(sex,moti))
      moti
 sex   1  2   3  4   5  Sum
 女生  3 11  16 11  12  53
 男生 12  7  14  9   5  47
 Sum  15 18  30 20  17 100
```

語法中「addmargins(table(sex,moti))」表示先以 **table( )** 函數求出列聯表細格的次數，再以 **addmargins( )** 函數求出橫列與直行邊緣次數。

求出橫列的百分比：

```
> round(prop.table((table(sex,moti)),1),3)
      moti
 sex     1      2      3      4      5
 女生 0.057  0.208  0.302  0.208  0.226
 男生 0.255  0.149  0.298  0.191  0.106
```

語法中「prop.table((table(sex,moti)),1) 最後面的引數 1 表示求出橫列的百分比，若改為數值 2，語法「prop.table((table(sex,moti)),2) 表示求出直行百分比。

性別與學習動機的列聯表整理如下：

| | | | moti(學習動機) | | | | | 總和 |
| --- | --- | --- | --- | --- | --- | --- | --- | --- |
| | | | 1 很低 | 2 低 | 3 普通 | 4 高 | 5 很高 | |
| sex | 1 男生 | 個數 | 12 | 7 | 14 | 9 | 5 | 47 |
| | | 橫列百分比 | 25.5% | 14.9% | 29.8% | 19.1% | 10.6% | 100.0% |
| | 2 女生 | 個數 | 3 | 11 | 16 | 11 | 12 | 53 |
| | | 橫列百分比 | 5.7% | 20.8% | 30.2% | 20.8% | 22.6% | 100.0% |
| 總和 | | 個數 | 15 | 18 | 30 | 20 | 17 | 100 |

$\chi^2=9.178$、df=4

範例進行之卡方同質性檢定的設計變數為性別、反應變數為父親管教方式。性別與父親管教方式間的列聯表檢定：

```
> chisq.test(sex,disc)
        Pearson's Chi-squared test
data:  sex and disc
X-squared = 0.8242, df = 2, p-value = 0.6623
```

卡方統計量為 0.824、自由度為 2，顯著性 p 值 =0.662>.05，未達統計顯著水準，表示性別變數與父親管教方式變數無關，即不同性別的群體在父親管教方式上沒有顯著差異。

求出列聯表的次數與橫列百分比：

```
> addmargins(table(sex,disc))
        disc
 sex  民主  放任  權威  Sum
 女生  18   16   19   53
 男生  13   18   16   47
 Sum  31   34   35   100
> round(prop.table((table(sex,disc)),1),3)
        disc
 sex  民主   放任   權威
 女生 0.340  0.302  0.358
 男生 0.277  0.383  0.340
```

性別與父親管教方式之同質性檢定摘要表如下：

| | | | disc（父親管教方式） | | | 總和 |
|---|---|---|---|---|---|---|
| | | | 民主 | 權威 | 放任 | |
| sex | 1 男生 | 個數 | 13 | 16 | 18 | 47 |
| | | 橫列百分比 | 27.7% | 34.0% | 38.3% | 100.0% |
| | 2 女生 | 個數 | 18 | 19 | 16 | 53 |
| | | 橫列百分比 | 34.0% | 35.8% | 30.2% | 100.0% |
| 總和 | | 個數 | 31 | 35 | 34 | 100 |
| $\chi^2$=0.824、df=2 | | | | | | |

上述統計分析結果之卡方值統計量如果達到統計顯著水準（p<.05），表示男生群體在父親管教方式三個選項勾選的百分比與女生群體在父親管教方式三個選項勾選的百分比有顯著不同。

 **卡方獨立性檢定**

　　120 位學生對學系衣服款式（甲款式、乙款式、丙款式）與帽子顏色（黑色、白色、紅色）勾選的差異比較，學生包括一、二、三年級（變數 year 為三分類別變數），衣服款式變數 clot 為三分類別變數，水準數值 1 為甲款式、水準數值 2 為乙款式、水準數值 3 為丙款式；帽子顏色 hat 變數為三分類別變數，水準數值 1、2、3 分別表示為黑色、白色、紅色。

　　匯入資料檔至 R 軟體視窗中，資料檔物件名稱設為 dchi。

```
>setwd("d:/R")
>dchi=read.csv("chi_sq.csv",header=T)
>tail(dchi)
      year  clot  hat
115    3     3    3
116    3     3    3
117    3     3    3
118    3     3    3
119    3     3    3
120    3     3    3
>attach(dchi)
> length(clot)
[1] 120
```

使用 car 套件中的 **recode( )** 函數將各因子變數的水準數值轉換為文字標記。

```
> library(car)
> dchi$year<-recode(year,"1='一年級'; 2='二年級'; 3='三年級'")
> dchi$clot<-recode(clot,"1='甲款式'; 2='乙款式'; 3='丙款式'")
> dchi$hat<-recode(hat,"1='黑色'; 2='白色'; 3='紅色'")
```

使用函數 **head( )** 與 **tail( )** 函數查看前六筆與後六筆觀察值的資料：

```
> head(dchi)
     year     clot   hat
1 一年級  甲款式  黑色
2 一年級  甲款式  黑色
3 一年級  甲款式  黑色
4 一年級  甲款式  黑色
5 一年級  甲款式  黑色
6 一年級  甲款式  黑色
> tail(dchi)
       year     clot    hat
115 三年級  丙款式  紅色
116 三年級  丙款式  紅色
117 三年級  丙款式  紅色
118 三年級  丙款式  紅色
119 三年級  丙款式  紅色
120 三年級  丙款式  紅色
```

原先附加於主控台的資料框架物件 dchi 為水準數值未編碼前資料，新資料框架物件 dchi 的內容已經更改，必須再使用 **attach( )** 函數再進行一次資料框架物件依附動作：

```
> attach(dchi)
```

衣服款式（甲款式、乙款式、丙款式）與帽子顏色（黑色、白色、紅色）的次數分配與百分比如下：

```
> table(clot)
clot
乙款式　丙款式　甲款式
　45　　　34　　　41
> round(prop.table(table(clot)),3)
clot
乙款式　丙款式　甲款式
　0.375　　0.283　　0.342
> table(hat)
hat
白色　紅色　黑色
　54　　39　　27
> prop.table(table(hat))
hat
　白色　紅色　黑色
0.450　0.325　0.225
```

## 一、進行卡方適合度檢定

進行卡方適合度考驗：

```
> chisq.test(table(clot))
        Chi-squared test for given probabilities
data:  table(clot)
X-squared = 1.55, df = 2, p-value = 0.4607
> chisq.test(table(hat))
        Chi-squared test for given probabilities
data:  table(hat)
X-squared = 9.15, df = 2, p-value = 0.01031
```

就衣服款式（甲款式、乙款式、丙款式）而言，卡方值統計量為 1.55、自由度等於 2、顯著性 p 值 =0.461>.05，接受虛無假設，樣本觀察值對三種衣服款式喜愛的程度沒有不同。

就帽子顏色（黑色、白色、紅色）而言，卡方值統計量為 9.15、自由度等於 2、顯著性 p 值 =0.010<.05，拒絕虛無假設，樣本觀察值對三種帽子顏色喜愛的程度有顯著不同，其中以勾選白色的百分比最多（45.0%）、勾選黑色的百分比最少（22.5%）。

## 二、進行卡方獨立性檢定

### （一）三個年級群組與三種衣服款式關聯分析

因為年級群組可視為設計變數，因而也可以進行百分比同質性檢定，獨立性檢定與百分比同質性檢定的語法是相同的。

求出列聯表的細格次數與百分比：

```
> addmargins(table(year,clot))    ## 求出列聯表的次數
        clot
 year  乙款式  丙款式  甲款式  Sum
 一年級   20       13       7      40
 二年級   11        7      22      40
 三年級   14       14      12      40
 Sum     45       34      41     120
> round(prop.table((table(year,clot)),1),3) ## 求出列聯表的百分比
        clot
 year  乙款式  丙款式  甲款式
 一年級  0.500    0.325    0.175
 二年級  0.275    0.175    0.550
 三年級  0.350    0.350    0.300
```

（二）三個年級群組與三種帽子顏色關聯分析

　　求出列聯表的細格次數與百分比：

```
> addmargins(table(year,hat))     ## 求出列聯表的次數
        hat
 year    白色  紅色  黑色  Sum
 一年級   19    8    13    40
 二年級   12   22     6    40
 三年級   23    9     8    40
 Sum     54   39    27   120
> round(prop.table((table(year,hat)),1),3)  ## 求出列聯表的百分比
        hat
 year    白色   紅色   黑色
 一年級 0.475  0.200  0.325
 二年級 0.300  0.550  0.150
 三年級 0.575  0.225  0.200
```

　　卡方獨立性檢定語法與結果如下：

```
> chisq.test(year,clot)
     Pearson's Chi-squared test
data:  year and clot
X-squared = 13.866, df = 4, p-value = 0.007735
```

　　卡方統計量為 13.866、自由度為 4，自由度 =（I−1）×（J−1）=（3−1）×（3−1）=4，顯著性 p 值 =0.008<.05，達到統計顯著水準，表示年級變數與三種衣服款式變數間有顯著關聯，即不同年級群體在三種衣服款式喜愛程度有顯著不同，年級變數與衣服款式變數間並非獨立的關係。

$$列聯表之效果值列聯係數C = \sqrt{\frac{\chi^2}{\chi^2 + N}} = \sqrt{\frac{13.866}{13.866+120}} = 0.322$$

```
> sqrt(13.866/(13.866+120))
[1] 0.3218403
```

年級變數與帽子顏色變數間之卡方獨立性檢定語法與結果如下：

```
> chisq.test(year,hat)
        Pearson's Chi-squared test
data:  year and hat
X-squared = 15.7179, df = 4, p-value = 0.003422
```

卡方統計量為 15.718、自由度為 4，顯著性 p 值 =0.003<.05，達到統計顯著水準，表示年級變數與三種帽子顏色變數間有顯著關聯，即不同年級群體在三種帽子顏色喜愛程度有顯著不同，年級變數與帽子顏色變數間並非獨立的關係。

使用 **chisq.test( )** 函數進行卡方獨立性檢定，對調二個間斷變數，結果統計量相同：

```
> chisq.test(hat,year)
        Pearson's Chi-squared test
data:  hat and year
X-squared = 15.7179, df = 4, p-value = 0.003422
```

卡方統計量為 15.718、自由度為 4，顯著性 p 值 =0.003<.05，達到統計顯著水準。

年級變數與帽子顏色變數間獨立性檢定，改用百分比同質性檢定的假設檢定而言，即不同年級群體在三種帽子顏色喜愛的程度有顯著不同，就一年級群體樣本而言，以勾選白色的百分比最多（47.5%）、紅色的百分比最少（20.0%）；

就二年級群體樣本而言，以勾選紅色的百分比最多（55.0%）、黑色的百分比最少（15.0%）；就三年級群體樣本而言，以勾選白色的百分比最多（57.5%）、勾選紅色與黑色的百分比差異不大。

列聯表之效果值列聯係數$C = \sqrt{\dfrac{\chi^2}{\chi^2 + N}} = \sqrt{\dfrac{15.718}{15.718+120}} = 0.340$

> sqrt(15.718/(15.718+120))

[1] 0.3403141

> chi_sq=15.718;N=120 ## 設定卡方值統計量與樣本數

> sqrt(chi_sq/(chi_sq+N)) ## 執行列聯係數運算式

[1] 0.3403141

## 肆 2×2 列聯表分析

若是列聯表為 2×2 型態，也可以採用 **fisher.test( )** 函數進行卡方檢定。2×2 列聯表的效果值以 **φ** 符號表示，**φ** 量數與卡方值統計量的關係為：$\sqrt{\dfrac{\chi^2}{N}}$。

**fisher.test( )** 函數語法為：

「fisher.test(x, y = NULL, control = list(), or = 1, alternative = "two.sided",conf. int = TRUE, conf.level = 0.95,simulate.p.value = FALSE, B = 2000)」

引數 x 為二維列聯表。引數 y 為類別物件。引數 conf.int 界定估計 2×2 列聯表信賴區間之勝算比值。引數 simulate.p.value 界定是否使用 Monte Carlo 模擬估算法。引數 B 界定 Monte Carlo 檢定的參數。

### 一、家庭結構與通過技能證照考試的關聯

探討家庭結構（hom，水準數值 1 為完整家庭、水準數值 2 為單親家庭）與通過技能證照考試的關係（水準數值 1 為通過、水準數值 0 為未通過）。

2×2 列聯表採用 Fisher's 精確檢定。求出列聯表的細格：

```
> addmargins(table(hom,pass))  ## 求出列聯表的次數
       pass
hom   0  1  Sum
  1   1  7   8
  2   8  4   1
 Sum  9 11  20
```

完整家庭通過證照考試的勝算（機率）為 7/8=0.875、單親家庭通過證照考試的勝算（機率）為 4/12=0.333，二個群體通過證照考試勝算（機率）參數的比值稱為勝算比，勝算比為 0.875:0.333=2.628。

Fisher's 精確檢定函數為 **fisher.test( )**：

```
> fisher.test(hom, pass, alternative = "two.sided")
     Fisher's Exact Test for Count Data
data:  hom and pass
p-value = 0.0281
alternative hypothesis: true odds ratio is not equal to 1
95 percent confidence interval:
0.001420577    0.998291109
sample estimates:
odds ratio
0.08297245
```

對立假設為母群體的勝算比值不等於 1（alternative hypothesis: true odds ratio is not equal to 1），Fisher's 精確檢定統計量之顯著性 p 值 =0.028<.05，達到統計顯著水準，拒絕虛無假設（勝算比值 =1），母群的勝算比值顯著不等於 1，表示完整家庭通過證照考試的勝算（機率）與單親家庭通過證照考試的勝算（機率）顯著不相等。

二、學生與通過技能證照考試的關聯

　　探討學生性別（sex，水準數值 1 為男生群體、水準數值 2 為女生群體）與
通過技能證照考試的關係（pass，水準數值 1 為通過、水準數值 0 為未通過）

　　求出交叉表，11 位男生樣本通過證照考試者有 5 位、9 位女生樣本通過證
照考試者有 6 位。

```
> addmargins(table(pass,sex))
      sex
pass  1  2  Sum
  0   6  3   9
  1   5  6  11
Sum  11  9  20
```

使用 **fisher.test( )** 函數求出 Fisher's 精確檢定統計量：

```
> fisher.test(pass,sex, alternative = "two.sided")
      Fisher's Exact Test for Count Data
data:  pass and sex
p-value = 0.4059
alternative hypothesis: true odds ratio is not equal to 1
95 percent confidence interval:
 0.2861889  22.3311395
sample estimates:
odds ratio
 2.294738
```

　　Fisher's 精確檢定統計量之顯著性 p 值 =0.406>.05，未達統計顯著水準，
接受虛無假設（勝算比值 =1），母群的勝算比值顯著等於 1，表示男生群體通
過技能證照考試的勝算（百分比）與女生群體通過技能證照考試的勝算（百分
比）沒有顯著不同，百分比的差異值顯著等於 0。勝算比值 95% 信賴區間為

[0.286,22.331]，區間值包含 1 數值點，表示勝算比值結果為 1 的可能性很高，沒有足夠證據可以拒絕虛無假設，對立假設無法得到支持。

# 9 單一樣本檢定

■單一樣本 t 檢定

■單一母體比例（百分比）檢定

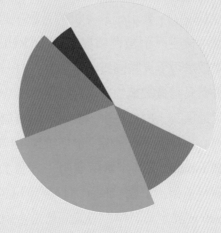

單一樣本檢定旨在探究一個抽樣樣本所得的參數與母群體母數（或一個常數）進行比較，母群體母數（或常數）為統計分析中的檢定值。若是樣本平均數與某一常數（檢定值）進行比較時，檢定樣本的參數估計值與常模平均數或常數間的差異是否顯著等於 0 或顯著等於某數值，此種檢定統計方法稱為單一樣本 t 檢定。單一樣本 t 檢定的標準誤 $= \dfrac{sd}{\sqrt{n}}$，或 $\dfrac{\sigma}{\sqrt{n}}$，若是母群體變異數已知，差異統計量為 Z 值 $= \dfrac{\bar{X}-\mu}{\frac{\sigma}{\sqrt{n}}}$；如果母群體變異數不知道，差異統計量會使用 t 值 $= \dfrac{\bar{X}-\mu}{\frac{sd}{\sqrt{n}}}$。

## 壹 單一樣本 t 檢定

單一樣本 t 檢定的函數為 **t.test( )**。**t.test( )** 函數語法如下：

「t.test(x, y = NULL,alternative = c("two.sided", "less", "greater"), mu = 0, paired = FALSE, var.equal = FALSE,conf.level = 0.95」

t.test(formula, data, subset, na.action, ...)

引數 x 為數值向量。引數 y 為數值向量（可以不用界定）。引數 alternative 為對立假設的選項界定，內定選項為雙尾考驗（"two.sided"），單尾右側檢定選項為「"greater"」、單尾左側檢定為「"less"」（對立假設文字參數界定可以使用第一個英文字，如 =t、=g、=l）。引數 mu 界定真實平均數數值（檢定值），在二個樣本檢定中可以界定不同平均數參數。引數 paired 內定選項為「FALSE」，表示統計分析的考驗不是相依樣本或配對樣本的檢定，如果是配對樣本檢定，引數選項界定為「TRUE」。引數 var.equal 界定二個母群體在檢定變數是否變異數同質，選項為「TRUE」表示變數異同質，統計量會直接使用合併變異數量數來估計，否則會使用 Welch（或 Satterthwaite）漸進估計法估算，內定選項為「FALSE」，表示二個群體的變異數不相等。引數 conf.level 為檢定時信心水準區間的設定，內定的數值為 0.95，對應的統計顯著水準 $\alpha$ 為 .05。引數 formula 可界定數值變數～二個水準群組類別變數型態。引數 data 為矩陣或資料框架。引數 subset 可以界定只選取分析樣本中的子樣本進行分析。引數 na.action 界定資料檔中有遺漏值是否納入分析。

範例中以「o_test_1.csv」資料檔為例：

```
> o_test=read.csv("o_test_1.csv",header=T)
> attach(o_test)
> head(o_test)
> length(num) ## 有效觀察值個數
[1] 20
> is.na(o_test)[2:4] ## 檢核 reti、spti、wrsc 三個變數樣本中有無遺漏值
[1] FALSE FALSE FALSE
```

|    | num | reti | spti | wrsc |
|----|-----|------|------|------|
| 1  | S01 | 56   | 62   | 52   |
| 2  | S02 | 54   | 58   | 58   |
| 3  | S03 | 65   | 64   | 68   |
| 4  | S04 | 67   | 74   | 72   |
| 5  | S05 | 68   | 82   | 74   |
| 6  | S06 | 70   | 45   | 68   |
| 7  | S07 | 87   | 80   | 52   |
| 8  | S08 | 59   | 56   | 63   |
| 9  | S09 | 45   | 61   | 54   |
| 10 | S10 | 87   | 57   | 50   |
| 11 | S11 | 75   | 54   | 77   |
| 12 | S12 | 65   | 43   | 78   |
| 13 | S13 | 62   | 78   | 64   |
| 14 | S14 | 68   | 39   | 66   |
| 15 | S15 | 57   | 69   | 58   |
| 16 | S16 | 43   | 64   | 59   |
| 17 | S17 | 40   | 57   | 57   |
| 18 | S18 | 29   | 75   | 45   |
| 19 | S19 | 87   | 67   | 69   |
| 20 | S20 | 76   | 64   | 42   |

　　o_test 資料框架物件有四個變數，reti 變數為學生每天閱讀時間、spti 變數為學生每天運動時間、wrsc 變數為學生寫作成績。函數語法 is.na(o_test)[2:4] 的功能在於檢核 reti、spti、wrsc 三個變數樣本中有無遺漏值，三個變數均出現 FALSE，表示樣本觀察值中沒有遺漏值。

　　以 **mena( )** 函數求出三個計量變數的平均數：

```
> mean(reti);mean(spti);mean(wrsc)
[1] 63
[1] 62.45
[1] 61.3
```

　　以迴圈與變數索引求出三個計量變數的平均數，命令稿視窗 (R 編輯器視窗) 語法為：

```
for( i in 2:4)
print(mean(o_test[[i]]))
```

　　主控台視窗界面與結果為：

```
> for( i in 2:4)
+ print(mean(o_test[[i]]))
[1] 63
[1] 62.45
[1] 61.3
```

求出三個計量變數的標準差：

```
> for( i in 2:4)
+ print(sd(o_test[[i]]))
[1] 15.82137
[1] 11.96695
[1] 10.31147
```

母群體常數中以全國小六學生的調查數據為檢定量數，全國小六學生每天
平均閱讀時間為 50 分鐘、每天平均運動時間為 55 分鐘、寫作能力分數平均分
數為 66 分。

一、檢定變數為閱讀時間

甲校小六學生每天平均閱讀時間與全國平均閱讀時間 50 分鐘有無顯著不
同，雙尾檢定的語法與結果為：

```
> t.test(reti,mu=50,alternative="two.sided")
      One Sample t-test
data: reti
t = 3.6746, df = 19, p-value = 0.00161
alternative hypothesis: true mean is not equal to 50
95 percent confidence interval:
 55.59537 70.40463
sample estimates:
mean of x
     63
```

對立假設為樣本平均數不等於 50(alternative hypothesis: true mean is not
equal to 50)，樣本觀察值的平均數為 63、平均數差異值統計量 t 值為 3.675，自
由度等於 19，顯著性 p 值 =0.002<.05，達統計顯著水準，拒絕虛無假設（$\mu$=50），
接受對立假設（$\mu$ 不等於 50）：樣本平均數顯著不等於 50，甲校小六學生每天

平均閱讀時間與全國小六學生平均閱讀時間（50 分鐘）有顯著差異存在。樣本平均數 95 ％ 信賴區間為 [ 55.595, 70.405]，區間值未包含 50 常數，表示平均數等於 50 的機率很低，有足夠證據拒絕虛無假設。

單一樣本檢定 t 值 $= \dfrac{\bar{X} - \mu}{\frac{sd}{\sqrt{n}}}$，樣本平均數與標準差估計值可以直接使用 **mean( )**、**sd( )** 函數求出的數值代入，或是直接將函數融入於運算式中：

```
> t.value<-(mean(reti)-50)/(sd(reti)/sqrt(length(reti)))
> print(t.value)
[1] 3.674635
```

單尾右側檢定語法與結果如下：

```
> t.test(reti,mu=50,alternative="greater")
        One Sample t-test
data: reti
t = 3.6746, df = 19, p-value = 0.0008051
alternative hypothesis: true mean is greater than 50
95 percent confidence interval:
 56.88273     Inf
sample estimates:
mean of x
     63
```

對立假設為樣本平均數大於 50（單尾右側檢定）。

對立假設與虛無假設以符號表示為：$H_1：\mu>50$、$H_0：\mu\leq50$。樣本平均數為 63、平均數差異值統計量 t 值為 3.675，自由度等於 19，顯著性 p 值 =0.001<.05，達統計顯著水準，拒絕虛無假設，接受對立假設：樣本平均數顯著大於 50，甲校小六學生每天平均閱讀時間顯著高於全國小六學生平均閱讀時間（50 分鐘）。

二、檢定變數為每天平均運動時間

　　雙尾檢定之對立假設為：甲校小六學生每天平均運動時間與全國小六學生平均運動時間（55分鐘）有顯著差異存在。對立假設與虛無假設以符號表示如下：

　　$H_1：\mu \neq 55$、$H_0：\mu = 55$

　　單尾右側檢定之對立假設為：甲校小六學生每天平均運動時間顯著高於全國小六學生平均運動時間（55分鐘）。對立假設與虛無假設以符號表示如下：

　　$H_1：\mu > 55$、$H_0：\mu \leq 55$

（一）單尾右側檢定

　　單尾右側檢定語法與結果如下：

```
> t.test(spti,mu=55,alternative="greater")

       One Sample t-test

data: spti

t = 2.7841, df = 19, p-value = 0.005913

alternative hypothesis: true mean is greater than 55

95 percent confidence interval:

 57.82303     Inf

sample estimates:

mean of x

   62.45
```

　　對立假設為母體平均數大於55，樣本統計量平均數為62.45，平均數差異統計量 t 值 =2.784、自由度 df=19、顯著性 p 值 =0.006<.05，達到統計顯著水準，拒絕虛無假設，接受對立假設 $H_1：\mu > 55$，結果顯示：甲校小六學生每天平均運動時間（M=62.45）顯著高於全國小六學生平均運動時間（55分鐘）。

以運算式求出 t 值統計量：

```
> t.value<-(mean(spti)-55)/(sd(spti)/sqrt(length(spti)))
> print(t.value)
[1] 2.784119
```

（二）雙側檢定（或雙尾檢定）

雙側檢定的語法與結果如下：

```
> t.test(spti,mu=55,alternative="two.sided")
      One Sample t-test
data: spti
t = 2.7841, df = 19, p-value = 0.01183
alternative hypothesis: true mean is not equal to 55
95 percent confidence interval:
 56.84929  68.05071
sample estimates:
mean of x
   62.45
```

對立假設為母體平均數不等於 55，樣本統計量平均數為 62.45，平均數差異統計量 t 值 =2.784、自由度 df=19、顯著性 p 值 =0.012<.05，拒絕虛無假設，接受對立假設 $H_1：\mu \neq 55$，結果顯示：甲校小六學生每天平均運動時間與全國小六學生每天平均運動時間有顯著不同。平均數估計值 95% 信賴區間為 [56.849, 68.051]，區間值未包含 55 數值點，表示平均數估計值為 55 的可能性很低，有足夠證據拒絕虛無假設，對立假設得到支持。

上述雙尾檢定與單尾檢定之樣本統計量、平均數差異值檢定統計量 t 值、自由度參數均相等，統計量唯一的差別在於顯著性 p 值。雙尾檢定時的顯著性 p 值 =0.012、單尾檢定時的顯著性 p 值 =0.006（=0.012÷2=0.006），單尾檢定程序之顯著性 p 值只有雙尾檢定程序之顯著性 p 值的二分之一，因而單尾檢定程序較易獲致「拒絕虛無假設、接受對立假設」的結論。

### 三、檢定變數為寫作成績

雙尾檢定之對立假設為：甲校小六學生寫作成績與全國小六學生平均寫作成績（66分）有顯著差異存在。對立假設與虛無假設以符號表示如下：

$H_1$：$\mu \neq 55$、$H_0$：$\mu == 66$

單尾左側檢定之對立假設為：甲校小六學生寫作成績顯著低於全國小六學生平均寫作成績（66分）。對立假設與虛無假設以符號表示如下：

$H_1$：$\mu > 55$、$H_0$：$\mu \geq 66$

#### （一）雙尾檢定

雙尾檢定語法與結果如下：

```
> t.test(wrsc,mu=66,alternative="two.sided")
      One Sample t-test
data: wrsc
t = -2.0384, df = 19, p-value = 0.05567
alternative hypothesis: true mean is not equal to 66
95 percent confidence interval:
 56.47409  66.12591
sample estimates:
mean of x
   61.3
```

對立假設為母體平均數不等於66，樣本統計量平均數為61.30，平均數差異統計量t值=−2.038、自由度df=19、顯著性p值=0.056>.05，結果為虛無假設的可能性很大，接受虛無假設 $H_0$：$\mu = 66$，拒絕對立假設，結果顯示：甲校小六學生寫作成績與全國小六學生平均寫作成績（66分）沒有顯著差異存在。平均數估計值95%信賴區間為[56.474, 66.126]，區間值包含66數值點，表示平均數估計值為66的可能性很高，沒有足夠證據可以拒絕虛無假設，接受虛無假設，對立假設無法得到支持。

以 t 值公式之運算式求出 t 值統計量：

```
> t.value<-(mean(wrsc)-66)/(sd(wrsc)/sqrt(length(wrsc)))
> print(t.value)
[1] -2.038414
```

（二）單尾左側檢定

單尾左側檢定語法與結果如下：

```
> t.test(wrsc,mu=66,alternative="less")
        One Sample t-test
data:  wrsc
t = -2.0384, df = 19, p-value = 0.02784
alternative hypothesis: true mean is less than 66
95 percent confidence interval:
   -Inf 65.28689
sample estimates:
mean of x
   61.3
```

對立假設為母體平均數小於 66（$H_1：\mu<66$），樣本統計量平均數為 61.30，平均數差異統計量 t 值 =−2.038、自由度 df=19、顯著性 p 值 =0.028<.05，達到統計顯著水準，結果為虛無假設的可能性很小，拒絕虛無假設，接受對立假設，結果顯示：「甲校小六學生寫作成績顯著低於全國小六學生平均寫作成績（66 分）」得到支持。

從樣本統計量估算出的 t 值與自由度，可以使用累積積率函數值（CDF）估算顯著性 p 值：

```
> 2*pt(-2.038,19)
[1] 0.05571714    ## 雙尾檢定 p 值
> pt(-2.038,19)
[1] 0.02785857    ## 單尾檢定 p 值
```

根據自由度與顯著水準 α 值，使用 **qt( )** 函數可以查詢對應的臨界 t 值，顯著水準 α 值設為 .05 時，自由度 =19，單尾檢定與雙尾檢定之臨界 t 值為：

```
> qt(0.95,19)      ## 單尾檢定
[1] 1.729133
> qt(0.975,19)     ## 雙尾檢定
[1] 2.093024
```

單尾檢定時，臨界 t 值 =1.729，統計量數絕對值只要大於 1.729，就會落入拒絕區，作出拒絕虛無假設的結論。雙尾檢定時，臨界 t 值 =2.093，統計量數絕對值要大於 2.093，才會落入拒絕區，作出拒絕虛無假設的結論。範例中 t 值絕對值為 2.038，落入單尾檢定時的拒絕區，但未落入雙尾檢定時的拒絕區，因而單尾檢定程序的結果為拒絕虛無假設，對立假設得到支持；但雙尾檢定程序是接受虛無假設（樣本統計量數落入接受區），對立假設無法得到支持。

## 貳 單一母體比例（百分比）檢定

如果檢定的樣本參數為百分比，檢定值也為百分比（或機率、勝算），則統計分析程序為檢定樣本百分比估計值與常模百分比或特定百分比間的差異是否達到顯著。

單母體比例（百分比）檢定 **binom.test( )** 函數語法為：

「binom.test(x, n, p = 0.5,alternative = c("two.sided", "less", "greater"),conf. level = 0.95)」

引數 x 為成功的次數（標的次數，統計分析的水準數值，數字必須為正整數），另一次數為失敗次數（failures）。引數 n 為試驗的總次數，引數 n 的數值要大於或等於引數 x 的數值。引數 p 為成功的假定機率，如 1/3，1/2（或 0.50）。引數 alternative 為考驗之對立假設的界定，包括 "two.sided"、"greater"、"less" 三個選項，對立假設選項可以簡化為使用第一個英文字表示，如 "t" 選項為雙尾檢定、"g" 選項為單尾右側檢定、"l" 選項為單尾左側檢定。引數 conf.level 為假設考驗之信心水準，內定數值為 0.95。

### 一、技能檢定通過率（一）

全國某種技能證照考試的平均通過率為四分之一（0.25），某高職甲校長想知道學校參加證照考試的通過率與平均通過率有無差別，隨機抽取 40 名應考者，其中通過證照考試者有 15 位。

### （一）雙尾檢定

以 binom.test 函數進行雙尾檢定語法與結果：

```
> binom.test(x=15,n=40,p=0.25,alternative="two.sided")
      Exact binomial test
data:  15 and 40
number of successes = 15, number of trials = 40, p-value = 0.09771
alternative hypothesis: true probability of success is not equal to 0.25
```

95 percent confidence interval:
 0.2272627    0.5419852
sample estimates:
probability of success
        0.375

上述語法可以簡化為：

```
> binom.test(x=15,n=40,p=1/4,alternative="t")
    Exact binomial test
data: 15 and 40
number of successes = 15, number of trials = 40, p-value = 0.09771
alternative hypothesis: true probability of success is not equal to 0.25
95 percent confidence interval:
 0.2272627    0.5419852
sample estimates:
probability of success
        0.375
```

　　成功的個數有 15 個（通過證照考試人次）、試驗的總次數（N）有 40 個（樣本總人次），成功的機率值為 0.375（15/40），真實的成功機率值為 0.25（檢定值），對立假設為：$P \neq \frac{1}{4}$ 或 $P \neq 0.25$；虛無假設為：$P = \frac{1}{4}$ 或 $P = 0.25$。統計分析結果之顯著性機率值 p=0.098，未達顯著水準，接受虛無假設，表示學校參加證照考試的通過率與全國平均通過率（=0.25）沒有顯著不同，學校樣本通過率 0.375 是抽樣誤差造成的，如果擴大樣本數，則學校的通過率參數會接近 0.25。95% 信心水準區間為 [0.227，0.542]，包含 0.25 機率值，表示參數估計值為 0.25 的可能性很高，接受虛無假設 $P = \frac{1}{4}$，對立假設無法得到支持。

　　函數中的第一個引數不能直接使用比例值，第一個引數（成功或失敗次數）與第二個引數（試驗總次數）都必須是正整數，否則會出現錯誤訊息：

```
> binom.test(x=15/40,n=1,p=0.25,alternative="two.sided")
錯誤在 binom.test(x = 15/40, n = 1, p = 0.25, alternative = "two.sided") :
  'x' must be nonnegative and integer
```

語法函數輸出結果出現錯誤訊息，訊息指出引數 x 必須為正整數，不能直接使用百分比值或比例值。

單一樣本比例檢定也可以使用 **prop.test( )** 函數：

```
> prop.test(x=15,n=40,p=0.25,alternative="two.sided")
      1-sample proportions test with continuity correction
data:  15 out of 40, null probability 0.25
X-squared = 2.7, df = 1, p-value = 0.1003
alternative hypothesis: true p is not equal to 0.25
95 percent confidence interval:
 0.2317406 0.5419036
sample estimates:
   p
0.375
```

輸出結果呈現使用連續校正值進行單一樣本比例檢定的訊息，虛無假設的機率 =0.25、對立假設為母群真實比例值不等於 0.25，有效樣本數為 40、成功的次數為 15。自由度 =1、卡方值統計量 =2.7、顯著性 p 值 = 0.100>.05，接受虛無假設。樣本估計值之比例值 =0.375，95% 信賴區間為 [0.232,0.542]，包含 0.25 比例值，表示結果等於 0.25 的可能性很大，沒有足夠證據可以拒絕虛無假設，必須接受虛無假設，學校參加證照考試的通過率與全國平均通過率（=0.25）沒有顯著不同。

函數 **prop.test( )** 語法中的第一個引數 x 與第二個引數 n 也須都是正整數，若直接輸入百分比或比例值會得到錯誤結果：

```
> prop.test(x=15/40,n=1,p=0.25,alternative="two.sided")

    1-sample proportions test with continuity correction

data:  15/40 out of 1, null probability 0.25

X-squared = 0, df = 1, p-value = 1

alternative hypothesis: true p is not equal to 0.25

95 percent confidence interval:

 0.01463493 0.94537924

sample estimates:

   p

0.375

警告訊息 (Warning message):

In prop.test(x = 15/40, n = 1, p = 0.25, alternative = "two.sided") :

  Chi-squared approximation may be incorrect
```

　　輸出結果提示卡方統計量（卡方值 =0）近似值可能是錯誤的。

（二）單尾右側檢定

　　對立假設改為單尾右側檢定：「學校參加證照考試的通過率顯著高於全國平均通過率 1/4」。

　　單尾右側檢定的語法與結果為：

```
> binom.test(x=15,n=40,p=0.25,alternative="g")

    Exact binomial test

data:  15 and 40

number of successes = 15, number of trials = 40, p-value = 0.05444

alternative hypothesis: true probability of success is greater than 0.25

95 percent confidence interval:

 0.2472947    1.0000000

sample estimates:

probability of success

                0.375
```

　　成功的個數有 15 個、試驗的總次數（N）有 40 個，成功的機率值為 0.375，成功的真實機率值為 0.25，對立假設為：P>1/4 或 P>0.25；虛無假設為：P≤1/4 或 P≤0.25。統計分析結果之顯著性機率值 p=0.054，未達顯著水準，接受虛無假設，對立假設無法得到支持：「學校參加證照考試的通過率並沒有顯著高於全國平均通過率 1/4。」

## 二、技能檢定通過率（二）

　　高職乙校長想知道學校參加證照考試的通過率與平均通過率有無差別，隨機抽取 50 名應考者，其中通過證照考試者有 7 位。

### （一）雙側檢定

　　雙側檢定語法與結果如下：

```
> binom.test(x=7,n=50,p=1/4,alternative="t")
    Exact binomial test
data:  7 and 50
number of successes = 7, number of trials = 50, p-value = 0.07399
alternative hypothesis: true probability of success is not equal to 0.25
95 percent confidence interval:
 0.0581917 0.2673960
sample estimates:
probability of success
                0.14
```

　　成功的個數有 7 個、試驗的總次數（N）有 50 個，成功的機率值為 0.14，成功的真實機率值為 0.25，對立假設為：$P \neq \frac{1}{4}$ 或 $P \neq 0.25$；虛無假設為：$P = \frac{1}{4}$ 或 $P = 0.25$。統計分析結果之顯著性機率值 p=0.074，未達顯著水準，接受虛無假設，表示乙學校參加證照考試的通過率與全國平均通過率（=0.25）沒有顯著不同。

　　使用 **prop.tes( )** 函數進行單一樣本比例檢定：

```
> prop.test(x=7,n=50,p=1/4,alternative="t")
       1-sample proportions test with continuity correction
data:  7 out of 50, null probability 1/4
X-squared = 2.6667, df = 1, p-value = 0.1025
alternative hypothesis: true p is not equal to 0.25
95 percent confidence interval:
 0.06277009 0.27356376
sample estimates:
  p
0.14
```

　　卡方統計量 =2.667、自由度 =1、顯著性 p 值 =0.103>.05，接受虛無假設，乙學校參加證照考試的通過率與全國平均通過率（=0.25）沒有顯著不同。

（二）單尾左側檢定

　　對立假設改為單尾左側檢定：「學校參加證照考試的通過率顯著低於全國平均通過率 1/4」。

　　單尾左側檢定的語法與結果為：

```
> binom.test(x=7,n=50,p=1/4,alternative="l")
       Exact binomial test
data:  7 and 50
number of successes = 7, number of trials = 50, p-value = 0.04526
alternative hypothesis: true probability of success is less than 0.25
95 percent confidence interval:
 0.0000000 0.2469352
sample estimates:
probability of success
                0.14
```

成功的個數有 7 個、試驗的總次數（N）有 50 個，成功的機率值為 0.14，成功的真實機率值為 0.25，對立假設為：$P < \frac{1}{4}$ 或 $P < 0.25$；虛無假設為：$P \geq \frac{1}{4}$ 或 $P \geq 0.25$。統計分析結果之顯著性機率值 p=0.045，達統計顯著水準，出現虛無假設的可能性很低，拒絕虛無假設，對立假設得到支持：「乙學校參加證照考試的通過率顯著低於全國平均通過率 1/4。」

單尾檢定顯著性機率值 p 為雙尾檢定顯著性機率值 p 的一半，因而單側檢定時較容易拒絕虛無假設。

# 10 | 雙樣本檢定

■ 不同性別在每天閱讀時間之差異

■ 不同性別學生在每天運動時間之差異比較

■ 相依樣本檢定

■ 雙樣本比例檢定

■ 無母數檢定

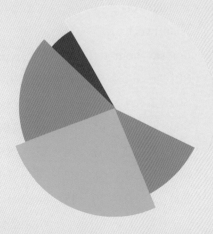

　　雙樣本檢定程序在檢定二個不同群體在某一個變數（平均數或百分比）的差異是否有顯著不同。若是檢定二個群體平均數差異是否顯著不等於 0（或顯著不等於一個常數），統計方法為獨立樣本 t 檢定。進行獨立樣本 t 檢定時，如果二個群體的變異數相等，計算 t 值統計量時會直接使用合併變異數；若是二個群體的變異數不相等，t 檢定統計量的檢定公式會分開使用二個群體的變異數估算平均數標準誤，計算公式為：$t = \dfrac{(\bar{X_1} - \bar{X_1}) - (\mu_1 - \mu_1)}{\sqrt{\dfrac{s_1^2}{n_1} + \dfrac{s_1^2}{n_1}}}$，自由度＝群體 1 個數＋群體 2 個數 −2。

　　R 軟體中進行二個群體 t 檢定時，t 檢定函數中可以設定二個群體的變異數是否相等，因而必須先進行群體變異數相等性（或同質性）檢定。

　　變異數同質性檢定的語法為：

　　「var.test(x, y, ratio = 1,alternative = c("two.sided", "less", "greater"),conf.level = 0.95)」

　　「var.test(formula, data, subset, na.action)」，語法的引數與 **t.test( )** 函數相同，引數中的意涵參閱後面 **t.test( )** 函數語法的說明。

　　讀取資料檔：

```
> setwd("d:/R")
> twot=read.csv("t_test_1.csv",header=T)
> attach(twot)
> head(twot)
 num sex hom reti spti wrsc typa typb typc pass
1 S01  1   1   56   62   52    6    1    6    1
2 S02  2   1   54   58   58    8    3    9    1
3 S03  1   1   65   64   68   10    7    9    1
4 S04  2   2   67   74   72    8    7    8    0
5 S05  1   2   68   82   74    7    4    4    0
6 S06  2   2   70   45   68    6    3    7    0
```

　　範例資料檔中 sex 變數為學生性別（二分類別變項，水準數值 1 為男生、
2 為女生）、hom 變數為家庭結構（二分類別變項，水準數值 1 為完整家庭、2
為單親家庭）、reti 變數為每天閱讀時間、spti 變數為每天運動時間、wrsc 為寫
作成績、pass 為通過技能證照考試結果，1 為通過、0 為未通過。

| num | sex | hom | reti | spti | wrsc | typa | typb | typc | pass |
|-----|-----|-----|------|------|------|------|------|------|------|
| S01 | 1 | 1 | 56 | 62 | 52 | 6 | 1 | 6 | 1 |
| S02 | 2 | 1 | 54 | 58 | 58 | 8 | 3 | 9 | 1 |
| S03 | 1 | 1 | 65 | 64 | 68 | 10 | 7 | 9 | 1 |
| S04 | 1 | 2 | 67 | 74 | 72 | 8 | 7 | 8 | 0 |
| S05 | 1 | 2 | 68 | 82 | 74 | 7 | 4 | 4 | 0 |
| S06 | 2 | 2 | 70 | 45 | 68 | 6 | 3 | 7 | 0 |
| S07 | 1 | 2 | 87 | 80 | 52 | 6 | 3 | 9 | 1 |
| S08 | 2 | 1 | 59 | 56 | 63 | 5 | 6 | 4 | 1 |
| S09 | 2 | 2 | 45 | 61 | 54 | 5 | 3 | 9 | 1 |
| S10 | 2 | 2 | 87 | 57 | 50 | 7 | 4 | 8 | 1 |
| S11 | 2 | 2 | 75 | 54 | 77 | 7 | 5 | 7 | 1 |
| S12 | 2 | 2 | 65 | 43 | 78 | 5 | 2 | 7 | 0 |
| S13 | 1 | 1 | 62 | 78 | 64 | 10 | 9 | 6 | 0 |
| S14 | 2 | 2 | 68 | 39 | 66 | 6 | 4 | 6 | 0 |
| S15 | 1 | 1 | 57 | 69 | 58 | 5 | 4 | 7 | 1 |
| S16 | 1 | 2 | 43 | 64 | 59 | 5 | 2 | 6 | 0 |
| S17 | 2 | 1 | 40 | 57 | 57 | 6 | 5 | 8 | 1 |
| S18 | 1 | 1 | 29 | 75 | 45 | 5 | 3 | 7 | 1 |
| S19 | 1 | 2 | 87 | 67 | 69 | 7 | 5 | 7 | 0 |
| S20 | 1 | 2 | 76 | 64 | 42 | 5 | 3 | 8 | 0 |

若要將因子變數的水準數值直接設定為群組標記，以 car 套件中的 **recode( )**
函數：

```
> twot1<-data.frame(twot)  ## 複製一個新的資料框架物件 twot1
> require(car)
Loading required package: car
> twot1$sex<-recode(twot1$sex,"1='男生';2='女生' ")
> twot1$hom<-recode(twot1$hom,"1='完整家庭';2='單親家庭' ")
> attach(twot1)
> head(twot1,5)
   num  sex    hom     reti spti wrsc typa typb typc pass
1  S01  男生  完整家庭   56   62   52    6    1    6    1
2  S02  女生  完整家庭   54   58   58    8    3    9    1
3  S03  男生  完整家庭   65   64   68   10    7    9    1
4  S04  男生  單親家庭   67   74   72    8    7    8    0
5  S05  男生  單親家庭   68   82   74    7    4    4    0
```

資料檔物件 twot 中共有 10 變數，變數的索引為 1 至 10：

```
> names(twot)
[1] "num" "sex" "hom" "reti" "spti"  "wrsc" "typa" "typb" "typc" "pass"
## 索引 1    2    3    4     5      6      7      8      9     10
```

資料框架物件 twot1 也有 10 個直行變數，變數名稱與資料框架物件 twot 中
的相同。

```
> names(twot1)
 [1] "num" "sex" "hom" "reti" "spti" "wrsc" "typa" "typb" "typc" "pass"
```

主控台中若同時有二個以上資料框架物件，且資料框架物件中的直行變數名稱相同，為避免混淆，可使用 **with( )** 函數界定資料框架物件：

```
with( 資料框架物件名稱
  {語法函數
  }
)
```

## 壹 不同性別在每天閱讀時間之差異

同性別學生在每天閱讀時間之差異比較，性別水準數值 1 為男生群體、2 為女生群體，對立假設與虛無假設如下：

對立假設：$u_1-u_2 \neq 0$；虛無假設：$u_1-u_2=0$。

如果對立假設得到支持，表示二個群體平均數差異值顯著不等於 0，當二個群體平均數差異值顯著不等於 0 時，表示二個母群體的平均數顯著不相等：$u_1 \neq u_2$。

### 一、進行變異數同質性檢定

以函數 **var.test( )** 進行二個群體的變異數相等性檢定時，內定引數界定 ratio = 1、alternative = "two.sided"，表示變異數比值假定為 1，進行的檢定是雙尾檢定，內定的信心水準為 95.0%。

引數「ratio:」（比值）內定的數值為 1，表示樣本群體 1 變異數與樣本群體 2 變異數的比值等於 1，檢定之對立假設與虛無假設為：

對立假設 $H_1 : \sigma_1^2 / \sigma_2^2 \neq 1$、虛無假設 $H_0 : \sigma_1^2 / \sigma_2^2 = 1$。

如果統計量數未達統計顯著水準（p>.05），接受虛無假設，二個母群體的變異數相等；相對的，若是統計量數達統計顯著水準（p<.05），拒絕虛無假設，接受對立假設，二個母群體的變異數不相等（變異數不同質）。

進行二個群體平均數差異檢定時，**t.test( )** 函數中的 var.equal 引數，內定的選項為「FALSE」」，表示二個群體的變異數不相等，變異數同質性檢定結果若是二個群體變異數相等，則 var.equal 引數選項修改為「TRUE」即可。引數

paired 內定選項為「FALSE」，表示 **t.test( )** 函數進行的是獨立樣本 t 檢定，若是進行相依樣本（配對樣本）的考驗或重複量數的檢定，將引數 paired 選項修改為「TRUE」。

變異數檢定語法與結果：

```
> var.test(reti~sex,alternative="t")
       F test to compare two variances
data: reti by sex
F = 1.3774, num df = 10, denom df = 8, p-value = 0.6633
alternative hypothesis: true ratio of variances is not equal to 1
95 percent confidence interval:
 0.3206877   5.3097043
sample estimates:
ratio of variances
              1.377394
```

結果顯示以 F 檢定比較二個群體的變異數（F test to compare two variances）、對立假設為變異數的比值不等於 1（對應的虛無假設為變異數比值等於 1），變異數相等性檢定的 F 值 F=1.377、分子自由度 = 10、分母自由度 = 8、顯著性 p 值 = 0.663，未達 .05 統計顯著水準，結果為虛無假設的可能性比較大，接受虛無假設（變異數比值等於 1）：$\frac{\sigma_1^2}{\sigma_2^2}=1$，表示二個群體變異數相等：$\sigma_1^2 = \sigma_2^2$。差異檢定 95% 信賴區間為 [0.321，5.310]，區間估計值值包含 1，表示比值為 1 的可能性很大，無法拒絕虛無假設，必須接受虛無假設：$\frac{\sigma_1^2}{\sigma_2^2}=1$，二個群體的變異數相等（變異數相等也稱為符合變異數同質性）。

進行二個或多個群體之變異數同質性檢定，也可使用 **bartlett.test( )** 函數，函數的基本語法為：「bartlett.test(x, g)」或「bartlett.test(formula, data, subset, na.action)」。

```
> bartlett.test(reti~sex)
        Bartlett test of homogeneity of variances
data:  reti by sex
Bartlett's K-squared = 0.2122, df = 1, p-value = 0.645
> bartlett.test(reti,sex)
        Bartlett test of homogeneity of variances
data:  reti and sex
Bartlett's K-squared = 0.2122, df = 1, p-value = 0.645
```

Bartlett 變異數相等性檢定的統計量 K 平方值 =0.212、自由度 df = 1、顯著
性 p 值 = 0.645>.05，接受虛無假設，二個群體的變異數相等。

car 套件中的 **leveneTesT( )** 函數也可以進行群體間變異數相等性的檢定：

```
> library(car)
> leveneTest(reti,sex)
Levene's Test for Homogeneity of Variance (center = median)
     Df F value Pr(>F)
group  1  0.0672 0.7984
        18
Warning message:
In leveneTest.default(reti, sex) : sex coerced to factor.
```

採用 Levene 變異數同質性檢定法之 F 值檢定統計量 =0.067、顯著性 p 值
=0.798>.05，接受虛無假設，二個群體的變異數相等。範例性別變數的水準群
體內容為數值 1、2，此種建檔的因子變數型態，在進行平均數差異檢定時最好
增列 **factor( )** 函數，明確界定變數為因子類型；如果變數水準數值直接輸入群
組文字標記，R 軟體會直接視為因子變數。

**leveneTest( )** 函數中的因子變數增列 **factor( )** 函數界定變數為因子變數：

```
> leveneTest(reti,factor(sex))
Levene's Test for Homogeneity of Variance (center = median)
    Df F value    Pr(>F)
group  1  0.0672    0.7984
       18
```

變異數同質性輸出結果沒有出現警告訊息。

## 二、進行獨立樣本 t 檢定

進行獨立樣本 t 檢定語法，**t.test( )** 函數中的引數 mu 界定等於 0，表示檢定二個群體平均數差異值是否顯著等於 0，若是差異值為一個常數（如 5），則引數界定為「mu=5」，表示檢定二個群體平均數差異值是否顯著等於 5。由於二個群體的變異數相等，引數 var.equal 界定為「T」。

函數 **t.test( )** 中引數界定二個獨立群體的變異數相等，進行的檢定為雙尾檢定，表示檢定的對立假設為平均數差異值顯著不等於 0。

```
> t.test(reti~sex,mu=0,alternative="t",var.equal=T)
       Two Sample t-test
data:  reti by sex
t = 0.1106, df = 18, p-value = 0.9131
alternative hypothesis: true difference in means is not equal to 0
95 percent confidence interval:
 -14.53612  16.15229
sample estimates:
mean in group 1  mean in group 2
      63.36364         62.55556
```

增列引數 paired=F（進行的 t 檢定為獨立樣本檢定）、信心水準引數 conf.level=0.95 的語法如下（語法中對立假設 alternative 後面的選項字要增列雙引號，

two.sided 雙尾檢定第一個字 t 為小寫）：

```
> t.test(reti~sex,mu=0,alternative="t",var.equal=T,paired=F,conf.level=0.95)
      Two Sample t-test
data:  reti by sex
t = 0.1106, df = 18, p-value = 0.9131
alternative hypothesis: true difference in means is not equal to 0
95 percent confidence interval:
 -14.53612  16.15229
sample estimates:
mean in group 1  mean in group 2
        63.36364         62.55556
```

群體 1 的平均數為 63.364、群體 2 的平均數為 62.556，對立假設為母群體平均數差異值不等於 0（alternative hypothesis: true difference in means is not equal to 0），對應的虛無假設為母群體平均數差異值等於 0。以符號表示：

對立假設：$u_1-u_2 \neq 0$；虛無假設：$u_1-u_2=0$。

平均數差異值檢定統計量 t 值 t=0.111、自由度 df=18、顯著性 p 值＝0.913>.05，未達統計顯著水準，接受虛無假設：$u_1-u_2=0$。平均數差異值 95% 信賴區間為 [−14.536，16.153]，包含 0 數值，表示平均數差異值等於 0 的可能性很高，沒有足夠理由可以拒絕虛無假設，對立假設無法得到支持。不同性別的學生在每天閱讀時間上沒有顯著差異存在。

使用資料框架物件 twot1，性別變數 sex 二個水準群組標記分別為「男生」、「女生」：

```
> with(twot1,{t.test(reti~sex,mu=0,alternative="t",var.equal=T)})
      Two Sample t-test
data: reti by sex
```

t = -0.1106, df = 18, p-value = 0.9131

alternative hypothesis: true difference in means is not equal to 0

95 percent confidence interval:

 -16.15229  14.53612

sample estimates:

mean in group 女生    mean in group 男生

62.55556            63.36364

男生群體的平均數 =63.364、女生群體的平均數 =62.556。描述性統計量若將男生群體順序置於女生群體前面，則 t 值統計量 =0.111。

獨立樣本 t 檢定傳統界面，除可使用 **with( )** 函數指定資料框架物件名稱外，也可以使用群組水準數值的邏輯判斷式，進行二個群組平均數的差異檢定：

```
> with(twot, t.test(reti[sex ==1], reti[sex ==2]),var.equal=T)
       Welch Two Sample t-test
data:  reti[sex == 1] and reti[sex == 2]
t = 0.1125, df = 17.952, p-value = 0.9117
alternative hypothesis: true difference in means is not equal to 0
95 percent confidence interval:
 -14.28425  15.90041
sample estimates:
mean of x     mean of y
63.36364     62.55556
```

平均數差異值檢定統計量 t 值 =0.113、自由度 df=17.952、顯著性 p 值 =0.912>.05，接受虛無假設，不同性別群組樣本在每天閱讀時間上沒有顯著不同。

　　使用 **tapply( )** 函數求出二個群體的平均數、標準差（範例數值四捨五入到小數第三位）：

```
> round(tapply(reti,sex, mean),3)
    1       2
63.364   62.556
> round(tapply(reti,sex, sd),3)
    1       2
17.339   14.774
```

　　直接界定使用資料框架物件 twot1 中的變數：

```
> round(tapply(twot1$reti,twot1$sex, mean),3)
  女生    男生
62.556   63.364
> round(tapply(twot1$reti,twot1$sex, sd),3)
  女生    男生
14.774   17.339
```

　　不同性別在每天閱讀時間變數之差異比較時，若要完整出現二個群組的描述性統計量，可以在命令稿中執行以下程式：

```
mg<-subset(twot,sex==1)
fg<-subset(twot,sex==2)
et<-matrix(NA, nrow=2,ncol=5)
colnames(et)<-c(" 平均數 "," 標準差 "," 個數 "," 平均數差異 "," 標準誤 ")
rownames(et)<-c(" 男生群組 "," 女生群組 ")
j=4;i=1
```

```
j=4;i=1
  et[i,1]<-mean(mg[,j])
  et[i,2]<-sd(mg[,j])
  et[i,3]<-length(mg[,j])
  et[i,4]<-mean(mg[,j])- mean(fg[,j])
  et[i,5]<-sd(mg[,j])/(sqrt(length(mg[,j])))
  et[i+1,1]<-mean(fg[,j])
  et[i+1,2]<-sd(fg[,j])
  et[i+1,3]<-length(fg[,j])
  et[i+1,4]<-mean(mg[,j])- mean(fg[,j])
  et[i+1,5]<-sd(fg[,j])/(sqrt(length(fg[,j])))
round(et,3)
```

上述語法程式在主控台中執行界面如下：

```
> mg<-subset(twot,sex==1)
> fg<-subset(twot,sex==2)
> et<-matrix(NA, nrow=2,ncol=5)
> colnames(et)<-c(" 平均數 "," 標準差 "," 個數 "," 平均數差異 "," 標準誤 ")
> rownames(et)<-c(" 男生群組 "," 女生群組 ")
>j=4;i=1
>  et[i,1]<-mean(mg[,j])
>  et[i,2]<-sd(mg[,j])
>  et[i,3]<-length(mg[,j])
>  et[i,4]<-mean(mg[,j])- mean(fg[,j])
>  et[i,5]<-sd(mg[,j])/(sqrt(length(mg[,j])))
```

```
> et[i+1,1]<-mean(fg[,j])
> et[i+1,2]<-sd(fg[,j])
> et[i+1,3]<-length(fg[,j])
> et[i+1,4]<-mean(mg[,j])- mean(fg[,j])
> et[i+1,5]<-sd(fg[,j])/(sqrt(length(fg[,j])))
> round(et,3)
          平均數  標準差  個數  平均數差異  標準誤
男生群組 63.364  17.339   11     0.808      5.228
女生群組 62.556  14.774    9     0.808      4.925
```

不同性別在每天閱讀時間 t 檢定摘要表如下：

| 檢定變數 | sex | 平均數 | 標準差 | 個數 | 平均數標準誤 | t 值 |
|---|---|---|---|---|---|---|
| 閱讀時間 | 男生 | 63.364 | 17.339 | 11 | 5.228 | 0.111 |
| | 女生 | 62.556 | 14.774 | 9 | 4.925 | |

　　描述性統計量函數語法為函數（資料框架物件 $ 變數名稱），可以求出全部觀察值的描述性統計量，如平均數、標準差、全距等。如果函數語法增列選取觀察值樣本引數，如「[sex==1]」，表示只選取 sex 變數編碼為 1（男生群體）的群組進行統計分析，引數界定「[sex==2]」，表示只選取 sex 變數編碼為 2（女生群體）的群組進行統計分析。範例為分別求出全部樣本、男生群體、女生群體在每天閱讀時間的平均數：

```
> mean(reti)            ## 全部樣本
[1] 63
> mean(reti[sex==1])    ## 男生群體
[1] 63.36364
> mean(reti[sex==2])    ## 女生群體
[1] 62.55556
```

範例為分別求出全部樣本、男生群體、女生群體在每天運動時間的平均數：

```
> mean(spti[sex==1])
[1] 70.81818
> mean(spti[sex==2])
[1] 52.22222
> mean(spti)
[1] 62.45
```

函數語法為分別求出全部樣本、男生群體、女生群體在寫作成績分數的平均數：

```
> mean(wrsc)
[1] 61.3
> mean(wrsc[sex==1])
[1] 59.54545
> mean(wrsc[sex==2])
[1] 63.44444
```

使用選取特定群組的引數設定，R 編輯器視窗指令列修改如下，命令稿指令列可以輸出二個群組的描述性統計量：

```
tdes<-matrix(NA, nrow=2,ncol=5)
colnames(tdes)<-c(" 平均數 "," 標準差 "," 個數 "," 平均數差異 "," 標準誤 ")
rownames(tdes)<-c(" 男生群組 "," 女生群組 ")
for ( i in 1:2)
{
```

```
  tdes[i,1]<-round(mean(reti[sex==i]),2)
  tdes[i,2]<-round(sd(reti[sex==i]),2)
  tdes[i,3]<-length(reti[sex==i])
  tdes[i,4]<-round(mean(reti[sex==1])-mean(reti[sex==2]),2)
  tdes[i,5]<-round(sd(reti[sex==i])/(sqrt(length(reti[sex==i]))),2)
}
print(tdes)
```

指令列 tdes[i,1]<-round(mean(reti[sex==i]),2) 界定群組平均數置放在第一個直行位置。

指令列 tdes[i,2]<-round(sd(reti[sex==i]),2) 界定群組標準差置放在第二個直行。

指令列 tdes[i,3]<-length(reti[sex==i]) 界定群組觀察值個數置放在第三個直行。

指令列 tdes[i,4]<-round(mean(reti[sex==1])-mean(reti[sex==2]),2) 界定二個群組平均數差異值置放在第四個直行。

指令列 tdes[i,5]<-round(sd(reti[sex==i])/(sqrt(length(reti[sex==i]))),2) 界定群組標準誤置放在第五個直行。

R 主控台執行 R 編輯器指令列之視窗界面如下：

```
> tdes<-matrix(NA, nrow=2,ncol=5)
> colnames(tdes)<-c("平均數","標準差","個數","平均數差異","標準誤")
> rownames(tdes)<-c("男生群組","女生群組")
> for ( i in 1:2)
+ {
```

```
+   tdes[i,1]<-round(mean(reti[sex==i]),2)
+   tdes[i,2]<-round(sd(reti[sex==i]),2)
+   tdes[i,3]<-length(reti[sex==i])
+   tdes[i,4]<-round(mean(reti[sex==1])-mean(reti[sex==2]),2)
+   tdes[i,5]<-round(sd(reti[sex==i])/(sqrt(length(reti[sex==i]))),2)
+ }
> print(tdes)
```

| | 平均數 | 標準差 | 個數 | 平均數差異 | 標準誤 |
|---|---|---|---|---|---|
| 男生群組 | 63.36 | 17.34 | 11 | 0.81 | 5.23 |
| 女生群組 | 62.56 | 14.77 | 9 | 0.81 | 4.92 |

修改上述語法指令列，增列（twot[,j]）變數索引可以輸出一系列檢定變數的描述性統計量，R 編輯器視窗指令列外部迴圈「for ( j in 4:6)」界定檢定變數的變數索引數值的起始索引與最後索引：

```
for ( j in 4:6)
{
for ( i in 1:2)
{
 tdes[i,1]<-round(mean(twot[,j][sex==i]),2)
 tdes[i,2]<-round(sd(twot[,j][sex==i]),2)
 tdes[i,3]<-length(twot[,j][sex==i])
 tdes[i,4]<-round(mean(twot[,j][sex==1]),2)-round(mean(twot[,j][
}
print(tdes)
}
```

R 主控台執行 R 編輯器指令列之視窗界面如下：

```
> for ( j in 4:6)
+ {
+ for ( i in 1:2)
+ {
+  tdes[i,1]<-round(mean(twot[,j][sex==i]),2)
+  tdes[i,2]<-round(sd(twot[,j][sex==i]),2)
+  tdes[i,3]<-length(twot[,j][sex==i])
+  tdes[i,4]<-round(mean(twot[,j][sex==1]),2)-round(mean(twot[,j]
   [sex==2]),2)
+  tdes[i,5]<-round(sd(twot[,j][sex==i])/(sqrt(length(twot[,j][sex==i]))),2)
+ }
+ print(tdes)
+ }
```

|      | 平均數 | 標準差 | 個數 | 平均數差異 | 標準誤 |
|------|------|------|------|--------|------|
| 男生群組 | 63.36 | 17.34 | 11 | 0.8 | 5.23 |
| 女生群組 | 62.56 | 14.77 | 9 | 0.8 | 4.92 |
|      | 平均數 | 標準差 | 個數 | 平均數差異 | 標準誤 |
| 男生群組 | 70.82 | 7.24 | 11 | 18.6 | 2.18 |
| 女生群組 | 52.22 | 7.79 | 9 | 18.6 | 2.60 |
|      | 平均數 | 標準差 | 個數 | 平均數差異 | 標準誤 |
| 男生群組 | 59.55 | 10.87 | 11 | -3.89 | 3.28 |
| 女生群組 | 63.44 | 9.77 | 9 | -3.89 | 3.26 |

範例中增列使用 **paste( )** 函數與 names(twot[j]) 函數輸出依變數（檢定計量變數）的名稱：

R 編輯器視窗指令列為：

```
for ( j in 4:6)
{
print( paste(" 依變數 :",names(twot[j))," 描述性統計量 ") )
for ( i in 1:2)
{
 tdes[i,1]<-round(mean(twot[,j][sex==i]),2)
 tdes[i,2]<-round(sd(twot[,j][sex==i]),2)
 tdes[i,3]<-length(twot[,j][sex==i])
 tdes[i,4]<-round(mean(twot[,j][sex==1]),2)-round(mean(twot[,j][sex==2]),2)
 tdes[i,5]<-round(sd(twot[,j][sex==i])/(sqrt(length(twot[,j][sex==i]))),2)
}
print(tdes)
}
```

R 主控台執行 R 編輯器指令列之視窗界面如下：

```
> for ( j in 4:6)
+ {
+ print( paste(" 依變數 :",names(twot[j))," 描述性統計量 ") )
+ for ( i in 1:2)
+ {
+   tdes[i,1]<-round(mean(twot[,j][sex==i]),2)
+   tdes[i,2]<-round(sd(twot[,j][sex==i]),2)
+   tdes[i,3]<-length(twot[,j][sex==i])
+    tdes[i,4]<-round(mean(twot[,j][sex==1]),2)-round(mean(twot[,j]
[sex==2]),2)
+   tdes[i,5]<-round(sd(twot[,j][sex==i])/(sqrt(length(twot[,j][sex==i]))),2)
+ }
```

```
+ print(tdes)
+ }
```
[1] " 依變數：reti 描述性統計量 "

| | 平均數 | 標準差 | 個數 | 平均數差異 | 標準誤 |
|---|---|---|---|---|---|
| 男生群組 | 63.36 | 17.34 | 11 | 0.8 | 5.23 |
| 女生群組 | 62.56 | 14.77 | 9 | 0.8 | 4.92 |

[1] " 依變數：spti 描述性統計量 "

| | 平均數 | 標準差 | 個數 | 平均數差異 | 標準誤 |
|---|---|---|---|---|---|
| 男生群組 | 70.82 | 7.24 | 11 | 18.6 | 2.18 |
| 女生群組 | 52.22 | 7.79 | 9 | 18.6 | 2.60 |

[1] " 依變數：wrsc 描述性統計量 "

| | 平均數 | 標準差 | 個數 | 平均數差異 | 標準誤 |
|---|---|---|---|---|---|
| 男生群組 | 59.55 | 10.87 | 11 | -3.89 | 3.28 |
| 女生群組 | 63.44 | 9.77 | 9 | -3.89 | 3.26 |

## 貳 不同性別學生在每天運動時間之差異比較

### 一、變異數相等性檢定

變異數相等性檢定語法與結果如下：

```
> var.test(spti~sex,data=twot,alternative="t")

    F test to compare two variances

data:  spti by sex

F = 0.8627, num df = 10, denom df = 8, p-value = 0.8105

alternative hypothesis: true ratio of variances is not equal to 1

95 percent confidence interval:

 0.2008653   3.3257756

sample estimates:

ratio of variances

        0.8627418
```

變異數相等性檢定的 F 值統計量 =0.863、分子自由度 =10、分母自由度 =8、顯著性 p 值 =0.811，未達 .05 統計顯著水準，結果為虛無假設的可能性比較大，接受虛無假設（變異數比值等於 1）：$\frac{\sigma_1^2}{\sigma_2^2}=1$，表示二個群體變異數相等：$\sigma_1^2 = \sigma_2^2$。

採用 car 套件內函數 leveneTest 進行變異數相等性檢定：

```
> leveneTest(spti,sex)
Levene's Test for Homogeneity of Variance (center = median)
    Df F value Pr(>F)
group  1  0.0321 0.8598
      18
Warning message:
In leveneTest.default(spti, sex) : sex coerced to factor.
> leveneTest(spti,factor(sex))      ## 界定 sex 變數類型為因子
Levene's Test for Homogeneity of Variance (center = median)
    Df F value Pr(>F)
group  1  0.0321 0.8598
      18
```

F 檢定統計量 =0.032、顯著性 p 值 =0.860>.05，接受虛無假設，二個群體的變異數相等。語法中出現警告訊息「Warning message:In leveneTest.default(spti, sex)：sex coerced to factor.」，表示將變數 sex 作為類別變數，否則無法進行群體變異數同質性檢定，若不要出現警告訊息，可於變數 sex 前增列「factor 函數」，將性別變數屬性界定為因子型態「> leveneTest(spti,factor(sex))」。

二、進行獨立樣本 t 檢定

```
> t.test(spti~sex,mu=0,alternative="t",var.equal=T)
      Two Sample t-test
data:  spti by sex
t = 5.5255, df = 18, p-value = 3.021e-05
alternative hypothesis: true difference in means is not equal to 0
95 percent confidence interval:
 11.52533 25.66659
sample estimates:
mean in group 1 mean in group 2
     70.81818        52.22222
```

　　群體 1 的平均數（男生群組）為 70.818、群體 2（女生群組）的平均數為 52.222，對立假設為母群體平均數差異值不等於 0：$u_1 - u_2 \neq 0$。

　　平均數差異值檢定統計量 t 值 =5.525、自由度 df=18、顯著性 p 值 =3.021e−05= $\dfrac{3.021}{10^5}$ <.05，達到統計顯著水準，拒絕虛無假設。平均數差異值 95% 信賴區間為 [11.525，25.667]，未包含 0 數值，表示平均數差異值等於 0 的可能性很低，有足夠理由可以拒絕虛無假設，對立假設得到支持。不同性別的學生在每天運動時間上有顯著差異存在，群體 1 樣本（男生）每天運動時間顯著多於群體 2 樣本（女生）。

　　不同性別在每天閱讀時間、每天運動時間、寫作成績差異比較之 t 檢定摘要表如下：

| 檢定變數 | 性別 | 個數 | 平均數 | 標準差 | 平均數標準誤 | 平均數差異值 | t 值 |
|---|---|---|---|---|---|---|---|
| reti | 男生 | 11 | 63.36 | 17.34 | 5.23 | 0.80 | 0.111 |
| reti | 女生 | 9 | 62.56 | 14.77 | 4.93 | | |
| spti | 男生 | 11 | 70.82 | 7.24 | 2.18 | 18.60 | 5.525*** |
| spti | 女生 | 9 | 52.22 | 7.79 | 2.60 | | |
| wrsc | 男生 | 11 | 59.55 | 10.87 | 3.28 | -3.89 | -0.835 |
| wrsc | 女生 | 9 | 63.44 | 9.77 | 3.26 | | |

*** p<.001

範例為不同家庭結構在每天閱讀時間、每天運動時間、寫作成績的差異比較，逐一進行變異數相等性檢定：

```
> var.test(reti~hom,alternative="t")       ## 計量變數為每天閱讀時間
      F test to compare two variances
data:  reti by hom
F = 0.6976, num df = 7, denom df = 11, p-value = 0.6507
alternative hypothesis: true ratio of variances is not equal to 1
95 percent confidence interval:
 0.1855921 3.2852019
sample estimates:
ratio of variances
      0.6975736
> var.test(spti~hom,alternative="t")   ## 計量變數為每天運動時間
      F test to compare two variances
data:  spti by hom
F = 0.3567, num df = 7, denom df = 11, p-value = 0.1814
alternative hypothesis: true ratio of variances is not equal to 1
95 percent confidence interval:
 0.09490378 1.67990998
sample estimates:
ratio of variances
      0.3567089
> var.test(wrsc~hom,alternative="t")  ## 計量變數為寫作成績
      F test to compare two variances
data:  wrsc by hom
```

F = 0.3796, num df = 7, denom df = 11, p-value = 0.2084

alternative hypothesis: true ratio of variances is not equal to 1

95 percent confidence interval:

　0.100983 1.787520

sample estimates:

ratio of variances

　　　0.3795586

　　若是檢定的計量變數較多，研究者可以使用變數索引，配合迴圈結構函數 for（數值 in 範圍）語法，一次執行多個計量變數在因子變數之變異數相等性檢定，命令稿程式（R編輯器視窗）為：

```
for( i in 4:6)
{
print(paste("DEvar:",names(twot[i])) )
print(var.test(twot[[i]]~hom,alternative="t"))
}
```

　　R 主控台執行 R 編輯器命令稿程式之視窗界面與結果如下：

```
> for( i in 4:6)
+ {
+ print(paste("DEvar:",names(twot[i])) )
+ print(var.test(twot[[i]]~hom,alternative="t"))
+ }
[1] "DEvar: reti"
      F test to compare two variances
data:  twot[[i]] by hom
```

F = 0.6976, num df = 7, denom df = 11, p-value = 0.6507

alternative hypothesis: true ratio of variances is not equal to 1

95 percent confidence interval:

 0.1855921  3.2852019

sample estimates:

ratio of variances

      0.6975736


[1] "DEvar: spti"

      F test to compare two variances

data:  twot[[i]] by hom

F = 0.3567, num df = 7, denom df = 11, p-value = 0.1814

alternative hypothesis: true ratio of variances is not equal to 1

95 percent confidence interval:

 0.09490378  1.67990998

sample estimates:

ratio of variances

      0.3567089

[1] "DEvar: wrsc"

      F test to compare two variances

data:  twot[[i]] by hom

F = 0.3796, num df = 7, denom df = 11, p-value = 0.2084

alternative hypothesis: true ratio of variances is not equal to 1

95 percent confidence interval:

 0.100983  1.787520

sample estimates:

ratio of variances

      0.3795586

　　檢定變數為每天閱讀時間，分子、分母自由度分別為 7、11，F 值統計量 =0.698、顯著性 p 值 =0.651>.05，接受虛無假設，二個群體變異數相等。檢定變數為每天運動時間，分子、分母自由度分別為 7、11，F 值統計量 =0.357、顯著性 p 值 =0.181>.05，接受虛無假設，二個群體變異數相等。檢定變數為寫作成績，分子、分母自由度分別為 7、11，F 值統計量 =0.380、顯著性 p 值 =0.208>.05，接受虛無假設，二個群體變異數相等。

　　由於三個計量變數在變異數相等性檢定上，群組的變異數均同質，t 檢定可以使用變數索引一次執行完畢。

　　R 編輯器視窗命令稿程式如下：

```
for( i in 4:6)
print(t.test(twot[[i]]~hom,alternative="t",var.equal=T))
```

　　R 主控台執行程式之命令列結果如下：

```
> for( i in 4:6)
+ print(t.test(twot[[i]]~hom,alternative="t",var.equal=T))

        Two Sample t-test

data:  twot[[i]] by hom
t = -2.7414, df = 18, p-value = 0.01342
alternative hypothesis: true difference in means is not equal to 0
95 percent confidence interval:
 -30.175457  -3.991209
sample estimates:
mean in group 完整家庭 mean in group 單親家庭
              52.75000               69.83333
```

```
        Two Sample t-test
data:  twot[[i]] by hom
t = 0.7308, df = 18, p-value = 0.4743
alternative hypothesis: true difference in means is not equal to 0
95 percent confidence interval:
 -7.577206 15.660539
sample estimates:
mean in group 完整家庭 mean in group 單親家庭
             64.87500           60.83333
        Two Sample t-test
data:  twot[[i]] by hom
t = -1.1327, df = 18, p-value = 0.2722
alternative hypothesis: true difference in means is not equal to 0
95 percent confidence interval:
 -15.106884   4.523551
sample estimates:
mean in group 完整家庭 mean in group 單親家庭
             58.12500           63.41667
```

若是某些檢定變數符合變異數同質性、某些不符合變異數同質性 ( 變異數不相等 )，則要分成二個程式檔分開執行，t 檢定的引數「var.equal」，分別設定為「=T」、「=F」（更完整簡便的 t 檢定語法指令請參閱項目分析）。

不同家庭結構在每天閱讀時間、每天運動時間、寫作成績差異之 t 檢定摘要表如下：

| 檢定變數 | hom | 個數 | 平均數 | 標準差 | 平均數標準誤 | 平均數差異值 | t 值 |
|---|---|---|---|---|---|---|---|
| **reti** | 完整家庭 | 8 | 52.75 | 12.14 | 4.29 | -17.083 | -2.741* |
| | 單親家庭 | 12 | 69.83 | 14.53 | 4.20 | | |
| **spti** | 完整家庭 | 8 | 64.88 | 8.36 | 2.96 | 4.042 | 0.731 |
| | 單親家庭 | 12 | 60.83 | 13.99 | 4.04 | | |

| 檢定變數 | hom | 個數 | 平均數 | 標準差 | 平均數標準誤 | 平均數差異值 | t 值 |
|---|---|---|---|---|---|---|---|
| **wrsc** | 完整家庭 | 8 | 58.13 | 7.24 | 2.56 | -5.292 | -1.133 |
| | 單親家庭 | 12 | 63.42 | 11.75 | 3.39 | | |

* p<.05

　　在實驗處理或準實驗設計程序中，實驗組為介入處理的組別、控制組為進行比較的組別，假定實驗效果探究的是實驗處理方法對受試者問題解決能力的比較，研究假設檢定包括雙尾檢定假設與單尾檢定假設。

　　雙尾檢定假設：經三個月的實驗處理後，實驗組與控制組在問題解決能力（分數）上有顯著差異存在。

　　單尾檢定假設：經三個月的實驗處理後，控制組在問題解決能力分數顯著低於實驗組的平均分數。

　　實驗組與控制組的組別水準標記分別為 treat、control，二組受試者對應的問題解決能力分數以向量界定，二組受試者各有 10 位。

```
> group=rep(c("treat","control"),each=10)
> score=c(7,6,7,9,10,8,6,4,5,3,6,5,4,7,8,2,4,5,3,3)
```

進行二個組別變異數相等性檢定：

```
> var.test(score~group,alternative="t")
      F test to compare two variances
data:  score by group
F = 0.7553, num df = 9, denom df = 9, p-value = 0.6827
alternative hypothesis: true ratio of variances is not equal to 1
95 percent confidence interval:
 0.1876044 3.0408097
sample estimates:
ratio of variances
        0.7552941
```

變異數比值 =0.755、分子自由度 =9、分母自由度 =9，變異數相等性檢定統計量 F 值 =0.755、顯著性 p 值 =0.683>.05，未達統計顯著水準，接受虛無假設，二個組別的變異數相等。

進行獨立樣本 t 檢定，檢定假設選項為雙尾檢定（雙側考驗）：

```
> t.test(score~group,alternative="t",var.equal=T)
      Two Sample t-test
data:  score by group
t = -1.9771, df = 18, p-value = 0.06356
alternative hypothesis: true difference in means is not equal to 0
95 percent confidence interval:
 -3.7127495  0.1127495
sample estimates:
mean in group control    mean in group treat
        4.7                      6.5
```

控制組在問題解決能力分數的平均值 =4.70、實驗處理組在問題解決能力分

數的平均值 =6.50。檢定平均數差異值是否顯著等於 0 的 t 值統計量 =−1.977、自由度 =18、顯著性 p 值 =0.064>.05，未達統計顯著水準，接受虛無假設。控制組問題解決能力平均數與實驗處理組問題解決能力平均數的差異值顯著 =0，研究假設無法得到支持。

進行獨立樣本 t 檢定，檢定假設選項為單尾左側檢定（單尾左側考驗）：

```
> t.test(score~group,alternative="l",var.equal=T)
        Two Sample t-test
data:  score by group
t = -1.9771, df = 18, p-value = 0.03178
alternative hypothesis: true difference in means is less than 0
95 percent confidence interval:
     -Inf -0.2212507
sample estimates:
mean in group control     mean in group treat
            4.7                       6.5
```

對立假設為 $\mu_{control} - \mu_{treat} < 0$，虛無假設為 $\mu_{control} - \mu_{treat} \geq 0$。控制組在問題解決能力分數的平均值 =4.70、實驗處理組在問題解決能力分數的平均值 =6.50。檢定之 t 值統計量 =−1.977、自由度 = 18、顯著性 p 值 = 0.032<.05，達統計顯著水準，拒絕虛無假設（$\mu_{control} - \mu_{treat} \geq 0$），研究假設（對立假設）：$\mu_{control} - \mu_{treat} < 0$ 得到支持，經三個月的實驗處理後，控制組問題解決能力顯著低於實驗處理組問題解決能力。實驗設計程序中，如果研究者要採用單尾檢定或單側考驗，最好有理論基礎或經驗法則支持，否則最好不要提出單尾檢定假設，因為單尾檢定假設容易「得出拒絕虛無假設、研究假設獲得支持」的結論。

**相依樣本檢定**

相依樣本或稱配對樣本，表示是同一群樣本觀察值在不同時段所得測量值平均數間的差異，由於這些測量值都是來自同一群受試者，因而是一種重複量數測量。

範例中為樣本觀察值對三種款式衣服勾選所得的分數，三種款式衣服變數分別為 typa、typb、typc。

一、對 A、B 二種款式衣服喜愛的比較

成對樣本 t 檢定使用 **t.test( )** 函數時，引數中的 paired 選項要界定「=T」，表示進行的是相依樣本的 t 檢定。

```
> t.test(typa,typb,mu=0,alternative="t",var.equal=T,paired=T,conf.level=0.95)
        Paired t-test
data:  typa and typb
t = 7.4519, df = 19, p-value = 4.731e-07
alternative hypothesis: true difference in means is not equal to 0
95 percent confidence interval:
 1.653994   2.946006
sample estimates:
mean of the differences
                     2.3
```

二個平均數的差異值 =2.3（typa-typb=2.3），對立假設為真實差異值不等於 0，平均數差異值檢定統計量 t 值 = 7.452、自由度 df=19、顯著性 p 值 = 4.731e-07<.05，達到統計顯著水準，拒絕虛無假設，樣本學生對 A、B 二種衣服款式的喜愛程度有顯著不同，學生顯著的較喜愛 A 款式的衣服。

二、對 B、C 二種款式衣服喜愛的比較

> t.test(typb,typc,mu=0,alternative="t",var.equal=T,paired=T,conf.level=0.95)

    Paired t-test

data:  typb and typc

t = -5.2289, df = 19, p-value = 4.78e-05

alternative hypothesis: true difference in means is not equal to 0

95 percent confidence interval:

 -4.130825  -1.769175

sample estimates:

mean of the differences

            -2.95

　　二個平均數的差異值 =−2.95（typb-typc=−2.95，差異值為負數表示 typc 變數的平均數較大），對立假設為真實差異值不等於 0，平均數差異值檢定統計量 t 值 =−5.229、自由度 df=19、顯著性 p 值 =4.78e−05<.05，達到統計顯著水準，拒絕虛無假設，樣本學生對 B、C 二種衣服款式的喜愛程度有顯著不同，學生顯著的較喜愛 C 款式的衣服。

三、對 A、C 二種款式衣服喜愛的比較

> t.test(typa,typc,mu=0,alternative="t",var.equal=T,paired=T,conf.level=0.95)

    Paired t-test

data:  typa and typc

t = -1.4876, df = 19, p-value = 0.1533

alternative hypothesis: true difference in means is not equal to 0

95 percent confidence interval:

 -1.5645367  0.2645367

sample estimates:

mean of the differences

            -0.65

　　二個平均數的差異值 =-0.65（typa-typc=-0.65），對立假設為真實差異值不等於 0，平均數差異值檢定統計量 t 值 =-1.488、自由度 df=19、顯著性 p 值 = 0.153>.05，未達統計顯著水準，接受虛無假設，樣本學生對 B、C 二種衣服款式的喜愛程度沒有顯著不同。接受虛無假設，對立假設無法得到支持，表示二個變數的平均數差異值顯著等於 0，樣本估計值之差異量 -0.65 是抽樣誤差造成的，若將樣本數擴大，二個變數平均數差異值會趨近於 0 或等於 0。

　　求出三種衣服款式變數的平均數：

```
> print(mean(typa))
[1] 6.45
> print(mean(typb))
[1] 4.15
> print(mean(typc))
[1] 7.1
```

　　求出三種衣服款式變數的標準差：

```
> print(sd(typa))
[1] 1.571958
> print(sd(typb))
[1] 1.954078
> print(sd(typc))
[1] 1.48324
```

成對樣本 t 檢定整理成如下摘要表如下：

|  |  | 平均數 | 個數 | 標準差 | t 值 |
|---|---|---|---|---|---|
| 成對 1 | typa | 6.45 | 20 | 1.572 | 7.452*** |
|  | typb | 4.15 | 20 | 1.954 |  |
| 成對 2 | typb | 4.15 | 20 | 1.954 | −5.229*** |
|  | typc | 7.10 | 20 | 1.483 |  |
| 成對 3 | typa | 6.45 | 20 | 1.572 | −1.488 |
|  | typc | 7.10 | 20 | 1.483 |  |

*** p<.001

 **雙樣本比例檢定**

雙樣本比例檢定在檢定二個群體在某一事件的百分比差異量是否顯著不等於 0 或顯著不等於一個比值（百分比）。

雙樣本比例檢定 **prop.test( )** 函數語法為：

「prop.test(x, n, p = NULL,alternative = c("two.sided", "less", "greater"),conf.level = 0.95, correct = TRUE)」

引數 x 為成功次數向量。引數 n 為試驗次數向量。引數 p 為成功的機率。引數 correct 內定選項為 TRUE，表示要使用 Yates 連續校正方式（Yates' continuity correction）進行參數估計。

一、範例問題一

技能證照考試，隨機抽取甲校 22 名應考者，通過證照考試人數有 8 名；隨機抽取乙校 26 名應考者，通過證照考試人數有 12 名，請問二校通過技能證照考試的百分比是否有顯著不同？。

函數語法中，pass 物件向量界定二個班級通過證照考試的人數（成功事件的向量）、scho 物件向量界定二個學校試驗的人數（每校 n 的個數）。

函數 **prop.test( )** 採用內定選項，對立假設為雙尾檢定、信心水準為 0.95（顯著水準 $\alpha = .05$）：

```
> pass<-c(8,12)
> scho<-c(22,26)
> prop.test(pass,scho)
      2-sample test for equality of proportions with continuity
      correction
data:  pass out of scho
X-squared = 0.1534, df = 1, p-value = 0.6953
alternative hypothesis: two.sided
95 percent confidence interval:
 -0.4175732  0.2217691
sample estimates:
   prop 1      prop 2
0.3636364   0.4615385
```

甲校通過技能證照的百分比為 36.4%、乙校通過技能證照的百分比為 46.2%，百分比差異檢定統計量卡方值 =0.153、自由度 df=1、顯著性 p 值 = 0.695>.05，接受虛無假設：$H_0:P_1=P_2$，二個學校通過技能證照考試的百分比沒有顯著不同。差異值是否顯著等於 0 之 95% 信賴區間為 [−0.418, 0.222]，信賴區間數值包含 0，表示百分比平均差異值等於 0 的可能性很大，沒有足夠證據拒絕虛無假設，對立假設無法得到支持。

二、範例問題二

英文科模擬考試，隨機抽取甲班 16 名學生，不及格人數有 5 名；隨機抽取乙班 20 名學生，不及格人數有 15 名，請問二班英文科模擬考不及格的百分比是否有顯著不同。

函數語法中，nopass 物件向量界定二個班級不及格的人數、class 物件向量界定二個班級試驗的人數。

```
> nopass<-c(5,15)
> class<-c(16,20)
> prop.test(nopass,class)
      2-sample test for equality of proportions with continuity
      correction
data: nopass out of class
X-squared = 5.2327, df = 1, p-value = 0.02217
alternative hypothesis: two.sided
95 percent confidence interval:
 -0.78971582  -0.08528418
sample estimates:
 prop 1  prop 2
0.3125  0.7500
```

雙尾比例檢定的對立假設為 $H_1:P_1 \neq P_2$；虛無假設為 $H_0:P_1=P_2$。甲班級有效樣本數有 16 位、不及格人數學生有 5 位、百分比為 31.3%；乙班級有效樣本數有 20 位、不及格人數學生有 15 位、百分比為 75%。百分比差異值的 95% 信賴區間為 $[-0.790，-0.085]$，未包含 0 點估計值，表示百分比差異值等於 0 的機率很低，拒絕虛無假設（$P_{甲班}-P_{乙班}=0$）。差異檢定的卡方值統計量等於 5.233，顯著性 p=0.022<.05，達到統計顯著水準，有足夠證據拒絕虛無假設（$P_{甲班}-P_{乙班}=0$），對立假設（$P_{甲班}-P_{乙班}\neq 0$）獲得支持，二個班級英文科模擬考學生不及格百分比有顯著不同。

### 三、範例問題三

隨機抽取三個學校參加電腦技能檢定的學生，三校各隨機抽取 40、50、25 位學生，通過電腦技能檢定的人數分別為 20、15、18，請問三個學校通過電腦技能檢定的百分比有無不同？

函數 **prop.test( )** 語法與結果如下：

```
> pass<-c(20,15,18)
> school<-c(40,50,25)
> prop.test(pass,school)

        3-sample test for equality of proportions without continuity
        correction

data:  pass out of school
X-squared = 12.2104, df = 2, p-value = 0.002231
alternative hypothesis: two.sided
sample estimates:
 prop 1   prop 2   prop 3
  0.50     0.30     0.72
```

卡方值統計量 =12.210、自由度 df=2、顯著性機率值 p=0.002<.05，達到統計顯著水準，拒絕虛無假設：$H_0:P_1=P_2=P_3$，至少有一個學校通過電腦技能檢定的百分比與其他學校不同，其中，丙校通過電腦技能檢定的百分比（72%）顯著高於乙校通過電腦技能檢定的百分比（30%）。

## 伍 無母數檢定

二個獨立群體之無母數統計程序最常使用為曼惠特尼 U 考驗，曼惠特尼 U 考驗使用的函數為 **wilcox.test( )**。

函數 **wilcox.test( )** 語法如下：

「wilcox.test(x, y = NULL,alternative = c("two.sided", "less", "greater"),mu = 0, paired = FALSE, exact = NULL, correct = TRUE,conf.int = FALSE, conf.level = 0.95」wilcox.test(formula, data, subset, na.action)

**wilcox.test( )** 函數中引數的界定與 **t.test( )** 函數類似。引數 paired 內定選項為「=FALSE」表示進行的獨立樣本中位數檢定，若是相依樣本將選項改為「TRUE」。引數 exact 界定是否估算正確顯著性 p 值。引數 correct 界定常態概算中是否應用連續校正值作為顯著性 p 值，內定選項為「TRUE」。引數 conf.int 界定是否估算信賴區間。引數 formula 形式表示界定數值變數～類別變數。引數 na.action 表示資料檔中有遺漏值是否繼續執行參數估計程序。

函數 **kruskal.test( )** 執行 Kruskal-Wallis 等級和檢定，檢定群組間計量變數之分配的位置參數（location parameters）是否相同，對立假設是至少一個位置參數不相同。

kruskal.test(x, ...)
kruskal.test(x, g, ...)
kruskal.test(formula, data, subset, na.action, ...)

引數 x 為數值資料向量或數值資料向量之列表（list）。引數 g 為類別物件向量。引數 formula 表示可以使用反應變項～群組變數的形式。引數 data 為矩陣或資料框架物件。引數 subset 界定特別的子資料檔。

對立假設：不同家庭結構（完整家庭、單親家庭）樣本學生在每天閱讀時間方面是否有顯著差異：

> > kruskal.test(reti,hom,data=twot)
>        Kruskal-Wallis rank sum test
> data:  reti and hom
> Kruskal-Wallis chi-squared = 7.5355, df = 1, p-value = 0.00605

Kruskal-Wallis 卡方統計量＝ 7.536、自由度 df=1、顯著性 p 值 =0.006<.05，二個群體的等級和有顯著不同。樣本觀察值在排列等級時，測量值或分數最低者等級為 1，因而等級和愈大，表示原始測量值愈大，二個群體的等級和有顯著不同，表示二個群體的等級平均數有顯著不同。

對立假設：不同性別（男生、女生）樣本學生在寫作分數是否有顯著差異：

> > kruskal.test(wrsc,sex,data=twot)
>        Kruskal-Wallis rank sum test
> data:  wrsc and sex
> Kruskal-Wallis chi-squared = 0.3254, df = 1, p-value = 0.5684

Kruskal-Wallis 卡方統計量＝ 0.325、自由度 df=1、顯著性 p 值 =0.567>.05，接受虛無假設：二個群體的等級和（等級平均數）沒有顯著不同，即二個群體的寫作分數間沒有顯著差異存在。

R 軟體中可以直接求出曼惠特尼 U 考驗統計量的函數為 **wilcox.test( )**，引數中界定「paired＝FALSE」表示進行的是二個獨立群體的中位數檢定。

範例為檢定不同家庭結構在每天閱讀時間方面是否有顯著不同？

```
> wilcox.test(reti~hom, mu = 0, paired = FALSE, alternative = "t")
        Wilcoxon rank sum test with continuity correction
data: reti by hom
W = 12.5, p-value = 0.006801
alternative hypothesis: true location shift is not equal to 0
Warning message:
In wilcox.test.default(x = c(56L, 54L, 65L, 59L, 62L, 57L, 40L, :
  cannot compute exact p-value with ties
```

W=12.5 參數估計值為 Mann-Whitney U 統計量、顯著性 p 值 =0.007<.05，拒絕虛無假設（$\eta_1-\eta_2=0$），表示二個群體的中位數顯著不相等。無母數統計程序的運算中，測量值最小者排序為 1，因而等級較小。若群體等級總和或等級平均數較低，對應的中位數也較小，因而二個群體的中位數顯著不等於 0，表示二個群體的等級平均數有顯著不同。

研究問題為不同性別的學生群體在寫作分數上是否有顯著差異？

**wilcox.test( )** 函數語法與結果如下：

```
> wilcox.test(wrsc~sex, mu = 0, paired = FALSE, alternative = "t")
        Wilcoxon rank sum test with continuity correction
data: wrsc by sex
W = 42, p-value = 0.5944
alternative hypothesis: true location shift is not equal to 0
Warning message:
In wilcox.test.default(x = c(52L, 68L, 72L, 74L, 52L, 64L, 58L, :
  cannot compute exact p-value with ties
```

無母數檢定的對立假設為：$\eta_1-\eta_2\neq0$ ，Mann-Whitney U 統計量 =42，顯著性 p 值 =0.594>.05，接受虛無假設（$\eta_1-\eta_2=0$），二個群體的中位數沒有顯著不同，即二個群體的等級平均數的差異值顯著等於 0。

進行相依樣本中位數檢定時 **wilcox.test( )** 函數中的引數 paired 界定為「TRUE」。

研究問題：樣本學生對 A、B 二種款式衣服喜愛程度是否有所不同？

```
> wilcox.test(typa,typb, paired = T, alternative = "t")
    Wilcoxon signed rank test with continuity correction
data:  typa and typb
V = 207, p-value = 0.0001298
alternative hypothesis: true location shift is not equal to 0
Warning message:
In wilcox.test.default(typa, typb, paired = T, alternative = "t") :
  cannot compute exact p-value with ties
```

魏克遜符號等級檢定（Wilcoxon signed rank）對立假設為二個變數位置變移是否等於 0（中位數不相等），檢定統計量 V=207、顯著性 p 值 =0.000<.05，拒絕虛無假設，二個變數的中位數顯著不相等，樣本觀察值對 A、B 二種款式衣服喜愛程度有顯著不同。警告訊息出現直行變數的測量值有等值結（相同分數），無法估算正確的顯著性 p 值（精確顯著性 p 值與估算顯著性 p 值差異不大）。

研究問題：樣本學生對 A、C 二種款式衣服喜愛程度是否有所不同？

```
> wilcox.test(typa,typc, paired = T, alternative = "t")
    Wilcoxon signed rank test with continuity correction
data:  typa and typc
V = 33.5, p-value = 0.1357
alternative hypothesis: true location shift is not equal to 0
```

檢定統計量 V=33.5、顯著性 p 值 =0.136>.05，接受虛無假設，二個變數的中位數顯著相等，樣本觀察值對 A、C 二種款式衣服喜愛程度沒有顯著差異存在。

使用 **ks.test( )** 函數可以檢定二個計量變數是否來自相同的連續型機率分配型態，範例為檢定每天閱讀時間、每天運動時間二個計量變數的機率分配型態是否相同：

```
> ks.test(reti,spti)

        Two-sample Kolmogorov-Smirnov test

data:  reti and spti

D = 0.2, p-value = 0.8186

alternative hypothesis: two-sided

Warning message:

In ks.test(reti, spti) : cannot compute exact p-value with ties
```

虛無假設為二個計量變數機率分配型態相同，雙樣本 Kolmogorov-Smirnov 檢定統計量 D=0.2、顯著性 p 值 =0.819，接受虛無假設，二個變數有相同的機率分配型態或二者機率分配型態類似。

套件 fBasics 中的函數 **locationTest( )** 可以檢定二個變數是否有相同的中位數或相同的集中趨勢，檢定統計方法為 Kruskal-Wallis 等級和，函數中的引數方法「method」的選項為 "=t" 表示檢定的是二個變數的平均數，選項為 "=kw2" 表示界定檢定的量數為二個變數的中位數。

```
> locationTest(typa,typb,method="kw2")

Title:

 Kruskal-Wallis Two Sample Test

Test Results:

 PARAMETER:

  x Observations: 20

  y Observations: 20
```

```
SAMPLE ESTIMATES:
 Mean of x: 6.45
 Mean of y: 4.15
 Var    of x: 2.4711
 Var    of y: 3.8184
STATISTIC:
 KW chi-squared: 13.4968
P VALUE:
 0.000239
```

KW 卡方值 =13.497、顯著性 p 值 =0.000<.05，拒絕虛無假設，typa、typb 二個變數的中位數顯著不相同。

```
> locationTest(typa,typc,method="kw2")
Title:
 Kruskal-Wallis Two Sample Test
Test Results:
 PARAMETER:
  x Observations: 20
  y Observations: 20
 SAMPLE ESTIMATES:
  Mean of x: 6.45
  Mean of y: 7.1
  Var    of x: 2.4711
  Var    of y: 2.2
 STATISTIC:
  KW chi-squared: 2.9189
 P VALUE:
  0.08755
```

　　KW 卡方值 =2.919、顯著性 p 值 =0.088>.05，接受虛無假設，typa、typc 二個變數的中位數顯著不相同。

　　引數方法選項改為 "t"，表示進行的二個計量變數平均數的差異檢定。

　　範例為檢定 typa、typb 二個變數的平均數是否顯著相等？

```
> locationTest(typa,typb,method="t")
Title:
 t Test
Test Results:
 PARAMETER:
   x Observations: 20
   y Observations: 20
   mu: 0
 SAMPLE ESTIMATES:
   Mean of x: 6.45
   Mean of y: 4.15
   Var    of x: 2.4711
   Var    of y: 3.8184
 STATISTIC:
          T: 4.1014
   T | Equal Var: 4.1014
 P VALUE:
   Alternative Two-Sided: 0.0002213
   Alternative      Less: 0.9999
   Alternative   Greater: 0.0001106
   Alternative Two-Sided | Equal Var: 0.0002088
   Alternative      Less | Equal Var: 0.9999
   Alternative   Greater | Equal Var: 0.0001044
```

```
CONFIDENCE INTERVAL:
   Two-Sided: 1.163, 3.437
         Less: -Inf, 3.2465
      Greater: 1.3535, Inf
   Two-Sided | Equal Var: 1.1648, 3.4352
         Less | Equal Var: -Inf, 3.2454
      Greater | Equal Var: 1.3546, Inf
```

第一個變數（x 變數）、第二個變數（y 變數）的樣本觀察值 =20，x 變數（typa）、y 變數（typb）的平均數分別為 6.45、4.15，變異數分別為 2.471、3.818。平均數差異檢定結果的 t 值統計量 =4.101、雙尾檢定之顯著性 p 值 =0.000<.05，拒絕虛無假設，typa、typb 二個變數的平均數顯著不相等。

檢定 typa、typc 二個變數的平均數是否相等？

```
> locationTest(typa,typc,method="t")
Title:
 t Test
Test Results:
 PARAMETER:
   x Observations: 20
   y Observations: 20
   mu: 0
 SAMPLE ESTIMATES:
   Mean of x: 6.45
   Mean of y: 7.1
   Var   of x: 2.4711
   Var   of y: 2.2
 STATISTIC:
         T: -1.345
   T | Equal Var: -1.345
```

P VALUE:

Alternative Two-Sided: 0.1866

Alternative      Less: 0.09331

Alternative     Greater: 0.9067

Alternative Two-Sided | Equal Var: 0.1866

Alternative     Less | Equal Var: 0.0933

Alternative   Greater | Equal Var: 0.9067

CONFIDENCE INTERVAL:

Two-Sided: -1.6284, 0.3284

    Less: -Inf, 0.1648

    Greater: -1.4648, Inf

Two-Sided | Equal Var: -1.6284, 0.3284

    Less | Equal Var: -Inf, 0.1648

    Greater | Equal Var: -1.4648, In

輸出結果的 t 值統計量 =−1.3454、雙尾檢定之顯著性 p 值 =0.187>.05，接受虛無假設，typa、typc 二個變數的平均數顯著不相等。

函數 locationTest( ) 中的引數「method」若界定 "=t"，會同時輸出二個平均數差異檢定的雙尾檢定、單尾右側檢定、單尾右側檢定的顯著性 p 值。範例雙尾檢定的顯著性 p 值 =0.187，單尾右側檢定的顯著性 p 值 =0.093，單尾左側檢定的顯著性 p 值 =0.907，其中單尾右側檢定的顯著性 p 值為雙尾檢定顯著性 p 值的一半（0.093=0.187÷2），單尾左側檢定的顯著性 p 值為 1 減掉雙尾檢定顯著性 p 值的一半（0.907=1−0.187÷2=1−0.093）。

# 11 相關分析

- ■ Pearson 積差相關

- ■等級相關

- ■二個變數間散布圖的繪製

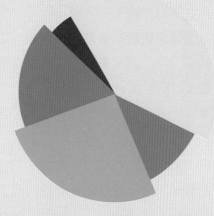

　　相關分析在於探討二個變數間的關係，二個變數均為計量變數，相關統計量稱為皮爾森積差相關係數（Pearson product-moment correlation coefficient）。二個變數有顯著相關（correlation）表示二個變數間有顯著關聯（relationship）。

　　Pearson 積差相關係數的公式為：

$$r_{XY} = \frac{\Sigma(X-\bar{X})(Y-\bar{Y})}{(N-1)SD_X SD_Y} = \frac{CP_{XY}}{(N-1)SD_X SD_Y} = \frac{COV_{XY}}{SD_X SD_Y}$$ （相關係數參數＝共變數除以 X 變數標準差與 Y 變數標準差的乘積），共變數 $COV_{XY}$ 的公式為：

$$COV_{XY} = \frac{CP_{XY}}{(N-1)}$$ 、 $CP_{XY} = \Sigma(X - \bar{X})(Y - \bar{Y})$ （離均差分數的交乘積總和）

　　積差相關係數為二個變數的共變數除以二個變數的標準差乘積。Pearson 積差相關係數值介於 −1.000 至 +1.000，係數絕對值愈接近 1，表示二個計量變數間的關係愈密切，係數值為正，表示二個變數間為正向關係；係數值為負，表示二個變數間為負向關係。係數值為 +1.000，且達統計顯著水準，表示二個變數為完全正相關；係數值為 −1.000，且達統計顯著水準，表示二個變數為完全負相關。如果二個變數間沒有關聯，表示二個變數間的相關係數顯著等於 0，二個變數間的關係稱為零相關。

　　二個變數有顯著正相關（positive correlation）表示一個變數測量值（或分數）愈高（大），另一個變數測量值（或分數）也會愈高（大），二個變數測量值改變的方向是相同的。相對的，二個變數有顯著負相關（negative correlation）表示一個變數測量值（或分數）愈高（愈大），另一個變數測量值（或分數）則會愈低（愈小），二個變數測量值改變的方向是相反的。正相關的散布圖接近一條由左下往右上的直線（／）、負相關的散布圖接近是一條由左上往右下的直線（＼）。

　　以相關係數絕對值的大小而言，二個變數相關係數 r 的絕對值如果大於等於 .700 以上，二個變數間的關聯屬高度（high）相關或強度（strong）相關。相關係數 r 的絕對值若是小於 .400 以下，二個變數間的關聯屬低度（low）相關或弱度（weak）相關。相關係數 r 的絕對值大於等於 .400 且小於 .700，二個變數間的關聯屬中度（middle）相關。

　　積差相關係數 $r_{XY}$ 的平方 $r_{XY}^2$ 稱為決定係數（coefficient of determination），決定係數是變數間可以相互解釋的變異量，表示一個變數可以被另一個變數解釋的變異比例，二個變數間有相關，可以進一步進行變數的迴歸分析。二個變數間之決定係數值以圖示表示為：

　　如果二個變數都是次序變數（如名次、排名、等級），二個變數間的相關係數稱為等級相關，等級相關常被使用的係數為 Spearman 等級相關係數，Spearman 等級相關係數 $\rho$ 的計算公式為：$\boldsymbol{\rho = 1 - \dfrac{6\Sigma d^2}{n(n^2-1)}}$其中 d 是樣本觀察值在二個變數間「等級」（rank）的差異值。

　　R 軟體中基本套件中的相關係數的函數為 **cor.test( )**，函數 **cor.test( )** 的語法如下：

　　「cor.test(x, y,alternative = c("two.sided", "less", "greater"),method = c("pearson", "kendall", "spearman"),exact = NULL, conf.level = 0.95, continuity = FALSE)

　　cor.test(formula, data, subset, na.action)

　　引數 x、y 為資料型態的數值向量，二個向量必須有相同的長度。引數 alternative 為對立假設，選項 "=two.sided" 表示二個變數有顯著相關、"=greater" 表示二個變數有顯著正相關、"=less" 表示二個變數有顯著負相關。引數 method 為二個變數的相關統計量，選項 "=pearson" 表示統計程序進行的是皮爾森積差相關、選項 "=kendall" 與 "=spearman" 表示進行的是等級相關。引數 exact 界定進行等級相關時，是否估算精確顯著性 p 值。引數 continuity 界定進行等級相關時是否採用連續校正值。引數 formula 表示可以採用公式運算式，如「~u + v」，其中 u 與 v 都是數值變數。

　　套件 fBasics 中的 **correlationTes( )** 函數也可以進行相關分析程序，**correlationTes( )** 函數的語法為：

　　「correlationTest(x, y, method = c("pearson", "kendall", "spearman"),title =

NULL, description = NULL)」。引數中「method =」界定二個變數間相關程序的統計法。

或直接使用套件中的對應函數：

pearsonTest(x, y, title = NULL, description = NULL)

kendallTest(x, y, title = NULL, description = NULL)

spearmanTest(x, y, title = NULL, description = NULL)

correlationTest(x, y, "pearson")

correlationTest(x, y, "kendall")

spearmanTest(x, y)

相關函數結果會回傳類別 S4 物件「fHTEST」，元素「@test」回傳列表物件「list」，物件包含下列元素：

statistic：檢定統計的估計值。

p.value　　：檢定統計量的 p 值。

parameters：數值向量或參數向量。

estimate：數值向量或樣本估計值向量 。

conf.int：二個橫列向量或 95% 區間矩陣。

method：檢定程序方法的文字串。

data.name：界定資料名稱的文字串。

範例資料檔中的計量變數為學生數學焦慮（變數名稱為 manx）、數學學習動機（變數名稱為 moti）、數學態度（變數名稱為 matt）、數學成就（變數名稱為 msco）。資料框架物件名稱界定為 dsc。

```
>setwd("d:/R")
>dco=read.csv("cor_1.csv",header=T)
> attach(dco)
> head(dco)  ## 輸出前六筆資料
  num home area year manx moti matt msco
1 s01   1    北    1    17   27   25   74
2 s02   1    北    1    18   21   26   65
3 s03   1    北    1    19   20   32   92
4 s04   1    北    1    19   25   26   61
5 s05   1    北    1    19   19   29   87
6 s06   1    北    1    20   26   32   84
> names(dco)  ## 使用 names( ) 函數查看變數名稱
  [1] "num" "home" "area" "year" "manx" "moti" "matt" "msco"
## 索引  1      2      3      4      5      6      7      8
```

以函數 **names( )** 查看資料檔中變數名稱。

以函數 **is.na( )** 檢核四個計量變數有無遺漏值：

```
> is.na(dco[,5:8])
       manx    moti    matt    msco
 [1,] FALSE   FALSE   FALSE   FALSE
 [2,] FALSE   FALSE   FALSE   FALSE
 [3,] FALSE   FALSE   FALSE   FALSE
 <略>
[30,] FALSE   FALSE   FALSE   FALSE
[31,] FALSE   FALSE   FALSE   FALSE
[32,] FALSE   FALSE   FALSE   FALSE
```

資料內容出現「FALSE」表示變數對應的樣本觀察值不是遺漏值。

以 **head( )** 函數、**tail( )** 函數配合索引可以只列出資料檔中四個計量變數前六筆觀察值、後六筆觀察值資料。

```
> head((dco[,5:8]))
    manx  moti  matt  msco
1   17    27    25    74
2   18    21    26    65
3   19    20    32    92
4   19    25    26    61
5   19    19    29    87
6   20    26    32    84
> tail((dco[,5:8]))
    manx  moti  matt  msco
27  29    20    16    65
28  32    25    18    55
29  21    12    12    40
30  30    14    10    32
31  20    15    12    33
32  28    27    11    15
```

語法中的「（dco[,5:8]）」表示擷取資料框架物件 doc 中的變數索引值第五個至第八個，四個變數名稱依序為「manx」、「moti」、「matt」、「msco」。

## 壹 Pearson 積差相關

計量變數有四個，配對的組合共有六組，要執行六次的相關分析程序，分別求出配對組的 Pearson 積差相關係數。

研究問題分別為：

1. 數學焦慮與數學學習動機 (moti) 間是否有顯著相關？
2. 數學焦慮（manx）與數學態度（matt）間是否有顯著相關？
3. 數學焦慮與數學成就（msco）間是否有顯著相關？
4. 數學學習動機與數學態度間是否有顯著相關？
5. 數學學習動機與數學成就間是否有顯著相關
6. 數學成就與數學態度間是否有顯著相關？

上述假設檢定程序為雙尾檢定／雙側考驗（two-tailed test），若是改用單尾左側檢定／單尾左側考驗要改為如：「數學焦慮與數學學習動機（moti）間是否有顯著負相關？」。單尾右側檢定要改為：「數學成就與數學態度間是否有顯著正相關？」，單尾左側檢定、單尾右側檢定為單側檢定／單側考驗（one-tailed test），單側檢定是具有方向性的檢定。

### 一、數學焦慮與數學學習動機的相關分析

```
> cor.test(manx,moti,alternative="t",method="pearson")
      Pearson's product-moment correlation
data:  manx and moti
t = 0.4101, df = 30, p-value = 0.6846
alternative hypothesis: true correlation is not equal to 0
95 percent confidence interval:
 -0.2813547  0.4126159
sample estimates:
    cor
0.0746644
```

假設檢定中對立假設為真實相關係數不等於 0（alternative hypothesis: true correlation is not equal to 0）：$\rho \neq 0$，對應的虛無假設為 $\rho = 0$（母群相關係數等於 0）。

積差相關係數 r=0.075，統計量 t=0.410、自由度 df=30、顯著性 p 值 =0.685>.05，接受虛無假設 $\rho$ =0，數學焦慮與數學動機之間沒有顯著相關。樣本估計值 r=0.075 為抽樣誤差造成的，如果擴大樣本數或進行普測，樣本估計值 r 會接近母群母數 0 或等於 0。

使用 **cov( )** 函數可以求出二個變數的共變異數（covariance）：

```
> cov(manx,moti)
[1] 1.157258
```

數學焦慮與數學學習動機的共變異數 =1.157。使用 **sd( )** 函數求出二個計量變數的標準差：

```
> sd(manx)
[1] 3.745427
> sd(moti)
[1] 4.138236
```

積差相關係數估計值等於二個計量變數的共變異數除以二個變數標準差的乘積：

```
> cov(manx,moti)/((sd(manx)*sd(moti)))
[1] 0.0746644
```

積差相關係數估計值 r=0.075。

使用 fBasics 套件中的 **correlationTest( )** 函數進行相關分析：

```
> library(fBasics)
> correlationTest(manx, moti, "pearson")
Title:
 Pearson's Correlation Test
Test Results:
 PARAMETER:
   Degrees of Freedom: 30
 SAMPLE ESTIMATES:
   Correlation: 0.0747
 STATISTIC:
   t: 0.4101
 P VALUE:
   Alternative Two-Sided: 0.6846
   Alternative       Less: 0.6577
   Alternative    Greater: 0.3423
 CONFIDENCE INTERVAL:
   Two-Sided: -0.2814, 0.4126
        Less: -1, 0.3629
     Greater: -0.2266, 1
Description:
Wed May 06 05:58:43 2015
```

　　「PARAMETER」（參數）顯示的數值為自由度，自由度 =30；「SAMPLE
ESTIMATES」（樣本估計值）顯示的數值為積差相關係數，相關係數 =0.075。
「STATISTIC」（統計量）顯示的參數為相關係數顯著性檢定統計量 t 值，t 值
= 0.410。「P VALUE」顯示的雙尾檢定的顯著性 p 值，顯著性 p 值 =0.685，
「Alternative Less」列的數值 0.658，為單尾左側檢定的顯著性 p 值 ( 對立假設
為二個變數有顯著負相關 )，「Alternative Greater」列的數值 0.342，為單尾右
側檢定的顯著性 p 值 ( 對立假設為二個變數有顯著正相關 )。「CONFIDENCE
INTERVAL」列的數值為雙尾檢定或單尾檢定的信賴區間，雙尾檢定相關係數

估計值 95% 信賴區間值為 [−0.281,0.413]，信賴區間包含 0 數值點，表示相關
係數結果為 0 的可能性很高，接受虛無假設，「Description」列為程序執行時間。

二、數學焦慮與數學態度的相關分析

```
> cor.test(manx,matt,alternative="t",method="pearson")
        Pearson's product-moment correlation
data:  manx and matt
t = -3.6498, df = 30, p-value = 0.0009897
alternative hypothesis: true correlation is not equal to 0
95 percent confidence interval:
 -0.7568692   -0.2551672
sample estimates:
        cor
-0.5545224
```

積差相關係數 r=−0.555，統計量 t=−3.650、自由度 df=30、顯著性 p 值 =
0.001<.05，達到統計顯著水準，拒絕虛無假設，對立假設得到支持（ρ 不等於
0），數學焦慮與數學態度有顯著負相關，由於相關係數絕對值介於 .400 至 .700
之間，二者為中度負相關。

使用 fBasics 套件中的 **correlationTest( )** 函數進行相關分析：

```
> correlationTest(manx, matt, "pearson")
Title:
 Pearson's Correlation Test
Test Results:
 PARAMETER:
   Degrees of Freedom: 30
 SAMPLE ESTIMATES:
```

STATISTIC:

  t: -3.6498

P VALUE:

  Alternative Two-Sided: 0.0009897

  Alternative       Less: 0.0004949

  Alternative    Greater: 0.9995

CONFIDENCE INTERVAL:

  Two-Sided: -0.7569, -0.2552

      Less: -1, -0.309

        Greater: -0.7307, 1

    積差相關統計分析結果，自由度 =30，積差相關係數 r=−0.555，統計量 t=
−3.650、雙尾檢定之顯著性 p 值 =0.001<.05，拒絕虛無假設（母群積差相關係
數 =0），對立假設得到支持（$\rho$ 不等於 0），數學焦慮與數學態度有顯著負相關。
雙尾檢定係數估計值 95% 信賴區間為 [−0.757,−0.255]，區間未包含 0 數值點，
表示係數估計值為 0 的可能性很低，有足夠證據拒絕虛無假設。輸出報表中也
同時呈現單尾左側檢定的顯著性 p 值 =0.000<.05；單尾右側檢定的顯著性 p 值
=1.000>.05。

使用 fBasics 套件中的 **pearsonTest ( )** 函數進行相關分析：

```
> pearsonTest(manx,moti)
Title:
 Pearson's Correlation Test
Test Results:
 PARAMETER:
  Degrees of Freedom: 30
 SAMPLE ESTIMATES:
  Correlation: 0.0747
 STATISTIC:
  t: 0.4101
 P VALUE:
  Alternative Two-Sided: 0.6846
  Alternative       Less: 0.6577
  Alternative    Greater: 0.3423
 CONFIDENCE INTERVAL:
  Two-Sided: -0.2814, 0.4126
       Less: -1, 0.3629
    Greater: -0.2266, 1
```

　　假設檢定中對立假設為真實相關係數不等於 0，對應的虛無假設為 $\rho$=0（母群相關係數等於 0）。參數估計值的自由度 =30，積差相關係數 r=0.075，統計量 t=0.410、雙尾顯著性 p 值 = 0.685>.05，接受虛無假設 $\rho$=0，數學焦慮與數學動機之間沒有顯著相關。**pearsonTest( )** 函數同時呈現單尾左側檢定與單尾右側檢定的顯著性 p 值，單尾左側檢定的對立假設為數學焦慮與數學學習動機有顯著負相關（r<0），對應的顯著性 p 值 =0.658>.05，接受虛無假設（r≥0），對立假設無法得到支持。單尾右側檢定的對立假設為數學焦慮與數學學習動機有顯著正相關（r>0），對應的顯著性 p 值 =0.342>.05，接受虛無假設（r≤0），對立假設無法得到支持。單尾右側檢定的顯著性 p 值等於雙尾檢定顯著性 p 值

除以 2（0.6846÷2=0.3423）；單尾左側檢定的顯著性 p 值等於 1 減掉雙尾檢定
顯著性 p 值除以 2：1-(0.6846÷2)=1-0.3423=0.6577。

**pearsonTest( )** 函數類分類為 fHTEST，模式型態為 S4：

```
> summary(pearsonTest(manx,moti))
Length    Class    Mode
   1      fHTEST    S4
```

### 三、數學焦慮與數學成就的相關分析

```
> cor.test(manx,msco,alternative="t",method="pearson")
        Pearson's product-moment correlation
data:  manx and msco
t = -2.5938, df = 30, p-value = 0.01454
alternative hypothesis: true correlation is not equal to 0
95 percent confidence interval:
 -0.67583086  -0.09321571
sample  estimates:
        cor
-0.4279981
```

積差相關係數 r=-0.428，統計量 t=-2.594、自由度 df=30、顯著性 p 值 =
0.015<.05，達到統計顯著水準，拒絕虛無假設（$\rho$=0），對立假設得到支持（$\rho$
不等於 0），數學焦慮與數學成就有顯著負相關，由於相關係數絕對值介於 .400
至 .700 之間，二者為中度負相關。

四、數學動機與數學態度的相關分析

```
> cor.test(moti,matt,alternative="t",method="pearson")
        Pearson's product-moment correlation
data:  moti and matt
t = 0.3274, df = 30, p-value = 0.7457
alternative hypothesis: true correlation is not equal to 0
95 percent confidence interval:
 -0.2951701  0.4000361
sample estimates:
        cor
0.05966478
```

積差相關係數 r=0.060，統計量 t=0.327、自由度 df=30、顯著性 p 值 = 0.746>.05，未達統計顯著水準，沒有足夠證據可以拒絕虛無假設，接受虛無假設（$\rho$ 等於 0），數學學習動機與數學態度間沒有顯著相關（二個變數間沒有顯著相關，表示母群體的相關係數 $\rho$=0）。

五、數學動機與數學成就的相關分析

```
> cor.test(moti,msco,alternative="t",method="pearson")
        Pearson's product-moment correlation
data:  moti and msco
t = 0.0325, df = 30, p-value = 0.9743
alternative hypothesis: true correlation is not equal to 0
95 percent confidence interval
 -0.3434726  0.3538938
sample estimates:
        cor
0.005931823
```

　　積差相關係數估計值 r=0.006，統計量 t = 0.033、自由度 df=30、顯著性 p 值 =0.974>.05，未達統計顯著水準，沒有足夠證據可以拒絕虛無假設，接受虛無假設（ρ 等於 0），數學學習動機與數學成就間沒有顯著相關。相關係數 95% 信賴區間為 [−0.343, 0.354]，區間值包含 0 數值點，表示 r 估計值等於 0 的可能性很高，沒有足夠證據拒絕虛無假設。

六、數學態度與數學成就的相關分析

```
> cor.test(matt,msco,alternative="t",method="pearson")
        Pearson's product-moment correlation
data:  matt and msco
t = 11.1041, df = 30, p-value = 3.78e-12
alternative hypothesis: true correlation is not equal to 0
95 percent confidence interval:
 0.7975455 0.9488128
sample estimates:
        cor
0.8968313
```

　　積差相關係數 r=0.897，統計量 t = 11.104、自由度 df = 30、顯著性 p 值 = $3.78e-12 (= \frac{3.78}{10^{12}} = .000) < .05$，達統計顯著水準，拒絕虛無假設，對立假設得到支持 (ρ 不等於 0)，數學態度與數學成就有顯著正相關，由於相關係數絕對值大於 .700，二者之間為高度正相關。

如要求出三個以上計量變數間的相關矩陣，資料框架物件可以只保留標的之計量變數，範例中增列資料框架物件dco_1，資料檔物件dco_1只有「manx」、「moti」、「matt」、「msco」四個計量變數。

```
> dco_1<-dco[-c(1:4)]
> names(dco_1)
[1] "manx" "moti" "matt" "msco"
> head(dco_1,3)          ## 輸出前三筆觀察值
  manx  moti  matt  msco
1  17    27    25    74
2  18    21    26    65
3  19    20    32    92
```

資料框架物件中變數索引的向量如果為負，表示索引對應的變數從資料框架物件中排除，變數索引的向量如果為正，表示原資料框架物件中保留索引對應的變數。如果新的資料框架物件名稱與原來的資料框架物件名稱相同，新的資料框架物件資料檔內容會取代主控台中舊的資料框架物件資料檔，研究者若是沒有進行資料框架物件回存動作，不會覆蓋原來的外部資料檔資料內容。如果資料框架物件增列變數或變數重新編碼，進行資料檔回存動作時（儲存為外部檔案），最好使用不同資料檔作為檔名，如此，可保留初始資料檔的完整性。

以正索引保留四個計量變數名稱，資料框架物件名稱界定為 dco_2：

```
> dco_2<-dco[c(5:8)]
> head(dco_2,3)
  manx  moti  matt  msco
1  17    27    25    74
2  18    21    26    65
3  19    20    32    92
```

將資料框架物件名稱直接寫於 **cor( )** 函數之中：

```
round(cor(dco_1),2)
        manx   moti   matt   msco
manx    1.00   0.07  -0.55  -0.43
moti    0.07   1.00   0.06   0.01
matt   -0.55   0.06   1.00   0.90
msco   -0.43   0.01   0.90   1.00
```

函數語法 cor（資料框架物件名稱），會進行資料框架物件中所有變數的配對相關，對角線的數值等於 1.00，為變數與變數本身的相關，數值表示的是一種完全正相關，在推論統計方法中，此參數估計值沒有實質意義。

如果變數中的因子變數（間斷變數）水準數值標記為文字群組，則會出現錯誤訊息：

```
> cor(dco)
錯誤在 cor(dco) : 'x' must be numeric
```

語法中出現「'x' must be numeric」，表示 x 變數必須是數值向量，原資料檔中的區域因子變數（area）的三個水準是文字標記，變數型態為文字，無法進行配對變數的相關分析，當執行配對變數相關分析的程序時，會出現錯誤訊息。

研究者也可以配合矩陣方式，配合程式控制，輸出變數的相關矩陣，R 編輯器視窗指令列為：

```
attach(dco)
names(dco)
cor4<-array(, c(4,4))
nu=4    ## 前面有四個變數沒有使用
for (i in 1:4)
for (j in 1:4)
 cor4[i,j]<-round(cor(dco[,i+nu],dco[,j+nu]),3)
 colnames(cor4)<-names(dco[(nu+1):(nu+4)])
 rownames(cor4)<-names(dco[(nu+1):(nu+4)])
print(cor4)
```

語法中以 **array( )** 函數建立四列四行的陣列，陣列元素設為遺漏值，「cor4<-array(, c(4,4))」陣列內容與「cor4<-array(NA, c(4,4))」陣列內容是相同的。

```
cor4<-array(, c(4,4))
     [,1]  [,2]  [,3]  [,4]
[1,]  NA   NA   NA   NA
[2,]  NA   NA   NA   NA
[3,]  NA   NA   NA   NA
[4,]  NA   NA   NA   NA
```

指令列 for (i in 1:4) 界定 i 迴圈數值從 1 到 4。

指令列 for (j in 1:4) 界定 j 迴圈數值從 1 到 4。

指令列 cor4[i,j]<-round(cor(dco[,i+nu],dco[,j+nu]),3) 界定陣列元素的相關係數。

指令列 colnames(cor4)<-names(dco[(nu+1):(nu+4)]) 界定陣列直行標題的變

數。

指令列 rownames(cor4)<-names(dco[(nu+1):(nu+4)]) 界定陣列橫列標題的變數為資料框架物件 dco 變數索引的第 5 個（manx）至第 8 個（msco）。

將資料框架物件 dco 第五個至第八個索引變數指派給陣列物件，分為使用 **colnames( )** 函數、**rownames( )** 函數作為直行與橫列的名稱，由於 nu 界定等於常數 4，指令列 colnames(cor4)<-names(dco[(nu+1):(nu+4)]) 表示的是 colnames(cor4)<-names(dco[5:8])。

```
colnames(cor4)<-names(dco[(nu+1):(nu+4)])
rownames(cor4)<-names(dco[(nu+1):(nu+4)])
```

將上述二列語法取消，則陣列的輸出結果如下：

|      | [,1]   | [,2]  | [,3]   | [,4]   |
|------|--------|-------|--------|--------|
| [1,] | 1.000  | 0.075 | -0.555 | -0.428 |
| [2,] | 0.075  | 1.000 | 0.060  | 0.006  |
| [3,] | -0.555 | 0.060 | 1.000  | 0.897  |
| [4,] | -0.428 | 0.006 | 0.897  | 1.000  |

輸出結果為 4×4 陣列，陣列直行標題與橫列標題採用陣列內定的編碼型態 [,1]、[,2]、[,3]、[,4]；[1,]、[2,]、[3,]、[4,]。

執行命令稿的結果為：

```
> attach(dco)
The following objects are masked from dco (pos = 3):
    area, home, manx, matt, moti, msco, num, year
> names(dco)
[1] "num"  "home"  "area"  "year"  "manx"  "moti"  "matt"  "msco"
```

```
> cor4<-array(NA, c(4,4))
> nu=4
> for (i in 1:4)
+ for (j in 1:4)
+
+ cor4[i,j]<-round(cor(dco[,i+nu],dco[,j+nu]),3)
>
> colnames(cor4)<-names(dco[(nu+1):(nu+4)])
> rownames(cor4)<-names(dco[(nu+1):(nu+4)])
> print(cor4)
        manx    moti    matt     msco
manx    1.000   0.075   -0.555   -0.428
moti    0.075   1.000    0.060    0.006
matt   -0.555   0.060    1.000    0.897
msco   -0.428   0.006    0.897    1.000
```

上述為 R 主控台執行 R 編輯器視窗指令列的情形，+ 號為 R 主控台自行增加的語法函數串連符號。

陣列的直行標題與橫列標題也可使用 **paste( )** 函數，將資料框架物件中第五個至第八個變數直接貼上。陣列直行標題名稱界定為資料框架物件名稱變數索引的第 5 個至第 8 個，使用函數 colnames(dco[c(5:8)])，或 colnames(dco[-c(1:4)])，二個函數語法增列 **paste( )** 函數，R 編輯器視窗指令列為：

```
cor4<-array(NA, c(4,4))
nu=4
for (i in 1:4)
for (j in 1:4)
cor4[i,j]<-round(cor(dco[,i+nu],dco[,j+nu]),3)
```

```
colnames(cor4)<-paste(colnames(dco[-c(1:4)]))
rownames(cor4)<-paste(colnames(dco[-c(1:4)]))
print(cor4)
```

上述語法執行結果如下：

```
> cor4<-array(NA, c(4,4))
> nu=4
> for (i in 1:4)
+ for (j in 1:4)
+ cor4[i,j]<-round(cor(dco[,i+nu],dco[,j+nu]),3)
> colnames(cor4)<-paste(colnames(dco[-c(1:4)]))
> rownames(cor4)<-paste(colnames(dco[-c(1:4)]))
> print(cor4)
        manx    moti    matt    msco
manx    1.000   0.075   -0.555  -0.428
moti    0.075   1.000   0.060   0.006
matt    -0.555  0.060   1.000   0.897
msco    -0.428  0.006   0.897   1.000
```

　　修改命令稿的指令，增列 **if( )** 函數的條件判斷，相關矩陣右上角輸出變數
間的決定係數，左下角輸出變數間的相關係數，R 編輯器視窗指令列為：

```
cor4<-array(, c(4,4))
nu=4      ## 前面有四個變數沒有使用
for (i in 1:4)
for (j in 1:4)
if ( i<j )    ## 如果 i 數值小於 j 數值
```

```
{ cor4[i,j]<-round(cor(dco[,i+nu],dco[,j+nu])^2,3)} else
{ cor4[i,j]<-round(cor(dco[,i+nu],dco[,j+nu]),3) }
## 增列變數名稱
colnames(cor4)<-names(dco[(nu+1):(nu+4)])
rownames(cor4)<-names(dco[(nu+1):(nu+4)])
print(cor4)
```

三行條件判斷指令列表示的是：

If ( i 數值小於 j 數值時 )
{ 陣列元素為二個變數間的相關係數平方 } 否則
{ 陣列元素為二個變數間的相關係數 }
（陣列上三角形元素的直行數值必大於橫列數值，變數 i 表示的是第 i 個橫列、變數 j 表示的是第 j 個直行；陣列對角線元素的直行數值等於橫列數值。）

R 主控台執行視窗界面如下：

```
> cor4<-array(, c(4,4))
> nu=4    ## 前面有四個變數沒有使用
> for (i in 1:4)
+ for (j in 1:4)
+ if ( i<j )
+ { cor4[i,j]<-round(cor(dco[,i+nu],dco[,j+nu])^2,3)} else
+ { cor4[i,j]<-round(cor(dco[,i+nu],dco[,j+nu]),3) }
>
> colnames(cor4)<-names(dco[(nu+1):(nu+4)])
> rownames(cor4)<-names(dco[(nu+1):(nu+4)])
> print(cor4)
```

| | manx | moti | matt | msco |
|---|---|---|---|---|
| manx | 1.000 | 0.006 | 0.307 | 0.183 |
| moti | 0.075 | 1.000 | 0.004 | 0.000 |
| matt | -0.555 | 0.060 | 1.000 | 0.804 |
| msco | -0.428 | 0.006 | 0.897 | 1.000 |

　　輸出結果的對角線係數值 =1.000，為變數與變數間的相關；左下角為相關係數，右上角為決定係數。數學態度與數學成就的相關係數 =0.897、決定係數 =0.804；數學焦慮與數學態度、數學成就的相關係數分別為 −0.555、−0.428，決定係數分別為 0.307、0.183。

　　積差相關假設檢定程序，研究假設界定為單尾檢定與雙尾檢定的結果可能不一樣，此種情形與 t 檢定程序類似，因為單尾檢定 / 單側考驗的顯著性是雙尾檢定 / 單側考驗顯著性的一半，因而較易得出拒絕虛無假設的結論。

　　範例為十二位學生智力與學業成就分數間的相關檢定，單尾右側檢定的研究假設為：學生智力與學業成就間有顯著正相關；雙尾檢定的研究假設為：學生智力與學業成就間有顯著相關。

```
> iq<-c(100,105,107,108,109,104,110,111,106,112,114,116)
> score<-c(60,65,72,71,66,74,78,81,86,88,74,80)
```

　　使用 fBasics 套件中的 **correlationTest( )** 函數可以同時輸出雙尾檢定、單尾檢定的統計量數。

```
> require(fBasics)
>correlationTest(iq,score,"pearson")
Title:
```

Pearson's Correlation Test

Test Results:

PARAMETER:

Degrees of Freedom: 10

SAMPLE ESTIMATES:

Correlation: 0.5705

STATISTIC:

t: 2.1964

P VALUE:

Alternative Two-Sided: 0.05276

Alternative          Less: 0.9736

Alternative     Greater: 0.02638

CONFIDENCE INTERVAL:

Two-Sided: -0.0051, 0.8621

Less: -1, 0.8326

Greater: 0.0996, 1

　　學生智力與學業成就間的相關係數 r=0.571，統計量 t 值 =2.196，自由度 =10，雙尾檢定的顯著性 p 值 =0.053，未達統計顯著水準，接受虛無假設：學生智力與學業成就間沒有顯著相關存在；單尾右側檢定的顯著性 p 值 =0.026，達到統計顯著水準，拒絕虛無假設：學生智力與學業成就間有顯著正相關存在。

## 貳 等級相關

變數尺度如為次序變數，二個變數間的相關參數估計值為等級相關係數。

使用 Kendall 等級相關統計量，引數 method 右邊選項的方法界定為「=kendall」：

```
> cor.test(matt,msco,alternative="t",method="kendall")
      Kendall's rank correlation tau
data: matt and msco
z = 6.2865, p-value = 3.248e-10
alternative hypothesis: true tau is not equal to 0
sample estimates:
     tau
0.7993106
Warning message:
In cor.test.default(matt, msco, alternative = "t", method = "kendall") :
  Cannot compute exact p-value with ties
```

數學焦慮測量值與數學成就測量值各排列成等級後，二個等級關係之 Kendall 等級相關係數 $\tau$（tau）=0.799，統計量 z 值=6.287、顯著性 p 值= 3.248e−10（$=\dfrac{3.248}{10^{10}}$=.000）<.05，達到統計顯著水準，表示二個變數測量值之等級有顯著相關存在，即觀察值在二個變數測量值勾選情況或反應狀態有高度的等級一致性。

使用 Spearman 等級相關方法，引數 method 右邊選項的方法界定為「=spearman」：

```
> cor.test(matt,msco,alternative="t",method="spearman")
        Spearman's rank correlation rho
data:  matt and msco
S = 432.9116, p-value = 8.667e-14
alternative hypothesis: true rho is not equal to 0
sample estimates:
    rho
0.920654
警告訊息：(Warning message:)
In cor.test.default(matt, msco, alternative = "t", method = "spearman") :
  Cannot compute exact p-value with ties
```

Spearman 等級相關係數 $\rho$=0.921，統計量 S=432.912、顯著性 p 值 = 8.667e-14<.05，達到統計顯著水準，拒絕虛無假設，二個變數測量值之等級有顯著相關存在。

上述二種等級相關程序，均出現警告訊息：

```
警告訊息：
In cor.test.default(matt, msco, alternative = "t", method = "kendall") :
  Cannot compute exact p-value with ties
警告訊息：
In cor.test.default(matt, msco, alternative = "t", method = "spearman") :
  Cannot compute exact p-value with ties
```

警告訊息中的「Cannot compute exact p-value with ties」的提示語，表示二個變數中，變數內的樣本觀察值之測量值或分數有相同者，因而無法估算精確的顯著性，雖然無法估算精確顯著性 p 值，但計算之顯著性 p 值也有很高的強韌性（偏誤值很小）。

使用套件 fBasics 中的函數 spearmanTest( ) 進行等級相關分析：

```
> spearmanTest(matt,msco)
Title:
 Spearman's rho Correlation Test
Test Results:
 SAMPLE ESTIMATES:
  rho: 0.9207
STATISTIC:
   S: 432.9116
P VALUE:
  Alternative Two-Sided: 8.667e-14
  Alternative      Less: 1
  Alternative      Greater: 4.333e-14
```

　　標題「Spearman's rho Correlation Test」表示進行的統計程序為 Spearman $\rho$ 相關檢定，檢定結果之樣本估計值 Spearman 等級相關係數 $\rho$=0.921，統計量 S =432.912、顯著性 p 值 =8.667e–14<.05，達到統計顯著水準，拒絕虛無假設，二個變數測量值之等級有顯著相關存在。

　　使用套件 fBasics 中的函數 kendallTest( ) 進行等級相關：

```
> kendallTest(x=matt,y=msco)
Title:
 Kendall's tau Correlation Test
Test Results:
 SAMPLE ESTIMATES:
  tau: 0.7993
```

```
STATISTIC:
 z: 6.2865
 T | Exact: 6.2865
P VALUE:
 Alternative          Two-Sided: 3.248e-10
 Alternative    Two-Sided | Exact: 3.248e-10
 Alternative               Less: 1
 Alternative          Less | Exact: 1
 Alternative           Greater: 1.624e-10
 Alternative        Greater | Exact: 1.624e-10
```

標題「Kendall's tau Correlation Test」為進行 Kendall $\tau$（tau）相關檢定，檢定結果之樣本估計值 $\tau$（tau）=0.799，統計量 z 值 =6.287、顯著性 p 值 = 3.248e-10<.05。精確的 T 值統計量 =6.287，精確的顯著性 p 值 =3.248e-10<.05，達到統計顯著水準，拒絕虛無假設（$\tau$（tau）=0），表示等級相關估計值 $\tau$（tau）顯著不等於 0。二個變數測量值之等級有顯著相關存在，即觀察值在二個變數測量值勾選情況或反應狀態有高度的等級一致性。

範例為二位教師評閱七件競賽作品的分數，測量值或分數沒有等值結（相同分數者），等級相關結果如下：

```
> X<-c(50,70,60,40,30,20,10)
> Y<-c(26,67,33,45,34,23,11)
> cor.test(X,Y,alternative="t",method="spearman")
      Spearman's rank correlation rho
data:  X and Y
S = 16, p-value = 0.0881
alternative hypothesis: true rho is not equal to 0
```

```
sample estimates:
        rho
0.7142857
> cor.test(X,Y,alternative="t",method="kendall")
      Kendall's rank correlation tau
data:  X and Y
T = 17, p-value = 0.06905
alternative hypothesis: true tau is not equal to 0
sample estimates:
        tau
0.6190476
```

　　二種等級相關方法均沒有出現警告訊息，因為測量值中沒有相同分數者。二種等級相關檢定方法，顯著性機率值均未達統計顯著水準（S 統計量 =16、p 值 =0.088>.05；T 統計量 = 17、p 值 =0.069>.05），接受虛無假設，二個變數等級相關係數顯著等於 0，表示二位教師的評分者一致性信度很低。

　　將變數原始測量值轉換為等級，測量值最高者等級為 1（分數最高者排名第一名）：

　　第一個數值向量與轉換等級結果：

```
> tempx<-(c(50,70,60,40,30,20,10))
> varx<-length(tempx)+1-rank(tempx)
> print(varx)
[1] 3  1  2  4  5  6  7
```

第二個數值向量與轉換等級結果：

```
> tempy<-c(26,67,33,45,34,23,11)
> vary<-length(tempy)+1-rank(tempy)
> print(vary)
[1] 5 1 4 2 3 6 7
```

使用二個變數的等級（名次）進行等級相關分析：

```
> cor.test(varx,vary,alternative="t",method="spearman")
        Spearman's rank correlation rho
data:  varx and vary
S = 16, p-value = 0.0881
alternative hypothesis: true rho is not equal to 0
sample estimates:
        rho
0.7142857
> cor.test(varx,vary,alternative="t",method="kendall")
        Kendall's rank correlation tau
data:  varx and vary
T = 17, p-value = 0.06905
alternative hypothesis: true tau is not equal to 0
sample estimates:
        tau
0.6190476
```

　　進行等級相關統計分析時，使用變數之原始測量值或是使用轉換後的等級，二者得出的統計量數是相同的，包括等級相關係數估計值、等級相關係數估計值是否顯著等於 0 檢定的統計量，統計量對應的顯著性 p 值。

##  參 二個變數間散布圖的繪製

二個計量變數間的關係，可以使用散布圖表示，

散布圖的語法函數為 **plot( )** 函數，函數語法為：plot(x, y,type)。引數 x, y 為變數。引數 type 為界定散布圖的型態：

"p"：繪製點

"l"：繪製線

"b"：繪製點與線

"c"：單獨繪製線

"o"：繪製強化之點與線

"h"：繪製垂直線

"s"：繪製階梯線

"n"：不繪圖

引數 asp 為 X 軸與 Y 軸的比值。引數 col 界定散布圖符號的顏色、引數 pch 界定散布圖符號的種類。引數 cex 界定散布圖符號的大小。

範例圖示中，X 向量元素為 1 至 7、Y 向量元素為 1 至 7，對應的符號大小數值為 1 至 7，符號種類參數數值為 0 至 6（數值 0 為正方形、數值 1 為圓形），符號顏色數值界定為 1 至 7。

> plot(1:7,1:7,cex=1:7,pch=0:6,col=1:7)

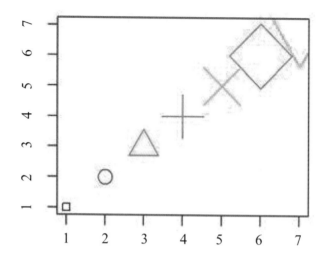

　　散布圖以對應的文字列表示，函數為 **text( )**，七個散布圖對應的標記文字為 0 至 6，X 軸與 Y 軸的界限設定 0 至 9 之間。**text( )** 函數中的引數 xlim、ylim 分別界定 X 軸的數值界限、Y 軸的數值界限。

```
> plot(1:7,1:7,cex=1:7,pch=0:6,col=1:7,xlim=c(0,9),ylim=c(0,9))
> text(1:7,1:7,labels=paste(0:6),cex=1:7,col=1:7,xlim=c(0,9),ylim=c(0,9))
```

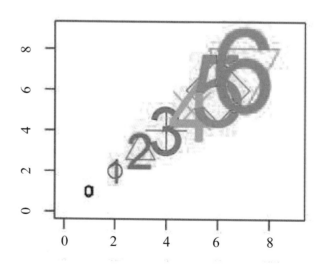

繪製數學態度與數學成就的散布圖：

```
> plot(matt,msco, col=4,type="p")
```

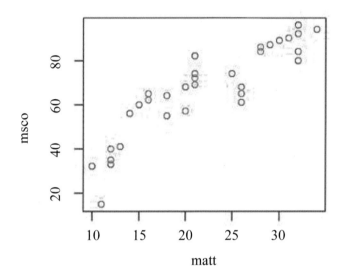

使用 **grid( )** 函數增列散布圖的格線，引數 lwd 界定符號線條的粗細：

```
>plot(matt,msco,type="n")
>grid()
>points(matt,msco,pch=1,lwd=2)
```

　　繪圖函數 **grid( )** 為低階繪圖函數，要以高階繪圖函數繪製圖形區域，才能使用，第一列使用引數 type 界定選項為「="n"」，先繪製一個空白的繪圖區，再以 **grid( )** 函數於繪圖域中繪製格線。

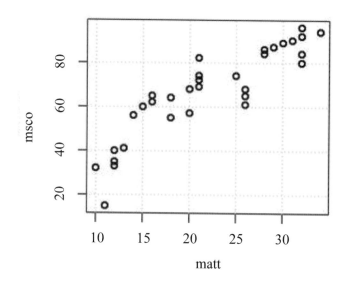

　　函數 **grid( )** 格線的引數 lty 的參數值內定為 1（="solid"）（實線）、參數值 =2 表示 "=dashed"（短線條）、參數值 =3 表示 "=dotted"（點線條）、參數值 =4 表示 "=dotdash"（點短線）、參數值 =5 表示 "=longdash"（長短線條）、參數值 =6 表示 "=twodash"（雙短線條）；引數 lwd 界定線條粗細，參數以數值界定。

　　繪製多組的散布圖，在 plot 函數中增列因子變數，範例為繪製三個家庭結構群組的散布圖，因子變數的水準數值要為整數。

```
> plot(matt,msco,pch=home)
> grid(lty=2)
```

上述語法函數增列 **as.integer( )** 函數：

> plot(matt,msco,pch=as.integer(home))
> grid(lty=2)

不同家庭結構三個群組的散布圖為：

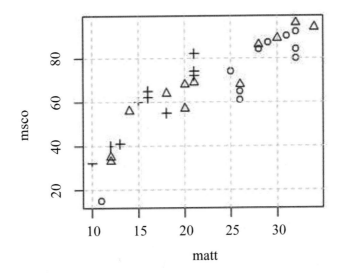

使用 **legend( )** 函數增列分組圖示的說明：

> plot(matt,msco,pch=home,lwd=2)
> labnames<-c(" 完整家庭 "," 單親家庭 "," 隔代教養 ")
> grid(lty=2)
> legend(20,50,labnames,pch=c(1:3))

　　語法函數 legend(20,50) 中的引數 20、50 分別界定標記說明的 X 軸與 Y 軸的座標，三個組別的圖例說明以文字向量直接界定，引數 pch 界定原內定選項採用的圖例符號。

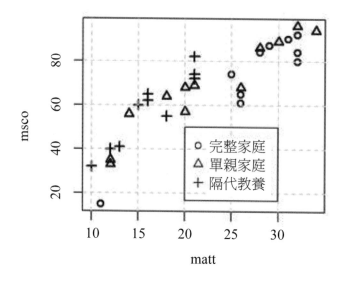

　　繪製數學焦慮與數學態度間的散布圖：

```
> plot(manx,matt, col=4)
```

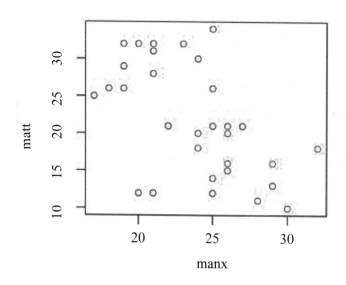

　　繪製數學焦慮與數學學習動機間的散布圖，引數增列 type="b" 表示同時繪製點與直線：

> plot(manx,moti, col=4,type="b")

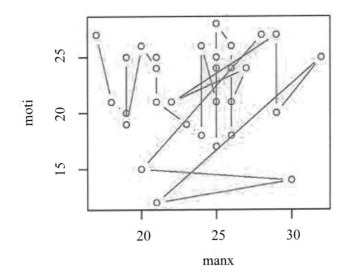

　　使用套件 ggplot2 中的函數 **qplot( )** 繪製散布圖，**qplot( )** 函數基本語法為：

qplot(x, y, data, size=, colour=,  xlim =,
, ylim =, main =, xlab = , ylab =, asp = NA)

　　函數中的引數 asp 界定 Y 軸與 X 軸的比例值。引數 size 設定符號圖示大小。引數 colour 界定圖示顏色。

繪製數學態度與數學成就間的散布圖：

```
>library(ggplot2)
> qplot(matt,msco,size=4,colour=2)
```

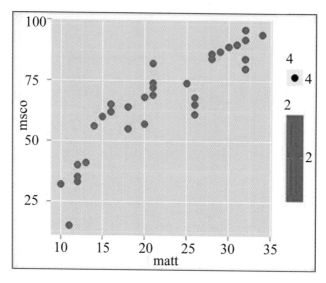

繪製數學態度與數學焦慮二個計量變數間的散布圖：

```
>library(ggplot2)
> qplot(matt,manx,size=4)
```

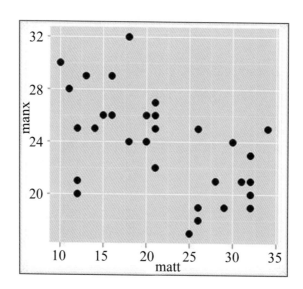

套件 ellipse 中 **plotcorr( )** 函數可以繪製相關矩陣中所有配對變數的相關圖，範例以向量擷取資料框架物件 dco 中的變數索引第 5 個至第 8 個。

```
> varnum<-c(5:8)
> m_cor<-cor(dco[varnum])
> library(ellipse)
> plotcorr(m_cor,col="black")
```

配對變數的相關程度圖示如下：

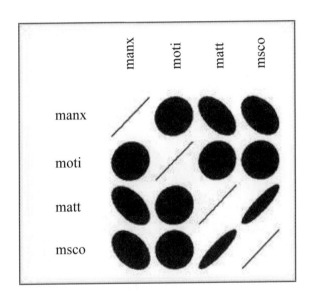

　　對角線的圖示為一條左下至右上直線，表示變數與變數本身間的相關為正相關。圖形愈接近圓形，表示個二個變數間為零相關，如數學焦慮（manx）與數學動機（moti）間的相關、數學動機與數學態度（matt）、數學成就（msco）間的相關。橢圓形形狀愈扁平，表示二個變數間的相關強度愈大（相關係數的絕對值愈接近 1），橢圓形狀態呈現左下至右上的形狀，表示配對變數間為正相關，如數學態度與數學成就間的相關程度；橢圓形狀態呈現右上至左下的形狀，表示配對變數間為負相關，如數學焦慮與數學態度間的相關程度，數學焦慮與數學成就間的相關程度。使用 **plotcorr( )** 函數繪製所有計量變數的相關圖示，可以明確看出變數間的相關情形，包含相關的方向（正相關或負相關）與相關的強度（高相關、中相關或低相關）。

函數 **plotcorr( )** 中增列引數 type，選項界定「="lower"」表示只繪製相關矩陣中左下角配對變數的相關圖，引數 diag 界定「=T」，表示繪製對角線的圖示：

```
> plotcorr(m_cor,col="black",diag=T,type="lower")
```

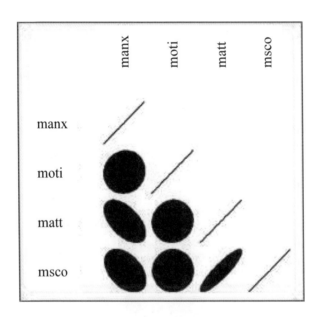

橢圓形形狀若是左上至右下（＼），表示二個變數間相關係數值為負，橢圓形的形狀愈扁，表示二個變數間相關係數絕對值愈大，橢圓形的形狀愈接近圓形，二個變數間相關係數絕對值愈小。

# 單因子變異數分析

■ 變異數分析函數

■ 整體檢定

■ 事後比較

■ 不同地區在數學態度的差異比較

■ R 編輯器命令稿在 ANOVA 的應用

■ 單因子相依樣本變異數分析

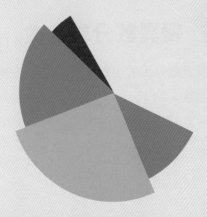

母數統計方法中，進行三個以上樣本群組在某個計量變數之平均數的差異比較時，使用的統計方法稱為變異數分析（analysis of variance；[ANOVA]）。與 t 檢定統計程序類似，樣本觀察值若來自不同母群體，ANOVA 程序稱為獨立樣本變異數分析；如果計量變數平均數來自相同的樣本觀察值（同一樣本重複測量所得的分數），ANOVA 程序稱為相依樣本變異數分析。

變異數分析的自變數為因子變數（間斷變數，變數型態為類別尺度或次序尺度），依變數為計量變數（數值型變數）。單因子變異數分析統計量為 F 值，F 值統計量＝組間的均方（mean squares;[MS]）除以組內的均方。獨立樣本變異數分析之全體離均差平方和（sum of squares;[SS]）＝組間 SS＋組內 SS。其虛無假設與對立假設如下（以四個水準群組）為例：

虛無假設 $H_0:\mu_1=\mu_2=\mu_3=\mu_4$，或 $H_0:\mu_i=\mu_j$ 出現在所有的 i 及 j

對立假設 $H_1:\mu_i\neq\mu_j$，出現在部分的 i 及 j（至少有一個水準群組平均數與其他水準群組平均數有顯著不同）。

變數異數分析的程序包括二部分，一為整體檢定、二為事後比較（或多重比較）。整體檢定的統計量為 F 值，統計分析結果之 F 值統計量如果達到統計顯著水準，拒絕虛無假設，接受對立假設：至少有一個水準群組平均數與其他水準群組平均數有顯著不同。二為事後比較，事後比較方法採用族系錯誤率，第一類型錯誤率控制在 .05 以下，進行配對組平均數的差異比較。變異數分析程序之整體檢定的 F 值統計量如果未達統計顯著水準（p>.05），接受虛無假設 $H_0:\mu_1=\mu_2=\mu_3=\mu_4$，表示所有水準群組的平均數相等，配對群組平均數差異值均等於 0。

 **壹 變異數分析函數**

變異數分析的函數與事後比較函數有：

一、函數 aov( )

函數 aov( ) 的語法如下：

「aov(formula, data = NULL, projections = FALSE, qr = TRUE,
contrasts = NULL)」

　　引數 formula 表示為界定的模式方程式，引數 data 為界定變數所在的資料框架物件。引數 projections 為界定估計值是否回傳。引數 qr 界定 QR 分散值是否回傳，內定選項為「TRUE」。引數 contrasts 為水準類別的對比設定，可以表示為向量物件。

　　函數 **model.tables( )** 中的參數必須是 **aov( )** 分析結果回傳的物件，物件為 **aov( )** 函數的一個模式物件（model object）。函數 **model.tables( )** 的範例如下：

model.tables(x, ...)

model.tables(x, type = "effects", se = FALSE, cterms, ...)

　　引數 type 的界定選項有 "effects" 與 "means"，分別表示顯示效果估計值與各水準類別的平均數。引數 se 界定是否估算標準誤。引數 cterms 為文字向量，界定表格項目的名稱。

二、函數 anova( )

　　**anova( )** 的基本語法為：anova( 物件 , ...)

　　配合 anova 函數中的次函數（執行結果回傳的參數值）有：coefficients（係數）、effects（效果）、fitted.values（適配值）、residuals（殘差）、summary（摘要表），次函數的基本語法與縮寫如下：。

coef( 物件 , ...)

coefficients( 物件 , ...)

residuals( 物件 , ...)

resid( 物件 , ...)

fitted( 物件 t, ...)

fitted.values( 物件 , ...)

summary( 物件 , ...)

summary( 物件 , maxsum = 7,digits = max(3, getOption("digits")-3), ...)

　　**summary( )** 函數中的引數 maxsum 為整數，界定水準類別的個數。引數 digits 界定參數的格式。

### 三、事後比較函數

基本套件的多重比較函數為 **TukeyHSD( )**，函數進行的是 Tukey 法事後比較。

TukeyHSD(x, which, ordered = FALSE, conf.level = 0.95, ...)

引數 ordered 可界定平均數差異值的呈現方式，若是選項設為「TRUE」，表示所有平均數差異值均為正。

asbio 套件的函數中包含 ANOVA 事後比較方法的使用，範例如：

pairw.anova(y, x, conf.level = 0.95, method = "tukey")
lsdCI（反應變數 , 組別 , conf.level = 0.95）
bonfCI（反應變數 , 組別 , conf.level = 0.95）
tukeyCI（反應變數 , 組別 , conf.level = 0.95）
scheffeCI（反應變數 , 組別 , conf.level = 0.95）
dunnettCI（反應變數 , 組別 , conf.level = 0.95, control = NULL）
scheffe.cont（反應變數 , 組別 , lvl = c("x1", "x2"), conf.level = 0.95）
bonf.cont（反應變數 , 組別 , lvl = c("x1", "x2"), conf.level = 0.95, comps = 1）

範例中的引數 y 為反應計量變數、引數 x 為間斷變數（組別）。引數 conf.level 界定第一類型錯誤率（型 I 錯誤率），內定的信心水準數值 =0.95，對應的顯著水準 $\alpha$=0.05。引數 method 界定事後比較的方法，包括下列五種："lsd"、"bonf"、"tukey"、"scheffe"、"dunnett"。引數 MSE 界定 ANOVA 模式中的平均數標準誤數值，內定選項為「NULL」。引數 df.err 界定自由度誤差值，內定選項為「NULL」。引數 control 為採用 Dunnett's 檢定時控制特定組別。引數 lvl 界定在使用 Scheffe 與 Bonferroni 事後比較時，被定義為二個類別水準之元素向量的比較。引數 comps 為使用 Bonferroni 事後比較時，比較個數的界定。

函數中的「bonfCI」、「bonf.cont」表示的是使用 Bonferroni 事後比較法（Bonferroni adjustment methods）。

 整體檢定

一、匯入資料檔

匯入資料檔（試算表檔案名稱為 cor_1.csv），資料框架物件名稱界定為 dco，使用 **tail( )** 函數查看資料檔中後六筆資料：

```
> setwd（"d:/R"）
> dco=read.csv("cor_1.csv",header=T)
> attach(dco)
> tail(dco)
      num  home  area  year  manx  moti  matt  msco
27    s27    3    中     4    29    20    16    65
28    s28    3    中     4    32    25    18    55
29    s29    3    中     4    21    12    12    40
30    s30    3    中     4    30    14    10    32
31    s31    2    中     4    20    15    12    33
32    s32    1    南     4    28    27    11    15
```

複製一個新的資料框架物件，新資料框架物件名稱為「dco_new」：

```
> dco_new<-data.frame(dco)
> attach(dco_new)
The following objects are masked from dco:

    area, home, manx, matt, moti, msco, num, year
```

使用 car 套件中的 **recode( )** 函數將年級變數、家庭結構變數的水準群組編碼為文字標記：

```
> library(car)
> dco_new$year<-recode(year,"1=' 一年級 ';2=' 二年級 ';3=' 三年級 ';4=' 四
年級 '")
> dco_new$home<-recode(home,"1=' 完整家庭 ';2=' 單親家庭 ';3=' 隔代教
養 '")
```

查看資料框架物件 dco_new 編碼後的前六筆觀察值與後六筆觀察值的資料：

```
> head(dco_new)
   num  home  area  year  manx  moti  matt  msco
1  s01  完整家庭  北  一年級  17    27    25    74
2  s02  完整家庭  北  一年級  18    21    26    65
3  s03  完整家庭  北  一年級  19    20    32    92
4  s04  完整家庭  北  一年級  19    25    26    61
5  s05  完整家庭  北  一年級  19    19    29    87
6  s06  完整家庭  北  一年級  20    26    32    84
> tail(dco_new)
    num  home  area  year  manx  moti  matt  msco
27  s27  隔代教養  中  四年級  29    20    16    65
28  s28  隔代教養  中  四年級  32    25    18    55
29  s29  隔代教養  中  四年級  21    12    12    40
30  s30  隔代教養  中  四年級  30    14    10    32
31  s31  單親家庭  中  四年級  20    15    12    33
32  s32  完整家庭  南  四年級  28    27    11    15
```

利用 **tapply( )** 函數配合 **list( )** 函數求出各水準群組的平均數與標準差：

```
> round(tapply(manx,list(factor(year)),mean),2)
   1     2     3     4
19.25 25.12 24.00 26.38
> round(tapply(manx,list(factor(year)),sd),2)
   1    2    3    4
1.39 1.81 1.51 4.63
```

年級變數四個水準群組在數學焦慮（水準數值 1 為一年級、水準數值 2 為二年級、水準數值 3 為三年級、水準數值 4 為四年級）的平均數分別為 19.25、25.12、24.00、26.38；標準差分別為 1.39、1.81、1.51、4.63。

描述性統計量整理如下表：

| 水準 | 個數 | 平均數 | 標準差 |
|------|------|--------|--------|
| 1 | 8 | 19.25 | 1.39 |
| 2 | 8 | 25.13 | 1.81 |
| 3 | 8 | 24.00 | 1.51 |
| 4 | 8 | 26.38 | 4.63 |

**list( )** 函數可以求出每位觀察值在年級變數之水準群組類別，以 **factor( )** 函數將群組變數年級（year）的變數屬性轉換為類別（因子）。

```
> list(factor(year))
[[1]]
 [1] 1 1 1 1 1 1 1 1 3 2 3 3 3 3 3 3 2 2 2 2 3 2 2 2 4 4 4 4 4 4 4 4
Levels: 1 2 3 4
```

使用 **objects( )** 函數查看目前的物件，要刪除不必要的物件使用 **rm( )** 函數。範例中主控台保留二個物件，這二個物件都是資料框架物件，且變數名稱都相同，二個物件如果都使用 **attach( )** 函數將資料框架物件依附在主控台中，因二個資料框架物件的變數相同,沒有界定「資料檔名稱 $ 變數名稱」,直接使用變數名稱會造成變數同名的困擾。解決之道有二:一為使用「**detach( )**」函數將依附之資料框架物件特性先排除(物件並沒有從主控台中刪除);二為使用 with 函數指定程式列要使用的資料檔變數(指定作用中的資料框架物件名稱)。

```
> objects()
[1] "dco"    "dco_new"
```

命令稿 R 編輯器視窗的語法為:

```
with(dco_new, {
print(round(tapply(manx,list(year),mean),2))
print(round(tapply(manx,list(year),sd),2))
        }
)
```

指令列 with( 資料框架物件名稱 ,{ 程式列 }),程式列包含各種函數語法。主控台視窗執行語法之結果為:

```
with(dco_new, {
+ print(round(tapply(manx,list(year),mean),2))
+ print(round(tapply(manx,list(year),sd),2))
+        }
+ )
一年級    二年級    三年級    四年級
 19.25     25.12    24.00     26.38
一年級    二年級    三年級    四年級
  1.39      1.81     1.51      4.63
```

　　資料框架物件 dco_new 的年級變數，水準群組鍵入的不是水準數值，而是
水準文字標記，R 軟體會將其直接視為是因子變數。

二、aov( ) 函數的應用

　　使用 **aov( )** 函數進行 ANOVA 分析，組別變數年級增列 **factor( )** 函數轉換
變數屬性為因子變數：

```
> ymanx<-aov(manx~factor(year))
> ymanx
Call:
  aov(formula = manx ~ factor(year))
Terms:
          factor(year) Residuals
Sum of Squares     232.625   202.250
Deg. of Freedom        3        28
Residual standard error: 2.687604
Estimated effects may be unbalanced
```

　　組間的自由度為 3（水準群組數減 1=4-1=3）、組內自由度為 28，組間
的平方和（SS 估計值）=232.625、組內（誤差項）的平方和（SS 估計值）
=202.250。根據平方和 SS 與自由度可以計算平均平方和（MS），組間的
MS=232.625÷3=77.542、組內的 MS=202.250÷28=7.223，組間 MS 與組內 MS
的比值為 F 值統計量：F=77.452÷7.223=10.73。

　　以 **summary( )** 函數求出完整變異數分析摘要表：

```
> summary(ymanx)
              Df    Sum Sq   Mean Sq   F value    Pr(>F)
factor(year)  3     232.6     77.54     10.73    7.22e-05 ***
Residuals    28     202.2      7.22

---
Signif. codes: 0 '***' 0.001 '**' 0.01 '*' 0.05 '.' 0.1 ' ' 1
```

變異數分析結果的 F 值統計量為 10.73，顯著性 p 值 =7.22e−05（$\frac{7.22}{10^5}$=.000）<.05，達到統計顯著水準，拒絕虛無假設（一年級平均數 = 二年級平均數 = 三年級平均數 = 四年級平均數），接受對立假設：至少一個水準群組的母群平均數與其他群組不同。至於是那些配對群組在數學焦慮平均數有顯著差異，要經由事後比較方能得知。變異數分析摘要表最後一列的標註為顯著水準小於 .000 時，以「***」符號表示，顯著水準小於 .001 時，以「**」符號表示、顯著水準小於 .01 時，以「*」符號表示、顯著水準小於 .05 時，以「.」符號表示、顯著水準小於 .10 時，以「1」符號表示。

不同年級在數學焦慮差異之變異數分析摘要表整理如下：

| 變異來源 | 平方和 | 自由度 | 平均平方和 | F | 顯著性 |
|---|---|---|---|---|---|
| 組間 | 232.6 | 3 | 77.54 | 10.73 | .000 |
| 組內 | 202.2 | 28 | 7.22 | | |
| 總和 | 434.8 | 31 | | | |

若是 F 值統計量未達統計顯著水準（p>.05），**summary( )** 函數不會加註上述標記。如不同年級在數學學習動機差異之 ANOVA 分析：

```
> ymoti<-(aov(moti~factor(year)))
> summary(ymoti)
             Df    Sum Sq   Mean Sq   F value   Pr(>F)
factor(year)  3    48.6     16.21     0.941     0.434
Residuals    28    482.2    17.22
```

變異數分析結果的 F 值統計量為 0.941，顯著性 p 值 =0.434>.05，未達統計顯著水準，接受虛無假設：一年級平均數 = 二年級平均數 = 三年級平均數 = 四年級平均數，四個年級學生在數學學習動機的感受沒有顯著差異。當整體檢定之變異數分析之 F 值統計量未達統計顯著水準（p>.05），之後的事後比較或多重比較程序就可以省略不做。

變異數分析模型物件為 ymanx，模型函數為 **model.tables( )**，函數中的回傳值使用「effects」關鍵字：

```
> model.tables(ymanx, type = "effects")
Tables of effects
factor(year)
factor(year)
     1       2       3       4
-4.438   1.437   0.313   2.688
```

**model.tables( )** 函數型態界定為「means」:

```
> model.tables(ymanx, type = "means")
Tables of means
Grand mean

23.6875
factor(year)
factor(year)
     1        2        3        4
19.250   25.125   24.000   26.375
```

總平均數 =23.688,因子變數年級四個水準群組的平均數分別為 19.250、25.125、24.000、26.375。

三、anova( ) 函數的應用

以 **anova( )** 函數進行單因子變異數分析:

```
> anova(ymanx)
Analysis of Variance Table
Response: manx
```

|  | Df | Sum Sq | Mean Sq | F value | Pr(>F) |
|---|---|---|---|---|---|
| factor(year) | 3 | 232.62 | 77.542 | 10.735 | 7.219e-05 *** |
| Residuals | 28 | 202.25 | 7.223 |  |  |
| --- |  |  |  |  |  |
| Signif. codes: | 0 '***' | 0.001 '**' | 0.01 '*' | 0.05 '.' | 0.1 ' ' 1 |

anova( ) 函數中的次函數係數、效果、殘差、摘要、適配值估計結果：

```
> coef(ymanx)    ## 係數估計值是迴歸分析的參數值
  (Intercept) factor(year)2 factor(year)3 factor(year)4
     19.250        5.875         4.750         7.125
> effects(ymanx)     ## 效果值
   (Intercept)     factor(year)2    factor(year)3    factor(year)4
-133.99673503     4.69485534       2.74241378      14.25000000     0.12288930
<略>
   3.05933395       3.05933395       6.05933395      -4.94066605     4.05933395

  -5.94066605     2.05933395
attr(,"assign")
[1] 0 1 1 1
attr(,"class")
[1] "coef"
> residuals(ymanx)    ## 殘差值
          1                2                3              4              5
-2.250000e+00  -1.250000e+00  -2.500000e-01  -2.500000e-01 -2.500000e-01
<略>
```

```
        31              32
-6.375000e+00  1.625000e+00
> summary(ymanx)   ## 變異數分析摘要表
             Df   Sum Sq   Mean Sq   F value    Pr(>F)
factor(year)  3    232.6     77.54    10.73    7.22e-05 ***
Residuals    28    202.2      7.22

---
Signif. codes:  0  '***'  0.001  '**'  0.01  '*'  0.05  '.'  0.1  ' '  1
> fitted.values(ymanx)   ## 模型適配值
Signif. codes:  0  '***'  0.001  '**'  0.01  '*'  0.05  '.'  0.1  ' '  1
> fitted.values(ymanx)   ## 模型適配值
     1       2       3       4       5       6       7       8       9      10      11
19.250 19.250 19.250 19.250 19.250 19.250 19.250 19.250 24.000 25.125 24.000
    12      13      14      15      16      17      18      19      20      21      22
24.000 24.000 24.000 24.000 24.000 25.125 25.125 25.125 25.125 24.000 25.125
    23      24      25      26      27      28      29      30      31      32
25.125 25.125 26.375 26.375 26.375 26.375 26.375 26.375 26.375 26.375
```

係數（coefficients）估計值中的截距項（Intercept）=19.250，為群組 1 的平均數，表示以年級預測數學焦慮時，虛擬變項的參照組別為群組 1，其餘三個群組為比較組：

factor（year）2 的係數估計值 =5.875=25.125−19.250

factor（year）3 的係數估計值 =4.750=24.000−19.250

factor（year）4 的係數估計值 =7.125=26.375−19.250

以 xtable 套件中的函數 xtable 輸出具表格的變異數分析摘要表：

```
> library(xtable)
> print(xtable(summary(ymanx)), type = "html")
<!-- html table generated in R 3.1.3 by xtable 1.7-4 package -->
<!-- Sun May 03 07:51:00 2015 -->
<table border=1>
<tr> <th>  </th> <th> Df </th> <th> Sum Sq </th> <th> Mean Sq </th> <th> F
value </th> <th> Pr(&gt;F) </th>  </tr>
  <tr> <td> factor(year) </td> <td align="right"> 3 </td> <td align="right">
232.63 </td> <td align="right"> 77.54 </td> <td align="right"> 10.74 </td> <td
align="right"> 0.0001 </td> </tr>
  <tr> <td> Residuals     </td> <td align="right"> 28 </td> <td align="right">
202.25 </td> <td align="right"> 7.22 </td> <td align="right">  </td> <td
align="right">  </td> </tr>
   </table>
```

函數用法可簡化如下：

```
> ymanx_t<-xtable(ymanx)
> print(ymanx_t,type="html")
```

R 主控台視窗增列 **print( )** 函數執行上述語法函數結果：

```
> print(xtable(ymanx), type = "html")
<!-- html table generated in R 3.1.3 by xtable 1.7-4 package -->
<!-- Sun May 03 07:52:08 2015 -->
<table border=1>
<tr> <th>  </th> <th> Df </th> <th> Sum Sq </th> <th> Mean Sq </th> <th>
F value </th> <th> Pr(&gt;F) </th>  </tr>
```

```
<tr> <td> factor(year) </td> <td align="right"> 3 </td> <td align="right">
232.63 </td> <td align="right"> 77.54 </td> <td align="right"> 10.74 </td>
<td align="right"> 0.0001 </td> </tr>
  <tr> <td> Residuals </td> <td align="right"> 28 </td> <td align="right">
202.25 </td> <td align="right"> 7.22 </td> <td align="right">  </td> <td
align="right">  </td> </tr>
  </table>
```

將上述 <table border=1> 列至 </table> 列中的資料複製到網頁之程式碼
<body> 與 </body> 中，以瀏覽器（如微軟 IE）開啟儲存的網頁檔，可檢視到變
異數分析的表格型態。

範例為使用 Dreamweaver 軟體，開啟一個空白的 html 文件，切換到「程
式碼」視窗，複製 R 軟體中 <table border=1> 列至 </table> 列中的資料，於
<body> 與 </body> 中間貼上，檔案存檔檔名為 outtable.html。

空白的 html 文件程式碼視窗內容：

```
outtable.html
程式碼 分割 設計  標題: 無標題文件

1  <!DOCTYPE html PUBLIC "-//W3C//DTD XHTML 1.0 Transitional//EN"
   "http://www.w3.org/TR/xhtml11/DTD/xhtml11-transitional.dtd">
2  <html xmlns="http://www.w3.org/1999/xhtml">
3  <head>
4  <meta http-equiv="Content-Type" content="text/html; charset=big5" />
5  <title>無標題文件</title>
6  </head>
7
8  <body>
9
10 </body>
11 </html>
```

複製 R 軟體中 \<table border=1\> 列至 \</table\> 列中的資料，於 \<body\> 與 \</body\> 中間，貼上後的視窗界面如下：

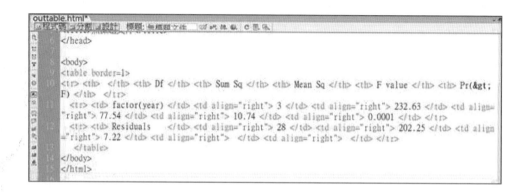

以 IE 瀏覽器開啟 outtable.html 檔案的視窗界面如下：

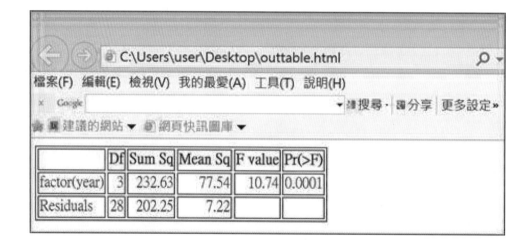

IE 瀏覽器呈現的表格可以直接複製到 Word 文書處理軟體中：

|  | Df | Sum Sq | Mean Sq | F value | Pr(>F) |
|---|---|---|---|---|---|
| **factor(year)** | 3 | 232.63 | 77.54 | 10.74 | 0.0001 |
| **Residuals** | 28 | 202.25 | 7.22 | | |

## 參 事後比較

變異數分析程序中，如果整體檢定 F 值統計量達到統計顯著水準（p<.05），
進一步的分析應進行事後比較（或稱多重比較），以探究是那幾對配對群組間
的平均數差異達到顯著（配對群組間的平均數差異顯著不等於 0）。

### 一、使用基本套件函數

採用基本套件中的 **TukeyHSD( )** 函數，Tukey 法又稱為 HSD 法，HSD 法
也稱為最實在顯著差異法（honestly significant difference）：

```
> TukeyHSD(ymanx)
  Tukey multiple comparisons of means
    95% family-wise confidence level
Fit: aov(formula = manx ~ factor(year))
$`factor(year)`
         diff       lwr         upr        p adj
2-1     5.875    2.206002    9.543998    0.0008404
3-1     4.750    1.081002    8.418998    0.0074177
4-1     7.125    3.456002   10.793998    0.0000686
3-2    -1.125   -4.793998    2.543998    0.8363283
4-2     1.250   -2.418998    4.918998    0.7889985
4-3     2.375   -1.293998    6.043998    0.3097147
```

Tukey 法事後比較結果，配對組平均數達到統計顯著水準者有：群組 2> 群
組 1、群組 3> 群組 1、群組 4> 群組 1。diff 欄為配對群組平均數的差異值，數
值為第一個群組平均數減第二群組平均數；p adj 欄為調整後的顯著性 p 值，當
此直欄之顯著性 p 值 <.05，表示對應配對群組的平均數差異達到統計顯著水準，
平均數差異值顯著不等於 0。

資料框架物件中的檢定變數與因子變數可以直接使用「資料框架物件名稱 $ 與變數名稱」串連：

```
new.ymanx<-aov(dco_new$manx~ dco_new$year)
> summary(new.ymanx)
            Df    Sum Sq    Mean Sq    Fvalue     Pr(>F)
year         3    232.6      77.54     10.73     7.22e-05 ***
Residuals   28    202.2       7.22
---
Signif. codes:  0  '***'  0.001  '**'  0.01  '*'  0.05  '.'  0.1  ' '  1
> TukeyHSD(new.ymanx)
  Tukey multiple comparisons of means
   95% family-wise confidence level
Fit: aov(formula = dco_new$manx ~ dco_new$year)
$year
                   diff        lwr        upr        p adj
二年級 - 一年級    5.875    2.206002   9.543998    0.0008404
三年級 - 一年級    4.750    1.081002   8.418998    0.0074177
四年級 - 一年級    7.125    3.456002  10.793998    0.0000686
三年級 - 二年級   -1.125   -4.793998   2.543998    0.8363283
四年級 - 二年級    1.250   -2.418998   4.918998    0.7889985
四年級 - 三年級    2.375   -1.293998   6.043998    0.3097147
```

由於年級變數中的水準群組已改為文字標記，事後比較之配對組欄會直接呈現水準群組名稱。

二、使用 asbio 套件函數

使用 asbio 套件進行事後比較，函數為 **pairw.anova( )**，事後比較方法採用 Tukey 法：

```
> library(asbio)      ## 載入 asbio 套件
Loading required package: tcltk
> pairw.anova(manx, factor(year), conf.level = 0.95, method = "tukey")
95% Tukey-Kramer confidence intervals
```

|  | Diff | Lower | Upper | Decision Adj. | p-value |
|---|---|---|---|---|---|
| mu1-mu2 | -5.875 | -9.544 | -2.206 | Reject H0 | 0.00084 |
| mu1-mu3 | -4.75 | -8.419 | -1.081 | Reject H0 | 0.007418 |
| mu2-mu3 | 1.125 | -2.544 | 4.794 | FTR H0 | 0.836328 |
| mu1-mu4 | -7.125 | -10.794 | -3.456 | Reject H0 | 6.9e-05 |
| mu2-mu4 | -1.25 | -4.919 | 2.419 | FTR H0 | 0.788998 |
| mu3-mu4 | -2.375 | -6.044 | 1.294 | FTR H0 | 0.309715 |

　　Tukey 法事後比較結果，配對組平均數達到統計顯著水準者有：群組 1 與群組 2、群組 1 與群組 3、群組 1 與群組 4，配對群組間平均數的差異如果達到統計顯著水準，輸出結果的決策欄（Decision）會出現拒絕虛無假設的提示語（Reject H0），對應的顯著性 p 值會小於 .05。平均數差異欄的數值為前面群組平均數減後面群組平均數，若是平均數差異達到統計顯著水準，且差異欄數值為正，表示前面群組的平均數顯著高於（大於）後面群組的平均數；相對的，如果平均數差異達到統計顯著水準，且差異欄數值為負，表示前面群組的平均數顯著低於（小於）後面群組的平均數。

　　採用 LSD 法（最小顯著差異法）進行事後比較：

```
> pairw.anova(manx, factor(year), conf.level = 0.95, method = "lsd")
95% LSD confidence intervals
```

|  | LSD | Diff | Lower | Upper | Decision Adj. | p-value |
|---|---|---|---|---|---|---|
| mu1-mu2 | 2.75265 | -5.875 | -8.62765 | -3.12235 | Reject H0 | 0.00015 |
| mu1-mu3 | 2.75265 | -4.75 | -7.50265 | -1.99735 | Reject H0 | 0.00144 |
| mu2-mu3 | 2.75265 | 1.125 | -1.62765 | 3.87765 | FTR H0 | 0.40958 |
| mu1-mu4 | 2.75265 | -7.125 | -9.87765 | -4.37235 | Reject H0 | 1e-05 |
| mu2-mu4 | 2.75265 | -1.25 | -4.00265 | 1.50265 | FTR H0 | 0.36022 |
| mu3-mu4 | 2.75265 | -2.375 | -5.12765 | 0.37765 | FTR H0 | 0.08806 |

　　使用 LSD 法進行事後比較，配對群組間平均數差異值顯著不等於 0 者，決策欄會出現拒絕虛無假設（Reject H0）提示字詞。經事後比較發現，群組 2> 群組 1、群組 3> 群組 1、群組 4> 群組 1。

　　事後比較採用雪費法（Scheffe 法）：

> pairw.anova(manx, factor(year), conf.level = 0.95, method ="scheffe")
95% Scheffe confidence intervals

| | Diff | Lower | Upper | Decision Adj. | P-value |
|---|---|---|---|---|---|
| mu1-mu2 | -5.875 | -9.87042 | -1.87958 | Reject H0 | 0.001982 |
| mu1-mu3 | -4.75 | -8.74542 | -0.75458 | Reject H0 | 0.014713 |
| mu2-mu3 | 1.125 | -2.87042 | 5.12042 | FTR H0 | 0.87217 |
| mu1-mu4 | - 7.125 | -11.12042 | -3.12958 | Reject H0 | 0.000188 |
| mu2-mu4 | -1.25 | -5.24542 | 2.74542 | FTR H0 | 0.833354 |
| mu3-mu4 | -2.375 | -6.37042 | 1.62042 | FTR H0 | 0.389628 |

　　使用 Scheffe 法進行事後比較，配對群組間平均數差異值顯著不等於 0 者，決策欄會出現拒絕虛無假設（Reject H0）提示字詞。經事後比較發現，群組 2> 群組 1、群組 3> 群組 1、群組 4> 群組 1。

　　事後比較使用 Dunn 法，引數 control 後面的數字為界定配對組進行比較時的參照組，如「control = 1」，表示參照組別為水準數值等於 1 的群組（一年級），其餘水準群組均與一年級群組進行平均數差異比較：

> dunnettCI(manx,factor(year), conf.level = 0.95, control = 1)
95% Dunnett confidence intervals

| | Diff | Lower | Upper | Decision |
|---|---|---|---|---|
| mu2-mu1 | 5.875895 | 2.538707 | 9.213083 | Reject H0 |
| mu3-mu1 | 4.74925 | 1.413424 | 8.085075 | Reject H0 |
| mu4-mu1 | 7.127768 | 3.7892 | 10.466336 | Reject H0 |

```
> dunnettCI(manx,factor(year), conf.level = 0.95, control = 2)
95% Dunnett confidence intervals
```

|         | Diff      | Lower     | Upper     | Decision  |
|---------|-----------|-----------|-----------|-----------|
| mu1-mu2 | -5.87585  | -9.213885 | -2.537815 | Reject H0 |
| mu3-mu2 | -1.123628 | -4.46151  | 2.214253  | FTR H0    |
| mu4-mu2 | 1.25091   | -2.08699  | 4.588811  | FTR H0    |

引數 control 選項界定「control =2」，表示參照組別為水準數值等於 2 的群組（二年級），其餘水準群組均為比較組，進行的配對組比較為「一年級 & 二年級」、「三年級 & 二年級」、「四年級 & 二年級」。

以 **scheffeCI( )** 函數進行事後比較，比較方法為雪費法（Scheffe）：

```
> scheffeCI(manx,factor(year), conf.level = 0.95)
95% Scheffe confidence intervals
```

|         | Diff   | Lower     | Upper    | Decision Adj. | P-value  |
|---------|--------|-----------|----------|---------------|----------|
| mu1-mu2 | -5.875 | -9.87042  | -1.87958 | Reject H0     | 0.001982 |
| mu1-mu3 | -4.75  | -8.74542  | -0.75458 | Reject H0     | 0.014713 |
| mu2-mu3 | 1.125  | -2.87042  | 5.12042  | FTR H0        | 0.87217  |
| mu1-mu4 | -7.125 | -11.12042 | -3.12958 | Reject H0     | 0.000188 |
| mu2-mu4 | -1.25  | -5.24542  | 2.74542  | FTR H0        | 0.833354 |
| mu3-mu4 | -2.375 | -6.37042  | 1.62042  | FTR H0        | 0.389628 |

以 Bonferroni 方法進行事後比較，Bonferroni 考驗法又稱為 Dunn 事後比較法：

```
> bonfCI(manx,factor(year), conf.level = 0.95)
95% Bonferroni confidence intervals
```

| | Diff | Lower | Upper | Decision Adj. | p-value |
|---|---|---|---|---|---|
| mu1-mu2 | -5.875 | -9.68996 | -2.06004 | Reject H0 | 0.000924 |
| mu1-mu3 | -4.75 | -8.56496 | -0.93504 | Reject H0 | 0.008641 |
| mu2-mu3 | 1.125 | -2.68996 | 4.93996 | FTR H0 | 1 |
| mu1-mu4 | -7.125 | -10.93996 | -3.31004 | Reject H0 | 7.3e-05 |
| mu2-mu4 | -1.25 | -5.06496 | 2.56496 | FTR H0 | 1 |
| mu3-mu4 | -2.375 | -6.18996 | 1.43996 | FTR H0 | 0.528386 |

上述採用不同事後比較方法，事後比較均呈現一致性結果。

## 肆　不同地區在數學態度的差異比較

### 一、描述性統計量

不同地區（北區、中區、南區）學生之數學態度的差異比較：

```
> round(tapply(matt,list(factor(area)),mean),2)
   中     北     南
 16.25  28.90  21.80
> round(tapply(matt,list(factor(area)),sd),3)
   中     北     南
 3.957  2.726  8.364
```

| 地區 | 個數 | 平均數 | 標準差 |
|------|------|--------|--------|
| 北區 | 10 | 28.90 | 2.726 |
| 中區 | 12 | 16.25 | 3.957 |
| 南區 | 10 | 21.80 | 8.364 |
| 總和 | 32 | 21.94 | 7.496 |

二、變異數分析

```
> loatt<-aov(matt~area)
> summary(loatt)
          Df   Sum Sq  Mean Sq  F value    Pr(>F)
area       2   873.1    436.6    14.57    4.16e-05 ***
Residuals 29   868.8     30.0
---
Signif. codes:  0  '***'  0.001  '**'  0.01  '*'  0.05  '.'  0.1  ' '  1
```

三、執行事後比較

事後比較採用 Scheffe 法：

```
> library(asbio)
> scheffeCI(matt,factor(area), conf.level = 0.95)
95% Scheffe confidence intervals
                Diff      Lower      Upper    Decision Adj.  P-value
mu 中 -mu 北   -12.65   -18.69579   -6.60421   Reject H0     4.2e-05
mu 中 -mu 南    -5.55   -11.59579    0.49579    FTR H0       0.077023
mu 北 -mu 南     7.1      0.78538   13.41462   Reject H0     0.024878
```

Scheffe 法事後比較（或多重比較）結果，中區與北區學生的數學態度平均數有顯著差異（北區 > 中區），北區與南區學生的數學態度平均數有顯著差異（北區 > 南區），至於中區與南區學生的數學態度感受則沒有顯著不同。

執行事後比較，採用 Tukey 法：

```
> pairw.anova(matt, factor(area), conf.level = 0.95, method = "tukey")
95% Tukey-Kramer confidence intervals
                    Diff      Lower      Upper    Decision Adj.   p-value
mu 中 -mu 北      -12.65   -18.43767   -6.86233   Reject H0       2.4e-05
mu 中 -mu 南      -5.55    -11.33767    0.23767   FTR H0          0.062163
mu 北 -mu 南       7.1       1.05497   13.14503   Reject H0       0.018713
```

Tukey 法事後比較（或多重比較）結果，中區與北區學生的數學態度平均數有顯著差異（北區＞中區），北區與南區學生的數學態度平均數有顯著差異（北區＞南區），至於中區與南區學生的數學態度感受則沒有顯著不同。Tukey 法事後比較結果與 Scheffe 法事後比較相同。

不同地區在數學態度差異之變異數分析結果摘要表如下：

| 變異來源 | 平方和 | 自由度 | 平均平方和 | F | 顯著性 | 事後比較 |
|---|---|---|---|---|---|---|
| 組間 | 873.1 | 2 | 436.6 | 14.57 | .000 | 北區＞中區<br>北區＞南區 |
| 組內 | 868.8 | 29 | 30 | | | |
| 總和 | 1741.9 | 31 | | | | |

## 伍 R 編輯器命令稿在 ANOVA 的應用

若要同時進行多個計量變數之 ANOVA 程序，可以配合變數索引與迴圈變數。範例為進行不同家庭結構（home 變數）在「manx」（數學焦慮）、「moti」（數學學習動機）、「matt」（數學態度）、「msco」（數學學業成就）的差異比較，由於家庭結構變數（home）為三分類別變數，因而統計分析採用單因子 ANOVA。

資料框架物件 dco_new 中的直行變數名稱：

```
> colnames(dco_new)
    [1]        "num" "home" "area" "year" "manx" "moti" "matt" "msco"
# 變數索引：   1      2      3      4      5      6      7      8
```

命令稿 R 編輯器視窗中的語法如下：

```
attach(dco_new)
for ( i in 5:8)
{
ano.model<-aov(dco_new[[i]]~dco_new[[2]])
print( summary(ano.model))
print (TukeyHSD(ano.model))
}
```

語法中 **aov( )** 函數的檢定變數～因子變數名稱使用變數對應的變數索引：
「aov(dco_new[[i]]~dco_new[[2]])」，家庭結構在資料框架物件中排序的變數位
置在第二個，四個檢定計量變數「manx」（數學焦慮）、「moti」（數學學習
動機）、「matt」（數學態度）、「msco」（數學學業成就）在資料框架物件
中排序的變數位置為 5、6、7、8，「aov(dco_new[[5]]~dco_new[[2]])」對應的
變數名稱為「aov(dco_new$ manx~ dco_new$ home)」。

命令列「print( summary(ano.model))」表示使用 summary( ) 函數輸出變異數
分析摘要表。

命令列「print (TukeyHSD(ano.model))」表示採用 Tukey 法進行事後多重比
較。

R 主控台執行結果之視窗界面如下：

```
> attach(dco_new)
The following objects are masked from dco:
    area, home, manx, matt, moti, msco, num, year
> for ( i in 5:8)
+ {
+ ano.model<-aov(dco_new[[i]]~dco_new[[2]])
+ print( summary(ano.model))
+ print (TukeyHSD(ano.model))
+ }
```

|              | Df  | Sum Sq | Mean Sq | F value | Pr(>F)        |
|--------------|-----|--------|---------|---------|---------------|
| dco_new[[2]] | 2   | 212.3  | 106.13  | 13.82   | 6.07e-05 *** |
| Residuals    | 29  | 222.6  | 7.68    |         |               |

---

Signif. codes:  0  '***'  0.001  '**'  0.01  '*'  0.05  '.'  0.1  ' '  1

  Tukey multiple comparisons of means
    95% family-wise confidence level

Fit: aov(formula = dco_new[[i]] ~ dco_new[[2]])

$`dco_new[[2]]`

|                     | diff     | lwr          | upr       | p adj     |
|---------------------|----------|--------------|-----------|-----------|
| 單親家庭 - 完整家庭 | 3.616667 | 0.68688325   | 6.546450  | 0.0131053 |
| 隔代教養 - 完整家庭 | 6.500000 | 3.43994103   | 9.560059  | 0.0000373 |
| 隔代教養 - 單親家庭 | 2.883333 | -0.04645008  | 5.813117  | 0.0544212 |

|              | Df  | Sum Sq | Mean Sq | F value | Pr(>F) |
|--------------|-----|--------|---------|---------|--------|
| dco_new[[2]] | 2   | 51.2   | 25.60   | 1.548   | 0.23   |
| Residuals    | 29  | 479.7  | 16.54   |         |        |

Tukey multiple comparisons of means

　95% family-wise confidence level

Fit: aov(formula = dco_new[[i]] ~ dco_new[[2]])

$`dco_new[[2]]`

| | diff | lwr | upr | p adj |
|---|---|---|---|---|
| 單親家庭 - 完整家庭 | -1.633333 | -5.933908 | 2.667241 | 0.6211318 |
| 隔代教養 - 完整家庭 | -3.200000 | -7.691803 | 1.291803 | 0.2010389 |
| 隔代教養 - 單親家庭 | -1.566667 | -5.867241 | 2.733908 | 0.6448329 |

| | Df | Sum Sq | Mean Sq | F value | Pr(>F) |
|---|---|---|---|---|---|
| dco_new[[2]] | 2 | 595.9 | 297.96 | 7.54 | 0.00231 ** |
| Residuals | 29 | 1146.0 | 39.52 | | |

---

Signif. codes:  0  '***'  0.001  '**'  0.01  '*'  0.05  '.'  0.1  ' '  1

　Tukey multiple comparisons of means

　　95% family-wise confidence level

Fit: aov(formula = dco_new[[i]] ~ dco_new[[2]])

$`dco_new[[2]]`

| | diff | lwr | upr | p adj |
|---|---|---|---|---|
| 單親家庭 - 完整家庭 | -4.95 | -11.59721 | 1.6972117 | 0.1749115 |
| 隔代教養 - 完整家庭 | -10.90 | -17.84279 | -3.9572138 | 0.0015706 |
| 隔代教養 - 單親家庭 | -5.95 | -12.59721 | 0.6972117 | 0.0861872 |

| | Df | Sum Sq | Mean Sq | F value | Pr(>F) |
|---|---|---|---|---|---|
| dco_new[[2]] | 2 | 1145 | 572.6 | 1.393 | 0.265 |
| Residuals | 29 | 11925 | 411.2 | | |

　Tukey multiple comparisons of means

　　95% family-wise confidence level

Fit: aov(formula = dco_new[[i]] ~ dco_new[[2]])

$`dco_new[[2]]`

|  | diff | lwr | upr | p adj |
|---|---|---|---|---|
| 單親家庭 - 完整家庭 | -5.283333 | -26.72600 | 16.15934 | 0.8166406 |
| 隔代教養 - 完整家庭 | -14.900000 | -37.29614 | 7.49614 | 0.2442372 |
| 隔代教養 - 單親家庭 | -9.616667 | -31.05934 | 11.82600 | 0.5171782 |

家庭結構在數學焦慮整體差異的 F 值統計量 =13.82、顯著性 p 值 =6.07e-05<.05，達到統計顯著水準，拒絕虛無假設，事後比較發現：單親家庭群組＞完整家庭群組、隔代教養家庭群組＞完整家庭群組。家庭結構在數學學習動機整體差異的 F 值統計量 =1.548、顯著性 p 值 = 0.23>.05，未達統計顯著水準，接受虛無假設（三個家庭群組的平均數沒有顯著不同）。家庭結構在數學態度整體差異的 F 值統計量 =7.54、顯著性 p 值 =0.002<.05，達到統計顯著水準，拒絕虛無假設，進一步事後比較發現：完整家庭群組＞隔代教養家庭群組。家庭結構在數學成就整體差異的 F 值統計量 =1.393、顯著性 p 值 = 0.265>.05，未達統計顯著水準，接受虛無假設（三個家庭群組在數學成就的平均數沒有顯著不同）。

不同家庭結構在數學焦慮、數學動機、數學態度、數學成就差異之變異數分析摘要表整理如下：

| 變數名稱 | 變異來源 | 平方和 | 自由度 | 平均平方和 | F 值 | 顯著性 | 事後比較 |
|---|---|---|---|---|---|---|---|
| **manx** | 組間 | 212.3 | 2 | 106.13 | 13.82 | 0.000 | B>A |
|  | 組內 | 222.6 | 29 | 7.68 |  |  | C>A |
|  | 總和 | 434.9 | 31 |  |  |  |  |
| **moti** | 組間 | 51.2 | 2 | 25.60 | 1.548 | 0.23 |  |
|  | 組內 | 479.7 | 29 | 16.54 |  |  |  |
|  | 總和 | 530.9 | 31 |  |  |  |  |
| **matt** | 組間 | 595.9 | 2 | 297.96 | 7.54 | 0.002 | A>C |
|  | 組內 | 1146.0 | 29 | 39.52 |  |  |  |
|  | 總和 | 1741.9 | 31 |  |  |  |  |
| **msco** | 組間 | 1145.3 | 2 | 572.63 | 1.393 | 0.265 |  |
|  | 組內 | 11924.6 | 29 | 411.19 |  |  |  |
|  | 總和 | 13069.9 | 31 |  |  |  |  |

註：A 為完整家庭組、B 為單親家庭組、C 為隔代教養組

　　不同家庭結構在數學焦慮、數學動機、數學態度、數學成就差異之描述性
統計量摘要表如下（參閱後面的輸出結果）：

| 變數 | 家庭結構 | 個數 | 平均數 | 標準差 |
|---|---|---|---|---|
| **manx** | 完整家庭 | 10 | 20.30 | 3.02 |
| | 單親家庭 | 12 | 23.92 | 1.78 |
| | 隔代教養 | 10 | 26.80 | 3.43 |
| **moti** | 完整家庭 | 10 | 23.80 | 2.86 |
| | 單親家庭 | 12 | 22.17 | 4.24 |
| | 隔代教養 | 10 | 20.60 | 4.81 |
| **matt** | 完整家庭 | 10 | 27.20 | 6.30 |
| | 單親家庭 | 12 | 22.25 | 7.68 |
| | 隔代教養 | 10 | 16.30 | 3.95 |
| **msco** | 完整家庭 | 10 | 73.20 | 22.88 |
| | 單親家庭 | 12 | 67.92 | 20.94 |
| | 隔代教養 | 10 | 58.30 | 16.31 |

　　使用雙迴圈，一個迴圈數值界定因子變數的索引、一個迴圈數值界定檢定
計量變數的索引，可以分別進行多個因子變數在一系列計量變數的 ANOVA 程
序。

　　命令稿 R 編輯器視窗的語法指令如下，其中事後比較使用 asbio 套件中的
**scheffeCI( )** 函數，事後比較方法為 scheffe 法。

```
attach(dco_new)
library(asbio)
for( i in 2:4 )   ## 界定因子變數索引值界限
{
  for ( j in 5:8 )   ## 界定依變數變數索引值界限
  {
  ano.model<-aov(dco_new[[j]]~dco_new[[i]])
  print( summary(ano.model))
print (scheffeCI(dco_new[[j]],factor(dco_new[[i]])))
  }
}
```

主控台執行結果之視窗界面如下：

```
> attach(dco_new)
> library(asbio)
> for( i in 2:4 )
+ {
+   for ( j in 5:8 )
+ {
+   ano.model<-aov(dco_new[[j]]~dco_new[[i]])
+   print( summary(ano.model))
+   print (scheffeCI(dco_new[[j]],factor(dco_new[[i]])))
+ }
+ }
## 家庭結構在數學焦慮之 ANOVA 結果
```

| | Df | Sum Sq | Mean Sq | F value | Pr(>F) |
|---|---|---|---|---|---|
| dco_new[[i]] | 2 | 212.3 | 106.13 | 13.82 | 6.07e-05 *** |
| Residuals | 29 | 222.6 | 7.68 | | |

```
---
Signif. codes:  0 '***' 0.001 '**' 0.01 '*' 0.05 '.' 0.1 ' ' 1
95% Scheffe confidence intervals
```

| | Diff | Lower | Upper | Decision Adj. | P-value |
|---|---|---|---|---|---|
| mu 完整家庭 -mu 單親家庭 | -3.61667 | -6.67711 | -0.55622 | Reject H0 | 0.017755 |
| mu 完整家庭 -mu 隔代教養 | -6.5 | -9.69653 | -3.30347 | Reject H0 | 6.3e-05 |
| mu 單親家庭 -mu 隔代教養 | -2.88333 | -5.94378 | 0.17711 | FTR H0 | 0.067996 |

## 家庭結構在數學動機之 ANOVA 結果

| | Df | Sum Sq | Mean Sq | F value | Pr(>F) |
|---|---|---|---|---|---|
| dco_new[[i]] | 2 | 51.2 | 25.60 | 1.548 | 0.23 |
| Residuals | 29 | 479.7 | 16.54 | | |

```
95% Scheffe confidence intervals
```

| | Diff | Lower | Upper | Decision | Adj. P-value |
|---|---|---|---|---|---|
| mu 完整家庭 -mu 單親家庭 | 1.63333 | -2.85904 | 6.1257 | FTR H0 | 0.648339 |
| mu 完整家庭 -mu 隔代教養 | 3.2 | -1.49213 | 7.89213 | FTR H0 | 0.229792 |
| mu 單親家庭 -mu 隔代教養 | 1.56667 | -2.9257 | 6.05904 | FTR H0 | 0.670882 |

## 家庭結構在數學態度之 ANOVA 結果

| | Df | Sum Sq | Mean Sq | F value | Pr(>F) |
|---|---|---|---|---|---|
| dco_new[[i]] | 2 | 595.9 | 297.96 | 7.54 | 0.00231 ** |
| Residuals | 29 | 1146.0 | 39.52 | | |

---

Signif. codes: 0 '***' 0.001 '**' 0.01 '*' 0.05 '.' 0.1 ' ' 1

95% Scheffe confidence intervals

| | Diff | Lower | Upper | Decision | Adj. P-value |
|---|---|---|---|---|---|
| mu 完整家庭 -mu 單親家庭 | 4.95 | -1.99366 | 11.89366 | FTR H0 | 0.201988 |
| mu 完整家庭 -mu 隔代教養 | 10.9 | 3.64758 | 18.15242 | Reject H0 | 0.002344 |
| mu 單親家庭 -mu 隔代教養 | 5.95 | -0.99366 | 12.89366 | FTR H0 | 0.104551 |

## 家庭結構在數學成就之 ANOVA 結果

| | Df | Sum Sq | Mean Sq | F value | Pr(>F) |
|---|---|---|---|---|---|
| dco_new[[i]] | 2 | 1145 | 572.6 | 1.393 | 0.265 |
| Residuals | 29 | 11925 | 411.2 | | |

95% Scheffe confidence intervals

| | Diff | Lower | Upper | Decision | Adj. P-value |
|---|---|---|---|---|---|
| mu 完整家庭 -mu 單親家庭 | 5.28333 | -17.11564 | 27.6823 | FTR H0 | 0.831963 |
| mu 完整家庭 -mu 隔代教養 | 14.9 | -8.49496 | 38.29496 | FTR H0 | 0.275103 |
| mu 單親家庭 -mu 隔代教養 | 9.61667 | -12.7823 | 32.01564 | FTR H0 | 0.548393 |

## 地區 (area) 在數學焦慮之 ANOVA 結果

| | Df | Sum Sq | Mean Sq | F value | Pr(>F) |
|---|---|---|---|---|---|
| dco_new[[i]] | 2 | 253.2 | 126.60 | 20.21 | 3.19e-06 *** |
| Residuals | 29 | 181.7 | 6.26 | | |

---

Signif. codes: 0 '***' 0.001 '**' 0.01 '*' 0.05 '.' 0.1 ' ' 1

95% Scheffe confidence intervals

|  | Diff | Lower | Upper | Decision Adj. | P-value |
|---|---|---|---|---|---|
| mu 中 -mu 北 | 6.56667 | 3.802 | 9.33134 | Reject H0 | 6e-06 |
| mu 中 -mu 南 | 1.36667 | -1.398 | 4.13134 | FTR H0 | 0.45331 |
| mu 北 -mu 南 | -5.2 | -8.0876 | -2.3124 | Reject H0 | 0.000314 |

## 地區 (area) 在數學動機之 ANOVA 結果

|  | Df | Sum Sq | Mean Sq | F value | Pr(>F) |
|---|---|---|---|---|---|
| dco_new[[i]] | 2 | 49.5 | 24.73 | 1.49 | 0.242 |
| Residuals | 29 | 481.4 | 16.60 | | |

95% Scheffe confidence intervals

|  | Diff | Lower | Upper | Decision Adj. | P-value |
|---|---|---|---|---|---|
| mu 中 -mu 北 | -2.61667 | -7.11722 | 1.88389 | FTR H0 | 0.338453 |
| mu 中 -mu 南 | -2.51667 | -7.01722 | 1.98389 | FTR H0 | 0.366083 |
| mu 北 -mu 南 | 0.1 | -4.60068 | 4.80068 | FTR H0 | 0.998495 |

## 地區 (area) 在數學態度之 ANOVA 結果

|  | Df | Sum Sq | Mean Sq | F value | Pr(>F) |
|---|---|---|---|---|---|
| dco_new[[i]] | 2 | 873.1 | 436.6 | 14.57 | 4.16e-05 *** |
| Residuals | 29 | 868.8 | 30.0 | | |

---

Signif. codes: 0 '***' 0.001 '**' 0.01 '*' 0.05 '.' 0.1 ' ' 1

95% Scheffe confidence intervals

|  | Diff | Lower | Upper | Decision Adj. | P-value |
|---|---|---|---|---|---|
| mu 中 -mu 北 | -12.65 | -18.69579 | -6.60421 | Reject H0 | 4.2e-05 |
| mu 中 -mu 南 | -5.55 | -11.59579 | 0.49579 | FTR H0 | 0.077023 |
| mu 北 -mu 南 | 7.1 | 0.78538 | 13.41462 | Reject H0 | 0.024878 |

## 地區 (area) 在數學成就之 ANOVA 結果

|  | Df | Sum Sq | Mean Sq | F value | Pr(>F) |
|---|---|---|---|---|---|
| dco_new[[i]] | 2 | 3036 | 1518 | 4.387 | 0.0217 * |
| Residuals | 29 | 10034 | 346 | | |

---

Signif. codes: 0 '***' 0.001 '**' 0.01 '*' 0.05 '.' 0.1 ' ' 1

95% Scheffe confidence intervals

| | Diff | Lower | Upper | Decision | Adj. P-value |
|---|---|---|---|---|---|
| mu 中 -mu 北 | -23.3 | -43.84694 | -2.75306 | Reject H0 | 0.023526 |
| mu 中 -mu 南 | -7.3 | -27.84694 | 13.24694 | FTR H0 | 0.660955 |
| mu 北 -mu 南 | 16 | -5.46058 | 37.46058 | FTR H0 | 0.17537 |

## 年級 (year) 在數學焦慮之 ANOVA 結果

| | Df | Sum Sq | Mean Sq | F value | Pr(>F) |
|---|---|---|---|---|---|
| dco_new[[i]] | 3 | 232.6 | 77.54 | 10.73 | 7.22e-05 *** |
| Residuals | 28 | 202.2 | 7.22 | | |

---

Signif. codes: 0 '***' 0.001 '**' 0.01 '*' 0.05 '.' 0.1 ' ' 1

95% Scheffe confidence intervals

| | Diff | Lower | Upper | Decision | Adj. P-value |
|---|---|---|---|---|---|
| mu 一年級 -mu 二年級 | -5.875 | -9.87042 | -1.87958 | Reject H0 | 0.001982 |
| mu 一年級 -mu 三年級 | -4.75 | -8.74542 | -0.75458 | Reject H0 | 0.014713 |
| mu 二年級 -mu 三年級 | 1.125 | -2.87042 | 5.12042 | FTR H0 | 0.87217 |
| mu 一年級 -mu 四年級 | -7.125 | -11.12042 | -3.12958 | Reject H0 | 0.000188 |
| mu 二年級 -mu 四年級 | -1.25 | -5.24542 | 2.74542 | FTR H0 | 0.833354 |
| mu 三年級 -mu 四年級 | -2.375 | -6.37042 | 1.62042 | FTR H0 | 0.389628 |

## 年級 (year) 在數學學習動機之 ANOVA 結果

| | Df | Sum Sq | Mean Sq | F value | Pr(>F) |
|---|---|---|---|---|---|
| dco_new[[i]] | 3 | 48.6 | 16.21 | 0.941 | 0.434 |
| Residuals | 28 | 482.2 | 17.22 | | |

95% Scheffe confidence intervals

| | Diff | Lower | Upper | Decision Adj. | P-value |
|---|---|---|---|---|---|
| mu 一年級 -mu 二年級 | 0.875 | -5.29457 | 7.04457 | FTR H0 | 0.980695 |
| mu 一年級 -mu 三年級 | 0.625 | -5.54457 | 6.79457 | FTR H0 | 0.992761 |
| mu 二年級 -mu 三年級 | -0.25 | -6.41957 | 5.91957 | FTR H0 | 0.999525 |
| mu 一年級 -mu 四年級 | 3.25 | -2.91957 | 9.41957 | FTR H0 | 0.495013 |
| mu 二年級 -mu 四年級 | 2.375 | -3.79457 | 8.54457 | FTR H0 | 0.728486 |
| mu 三年級 -mu 四年級 | 2.625 | -3.54457 | 8.79457 | FTR H0 | 0.663136 |

## 年級 (year) 在數學態度之 ANOVA 結果

| | Df | Sum Sq | Mean Sq | F value | Pr(>F) |
|---|---|---|---|---|---|
| dco_new[[i]] | 3 | 1052.6 | 350.9 | 14.25 | 7.94e-06 *** |
| Residuals | 28 | 689.3 | 24.6 | | |

---

Signif. codes: 0 '***' 0.001 '**' 0.01 '*' 0.05 '.' 0.1 ' ' 1

95% Scheffe confidence intervals

| | Diff | Lower | Upper | Decision Adj. | P-value |
|---|---|---|---|---|---|
| mu 一年級 -mu 二年級 | 9.75 | 2.37424 | 17.12576 | Reject H0 | 0.005825 |
| mu 一年級 -mu 三年級 | 2.875 | -4.50076 | 10.25076 | FTR H0 | 0.720863 |
| mu 二年級 -mu 三年級 | -6.875 | -14.25076 | 0.50076 | FTR H0 | 0.075017 |
| mu 一年級 -mu 四年級 | 14.625 | 7.24924 | 22.00076 | Reject H0 | 4.1e-05 |
| mu 二年級 -mu 四年級 | 4.875 | -2.50076 | 12.25076 | FTR H0 | 0.298076 |
| mu 三年級 -mu 四年級 | 11.75 | 4.37424 | 19.12576 | Reject H0 | 0.000794 |

## 年級 (year) 在數學成就之 ANOVA 結果

| | Df | Sum Sq | Mean Sq | F value | Pr(>F) |
|---|---|---|---|---|---|
| dco_new[[i]] | 3 | 5989 | 1996.5 | 7.895 | 0.000571 *** |
| Residuals | 28 | 7081 | 252.9 | | |

---

Signif. codes: 0 '***' 0.001 '**' 0.01 '*' 0.05 '.' 0.1 ' ' 1

95% Scheffe confidence intervals

|  | Diff | Lower | Upper | Decision | Adj. P-value |
|---|---|---|---|---|---|
| mu 一年級 -mu 二年級 | 14.75 | -8.89016 | 38.39016 | FTR H0 | 0.347314 |
| mu 一年級 -mu 三年級 | -0.5 | -24.14016 | 23.14016 | FTR H0 | 0.999932 |
| mu 二年級 -mu 三年級 | -15.25 | -38.89016 | 8.39016 | FTR H0 | 0.318628 |
| mu 一年級 -mu 四年級 | 33 | 9.35984 | 56.64016 | Reject H0 | 0.00342 |
| mu 二年級 -mu 四年級 | 18.25 | -5.39016 | 41.89016 | FTR H0 | 0.17843 |
| mu 三年級 -mu 四年級 | 33.5 | 9.85984 | 57.14016 | Reject H0 | 0.002932 |

　　不同年級在數學焦慮、數學動機、數學態度、數學成就差異之變異數分析摘要表統整如下：

| 變數 | 變異來源 | 平方和 | 自由度 | 平均平方和 | F 值 | 顯著性 | 事後比較 |
|---|---|---|---|---|---|---|---|
| **manx** | 組間 | 232.6 | 3 | 77.54 | 10.73 | 0.000 | 二年級 > 一年級 |
|  | 組內 | 202.3 | 28 | 7.22 |  |  | 三年級 > 一年級 |
|  | 總和 | 434.9 | 31 |  |  |  | 四年級 > 一年級 |
| **moti** | 組間 | 48.6 | 3 | 16.21 | 0.941 | 0.434 |  |
|  | 組內 | 482.3 | 28 | 17.22 |  |  |  |
|  | 總和 | 530.9 | 31 |  |  |  |  |
| **matt** | 組間 | 1052.6 | 3 | 350.9 | 14.250 | 0.000 | 一年級 > 二年級 |
|  | 組內 | 689.3 | 28 | 24.6 |  |  | 一年級 > 四年級 |
|  | 總和 | 1741.9 | 31 |  |  |  | 三年級 > 四年級 |
| **msco** | 組間 | 5989.4 | 3 | 1996.5 | 7.895 | 0.001 | 一年級 > 四年級 |
|  | 組內 | 7080.5 | 28 | 252.9 |  |  | 三年級 > 四年級 |
|  | 總和 | 13069.9 | 31 |  |  |  |  |

不同年級在數學焦慮、數學動機、數學態度、數學成就差異之描述性統計量摘要表統整如下（參閱後面的輸出結果）：

| 變數 | 年級 | 個數 | 平均數 | 標準差 |
|------|------|------|--------|--------|
| manx | 一年級 | 8 | 19.25 | 1.39 |
|      | 二年級 | 8 | 25.13 | 1.81 |
|      | 三年級 | 8 | 24.00 | 1.51 |
|      | 四年級 | 8 | 26.38 | 4.63 |
| moti | 一年級 | 8 | 23.38 | 2.97 |
|      | 二年級 | 8 | 22.50 | 3.89 |
|      | 三年級 | 8 | 22.75 | 3.06 |
|      | 四年級 | 8 | 20.13 | 5.96 |
| matt | 一年級 | 8 | 28.75 | 2.96 |
|      | 二年級 | 8 | 19.00 | 5.78 |
|      | 三年級 | 8 | 25.88 | 6.45 |
|      | 四年級 | 8 | 14.13 | 3.83 |
| msco | 一年級 | 8 | 78.38 | 10.86 |
|      | 二年級 | 8 | 63.63 | 14.83 |
|      | 三年級 | 8 | 78.88 | 15.09 |
|      | 四年級 | 8 | 45.38 | 21.12 |

使用迴圈求出各因子變數水準群組在計量變數的平均數與標準差統計量，命令稿 R 編輯器視窗指令如下：

```
for( i in 2:4 )
{
  for ( j in 5:8)
 {
print( paste("varDE:",colnames(dco_new[j]),"---varID:",colnames(dco_
new[i])))
print(round(tapply(dco_new[[j]],list(factor(dco_new[[i]])),mean),2))
print(round(tapply(dco_new[[j]],list(factor(dco_new[[i]])),sd,2),2))
 }
}
```

　　語法中增列 **paste( )** 函數，配合 **colnames( )** 函數，以便輸出計量變數與因子變數的變數名稱，由於變數名稱為文字，文字間的串接使用 **paste( )** 函數，以增加輸出結果的可讀性與變數判讀。colnames（資料檔框架物件名稱 [i]）可以輸出直行變數名稱，如：

```
>colnames(dco_new[3])
[1] "area"
> colnames(dco_new[5])
[1] "manx"
```

　　R 主控台執行 R 編輯器指令之視窗界面如下：

```
> for( i in 2:4 )
+ {
+   for ( j in 5:8)
+ {
+ print( paste("varDE:",colnames(dco_new[j]),"---varID:",colnames(dco_
new[i])))
+ print(round(tapply(dco_new[[j]],list(factor(dco_new[[i]])),mean),2))
+ print(round(tapply(dco_new[[j]],list(factor(dco_new[[i]])),sd,2),2))
+ }
+ }
[1] "varDE: manx ---varID: home"
完整家庭   單親家庭   隔代教養
  20.30     23.92     26.80
完整家庭   單親家庭   隔代教養
   3.02      1.78      3.43
[1] "varDE: moti ---varID: home"
完整家庭   單親家庭   隔代教養
  23.80     22.17     20.60
```

| 完整家庭 | 單親家庭 | 隔代教養 |
|---|---|---|
| 2.86 | 4.24 | 4.81 |

[1] "varDE: matt ---varID: home"

| 完整家庭 | 單親家庭 | 隔代教養 |
|---|---|---|
| 27.20 | 22.25 | 16.30 |

| 完整家庭 | 單親家庭 | 隔代教養 |
|---|---|---|
| 6.30 | 7.68 | 3.95 |

[1] "varDE: msco ---varID: home"

| 完整家庭 | 單親家庭 | 隔代教養 |
|---|---|---|
| 73.20 | 67.92 | 58.30 |

| 完整家庭 | 單親家庭 | 隔代教養 |
|---|---|---|
| 22.88 | 20.93 | 16.31 |

[1] "varDE: manx ---varID: area"

| 中 | 北 | 南 |
|---|---|---|
| 26.17 | 19.60 | 24.80 |

| 中 | 北 | 南 |
|---|---|---|
| 3.66 | 1.43 | 1.32 |

[1] "varDE: moti ---varID: area"

| 中 | 北 | 南 |
|---|---|---|
| 20.58 | 23.20 | 23.10 |

| 中 | 北 | 南 |
|---|---|---|
| 4.94 | 2.74 | 4.01 |

[1] "varDE: matt ---varID: area"

| 中 | 北 | 南 |
|---|---|---|
| 16.25 | 28.90 | 21.80 |

| 中 | 北 | 南 |
|---|---|---|
| 3.96 | 2.73 | 8.36 |

[1] "varDE: msco ---varID: area"

| 中 | 北 | 南 |
|---|---|---|
| 57.0 | 80.3 | 64.3 |

| 中 | 北 | 南 |
|---|---|---|
| 16.81 | 10.45 | 25.70 |

[1] "varDE: manx ---varID: year"

| 一年級 | 二年級 | 三年級 | 四年級 |
|---|---|---|---|
| 19.25 | 25.12 | 24.00 | 26.38 |

| 一年級 | 二年級 | 三年級 | 四年級 |
|---|---|---|---|
| 1.39 | 1.81 | 1.51 | 4.63 |

[1] "varDE: moti ---varID: year"

| 一年級 | 二年級 | 三年級 | 四年級 |
|---|---|---|---|
| 23.38 | 22.50 | 22.75 | 20.12 |

| 一年級 | 二年級 | 三年級 | 四年級 |
|---|---|---|---|
| 2.97 | 3.89 | 3.06 | 5.96 |

[1] "varDE: matt ---varID: year"

| 一年級 | 二年級 | 三年級 | 四年級 |
|---|---|---|---|
| 28.75 | 19.00 | 25.88 | 14.12 |

| 一年級 | 二年級 | 三年級 | 四年級 |
|---|---|---|---|
| 2.96 | 5.78 | 6.45 | 3.83 |

[1] "varDE: msco ---varID: year"

| 一年級 | 二年級 | 三年級 | 四年級 |
|---|---|---|---|
| 78.38 | 63.62 | 78.88 | 45.38 |

| 一年級 | 二年級 | 三年級 | 四年級 |
|---|---|---|---|
| 10.86 | 14.83 | 15.08 | 21.12 |

# 陸 單因子相依樣本變異數分析

單因子相依樣本變異數分析的總體 SS 拆解如下：總體 SS= 受試者 SS+ 受試者內 SS= 受試者 SS+（因子組間 SS+ 誤差項 SS）。

受試者的 SS 差異為區組間（block）的效果，區組間的效果是樣本觀察值間差異效果，重複量數設計主要在探討 N 個受試者重複接受 K 次實驗處理後，K 次實驗處理效果的差異。

## 一、量表內向度的差異比較

學習壓力量表分為四個向度：考試壓力、課堂壓力、期望壓力、同儕壓力，向度測量值的分數愈高，表示對應的壓力愈大，四個變數名稱分別為 exam、clas、hope、peer。範例樣本觀察值有五個，由於四個變數向度的分數均來自相同的樣本觀察值，向度單題平均數間的差異比較方法為單因子相依樣本變異數分析；相依樣本變異數分析之樣本觀察值平均分數間的差異，稱為受試者間效果（between subjects effect），受試試者間效果又稱為區組（block）效果。所有樣本觀察值在四個向度間平均分數的差異，稱為組間效果，組間效果又稱為受試者內效果（within subjects effect）。相依樣本單因子變異數分析關注的效果是所有受試者在四個向度平均分數的變化情況。

表中第四直行至第八直行為一般資料檔建檔或向度單題平均數變數編碼的型態（如 SPSS），在 R 軟體中進行相依樣本變異數分析程序的建檔要轉置成第一直行至第三直行的型態。

| blocks | dimen | score | stid | exam | clas | hope | peer |
|--------|-------|-------|------|------|------|------|------|
| s01 | exam | 4.8 | s01 | 4.8 | 2.6 | 4.5 | 3.4 |
| s02 | exam | 4.5 | s02 | 4.5 | 2.4 | 4.3 | 3.6 |
| s03 | exam | 4.7 | s03 | 4.7 | 2.1 | 3.9 | 2.9 |
| s04 | exam | 4.4 | s04 | 4.4 | 1.9 | 3.7 | 1.6 |
| s05 | exam | 4.2 | s05 | 4.2 | 3.8 | 4.7 | 2.6 |
| s01 | clas | 2.6 | | | | | |
| s02 | clas | 2.4 | | | | | |
| s03 | clas | 2.1 | | | | | |
| s04 | clas | 1.9 | | | | | |

| blocks | dimen | score | stid | exam | clas | hope | peer |
|--------|-------|-------|------|------|------|------|------|
| s05 | clas | 3.8 | | | | | |
| s01 | hope | 4.5 | | | | | |
| s02 | hope | 4.3 | | | | | |
| s03 | hope | 3.9 | | | | | |
| s04 | hope | 3.7 | | | | | |
| s05 | hope | 4.7 | | | | | |
| s01 | peer | 3.4 | | | | | |
| s02 | peer | 3.6 | | | | | |
| s03 | peer | 2.9 | | | | | |
| s04 | peer | 1.6 | | | | | |
| s05 | peer | 2.6 | | | | | |

匯入資料檔與資料檔檢核：

```
> ddim=read.csv("dimen_anova.csv",header=T)
> attach(ddim)
> ddim
    blocks  dimen  score
1    s01    exam    4.8
2    s02    exam    4.5
3    s03    exam    4.7
4    s04    exam    4.4
5    s05    exam    4.2
6    s01    clas    2.6
7    s02    clas    2.4
8    s03    clas    2.1
9    s04    clas    1.9
10   s05    clas    3.8
```

| 11 | s01 | hope | 4.5 |
|---|---|---|---|
| 12 | s02 | hope | 4.3 |
| 13 | s03 | hope | 3.9 |
| 14 | s04 | hope | 3.7 |
| 15 | s05 | hope | 4.7 |
| 16 | s01 | peer | 3.4 |
| 17 | s02 | peer | 3.6 |
| 18 | s03 | peer | 2.9 |
| 19 | s04 | peer | 1.6 |
| 20 | s05 | peer | 2.6 |

　　若研究者採用一般建檔方式，每個向度變數佔一直行，可以使用 R 軟體函數語法重新將資料進行編排，匯入原始一般資料檔內容：

```
> setwd（"d:/R"）
> temp=read.csv("dim4.csv",header=T)
> temp
  subject  exam  clas  hope  peer
1   s01    4.8   2.6   4.5   3.4
2   s02    4.5   2.4   4.3   3.6
3   s03    4.7   2.1   3.9   2.9
4   s04    4.4   1.9   3.7   1.6
5   s05    4.2   3.8   4.7   2.6
```

　　上述資料建檔中，四個向度各單獨佔一直行（SPSS 統計軟體的重複量數變異數分析的基本格式，或是使用原始題項進行向度加總 / 或單題平均的向度變數排列也是此種格式型態）。

使用 reshape 套件中的函數 **melt( )** 將資料重新排列：

```
> library(reshape)
> temp_1<-melt(temp,id.vars="subject")
> temp_1
   subject  variable  value
1     s01     exam      4.8
2     s02     exam      4.5
3     s03     exam      4.7
4     s04     exam      4.4
5     s05     exam      4.2
6     s01     clas      2.6
7     s02     clas      2.4
8     s03     clas      2.1
9     s04     clas      1.9
10    s05     clas      3.8
11    s01     hope      4.5
12    s02     hope      4.3
13    s03     hope      3.9
14    s04     hope      3.7
15    s05     hope      4.7
16    s01     peer      3.4
17    s02     peer      3.6
18    s03     peer      2.9
19    s04     peer      1.6
20    s05     peer      2.6
```

使用 **names( )** 函數修改各直行的變數名稱,三個變數名稱為「blocks」、「dimen」、「score」。

```
> names(temp_1)=c("blocks","dimen","score")
> print.data.frame(temp_1)
    blocks  dimen   score
1    s01    exam    4.8
2    s02    exam    4.5
3    s03    exam    4.7
4    s04    exam    4.4
5    s05    exam    4.2
6    s01    clas    2.6
7    s02    clas    2.4
8    s03    clas    2.1
9    s04    clas    1.9
10   s05    clas    3.8
11   s01    hope    4.5
12   s02    hope    4.3
13   s03    hope    3.9
14   s04    hope    3.7
15   s05    hope    4.7
16   s01    peer    3.4
17   s02    peer    3.6
18   s03    peer    2.9
19   s04    peer    1.6
20   s05    peer    2.6
```

（一）進行相依樣本變異數分析檢定

以 **aov( )** 函數進行相依樣本分析，因子變數包括區組變數與層面變數二個：

```
> ddim_md<-aov(score~factor(blocks)+factor(dimen),data=ddim)
> summary(ddim_md)
               Df  Sum Sq  Mean Sq  F value  Pr(>F)
factor(blocks)  4   2.467    0.617     2.35    0.113
factor(dimen)   3  14.506    4.835    18.43  8.69e-05 ***
Residuals      12   3.149    0.262
---
Signif. codes:  0  '***'  0.001  '**'  0.01  '*'  0.05  '.'  0.
```

類別變數的界定中，可以使用 **as.factor( )** 函數指定群組變數為類別（因子），函數可以改為下列語法：

```
> blocks<-as.factor(blocks)
> dimen<-as.factor(dimen)
> ddim_md_1<-aov(score~blocks+dimen,data=ddim)
> print(ddim_md_1)      ## 以 print( ) 函數彙整輸出結果
Call:
   aov(formula = score ~ blocks + dimen, data = ddim)

Terms:
                  blocks   dimen  Residuals
Sum of Squares    2.467   14.506    3.149
Deg. of Freedom     4       3        12
Residual standard error: 0.5122662
Estimated effects may be unbalanced
> summary(ddim_md_1)    ## 以 summary 函數彙整輸出結果
```

|  | Df | Sum Sq | Mean Sq | F value | Pr(>F) |
|---|---|---|---|---|---|
| blocks | 4 | 2.467 | 0.617 | 2.35 | 0.113 |
| dimen | 3 | 14.506 | 4.835 | 18.43 | 8.69e-05 *** |
| Residuals | 12 | 3.149 | 0.262 |  |  |
| --- |  |  |  |  |  |
| Signif. codes: 0 '***' 0.001 '**' 0.01 '*' 0.05 '.' 0.1 ' ' 1 |  |  |  |  |  |

研究問題之虛無假設：exam 平均數 =clas 平均數 =hope 平均數 =peer 平均數。變異數分析結果之 F 值統計量 =18.43、顯著性 p 值 = 8.69−05<.05，達到統計顯著水準，拒絕虛無假設，至少有一個向度的平均數與其他向度平均數有顯著不同。

相依樣本變異數分析摘要表統整如下：

| 變異來源 | 平方和 | 自由度 | 平均平方和 | F 值 | 顯著性 |
|---|---|---|---|---|---|
| 組間（A） | 14.506 | 3 | 4.835 | 18.43 | .000 |
| 組內（誤差項） |  |  |  |  |  |
| 區組間（B） | 2.467 | 4 | 0.617 | 2.35 | 0.113 |
| 殘差（A*B） | 3.149 | 12 | 0.262 |  |  |

相依樣本變異數的組內（誤差項）包含區組間的誤差與殘差項二個。

（二）進行事後比較

以 R 軟體基本套件 TukeyHSD 進行事後比較：

```
> TukeyHSD(ddim_md)
  Tukey multiple comparisons of means
    95% family-wise confidence level
Fit: aov(formula = score ~ factor(blocks) + factor(dimen), data = ddim)
$`factor(blocks)`
          diff        lwr        upr       p adj
s02-s01  −0.125  -1.2795737  1.0295737  0.9965164
<略 >
```

```
$`factor(dimen)`
              diff      lwr           upr          p adj

exam-clas    1.96     0.9981188     2.9218812    0.0002909

hope-clas    1.66     0.6981188     2.6218812    0.0012417

peer-clas    0.26    -0.7018812     1.2218812    0.8519871

hope-exam   -0.30    -1.2618812     0.6618812    0.7917889

peer-exam   -1.70    -2.6618812    -0.7381188    0.0010169

peer-hope   -1.40    -2.3618812    -0.4381188    0.0047472
```

採用 Tukey 法進行事後比較，配對向度間有顯著差異者：exam（考試壓力向度）>clas( 課堂壓力向度 )、hope（期望壓力向度）>clas（課堂壓力向度）、exam（考試壓力向度）>peer（同儕壓力向度）、hope（期望壓力向度）>peer（同儕壓力向度）。

以 asbio 套件中的函數 **scheffeCI( )** 進行事後比較：

```
> library(asbio)
Loading required package: tcltk
> scheffeCI(score,factor(dimen), conf.level = 0.95)
95% Scheffe confidence intervals
                   Diff    Lower    Upper   Decision Adj.  P-value

muclas-muexam     -1.96   -3.128   -0.792   Reject H0       0.00094

muclas-muhope     -1.66   -2.828   -0.492   Reject H0       0.004279

muexam-muhope      0.3    -0.868    1.468   FTR H0          0.885454

muclas-mupeer     -0.26   -1.428    0.908   FTR H0          0.921347

muexam-mupeer      1.7     0.532    2.868   Reject H0       0.003492

muhope-mupeer      1.4     0.232    2.568   Reject H0       0.01599
```

採用 Scheffe 法進行事後比較，配對向度間有顯著差異者（決策欄顯示拒絕虛無假設）有：exam（考試壓力向度）>clas（課堂壓力向度）、hope（期望壓力向度）>clas（課堂壓力向度）、exam（考試壓力向度）>peer（同儕壓力向度）、

hope（期望壓力向度）>peer（同儕壓力向度）。

以 laercio 套件中的 **LDuncan( )** 函數進行事後比較：

```
> require(laercio)
Loading required package: laercio
> LDuncan(ddim_md, "factor(dimen)", conf.level = 0.95)
DUNCAN TEST TO COMPARE MEANS
Confidence Level: 0.95
Dependent Variable: score
Variation Coefficient: 14.51179 %
Independent Variable: factor(dimen)
Factors   Means
exam      4.52      a
hope      4.22      a
peer      2.82           b
clas      2.56           b
```

Duncan 法事後比較顯示：exam（考試壓力）、hope（期望壓力）二個向度間沒有顯著差異，peer（同儕壓力）、clas（課堂壓力）二個向度間沒有顯著差異。exam（考試壓力）、hope（期望壓力）二個向度的平均數均顯著高於 peer（同儕壓力）向度平均數，exam（考試壓力）、hope（期望壓力）二個向度的平均數也均顯著高於 clas（課堂壓力）向度平均數。

以 laercio 套件中的 **LTukey ( )** 函數進行事後比較：

```
> LTukey(ddim_md, "factor(dimen)", conf.level = 0.95)
TUKEY TEST TO COMPARE MEANS
Confidence level: 0.95
Dependent variable: score
Variation Coefficient: 14.51179 %
Independent variable: factor(dimen)
```

| Factors | Means | |
|---------|-------|---|
| exam | 4.52 | a |
| hope | 4.22 | a |
| peer | 2.82 | b |
| clas | 2.56 | b |

Tukey 法事後比較顯示：exam（考試壓力）、hope（期望壓力）二個向度間沒有顯著差異，peer、clas 二個向度間沒有顯著差異。exam（考試壓力）、hope（期望壓力）二個向度的平均數均顯著高於 peer（同儕壓力）向度平均數，exam、hope 二個向度的平均數也均顯著高於 clas（課堂壓力）向度平均數。

### 三、重複量數設計

範例資料檔為十位樣本在三種不同干擾情境下之學習焦慮情況，學習焦慮變數測量值愈大，表示樣本感受的學習焦慮愈高。

| 受試者 | 處理水準一 a1 | 處理水準二 a2 | 處理水準三 a3 | 區組平均數 |
|--------|--------------|--------------|--------------|-----------|
| 區組 1（S01） | $S_1$ | $S_1$ | $S_1$ | $\overline{Y}_1$ |
| 區組 2（S02） | $S_2$ | $S_2$ | $S_2$ | $\overline{Y}_2$ |
| 區組 3（S03） | $S_3$ | $S_3$ | $S_3$ | $\overline{Y}_3$ |
| ... | ... | ... | ... | ... |
| 區組 10（S10） | $S_{10}$ | $S_{10}$ | $S_{10}$ | $\overline{Y}_{10}$ |
| | $\overline{Y}_{.1}$ | $\overline{Y}_{.2}$ | $\overline{Y}_{.3}$ | |

相依樣本變異數分析探究的重點是 $\overline{Y}_{.1}$、$\overline{Y}_{.2}$、$\overline{Y}_{.3}$ 三個平均數的差異是否達到顯著？

（一）滙入資料檔

```
> blo=read.csv("o_block.csv",header=T)
> attach(blo)
> blo
    blocks  times  anx
1      1      1     8
2      1      2     3
3      1      3     3
4      2      1     9
5      2      2     2
6      2      3     2
<略>
28    10      1     3
29    10      2     1
30    10      3     2
```

利用 **tapply( )** 函數求出十位受試者三次干擾情境下，學習焦慮的平均數與標準差：

```
> round(tapply(anxi,list(factor(times)),mean),2)  ## 三次情境焦慮得分平均
  數
  1   2   3
6.8 3.7 3.2
> round(tapply(anxi,list(factor(times)),sd),2)    ## 三次情境焦慮得分標準差
   1    2    3
2.35 1.89 1.40
> round(tapply(anxi,list(factor(blocks)),sd),2)   ## 區組標準差
   1    2    3    4    5    6    7    8    9   10
2.89 4.04 3.21 1.53 3.46 0.58 1.53 2.00 0.00 1.00
> round(tapply(anxi,list(factor(blocks)),mean),2)   ## 區組平均數
   1    2    3    4    5    6    7    8    9   10
4.67 4.33 6.33 4.33 4.00 3.33 3.67 7.00 6.00 2.00
```

三次情境下焦慮的平均數分別為 6.8、3.7、3.2；標準差分別為 2.35、1.89
1.40。

（二）進行相依樣本單因子變異數分析

```
> o_blo<-aov(anxi~factor(blocks)+factor(times),data=blo)
> summary(o_blo)
                Df   Sum Sq   Mean Sq   F value   Pr(>F)
factor(blocks)  9    61.37    6.82      3.236     0.0163 *
factor(times)   2    76.07    38.03     18.047    5e-05 ***
Residuals       18   37.93    2.11
--
Signif. codes:  0  '***'  0.001  '**'  0.01  '*'  0.05  '.'  0.1  ' '  1
```

三次情境下，焦慮平均數差異整體考驗的 F 值統計量 =18.047、顯著性 p
值 = 5e-05<.05，達到統計顯著水準，拒絕虛無假設 ( 情境一平均數 = 情境二平
均數 = 情境三平均數 )，接受對立假設，至少有一個平均數與其他平均數有顯
著不同。

（三）進行事後比較

```
> TukeyHSD(o_blo)
  Tukey multiple comparisons of means
    95% family-wise confidence level
Fit: aov(formula = anxi ~ factor(blocks) + factor(times), data = o_blo)
$`factor(blocks)`
            diff          lwr          upr         p adj
2-1  -3.333333e-01   -4.5830995    3.91643286    0.9999996
3-1   1.666667e+00   -2.5830995    5.91643286    0.9100390
4-1  -3.333333e-01   -4.5830995    3.91643286    0.9999996
<略>
```

```
$`factor(times)`
         diff    lwr         upr        p adj
2-1     -3.1   -4.756905   -1.443095   0.0004242
3-1     -3.6   -5.256905   -1.943095   0.0000822
3-2     -0.5   -2.156905    1.156905   0.7255706
```

Tukey 法進行事後比較結果，情境一焦慮平均數（M=6.8）顯著高於情境二焦慮平均數（M=3.7）；情境一焦慮平均數顯著高於情境三焦慮平均數（M=3.2），情境二焦慮平均數與情境三焦慮平均數沒有顯著不同。

以套件 asbio 中的函數進行事後比較：

```
> library(asbio)
> scheffeCI(anxi,factor(times), conf.level = 0.95)
95% Scheffe confidence intervals
              Diff    Lower      Upper     Decision Adj.   P-value
mu1-mu2       3.1    0.87867    5.32133    Reject H0       0.004854
mu1-mu3       3.6    1.37867    5.82133    Reject H0       0.001135
mu2-mu3       0.5   -1.72133    2.72133    FTR H0          0.844611
```

Scheffe 法進行事後比較結果，情境一焦慮平均數（M=6.38）顯著高於情境二焦慮平均數（M=3.7）；情境一焦慮平均數顯著高於情境三焦慮平均數（M=3.2），情境二焦慮平均數與情境三焦慮平均數沒有顯著不同。

上述結果顯示，在情境一干擾下，學生的學習焦慮感受顯著高於在情境二、情境三干擾下的焦慮感受，情境一干擾之下樣本學生的學習焦慮最高。

重複量數變異數分析摘要表統整如下：

| 變異來源 | 平方和 | 自由度 | 均方和 | F 值 | 顯著性 | 事後比較 |
|---|---|---|---|---|---|---|
| 組間（A） | 76.07 | 2 | 38.03 | 18.047 | 0.000 | 情境一＞情境二<br>情境一＞情境三 |
| 組內（誤差項） | | | | | | |
| 區組間（B） | 61.37 | 9 | 6.82 | 3.236 | 0.016 | |
| 殘差（A*B） | 37.93 | 18 | 2.11 | | | |

相依樣本變異數的組內（誤差項）包含區組間的誤差與殘差項二個。

# 13 二因子變異數分析

- ■匯入資料檔

- ■交互作用顯著─性別與年級在學校壓力的交互作用

- ■交互作用不顯著─性別與年級在家庭壓力的交互作用

- ■交互作用不顯著─性別與年級在情感壓力的交互作用

- ■ CRF-3×3 設計─交互作用顯著

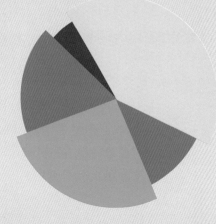

在單因子變異數分析中，影響依變數的自變項只有一個因子變數，如果研究過程中研究者探究的自變數有二個（二個因子變數），則稱為二因子變異數分析（two-way analysis of variance）。根據自變項的屬性又可分為二個處理的完全隨機化因子設計（completely randomized factorial design with two treatments）、二個處理的隨機化區組因素設計（randomized block factorial design with two treatments）、二個處理的混合設計（mixed design with two treatments）。二個處理的隨機化區組因素設計中，二個自變數均為獨立樣本，因而也稱為獨立樣本雙因子變異數分析，為完全獨立設計，採用的是受試者間設計（between-subjects design）。二個處理的隨機化區組因素設計中，二個自變項均為重複量數測量，為完全相依設計，因而也稱為二因子相依樣本變異數分析，採用的是受試者內設計（within-subjects design）。如果二因子變異數分析中，一個自變項為獨立樣本、一個自變項為相依樣本，則稱為混合設計模式（吳明隆，2007）。

二因子變異數分析的二個因子：自變項一為 A 因子、自變項二為 B 因子，如果 A 因子有 p 個水準、B 因子有 q 個水準，則二因子獨立樣本變異數分析簡寫為「CRF-pq」設計，其中「CRF」為完全隨機化因素設計的簡稱。在高職生生活壓力的探究中，研究者想探討不同年級的高職生（高職一年級、高職二年級、高職三年級）的生活壓力是否因其社經地位高低的不同（高社經地位群組、中社經地位群組、低社經地位群組）而有所不同；其中 A 因子有三個水準，B 因子有三個水準，二個自變項間構成一個 3×3 細格的設計模式，二個自變項均屬於受試者間設計，二因子變異數分析為「CFR-33」設計，其平均數雙向細目表如下。

CFR-33 設計之變異數分析的平均數雙向細目表如下：

| A 因子 ＼ B 因子 | | B 因子（社經地位） | | | |
|---|---|---|---|---|---|
| | | 高社經地位組<br>水準 1 | 中社經地位組<br>水準 2 | 低社經地位組<br>水準 3 | 邊緣平均數 |
| A 因子<br>（年級） | 一年級<br>水準 1 | $\overline{Y}_{11}$ [1] | $\overline{Y}_{21}$ [2] | $\overline{Y}_{31}$ [3] | $\overline{Y}_{.1}$<br>[1]+[2]+[3] |
| | 二年級<br>水準 2 | $\overline{Y}_{12}$ [4] | $\overline{Y}_{22}$ [5] | $\overline{Y}_{32}$ [6] | $\overline{Y}_{.2}$<br>[4]+[5]+[6] |
| | 三年級<br>水準 3 | $\overline{Y}_{13}$ [7] | $\overline{Y}_{23}$ [8] | $\overline{Y}_{33}$ [9] | $\overline{Y}_{.3}$<br>[7]+[8]+[9] |
| | 邊緣平均數 | $\overline{Y}_{1.}$<br>[1]+[4]+[7] | $\overline{Y}_{2.}$<br>[2]+[5]+[8] | $\overline{Y}_{3.}$<br>[3]+[6]+[9] | $\overline{Y}_{T}$ |

　　二因子變異數的整體考驗（overall test），包含三個部分：一為 A 因子主要效果（main effect）考驗、所檢定的是不同年級的高職學生其生活壓力是否有顯著的不同，考驗的是 $\overline{Y}_{.1}$（[1]+[2]+[3]）、$\overline{Y}_{.2}$（[4]+[5]+[6]）、$\overline{Y}_{.3}$（[7]+[8]+[9]）三個邊緣平均數的差異是否達到顯著。二為 B 因子主要效果（main effect）考驗、所檢定的是不同社經地位群組學生的生活壓力是否有顯著的不同，考驗的是 $\overline{Y}_{1.}$（[1]+[4]+[7]）、$\overline{Y}_{2.}$（[2]+[5]+[8]）、$\overline{Y}_{3.}$（[3]+[6]+[9]）三個邊緣平均數的差異是否達到顯著；三為交互作用項考驗，考驗的是在不同 A 因子水準下，社經地位群組在生活壓力的差異比較及在不同 B 因子水準下，年級變項在生活壓力的差異比較。二因子變異數分析的總變異區分為四大部分：A 因子變異、B 因子變異、AB 因子交互作用項變異及誤差變異。

　　CFR-33 設計之變異數分析單純主要效果檢定的程序如下：

| A 因子 ＼ B 因子 | | B 因子（社經地位） | | | |
|---|---|---|---|---|---|
| | | 高社經地位組<br>b1 | 中社經地位組<br>b2 | 低社經地位組<br>b3 | 邊緣平均數 |
| A 因子<br>（年級） | 一年級<br>a1 | $\overline{Y}_{11}$ [1] | $\overline{Y}_{21}$ [2] | $\overline{Y}_{31}$ [3] | $\overline{Y}_{.1}$ |
| | 二年級<br>a2 | $\overline{Y}_{12}$ [4] | $\overline{Y}_{22}$ [5] | $\overline{Y}_{32}$ [6] | $\overline{Y}_{.2}$ |
| | 三年級<br>a3 | $\overline{Y}_{13}$ [7] | $\overline{Y}_{23}$ [8] | $\overline{Y}_{33}$ [9] | $\overline{Y}_{.3}$ |
| | 邊緣平均數 | $\overline{Y}_{1.}$ | $\overline{Y}_{2.}$ | $\overline{Y}_{3.}$ | $\overline{Y}_{T}$ |

1. 就高職一年級樣本觀察值而言，高社經地位群組、中社經地位群組、低社經地位群組學生的生活壓力是否有顯著不同？虛無假設為：M[1]=M[2]=M[3]。

2. 就高職二年級樣本觀察值而言，高社經地位群組、中社經地位群組、低社經地位群組學生的生活壓力是否有顯著不同？虛無假設為：M[4]=M[5]=M[6]。

3. 就高職三年級樣本觀察值而言，高社經地位群組、中社經地位群組、低社經地位群組學生的生活壓力是否有顯著不同？虛無假設為：M[7]=M[8]=M[9]。

4. 就高社經地位樣本觀察值而言，一年級群組、二年級群組、三年級群組學生的生活壓力是否有顯著不同？虛無假設為：M[1]=M[4]=M[7]。

5. 就中社經地位樣本觀察值而言，一年級群組、二年級群組、三年級群組學生的生活壓力是否有顯著不同？虛無假設為：M[2]=M[5]=M[8]。

6. 就低社經地位樣本觀察值而言，一年級群組、二年級群組、三年級群組學生的生活壓力是否有顯著不同？虛無假設為：M[3]=M[6]=M[9]。

##  匯入資料檔

匯入資料檔，使用 **head( )** 函數查看前六筆資料，匯入資料檔的資料框架物件名稱設定為「temp」，R 編輯器視窗指令列如下，在執行命令稿指令列之前，研究者先執行功能表列「檔案」/「變更現行目錄」程序，指定資料檔存放的位置：

```
temp=read.csv("two_way.csv",header=T)
attach(temp)
head(temp)
```

資料檔前六筆資料：

```
> head(temp)
    sex  year  spress  hpress  epress
1   1    1      1        6       12
2   1    1      2        6       11
3   1    1      6        9        9
4   1    1      2        3        6
5   1    1      3        2        2
6   1    2      9        7        7
```

變數中的 sex 為樣本學生的性別，水準數值 1 為男生群組、水準數值 2 為女生群組。year 為樣本學生的年級，水準數值 1 為高職一年級、水準數值 2 為高職二年級、水準數值 3 為高職三年級。計量變數 spress、hpress、epress 分別為樣本學生感受的學校壓力、家庭壓力、情感壓力，變數的測量值或分數愈高，表示對應的壓力愈大。

使用套件 car 將因子變數中的水準數值編碼為群組名稱，增列水準群組標記的資料框架物件名稱為 twoway。

```
twoway<-data.frame(temp)
attach(twoway)
library(car)
twoway$sex<-recode(sex,"1='男生' ; 2='女生' ")
twoway$year<-recode(year,"1='一年級' ; 2='二年級' ; 3='三年級' ")
```

如果研究者沒有使用 attach（資料框架物件）函數，recode( ) 函數中的變數要直接界定資料框架物件名稱，函數語法為：

```
twoway$sex<-recode(twoway$sex,"1=' 男生 ';2=' 女生 '")
twoway$year<-recode(twoway$year,"1=' 一年級 ';2=' 二年級 ';3=' 三年級 '")
```

使用 head( ) 函數查看前六筆資料，因子變數性別與年級的水準數值為群組名稱，變數的類型為文字，變數內容為文字時，R 軟體會視為因子變數（組別變數）：

```
> head(twoway)
   sex   year  spress hpress epress
1 男生 一年級    1      6     12
2 男生 一年級    2      6     11
3 男生 一年級    6      9      9
4 男生 一年級    2      3      6
5 男生 一年級    3      2      2
6 男生 二年級    9      7      7
```

## 貳 交互作用顯著─性別與年級在學校壓力的交互作用

A 因子變數為學生性別、B 因子變數為學生年級。

### 一、使用 tapply( ) 函數求出主要效果（邊緣平均數）與細格的平均數

```
> tapply(spress,sex,mean)
女生  男生
 8.5  5.5
> tapply(spress,year,mean)
一年級  二年級  三年級
  6.8    5.6    8.6
> tapply(spress,list(sex,year),mean)
      一年級  二年級  三年級
女生  10.2    3.5   11.8
男生   3.4    7.7    5.4
```

性別與年級在學校壓力邊緣平均數與細格平均數摘要表如下：

| 性別 A \ 年級 B | 一年級（b1） | 二年級（b2） | 三年級（b3） | 邊緣平均數 |
|---|---|---|---|---|
| 女生（a1） | 10.2 | 3.5 | 11.8 | 8.5 |
| 男生（a2） | 3.4 | 7.7 | 5.4 | 5.5 |
| 邊緣平均數 | 6.8 | 5.6 | 8.6 | |

使用 aggregate( ) 函數求出學校壓力、家庭壓力、情感壓力三個計量變數在性別與年級因子變數之細格平均數：

```
> aggregate(twoway[,3:5],by=list(sex,year),mean)
  Group.1 Group.2 spress hpress epress
1   女生    一年級   10.2   7.4    7.4
2   男生    一年級    3.4   7.4    9.3
3   女生    二年級    3.5   9.3    9.0
4   男生    二年級    7.7   8.1    9.5
5   女生    三年級   11.8   7.0    7.0
6   男生    三年級    5.4  10.3   11.3
```

使用 aggregate( ) 函數求出學校壓力、家庭壓力、情感壓力三個計量變數在性別與年級因子變數之細格標準差：

```
> aggregate(twoway[,3:5],by=list(sex,year),sd)
  Group.1 Group.2  spress    hpress    epress
1   女生    一年級  2.485514  3.502380  3.502380
2   男生    一年級  1.776388  4.273952  4.243950
3   女生    二年級  1.581139  2.057507  1.825742
4   男生    二年級  2.311805  3.178050  3.628590
5   女生    三年級  2.616189  2.788867  2.788867
6   男生    三年級  1.837873  2.830391  2.057507
```

標準差估計值四捨五入到小數第二位：

```
> sd.cell=aggregate(twoway[,3:5],by=list(sex,year),sd)[,3:5]
> sd.cell=round(sd.cell,2)
> sd.cell
   spress  hpress  epress
1   2.49    3.50    3.50
2   1.78    4.27    4.24
3   1.58    2.06    1.83
4   2.31    3.18    3.63
5   2.62    2.79    2.79
6   1.84    2.83    2.06
```

擷取性別與年級水準群組的交叉表的前二個直欄變數：

```
> sd.basic=aggregate(twoway[,3:5],by=list(sex,year),sd)[,1:2]
> sd.basic
   Group.1  Group.2
1   女生    一年級
2   男生    一年級
3   女生    二年級
4   男生    二年級
5   女生    三年級
6   男生    三年級
```

使用 **cbind( )** 函數合併交叉表直欄變數與標準差四捨五入數值行：

```
> cbind(sd.basic,sd.cell)
    Group.1  Group.2  spress  hpress  epress
1   女生     一年級    2.49    3.50    3.50
2   男生     一年級    1.78    4.27    4.24
3   女生     二年級    1.58    2.06    1.83
4   男生     二年級    2.31    3.18    3.63
5   女生     三年級    2.62    2.79    2.79
6   男生     三年級    1.84    2.83    2.06
```

函數 aggregate( ) 中的引數界定向量統計量數函數求出平均數、標準差：

```
> aggregate(twoway[,3:5],by=list(twoway$sex,twoway$year),function(x)
  c(mean(x),sd(x)))
   Group.1 Group.2 spress.1  spress.2  hpress.1  hpress.2  epress.1  epress.2
[  性別    年級    平均數    標準差    平均數    標準差    平均數    標準差 ]
1 女生   一年級  10.200000  2.485514  7.400000  3.502380  7.400000  3.502380
2 男生   一年級   3.400000  1.776388  7.400000  4.273952  9.300000  4.243950
3 女生   二年級   3.500000  1.581139  9.300000  2.057507  9.000000  1.825742
4 男生   二年級   7.700000  2.311805  8.100000  3.178050  9.500000  3.628590
5 女生   三年級  11.800000  2.616189  7.000000  2.788867  7.000000  2.788867
6 男生   三年級   5.400000  1.837873 10.300000  2.830391 11.300000  2.057507
```

直行計量變數只界定學校壓力（spress），求出性別與年級在學校壓力細格的平均數、標準差：

```
> aggregate(twoway$spress,by=list(twoway$sex,twoway$year),function(x)
  c(mean(x),sd(x)))
   Group.1  Group.2    x.1         x.2
1  女生     一年級     10.200000   2.485514
2  男生     一年級     3.400000    1.776388
3  女生     二年級     3.500000    1.581139
4  男生     二年級     7.700000    2.311805
5  女生     三年級     11.800000   2.616189
6  男生     三年級     5.400000    1.837873
```

## 二、執行二因子變異數分析

使用 **aov( )** 函數執行二因子變異數分析，模式物件名稱界定為 two.model：

```
> two.model<-aov(spress~sex*year,data=twoway)
```

輸出二因子變異數分析模式內容：

```
> print(two.model)
Call:
  aov(formula = spress ~ sex * year, data = twoway)
Terms:
                  sex     year    sex:year   Residuals
Sum of Squares   135.0    91.2    389.2      246.6
Deg. of Freedom  1        2       2          54
Residual standard error: 2.136976
Estimated effects may be unbalanced
```

A 因子（sex）、B 因子（year）、交互作用項（sex×year）、殘差的平方和（sum of squares）分別為 135.0、91.2、389.2、246.6，自由度分別為 1、2、2、54。

使用 **summary ( )** 函數輸出二因子變異數摘要表：

```
> summary(two.model)
            Df   Sum Sq   Mean Sq   F value    Pr(>F)
sex          1    135.0    135.00     29.5     1.34e-06 ***
year         2     91.2     45.60      9.985   0.000204 ***
sex:year     2    389.2    194.60     42.613   7.84e-12 ***
Residuals   54    246.6      4.57
---
Signif. codes:  0 '***' 0.001 '**' 0.01 '*' 0.05 '.' 0.1 ' ' 1
```

性別變數（A 因子）在學校壓力差異的 F 值統計量 =29.562、顯著性 p<.001，達到統計顯著水準；年級變數（B 因子）在學校壓力差異的 F 值 =9.985、顯著性 p<.001，達到統計顯著水準。性別（A 因子）與年級（B 因子）在學校壓力差異之交互作用項的 F 值統計量 =42.613、顯著性 p<.001，達到統計顯著水準，表示不同性別群體在學校壓力的差異因年級群組不同而有不同；或是不同年級群體在學校壓力的差異因性別不同而有不同。二因子變異數分析程序中，當 A 因子 ×B 因子（交互作用項）達到統計顯著水準時，不論二個因子的主要效果項是否達到統計顯著水準，都不是關注的重點。

二因子變異數分析摘要表整理如下：

| 來源 | 平方和 | 自由度 | 均方和 | F 檢定 | 顯著性 |
|---|---|---|---|---|---|
| 性別（A） | 135.0 | 1 | 135.00 | 29.562 | .000 |
| 年級（B） | 91.2 | 2 | 45.60 | 9.985 | .000 |
| 性別 * 年級（A×B） | 389.2 | 2 | 194.60 | 42.613 | .000 |
| 誤差 | 246.6 | 54 | 4.57 | | |
| 總和 | 862.000 | 59 | | | |

二因子變異數分析摘要表也可以使用 **lm( )** 函數求出，**lm( )** 函數語法為：
「lm（依變數 ~A 因子 *B 因子 ,data= 資料框架物件）」。

```
> temp.model<-lm(spress~sex*year,data=twoway)
> anova(temp.model)
Analysis of Variance Table
Response: spress
           Df   Sum Sq   Mean Sq   F value    Pr(>F)
sex         1   135.0    135.000   29.5620    1.338e-06 ***
year        2    91.2     45.600    9.9854    0.0002042 ***
sex:year    2   389.2    194.600   42.6131    7.837e-12 ***
Residuals  54   246.6      4.567
---
Signif. codes:  0  '***'  0.001  '**'  0.01  '*'  0.05  '.'  0.1  ' '  1
```

性別與年級之交互作用項的 F 值統計量 =42.613、顯著性 p 值 =7.837e−
12$=\dfrac{7.837}{10^{12}}$ =.000<.05，達到統計顯著水準，表示性別因子與年級因子在學校壓力
之交互作用達到顯著。

**lm( )** 函數語法也可改為：
「lm（依變數 ~A 因子 +B 因子 +A 因子 :B 因子 ,data= 資料框架物件）」

```
> temp1.model<-lm(spress~sex+year+sex:year,data=twoway)
> anova(temp1.model)
Analysis of Variance Table
Response: spress
         Df   Sum Sq   Mean Sq   F value    Pr(>F)
sex       1   135.0    135.000   29.5620    1.338e-06 ***
year      2    91.2     45.600    9.9854    0.0002042 ***
```

| sex:year | 2 | 389.2 | 194.600 | 42.6131 | 7.837e-12 *** |
|---|---|---|---|---|---|
| Residuals | 54 | 246.6 | 4.567 | | |
| --- | | | | | |
| Signif. codes: 0 '***' 0.001 '**' 0.01 '*' 0.05 '.' 0.1 ' ' 1 | | | | | |

　　性別與年級之交互作用項的 F 值統計量 =42.613、顯著性 p 值 = 7.837e−12=$\dfrac{7.837}{10^{12}}$=.000<.05，達到統計顯著水準，表示性別因子與年級因子在學校壓力之交互作用達到顯著，A 因子性別變數在學校壓力之差異因 B 因子年級變數不同而不同，B 因子年級變數在學校壓力之差異因 A 因子性別變數不同而不同。

　　套件 rpsychi 中的函數 ind.twoway( )、ind.twoway.second( ) 也可以進行獨立樣本二因子變異數分析，ind.twoway.second( ) 函數適用於交叉表細格統計量表已知或可以直接求出的情況下，二個函數的基本語法為：

ind.twoway(formula, data, sig.level=.05, digits=3)
ind.twoway.second(m, sd, n, sig.level = 0.05, digits = 3)

　　引數 data 界定資料框架物件、引數 m 界定交叉表細格平均數矩陣、引數 sd 界定交叉表細格標準差矩陣、引數 n 界定交叉表細格樣本個數矩陣。sig.level=0.05 表示內定選項之顯著水準 $\alpha$ 為 0.05、digits 選項界定輸出的數值位數，內定選項數值 3。

　　使用 ind.twoway( ) 函數進行二因子變異數分析：

```
> library(rpsychi)
> ind.twoway(spress~sex*year, data=temp)
$anova.table
```

| | SS | df | MS | F |
|---|---|---|---|---|
| Between | 615.4 | 5 | 123.080 | 26.952 |
| Between (row) | 135.0 | 1 | 135.000 | 29.562 |

| | | | | |
|---|---|---|---|---|
| Between (col) | 91.2 | 2 | 45.600 | 9.985 |
| Between (row * col) | 389.2 | 2 | 194.600 | 42.613 |
| Within | 246.6 | 54 | 4.567 | |
| Total | 862.0 | 59 | | |

［說明］

Between (row) 列的參數為 A 因子性別的主要效果項之顯著性檢定，F 值統計量 =29.562。

Between (col) 列的參數為 B 因子年級的主要效果項之顯著性檢定，F 值統計量 =9.985。

Between (row * col) 列的參數為 A 因子 ×B 因子交互作用項之顯著性檢定，F 值統計量 = 42.613。

Within 列的參數為誤差項。

$omnibus.es

| | partial.etasq | partial.etasq.lower | partial.etasq.upper |
|---|---|---|---|
| Between (row) | 0.354 | 0.155 | 0.510 |
| Between (col) | 0.270 | 0.075 | 0.425 |
| Between (row * col) | 0.612 | 0.427 | 0.709 |

［說明］

參數為淨 $\eta^2$ 值與其 95% 信賴區間值，淨 $\eta^2$ 值為效果量（effect size），A 因子、B 因子、交互作用項的淨 $\eta^2$ 值分別為 0.354、0.270、0.612，均大於 0.14，表示效果量為大效果值；三個淨 $\eta^2$ 值之 95% 信賴區間值上下限參數均未包含 0 數值點，淨 $\eta^2$ 值顯著不等於 0，對應的 F 值統計量均達到統計顯著水準（p<.05）。

$power

|  | small | medium | large |
|---|---|---|---|
| Between (row) | 0.106 | 0.461 | 0.844 |
| Between (col) | 0.088 | 0.363 | 0.758 |
| Between (row * col) | 0.088 | 0.363 | 0.758 |

[ 說明 ]

參數值為效果值估計量。

使用 **tapple( )** 函數求出細格平均數、標準差、觀察值個數,配合矩陣函數 **matrix( )** 轉為矩陣:

```
> m.mat=matrix(tapply(spress,list(sex,year),mean),ncol=3)
> m.mat
     [,1]  [,2]  [,3]
[1,]  3.4   7.7   5.4
[2,] 10.2   3.5  11.8
> sd.mat=matrix(tapply(spress,list(sex,year),sd),ncol=3)
> sd.mat
         [,1]      [,2]      [,3]
[1,] 1.776388  2.311805  1.837873
[2,] 2.485514  1.581139  2.616189
> n.mat=matrix(tapply(spress,list(sex,year),length),ncol=3)
> n.mat
     [,1] [,2] [,3]
[1,]  10   10   10
[2,]  10   10   10
```

使用 **ind.twoway.second( )** 函數求出二因子變異數分析摘要表：

```
> library(rpsychi)
> ind.twoway.second(m = m.mat, sd = sd.mat, n = n.mat)
$anova.table
                          SS    df    MS       F
Between               615.4    5    123.080   26.952
Between (row)         135.0    1    135.000   29.562
Between (col)          91.2    2    45.600    9.985
Between (row * col)   389.2    2    194.600   42.613
Within                246.6   54    4.567
Total                 862.0   59
```

[ 說明 ]

Between (row) 列的參數為 A 因子性別的主要效果項之顯著性檢定，F 值
統計量 =29.562，自由度 =1。

Between (col) 列的參數為 B 因子年級的主要效果項之顯著性檢定，F 值
統計量 =9.985，自由度 =2。

Between (row * col) 列的參數為 A 因子 ×B 因子交互作用項之顯著性檢
定，F 值統計量 = 42.613，自由度 =2。

Within 列的參數為誤差項，自由度 =54。

```
$omnibus.es

                      partial.etasq    partial.etasq.lower    partial.etasq.upper
Between (row)         0.354            0.155                  0.510
Between (col)         0.270            0.075                  0.425
Between (row * col)   0.612            0.427                  0.709
```

[ 說明 ]

參數為淨 $\eta^2$ 值與其 95% 信賴區間值，淨 $\eta^2$ 值為效果量（effect size），
A 因子、B 因子、交互作用項的淨 $\eta^2$ 值分別為 0.354、0.270、0.612，均
大於 0.14，表示效果量為大效果值；三個淨 $\eta^2$ 值之 95% 信賴區間值上

二因子
變異數分析

下限參數均未包含 0 數值點，淨 $\eta^2$ 值顯著不等於 0，對應的 F 值統計量均達到統計顯著水準（p<.05）。A 因子性別在學校壓力的差異達到顯著、B 因子年級在學校壓力的差異達到顯著、性別 × 年級交互作用項在學校壓力的差異也達到顯著。

上述使用 **ind.twoway.second( )** 函數與使用 **ind.twoway( )** 函數進行二因子變異數分析程序，輸出參數的結果與型態完全相同。

三、進行單純主要效果檢定

（一）男生群體的差異比較

```
> sex1.model<-aov(spress~year,data=twoway[which(twoway$sex=="男生
"),])
> summary(sex1.model)
             Df   Sum Sq  Mean Sq  F value  Pr(>F)
year          2    92.6    46.30    11.69   0.00022 ***
Residuals    27   106.9     3.96
---
Signif. codes:  0  '***'  0.001  '**'  0.01  '*'  0.05  '.'  0.1  ' '  1
> TukeyHSD(sex1.model)
  Tukey multiple comparisons of means
    95% family-wise confidence level
Fit: aov(formula = spress ~ year, data = twoway[which(twoway$sex == "男生
"), ])
$year
                diff     lwr          upr          p adj
二年級-一年級   4.3   2.0936639    6.50633606   0.0001377
三年級-一年級   2.0  -0.2063361    4.20633606   0.0811593
三年級-二年級  -2.3  -4.5063361   -0.09366394   0.0397635
```

463

就男生群體而言，三個年級在學校壓力差異的 F 值統計量 =11.69、顯著性 p 值 <.001，以 Tukey 法進行事後比較發現：二年級顯著大於一年級（平均數差異值 =4.3）、二年級也顯著大於三年級（平均數差異值 =2.3）。

（二）女生群體的差異比較

```
> sex2.model<-aov(spress~year,data=twoway[which(twoway$sex=="女生
"),])
> summary(sex2.model)
           Df  Sum Sq  Mean Sq  F value   Pr(>F)
year        2   387.8   193.90    37.48   1.62e-08 ***
Residuals  27   139.7     5.17
---
Signif. codes:  0  '***'  0.001  '**'  0.01  '*'  0.05  '.'  0.1  ' '  1
> TukeyHSD(sex2.model)
  Tukey multiple comparisons of means
    95% family-wise confidence level
Fit: aov(formula = spress ~ year, data = twoway[which(twoway$sex == "女生
"), ])
$year
                diff      lwr        upr        p adj
二年級 - 一年級 -6.7  -9.2222087  -4.177791   0.0000013
三年級 - 一年級  1.6  -0.9222087   4.122209   0.2743868
三年級 - 二年級  8.3   5.7777913  10.822209   0.0000000
```

就女生群體而言，三個年級在學校壓力差異的 F 值統計量 =37.48、顯著性 p 值 <.001，以 Tukey 法進行事後比較發現：一年級顯著大於二年級（平均數差異值 =6.7）、三年級顯著大於二年級（平均數差異值 =8.3），表示高職一年級女生在學校壓力感受顯著高於二年級女生、高職三年級女生在學校壓力感受顯著高於二年級女生，至於高職一年級女生與三年級女生在學校壓力感受上並沒有顯著不同。

　　單純主要效果檢定也可以先選取 A 因子之樣本觀察值群體，再進行 B 因子在依變數（學校壓力）上的差異，如果 B 因子的水準群組在三個以上，整體差異 F 值統計量達到統計顯著水準，進一步再進行事後比較。

　　使用 subset( ) 函數選取 A 因子性別變數中的男生群組，進行 B 因子（年級變數）在學校壓力的差異比較：

```
> sex.g1=subset(twoway,twoway$sex=="男生")
> anova(aov(spress ~ year, data=sex.g1))
Analysis of Variance Table
Response: spress
          Df   Sum Sq   Mean Sq   F value    Pr(>F)
year       2    92.6     46.300    11.694    0.0002198 ***
Residuals 27   106.9      3.959
> TukeyHSD(aov(spress ~ year, data=sex.g1))
  Tukey multiple comparisons of means
    95% family-wise confidence level
Fit: aov(formula = spress ~ year, data = sex.g1)
$year
                  diff      lwr          upr          p adj
二年級 - 一年級   4.3    2.0936639    6.50633606    0.0001377
三年級 - 一年級   2.0   -0.2063361    4.20633606    0.0811593
三年級 - 二年級  -2.3   -4.5063361   -0.09366394   0.0397635
```

　　用 subset( ) 函數選取 A 因子性別變數中的女生群組，進行 B 因子（年級變數）在學校壓力的差異比較：

```
> sex.g2=subset(twoway,twoway$sex=="女生")
> anova(aov(spress ~ year, data=sex.g2))
Analysis of Variance Table
```

```
Response: spress

            Df   Sum Sq   Mean Sq   F value   Pr(>F)
year         2   387.8    193.900   37.475    1.622e-08 ***
Residuals   27   139.7      5.174

> TukeyHSD(aov(spress ~ year, data=sex.g2))
  Tukey multiple comparisons of means
    95% family-wise confidence level

Fit: aov(formula = spress ~ year, data = sex.g2)

$year
                    diff        lwr         upr        p adj
二年級 - 一年級    -6.7   -9.2222087   4.177791    0.0000013
三年級 - 一年級     1.6   -0.9222087   4.122209    0.2743868
三年級 - 二年級     8.3    5.7777913   0.822209    0.0000000
```

　　使用 **subset( )** 函數先選取 A 因子水準群組之樣本觀察值，再進行 B 因子在依變數的差異檢定，結果與之前第一種方法相同。就男生群組而言，年級變數在學校壓力整體差異檢定的 F 值統計量 =11.69（p<.001），達到統計顯著水準；就女生群組而言，年級變數在學校壓力整體差異檢定的 F 值統計量 =37.48（p<.001），達到統計顯著水準。

（三）一年級的差異比較

```
> year1.model<-aov(spress~sex,data=twoway[which(twoway$year==" 一 年
級 "),])
> summary(year1.model)
            Df   Sum Sq   Mean Sq   F value   Pr(>F)
sex          1   231.2    231.20    49.54     1.44e-06 ***
Residuals   18    84.0      4.67

---
```

Signif. codes:  0  '***'  0.001  '**'  0.01  '*'  0.05  '.'  0.1  ' '  1

> TukeyHSD(year1.model)

  Tukey multiple comparisons of means

    95% family-wise confidence level

Fit: aov(formula = spress ~ sex, data = twoway[which(twoway$year == " 一 年級 "), ])

$sex

|  | diff | lwr | upr | p adj |
|---|---|---|---|---|
| 男生 - 女生 | -6.8 | -8.829683 | -4.770317 | 1.4e-06 |

就高職一年級群體而言，性別變數在學校壓力差異比較的 F 值統計量 =49.54、顯著性 p 值 <.001，達到統計顯著水準，女生群組在學校壓力的平均數顯著高於男生群組（平均數差異值 =6.8），表示高職一年級女生群體在學校壓力感受上顯著高於高職一年級男生群體。

（四）二年級的差異比較

> year2.model<-aov(spress~sex,data=twoway[which(twoway$year==" 二 年 級 "),])

> summary(year2.model)

|  | Df | Sum Sq | Mean Sq | F value | Pr(>F) |
|---|---|---|---|---|---|
| sex | 1 | 88.2 | 88.20 | 22.49 | 0.000163 *** |
| Residuals | 18 | 70.6 | 3.92 | | |

---

Signif. codes:  0  '***'  0.001  '**'  0.01  '*'  0.05  '.'  0.1  ' '  1

> TukeyHSD(year2.model)

  Tukey multiple comparisons of means

    95% family-wise confidence level

```
Fit: aov(formula = spress ~ sex, data = twoway[which(twoway$year == " 二
年級 "), ])
$sex
                diff      lwr       upr       p adj
男生 - 女生    4.2    2.339237   6.060763   0.0001627
```

就高職二年級群體而言，性別變數在學校壓力差異比較的 F 值統計量 =22.49、顯著性 p 值 <.001，達到統計顯著水準，男生群組在學校壓力的平均數顯著高於女生群組（平均數差異值 =4.2），表示高職二年級男生群體在學校壓力感受上顯著高於高職二年級女生群體。

（五）三年級的差異比較

```
> year3.model<-aov(spress~sex,data=twoway[which(twoway$year==" 三 年
級 "),])
> summary(year3.model)
              Df   Sum Sq   Mean Sq   F value    Pr(>F)
sex           1    204.8    204.80    40.07      5.77e-06 ***
Residuals    18    92.0     5.11

---
Signif. codes: 0 '***' 0.001 '**' 0.01 '*' 0.05 '.' 0.1 ' ' 1
> TukeyHSD(year3.model)
  Tukey multiple comparisons of means
    95% family-wise confidence level
Fit: aov(formula = spress ~ sex, data = twoway[which(twoway$year == " 三
年級 "), ])
$sex
                diff      lwr        upr        p adj
男生 - 女生   -6.4   -8.524137   -4.275863   5.8e-06
```

　　就高職三年級群體而言，性別變數在學校壓力差異比較的 F 值統計量 = 40.07、顯著性 p 值 <.001，達到統計顯著水準，女生群組在學校壓力的平均數顯著高於男生群組（平均數差異值 =6.4），表示高職三年級女生群體在學校壓力感受上顯著高於高職三年級男生群體。

　　使用 **subset( )** 函數選取 B 因子水準群組樣本觀察值，再進行 A 因子（性別變數）在學校壓力變數的差異檢定語法如下：

```
## 一年級男生、一年級女生的差異比較
>year.g1=subset(twoway,twoway$year==" 一年級 ")
> anova(aov(spress ~ sex, data=year.g1))
Analysis of Variance Table
Response: spress
          Df   Sum Sq   Mean Sq   F value     Pr(>F)
sex        1    231.2   231.200    49.543   1.443e-06 ***
Residuals 18     84.0     4.667
## 二年級男生、二年級女生的差異比較
>year.g2=subset(twoway,twoway$year==" 二年級 ")
> anova(aov(spress ~ sex, data=year.g2))
Analysis of Variance Table
Response: spress
          Df   Sum Sq   Mean Sq   F value     Pr(>F)
sex        1     88.2    88.200    22.487   0.0001627 ***
Residuals 18     70.6     3.922
## 三年級男生、三年級女生的差異比較
>year.g3=subset(twoway,twoway$year==" 三年級 ")
> anova(aov(spress ~ sex, data=year.g3))
```

```
Analysis of Variance Table
Response: spress
            Df    Sum Sq   Mean Sq   F value    Pr(>F)
sex         1     204.8    204.800   40.07      5.774e-06 ***
Residuals   18    92.0     5.111
```

不同學生性別與學生年級變項在學校壓力之單純主要效果變異數分析摘要
表：

| | 變異來源 | 平方和 | 自由度 | 平均平方和 | F 檢定 | 事後比較 |
|---|---|---|---|---|---|---|
| 學生年級因子（**B 因子**） | | | | | | |
| | 在男生群體中（**a1**） | 92.6 | 2 | 46.30 | 11.69*** | 二＞一<br>二＞三 |
| | 在女生群體中（**a2**） | 387.8 | 2 | 193.90 | 37.48*** | 一＞二<br>三＞二 |
| 學生性別因子（A 因子） | | | | | | |
| | 在一年級群體中（**b1**） | 231.2 | 1 | 231.20 | 49.54*** | 女生＞男生 |
| | 在二年級群體中（**b2**） | 88.2 | 1 | 88.20 | 22.49*** | 男生＞女生 |
| | 在三年級群體中（**b3**） | 204.8 | 1 | 204.80 | 40.07*** | 女生＞男生 |

註：p＜.001 　一：高職一年級；二：高職二年級；三：高職三年級

## 四、繪出交互作用圖

使用 **interaction.plot( )** 函數可以繪製二因子在依變數平均數的交互作用圖，
**interaction.plot( )** 函數語法為：「interaction.plot（A 因子 ,B 因子 , 依變數）」
或「interaction.plot（B 因子 ,A 因子 , 依變數）」，增列 **grid( )** 函數繪製格線：

```
> interaction.plot(sex,year,spress,col=1:3,lwd=2.0,ylim=c(3,12))
> grid()
```

語法函數中的引數 lwd 為界定線條寬度、ylim 為界定 Y 軸的數值的界限、col 為界定線條顏色。

X 軸為學生性別群組，Y 軸為學生年級群組之交互作用圖如下：

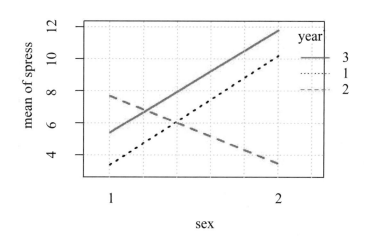

就男生群組而言，三個年級在學校壓力感受平均數的高低依序為二年級、三年級、一年級；就女生群組而言，三個年級在學校壓力感受平均數的高低依序為三年級、一年級、二年級。

```
> interaction.plot(year,sex,spress,col=1:3,lwd=2.0,ylim=c(3,12))
> grid()
```

X 軸為學生年級三個群組，Y 軸為學生性別群組之交互作用圖如下：

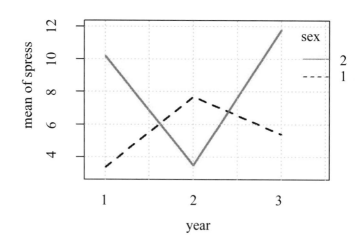

　　就高職一年級樣本觀察值而言，女生群組在學校壓力感受平均數高於男生群組；就高職二年級樣本觀察值而言，男生群組在學校壓力感受平均數高於女生群組；就高職三年級樣本觀察值而言，女生群組在學校壓力感受平均數高於男生群組。

 **交互作用不顯著—性別與年級在家庭壓力的交互作用**

　　檢定變數為家庭壓力（hpress），A 因子變數為學生性別、B 因子變數為學生年級。

一、使用 tapply( ) 函數求出邊緣平均數與細格平均數

```
> tapply(hpress,sex,mean)
女生  男生
 7.9   8.6
> tapply(hpress,year,mean)
```

```
一年級  二年級  三年級
 7.40    8.70    8.65
> tapply(hpress,list(sex,year),mean)
        一年級  二年級  三年級
女生  7.4    9.3    7.0
男生  7.4    8.1    10.3
```

二、使用 aov（）函數進行二因子變異數分析

```
> two.model<-aov(hpress~sex*year,data=twoway)
> summary(two.model)
            Df   Sum Sq  Mean Sq  F value   Pr(>F)
sex          1    7.3     7.35     0.727    0.3976
year         2    21.7    10.85    1.073    0.3491
sex:year     2    54.3    27.15    2.686    0.0773 .
Residuals   54    545.9   10.11
---
Signif. codes:  0 '***'  0.001 '**'  0.01 '*'  0.05 '.'  0.1 ' '  1
```

　　性別變數（A因子）在家庭壓力差異的F值統計量=0.727、顯著性 p=0.398>.05，未達到統計顯著水準，不同性別群組在家庭壓力感受上沒有顯著不同；年級變數（B因子）在家庭壓力差異的F值統計量=1.073、顯著性 p=0.349>.05，未達到統計顯著水準，三個年級群體在家庭壓力感受上沒有顯著不同。性別與年級在家庭壓力差異的交互作用項F值統計量=2.686、顯著性 p=0.077>.05，未達到統計顯著水準，A因子與B因子二個變數的交互作用項不顯著，表示性別變數在家庭壓力的差異不會因年級群組不同而不同；年級變數在家庭壓力的差異不會因性別群組不同而不同。

性別與年級在家庭壓力差異之二因子變異數分析摘要表：

| 來源 | 平方和 | 自由度 | 均方和 | F 檢定 | 顯著性 |
|---|---|---|---|---|---|
| 性別（A） | 7.3 | 1 | 7.35 | 0.727 | .398 |
| 年級（B） | 21.7 | 2 | 10.85 | 1.073 | .349 |
| 性別 * 年級（A×B） | 54.3 | 2 | 27.15 | 2.686 | .077 |
| 誤差 | 545.9 | 54 | 10.11 | | |
| 總和 | 629.2 | 59 | | | |

使用 **lm( )** 函數進行因子變異數分析：

```
> temp.model<-lm(hpress~sex*year,data=twoway)
> anova(temp.model)
Analysis of Variance Table
Response: hpress
          Df   Sum Sq   Mean Sq   F value    Pr(>F)
sex        1    7.35     7.350    0.7271    0.39761
year       2   21.70    10.850    1.0733    0.34907
sex:year   2   54.30    27.150    2.6857    0.07728 .
Residuals 54  545.90    10.109

---
Signif. codes:  0  '***'  0.001  '**'  0.01  '*'  0.05  '.'  0.1  ' '  1
```

　　性別（A 因子）與年級（B 因子）在家庭壓力差異的交互作用項 F 值統計量 =2.686、顯著性 p=0.077>.05，未達到統計顯著水準，A 因子與 B 因子二個變數的交互作用項不顯著；學生性別（A 因子）在家庭壓力的差異不會因學生年級（B 因子）的不同而不同，學生年級（B 因子）在家庭壓力的差異也不會因學生性別（A 因子）的不同而不同。

使用 **ind.twoway.second( )** 函數進行二因子變異數分析：

```
> m.mat=matrix(tapply(hpress,list(sex,year),mean),ncol=3)
> sd.mat=matrix(tapply(hpress,list(sex,year),sd),ncol=3)
> n.mat=matrix(tapply(hpress,list(sex,year),length),ncol=3)
> ind.twoway.second(m = m.mat, sd = sd.mat, n = n.mat)
$anova.table
```

|  | SS | df | MS | F |
|---|---|---|---|---|
| Between | 83.35 | 5 | 16.670 | 1.649 |
| Between (row) | 7.35 | 1 | 7.350 | 0.727 |
| Between (col) | 21.70 | 2 | 10.850 | 1.073 |
| Between (row * col) | 54.30 | 2 | 27.150 | 2.686 |
| Within | 545.90 | 54 | 10.109 | |
| Total | 629.25 | 59 | | |

[ 說明 ]

Between (row) 列的參數為 A 因子性別的主要效果項之顯著性檢定，F 值統計量 =0.727。

Between (col) 列的參數為 B 因子年級的主要效果項之顯著性檢定，F 值統計量 =1.073。

Between (row * col) 列的參數為 A 因子 ×B 因子交互作用項之顯著性檢定，F 值統計量 =2.686、自由度 =2。

Within 列的參數為誤差項，SS=545.90、自由度 =54、MS=10.109。

```
$omnibus.es
```

|  | partial.etasq | partial.etasq.lower | partial.etasq.upper |
|---|---|---|---|
| Between (row) | 0.013 | 0 | 0.124 |
| Between (col) | 0.038 | 0 | 0 .153 |
| Between (row * col) | 0.090 | 0 | 0.233 |

[ 說明 ]

A 因子主要效果項之淨 $\eta^2$ 值 95% 信賴區間值為 [0,0.124]，包含 0 數值點，接受虛無假設（p>.05），A 因子主要效果項的差異未達統計顯著水準（性別變數在家庭壓力的差異不顯著）。

B 因子主要效果項之淨 $\eta^2$ 值 95% 信賴區間值為 [0,0.153]，包含 0 數值點，無法拒絕虛無假設（p>.05），B 因子主要效果項的差異未達統計顯著水準（年級變數在家庭壓力的差異不顯著）。

A 因子 ×B 因子交互作用項之淨 $\eta^2$ 值 95% 信賴區間值為 [0,0.233]，包含 0 數值點，接受虛無假設（p>.05），A 因子 ×B 因子交互作用項的差異未達統計顯著水準（性別變數 × 年級變數在家庭壓力的交互作用不顯著）。

## 肆 交互作用不顯著—性別與年級在情感壓力的交互作用

檢定變數為計量變數情感壓力（epress）。

### 一、使用 tapply( ) 函數求出邊緣平均數與細格平均數

```
> tapply(epress,sex,mean)
   女生      男生
 7.80000   10.03333
> tapply(epress,year,mean)
一年級   二年級   三年級
 8.35      9.25      9.15
> tapply(epress,list(sex,year),mean)
       一年級  二年級  三年級
女生    7.4      9.0      7.0
男生    9.3      9.5      11.3
```

二、使用 aov（）函數進行二因子變異數分析

```
> two.model<-aov(epress~sex*year,data=twoway)
> summary(two.model)
            Df   Sum Sq   Mean Sq   F value    Pr(>F)
sex          1    74.8     74.82     7.636     0.00781 **
year         2     9.7      4.87     0.497     0.61129
sex:year     2    36.9     18.47     1.885     0.16173
Residuals   54   529.1      9.80
---
Signif. codes:  0  '***'  0.001  '**'  0.01  '*'  0.05  '.'  0.1  ' '  1
```

　　性別變數（Ａ因子）在情感壓力差異的 F 值統計量 = 7.636、顯著性 p=0.008<.05，達到統計顯著水準，性別群組在情感壓力感受上有顯著不同，男生平均數（M=10.03）顯著高於女生平均數（M=7.80）；年級變數（Ｂ因子）在情感壓力差異的 F 值統計量 =0.497、顯著性 p=0.611>.05，未達到統計顯著水準，三個年級群體在情感壓力感受上沒有顯著不同。性別與年級在家庭壓力差異之交互作用項的 F 值統計量 =1.885、顯著性 p=0.162>.05，未達到統計顯著水準，Ａ因子與Ｂ因子二個變數的交互作用項不顯著。

　　性別與年級在情感壓力差異的二因子變異數分析摘要表：

| 來源 | 平方和 | 自由度 | 均方和 | F 檢定 | 顯著性 | 事後比較 |
|---|---|---|---|---|---|---|
| 性別（A） | 74.8 | 1 | 74.82 | 7.636 | .008 | 男生 > 女生 |
| 年級（B） | 9.7 | 2 | 4.87 | 0.497 | .611 | |
| 性別 * 年級（A×B） | 36.9 | 2 | 18.47 | 1.885 | .162 | |
| 誤差 | 529.1 | 54 | 9.80 | | | |
| 總和 | 650.5 | 59 | | | | |

　　二因子變異數分析中，若是二個因子變數的交互作用項未達統計顯著水準，要判別二個個別因子變數主要效果是否達到統計顯著水準；如果主要效果達到統計顯著水準，且水準群組數在三個以上，則要與單因子變異數分析流程一樣，

進行事後比較，以判別那些配對群組的平均數差異間顯著不等於 0。

使用 **ind.twoway.second( )** 函數進行二因子變異數分析：

```
> m.mat=matrix(tapply(epress,list(sex,year),mean),ncol=3)
> sd.mat=matrix(tapply(epress,list(sex,year),sd),ncol=3)
> n.mat=matrix(tapply(epress,list(sex,year),length),ncol=3)
> ind.twoway.second(m = m.mat, sd = sd.mat, n = n.mat)
$anova.table
```

|                    | SS     | df | MS     | F     |
|--------------------|--------|----|--------|-------|
| Between            | 121.48 | 5  | 24.297 | 2.480 |
| Between (row)      | 74.82  | 1  | 74.817 | 7.636 |
| Between (col)      | 9.73   | 2  | 4.867  | 0.497 |
| Between (row * col)| 36.93  | 2  | 18.467 | 1.885 |
| Within             | 529.10 | 54 | 9.798  |       |
| Total              | 650.58 | 59 |        |       |

[ 說明 ]

Between (row) 列的參數為 A 因子性別的主要效果項之顯著性檢定，F 值統計量 =7.636。

Between (col) 列的參數為 B 因子年級的主要效果項之顯著性檢定，F 值統計量 =0.497。

Between (row * col) 列的參數為 A 因子 ×B 因子交互作用項之顯著性檢定，F 值統計量 =1.885。

Within 列的參數為誤差項，SS=529.10、自由度 =54、MS= 9.798。

```
$omnibus.es
```

|                     | partial.etasq | partial.etasq.lower | partial.etasq.upper |
|---------------------|---------------|---------------------|---------------------|
| Between (row)       | 0.124         | 0.009               | 0.290               |
| Between (col)       | 0.018         | 0.000               | 0.109               |
| Between (row * col) | 0.065         | 0.000               | 0.197               |

[說明]

A 因子主要效果項之淨 $\eta^2$ 值 95% 信賴區間值為 [0.009,0.124]，未包含 0
數值點，淨 $\eta^2$ 值顯著不等於 0（p<.05），A 因子主要效果項的差異達到
統計顯著水準（性別變數在情感壓力的差異達到顯著）。

B 因子主要效果項之淨 $\eta^2$ 值 95% 信賴區間值為 [0.000,0.109]，包含 0 數
值點，無法拒絕虛無假設（p>.05），B 因子主要效果項的差異未達統計
顯著水準（年級變數在情感壓力的差異不顯著）。

A 因子 ×B 因子交互作用項之淨 $\eta^2$ 值 95% 信賴區間值為 [0.000,0.197]，
包含 0 數值點，無法拒絕虛無假設（p>.05），A 因子 ×B 因子交互作用
項的差異未達統計顯著水準（性別變數 × 年級變數在情感壓力的交互
作用不顯著）。

## 伍 CRF-3×3 設計—交互作用顯著

範例為 CRF-3×3 設計（完全隨機化因子設計），A 因子為高職三個年級
群組（一年級、二年級、三年級）、B 因子為高職樣本學生之學校地區（北區、
南區、東區），計量變數為樣本觀察值在生活壓力量表的得分，測量值愈高表
示受試者感受的生活壓力愈大。

匯入資料檔與設定因子變數水準數值標記，R 編輯器視窗的指令列如下：

```
temp=read.csv("twoway33.csv",header=T)
head(temp)
twoway<-data.frame(temp)        ## 複製一個新的資料框架物件名稱
attach(twoway)    ## 依附資料框架物件於主控台中
library(car)          ## 進行水準數值的文字標記群組轉換
twoway$year<-recode(year,"1='一年級'; 2='二年級'; 3='三年級'")
twoway$area<-recode(area,"1='北區'; 2='南區'; 3='東區'")
attach(twoway)        ## 再次依附資料框架物件於主控台中
```

水準數值未設定文字標記前之前六筆資料：

```
> head(temp)
  year  area  dpress
1   1    1      2
2   1    1      1
3   1    1      2
4   1    1      3
5   1    1      4
6   2    1      6
```

資料檔之 year 為高職年級變數（三分類別變數）、area 為學校所在區域變數（三分類別變數）、dpress 為樣本觀察值在生活壓力量表的得分變數。

一、求出細格與邊緣平均數

使用 tapply( ) 函數求出細格與邊緣平均數：

```
> head(twoway)
    year    area  dpress
1 一年級   北區    2
2 一年級   北區    1
3 一年級   北區    2
4 一年級   北區    3
5 一年級   北區    4
6 二年級   北區    6
> round(tapply(dpress,year,mean),2)
一年級  二年級  三年級
 5.40    6.67    5.87
> round(tapply(dpress,area,mean),2)
北區  東區  南區
6.13  6.73  5.07
```

```
> tapply(dpress,list(year,area),mean)
       北區  東區  南區
一年級  2.4  5.2  8.6
二年級  6.8  9.0  4.2
三年級  9.2  6.0  2.4
```

A 因子年級、B 因子地區在生活壓力之描述性統計量摘要表統整如下：

| 地區（B因子）<br>年級（A因子） | 北區<br>（b1） | 南區<br>（b2） | 東區<br>（b3） | 邊緣平均數 |
|---|---|---|---|---|
| 一年級 a1 | 2.4 | 8.6 | 5.2 | 5.40 |
| 二年級 a2 | 6.8 | 4.2 | 9.0 | 6.67 |
| 三年級 a3 | 9.2 | 2.4 | 6.0 | 5.87 |
| 邊緣平均數 | 6.13 | 5.07 | 6.73 | |

上述二個因子構成的細格平均數繪製成交互作用圖，X 軸為高職學生三個年級：

```
> interaction.plot(year,area,dpress,col=1:3,lwd=2.0,ylim=c(2,10))
> grid()   ## 繪製圖形的格線
```

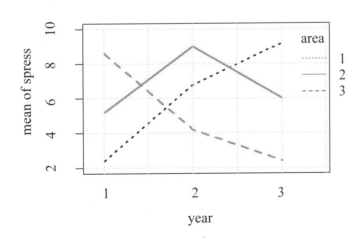

學校所在地區中，水準數值 1 為北區、水準數值 2 為南區、水準數值 3 為東區。就高職一年級樣本觀察值而言，以南區學生生活壓力平均數最高、北區學生生活壓力平均數最低。就高職二年級樣本觀察值而言，以東區學生生活壓力平均數最高、南區學生生活壓力平均數最低。就高職三年級樣本觀察值而言，以北區學生生活壓力平均數最高、南區學生生活壓力平均數最低。

以年級 A 因子分割資料檔，各年級樣本觀察值之區域變數（B 因子）在生活壓力感受的差異呈現不一致結果，因而區域變數在生活壓力的差異受到年級變數的影響，三個區域群組在生活壓力的差異因年級不同而有顯著不同。

以學生所在學習區域為 X 軸，三個年級生活壓力平均數的交互作用圖如下：

```
> interaction.plot(area,year,dpress,col=1:3,lwd=2.0,ylim=c(2,10))
> grid()
```

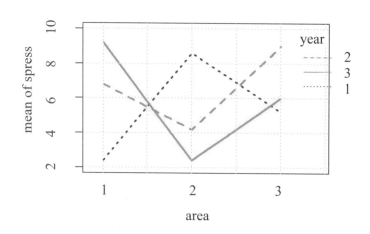

就北區樣本觀察值而言，高職三年級學生生活壓力平均數最高，一年級學生生活壓力平均數最低。就南區樣本觀察值而言，高職一年級學生生活壓力平均數最高，三年級學生生活壓力平均數最低。就東區樣本觀察值而言，高職二年級學生生活壓力平均數最高，一年級學生生活壓力平均數最低。以區域 B 因子分割資料檔，各區域之年級變數在生活壓力感受的差異呈現不一致結果，因而年級變數在生活壓力的差異受到區域變數的影響，三個年級群組在生活壓力

的差異因區域不同而有顯著不同。

二、進行二因子變異數分析

使用 **aov( )** 函數進行二因子變異數分析：

```
> two.model<-aov(dpress ~ year*area, data = twoway)
> summary(two.model)
            Df   Sum Sq   Mean Sq   F value   Pr(>F)
year         2    12.31     6.16     2.812     0.0733 .
area         2    21.38    10.69     4.883     0.0133 *
year:area    4   248.49    62.12    28.381    1.08e-10 ***
Residuals   36    78.80     2.19
---
Signif. codes:  0  '***'  0.001  '**'  0.01  '*'  0.05  '.'  0.1  '
```

年級與區域在生活壓力之交互作用項的 F 值統計量 =28.381，顯著性 p 值 =1.08e-10<.05，達到統計顯著水準。主要效果項 B 因子區域在生活壓力的差異 也達到統計顯著水準，F 值統計量 =4.883，顯著性 p 值 =0.013<.05，不同區域 的高職生在生活壓力的感受有顯著不同。

學生年級與地區在生活壓力差異之二因子變異數分析摘要表：

| 來源 | 平方和 | 自由度 | 平均平方和 | F 值 | 顯著性 |
|---|---|---|---|---|---|
| **year** | 12.31 | 2 | 6.16 | 2.81 | .073 |
| **area** | 21.38 | 2 | 10.69 | 4.88 | .013 |
| **year * area** | 248.49 | 4 | 62.12 | 28.38 | .000 |
| 誤差 | 78.80 | 36 | 2.19 | | |
| 總和 | 360.98 | 44 | | | |

使用 **ind.twoway( )** 函數進行二因子變異數分析：

```
> library(rpsychi)
Loading required package: gtools
> ind.twoway(dpress~year*area, data=temp)
$anova.table
```

|                    | SS     | df | MS     | F      |
|--------------------|--------|----|--------|--------|
| Between            | 282.18 | 8  | 35.272 | 16.114 |
| Between (row)      | 12.31  | 2  | 6.156  | 2.812  |
| Between (col)      | 21.38  | 2  | 10.689 | 4.883  |
| Between (row * col)| 248.49 | 4  | 62.122 | 28.381 |
| Within             | 78.80  | 36 | 2.189  |        |
| Total              | 360.98 | 44 |        |        |

[ 說明 ]

Between (row) 列的參數為 A 因子性別的主要效果項之顯著性檢定，F 值統計量 =2.812、自由度 =2。

Between (col) 列的參數為 B 因子年級的主要效果項之顯著性檢定，F 值統計量 =4.883、自由度 =2。

Between (row * col) 列的參數為 A 因子 ×B 因子交互作用項之顯著性檢定，F 值統計量 =28.381、自由度 =4。

Within 列的參數為誤差項，SS=78.80、自由度 =36、MS= 2.189。

```
$omnibus.es
```

|                     | partial.etasq | partial.etasq.lower | partial.etasq.upper |
|---------------------|---------------|---------------------|---------------------|
| Between (row)       | 0.135         | 0.000               | 0.315               |
| Between (col)       | 0.213         | 0.011               | 0.397               |
| Between (row * col) | 0.759         | 0.565               | 0.820               |

[ 說明 ]

A 因子主要效果項之淨 $\eta^2$ 值 95% 信賴區間值為 [0.000,0.315]，包含 0 數值點，參數估計值為 0 的可能性很高，無法拒絕虛無假設 (p>.05)，A 因子主要效果項的差異未達統計顯著水準 ( 年級變數在生活壓力的差異未達顯著 )。

B 因子主要效果項之淨 $\eta^2$ 值 95% 信賴區間值為 [0.011,0.397]，未包含 0 數值點，參數估計值為 0 的可能性很低，有足夠證據可以拒絕虛無假設 （p<.05），B 因子主要效果項的差異達統計顯著水準（地區變數在生活壓力的差異達到顯著）。B 因子主要效果項之淨 $\eta^2$ 值 =0.213>0.14，效果量為大效果值。

A 因子 ×B 因子交互作用項之淨 $\eta^2$ 值 95% 信賴區間值為 [0.565,0.820]，未包含 0 數值點，拒絕虛無假設（p>.05），A 因子 ×B 因子交互作用項的差異達到統計顯著水準（年級變數 × 地區變數在生活壓力的交互作用達到顯著）。交互作用項之淨 $\eta^2$ 值 =0.759>0.14，效果量為大效果值。

### 三、進行單純主要效果檢定

（一）高職一年級樣本觀察值

不同區域在生活壓力的差異比較：

```
> year1.model<-aov(dpress~area,data=twoway[which(twoway$year==" 一年
級 "),])
> print( summary(year1.model))
            Df  Sum Sq  Mean Sq  F value   Pr(>F)
area         2   96.4    48.2     43.82    3.05e-06 ***
Residuals   12   13.2     1.1
---
```

Signif. codes: 0 '***' 0.001 '**' 0.01 '*' 0.05 '.' 0.1 ' ' 1
> print (TukeyHSD(year1.model))

  Tukey multiple comparisons of means

    95% family-wise confidence level

Fit: aov(formula = dpress ~ area, data = twoway[which(twoway$year == " 一年級 "), ])

$area

|  | diff | lwr | upr | p adj |
|---|---|---|---|---|
| 東區 - 北區 | 2.8 | 1.030339 | 4.569661 | 0.0031427 |
| 南區 - 北區 | 6.2 | 4.430339 | 7.969661 | 0.0000021 |
| 南區 - 東區 | 3.4 | 1.630339 | 5.169661 | 0.0006781 |

　　就高職一年級樣本觀察值而言，區域變數在生活壓力差異的 F 值統計量 =43.82、顯著性 p 值 =3.05e-06=.000<.05，達到統計顯著水準，採用 Tukey 法進行事後比較發現：東區學生的生活壓力感受顯著高於北區學生（平均數差異值 =2.8）、南區學生的生活壓力感受顯著高於北區（平均數差異值 =6.2）、南區學生的生活壓力感受顯著高於東區（平均數差異值 =3.4）。

（二）高職二年級樣本觀察值

　　不同區域在生活壓力的差異比較：

> year2.model<-aov(dpress~area,data=twoway[which(twoway$year==" 二年級 "),])
> print( summary(year2.model))

|  | Df | Sum Sq | Mean Sq | F value | Pr(>F) |
|---|---|---|---|---|---|
| area | 2 | 57.73 | 28.867 | 7.277 | 0.00852 ** |
| Residuals | 12 | 47.60 | 3.967 | | |

---

Signif. codes: 0 '***' 0.001 '**' 0.01 '*' 0.05 '.' 0.1 ' ' 1
> print (TukeyHSD(year2.model))
  Tukey multiple comparisons of means
   95% family-wise confidence level
Fit: aov(formula = dpress ~ area, data = twoway[which(twoway$year == " 二年級 "), ])

$area

|  | diff | lwr | upr | p adj |
|---|---|---|---|---|
| 東區 - 北區 | 2.2 | -1.16052 | 5.56052 | 0.2287488 |
| 南區 - 北區 | -2.6 | -5.96052 | 0.76052 | 0.1394400 |
| 南區 - 東區 | -4.8 | -8.16052 | -1.43948 | 0.0064828 |

就高職二年級樣本觀察值而言，區域變數在生活壓力差異的 F 值統計量 =7.277、顯著性 p 值 =0.009<.05，達到統計顯著水準，使用 Tukey 法進行事後比較發現：東區學生的生活壓力感受顯著高於南區學生（平均數差異值 =4.8）。

（三）高職三年級樣本觀察值

不同區域在生活壓力的差異比較：

> year3.model<-aov(dpress~area,data=twoway[which(twoway$year==" 三年級 "),])
> print( summary(year3.model))

|  | Df | Sum Sq | Mean Sq | F value | Pr(>F) |
|---|---|---|---|---|---|
| area | 2 | 115.7 | 57.87 | 38.58 | 5.95e-06 *** |
| Residuals | 12 | 18.0 | 1.50 |  |  |

---

```
Signif. codes:  0  '***'  0.001  '**'  0.01  '*'  0.05  '.'  0.1  ' '  1
> print (TukeyHSD(year3.model))
  Tukey multiple comparisons of means
    95% family-wise confidence level
Fit: aov(formula = dpress ~ area, data = twoway[which(twoway$year == " 三
年級 "), ])
$area
```

|  | diff | lwr | upr | p adj |
|---|---|---|---|---|
| 東區 - 北區 | -3.2 | -5.266518 | -1.133482 | 0.0036786 |
| 南區 - 北區 | -6.8 | -8.866518 | -4.733482 | 0.0000040 |
| 南區 - 東區 | -3.6 | -5.666518 | -1.533482 | 0.0015071 |

　　就高職三年級樣本觀察值而言，區域變數在生活壓力差異的 F 值統計量 =38.58、顯著性 p 值 =5.95e-06=.000<.05，進一步以 Tukey 法進行多重比較發現：北區學生的生活壓力感受顯著高於東區學生（平均數差異值 =3.2）、北區學生的生活壓力感受顯著高於南區（平均數差異值 =6.8）、東區學生的生活壓力感受顯著高於南區（平均數差異值 =3.6）。

　　就三個年級變數樣本觀察值群組而言，區域變數在生活壓力感受的差異結果未呈現一致性結果，表示區域變數在生活壓力的差異會因年級變數之群組不同而不同。

（四）北區樣本觀察值

　　高職三個年級在生活壓力的差異比較：

```
> area1.model<-aov(dpress~year,data=twoway[which(twoway$area==" 北 區
"),])
> print( summary(area1.model))
```

```
            Df   Sum Sq   Mean Sq   F value   Pr(>F)
year         2    118.9    59.47     48.22     1.84e-06 ***
Residuals   12     14.8     1.23

---
Signif. codes:  0  '***'  0.001  '**'  0.01  '*'  0.05  '.'  0.1  ' '  1
> print (TukeyHSD(area1.model))
  Tukey multiple comparisons of means
    95% family-wise confidence level
Fit: aov(formula = dpress ~ year, data = twoway[which(twoway$area == " 北
區 "), ])
$year
                 diff        lwr        upr        p adj
二年級 - 一年級   4.4   2.5261542   6.273846   0.0001142
三年級 - 一年級   6.8   4.9261542   8.673846   0.0000014
三年級 - 二年級   2.4   0.5261542   4.273846   0.0131134
```

　　就北區樣本觀察值而言，年級變數在生活壓力差異的 F 值統計量 =48.22、顯著性 p 值 =.000<.05，進一步以 Tukey 法進行多重比較發現：高職二年級學生的生活壓力感受顯著高於一年級學生（平均數差異值 =4.4）、三年級學生的生活壓力感受顯著高於一年級（平均數差異值 =6.8）、三年級學生的生活壓力感受顯著高於二年級（平均數差異值 =2.4）。

（五）南區樣本觀察值

高職三個年級在生活壓力的差異比較：

```
> area2.model<-aov(dpress~year,data=twoway[which(twoway$area==" 南 區
"),])
> print( summary(area2.model))
            Df  Sum Sq  Mean Sq  F value   Pr(>F)
year         2   101.7    50.87    12.41    0.0012 **
Residuals   12    49.2     4.10
---
Signif. codes:  0  '***'  0.001  '**'  0.01  '*'  0.05  '.'  0.1  ' '  1
> print (TukeyHSD(area2.model))
  Tukey multiple comparisons of means
    95% family-wise confidence level
Fit: aov(formula = dpress ~ year, data = twoway[which(twoway$area == " 南
區 "), ])

$year
                diff      lwr         upr        p adj
二年級 - 一年級  -4.4  -7.816532  -0.9834675  0.0126768
三年級 - 一年級  -6.2  -9.616532  -2.7834675  0.0010866
三年級 - 二年級  -1.8  -5.216532   1.6165325  0.3689150
```

就南區樣本觀察值而言，年級變數在生活壓力差異的 F 值統計量 =12.41、顯著性 p 值 =.001<.05，進一步以 Tukey 法進行多重比較發現：高職一年級學生的生活壓力感受顯著高於二年級學生（平均數差異值 =4.4）、一年級學生的生活壓力感受顯著高於三年級（平均數差異值 =6.2）、三年級學生的生活壓力感受與二年級學生沒有顯著不同。

（六）東區樣本觀察值

高職三個年級在生活壓力的差異比較：

```
> area3.model<-aov(dpress~year,data=twoway[which(twoway$area==" 東 區
"),])
> print( summary(area3.model))
           Df   Sum Sq   Mean Sq   F value    Pr(>F)
year        2    40.13    20.067    16.27    0.000382 ***
Residuals  12    14.80    1.233
---
Signif. codes:  0  '***'  0.001  '**'  0.01  '*'  0.05  '.'  0.1  ' '  1
> print (TukeyHSD(area3.model))
  Tukey multiple comparisons of means
    95% family-wise confidence level

Fit: aov(formula = dpress ~ year, data = twoway[which(twoway$area == " 東
區 "), ])

$year
                diff       lwr        upr        p adj
二年級 - 一年級  3.8    1.926154   5.673846   0.0004275
三年級 - 一年級  0.8   -1.073846   2.673846   0.5097034
三年級 - 二年級 -3.0   -4.873846  -1.126154   0.0028801
```

　　就東區樣本觀察值而言，年級變數在生活壓力差異的 F 值統計量 =16.27、
顯著性 p 值 =.000<.05，進一步以 Tukey 法進行多重比較發現，高職二年級學生
的生活壓力感受顯著高於一年級學生（平均數差異值 =3.8）、二年級學生的生
活壓力感受顯著高於三年級（平均數差異值 =3.0）、三年級學生的生活壓力感
受與一年級學生的生活壓力感受沒有顯著不同。

　　就三個區域變數樣本觀察值群組而言，年級變數在生活壓力感受的差異結
果未呈現一致性結果，表示年級變數在生活壓力的差異受到區域變數的影響。

# 14 典型相關

■ cancor() 函數與 candisc 套件

■使用套件 yacca 中的函數 cca()

■使用套件 CCA 中的函數 cc()

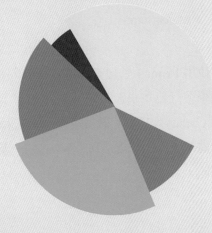

　　典型相關分析（canonical correlation analysis；簡稱 CCA）目的在求出一組 X 變數（自變數或稱控制變數）與一組 Y 變數（依變數）間是否有顯著的關係。為了能夠找出二組變數間關係，統計程序要求出 X 變數間的線性組合與 Y 變數間的線性組合，並使這二組的線性組合有最大的相關。X 組變數個數若只有一個、Y 組變數個數也只有一個，則二組變數間的線性相關稱為簡單相關，簡單線性相關估計值為積差相關相關係數，簡單相關為典型相關的一個特例。典型相關分析程序中，X 變數（第一組變數）與 Y 變數（第二組變數）的線性組合是潛在的，無法直接觀察的，變數的線性組合稱為「典型變數」（canonical variable）或「典型變量」（canonical variates），X 組變數抽取的典型變量以符號 $\chi$ 表示，Y 組變數抽取的典型變量以符號 $\eta$ 表示。

　　二個對應典型變量間的相關（$\chi$ 與 $\eta$）稱為典型相關，典型相關係數以「$\rho$」符號表示。對於確認二組變數間潛在關係時，採用典型相關是適當的方法，若是研究者依據理論文獻或經驗法則，確知其中一組變數為預測變數（predictor）或自變數（independent），另外一組變數為效標變數 / 準則變數（criterion）或依變數（dependent），則典型相關分析的目標在於決定一組預測變數是否影響另一組效標變數。相對的，如果研究者無法明確區分二組變數中，何組變數為自變數，何組變數為依變數，則典型相關的目標僅在於單純確認二組變數間的關係（吳明隆，2008）。

　　匯入資料檔，資料框架物件名稱為 temp。

```
> temp<-read.csv("cancor.csv",header=T)
> attach(temp)
```

　　使用 **head( )** 函數查看前六筆資料，X 組（第一組變數）四個變數為國中生四種學習行為：學習策略（act）、學習動機（moti）、學習專注（atte）、課堂行為（beha）；Y 組（第二組變數）三個變數為國中生三個科目的學習成就分數：國文成績（csc）、數學成績（msc)、英文成績（esc），分數愈高，表示學習成就愈佳。

```
> head(temp)
    tact  moti  ate  beha  csc  msc  esc
1    9    13    11    10    24   23   17
2   10     9    12     8    25   20   18
3   10    12    12     7    23   23   19
4   10    10     6     7    25   25   12
5   10     8    11     9    25   25   19
6   11     9    12     9    26   19   18
```

以變數索引擷取 X 組四個變數，資料框架物件名稱界定為 varx；Y 組三個變數組成的資料框架物件名稱界定為 vary。

```
> varx=temp[c(1:4)]
> vary=temp[c(5:7)]
> names(varx)
[1] "tact" "moti" "atte" "beha"
> names(vary)
[1] "csc" "msc" "esc"
```

使用 **head( )** 函數查看 X 組資料框架、Y 組資料框架前六筆資料：

```
> head(varx)
    tact  moti  ate  beha
1    9    13    11    10
2   10     9    12     8
3   10    12    12     7
4   10    10     6     7
5   10     8    11     9
6   11     9    12     9
```

```
> head(vary)
   csc  msc  esc
1  24   23   17
2  25   20   18
3  23   23   19
4  25   25   12
5  25   25   19
6  26   19   18
```

# 壹 cancor( ) 函數與 candisc 套件

candisc 套件中的各種典型相關函數適用於基本套件中 **cancor( )** 函數建構的典型相關物件。

## 一、使用 cancor( ) 函數

基本套件中的 **cancor( )** 函數可以進行二組典型相關的分析。使用 cancor（X 組變數，Y 組變數）函數建構典型相關模式物件，**cancor( )** 函數語法結果輸出五個統計量數：

cor：X 組與 Y 組變數之典型相關係數。

xcoef：X 組變數的估計值。

ycoef：Y 組變數的估計值。

xcenter：X 組變數調整後的估計值。

ycenter：Y 組變數調整後的估計值。

範例典型相關物件名稱界定為 **m.can**，第一組變數為 varx 資料框架（有四個變數）、第二組變數為 vary 資料框架（有三個變數）：

```
> m.can=cancor(varx,vary)
> print(m.can)
$cor
[1] 0.6868632 0.2844137 0.1496591


$xcoef
              [,1]           [,2]           [,3]           [,4]
tact   -9.308829e-03    0.013015196    0.007723580    0.021391198
moti   -9.385706e-03    0.007593229   -0.002800921   -0.025171179
atte   -1.558113e-03   -0.018037255   -0.020345936    0.011995658
beha    7.690849e-05   -0.006897687    0.028435829   -0.005511084


$ycoef
              [,1]           [,2]           [,3]
csc    -0.003536048    0.009679742    0.015092943
msc    -0.006299468    0.004462830   -0.019250817
esc    -0.003842747   -0.014240774    0.008163595


$xcenter
   tact      moti      atte      beha
16.62774  15.69830  14.30657  10.18248


$ycenter
   csc       msc       esc
30.28710  28.78102  23.00730
```

　　函數 **cancor( )** 中的 X 組變數、Y 組變數也可以直接使用原始資料框架物件，使用原始資料框架物件名稱時要配合變數索引，界定 X 組變數的直行變數、Y 組變數的直行變數，範例的 X 組變數在資料框架物件 temp 的變數索引位置為 [,1:4]，Y 組變數索引位置為 [,5:7]：

```
> names(temp)
[1] "tact" "moti" "atte" "beha" "csc" "msc" "esc"
```

　　直接使用變數索引進行典型相關分析，再使用 **summary( )** 函數輸出典型變量及顯著性檢定：

```
> mod.can=cancor(temp[,1:4],temp[,5:7])
> summary(mod.can)
Canonical correlation analysis of:
      4  X  variables:  tact,  moti,  atte,  beha
  with  3  Y  variables:  csc,  msc,  esc
```

|   | CanR | CanRSQ | Eigen | percent | cum | scree |
|---|------|--------|-------|---------|-----|-------|
| 1 | 0.6869 | 0.47178 | 0.89315 | 88.953 | 88.95 | ********************** |
| 2 | 0.2844 | 0.08089 | 0.08801 | 8.765 | 97.72 | *** |
| 3 | 0.1497 | 0.02240 | 0.02291 | 2.282 | 100.00 | * |

Test of H0: The canonical correlations in the
current row and all that follow are zero

|   | CanR | WilksL | F | df1 | df2 | p.value |
|---|------|--------|---|-----|-----|---------|
| 1 | 0.68686 | 0.47462 | 28.9881 | 12 | 1069.2 | 0.0000e+00 |
| 2 | 0.28441 | 0.89852 | 7.4194 | 6 | 810.0 | 9.5326e-08 |
| 3 | 0.14966 | 0.97760 |  | 2 |  |  |

Raw canonical coefficients

```
X  variables:
          Xcan1        Xcan2       Xcan3
tact  -0.1884894     0.26354     -0.156391
moti  -0.1900461     0.15375      0.056714
atte  -0.0315494    -0.36523      0.411974
beha   0.0015573    -0.13967     -0.575782
  Y  variables:
          Ycan1       Ycan2        Ycan3
csc  -0.07160      0.196000      -0.30561
msc  -0.12755      0.090365       0.38980
esc  -0.07781     -0.288354      -0.16530
```

二、使用 candisc 套件中的函數

　　使用 candisc 套件進行其他參數的估計與輸出，載入 candisc 套件時會載入 car 套件、也會載入 heplots 套件，以 summary（典型相關分析物件）函數語法輸出典型相關係數與顯著性：

```
> library(candisc)
Loading required package: car
Loading required package: heplots
Attaching package:  'candisc'
> summary(m.can)
Canonical correlation analysis of:
      4  X  variables: tact,  moti,  atte,  beha
 with  3  Y  variables: csc,  msc,  esc
   CanR   CanRSQ  Eigen   percent   cum                          scree
1  0.6869  0.47178  0.89315  88.953   88.95*************************
2  0.2844  0.08089  0.08801   8.765   97.72 ***
3  0.1497  0.02240  0.02291   2.282   100.00 *
```

Test of H0: The canonical correlations in the
current row and all that follow are zero

|   | CanR | WilksL | F | df1 | df2 | p.value |
|---|------|--------|---|-----|-----|---------|
| 1 | 0.68686 | 0.47462 | 28.9881 | 12 | 1069.2 | 0.0000e+00 |
| 2 | 0.28441 | 0.89852 | 7.4194 | 6 | 810.0 | 9.5326e-08 |
| 3 | 0.14966 | 0.97760 | | 2 | | |

Raw canonical coefficients

X  variables:

|      | Xcan1 | Xcan2 | Xcan3 |
|------|-------|-------|-------|
| tact | -0.1884894 | 0.26354 | -0.156391 |
| moti | -0.1900461 | 0.15375 | 0.056714 |
| atte | -0.0315494 | -0.36523 | 0.411974 |
| beha | 0.0015573 | -0.13967 | -0.575782 |

[ 備註 ]:

參數值為 X 組四個變數的原始典型係數或原始加權係數。

Y  variables:

|     | Ycan1 | Ycan2 | Ycan3 |
|-----|-------|-------|-------|
| csc | -0.07160 | 0.196000 | -0.30561 |
| msc | -0.12755 | 0.090365 | 0.38980 |
| esc | -0.07781 | -0.288354 | -0.16530 |

[ 備註 ]:

參數值為 Y 組三個變數的原始典型係數或原始加權係數。

　　由於 X 組變數有四個變項、Y 組變數有三個變項,因而典型相關係數最多有三個(配對的典型變量有三組)。典型相關為自變項之典型因素 $\chi$ (或稱典型變量、典型變數)(canonical variate/canonical variable)與依變項之典型因素 $\eta$ 間的積差相關係數。第一組典型變量 $\chi_1$ 與 $\eta_1$ 間的典型相關係數等於 .687($\rho_1$),第二組典型變量 $\chi_2$ 與 $\eta_2$ 間的典型相關等於 .284($\rho_2$),第三組典型變量 $\chi_3$ 與 $\eta_3$ 間的典型相關等於 .150($\rho_3$)。典型函數的顯著性檢定結果,前二個典型相關係數顯著性考驗 Wilk's Λ 值分別為 .475(p<.001)、.899(p<.001),第一

個典型相關係數、第二個典型相關係數均達統計顯著水準。

「Raw canonical coefficients」列的數據分別為 X 組變數（第一組變數）、Y 組變數（第二組變數）之原始典型係數，根據原始典型係數的線性組合，可以估算樣本觀察值之典型變量分數。scree 列輸出的五個直行估計值分別為典型相關係數（CanR）、典型相關係數平方（CanRSQ）、特徵值（Eigen）、解釋變異百分比（percent）、累積解釋變異百分比（cum）。

特徵值與典型相關係數間的關係為 $\lambda = \rho^2 \div (1-\rho^2)$，第一個特徵值求法為：

```
> (0.47178/(1-0.47178))
[1] 0.8931506
```

特徵值解釋的百分比為各特徵值與總特徵值的比值，第一個特徵值可以解釋的百分比為：

```
> 0.89315/(0.89315+0.08801+0.02291)
[1] 0.8895296
```

典型相關係數的平方表示一個典型變量的變異數可以被另一個典型變量解釋的部分，即二個典型變量共有的變異部分，如第一個典型相關係數的平方為 $(.687)^2 = .472$，表示第一個典型變量 $\chi_1$ 可以解釋效標變項第一個典型變量 $\eta_1$ 47.2% 的變異量。三個典型相關係數的平方分別為 .472、.081、.022，表示每組典型變量重疊的變異分別為 47.2%、8.1%、2.2%。

使用 **zapsmall( )** 函數求出配對典型變量間的相關：

```
> zapsmall(cor(scores(m.can, type="x"), scores(m.can, type="y")))
         Ycan1      Ycan2      Ycan3
Xcan1  0.6868632  0.0000000  0.0000000
Xcan2  0.0000000  0.2844137  0.0000000
Xcan3  0.0000000  0.0000000  0.1496591
```

　　函數語法 (scores(m.can, type="x") 為 X 組變項的線性組合分數；scores(m.
can, type="y") 為 Y 組變項的線性組合分數（根據原始典型係數或原始加權係數
求出）。Xcan1、Xcan2、Xcan3 分別為典型變量 $\chi_1$、$\chi_2$、$\chi_3$；$Ycan1$、$Ycan2$、
$Ycan3$ 分別為典型變量 $\eta_1$、$\eta_2$、$\eta_3$，輸出結果中對角線為配對典型變量的相關係
數（典型相關係數），對角線外典型變量間的相關均等於 0.000。典型相關分析
程序中，X 組抽取的典型變量間 $\chi$ 的兩兩相關係數均等於 0.000、Y 組抽取的典
型變量 $\eta$ 間的兩兩相關係數均等於 0.000，非對應的典型變量的相關係數等於
0.000。

　　使用函數 **coef( )**，配合引數選項 standardize 的界定（=FALSE），可以求出
原始典型係數或原始加權係數：

```
> coef(m.can, type = "both", standardize=FALSE)
[[1]]
         Xcan1          Xcan2          Xcan3
tact  -0.188489412    0.2635376    -0.15639058
moti  -0.190046058    0.1537512     0.05671432
atte  -0.031549385   -0.3652266     0.41197380
beha   0.001557278   -0.1396675    -0.57578165


[[2]]
         Ycan1          Ycan2          Ycan3
csc   -0.07159951     0.19599984    -0.3056088
msc   -0.12755451     0.09036542     0.3897993
esc   -0.07780970    -0.28835370    -0.1653002
```

　　使用函數 **coef( )**，配合引數選項 standardize 的界定（=TRUE），可以求出
標準化典型係數：

```
> coef(m.can, type="both", standardize=TRUE)
[[1]]
        Xcan1        Xcan2      Xcan3
tact -0.468044696   0.6543996  -0.3883389
moti -0.546840314   0.4424051   0.1631903
atte -0.094177235  -1.0902282   1.2297721
beha  0.003721381  -0.3337593  -1.3759280


[[2]]
       Ycan1       Ycan2       Ycan3
csc  -0.2788801   0.7634195  -1.1903464
msc  -0.5292412   0.3749386   1.6173312
esc  -0.3195950  -1.1843820  -0.6789529
```

　　標準化典型係數（standardized canonical coefficients）又稱為「典型加權係數」（canonical weight coefficient），典型加權係數的性質如同迴歸分析中的迴歸係數（beta weight）、因素分析中的因素組型係數（factor pattern coefficient）。典型加權係數的絕對值可能大於 1（其參數估計值可能大於 +1 或小於 −1）。典型加權係數表示該組變數對所屬典型變項／典型變量（canonical variable/canonical variate）的貢獻程度，典型加權係數值的絕對值愈大，其對所屬典型變項的影響愈大（吳明隆，2008）。

　　使用函數 redundancy（模式物件）求出重疊係數：

```
> redundancy(m.can)
Redundancies for the X variables & total X canonical redundancy
  Xcan1     Xcan2     Xcan3    total X|Y
 0.298521  0.016911  0.002005  0.317437

Redundancies for the Y variables & total Y canonical redundancy
  Ycan1     Ycan2     Ycan3    total Y|X
 0.358195  0.013025  0.001786  0.373006
```

「Redundancies for the X variables & total X canonical redundancy」列數值為第一組變項（X 組變數）被其相對應典型變量 $\eta_1$、$\eta_2$、$\eta_3$ 解釋的百分比，此數值又稱 X 組變數的「重疊係數」（redundancy coefficient），其解釋變異分別為 29.9%、1.7%、0.2%，重疊係數即一組變數能被另一組變數解釋變異的程度。重疊係數的加總值 31.7%（=29.9%+1.7%+0.2%=31.8%，小數點數值的不同為四捨五入時造成的差異值）稱為「合併的重疊係數」（pooled redundancy coefficient），即 Y 組三個變數透過三對典型變量（$\eta-\chi$）可以解釋 X 組四個變數 31.7% 的解釋變異量。

「Redundancies for the Y variables & total Y canonical redundancy」列中數值為第二組變項（Y 組變數）被其相對應典型變項 $\chi_1$、$\chi_2$、$\chi_3$ 解釋的百分比，此數值為 Y 組變數的重疊係數，其解釋變異分別為 35.8%、1.3%、0.2%。就第一個重疊係數而言，表示 X 組四個變數（自變數）透過第一對典型變量（$\chi_{1\ \&}$ $\eta_1$），可以解釋 Y 組三個變數（依變數）35.8% 的變異量；就第二個重疊係數而言，X 組四個變數透過第二對典型變量（$\chi_2\ \&\ \eta_2$），可以解釋 Y 組三個變數 1.3% 的變異量。X 組四個變數透過三對典型變量，總共可以解釋 Y 組三個變數總共 37.3%（35.8%+1.3%+0.2%=37.3%）的變異量（如果第三個典型相關係數未達統計顯著水準，則重疊係數的解釋變異數值不用加以解釋）。

使用函數語法 scores(m.can, type="x") 可以求出 X 組變項的線性組合分數；函數語法 scores(m.can, type="y") 可以求出為 Y 組變項的線性組合分數：

```
> canx=scores(m.can,type="x")
> canx
         Xcan1         Xcan2         Xcan3
[1,]  2.054584436  -1.191928383  -0.217276151
[2,]  2.591615313  -1.629286964   0.963013100
[3,]  2.019919861  -1.028365927   1.708937711
<略>
```

輸出參數值為樣本觀察值在 Xcan1、Xcan2、Xcan3 三個變數的分數，X 組四個變數的線性組合分數儲存的資料框架物件為 canx。

```
> cany=scores(m.can,type="y")
> cany
          Ycan1          Ycan2          Ycan3
[1,]  1.654975119   -0.022448972   0.660963873
[2,]  1.888229430   -0.385899078  -0.979343110
[3,]  1.570955236   -0.795156204   0.635972259
<略>
```

輸出參數值為樣本觀察值在 Ycan1、Ycan2、Ycan3 三個變數的分數，Y 組三個變數的線性組合分數儲存的資料框架物件為 cany。

使用 **cor( )** 函數求出 X 組四個變數與其典型變量（$\chi$）間之典型負荷量：

```
> round(cor(varx,canx),3)
       Xcan1   Xcan2   Xcan3
tact  -0.897   0.191  -0.122
moti  -0.934  -0.059   0.078
atte  -0.755   0.634   0.131
beha  -0.532  -0.628  -0.566
```

參數值為第一組變數（X 組變數）之典型負荷量（canonical loading），典型負荷量又稱為「結構相關係數」（structure correlations），典型負荷量為 X 組變數（第一組變數）與其典型變量 $\chi$ 間的相關（或 Y 組變數（第二組變數）與其典型變量 $\eta$ 間的相關），典型結構係數性質與相關係數類似，其絕對值最大為 1。以第一組典型變量而言，X 組變數（tact、moti、atte、beha）與其典型變量 $\chi_1$ 的相關分別為 −.897、−.934、−.755、−.532，X 組第一個典型變量 $\chi_1$ 與 X 組中的變數 moti（學習動機）、tact（學習策略）的關係較為密切；X 組四個變數（tact、moti、atte、beha）與其典型變量 $\chi_2$ 間的相關分別為 .191、

−.059、.634、−.628。

以陣列索引方式求出 X 組四個變數與各典型變量結構相關係數的平方值：

```
> (cor(varx,canx)[,1])^2
     tact         moti         atte         beha
  0.8049899   0.8730830   0.5696982   0.2832397
> (cor(varx,canx)[,2])^2
     tact         moti         atte         beha
  0.036651794  0.003473112  0.402039953  0.394053270
> (cor(varx,canx)[,3])^2
     tact         moti         atte         beha
  0.014947537  0.006108311  0.017280296  0.319807486
```

增列平均數函數 **mean( )** 求出典型變量 $\chi$ 對 X 組四個變數的解釋變異量：

```
> mean((cor(varx,canx)[,1])^2)
[1] 0.6327527
> mean((cor(varx,canx)[,2])^2)
[1] 0.2090545
> mean((cor(varx,canx)[,3])^2)
[1] 0.08953591
```

　　X 組四個變數線性組合之第一個典型變量可以解釋四個變數 63.3% 的變異量，第二個典型變量可以解釋四個變數 20.9% 的變異量，第三個典型變量可以解釋四個變數 9.0% 的變異量（潛在變數典型變量可以解釋觀察變數的變異量的概念，類似因素分析中萃取出的因素構念可以解釋指標題項的變異量）。

　　使用 **cor( )** 函數求出 X 組四個變數與其對應典型變量（$\eta$）間之跨典型負荷量：

```
> round(cor(varx,cany),3)
        Ycan1   Ycan2   Ycan3
tact   -0.616   0.054  -0.018
moti   -0.642  -0.017   0.012
atte   -0.518  -0.180   0.020
beha   -0.366  -0.179  -0.085
```

　　跨典型負荷量（cross loading）為 X 組變數（第一組變數）與另一組相對應典型變量 $\eta$ 間的相關（或 Y 組變數與另一組相對應典型變量 $\chi$ 間的相關）。以第一組典型變量而言，X 組四個變數（tact、moti、atte、beha）與其相對應典型變量 $\eta_1$ 的相關分別為 $-.616$、$-.642$、$-.518$、$-.366$。

　　X 組的跨典型負荷量平方的平均值為 X 組變數可以被 Y 組變數解釋的變異量（重疊係數）：

```
> round(mean((cor(varx,cany)[,1])^2),3)
[1] 0.299
> round(mean((cor(varx,cany)[,2])^2),3)
[1] 0.017
> round(mean((cor(varx,cany)[,3])^2),3)
[1] 0.002
```

典型結構係數與跨典型負荷量圖示如下（吳明隆，2008）：

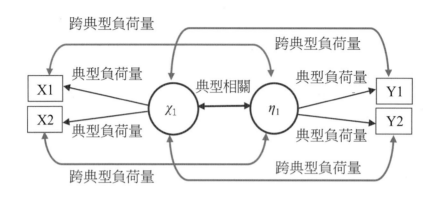

　　X 組變數與 $\eta$ 典型變量間的相關稱為跨典型負荷量，跨典型負荷量平方的平均值為重疊係數，X 組變數與 $\eta$ 典型變量間之所以有相關是經由典型變量 $\chi$ 的影響，$\eta$ 典型變量為 Y 組三個變數的線性組合，因而 Y 組三個變數經由典型變量 $\eta$、$\chi$ 影響到 X 組四個變數：Y 組三個變數→$\eta$--$\chi$--X 組四個變數。相對的 Y 組變數與 $\chi$ 典型變量間的相關也稱為跨典型負荷量，跨典型負荷量平方的平均值為重疊係數，Y 組變數與 $\chi$ 典型變量間之所以有相關是經由典型變量 $\eta$ 的影響：$\chi$--$\eta$--Y 組變數，$\chi$ 典型變量為 X 組四個變數的線性組合，X 組四個變數→$\chi$--$\eta$--Y 組變數，因而 Y 組三個變數的跨典型負荷量平方的平均值，表示的是 X 組四個變數，經由配對典型變數 $\chi$、$\eta$，對 Y 組三個變數的解釋變異量。

　　Y 組三個變數之跨典型負荷量的影響關係圖如下：

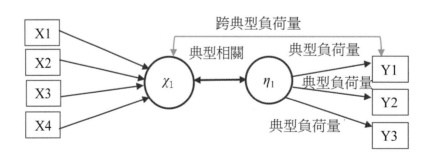

從圖中可以看出 Y 組變數之跨典型負荷量為 X 組四個變數經由典型變量 $\chi-\eta$ 對 Y 組三個變數的影響程度。

使用 **cor( )** 函數求出 Y 組三個變數與其典型變量（$\eta$）間之典型負荷量：

```
> round(cor(vary,cany),3)
      Ycan1  Ycan2  Ycan3
csc  -0.822  0.434  -0.369
msc  -0.954  0.095   0.284
esc  -0.832 -0.535  -0.148
```

第二組變數（Y 組變數）之典型負荷量為 Y 組變數（第二組變數）與其典型變量 $\eta_1$、$\eta_2$、$\eta_3$ 間的相關。以第一組典型變量而言，Y 組三個變數（csc、msc、esc）與典型變量 $\eta_1$ 的相關分別為 $-.822$、$-.954$、$-.832$，Y 組變數與第一個典型變量 $\eta_1$ 間的關係均很密切；就第二組典型變量而言，Y 組三個變數（csc、msc、esc）與典型變量的相關分別為 $.434$、$.095$、$-.535$。

Y 組三個典型變量 $\eta$ 可以解釋 Y 組三個變數的解釋變異量為：

```
> round(mean((cor(vary,cany)[,1])^2),3)
[1] 0.759
> round(mean((cor(vary,cany)[,2])^2),3)
[1] 0.161
> round(mean((cor(vary,cany)[,3])^2),3)
[1] 0.08
```

使用 **cor( )** 函數求出 Y 組三個變數與其對應典型變量（$\chi$）間之跨典型負荷量：

```
> round(cor(vary,canx),3)
       Xcan1  Xcan2  Xcan3
csc  -0.565  0.123  -0.055
msc  -0.655  0.027   0.043
esc  -0.571 -0.152  -0.022
```

第二組變項（Y 組變數）之跨典型負荷量為 Y 組變數（第二組變數）與其相對應典型變項 $\chi_1$、$\chi_2$、$\chi_3$ 間的相關。以第一組典型變量而言，Y 組三個變數（國文成績、數學成績、英文成績）與其對應典型變量 $\chi_1$ 的相關分別為 $-.565$、$-.655$、$-.571$；就第二組典型變量而言，Y 組三個變數與其對應典型變量 $\chi_2$ 的相關分別為 $.123$、$.027$、$-.152$。

Y 組變數可以被對應典型變量 $\chi$ 解釋的百分比：

```
> round(mean((cor(vary,canx)[,1])^2),3)
[1] 0.358
> round(mean((cor(vary,canx)[,2])^2),3)
[1] 0.013
> round(mean((cor(vary,canx)[,3])^2),3)
[1] 0.002
```

使用套件 candisc 中的函數 **heplot( )** 可以繪製典型相關輔助圖：

```
> library(candisc)
> heplot(m.can,var.cex=1.5, var.col="red", var.lwd=3)
Vector scale factor set to  2
> grid()   ## 繪製圖形區格線
```

引數 var.lwd 為變數向量線的寬度，引數 var.cex 為變數向量標記文字的大小，引數 var.col 為變數向量與標記的顏色，向量長度界定為 1 或 2，第一個顏色為 Y 向量顏色，第二個顏色為 X 向量顏色。

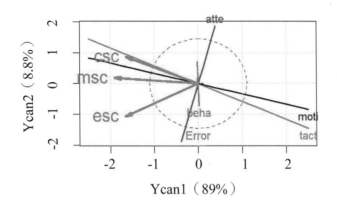

由典型相關關係圖可以看出，學習動機變數（moti）藉由典型變量與 Y 組
三個變數的關係最為密切。

套件 rgl 中的函數 **heplot3d( )** 可以繪製立體典型相關結果圖示：

```
> library(rgl)
> heplot3d(m.can, var.lwd=3, var.col="red")
Loading required namespace: rgl
Vector scale factor set to  3
```

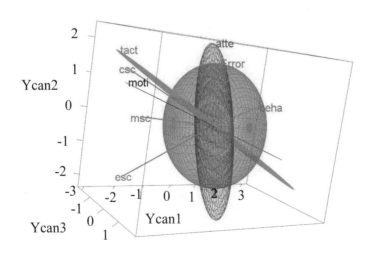

　　立體圖形按住滑鼠左鍵移動，3D 圖形的形狀會立即變動，從變動中可以更明顯看出二組變數間的關係。

##  貳　使用套件 yacca 中的函數 cca( )

　　使用套件 yacca 中的函數 **cca( )** 進行典型相關分析，其輸出的報表較為完整：

> library(yacca)
> can_m=cca(varx,vary)
> summary(can_m)
Canonical Correlation Analysis - Summary
Canonical Correlations:
　CV 1　　　CV 2　　　CV 3
0.6868632　0.2844137　0.1496591
[ 備註 ]：
參數值為三個典型相關係數。
Shared Variance on Each Canonical Variate:
　CV 1　　　　CV 2　　　　CV 3
0.47178104　0.08089115　0.02239784
[ 備註 ]：
參數為三個典型相關係數的平方值，為配對典型變量可以相互解釋的變異程度。
Bartlett's Chi-Squared Test:
　　　　　rho^2　　　　Chisq　　　df　　Pr(>X)
CV 1　0.471781　302.570518　12　< 2.2e-16 ***
CV 2　0.080891　43.443299　　6　　9.53e-08 ***
CV 3　0.022398　9.196906　　　2　　0.01007 *
---
Signif. codes:　0　'***'　0.001　'**'　0.01　'*'　0.05　'.'　0.1　' '　1

[ 備註 ]：
參數為三個典型相關係數顯著性檢定，層面縮減度分析的三個卡方值分別為 302.571（p<.001）、43.443（p<.001）、9.197（p<.05），均達到統計顯著水準，表示各縮減度的典型相關係數均顯著不等於 0。

Canonical Variate Coefficients:

X Vars:

|      | CV 1 | CV 2 | CV 3 |
|------|------|------|------|
| tact | -0.188489412 | -0.2635376 | -0.15639058 |
| moti | -0.190046058 | -0.1537512 | 0.05671432 |
| atte | -0.031549385 | 0.3652266 | 0.41197380 |
| beha | 0.001557278 | 0.1396675 | -0.57578165 |

[ 備註 ]：
參數為 X 組變數 ( 第一組變數 ) 原始典型變量係數估計值。

Y Vars:

|     | CV 1 | CV 2 | CV 3 |
|-----|------|------|------|
| csc | -0.07159951 | -0.19599984 | -0.3056088 |
| msc | -0.12755451 | -0.09036542 | 0.3897993 |
| esc | -0.07780970 | 0.28835370 | -0.1653002 |

[ 備註 ]：
參數為 Y 組變數 ( 第二組變數 ) 原始典型變量係數估計值。

Structural Correlations (Loadings):

X Vars:

|      | CV 1 | CV 2 | CV 3 |
|------|------|------|------|
| tact | -0.8972123 | -0.19144658 | -0.12226012 |
| moti | -0.9343891 | 0.05893311 | 0.07815568 |
| atte | -0.7547835 | 0.63406621 | 0.13145454 |
| beha | -0.5322026 | 0.62773663 | -0.56551524 |

[ 備註 ]：
參數值為 X 組變數（第一組變數）典型負荷量或結構相關係數估計值，為 X 組四個變數（第一組變數）與其典型變量$\chi$間的相關。

Y Vars:

|      | CV 1        | CV 2         | CV 3        |
|------|-------------|--------------|-------------|
| csc  | -0.8218928  | -0.43357715  | -0.3694632  |
| msc  | -0.9540997  | -0.09455255  | 0.2841716   |
| esc  | -0.8318074  | 0.53491810   | -0.1481857  |

[備註]：

參數值為 Y 組變數（第二組變數）典型負荷量或結構相關係數估計值，為 Y 組三個變數（第二組變數）與其典型變量 $\eta$ 間的相關。

Fractional Variance Deposition on Canonical Variates:

X Vars:

|      | CV 1       | CV 2         | CV 3         |
|------|------------|--------------|--------------|
| tact | 0.8049899  | 0.036651794  | 0.014947537  |
| moti | 0.8730830  | 0.003473112  | 0.006108311  |
| atte | 0.5696982  | 0.402039953  | 0.017280296  |
| beha | 0.2832397  | 0.394053270  | 0.319807486  |

[備註]：

參數值為 X 組變數（第一組變數）典型負荷量或結構相關係數估計值的平方，為 X 組四個變數（第一組變數）能被其典型變量 $\chi$ 解釋的變異程度。

Y Vars:

|      | CV 1       | CV 2         | CV 3        |
|------|------------|--------------|-------------|
| csc  | 0.6755078  | 0.187989146  | 0.13650306  |
| msc  | 0.9103063  | 0.008940185  | 0.08075353  |
| esc  | 0.6919036  | 0.286137377  | 0.02195900  |

[備註]：

參數值為 Y 組變數（第二組變數）典型負荷量或結構相關係數估計值的平方，為 Y 組三個變數（第二組變數）能被其典型變量 $\eta$ 解釋的變異程度。

Canonical Communalities (Fraction of Total Variance

Explained for Each Variable, Within Sets):

    X Vars:

  tact         moti         atte         beha

0.8565893   0.8826644   0.9890185   0.9971004

［備註］：

參數值為 X 組四個變數能被其三個典型變量（$\chi_1$、$\chi_2$、$\chi_3$）解釋的總變異量，如學習策略（tact）變數能被三個典型變量（$\chi_1$、$\chi_2$、$\chi_3$）解釋的總變異量 =0.8049899 + 0.036651794 +0.014947537=0.8565892，由於 X 組變數有四個，抽取的典型變量（潛在變數）只有三個，因而各變數被三個典型變量（$\chi_1$、$\chi_2$、$\chi_3$）解釋的總變異量會少於 100.0%。

    Y Vars:

csc msc esc

 1   1   1

［備註］：

參數值為 Y 組三個變數能被其三個典型變量（$\eta_1$、$\eta_2$、$\eta_3$）解釋的總變異量，如國文成績（csc）變數能被三個典型變量（$\eta_1$、$\eta_2$、$\eta_3$）解釋的總變異量為：

> 0.6755078+0.187989146+0.13650306

[1] 1

由於 Y 組變數有三個，抽取的典型變量（潛在變數）有三個，因而各變數被三個典型變量（$\eta_1$、$\eta_2$、$\eta_3$）解釋的總變異量均會等於 100.0%。

> 0.9103063+0.008940185+0.08075353

[1] 1

> 0.6919036+0.286137377+0.02195900

[1] 1

Canonical Variate Adequacies (Fraction of Total Variance

Explained by Each CV, Within Sets):

　　X Vars:

　CV 1　　　　CV 2　　　　CV 3

0.63275270　0.20905453　0.08953591

[備註]:

參數值為 X 組四個變數能被其三個典型變量（$\chi_1$、$\chi_2$、$\chi_3$）個別解釋的變異量，X 組四個變數能被第一個典型變量 $\chi_1$ 解釋的變異量為 63.3%、X 組四個變數能被第二個典型變量 $\chi_2$ 解釋的變異量為 20.9%、X 組四個變數能被第三個典型變量 $\chi_3$ 解釋的變異量為 9.0%。

　　Y Vars:

　CV 1　　　　CV 2　　　　CV 3

0.75923923　0.16102224　0.07973853

[備註]:

參數值為 Y 組三個變數能被其三個典型變量（$\eta_1$、$\eta_2$、$\eta_3$）個別解釋的變異量，Y 組三個變數能被第一個典型變量 $\eta_1$ 解釋的變異量為 75.9%、Y 組三個變數能被第二個典型變量 $\eta_2$ 解釋的變異量為 16.1%、Y 組三個變數能被第三個典型變量 $\eta_3$ 解釋的變異量為 8.0%。

Redundancy Coefficients (Fraction of Total Variance
Explained by Each CV, Across Sets):

　　X | Y:

　CV 1　　　　CV 2　　　　CV 3

0.298520727　0.016910662　0.002005411

[備註]:

參數值為重疊係數估計值，為 X 組四個變數能被其對應的三個典型變量（$\eta_1$、$\eta_2$、$\eta_3$）個別解釋的變異量，X 組四個變數能被其對應第一個典型變量 $\eta_1$ 解釋的變異量為 29.9%、被第二個典型變量 $\eta_2$ 解釋的變異量為 1.7%、被第三個典型變量 $\eta_3$ 解釋的變異量為 0.2%。累積重疊係數值為：

> 0.298520727+0.016910662+0.002005411

[1] 0.3174368

   Y | X:

   CV 1         CV 2         CV 3

0.358194674   0.013025274   0.001785971

[ 備註 ]：

參數值為重疊係數估計值，為 Y 組三個變數能被其對應的三個典型變量（$\chi_1$、$\chi_2$、$\chi_3$）個別解釋的變異量，Y 組三個變數能被其對應第一個典型變量 $\chi_1$ 解釋的變異量為 35.8%、被第二個典型變量 $\chi_2$ 解釋的變異量為 1.3%、被第三個典型變量 $\chi_3$ 解釋的變異量為 0.2%。累積重疊係數為：

> 0.358194674+0.013025274+0.001785971

[1] 0.3730059

Aggregate Redundancy Coefficients (Total Variance Explained by All CVs, Across Sets):

   X | Y: 0.3174368

   Y | X: 0.3730059

[ 備註 ]：

參數值為重疊係數的總解釋變異量（累積重疊係數），

Y 組三個變數經由三對典型變量（$\eta$-）$\chi$ 可以解釋 X 組四個變數的解釋變異量為 31.7%。

X 組四個變數經由三對典型變量（$\chi$-$\eta$）可以解釋 Y 組三個變數的解釋變異量為 37.3%。

    第一個典型變量 $\chi$、$\eta$ 可以解釋 X 組變數、Y 組變數的解釋變異量分別為 63.3%、75.9%，第一個典型變量 $\chi$ 可以解釋 Y 組三個變數的變異量為 35.8%，第一個典型變量 $\eta$ 可以解釋 X 組四個變數的變異量為 29.9%。

    X 組四個變數、Y 組三個變數與第一對典型變量間之典型結構係數、重疊係數關係圖示如下：

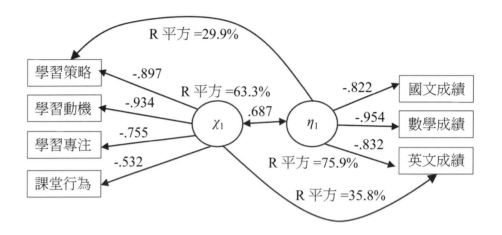

從圖示可以發現：X 組四個變數可以被其第一個典型變量 $\chi$ 解釋的變異量為 63.3%，可以被對應典型變量 $\eta$ 解釋的變異量為 29.9%；Y 組三個變數可以被其第一個典型變量 $\eta$ 解釋的變異量為 75.9%，可以被對應典型變量 $\chi$ 解釋的變異量為 35.8%。

學習策略、學習動機、學習專注、課堂行為四個變數經由第一對典型變量 $(\chi_1-\eta_1)$ 可以解釋樣本觀察值國文成績、數學成績、英文成績三個變數總變異量中 35.8% 的變異量。

X 組四個變數、Y 組三個變數與第二對典型變量間之典型結構係數、重疊係數關係圖示如下：

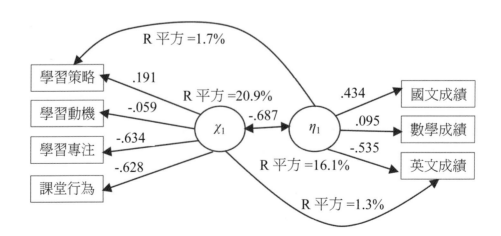

從圖示可以發現：X 組四個變數可以被其第二個典型變量 $\chi$ 解釋的變異量為 20.9%，可以被對應典型變量 $\eta$ 解釋的變異量為 1.7%；Y 組三個變數可以被其第一個典型變量 $\eta$ 解釋的變異量為 16.1%，可以被對應典型變量 $\chi$ 解釋的變異量為 1.3%。

將上述典型相關結果整理如下表格：

### 國中生四種學習行為與三個學業成績間之典型相關分析摘要表

| X 變數 | 典型變量 | | | Y 變數 | 典型變量 | | |
|---|---|---|---|---|---|---|---|
| | $\chi_1$ | $\chi_2$ | $\chi_3$ | | $\eta_1$ | $\eta_2$ | $\eta_3$ |
| 學習策略 | -.897# | .191 | .122 | 國文成績 | -.822# | .434 | .369 |
| 學習動機 | -.934# | -.059 | -.078 | 數學成績 | -.954# | .095 | -.284 |
| 學習專注 | -.755# | -.634# | -.131 | 英文成績 | -.832# | -.535# | .148 |
| 課堂行為 | -.532# | -.628# | .566# | | | | |
| 抽出變異量% | 63.3 | 20.9 | 9.0 | 抽出變異量% | 75.9 | 16.1 | 8.0 |
| 重疊係數 | .299 | .017 | .002 | 重疊係數 | .358 | .013 | .002 |
| 典型相關 | $\rho_1$=.687 | $\rho_2$=.284 | $\rho_3$=.150 | | | | |
| $\rho^2$ | .472 | .081 | .022 | | | | |
| 顯著性 p | <.001 | <.001 | <.05 | | | | |

#：典型結構負荷量絕對值 $\geq$ 0.500

典型相關分析徑路圖如下，若是 X 組變數要採用典型負荷量（典型結構相關係數），則方向應由典型變數指向四個 X 組變數。

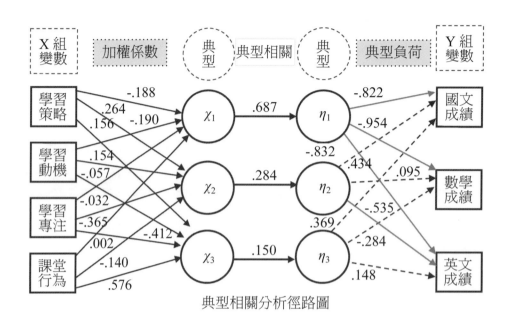

典型相關分析徑路圖

## 參 使用套件 CCA 中的函數 cc ( )

範例為以套件 CCA 中的函數 cc( ) 進行典型相關分析：

```
> library(CCA)
> ccm=cc(varx,vary)
> print(ccm)
$cor
[1] 0.6868632    0.2844137    0.1496591
[備註]：
參數估計值為三個典型相關係數。
$names
$names$Xnames
[1] "tact" "moti" "atte" "beha"
[備註]：
文字變數為 X 組四個變數名稱。
```

$names$Ynames

[1] "csc" "msc" "esc"

[備註]：

文字變數為 Y 組三個變數名稱。

$names$ind.names

 [1] "1"  "2"  "3"  "4"  "5"  "6"  "7"  "8"  "9"  "10" "11" "12"

<略>

$xcoef

|      | [,1]          | [,2]        | [,3]        |
|------|---------------|-------------|-------------|
| tact | -0.188489412  | 0.2635376   | -0.15639058 |
| moti | -0.190046058  | 0.1537512   | 0.05671432  |
| atte | -0.031549385  | -0.3652266  | 0.41197380  |
| beha | 0.001557278   | -0.1396675  | -0.57578165 |

[備註]：

參數估計值為 X 組四個變數在三個典型典量之原始典型係數。

$ycoef

|     | [,1]         | [,2]         | [,3]        |
|-----|--------------|--------------|-------------|
| csc | -0.07159951  | 0.19599984   | -0.3056088  |
| msc | -0.12755451  | 0.09036542   | 0.3897993   |
| esc | -0.07780970  | -0.28835370  | -0.1653002  |

[備註]：

參數估計值為 Y 組三個變數在三個典型典量之原始典型係數。

$scores

$scores$xscores

|       | [,1]          | [,2]          | [,3]          |
|-------|---------------|---------------|---------------|
| [1,]  | 2.054584436   | -1.191928383  | -0.217276151  |
| [2,]  | 2.591615313   | -1.629286964  | 0.963013100   |

<略>

|        | [,1]          | [,2]          | [,3]          |
|--------|---------------|---------------|---------------|
| [410,] | -0.998271744  | -0.374263209  | 0.597319755   |
| [411,] | -0.366592079  | 0.034603933   | 0.179010843   |

[備註]：

參數估計值為樣本觀察值在 X 組三個典型典量之典型分數（四個變數線性組合分數）。

$scores$yscores

|       | [,1]          | [,2]          | [,3]          |
|-------|---------------|---------------|---------------|
| [1,]  | 1.654975119   | -0.022448972  | 0.660963873   |
| [2,]  | 1.888229430   | -0.385899078  | -0.979343110  |

<略>

|        | [,1]          | [,2]          | [,3]          |
|--------|---------------|---------------|---------------|
| [411,] | -1.674799586  | -0.530663844  | -0.172043706  |

[備註]：

參數估計值為樣本觀察值在 Y 組三個典型典量之典型分數(三個變數線性組合分數)。

$scores$corr.X.xscores

|      | [,1]        | [,2]         | [,3]         |
|------|-------------|--------------|--------------|
| tact | -0.8972123  | 0.19144658   | -0.12226012  |
| moti | -0.9343891  | -0.05893311  | 0.07815568   |
| atte | -0.7547835  | -0.63406621  | 0.13145454   |
| beha | -0.5322026  | -0.62773663  | -0.56551524  |

[備註]：

參數估計值為 X 組四個變數與其典型典量 $\chi$ 間之典型負荷量或典型結構相關係數。

$scores$corr.Y.xscores

|     | [,1]       | [,2]        | [,3]        |
|-----|------------|-------------|-------------|
| csc | -0.5645279 | 0.12331528  | -0.05529352 |
| msc | -0.6553360 | 0.02689204  | 0.04252886  |
| esc | -0.5713379 | -0.15213804 | -0.02217734 |

[備註]：

參數估計值為 Y 組三個變數之跨典型負荷量或跨典型結構相關係數，為 Y 組三個變數與其對應典型典量 $\chi$ 間之相關。

$scores$corr.X.yscores

|      | [,1]       | [,2]        | [,3]        |
|------|------------|-------------|-------------|
| tact | -0.6162621 | 0.05445003  | -0.01829734 |
| moti | -0.6417975 | -0.01676139 | 0.01169671  |
| atte | -0.5184330 | -0.18033711 | 0.01967336  |
| beha | -0.3655504 | -0.17853689 | -0.08463448 |

[備註]：

參數估計值為 X 組四個變數之跨典型負荷量或跨典型結構相關係數，為 X 組四個變數與其對應典型典量 $\eta$ 間之相關。

$scores$corr.Y.yscores

|     | [,1]       | [,2]        | [,3]       |
|-----|------------|-------------|------------|
| csc | -0.8218928 | 0.43357715  | -0.3694632 |
| msc | -0.9540997 | 0.09455255  | 0.2841716  |
| esc | -0.8318074 | -0.53491810 | -0.1481857 |

[備註]：

參數估計值為 Y 組三個變數與其典型典量 $\eta$ 間之典型負荷量或典型結構相關係數。

使用套件 CCA 中的函數中的 **plt.cc( )** 函數可以繪製觀察值或變數在典型變量上的位置：

```
> plt.cc(ccm)
```

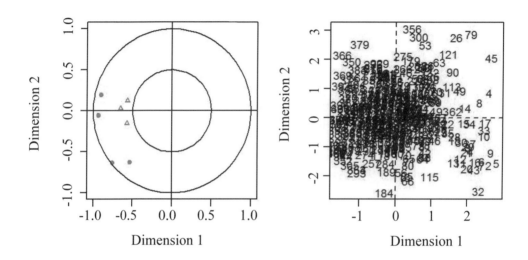

# 15 迴歸分析

■簡單迴歸分析

■複迴歸

■模式比較選取函數

■虛擬變數的轉換

■二次曲線迴歸

■多元共線性

■徑路分析

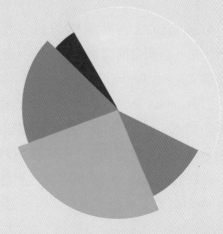

　　二個變項間有顯著相關，進一步可以使用迴歸方法進行預測迴歸分析，因為相關係數平方（決定係數）在迴歸分析中即為 $R^2$，$R^2$ 即為解釋變異量或預測力。

　　研究問題如：「樣本學生的學習動機對學業成就是否有顯著的解釋量？」研究問題檢定的研究假設為「樣本學生的學習動機對學業成就有顯著的解釋量？」

　　線性迴歸分析中若自變數只有一個，則迴歸模式型態為簡單迴歸分析，簡單迴歸分析的方程式為：$\widehat{Y} = \alpha + bX$，方程式的 $\alpha$ 為常數項（constant），又稱為截距（intercept），R 軟體迴歸模式的輸出結果均以截距表示，估計值 $b$ 為迴歸模式中原始加權係數，也稱為斜率（slope）。

　　複迴歸分析又稱為多元迴歸分析，多元迴歸分析與簡單迴歸分析的差異在於自變項的個數，當投入迴歸分析的預測變項超過一個以上時，迴歸分析的程序就稱為多元迴歸或複迴歸（multiple regression）。複迴歸分析程序中，如果預測變項不是計量變項而是類別變項，必須將類別變項轉換為虛擬變項，再投入迴歸方程模型中。R 軟體中的複迴歸模式程序，預測變數選取方法包括強迫進入法、前向選取法（forward method）、後向選取法（backward method）。

　　線性模式使用的函數為 lm( )，lm( ) 函數的基本語法為：

```
lm(formula, data, subset, weights, na.action,
    method = "qr", model = TRUE, x = FALSE, y = FALSE, qr = TRUE,
    contrasts = NULL, offset, ...)
```

　　引數 formula 為界定模型的方程式，如「依變數～自變數 1+ 自變數 2+……」，自變數間交互作用項的界定型式為「自變數 1+ 自變數 2 + 自變數 1: 自變數 2」。引數 data 為資料框架物件，資料框架中的變數包含模式界定的變數。引數 subset 為界定選取子集資料檔，表示只選取特定樣本觀察值作為標的分析的樣本。引數 weights 為模式適配過程中加權的向量，界定時，使用加權最小平方法進行參數估計，否則使用最小平方法進行參數估計。引數 na.action 界定觀察值有遺漏值時如何處理，對應的選項有 na.fail、na.omit、na.exclude。引數 method 界定適配的方法，內定選項為 "qr"，引數 method 若界定 "=model.

frame"，可以回傳模式框架（model frame）。引數 contrasts 界定對比。引數 offset 界定線性預測適配程序中先前已知的偏移，選項為 NULL 或等於觀察值個數的數值向量。

**lm( )** 函數估計結果，可使用 **print( )**、**summary( )** 函數輸出估算的參數值。**lm( )** 函數回傳的參數值包括以下：

coefficients：參數估計值。

residuals：殘差值，數值為反應變數減掉適配數值。

fitted.values：適配平均數值。

rank：適配線性模式數值等級。

weights：加權係數。

df.residual：自由度的殘差值。

terms：使用項目物件。

xlevels：適配模式中類別變項的水準記錄。

offset：使用的偏離值。

y：使用的反應變項（依變項）。

x：模式矩陣。

model：模式框架。

na.action：回傳模式框架界定的遺漏值 NAs 訊息。

使用 MASS 套件中 **stepAIC( )** 函數可進行逐步迴歸程序，**stepAIC( )** 函數的基本語法為：

```
stepAIC(object, scope, scale = 0,
        direction = c("both", "backward", "forward"),
        trace = 1, keep = NULL, steps = 1000,k = 2)
```

引數 object 為界定模式物件。引數 scope 定義逐步搜尋的模式範圍，可以為單一方程式或一系列包含上限、下限成分的列表（list）。引數 scale 界定 lm 與 aov 模式中使用 AIC 統計量作為選取準則。引數 direction 界定模式逐步搜尋估算的方法，選項包括 "backward"（後向選取法）、"forward"（前向選取法）、"both"。若沒有界定 scope 引數，對應的內定選項為 "backward"。引數 trace 數值若為正值，執行 stepAIC 時資訊會被呈現出來。引數 keep 為篩選函數，可過濾適配模型物件與 AIC 統計量。Steps 引數為界定疊代運算的最大次數，內定數值為 1000。引數 k 為多元自由度數值，當界定 k = 2 時，以 AIC 指標值作為變數篩選準則，界定 k = log(n) 的模式會以 BIC 或 SBC 值為變數篩選準則指標。

範例資料檔中變數名稱包括："stid"（學生編號）、"sex"（學生性別）、"hope"（自我期待）、"clas"（課堂表現）、"atte"（學習專注）、"peer"（同儕關係）、"moti"（學習動機）、"tact"（學習策略）、"acad"（學業成就）。

匯入試算表資料檔至 R 軟體主控台中，資料檔物件名稱設定為「reg」。

```
> reg=read.csv("reg_1.csv",header=T)
> attach(reg)
> names(reg)
[1] "stid" "sex"  "hope" "clas" "atte" "peer" "moti" "tact" "acad"
```

以 **names( )** 函數查詢變數名稱，資料框架物件 reg 共有 9 個變數。

以 **head( )** 函數查詢前三筆觀察值資料、以 **tail( )** 函數查詢後三筆觀察值資料。

```
> head(reg,3)
   stid sex hope clas atte peer moti tact acad
1  s01   1    7    8    7    9   10    6   20
2  s02   1    6   10   11   15   11    4   20
3  s03   1    9   10    7   20   12   13   27
> tail(reg,3)
     stid sex hope clas atte peer moti tact acad
118  s118  2   14   35   27   31   15   19   96
119  s119  2   16   27   30   35   16   18   96
120  s120  2   17   35   32   40   10   19   98
```

以 **length( )** 函數配合 **rownames( )** 函數查詢橫列觀察值的樣本數，或使用 **nrow( )** 函數：

```
> length(rownames(reg))
[1] 120
> nrow(reg)
[1] 120
```

以 **length( )** 函數配合 **colnames ( )** 函數查詢直行變數的個數：

```
> length(colnames(reg))
[1] 9
```

資料檔中的變數共有九個，觀察值個數有 120 位。

 ## 壹 簡單迴歸分析

一、進行簡單迴歸分析假定的檢核

（一）等分散性

迴歸模式假定之一為效標變數在預測變數的每個水準的分布情況的變異數相等，稱為等分散性（homoscedasticity）。假定若不是嚴重違反，迴歸分析也有高的強韌性（偏誤性不大）。

使用套件 car 中的函數 **ncvTest( )** 進行等分散性檢定：

```
> reg_m = lm(acad~moti,data = reg)
> library(car)
> ncvTest(reg_m)
Non-constant Variance Score Test
Variance formula: ~ fitted.values
Chisquare = 2.191418    Df = 1    p = 0.1387815
```

卡方值統計量 =2.191，自由度 =1，顯著性 p=0.139，接受虛無假設，迴歸模式資料結構符合變異數等分散性。

（二）殘差獨立性

使用套件 car 中的函數 **durbinWatsonTest ( )** 進行殘差獨立性檢定：

```
> durbinWatsonTest(reg_m)
 Lag   Autocorrelation   D-W Statistic   p-value
  1       0.690522          0.402919         0
Alternative hypothesis: rho != 0
```

殘差自我相關值 =0.691、D−W 統計量 =0.403，顯著性 p 值 <.05，達到統計顯著水準，拒絕虛無假設，殘差間的自我相關係數不等於 0。

（三）常態性

誤差項的分布為常態，或資料型態符合常態分配。

使用基本套件函數 **shapiro.test( )** 進行殘差常態性檢定：

```
> shapiro.test(residuals(reg_m))
       Shapiro-Wilk normality test
data:  residuals(reg_m)
W = 0.8714, p-value = 8.667e-09
```

W 值統計量 =0.871、顯著性 p 值 =8.667e-09<.05，拒絕虛無假設（殘差分配 = 常態分配），顯示殘差分布不是常態分配，對應的資料結構也不是常態分配，此時，迴歸分析可以進行資料轉換，如對數轉換、平方根轉換等。

使用 plot（迴歸模式物件）函數可以繪製殘差常態性診斷圖：

```
> plot(reg_m,which=1)
```

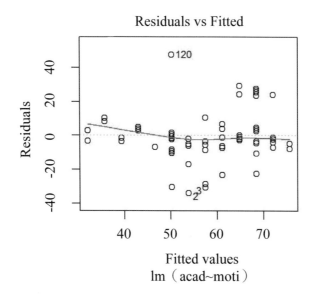

Residuals vs Fitted

Residuals
lm（acad~moti）
Fitted values

　　殘差與適配度（residuals vs fitted plot）中的資料點如果呈現隨機分散，並未顯現特別的模組，表示迴歸模型是適配良好的模型（張夏菁譯，2015），範例的殘差與適配圖接近隨機分散，顯示迴歸模型的適配度尚佳。

> plot(reg_m,which=2)

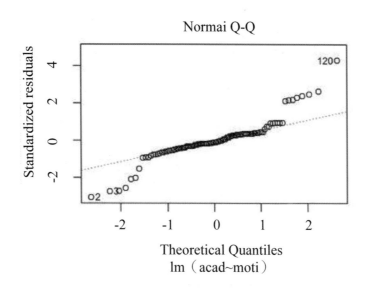

Normai Q-Q

Standardized residuals
Theoretical Quantiles
lm（acad~moti）

常態 Q-Q 圖（normal Q-Q plot）中的資料檔多數落在對角線上，表示殘差
服從常態分配，範例部分的資料點偏離對角線，表示殘差並沒有服從常態分配。

函數「>plot（reg_m,which=3）」繪製的圖形為尺度一位置圖（scale-location
plot），圖中的資料點如果呈小組集群分布，並未偏離中心線太遠，表示殘差符
合常態分配，範例中的許多資料點分布位置遠離中心線，表示殘差值對迴歸適
配可能有某種程度影響（可能受到少數偏離值的影響）。

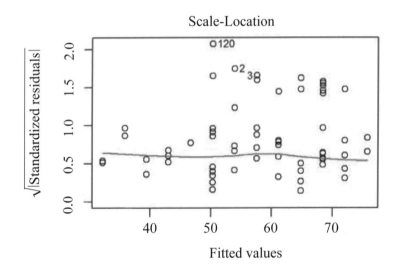

二、進行迴歸分析

自變數（預測變數或解釋變數）為學習動機（moti）、依變項（效標變數
或反應變數）為學業成就（acad）。

```
> reg_m<-lm(acad~moti,data=reg)
> summary(reg_m)
Call:
lm(formula = acad ~ moti, data = reg)
Residuals:
   Min      1Q   Median     3Q      Max
-33.908  -4.415  -1.221    3.972   47.719
Coefficients:
```

|  | Estimate Std. | Error | t value | Pr(>\|t\|) |
|---|---|---|---|---|
| (Intercept) | 14.015 | 4.046 | 3.463 | 0.000744 *** |
| moti | 3.627 | 0.333 | 10.891 | < 2e-16 *** |

```
---
Signif. codes:  0  '***'  0.001  '**'  0.01  '*'  0.05  '.'  0.1  ' '  1
Residual standard error: 11.19 on 118 degrees of freedom
Multiple R-squared: 0.5013,   Adjusted R-squared: 0.4971
F-statistic: 118.6 on 1 and 118 DF,  p-value: < 2.2e-16
```

整體迴歸模式斜率係數檢定的 F 值統計量 =118.6（分子自由度 =1、分母自由度 =118），顯著性 p 值 <2.2e-16（=.000<.05），拒絕虛無假設（迴歸係數 =0），表示迴歸模式中至少有一個預測變數的迴歸係數顯著不等於 0，由於模式中只有一個預測變數 moti，因而預測變數 moti 的迴歸係數顯著不等於 0。係數（Coefficients）輸出結果中，截距項的估計值 =14.015，預測變數 moti 的估計值 =3.627、估計標準誤 =0.333，迴歸係數檢定值統計量 t=10.891、顯著性 p 值 < 2e-16（=.000<.05），達統計顯著水準，表示斜率係數估計值顯著不等於 0。

R 平方值 = 0.5013、調整後 R 平方 =0.4971，顯示學習動機自變數可以解釋效標變數學業成就 50.13% 的變異量。

使用 **aov( )** 函數進行分析，可以求出 SSR、SSE。

```
> reg_m<-aov(acad~moti,data=reg)
> summary(reg_m)
           Df  Sum Sq  Mean Sq  F value  Pr(>F)
moti        1   14862    14862    118.6  <2e-16 ***
Residuals  118  14785      125
---
Signif. codes:  0  '***'  0.001  '**'  0.01  '*'  0.05  '.'  0.1  ' '  1
```

SSR=14862、SSE=14785，SST=SSR+SSE=14862+14785=29647。

使用 **deviance( )** 函數可以精確估算 SSE（誤差變異）

```
> deviance(reg_m)
[1] 14784.62
```

迴歸模式中的 R 平方值 =SSR/SST，以符號表示為：$R^2 = \dfrac{SSR}{SST} = \dfrac{SSR}{SSR+SSE}$

```
> round((r_sq<-14862/(14862+14785)),3)
[1] 0.501
```

使用 **lm( )** 函數建構的線性模式物件中包含的次函數（回應的參數）如下：

```
> names(reg_m)
 [1] "coefficients"  "residuals"   "effects"     "rank"
 [5] "fitted.values" "assign"      "qr"          "df.residual"
 [9] "xlevels"       "call"        "terms"       "model"
```

使用 **coefficients( )** 次函數求出迴歸模式的估計值係數：

```
> round(coef(reg_m),3)
(Intercept)     moti
     14.015      3.627
```

迴歸模式的截距項估計值 =14.015、斜率係數 =3.627，迴歸方程式為：學業成就 =14.015+3.627× 學習動機。

使用 **abline( )** 函數繪製迴歸線：

```
> plot(acad~moti,type="p",cex=1.5)
> abline(reg_m,lwd=3,col=4,lty=1)
> grid(nx=10,ny=20)
```

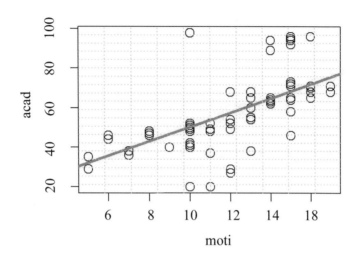

## 貳 複迴歸

依變數為學業成就（acad），預測變數為「hope」（自我期待）、「clas」（課堂表現）、「atte」（學習專注）、「peer」（同儕關係）、「moti」（學習動機）、「tact」（學習策略）等六個。

原變數中的資料檔物件索引1（stid）、索引2（sex）變數沒有納入迴歸模式之中，資料檔物件在求取變數間之相關係數時，可以先暫時將索引1（stid）、索引2（sex）變數排除：

```
> reg_d<-reg[-c(1,2)]
> names(reg_d)
[1] "hope" "clas" "atte" "peer" "moti" "tact" "acad"
```

資料檔物件 reg_d 只包含 "hope"、"clas"、"atte"、"peer"、"moti"、"tact" 等六個解釋變數與 "acad" 效標變數。

以函數「cor（資料框架物件名稱）」語法求出資料檔中所有變數構成的相關矩陣：

```
> round(cor(reg_d),2)
       hope  clas  atte  peer  moti  tact  acad
hope   1.00  0.34  0.53  0.46  0.39  0.44  0.49
clas   0.34  1.00  0.43  0.54  0.33  0.58  0.59
atte   0.53  0.43  1.00  0.56  0.45  0.49  0.62
peer   0.46  0.54  0.56  1.00  0.34  0.68  0.54
moti   0.39  0.33  0.45  0.34  1.00  0.22  0.71
tact   0.44  0.58  0.49  0.68  0.22  1.00  0.54
acad   0.49  0.59  0.62  0.54  0.71  0.54  1.00
```

六個解釋變數「hope」、「clas」、「atte」、「peer」、「moti」、「tact」與「acad」（學業成就）效標變數間的積差相關係數分別為 0.49、0.59、0.62、0.54、0.71、0.54。相關係數值均為正值，表示六個預測變數與效標變數間均為正向關係。

使用 ellipse 套件中的函數 **plotcorr( )** 繪製計量變數間的相關圖：

```
> library(ellipse)
> plotcorr(cor(reg_d),col=1)
```

七個相關計量變數間的相關圖如下，從圖中可以發現橢圓形的傾斜狀態都是從左下到右上，表示變數間均為正相關，學習動機（moti）變數與學業成就（acad）相關圖的橢圓形較為扁平，表示二個變數間的相關較高。

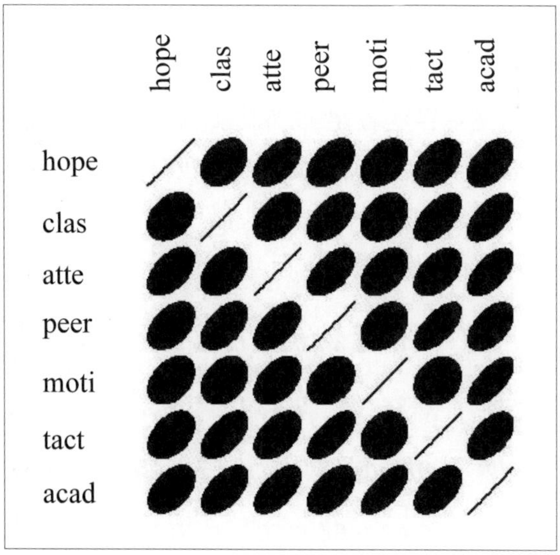

多個變數間相關程度的視覺化程度，也可以使用套件 corrplot 中的函數 **corrplot( )**。

套件 corrplot 之中的 **corrplot( )** 函數可以求出變數間相關矩陣物件呈現的各種樣式，是一種視覺化的相關程度表示圖示，呈現的圖示包括相關係數數值、圓形、方形、橢圓形、陰影、圓餅圖等。**corrplot( )** 函數語法如下：

corrplot(corr,  method = c("circle", "square", "ellipse", "number", "shade", "color", "pie"),type = c("full", "lower", "upper"), add = FALSE,

col = NULL, bg = "white",diag = TRUE)

引數 corr 為相關係數矩陣物件。引數 method 界定相關矩陣輸出的內容樣式。引數 type 界定相關矩陣輸出是完全矩陣、下三角矩陣或上三角矩陣。引數 diag 界定對角線相關係數是否輸出，內定選項為真。引數 bg 界定背景顏色。

```
> library(corrplot)
> corm=cor(reg[,3:9])
> corrplot(corm, method="number", col="black", cl.pos="n")
```

引數 method 選項界定「="number"」表示呈現的矩關矩陣為數值（相關係數估計值）。引數 cl.pos 界定「="n"」表示不呈現標記文字顏色（型態選項如界定 type=="upper" 或 "full"，選項界定為 "r" 或 "n"，type=="lower"，選項界定為 "b"）。引數界定 method="number" 表示輸出視覺化圖形中呈現配對變數的相關係數值。

| | hope | clas | atte | peer | moti | tact | acad |
|---|---|---|---|---|---|---|---|
| hope | 1 | 0.34 | 0.53 | 0.46 | 0.39 | 0.44 | 0.49 |
| clas | 0.34 | 1 | 0.43 | 0.54 | 0.33 | 0.58 | 0.59 |
| atte | 0.53 | 0.43 | 1 | 0.56 | 0.45 | 0.49 | 0.62 |
| peer | 0.46 | 0.54 | 0.56 | 1 | 0.34 | 0.68 | 0.54 |
| moti | 0.39 | 0.33 | 0.45 | 0.34 | 1 | 0.22 | 0.71 |
| tact | 0.44 | 0.58 | 0.49 | 0.68 | 0.22 | 1 | 0.54 |
| acad | 0.49 | 0.59 | 0.62 | 0.54 | 0.71 | 0.54 | 1 |

輸出的樣式圖形為橢圓形，型態為完全矩陣，圖示顏色為黑色：

```
> corrplot(corm, method="ellipse", col="black")
```

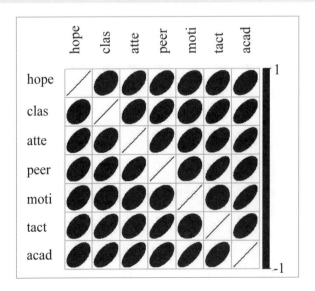

輸出的樣式圖形為圓形，型態為下三角矩陣：

```
> corrplot(corm, method="circle", col="black",type="lower")
```

輸出的圖形中圓形的大小表示配對變數相關係數絕對值的高低，圓形愈大配對變數間的相關愈密切。

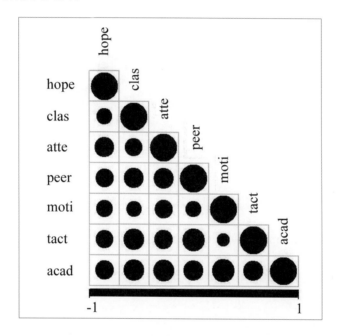

視覺化相關圖形中，輸出的樣式圖形為方形，型態為下三角矩陣：

```
> corrplot(corm,method="square",type="lower")
```

方形愈大表示配對變數間的相關愈高。

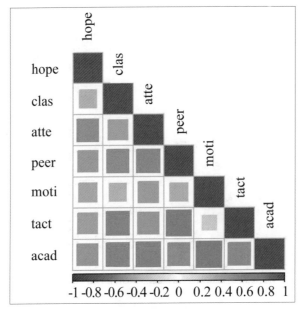

輸出的樣式圖形為圓餅圖，型態為下三角矩陣：

```
> corrplot(corm, method="pie", col="blue",type="lower")
```

圓餅圖中顏色的區域面積愈大表示配對變數間的相關愈密切。

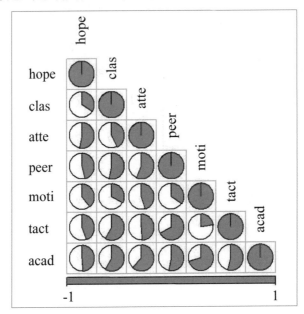

一、強迫進入法

強迫進入法（enter method）是強迫所有預測變數都進入迴歸模式中，不考量到個別預測變數的迴歸係數是否顯著。

```
> reg_m<-lm(acad~hope+clas+atte+peer+moti+tact,data=reg)
> summary(reg_m)
Call:
lm(formula = acad ~ hope + clas + atte + peer + moti + tact,
   data = reg)
Residuals:
   Min     1Q   Median    3Q     Max
-23.3614  -5.0548  0.4243  4.9902  22.6014
Coefficients:
            Estimate  Std.Error  t value   Pr(>|t|)
(Intercept) -2.83270  3.86716    -0.733    0.465380
hope         0.12639  0.24339     0.519    0.604570
clas         0.73542  0.21665     3.395    0.000949 ***
atte         0.53312  0.18582     2.869    0.004915 **
peer        -0.03564  0.20202    -0.176    0.860291
moti         2.53210  0.29954     8.453    1.12e-13 ***
tact         0.86908  0.32282     2.692    0.008179 **
---
Signif. codes:  0  '***'  0.001  '**'  0.01  '*'  0.05  '.'  0.1  ' '  1
Residual standard error: 8.6 on 113 degrees of freedom
Multiple R-squared: 0.7181,   Adjusted R-squared: 0.7031
F-statistic: 47.97 on 6 and 113 DF,  p-value: < 2.2e-16
```

　　迴歸模式的整體迴歸係數顯著性檢定的 F 值統計量 =47.97、分子自由度 =6、分母自由度 =113、顯著性 p 值 <2.2e−16（=.000<.05），達到統計顯著水準，拒絕虛無假設（$\beta_1=\beta_2=\beta_3=\beta_4=\beta_5=\beta_6=0$），至少一個預測變數的迴歸係數估計值不等於 0。R 平方值 =0.718、調整後 R 平方值 =0.703，六個預測變數可以解釋效標變數學業成就的解釋變異量為 71.8%。

　　從個別估計值檢定的 t 值統計量與顯著性 p 值而言，對效標變數學業成就具有顯著解釋力的預測變數為「clas」（課堂表現）、「atte」（學習專注）、「moti」（學習動機）、「tact」（學習策略）四個。

　　複迴歸估計結果摘要表如下：

| | 迴歸係數 | 標準誤 | t |
|---|---|---|---|
| （常數） | -2.833 | 3.867 | -0.733 |
| atte | 0.533 | 0.186 | 2.869** |
| clas | 0.735 | 0.217 | 3.395*** |
| hope | 0.126 | 0.243 | 0.519 |
| peer | -0.036 | 0.202 | -0.176 |
| moti | 2.532 | 0.300 | 8.453*** |
| tact | .869 | 0.323 | 2.692** |
| F(6,113)=47.97***，或表示為 $F_{(6,113)}$=47.97*** | | R 平方 =0.718，或表示為 $R^2$=0.718 | |

註：** p<.01　　*** p<.001

　　複迴歸分析程序中要求出標準化迴歸係數，可使用套件 psych 中的函數 **setCor( )**，函數 **setCor( )** 的語法說明，參見徑路分析小節內容：

```
> library(psych)
> setCor(9,c(3:8),temp,std=TRUE)
Call: setCor(y = 9, x = c(3:8), data = temp, std = TRUE)
Multiple Regression from raw data
Beta weights
```

```
        acad
hope  0.03

clas   0.22

atte   0.20

peer  -0.01

moti   0.49

tact   0.20
```

[ 說明 ]

參數值為七個自變數的標準化迴歸係數 $\beta$。

```
Multiple R
     acad
acad 0.85
```

```
multiple R2
     acad
acad 0.72
```

[ 說明 ]

多元相關係數 R=0.85、R 平方 =0.72。

## 二、逐步選取法

逐步選取法包括前向選取法（forward method）、後向選取法（backward method），前向選取法是選取預測變數之最大淨 F 值之變數（解釋力最大的變數），再選入次高解釋力的預測變數，直到沒有符合設定之條件準則為止。後向選取法則是先將所有預測變數納入迴歸模式中，再逐一剔除沒有預測力的變數。

使用 MASS 套件中的函數 **stepAIC( )** 進行複迴歸分析，使用方法為前向選取法：

```
> library(MASS)
> stepAIC(reg_m,direction="forward",k=2,steps = 1000)
Start:  AIC=523.22
acad ~ hope + clas + atte + peer + moti + tact
Call:
lm(formula = acad ~ hope + clas + atte + peer + moti + tact,
    data = reg)
Coefficients:
(Intercept)   hope       clas      atte       peer       moti      tact
 -2.83270   0.12639   0.73542   0.53312   -0.03564   2.53210   0.86908
```

截距項為 −2.833、hope、clas、atte、peer、moti、tact 六個預測變數的迴歸係數估計值分別為 0.126、0.735、0.533、−0.036、2.532、0.869。

增列函數 **summart( )** 彙整前向選取法結果：

```
> summary(stepAIC(reg_m,direction="forward",k=2))
Start:  AIC=523.22
acad ~ hope + clas + atte + peer + moti + tact
Call:
lm(formula = acad ~ hope + clas + atte + peer + moti + tact,
    data = reg)
Residuals:
   Min      1Q    Median     3Q      Max
-23.3614  -5.0548  0.4243  4.9902  22.6014
Coefficients:
```

|  | Estimate | Std. Error | t value | Pr(>|t|) |
|---|---|---|---|---|
| (Intercept) | -2.83270 | 3.86716 | -0.733 | 0.465380 |
| hope | 0.12639 | 0.24339 | 0.519 | 0.604570 |
| clas | 0.73542 | 0.21665 | 3.395 | 0.000949 *** |
| atte | 0.53312 | 0.18582 | 2.869 | 0.004915 ** |
| peer | -0.03564 | 0.20202 | -0.176 | 0.860291 |
| moti | 2.53210 | 0.29954 | 8.453 | 1.12e-13 *** |
| tact | 0.86908 | 0.32282 | 2.692 | 0.008179 ** |
| --- | | | | |

Signif. codes:  0  '***'  0.001  '**'  0.01  '*'  0.05  '.'  0.1  ' '  1

Residual standard error: 8.6 on 113 degrees of freedom

Multiple R-squared: 0.7181,   Adjusted R-squared: 0.7031

F-statistic: 47.97 on 6 and 113 DF,  p-value: < 2.2e-16

　　引數 direction 選項界定為「="forward"」輸出的表格為強迫進入法的迴歸
程序：

　　迴歸模式的整體迴歸係數顯著性檢定的 F 值統計量 =47.97、分子自由度
=6、分母自由度 =113、顯著性 p 值 <2.2e-16（=.000<.05），達到統計顯著水準，
拒絕虛無假設（$\beta_1=\beta_2=\beta_3=\beta_4=\beta_5=\beta_6=0$），至少一個預測變數的迴歸係數估計值
不等於 0。R 平方值 =0.718、調整後 R 平方值 =0.703，效標變數學業成就可以
被六個預測變數解釋的總體解釋變異量為 71.8%。

　　從個別估計值檢定的 t 值統計量與顯著性 p 值而言，對效標變數學業成就
具有顯著解釋力的預測變數為「clas」（課堂表現）、「atte」（學習專注）、
「moti」（學習動機）、「tact」（學習策略）四個。

　　使用後面選取法進行模式分析：

```
> stepAIC(reg_m,direction="backward",k=2,steps = 1000)
Start: AIC=523.22
acad ~ hope + clas + atte + peer + moti + tact
```

|         | Df | Sum of Sq | RSS     | AIC    |
|---------|----|-----------|---------|--------|
| - peer  | 1  | 2.3       | 8360.3  | 521.25 |
| - hope  | 1  | 19.9      | 8378.0  | 521.50 |
| <none>  |    |           | 8358.0  | 523.22 |
| - tact  | 1  | 536.1     | 8894.1  | 528.68 |
| - atte  | 1  | 608.8     | 8966.9  | 529.66 |
| - clas  | 1  | 852.3     | 9210.3  | 532.87 |
| - moti  | 1  | 5285.3    | 13643.3 | 580.02 |

```
Step: AIC=521.25
acad ~ hope + clas + atte + moti + tact
```

|         | Df | Sum of Sq | RSS     | AIC    |
|---------|----|-----------|---------|--------|
| - hope  | 1  | 18.8      | 8379.2  | 519.52 |
| <none>  |    |           | 8360.3  | 521.25 |
| - atte  | 1  | 626.4     | 8986.7  | 527.92 |
| - tact  | 1  | 628.2     | 8988.5  | 527.95 |
| - clas  | 1  | 859.3     | 9219.6  | 530.99 |
| - moti  | 1  | 5309.2    | 13669.5 | 578.25 |

```
Step: AIC=519.52
acad ~ clas + atte + moti + tact
```

|         | Df | Sum of Sq | RSS     | AIC    |
|---------|----|-----------|---------|--------|
| <none>  |    |           | 8379.2  | 519.52 |
| - tact  | 1  | 711.6     | 9090.8  | 527.30 |
| - atte  | 1  | 768.5     | 9147.7  | 528.05 |
| - clas  | 1  | 858.0     | 9237.2  | 529.22 |
| - moti  | 1  | 5668.1    | 14047.2 | 579.52 |

```
Call:
lm(formula = acad ~ clas + atte + moti + tact, data = reg)
Coefficients
(Intercept)      clas      atte      moti      tact
  -2.8242       0.7289    0.5535    2.5577    0.8761
```

　　模式中最少的 AIC 值 =519.52，迴歸模式為「acad ~ clas + atte + moti + tact」，進入迴歸模式的四個預測變數為「clas」（課堂表現）、「atte」（學習專注）、「moti」（學習動機)、「tact」（學習策略）。

　　迴歸模式的截距項為 −2.824、「clas」( 課堂表現 )、「atte」（學習專注）、「moti」（學習動機）、「tact」（學習策略）四個預測變數的迴歸係數估計值分別為 0.729、0.554、2.558、0.876，四個迴歸係數估計值均為正值，表示四個預測變數對效標變數學業成就的影響均為正向。

　　迴歸方程式為：學業成就 =−2.824+0.729× 課堂表現 +0.554× 學習專注 +2.558× 學習動機 +0.876× 學習策略。

　　引數 direction 選項界定為「="both"」，變數選取指標值為 BIC，引數界定為「k=log(nrow(reg)) 或「k=log(120)

```
> stepAIC(reg_m,direction="both",k=log(120))
```

表中的 AIC 值為 BIC 指標值。

```
> stepAIC(reg_m,direction="both",k=log(nrow(reg)))
Start:  AIC=542.73
acad ~ hope + clas + atte + peer + moti + tact
```

|  | Df | Sum of Sq | RSS | AIC |
|---|---|---|---|---|
| - peer | 1 | 2.3 | 8360.3 | 537.98 |
| - hope | 1 | 19.9 | 8378.0 | 538.23 |
| <none> |  |  | 8358.0 | 542.73 |
| - tact | 1 | 536.1 | 8894.1 | 545.40 |
| - atte | 1 | 608.8 | 8966.9 | 546.38 |
| - clas | 1 | 852.3 | 9210.3 | 549.60 |
| - moti | 1 | 5285.3 | 13643.3 | 596.75 |

Step: AIC=537.98

acad ~ hope + clas + atte + moti + tact

|  | Df | Sum of Sq | RSS | AIC |
|---|---|---|---|---|
| - hope | 1 | 18.8 | 8379.2 | 533.46 |
| <none> |  |  | 8360.3 | 537.98 |
| - atte | 1 | 626.4 | 8986.7 | 541.86 |
| - tact | 1 | 628.2 | 8988.5 | 541.88 |
| + peer | 1 | 2.3 | 8358.0 | 542.73 |
| - clas | 1 | 859.3 | 9219.6 | 544.93 |
| - moti | 1 | 5309.2 | 13669.5 | 592.19 |

Step: AIC=533.46

acad ~ clas + atte + moti + tact

|  | Df | Sum of Sq | RSS | AIC |
|---|---|---|---|---|
| <none> |  |  | 8379.2 | 533.46 |
| + hope | 1 | 18.8 | 8360.3 | 537.98 |
| + peer | 1 | 1.2 | 8378.0 | 538.23 |
| - tact | 1 | 711.6 | 9090.8 | 538.45 |
| - atte | 1 | 768.5 | 9147.7 | 539.20 |
| - clas | 1 | 858.0 | 9237.2 | 540.37 |
| - moti | 1 | 5668.1 | 14047.2 | 590.67 |

```
call:
lm(formula = acad ~ clas + atte + moti + tact, data = reg)
Coefficients:
(Intercept)      clas        atte        moti        tact
  -2.8242       0.7289      0.5535      2.5577      0.8761
```

　　模式中最少的 BIC 值 =533.46，迴歸模式為「acad ~ clas + atte + moti + tact」，進入迴歸模式的四個預測變數為「clas」（課堂表現）、「atte」（學習專注）、「moti」（學習動機）、「tact」（學習策略）。

　　迴歸模式的截距項為 −2.824、「clas」（課堂表現）、「atte」（學習專注）、「moti」（學習動機）、「tact」（學習策略）四個預測變數的迴歸係數估計值分別為 0.729、0.554、2.558、0.876，四個迴歸係數估計值均為正值，表示四個預測變數對效標變數學業成就的影響均為正向。

三、基本套件中的 step( ) 函數應用

　　逐步選取法也可以使用基本套件中的 **step( )** 函數，**step( )** 函數的語法如下：

　　「step( 物件 , direction = c("both", "backward", "forward"),
　　　　　steps = 1000, k = 2)」

　　引數 steps 為疊代運算的最大次數，引數 k 界定數值「=2」，表示以 AIC 指標作為變數篩選準則，選項界定「=log（樣本數）」，表示以 BIC 指標作為變數篩選準則。

　　方法界定為前向選取法：

```
> summary(step(reg_m),method="forward",k=2)
Start:  AIC=523.22
acad ~ hope + clas + atte + peer + moti + tact
```

|        | Df | Sum of Sq | RSS | AIC |
|--------|----|-----------|-----|-----|
| - peer | 1  | 2.3       | 8360.3  | 521.25 |
| - hope | 1  | 19.9      | 8378.0  | 521.50 |
| \<none\> |  |           | 8358.0  | 523.22 |
| - tact | 1  | 536.1     | 8894.1  | 528.68 |
| - atte | 1  | 608.8     | 8966.9  | 529.66 |
| - clas | 1  | 852.3     | 9210.3  | 532.87 |
| - moti | 1  | 5285.3    | 13643.3 | 580.02 |

Step: AIC=521.25

acad ~ hope + clas + atte + moti + tact

|        | Df | Sum of Sq | RSS | AIC |
|--------|----|-----------|-----|-----|
| - hope | 1  | 18.8      | 8379.2  | 519.52 |
| \<none\> |  |           | 8360.3  | 521.25 |
| - atte | 1  | 626.4     | 8986.7  | 527.92 |
| - tact | 1  | 628.2     | 8988.5  | 527.95 |
| - clas | 1  | 859.3     | 9219.6  | 530.99 |
| - moti | 1  | 5309.2    | 13669.5 | 578.25 |

Step: AIC=519.52

acad ~ clas + atte + moti + tact

|        | Df | Sum of Sq | RSS | AIC |
|--------|----|-----------|-----|-----|
| \<none\> |  |           | 8379.2  | 519.52 |
| - tact | 1  | 711.6     | 9090.8  | 527.30 |
| - atte | 1  | 768.5     | 9147.7  | 528.05 |
| - clas | 1  | 858.0     | 9237.2  | 529.22 |
| - moti | 1  | 5668.1    | 14047.2 | 579.52 |

```
Call:
lm(formula = acad ~ clas + atte + moti + tact, data = reg)
Residuals:
    Min       1Q    Median      3Q      Max
-23.4211   -5.0429   0.2424   4.7832   21.9333
Coefficients
             Estimate   Std. Error   t value   Pr(>|t|)
(Intercept)  -2.8242    3.5897      -0.787    0.433047
clas          0.7289    0.2124       3.432    0.000834 ***
atte          0.5535    0.1704       3.248    0.001525 **
moti          2.5577    0.2900       8.820    1.45e-14 ***
tact          0.8761    0.2804       3.125    0.002250 **
---
Signif. codes: 0 '***' 0.001 '**' 0.01 '*' 0.05 '.' 0.1 ' ' 1
Residual standard error: 8.536 on 115 degrees of freedom
Multiple R-squared: 0.7174,   Adjusted R-squared: 0.7075
F-statistic: 72.97 on 4 and 115 DF,  p-value: < 2.2e-16
```

　　模式中最少的 AIC 值 =519.52，迴歸模式為「acad ~ clas + atte + moti + tact」，進入迴歸模式的四個預測變數為「clas」（課堂表現）、「atte」（學習專注）、「moti」（學習動機）、「tact」（學習策略）。

　　迴歸模式的截距項為 −2.824、「clas」（課堂表現）、「atte」（學習專注）、「moti」（學習動機）、「tact」（學習策略）四個預測變數的迴歸係數估計值分別為 0.729、0.554、2.558、0.876，四個迴歸係數估計值均為正值，表示四個預測變數對效標變數學業成就的影響均為正向。

　　R 平方值 =0.717、調整後 R 平方值 =0.708，四個預測變數可以解釋效標變數學業成就的解釋變異量為 71.7%。

採用後向選取法，變數剔除指標值為 BIC 值：

```
> summary(step(reg_m),method="backward",k=log(nrow(reg)))
Start: AIC=523.22
acad ~ hope + clas + atte + peer + moti + tact

         Df   Sum of Sq    RSS      AIC
- peer    1      2.3      8360.3   521.25
- hope    1     19.9      8378.0   521.50
<none>                   8358.0   523.22
- tact    1    536.1      8894.1   528.68
- atte    1    608.8      8966.9   529.66
- clas    1    852.3      9210.3   532.87
- moti    1   5285.3     13643.3   580.02
Step:  AIC=521.25
acad ~ hope + clas + atte + moti + tact

         Df   Sum of Sq    RSS      AIC
- hope    1     18.8      8379.2   519.52
<none>                   8360.3   521.25
- atte    1    626.4      8986.7   527.92
- tact    1    628.2      8988.5   527.95
- clas    1    859.3      9219.6   530.99
- moti    1   5309.2     13669.5   578.25
Step: AIC=519.52
acad ~ clas + atte + moti + tact

         Df   Sum of Sq    RSS      AIC
<none>                   8379.2   519.52
- tact    1    711.6      9090.8   527.30
- atte    1    768.5      9147.7   528.05
- clas    1    858.0      9237.2   529.22
- moti    1   5668.1     14047.2   579.52
```

```
Call:

lm(formula = acad ~ clas + atte + moti + tact, data = reg)

Residuals:
    Min      1Q    Median     3Q      Max
-23.4211  -5.0429  0.2424   4.7832  21.9333

Coefficients:
             Estimate   Std. Error   t value    Pr(>|t|)
(Intercept)  -2.8242     3.5897      -0.787     0.433047
clas          0.7289     0.2124       3.432     0.000834 ***
atte          0.5535     0.1704       3.248     0.001525 **
moti          2.5577     0.2900       8.820     1.45e-14 ***
tact          0.8761     0.2804       3.125     0.002250 **
---
Signif. codes:  0 '***' 0.001 '**' 0.01 '*' 0.05 '.' 0.1 ' ' 1
Residual standard error: 8.536 on 115 degrees of freedom
Multiple R-squared: 0.7174,   Adjusted R-squared: 0.7075
F-statistic: 72.97 on 4 and 115 DF,  p-value: < 2.2e-16
```

　　輸出結果的 AIC 值為 BIC 指標值。最後被保留於迴歸模式中的預測變數有
「clas」（課堂表現）、「atte」（學習專注）、「moti」（學習動機）、「tact」（學
習策略）四個。迴歸模式的截距項為 −2.824、「clas」（課堂表現）、「atte」（學
習專注）、「moti」（學習動機）、「tact」（學習策略）四個預測變數的迴歸
係數估計值分別為 0.729、0.554、2.558、0.876，四個迴歸係數估計值均為正值，
表示四個預測變數對效標變數學業成就的影響均為正向。R 平方值 =0.717、調
整後 R 平方值 =0.708，四個預測變數可以解釋效標變數學業成就的解釋變異量
為 71.7%。

模式比較選取函數

套件 leaps 中函數 **regsubsets( )**，可以進行最佳迴歸模式的選取。完整的 **regsubsets( )** 語法為：

「regsubsets(x=, y=, data=, weights=NULL, nbest=1, nvmax=8, intercept=TRUE, method=c("exhaustive", "backward", "forward", "seqrep"), really. big=FALSE)」

引數 x 為解釋變數的矩陣型態，引數 y 為依變數。引數 weights 為界定加權向量。引數 nbest=1 表示界定每個組合模式中挑選一個最佳的模式。引數 nvmax 界定每個組合模式中最後呈現的最多的模式個數，內定選項數值為 8。引數 intercept 界定是否輸出截距項參數。引數 method 界定迴歸模式選取的方法，包含：exhaustive search（所有可能搜尋）、forward selection（前向選取法）、backward selection（後向選取法）、sequential replacement( 系列置換法 )。引數 really.big 界定使用 exhaustive search 方法（所有可能搜尋）時，最大的變數個數限制（不能超過 50 個）。

```
1.temp<-read.csv("reg_1.csv",header=T)
2.attach(temp)
3.xvar<-as.matrix(temp[-c(1,2,9)])
4.yvar<-temp$acad
5.library(leaps)
6.regm<-summary(regsubsets(xvar,yvar,method="forward",nbest=1))
7.attach(regm)
8.round(cbind(which,rsq,rss,cp,bic),2)
```

語法命令說明如下：

假定指定工作目錄為 D 磁碟機的資料夾 R，匯入資料檔，資料框架物件名稱為「temp」，將資料框架物件名稱指派至主控台中。

```
>temp<-read.csv("reg_1.csv",header=T)
>attach(temp)
```

原先資料框架物件 temp 的變數個數共有 9 個，變數對照的索引數值如下：

```
> names(temp)
  [1]    "stid" "sex" "hope" "clas" "atte" "peer" "moti" "tact" "acad"
索引值    1      2     3      4      5      6      7      8      9
```

複迴歸模式的解釋變數包括索引 3（hope）至索引 8（tact），以「temp[-c(1,2,9)]」函數語法將索引 1、索引 2、索引 9 的變數排除，新資料框架中的變數均為解釋變數（預測變數），使用 **as.matrix( )** 函數將資料框架轉變為矩陣。擷取資料框架 temp 物件中的變數 acad 指派為 yvar 物件。

```
>xvar<-as.matrix(temp[-c(1,2,9)])
>yvar<-temp$acad
```

xvar 物件矩陣的部分元素如下：

```
> xvar
     hope  clas atte peer moti tact
[1,]  7     8    7    9   10    6
[2,]  6    10   11   15   11    4
[3,]  9    10    7   20   12   13
[4,]  5    14    8   19   12    4
[5,]  5    13    7   22    5   14
[6,]  5     9    9   16    5   10
```

載入 leaps 套件，以函數 **regsubsets( )** 建立迴歸模式，再以 **summary( )** 函數統整模式中的參數。**summary( )** 函數彙整的結果指派給物件 regm。

```
>library(leaps)
>regm<-summary(regsubsets(xvar,yvar,method="forward",nbest=1))
```

summary. regsubsets 模組中的元素如下：

```
> summary(regm)
         Length   Class      Mode
which    42       -none-     logical
rsq      6        -none-     numeric
rss      6        -none-     numeric
adjr2    6        -none-     numeric
cp       6        -none-     numeric
bic      6        -none-     numeric
outmat   36       -none-     character
obj      27       regsubsets list
```

summary.regsubsets 函數回傳物件元素有：

which：輸出每個模式中元素，為邏輯矩陣，數值為 1 或 0。

rsq：每個模式的 R 平方值。

rss：每個模式的殘差均方和（Residual sum of squares）。

adjr2：調整後的 R 平方值。

cp：Mallows' Cp 值。

bic：BIC 指標值（Schwartz's information criterion）。

outmat：輸出格式化元素的向量。

obj：複製 regsubsets 的物件。

　　將 regm 模組中的元素 which、rsq、rss、cp、bic 參數呈現，以函數 **cbind( )** 進行整合：

```
>attach(regm)
>round(cbind(which,rsq,rss,cp,bic),2)
```

前向選取法個別最佳模式結果如下：

|   | (Intercept) | hope | clas | atte | peer | moti | tact | rsq | rss | cp | bic |
|---|---|---|---|---|---|---|---|---|---|---|---|
| 1 | 1 | 0 | 0 | 0 | 0 | 1 | 0 | 0.50 | 14784.62 | 83.89 | -73.92 |
| 2 | 1 | 0 | 0 | 0 | 0 | 1 | 1 | 0.66 | 10217.92 | 24.15 | -113.46 |
| 3 | 1 | 0 | 1 | 0 | 0 | 1 | 1 | 0.69 | 9147.72 | 11.68 | -121.95 |
| 4 | 1 | 0 | 1 | 1 | 0 | 1 | 1 | 0.72 | 8379.18 | 3.29 | -127.70 |
| 5 | 1 | 1 | 1 | 1 | 0 | 1 | 1 | 0.72 | 8360.35 | 5.03 | -123.18 |
| 6 | 1 | 1 | 1 | 1 | 1 | 1 | 1 | 0.72 | 8358.04 | 7.00 | -118.42 |

　　每一個橫列代表解釋變數個數一樣的情況下最佳的模式，直行變數下的數值為 0，表示該變數沒有被選取、數值為 1 表示變數被選入模式中。六個模式中，cp 值最小、bic 值也最小的模式為模式 4，模式 4 的 cp 值 =3.29、bic 值 = −127.70，hope、clas、atte、peer、moti、tact 六個變數對應第四個橫列的數值分別為 0、1、1、0、1、1，模式 4 被選入迴歸方程式的變數有 clas、atte、moti、tact，四個變數總共可以解釋效標變數總變異中的 72% 的變異量。

　　採取後向選取法，變數個數一樣情況下，挑選出二個最佳模式：

```
regm<-summary(regsubsets(xvar,yvar,method="backward",nbest=2))
```

後向選取法輸出結果如下：

| | (Intercept) | hope | clas | atte | peer | moti | tact | | rsq | rss | cp | bic |
|---|---|---|---|---|---|---|---|---|---|---|---|---|
| 1 | 1 | 1 | 0 | 0 | 0 | 0 | 1 | 0 | 0.50 | 14784.62 | 83.89 | -73.92 |
| 1 | 1 | 1 | 0 | 1 | 0 | 0 | 0 | 0 | 0.34 | 19466.61 | 147.19 | -40.90 |
| 2 | 1 | 1 | 0 | 1 | 0 | 0 | 1 | 0 | 0.64 | 10594.56 | 29.24 | -109.12 |
| 2 | 1 | 1 | 0 | 1 | 1 | 0 | 0 | 0 | 0.51 | 14458.31 | 81.47 | -71.81 |
| 3 | 1 | 1 | 0 | 1 | 1 | 0 | 1 | 0 | 0.69 | 9090.77 | 10.91 | -122.70 |
| 3 | 1 | 1 | 1 | 1 | 1 | 0 | 0 | 0 | 0.53 | 13924.37 | 76.26 | -71.54 |
| 4 | 1 | 1 | 0 | 1 | 1 | 0 | 1 | 1 | 0.72 | 8379.18 | 3.29 | -127.70 |
| 4 | 1 | 1 | 1 | 1 | 1 | 0 | 1 | 0 | 0.70 | 8988.50 | 11.52 | -119.27 |
| 5 | 1 | 1 | 1 | 1 | 1 | 0 | 1 | 1 | 0.72 | 8360.35 | 5.03 | -123.18 |
| 5 | 1 | 1 | 1 | 1 | 1 | 1 | 1 | 0 | 0.70 | 8894.11 | 12.25 | -115.75 |
| 6 | 1 | 1 | 1 | 1 | 1 | 1 | 1 | 1 | 0.72 | 8358.04 | 7.00 | -118.42 |

後向選取法結果與前向選取法結果相同。

## 肆　虛擬變數的轉換

　　迴歸分析程序中，投入的自變項若是因子變數（間斷變數），要轉換為虛擬變數，虛擬變數的個數為水準群組個數減 1。範例中的學校規模變數水準數值編碼中 1 為小型學校規模、2 為中型學校規模、3 為大型學校規模；教師職務水準數值編碼中，水準數值 1 為主任群體、水準數值 2 為組長群體、水準數值 3 為科任教師群體、水準數值 4 為級任教師群體。

　　虛擬變數轉換中必須指定一個參照群組，範例中的參照群組為最後一個群組，二個因子變數的虛擬變數如下：

| 因子變數 | 原水準數值 | d1_scale | d2_scale |
|---|---|---|---|
| scale | 1 | 1 | 0 |
| | 2 | 0 | 1 |
| | 3 | 0 | 0 |

| 因子變數 | 原水準數值 | d1_post | d2_post | d3_post |
|---|---|---|---|---|
| post | 1 | 1 | 0 | 0 |
| | 2 | 0 | 1 | 0 |
| | 3 | 0 | 0 | 1 |
| | 4 | 0 | 0 | 0 |

R 編輯器中的指令列為：

```
temp<-read.csv("dummy_1.csv",header=T)
attach(temp)
## 參照組為 scale=3
temp$d1_scale=ifelse(scale==1, 1,0)
temp$d2_scale=ifelse(scale==2, 1,0)
## 參照組為 post=4
temp$d1_post=ifelse(post==1, 1,0)
temp$d2_post=ifelse(post==2, 1,0)
temp$d3_post=ifelse(post==3, 1,0)
print.data.frame(temp)
```

指令列 temp$d1_scale=ifelse(scale==1, 1,0) 界定如果類別變數 scale 的數值等於 1，新變數中的數值為 1，若類別變數 scale 的數值不等於 1，新變數中的水準數值均等於 0。

指令列 temp$d2_post=ifelse(post==2, 1,0) 界定如果類別變數 post 的數值等於 2，新變數中的數值為 1，若類別變數 post 的數值不等於 2（水準數值 1、3、4），新變數中的水準數值均等於 0。

增列虛擬變數的資料框架內容如下：

|    | subject | scale | post | press | d1_scale | d2_scale | d1_post | d2_post | d3_post |
|----|---------|-------|------|-------|----------|----------|---------|---------|---------|
| 1  | sub01   | 1     | 1    | 30    | 1        | 0        | 1       | 0       | 0       |
| 2  | sub02   | 1     | 1    | 29    | 1        | 0        | 1       | 0       | 0       |
| 3  | sub03   | 1     | 1    | 28    | 1        | 0        | 1       | 0       | 0       |
| 4  | sub04   | 1     | 3    | 27    | 1        | 0        | 0       | 0       | 1       |
| 5  | sub05   | 1     | 3    | 27    | 1        | 0        | 0       | 0       | 1       |
| 6  | sub06   | 1     | 1    | 26    | 1        | 0        | 1       | 0       | 0       |
| 7  | sub07   | 3     | 1    | 28    | 0        | 0        | 1       | 0       | 0       |
| 8  | sub08   | 3     | 1    | 27    | 0        | 0        | 1       | 0       | 0       |
| 9  | sub09   | 3     | 1    | 25    | 0        | 0        | 1       | 0       | 0       |
| 10 | sub10   | 3     | 1    | 26    | 0        | 0        | 1       | 0       | 0       |
| 11 | sub11   | 3     | 1    | 29    | 0        | 0        | 1       | 0       | 0       |
| 12 | sub12   | 3     | 1    | 28    | 0        | 0        | 1       | 0       | 0       |
| 13 | sub13   | 2     | 2    | 19    | 0        | 1        | 0       | 1       | 0       |
| 14 | sub14   | 2     | 2    | 18    | 0        | 1        | 0       | 1       | 0       |
| 15 | sub15   | 2     | 2    | 17    | 0        | 1        | 0       | 1       | 0       |
| ＜略＞ |       |       |      |       |          |          |         |         |         |
| 47 | sub47   | 1     | 4    | 25    | 1        | 0        | 0       | 0       | 0       |
| 48 | sub48   | 1     | 4    | 24    | 1        | 0        | 0       | 0       | 0       |

以五個虛擬變數預測教師工作壓力的複迴歸結果如下：

```
> reg.model=lm(press~d1_scale+d2_scale+d1_post+d2_post+d3_post)
> summary(reg.model)
Call:
lm(formula = press ~ d1_scale + d2_scale + d1_post + d2_post +
    d3_post)
Residuals:
```

| | Min | 1Q | Median | 3Q | Max |
|---|---|---|---|---|---|
| | -10.7564 | -1.5074 | -0.1519 | 2.0646 | 7.6534 |

Coefficients:

| | Estimate | Std. Error | t value | Pr(>\|t\|) | |
|---|---|---|---|---|---|
| (Intercept) | 22.754 | 1.261 | 18.048 | < 2e-16 | *** |
| d1_scale | 3.376 | 1.249 | 2.702 | 0.00990 | ** |
| d2_scale | -3.418 | 1.260 | -2.713 | 0.00962 | ** |
| d1_post | 2.420 | 1.474 | 1.642 | 0.10815 | |
| d2_post | -2.401 | 1.542 | -1.557 | 0.12699 | |
| d3_post | -6.783 | 1.507 | -4.501 | 5.29e-05 | *** |

---

Signif. codes:  0 '***' 0.001 '**' 0.01 '*' 0.05 '.' 0.1 ' ' 1

Residual standard error: 3.35 on 42 degrees of freedom

Multiple R-squared: 0.7313,   Adjusted R-squared: 0.6993

F-statistic: 22.86 on 5 and 42 DF,  p-value: 5.254e-11

　　五個虛擬變數中，對教師工作壓力有顯著解釋力的有 d1_scale、d2_scale、d3_post，其迴歸係數估計值分別為 3.376、−3.418、−6.783 ，表示小型學校規模教師群體的工作壓力顯著高於大型學校規模教師群體，中型學校規模教師群體的工作壓力顯著低於大型學校規模教師群體；科任教師群體的工作壓力顯著低於級任教師群體的工作壓力。五個虛擬變數可以解釋教師工作壓力 73.1% 的變異量。

　　虛擬變數的轉換也可以使用套件 car 中的 **recode( )** 函數。範例背景變數學校規模大小以中型學校規模（水準數值編碼 2）為參照組，以 scale 學校規模增列二個虛擬變項的函數語法：

```
> library(car)
>temp$d1_sc=recode(scale,"1=1;else=0")
>temp$d3_sc=recode(scale,"3=1;else=0")
```

　　教師職務變數（post）以水準數值 2（組長群體）為參照組，三個虛擬變數
的轉換語法為：

```
> temp$d1_po=recode(post,"1=1;else=0")
> temp$d3_po=recode(post,"3=1;else=0")
> temp$d4_po=recode(post,"4=1;else=0")
```

　　轉換為虛擬變數後部分樣本觀察值資料內容如下：

```
> print.data.frame(temp)
   subject scale post press d1_sc d3_sc d1_po d3_po d4_po
1  sub01   1     1    30    1     0     1     0     0
2  sub02   1     1    29    1     0     1     0     0
3  sub03   1     1    28    1     0     1     0     0
4  sub04   1     3    27    1     0     0     1     0
5  sub05   1     3    27    1     0     0     1     0
6  sub06   1     1    26    1     0     1     0     0
7  sub07   3     1    28    0     1     1     0     0
8  sub08   3     1    27    0     1     1     0     0
9  sub09   3     1    25    0     1     1     0     0
10 sub10   3     1    26    0     1     1     0     0
11 sub11   3     1    29    0     1     1     0     0
12 sub12   3     1    28    0     1     1     0     0
13 sub13   2     2    19    0     0     0     0     0
<略>
47 sub47   1     4    25    1     0     0     0     1
48 sub48   1     4    24    1     0     0     0     1
```

## 伍 二次曲線迴歸

二個計量變數之間的關係如果不是線性關係（linear），那直接採用線性迴歸分析程序建構線性方程式（linear quation）是不適當的，因為二個計量變數非直線關係，二者可能是一種曲線關係（curve relationship），此是可以經由散布圖判別是否為二次曲線（quadratic curve）或三次曲線（cubic curve）。

範例以二次曲線方程為例，迴歸方程式為：$Y=\beta_0+\beta_1 X+\beta_2 X^2$，其中 $\beta_0$ 為截距項、$\beta_1$ 為直線迴歸斜率（一階多項式斜率係數）、$\beta_2$ 為二次迴歸斜率（二階多項式斜率係數）。

二次曲線迴歸方程式函數語法為：

lm(Y~X+I(X^2))，其中二次方程參數使用引數 I（解釋變數平方）。

範例為學生考試焦慮與模擬考成績之關係，考試焦慮分數愈高，考試焦慮感受愈大；模擬考變數測量值愈大，表示成績愈佳。

```
> temp<-read.csv("collinear.csv",header=T)
> attach(temp)
```

資料檔中考試焦慮變數名稱為 anxiety、模擬考成績變數為 score：

```
> names(temp)
[1] "stid"      "sex"    "invo"   "like"   "atte"   "moti"   "acad"
[8] "anxiety"   "score"
```

一、簡單相關分析

使用 **cor.test( )** 函數進行 anxiety、score 二個變數的積差相關檢定：

```
> cor.test(temp$anxiety,temp$score)

        Pearson's product-moment correlation

data:  temp$anxiety and temp$score

t = 1.5936, df = 48, p-value = 0.1176

alternative hypothesis: true correlation is not equal to 0

95 percent confidence interval:

 -0.0577898  0.4729985

sample estimates:

        cor

0.2241637
```

函數 **cor.test( )** 中的變數使用變數索引：

```
> cor.test(temp[,8],temp[,9])


        Pearson's product-moment correlation


data:  temp[, 8] and temp[, 9]

t = 1.5936, df = 48, p-value = 0.1176

alternative hypothesis: true correlation is not equal to 0

95 percent confidence interval:

 -0.0577898  0.4729985

sample estimates:

        cor

0.2241637
```

考試焦慮與模擬考成績間的相關係數估計值 =0.224，檢定統計量 t 值 =1.594、自由度 =48、顯著性 p 值 = 0.118>.05，未達統計顯著水準，接受虛無假設，樣本學生之考試焦慮與模擬考成績二個變數間沒有顯著相關存在。

二、線性迴歸分析

使用函數 **lm( )** 進行線性迴歸分析：

```
> reg.lm=lm(score~anxiety)
> summary(reg.lm)
Call:
lm(formula = score ~ anxiety)
Residuals:
   Min      1Q    Median    3Q      Max
-4.5383  -1.3625  -0.2571  1.3053  4.0241
Coefficients:
             Estimate  Std. Error  t value  Pr(>|t|)
(Intercept)  3.85112   0.62696     6.143    1.52e-07 ***
anxiety      0.14060   0.08823     1.594    0.118
---
Signif. codes:  0  '***'  0.001  '**'  0.01  '*'  0.05  '.'  0.1  ' '  1
Residual standard error: 2.189 on 48 degrees of freedom
Multiple R-squared:  0.05025,   Adjusted R-squared:  0.03046
F-statistic: 2.54 on 1 and 48 DF,  p-value: 0.1176
```

迴歸係數顯著性檢定的 F 值 =2.54、分子自由度與分母自由度分別為 1、48，顯著性 p 值 =0.118>.05，接受虛無假設，迴歸係數（斜率係數）估計值顯著等於 0。就直線迴歸而言，學生的考試焦慮無法有效預測其模擬考成績。

### 三、散布圖的繪製

使用 **plot( )** 函數繪製考試焦慮與模擬考成績的散布圖，R 編輯器視窗的指令列為：

```
par(mfrow=c(1,1))
plot(temp[,8],temp[,9],pch=16,cex=2)
grid(nx=12,ny=10)
```

第一列界定圖形視窗的分割情形，如果研究者要將繪圖視窗分割為數個小視窗，修改向量內的數值，若指定為單一圖形視窗，此指令列可以不用界定。

第二列繪製考試焦慮（anxiety）與模擬考成績（score）散布圖，引數 pch 界定圖符號（實心小圓形）、引數 cex 界定圖例符號的大小。

第三列增列繪製格線，引數 nx、ny 界定網格線的數目。

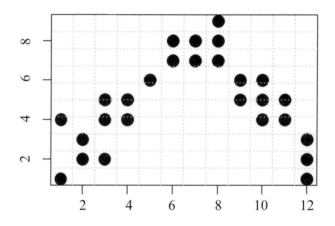

散布圖的 X 軸（橫軸）為考試焦慮、Y 軸為模擬考成績，從圖示結果可以看出二個變數間不是呈線性關係。

增列因子變數性別，繪製男生群組、女生群組在考試焦慮與模擬考成績的
散布圖，R 編輯器視窗指令列為：

```
plot(temp[,8],temp[,9],pch=15:16,col=1:2,cex=2)
grid(nx=12,ny=10)
legend("topright",legend=levels(factor(temp$sex)),pch=15:16,col=1:2)
```

第一列引數 pch 界定二個群組的圖例代號（15 為實心方形、16 為實心圓
形）、引數 col 界定二種圖例的顏色分別為黑色（=1）、紅色（=2）。

使用低階函數 **legend( )** 增列性別二個群組的圖例說明，圖例說明置於圖形
的右上角位置（位置選項的設定值包括 bottom（圖下方）、bottomright（右下）、
bottomleft（左下）、top（圖上方）、topleft（左上）、right（圖右方）、left（圖
左方）、center（圖中央）等）。

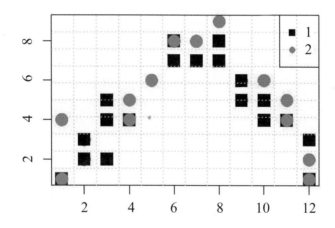

四、二次曲線迴歸分析

範例改採用二次曲線迴歸分析：

```
> reg.m=lm(score~anxiety+I(anxiety^2))
> summary(reg.m)
Call:
lm(formula = score ~ anxiety + I(anxiety^2))
Residuals:
   Min      1Q    Median    3Q      Max
-2.3756  -0.7260  0.0984   0.6244  3.2228
Coefficients:
              Estimate  Std. Error  t value   Pr(>|t|)
(Intercept)   -1.58248   0.52956    -2.988    0.00445 **
anxiety        2.54654   0.19669    12.947    < 2e-16 ***
I(anxiety^2)  -0.18683   0.01491    -12.532   < 2e-16 ***
---
Signif. codes:  0  '***'  0.001  '**'  0.01  '*'  0.05  '.'  0.1  ' '  1
Residual standard error: 1.061 on 47 degrees of freedom
Multiple R-squared:  0.7813,   Adjusted R-squared:  0.7719
F-statistic: 83.93 on 2 and 47 DF,  p-value: 3.081e-16
```

迴歸係數顯著性檢定的 F 值 =83.93、分子自由度與分母自由度分別為 2、47，顯著性 p 值 =3.081e-16=.000<.05，達到統計顯著水準，拒絕虛無假設，迴歸係數（斜率係數）估計值中至少有一個不等於 0。一次方程的斜率係數估計值 =2.547，t 值 =12.947，顯著性 p 值 <.001；二次方程的斜率係數估計值 =-0.187，t 值 =-12.532，顯著性 p 值 <.001，線性方程迴歸係數與二次曲線方程迴歸係數均顯著不等於 0。

R 平方 =0.781、調整後 R 平方 =0.772，二次曲線迴歸方程式建立的迴歸模式可以解釋樣本觀察值模擬考變數的變異量為 78.1%。二次曲線迴歸方程式為：

模擬考成績 =-1.582+2.547× 考試焦慮 -0.187×（考試焦慮）$^2$

根據二次曲線模式增列繪製預測迴歸線，R 編輯器視窗指令列為：

```
plot(temp[,8],temp[,9],pch=16,cex=2)
grid(nx=12,ny=10)
reg.m=lm(score~anxiety+I(anxiety^2))
score.p=predict(reg.m)
lines(spline(anxiety,score.p),lwd=3,col=2)
```

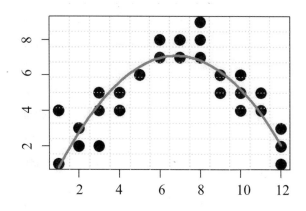

上述 R 編輯器視窗指令列的第一列繪圖型態引數若界定為「="n"」，則圖形只繪製預測迴歸線曲線：

```
plot(temp[,8],temp[,9],type="n")
```

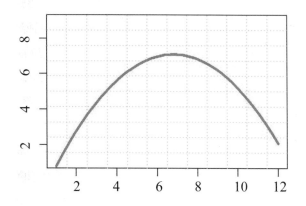

# 陸 多元共線性

進行複迴歸分析程序時，若是自變數間的相關太高，可能會出現共線性（collinear/multicollinearity）問題（或稱線性重合問題）。複迴歸的多元共線性若是存在，進行迴歸分析時會造成迴歸係數的正負號與相關係數的正負號相反、或是解釋變異量很高，但個別預測變數迴歸係數達到顯著水準的變數很少或沒有，或是可能出現不合理的估計值參數（標準化迴歸係數絕對值大於 1.000）。

多元共線性的診斷指標值常見者為容忍度（tolerance）與變異數膨漲因素（variance inflation factor;[VIF]），容忍度指標值 $=1-R^2$，當 $R^2$ 值愈大（$R^2$ 值表示其他自變數可以預測另一自變數的變異量），容忍度值愈小（數值介於 0 至 1 之間），表示自變數間的關係愈密切，迴歸分析程序可能會有共線性問題。容忍度指標值的倒數為變異數膨漲因素，當變異數膨漲因素值愈大（大於 10 以上），表示自變數間的關係愈密切，迴歸分析程序可能會有共線性問題。

## 一、共線性範例

範例複迴歸程序的效標變數為學生學習成就（acad）、預測變數為學生學習投入（invo）、學習喜愛（like）、學習態度（atte）、學習動機（moti）：

```
> m.reg=lm(acad~invo+like+atte+moti)
> summary(m.reg)
Call:
lm(formula = acad ~ invo + like + atte + moti)
Residuals:
    Min      1Q    Median     3Q      Max
-18.0312  -1.4196  -0.0292   2.0720   11.6485
Coefficients:
```

| | Estimate | Std. Error | t value | Pr(>|t|) |
|---|---|---|---|---|
| (Intercept) | 29.7264 | 1.5824 | 18.786 | < 2e-16 *** |
| invo | -0.1670 | 0.2795 | -0.598 | 0.55310 |
| like | -0.3590 | 0.6672 | -0.538 | 0.59322 |
| atte | 0.1110 | 0.2009 | 0.553 | 0.58313 |
| moti | 1.4829 | 0.4439 | 3.341 | 0.00169 ** |

```
---
Signif. codes: 0 '***' 0.001 '**' 0.01 '*' 0.05 '.' 0.1 ' ' 1
Residual standard error: 4.458 on 45 degrees of freedom
Multiple R-squared: 0.6674,   Adjusted R-squared: 0.6379
F-statistic: 22.58 on 4 and 45 DF, p-value: 2.797e-10
```

四個預測變數可以解釋效標變數學習成就（acad）的變異量達 66.7%，具有顯著解釋力的自變數為學習動機，迴歸係數估計值 =1.483，t 值統計量 =3.341、顯著性機率值 p= 0.002<.05。

使用套件 DAAG 中的函數 **vif( )** 求出四個預測變數的 VIF 指標值：

```
> library(DAAG)
Loading required package: lattice
> vif(m.reg)
   invo    like    atte    moti
11.0180  9.6803  5.2021  12.3420
```

四個預測變數的 VIF 指標值分別為 11.018、9.680、5.202、12.342，有二個預測變數的 VIF 指標值大於 10，表示複迴歸程序可能有多元共線性問題。

求出四個預測變數的容忍度：

```
> round(1/vif(m.reg),3)
 invo   like   atte   moti
0.091  0.103  0.192  0.081
```

四個預測變數 invo（學習投入）、like（學習喜愛）、atte（學習態度）、moti（學習動機）的容忍度指標值分別為 0.091、0.103、0.192、0.081，其中 invo（學習投入）、moti（學習動機）二個變數的容忍度指標值均小於 0.01，表示變數間可能有共線性問題。

使用 **cor( )** 函數求出變數間的相關矩陣：

```
> cormatrix=as.matrix(round(cor(temp[,3:7]),2))
> cormatrix
      invo  like  atte  moti  acad
invo  1.00  0.93  0.86  0.94  0.74
like  0.93  1.00  0.87  0.93  0.73
atte  0.86  0.87  1.00  0.89  0.73
moti  0.94  0.93  0.89  1.00  0.81
acad  0.74  0.73  0.73  0.81  1.00
```

使用 **lower.tri( )** 函數求出相關矩陣左下角的相關係數，引數界定 diag=T 表示輸出對角線的相關係數值 1：

```
> cormatrix[lower.tri(cormatrix,diag=T)]
 [1]  1.00 0.93 0.86 0.94 0.74 1.00 0.87 0.93 0.73 1.00 0.89 0.73 1.00 0.81
[15] 1.00
```

使用 **which( )** 函數可以求出下三角矩陣之相關係數向量中，有多少個元素的估計值大於等於 .900 以上：

```
> cormatrix[lower.tri(cormatrix,diag=F)]
 [1] 0.93 0.86 0.94 0.74 0.87 0.93 0.73 0.89 0.73 0.81
> which(cormatrix[lower.tri(cormatrix,diag=F)]>=.900)
[1] 1 3 6
```

排除對角線相關係數 1，下三角矩陣相關係數大於等於 .900 以上者有三個。

從相關矩陣可以看出，配對自變數間的相關均為高度相關，有三個相關係數值高於 .900，學習動機（moti）變數與其他三個自變數的相關分別為 0.94、0.93、0.89，相關均非常高。

　　複迴歸分析程序中，若發現可能有共線性問題或線性相依，研究者可以採用主成分迴歸分析或脊迴歸方法（ridge regression）進行迴歸分析，此外，最簡便的方法是將自變數中 VIF 值最大（對應的容忍度指標值最接近 0）的變數從預測變數中排除，再重新進行複迴歸分析程序。

## 二、主成分迴歸分析

　　由於四個自變數間有高度相關，變數間可能反映高階的潛在構念，此潛在構念即變數間的的主成分 (principal components)，主成分迴歸程序為從四個自變數間抽取共同成分 ( 潛在構念 )，以共同成分作為自變數投入迴歸模式中。R 軟體中有二個函數可以進行主成分分析：prcomp( ) 函數、princomp( ) 函數。

### （一）prcomp( ) 函數

　　使用 **prcomp( )** 函數進行主成分分析：

```
> pca=prcomp(temp[,3:6])
> summary(pca)
Importance of components:
```

| | PC1 | PC2 | PC3 | PC4 |
|---|---|---|---|---|
| Standard deviation | 11.5405 | 2.80888 | 1.3511 | 0.91541 |
| Proportion of Variance | 0.9266 | 0.05489 | 0.0127 | 0.00583 |
| Cumulative Proportion | 0.9266 | 0.98147 | 0.9942 | 1.00000 |

　　四個主成分的特徵值分別為 11.541、2.809、1.351、0.915，四個主成分變數名稱分別為 PC1、PC2、PC3、PC4。如果保留特徵值大於 1 的主成分可以選取前三個，前二個主成分可以解釋的變異量已達 98.1%，也可以只選取前二個主成分變數作為新的預測變數。

　　樣本觀察值在四個主成分的分數，使用 **prcomp( )** 函數物件的附加函數 x：

```
> pca$x
          PC1           PC2            PC3           PC4
[1,] -10.779273   -0.14454482   1.08847870   -1.113370472
[2,] -19.540538    1.58569516   -2.06002550   -0.535941712
[3,] -19.540538    1.58569516   -2.06002550   -0.535941712
<略>
```

四個主成分變數間的相關矩陣如下：

```
> round(cor((pca$x)),3)
     PC1  PC2  PC3  PC4
PC1  1    0    0    0
PC2  0    1    0    0
PC3  0    0    1    0
PC4  0    0    0    1
```

抽取的四個主成分變數間的相關係數均為 .000。

以四個自變數萃取的前二個主成分作為新的預測變數，進行迴歸分析：

```
> pca.reg=lm(acad~pca$x[,1:2])
> summary(pca.reg)
Call:
lm(formula = acad ~ pca$x[, 1:2])
Residuals:
   Min       1Q     Median    3Q       Max
-17.4342  -1.8412   0.2329   1.9713   10.6850
Coefficients:
```

| | Estimate | Std. Error | t value | Pr(>|t|) |
|---|---|---|---|---|
| (Intercept) | 42.820000 | 0.671502 | 63.767 | < 2e-16 *** |
| pca$x[, 1:2]PC1 | 0.499727 | 0.058777 | 8.502 | 4.58e-11 *** |
| pca$x[, 1:2]PC2 | -0.006411 | 0.241491 | -0.027 | 0.979 |

---
Signif. codes: 0 '***' 0.001 '**' 0.01 '*' 0.05 '.' 0.1 ' ' 1
Residual standard error: 4.748 on 47 degrees of freedom
Multiple R-squared: 0.606, Adjusted R-squared: 0.5892
F-statistic: 36.14 on 2 and 47 DF, p-value: 3.122e-10

指令列 lm(acad~pca$x[,1:2]) 中的預測變數 pca$x[,1:2])，表示使用 pca 物件中前二個主成分變數（PC1、PC2）作為自變數。

以第一個主成分作為自變數，迴歸係數估計值 = 0.500、估計標準誤 = 0.059、顯著性 t 值統計量 = 8.502、顯著性 p=.000<.05，達到統計顯著水準；第二個主成分之迴歸係數估計值 = −0.006、估計標準誤 = 0.241，顯著性 t 值統計量 =−0.027、顯著性 p 值 =0.979>.05，未達統計顯著水準。R 平方值 =0.606、調整後 R 平方值 =0.589，二個主成分自變數可以解釋效標變數 60.6% 的變異量。

（二）princomp( ) 函數

使用 **princomp( )** 函數進行主成分分析：

```
> pc=princomp(temp[,3:6])
> summary(pc)
Importance of components:
```

| | Comp.1 | Comp.2 | Comp.3 | Comp.4 |
|---|---|---|---|---|
| Standard deviation | 11.4245267 | 2.78065227 | 1.33751206 | 0.906213671 |
| Proportion of Variance | 0.9265793 | 0.05489079 | 0.01269994 | 0.005829984 |
| Cumulative Proportion | 0.9265793 | 0.98147008 | 0.99417002 | 1.000000000 |

　　四個主成分的特徵值分別為 11.425、2.781、1.338、0.906，四個主成分變數名稱分別為 Comp.1、Comp.2、Comp.3、Comp.4，由於前二者主成分可以解釋的累積變異量達 98.1%，因而只選取前二個共同成分作為自變數。

　　使用主成分分析物件的函數 **score( )** 求出樣本觀察值在各成分的分數：

```
> pc$score
        Comp.1      Comp.2       Comp.3       Comp.4
[1,] 10.779273  -0.14454482   1.08847870  -1.113370472
[2,] 19.540538   1.58569516  -2.06002550  -0.535941712
[3,] 19.540538   1.58569516  -2.06002550  -0.535941712
<略>
```

　　四個主成分變數間的相關矩陣如下：

```
> round(cor((pc$scores)),3)
        Comp.1  Comp.2  Comp.3  Comp.4
Comp.1   1        0       0       0
Comp.2   0        1       0       0
Comp.3   0        0       1       0
Comp.4   0        0       0       1
```

　　萃取的四個主成分變數間的相關係數均為 .000。

# 柒 徑路分析

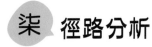

　　套件 psych 中的函數 **mediate( )** 可以進行徑路分析（path analysis），徑路分析的徑路係數為迴歸分析中的標準化迴歸係數 $\beta$。

　　函數 **mediate( )** 基本語法為：

mediate(y, x, m, data, mod = NULL, std = FALSE)

mediate.diagram(medi,digits=2)

　　引數 y 為依變數、引數 x 為自變數、引數 m 為中介變數（一個或多個），三個變數均必須界定變數在資料框架的直行參數數值。引數 data 界定資料框架物件、引數 mod 界定調節變數、引數 std 選項為真，表示輸出標準化迴歸係數，內定選項為假。**mediate.diagram( )** 函數可以繪製函數 **mediate( )** 建構的徑路物件圖形。

　　匯入資料檔，資料框架物件名稱為 temp：

> temp<-read.csv("reg_1.csv",header=T)
> names(temp)
[1] "stid" "sex"  "hope" "clas" "atte" "peer" "moti" "tact" "acad"

　　徑路分析中，以學習動機（moti）為自變數、學習成就分數（acad）為依變數、學習策略（tact）為中介變數，徑路圖假設模式圖如下：

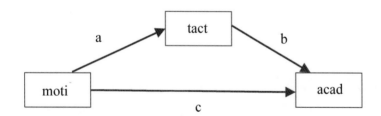

　　使用 **mediate( )** 函數時，直接界定變數在資料框架物件中的直行位置（變數索引），如 y=9 表示依變數在第九個直行（變數索引數值 =9），變數名稱為 acad：

> library(psych)
> mediate(y=9, x=7, m=8, data=temp,std=T)
Mediation analysis
Call: mediate(y = 9, x = 7, m = 8, data = temp, std = T)
The DV (Y) was  acad . The IV (X) was  moti . The mediating variable(s) = tact .

Total Direct effect(c) of moti on acad = 0.71 S.E. = 0.07 t direct = 10.89 with probability = 0

[說明]

學習動機對學習成就的總效果值 =0.71、估計值標準誤 =0.07，效果值檢定統計量 t 值 =10.89，顯著性機率值 p<.05，達到統計顯著水準，總效果估計值顯著不等於 0。

Direct effect of moti on acad removing tact = 0.62 S.E. = 0.06 t direct = 11.05 with probability = 0

[說明]

排除學習策略變數對學業成就變數的影響，學習動機自變數對學習成就依變數的直接效果值 =0.62，估計值標準誤 =0.06，效果值檢定統計量 t 值 =11.05，顯著性機率值 p<.05，達到統計顯著水準，直接效果估計值顯著不等於 0。

Indirect effect (c') of moti on acad through tact = 0.09

Mean bootstrapped indirect effect = 0.09 with standard error = 0.04 Lower CI = 0.02 Upper CI = 0.17

[說明]

學習動機藉由學習策略中介變數對學業成就影響的間接效果值 =0.09，平均拔鞋間接效果值 =0.09，估計值標準誤 =0.04，95% 信賴區間為 [0.02,0.17]，信賴區間值未包含 0 數值點，表示估計值顯著不等於 0。

Summary of a, b, and ab estimates and ab confidence intervals

|  | a | b | ab | mean.ab | ci.ablower | ci.abupper |
|---|---|---|---|---|---|---|
| 2.5% | 0.22 | 0.4 | 0.09 | 0.09 | 0.02 | 0.17 |

[說明]

估計值 a 的參數為學習動機對中介變數學習策略的直接效果值 =0.22，估計值 b 的參數為學習策略中介變數對依變數學習成就的直接效果值 =0.40，估計值 ab 為學習動機藉由中介變數學習策略對學業成就影響的間接效果值 =0.09(=0.22×0.40=0.09)。

ratio of indirect to total effect=  0.13

ratio of indirect to direct effect=  0.15

R2 of model =  0.66>

[ 說明 ]

間接效果對總效果的比值 =0.13

間接效果對直接效果的比值 =0.15

整體徑路分析模式的 R 平方 =0.66

R 圖形視窗自動繪製之徑路分析模式圖如下：

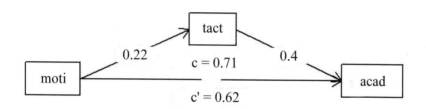

範例之自變數為學習專注（atte）、中介變數為學習動機（moti）、學習策略（tact）、依變數為學習成就（acad）分數：

```
> mediate(y=9, x=5, m=7:8, data=temp,std=T)
Mediation analysis
Call: mediate(y = 9, x = 5, m = 7:8, data = temp, std = T)
The DV (Y) was  acad . The IV (X) was  atte . The mediating variable(s) =
moti tact .
Total Direct effect(c) of  atte  on  acad  =  0.62   S.E. =  0.07  t direct =  8.64
with probability =  3.2e-14
```

[ 說明 ]

學習專注對學習成就依變數總效果估計值 =0.62，估計值檢定統計量 t=8.64、顯著性機率值 p<.001，達到統計顯著水準，估計值顯著不等於 0。

```
Direct effect of  atte  on  acad  removing  moti tact  =  0.23   S.E. =  0.07  t
direct =  3.49   with probability =  0.00068
```

[ 說明 ]

學習專注對學習成就依變數直接效果估計值 =0.23，估計值檢定統計量 t=3.49、顯著性機率值 p=0.001<.05，達到統計顯著水準，估計值顯著不等於 0。

Indirect effect (c') of atte on acad through moti tact = 0.39

Mean bootstrapped indirect effect = 0.4 with standard error = 0.06 Lower CI = 0.28 Upper CI = 0.53

[ 說明 ]

學習專注（atte）自變數透過中介變數學習動機（moti）、學習策略（tact）對學習成就依變數影響之間接效果估計值 =0.39，估計值 95% 信賴區間 =[0.28,0.53]，未包含 0 數值點，達到統計顯著水準，估計值顯著不等於 0。

間接效果值求法為：

> 0.45*0.53+0.49*0.31

[1] 0.3904

Summary of a, b, and ab estimates and ab confidence intervals

|      | a    | b    | ab   | mean.ab | ci.ablower | ci.abupper |
|------|------|------|------|---------|------------|------------|
| moti | 0.45 | 0.53 | 0.24 | 0.25    | 0.15       | 0.35       |
| tact | 0.49 | 0.31 | 0.15 | 0.15    | 0.06       | 0.26       |

[ 說明 ]

自變數學習專注（atte）對學習動機（moti））中介變數的直接效果值 =0.45、學習動機中介變數對依變數學習成就（acad）的直接效果值 =0.53，atte → moti → acad 影響路徑之間接效果值 =0.24。

自變數學習專注（atte）對學習策略（tact）中介變數的直接效果值 =0.49、學習策略（tact）中介變數對依變數學習成就（acad）的直接效果值 =0.31，atte → tact → acad 影響路徑之間接效果值 =0.15。

自變數學習專注（atte）對依變數學習成就（acad）影響之總間接效果值 =0.24+0.15=0.39。

ratio of indirect to total effect=　0.63
ratio of indirect to direct effect=　1.73
R2 of model =　0.69>
整體模式的 R 平方 =0.69

R 圖形視窗繪製之徑路模式圖如下：

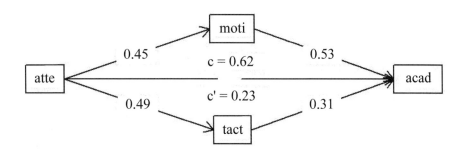

學習專注（atte）對學習動機（moti）、學習策略（tact）影響的直接效果
值分別為 0.45、0.49，中介變數學習動機（moti）、學習策略（tact）對依變數
學習成就（acad）影響的直接效果值分別為 0.53、0.31，學習專注（atte）自變
數對依變數學習成就（acad）影響的直接效果值 =0.23。

學習專注對學習成就影響的總效果值等於 0.62：

```
> 0.45*0.53+0.49*0.31+0.23
[1] 0.6204
```

總效果值 = 間接效果值 + 直接效果值 =(0.45*0.53+0.49*0.31)+0.23=0.39+
0.23=0.62。

套件 psych 中的函數 **setCor( )** 可以適用二個以上自變數之徑路圖。函數
setCor() 的基本語法如下：

setCor(y,x,data, z=NULL,std=TRUE,main="　")

setCor.diagram(sc,main=" ",digits=2,show=TRUE)

引數 y 為依變數的數值向量或文字向量如，c(2,4,6)。引數 x 為自變數的數值向量或文字向量，如 c(1,3,5)。引數 data 為相關矩陣或資料框架。引數 z 界定共變數的直行變數名稱或直行數值。引數 std 界定是否輸出標準化迴歸係數（standardized betas），內定選項為真（若選項界定為假，則輸出原始迴歸係數估計值）。引數 main 界定迴歸模式的標題。函數 **setCor.diagram( )** 可以繪製 **setCor( )** 函數建構物件的迴歸模式圖。

```
> library(psych)
> setCor(9,c(7,8),temp,std=TRUE)
Call: setCor(y = 9, x = c(7, 8), data = temp, std = TRUE)
Multiple Regression from raw data
Beta weights
    acad
moti 0.62
tact 0.40
[ 說明 ]
自變數 moti、tact 對依變數學習成就（acad）之標準化迴歸係數 β 值。
Multiple R
     acad
acad 0.81
multiple R2
     acad
acad 0.66
[ 說明 ]
多元相關係數 R=0.81、R 平方 =0.65，學習動機（moti）與學習策略（tact）
二個自變數共可解釋依變數學習成就（acad）66% 的變異量。
SE of Beta weights
```

　　　　acad

moti 0.29

tact　0.24

[ 說明 ]

二個 $\beta$ 加權係數之標準誤估計值分別為 0.29、0.24。

t of Beta Weights

　　　　acad

moti 2.17

tact　1.67

[ 說明 ]

迴歸係數顯著性檢定的 t 值統計量分別為 2.17、1.67。

Probability of t <

　　　　acad

moti 0.032

tact　0.097

[ 說明 ]

迴歸係數顯著性檢定的 t 值統計量對應的顯著性機率值 p 分別為 0.032、0.097，其中學習動機對學習成就依變數的直接效果值顯著，而學習策略對學習成就依變數的直接效果值不顯著。

R 圖形視窗繪製的圖形如下：

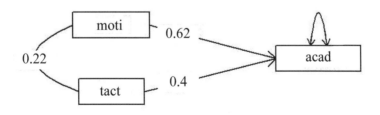

unweighted matrix correlation = 0.8

範例語法函數中的自變數為 hope、clas、atte、tact，依變數為 moti、acad：

```
> setCor(c(7,9),c(3,4,5,8),temp,std=TRUE)
Call: setCor(y = c(7, 9), x = c(3, 4, 5, 8), data = temp, std = TRUE)
Multiple Regression from raw data
Beta weights
       moti  acad
hope   0.21  0.14
clas   0.20  0.32
atte   0.33  0.35
tact  -0.15  0.12
```

[ 說明 ]

Beta 加權之參數值為標準化迴歸係數 $\beta$，其中學習策略（tact）對依變數的影響作用為負向（迴歸係數 t 值統計量 =-1.62，顯著性機率值 p<.05，估計值顯著不等於 0）。

```
Multiple R
moti  acad
0.51  0.73
multiple R2
moti  acad
0.26  0.54
```

[ 說明 ]

四個自變數與依變數 moti 的多元相關係數 R=0.51，R 平方值 =0.26。
四個自變數與依變數 acad 的多元相關係數 R=0.73，R 平方值 =0.54。

```
t of Beta Weights
       moti  acad
hope   2.90  0.46
clas   3.01  1.18
atte   6.04  1.62
tact  -1.62  0.34
```

[ 說明 ]

參數值為八個迴歸係數顯著性檢定的 t 值統計量。

Probability of t <

|      | moti    | acad |
|------|---------|------|
| hope | 4.5e-03 | 0.65 |
| clas | 3.2e-03 | 0.24 |
| atte | 1.9e-08 | 0.11 |
| tact | 1.1e-01 | 0.74 |

[ 說明 ]

參數值為八個迴歸係數顯著性檢定 t 值統計量對應的顯著性機率值 p。

其中四個自變數對學習成就 acad 的影響路徑均未達統計顯著水準。

R 圖形視窗繪製的圖形如下：

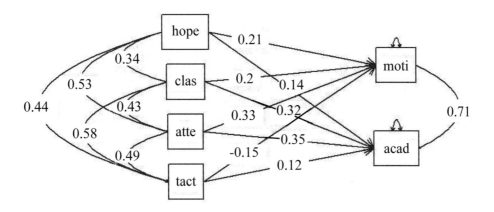

unweighted matrix correlation = 0.63

■二個群組之共變數分析

■三個群組之共變數分析

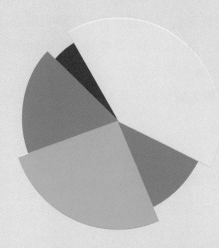

　　共變數分析（analysis of covariance；[ANCOVA]）程序適用於準實驗設計中，採用統計控制法排除前測分數或共變數對依變數的影響，讓實驗組與控制組在檢定依變數上有相同的起始點。單因子共變數分析程序之研究設計如下：

| 組別 | 前測（共變數） | 實驗處理 | 後測依變數 |
|---|---|---|---|
| 實驗組 | O1 | X | O3 |
| 控制組 | O2 | | O4 |

　　三個組別的實驗設計為：

| 組別 | 前測（共變數） | 實驗處理 | 後測依變數 |
|---|---|---|---|
| 組別 1 | O1 | X1 | O4 |
| 組別 2 | O2 | X2 | O5 |
| 組別 3 | O3 | X3 | O6 |

　　共變數分析的基本假定為資料結構需符合組內迴歸同質性假定（homogeneityof with-in regression），此假定為各組以共變數預測依變數之迴歸線的斜率係數相同，或迴歸線互相平行。

　　如果實驗處理有三組，若三組的共變數分別為 $X_1$、$X_2$、$X_3$，三組的依變數分別為 $Y_1$、$Y_2$、$Y_3$，則根據 $X_1$ 預測 $Y_1$ 可得到第一個迴歸線及斜率 $\beta_{w1}$、根據 $X_2$ 預測 $Y_2$ 可得到第二個迴歸線及斜率 $\beta_{w2}$、根據 $X_3$ 預測 $Y_3$ 可得到一個迴歸線及斜率 $\beta_{w3}$。若是組內迴歸係數同質性結果不顯著（p>.05），表示迴歸線斜率 $\beta_{w1}$、斜率 $\beta_{w2}$、斜率 $\beta_{w3}$ 的斜率相同（$\beta_{w1}=\beta_{w2}=\beta_{w3}$），此時三組的斜率可用一條共用斜率 $\beta_k$ 來代替，表示三條迴歸線互相平行（吳明隆，2007）。資料結構若是違反組內迴歸同質性假定，不能使用傳統共變數分析法，必須改用 Johnson-Neyman 校正方法。

　　匯入資料檔，資料框架物件名稱為 dancova。

```
> dancova=read.csv("ancov_1.csv",header=T)
> head(dancova)
```

| | group | pretest | posttest | folltest | readgroup | chinscore | readscore |
|---|---|---|---|---|---|---|---|
| 1 | 1 | 23 | 29 | 28 | 1 | 23 | 29 |
| 2 | 1 | 27 | 37 | 35 | 1 | 27 | 37 |
| 3 | 1 | 12 | 22 | 20 | 1 | 12 | 22 |
| 4 | 1 | 19 | 41 | 40 | 1 | 19 | 41 |
| 5 | 1 | 25 | 35 | 34 | 1 | 25 | 35 |
| 6 | 1 | 37 | 48 | 45 | 1 | 37 | 48 |

　　資料框架物件中的變數 readgroup 為實驗組別、水準數值編碼 1 為實驗組
（採用翻轉教學法）、水準數值編碼 2 為控制組（採用傳統講述法），變數
chinscore 為學生前一學年的國文成績（共變數），變數 readscore 為受試者的閱
讀理解能力成績（依變數）。

##  二個群組之共變數分析

　　某研究者採用準實驗研究設計，探討不同教學方法對學生閱讀理解能力的
影響，隨機選取二個樣本群組，一組採用翻轉教學法、一組採用傳統講述法。
二種不同教學法各實施二個月（同一位教學者），之後二組各實施閱讀理解能
力測驗，測量值愈高表示受試者的閱讀理解能力愈好，為避免依變數閱讀理解
能力受到受試者之前國文能力的影響，因而以受試者前一學年國文成績為共變
數。

　　研究問題：排除共變數（國文成績）對受試者的影響後，實驗組與控制組
二個群組經二個月的實驗教學後，閱讀理解能力（依變數）是否有顯著差異？

### 一、組內迴歸同質性檢定

使用 **lm( )** 函數進行組內迴歸係數同質性檢定：

```
> attach(dancova)
> m.hwir=lm(readscore~chinscore*factor(readgroup))
> summary(m.hwir)
Call:
lm(formula = readscore ~ chinscore * factor(readgroup))
Residuals:
    Min      1Q    Median      3Q      Max
-10.8905  -2.5718  -0.2913   1.9418  11.6719
Coefficients:
```

|  | Estimate | Std. Error | t value | Pr(>\|t\|) |
|---|---|---|---|---|
| (Intercept) | 21.4128 | 4.1482 | 5.162 | 2.19e-05 *** |
| chinscore | 0.5457 | 0.1501 | 3.635 | 0.0012 ** |
| factor(readgroup)2 | -15.0721 | 6.5404 | -2.304 | 0.0294 * |
| chinscore:factor(readgroup)2 | 0.3106 | 0.2238 | 1.388 | 0.1770 |

```
---
Signif. codes: 0 '***' 0.001 '**' 0.01 '*' 0.05 '.' 0.1 ' ' 1
Residual standard error: 5.442 on 26 degrees of freedom
Multiple R-squared: 0.6301,   Adjusted R-squared: 0.5875
F-statistic: 14.77 on 3 and 26 DF,  p-value: 8.218e-06
```

前測成績共變數與組別因子變數之交互作用項的估計值 =0.311，t 值統計量 =1.388、顯著性 p 值 =0.177>.05，未達統計顯著水準，接受虛無假設。交互作用項估計值顯著等於 0，實驗組與控制組二個群組迴歸線的斜率相同，以共變數（國文成績）與依變數（閱讀理解能力）間的關係不會因自變數水準群組不同而有所差異；亦即實驗組以國文成績預測其閱讀理解能力之迴歸係數與控制組以國文成績預測其閱讀理解能力之迴歸係數的差異值等於 0，二條迴歸線的斜率係數相同（$\beta_{w1}=\beta_{w2}$），二條迴歸線平行，符合組內迴歸係數同質性假定，

可進一步使用傳統共變數分析程序。

使用 **aov( )** 函數進行組內迴歸係數同質性檢定：

```
> ma.hwir=aov(readscore~chinscore*factor(readgroup))
> summary(ma.hwir)
                            Df  Sum Sq  Mean Sq  F value   Pr(>F)
chinscore                    1   953.7   953.7   32.208   5.71e-06 ***
factor(readgroup)            1   300.9   300.9   10.161   0.00371 **
chinscore:factor(readgroup)  1    57.0    57.0    1.926   0.17697
Residuals                   26   769.9    29.6
---
Signif. codes:  0 '***' 0.001 '**' 0.01 '*' 0.05 '.' 0.1 ' ' 1
```

chinscore:factor(readgroup) 列為自變數與共變量的交互作用項，共變量國文成績 × 組別項之 F 值統計量 =1.926，顯著性 p 值 =0.177>.05，未達統計顯著水準，接受虛無假設（$\beta_{w1}=\beta_{w2}$），二個樣本群組之迴歸係數沒有顯著差異存在（二條迴歸線的斜率係數估計值相等）。

繪出二個群組樣本觀察值之迴歸線：

```
>plot(readscore~chinscore,type="p",cex=1.5)
>reg1=lm((readscore[readgroup==1]) ~ (chinscore[readgroup==1]))
>reg2=lm((readscore[readgroup==2]) ~ (chinscore[readgroup==2]))
>abline(reg1,lwd=2,col=4,lty=1)
>abline(reg2,lwd=2,col=2,lty=2)
```

　　迴歸曲線中的引數 lwd 為線條寬度、col 為線條顏色、lty 為線條樣式。以樣本觀察值之國文成績（共變數）為預測變數、閱讀理解能力為依變數，繪製的二條迴歸線的斜率相同，樣本母體的迴歸線互相平行。

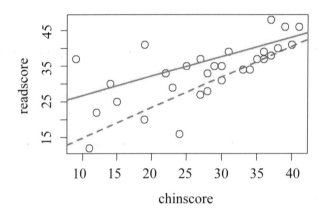

　　組內迴歸同質性檢定也可以直接使用下列函數語法求出：

```
> anova(aov(readscore ~ chinscore * factor(readgroup)))
Analysis of Variance Table
Response: readscore
```

|  | Df | Sum Sq | Mean Sq | F value | Pr(>F) |
|---|---|---|---|---|---|
| chinscore | 1 | 953.71 | 953.71 | 32.209 | 5.713e-06 *** |
| factor(readgroup) | 1 | 300.88 | 300.88 | 10.161 | 0.003715 ** |
| chinscore:factor(readgroup) | 1 | 57.03 | 57.03 | 1.926 | 0.176973 |
| Residuals | 26 | 769.88 | 29.61 | | |

```
---
Signif. codes:  0  '***'  0.001  '**'  0.01  '*'  0.05  '.'  0.1  ' '  1
```

　　國文成績共變數與組別交互作用項檢定的 F 值統計量 =1.926、顯著性 p 值 =0.177，未達統計顯著水準，接受虛無假設，二條迴歸線的斜率係數相同，資料結構未違反組內迴歸同質性假定。

二、共變數分析

使用 **aov( )** 函數進行共變數分析：

> m.ancova=aov(readscore~chinscore+factor(readgroup))
> summary(m.ancova)
```
                    Df  Sum Sq  Mean Sq  F value    Pr(>F)
chinscore            1   953.7    953.7   31.140   6.44e-06 ***
factor(readgroup)    1   300.9    300.9    9.824   0.00412 **
Residuals           27   826.9     30.6
---
Signif. codes:  0 '***' 0.001 '**' 0.01 '*' 0.05 '.' 0.1 ' ' 1
```

實驗組與控制組調整後平均數差異的 SS 值 =300.9、MS 值 =300.9、F 值統計量 =9.824、顯著性 p 值 =0.004<.05，達到統計顯著水準，拒絕虛無假設（$AM_1 = AM_2$），二個群組調整後平均數的差異值顯著不等於 0，排除或調整共變量國文成績對受試者的影響後，實驗組與控制組的閱讀理解能力分數有顯著不同（$AM_1 \neq AM_2$）。

共變數分析摘要表整理如下：

| 來源 | 平方和 | df | 均方和 | F | 顯著性 |
|------|--------|-----|--------|--------|--------|
| 共變量 | 953.7 | 1 | 953.7 | 31.140 | .000 |
| 組別 | 300.9 | 1 | 300.9 | 9.824 | .004 |
| 誤差 | 826.9 | 27 | 30.6 | | |

共變數分析直接使用函數語法輸出：

```
> anova(aov(readscore ~ chinscore + factor(readgroup)))
Analysis of Variance Table
Response: readscore
                   Df   Sum Sq   Mean Sq   F value    Pr(>F)
chinscore          1    953.71   953.71    31.1404    6.435e-06 ***
factor(readgroup)  1    300.88   300.88    9.8241     0.004123 **
Residuals          27   826.91   30.63

---
Signif. codes:  0  '***'  0.001  '**'  0.01  '*'  0.05  '.'  0.1  ' '  1
```

實驗組與控制組調整後平均數差異的 SS 值 =300.88、MS 值 =300.88、F 值統計量 =9.824、顯著性 p 值 = 0.004<.05，達到統計顯著水準，拒絕虛無假設（$AM_1 = AM_2$），二個群組調整後平均數有顯著的不同。

三、調整後平均數

共變數分析檢定的平均數是依變數調整後平均數（adjusted mean），調整後平均數是根據各組前測分數（或共變數分數）、依變數原始測量分數、共變數的總平均數等參數估計值換算而得。

調整後平均數的計算公式如下：

$$\overline{AY_i} = \overline{Y_i} - \beta_w (\overline{X_i} - \overline{X})$$

調整後平均數 = 組別依變數 − 共同斜率係數 ×( 組別共變數平均數 − 共變數總平均值 )

上述公式中：

$\overline{X}$：為觀察值在共變數上的總平均數。

$\overline{X_i}$：是各處理水準 i 在共變數上之平均數。

$\beta_w$：組內迴歸係數共同值（斜率係數）。

$\overline{Y_i}$：為各處理水準 i 在依變數上之平均數。

求出平行迴歸線的斜率係數，使用 **aov( )** 函數物件中的引數 coefficients。

```
> m.ancova$coefficients
     (Intercept)        chinscore     factor(readgroup)2
    17.7793269         0.6854105          -6.4390076
```

共同斜率係數值 =0.6854。

使用 **mean( )** 函數求出國文成績（共變數）、閱讀理解能力（依變數）的平均數：

```
> mean(dancova[,6])
[1] 27.63333
> mean(dancova[,7])
[1] 33.5
```

國文成績（共變數）的平均數 =27.63、閱讀理解能力（依變數）的平均數 =33.50。

使用 **aggregate( )** 函數求出二個群組的樣本數：

```
> aggregate(dancova[,6:7],by=list(dancova[,5]),length)
   Group.1    chinscore    readscore
1     1          15           15
2     2          15           15
```

實驗組與控制組的有效樣本數各為 15。

使用 **aggregate( )** 函數求出二個群組在國文成績、閱讀理解能力的平均數、標準差，範例中使用二種不同的方法，一為直接界定組別變數、一是界定組別的變數索引：

```
> aggregate(dancova[,6:7],by=list(dancova$readgro),function(x)
c(mean(x),sd(x)))
```

| Group.1 | chinscore.1 | chinscore.2 | readscore.1 | readscore.2 |
|---------|-------------|-------------|-------------|-------------|
| [ 組別 | 平均數 | 標準差 | 平均數 | 標準差 ] |
| 1       1 | 26.000000 | 9.687990 | 35.600000 | 7.688582 |
| 2       2 | 29.266667 | 8.762474 | 31.400000 | 8.950658 |

```
> aggregate(dancova[,6:7],by=list(dancova[,5]),function(x) c(mean(x),sd(x)))
```

| Group.1 | chinscore.1 | chinscore.2 | readscore.1 | readscore.2 |
|---------|-------------|-------------|-------------|-------------|
| 1       1 | 26.000000 | 9.687990 | 35.600000 | 7.688582 |
| 2       2 | 29.266667 | 8.762474 | 31.400000 | 8.950658 |

15 位實驗組受試者國文成績的平均數 =26.00、標準差 =9.688，閱讀理解能力的平均數 =35.60、標準差 =7.689；15 位控制組受試者國文成績的平均數 =29.27、標準差 =8.762，閱讀理解能力的平均數 =31.40、標準差 =8.951。

使用 **subset ( )** 函數分割原資料檔，實驗組資料框架物件名稱界定為 treatg、控制組資料框架物件名稱界定為 contrg：

```
treatg=subset(dancova,dancova$readgrou==1)
contrg=subset(dancova,dancova$readgrou==2)
```

使用 $\overline{AY_i}=\overline{Y_i}-\beta_w(\overline{X_i}-\overline{X})$ 公式求出二組調整後平均數，其中 $\beta_w$ =0.6854：

```
> mean(treatg$readscore)-0.6854*( (mean(treatg$chinscore)-
mean(dancova$chinscore)))
[1] 36.71949
```

實驗組調整後平均數 =36.719。

```
> mean(contrg$readscore)-0.6854*( (mean(contrg$chinscore)-
mean(dancova$chinscore)))
[1] 30.28051
```

控制組調整後平均數 =30.281。

實驗組與控制組在閱讀理解能力分數之調整後平均數也可以使用下列語法
求出：

```
>mean(readscore[readgroup==1])-0.6854*((mean(chinscore[readgroup==1])-
mean(chinscore)))
[1] 36.71949
>mean(readscore[readgroup==2])-0.6854*((mean(chinscore[readgroup==2])-
mean(chinscore)))
[1] 30.28051
```

指令列 mean(readscore[readgroup==1]) 中的變數後面增列 [ ] 語法，表示選
取樣本觀察值，[readgroup==1] 語法界定只選取組別水準數值編碼 =1 的樣本觀
察值（實驗組），[readgroup==2] 語法界定只選取組別水準數值編碼 =2 的樣本
觀察值（控制組）。

實驗組與控制組之描述性統計量摘要表統整如下：

| 組別 | 樣本數 | 原始平均數 | 標準差 | 調整後平均數 |
|------|--------|-----------|--------|-------------|
| 實驗組 | 15 | 35.60 | 7.689 | 36.720 |
| 控制組 | 15 | 31.40 | 8.951 | 30.281 |

共變數分析摘要表之 F 值統計量達到統計顯著水準，二個組別之調整後平
均數的差異值顯著不等於 0，排除共變數國文成績對受試者的影響後，實驗組
與控制組在閱讀理解能力有顯著不同，實驗組顯著高於控制組。

**貳　三個群組之共變數分析**

　　研究者採用三種不同方法探究其對受試者推理能力的影響，三個組別（教學法一群組、教學法二群組、教學法三群組）在實驗處理前、實驗處理後均實施推理能力測驗，測驗分數愈高表示受試者推理能力愈佳。依變數包括立即效果、追蹤效果的差異比較，共變數為前測成績。

　　範例資料檔之變數 group 為組別變數（三分類別變數）、變數名稱 pretest 為推理能力前測成績、變數名稱 posttest 為推理能力後測成績、變數名稱 folltest 為推理能力追蹤測成績。實驗設計架構表如下：

| 組別 | 前測（共變數） | 實驗處理 | 後測依變數 | 追蹤測依變數 |
|---|---|---|---|---|
| 組別 1（教學法一） | O1 | X1 | O4 | O7 |
| 組別 2（教學法二） | O2 | X2 | O5 | O8 |
| 組別 3（教學法三） | O3 | X3 | O6 | O9 |

一、組內迴歸同質性檢定

```
> group=as.factor(group)
> m.hwir=lm(posttest~group*pretest)
> summary(m.hwir)
Call:
lm(formula = posttest ~ group * pretest)
Residuals:
   Min      1Q    Median    3Q      Max
-8.7244  -2.0178  -0.5538  0.5613  10.6105
Coefficients:
               Estimate   Std. Error   t value    Pr(>|t|)
(Intercept)    16.0118      4.9128      3.259    0.003326 **
group2          9.8653      5.9907      1.647    0.112638
group3        -10.7410      9.0882     -1.182    0.248836
```

| pretest | 0.7567 | 0.1677 | 4.513 | 0.000143 *** |
| group2:pretest | -0.3693 | 0.2193 | -1.684 | 0.105080 |
| group3:pretest | 0.1337 | 0.2849 | 0.469 | 0.642961 |

```
---
Signif. codes: 0 '***' 0.001 '**' 0.01 '*' 0.05 '.' 0.1 ' ' 1
Residual standard error: 4.574 on 24 degrees of freedom
Multiple R-squared: 0.6543,   Adjusted R-squared: 0.5823
F-statistic: 9.085 on 5 and 24 DF,  p-value: 5.937e-05
```

group2:pretest 列為組別自變數中水準數值 1 群組、水準數值 2 群組與共變量的交互作用，估計值 =−0.369，t 值統計量 =−1.684，顯著性 p 值 =0.105>.05，未達統計顯著水準，交互作用項估計值顯著等於 0。

group3:pretest 列為組別自變數中水準數值 1 群組、水準數值 3 群組與共變量的交互作用，估計值 =0.134，t 值統計量 =0.469，顯著性 p 值 =0.643>.05，未達統計顯著水準，交互作用項估計值顯著等於 0，表示自變數與共變量的交互作用未達統計顯著水準，三條迴歸線的斜率係數相同，迴歸線互相平行。

使用 **aov( )** 函數進行組內迴歸同質檢定：

```
> ma.hwir=aov(posttest~group*pretest)
> summary(ma.hwir)
```

| | Df | Sum Sq | Mean Sq | F value | Pr(>F) |
| --- | --- | --- | --- | --- | --- |
| group | 2 | 54.2 | 27.1 | 1.295 | 0.292 |
| pretest | 1 | 797.2 | 797.2 | 38.108 | 2.23e-06 *** |
| group:pretest | 2 | 98.9 | 49.4 | 2.364 | 0.116 |
| Residuals | 24 | 502.0 | 20.9 | | |

```
---
Signif. codes: 0 '***' 0.001 '**' 0.01 '*' 0.05 '.' 0.1 ' ' 1
```

組內迴歸同質性檢定結果摘要表如下：

| 來源 | 平方和 | df | 均方和 | F | 顯著性 |
|---|---|---|---|---|---|
| group*pretest | 98.9 | 2 | 49.4 | 2.364 | .116 |
| 誤差 | 502.0 | 24 | 20.9 | | |

自變數組別與共變量的交互作用項檢定之 F 值統計量 =2.364，顯著性 p 值 =.116>.05，未達統計顯著水準，接受虛無假設 ($\beta_{w1}=\beta_{w2}=\beta_{w3}$)，三個樣本群組之迴歸係數相同，三條迴歸線互相平行。

使用繪圖函數 **plot( )** 與 **abline( )** 繪製三個群組的迴歸線：

```
> plot(posttest~pretest,cex=1.5)
>reg1=lm((posttest[group==1]) ~ (pretest[group==1]))
>reg2=lm((posttest[group==3]) ~ (pretest[group==2]))
>reg3=lm((posttest[group==3]) ~ (pretest[group==3]))
>abline(reg1,lwd=2,col=1,lty=1)
>abline(reg2,lwd=2,col=2,lty=2)
>abline(reg3,lwd=3,col=4,lty=3)
> grid(nx=10,ny=10)
```

以後測成績為依變數、前測成績為預測變數，三個組別（三種教學方法）之迴歸線如下（樣本觀察值迴歸線的交叉是抽樣誤差造成的，樣本組別之母體線性模式繪製的三條迴歸線為互相平行）：

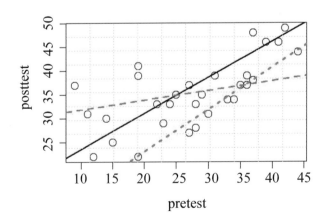

二、共變數分析

使用 **aov( )** 函數與物件函數 **summary( )** 求出共變數分析摘要表：

```
> m.ancova=aov(posttest~pretest+factor(group),data=dancova)
> summary(m.ancova)
              Df   Sum Sq   Mean Sq   F value   Pr(>F)
pretest        1    641.2     641.2    27.740   1.66e-05 ***
factor(group)  2    210.2     105.1     4.548    0.0203 *
Residuals     26    600.9      23.1
---
Signif. codes:  0  '***'  0.001  '**'  0.01  '*'  0.05  '.'  0.1  ' '  1
```

共變數分析摘要表整要如下：

| 來源 | 平方和 | df | 均方和 | F | 顯著性 |
|------|--------|-----|--------|-----|--------|
| pretest | 641.2 | 1 | 641.2 | 27.740 | .000 |
| group | 210.2 | 2 | 105.1 | 4.548 | .020 |
| 誤差 | 600.9 | 26 | 23.1 | | |

三個組別之調整後平均數整體差異的 F 值統計量 =4.548，顯著性 p 值 =.020<.05，達到統計顯著水準，表示排除前測成績的影響後，三種不同教學方法在後測成測的差異達到顯著。

使用 **aov( )** 函數建立的模式物件之引數 coefficients 求出三條迴歸線的共同斜率：

```
> coefficients(m.ancova)
  (Intercept)      pretest    factor(group)2    factor(group)3
  20.2929382     0.6038236     0.8229418        -5.6775887
```

共同斜率係數 $\beta_k$=0.6038。

### 三、求出調整後平均數

使用 **mean( )** 函數求出前測成績共變量的平均數：

```
> mean(pretest)
[1] 27.53333
```

前測成績（共變量）的平均數 =27.53。

使用 tapply 求出三個組別在前測成績、後測成績的平均數：

```
> tapply(pretest,group,mean)
  1     2     3
28.0  22.0  32.6
> tapply(posttest,group,mean)
  1     2     3
37.2  34.4  34.3
```

三個組別在前測成績的平均數分別為 28.0、22.0、32.6；在後測成績的平均數分別為 37.2、34.4、34.3（組別原始後測成績的平均數）。

求出三個組別在後測成績的標準差：

```
> round( tapply(posttest,group,sd),3)
   1      2      3
8.244  6.883  6.325
```

求出第一組後測成績之調整後平均數：

```
> mean(posttest[group==1])-0.6038*((mean(pretest[group==1])-
mean(pretest)))
[1] 36.91823
```

第一組後測成績調整後平均數 =36.918。

求出第二組後測成績之調整後平均數：

>mean(posttest[group==2])-0.6038*((mean(pretest[group==2])-
mean(pretest)))
[1] 37.74103

第二組後測成績調整後平均數 =37.741。

求出第三組後測成績之調整後平均數：

>mean(posttest[group==3])-0.6038*((mean(pretest[group==3])-
mean(pretest)))
[1] 31.24075

第三組後測成績調整後平均數 =31.241。

三個組別在後測成績之描述性統計量摘要表如下：

| 組別 | 個數 | 原始平均數 | 標準差 | 調整後平均數 |
|---|---|---|---|---|
| 組別 1 | 10 | 37.2 | 8.244 | 36.918 |
| 組別 2 | 10 | 34.4 | 6.883 | 37.741 |
| 組別 3 | 10 | 34.3 | 6.325 | 31.241 |

四、配對組共變數分析

配對組共變數分析可以作為共變數分析之事後比較替代方式。

（一）組別 1 與組別 2 的比較

使用 subset( ) 函數選取組別自變數中水準數值 =1 或水準數值 =2 的樣本觀
察值：

temp12=subset(dancova,(dancova$group=="1" | dancova$group=="2"))

使用 **with( )** 函數界定特定的資料框架物件名稱：

```
> with(temp12,{summary(aov(posttest~pretest+factor(group)))})
              Df   Sum Sq   Mean Sq   F value   Pr(>F)
pretest        1    562.3    562.3     18.60     0.000472 ***
factor(group)  1     0.9      0.9       0.03     0.865255
Residuals     17    514.0     30.2
```

調整後平均數差異檢定的 F 值統計量 =0.03，顯著性 p 值 =0.865>.05，未達統計顯著水準，接受虛無假設（AM1=AM2），組別 1 與組別 2 在後測成績調整後平均數的差異值顯著等於 0。

（二）組別 1 與組別 3 的比較

使用 **subset( )** 函數選取組別自變數中水準數值 =1 或水準數值 =3 的樣本觀察值：

```
temp13=subset(dancova,(dancova$group=="1" | dancova$group=="3"))
```

使用 **with( )** 函數界定特定的資料框架物件名稱：

```
> with(temp13,{summary(aov(posttest~pretest+factor(group)))})
              Df   Sum Sq   Mean Sq   F value   Pr(>F)
pretest        1    577.3    577.3     41.31     6.25e-06 ***
factor(group)  1    198.9    198.9     14.24     0.00152 **
Residuals     17    237.5     14.0
```

調整後平均數差異檢定的 F 值統計量 =14.24，顯著性 p 值 =0.002<.05，達到統計顯著水準，拒絕虛無假設（AM1=AM3），組別 1 與組別 3 在後測成績調整後平均數的差異值顯著不等於 0，組別 2 後測成績調整後平均數（AM1=36.918）顯著高於組別 3 後測成績調整後平均數（AM3=31.241）。

（三）組別 2 與組別 3 的比較

使用 **subset( )** 函數選取組別自變數中水準數值 =1 或水準數值 =3 的樣本觀察值：

> temp23=subset(dancova,(dancova$group=="2" | dancova$group=="3"))

使用 **with( )** 函數界定特定的資料框架物件名稱：

> with(temp23,{summary(aov(posttest~pretest+factor(group)))})

| | Df | Sum Sq | Mean Sq | F value | Pr(>F) |
|---|---|---|---|---|---|
| pretest | 1 | 282.1 | 282.08 | 12.328 | 0.00268 ** |
| factor(group) | 1 | 115.5 | 115.46 | 5.046 | 0.03826 * |
| Residuals | 17 | 389.0 | 22.88 | | |

調整後平均數差異檢定的 F 值統計量 =5.046，顯著性 p 值 =0.038<.05，達到統計顯著水準，拒絕虛無假設（AM2=AM3），組別 2 與組別 3 在後測成績調整後平均數的差異值顯著不等於 0，組別 2 後測成績調整後平均數（AM2=37.741）顯著高於組別 3 後測成績調整後平均數（AM3=31.241）。

五、追蹤測成績比較

（一）組內迴歸同質性檢定

> with(dancova,{ summary(aov(folltest~factor(group)*pretest)) })

| | Df | Sum Sq | Mean Sq | F value | Pr(>F) |
|---|---|---|---|---|---|
| factor(group) | 2 | 22.2 | 11.1 | 0.548 | 0.5853 |
| pretest | 1 | 673.2 | 673.2 | 33.222 | 6.11e-06 *** |
| factor(group):pretest | 2 | 115.0 | 57.5 | 2.838 | 0.0783 . |
| Residuals | 24 | 486.3 | 20.3 | | |

組內迴歸同質性檢定摘要表如下：

| 來源 | 平方和 | df | 均方和 | F | 顯著性 |
|---|---|---|---|---|---|
| group*pretest | 115.0 | 2 | 57.5 | 2.838 | .078 |
| 誤差 | 486.3 | 24 | 20.3 | | |

自變數組別與前測成績共變量之交互作用項檢定的 F 值統計量 =2.838，顯著性 p 值 =.078>.05，接受虛無假設，資料結構未違反組合迴歸同質性假定，三個組別繪製的迴歸線互相平行，以組別前測成績預測組別追蹤成績的迴歸線斜率係數差異值等於 0。

（二）共變數分析

```
> with(dancova,{summary(aov(folltest~pretest+factor(group)))})
              Df   Sum Sq   Mean Sq   F value   Pr(>F)
pretest        1    584.9     584.9    25.290   3.11e-05 ***
factor(group)  2    110.5      55.2     2.389   0.112
Residuals     26    601.3      23.1
```

共變數分悉摘要表如下：

| 來源 | 平方和 | df | 均方和 | F | 顯著性 |
|---|---|---|---|---|---|
| pretest | 584.9 | 1 | 584.9 | 25.290 | .000 |
| group | 110.5 | 2 | 55.2 | 2.389 | .112 |
| 誤差 | 601.3 | 26 | 23.1 | | |

共變數分析差異整體檢定之 F 值統計量 =2.389，顯著性 p 值 =.112>.05，未達統計顯著水準，接受虛無假設（AM1=AM2=AM3），排除前測成績的影響後，三個組別在追蹤測成績沒有顯著差異存在。

求出三組共同斜率係數估計值：

```
> m.ancova$coefficients
  (Intercept)       pretest    factor(group)2    factor(group)3
   19.4632272     0.5548847        1.2293085        -3.7524698
```

三組共同斜率係數估計值 =0.5549。

求出三組追蹤測成績之調整後平均數：

```
> mean(folltest[group==1])-0.5549*((mean(pretest[group==1])-
mean(pretest)))
[1] 34.74105
> mean(folltest[group==2])-0.5549*((mean(pretest[group==2])-
mean(pretest)))
[1] 35.97045
> mean(folltest[group==3])-0.5549*((mean(pretest[group==3])-
mean(pretest)))
[1] 30.98851
```

三個組別追蹤測調整後平均數分別為 34.741、35.970、30.989。

求出三組追蹤測成績之原始平均數：

```
> tapply(folltest,group,mean)
   1    2    3
35.0 32.9 33.8
```

三個組別追蹤測原始成績平均數分別為 35.0、32.9、33.8。

# Chapter

# 17 因素分析與信度分析

■ 因素分析函數語法

■ 基本套件 factanal( ) 函數的應用

■ principal( ) 函數的應用

■ 人格特質量表的 EFA

■ fa( ) 函數的應用

■ 信度分析

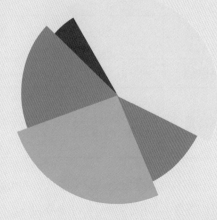

　　因素分析（factor analysis）主要在於將一群題項變數縮減成為少數幾個成分或因素（factor），指標變數或題項是經由量表或測驗所得的分數，此種變數稱為觀察變數；指標變數共同反映的潛在特質或因素構念是無法觀察的變數，此種變數稱為潛在變數。從一群題項變數中萃取少數幾個共同因素的方法，稱為探索性因素分析（exploratory factor analysis; 簡稱 EFA）。

　　探索性因素分析程序中萃取共同因素的方法常見者有：主成分分析法（principal components）、未加權最小平方法（unweighted least squares）、一般化最小最平方法（generalized least squares）、最大概似估計法（maximum likelihood）、主軸因子法／主軸法（principal axis factoring）等。期刊論文中在萃取共同因素方法時，研究者使用最多的為主成分分析法與主軸法（主軸因子法）。

　　因素分析假定觀察值在所有指標變項上的反應或量測值主要由二個部分組成，一為各指標變數共有的部分（能測出共同特質構念的部分），此部分稱為「共同因素」（common factor）；二為各指標變數個別擁有的獨特部分，此部分是其餘指標變數沒有的，稱為「獨特因素」（unique factor），獨特因素是共同因素或構念變數無法解釋指標變數／題項的誤差變異（吳明隆，2008）。

　　以四個指標變數／題項為例，若萃取二個共同因素，因素矩陣如下：

| 變項 | $F_1$<br>（共同因素一） | $F_2$<br>（共同因素一） | 共同性<br>$h^2$ | 獨特性<br>變異量<br>$u^2$ |
|---|---|---|---|---|
| $X_1$ | $a_{11}$ | $a_{12}$ | $a_{11}^2 + a_{12}^2$ | $1-h_1^2$ |
| $X_2$ | $a_{21}$ | $a_{22}$ | $a_{21}^2 + a_{22}^2$ | $1-h_2^2$ |
| $X_3$ | $a_{31}$ | $a_{32}$ | $a_{31}^2 + a_{32}^2$ | $1-h_3^2$ |
| $X_4$ | $a_{41}$ | $a_{42}$ | $a_{41}^2 + a_{42}^2$ | $1-h_4^2$ |
| 特徵值 | $a_{11}^2 + a_{21}^2 + a_{31}^2 + a_{41}^2$ | $a_{12}^2 + a_{22}^2 + a_{32}^2 + a_{42}^2$ | | |
| 解釋量 | $\dfrac{(a_{11}^2 + a_{21}^2 + a_{31}^2 + a_{41}^2)}{4}$ | $\dfrac{(a_{12}^2 + a_{22}^2 + a_{32}^2 + a_{42}^2)}{4}$ | | |

　　上表中可以看出，共同性（communality）表示的是指標變數／每個題項被萃取出所有共同因素解釋的變異部分，共同性參數值愈大，表示指標變數愈能

有效反映潛在特質或潛在構念。特徵值（eigenvalue）是個別共同因素可以解釋所有題項變數的變異，參數估計值愈大，表示共同因素可以解釋所有指標變數 /題項的變異愈多，因素的構念效度愈佳。社會科學領域中，萃取共同因素累積解釋變異量最低的指標值為 50.0%，最佳的指標值為 60.0%，即共同因素對所有指標變數的累積解釋變異高於 60.0% 以上，表示因素分析程序建構的「構念效度」佳。

因素分析時最常用的資料檔為計算指標變數間的相關矩陣，根據相關矩陣的數值進行變數的分群，因素分析程序中保留的共同因素個數，研究者可以根據內容效度或原先編製量表的理論文獻內容，直接限定因素萃取的個數；若沒有限定，一般是保留特徵值大於 1.00 的共同因素。R 軟體中有關因素分析的函數，均要指定因素抽取的個數，否則會採用內定的數值只抽取一個共同因素。因素分析程序為便於指標變數的分群與解釋，共同因素要經過轉軸方法，以符合簡單結構目標，因素轉軸法有正交轉軸（或稱直交轉軸）與斜交轉軸二種方法。直交轉軸假定因素軸間的相關微弱相關或零相關，斜交轉軸假定因素軸間有某種程度的相關，正交轉軸最常使用的方法為最大變異法（varimax），斜交轉軸最常使用的方法為直接斜交法（oblimin）與最優斜交法（promax）二種。

因素分析程序未經因素轉軸之因素結構十分複雜，無法達成簡約的原則，各共同因素包含題項內容的差異極大，共同因素通常無法合理命名，但經轉軸後的因素結構，擴大了共同因素間的差異，共同因素包含指標題數的內容比較接近（反映相同或類似的潛在特質），因而共同因素可以合理命名。

範例為工作適應量表十五個題項的因素負荷量圖比較，量表經項目分析刪除第 3 題、第 10 題、第 13 題，保留十二個題項變數的因素分析程序，使用 **factanal( )** 函數萃取二個共同因素，未進行因素轉軸，二個共同因素之因素負荷量如下：

```
>r.no= factanal(sca[-c(3,10,13)], factors=2,data=sca, rotation="none")
> r.no$loadings
Loadings:
```

```
       Factor1   Factor2
b1    0.582     0.434
b2    0.545     0.233
b4    0.451
b5    0.719     0.324
b6    0.738
b7    0.842    -0.274
b8    0.838    -0.221
b9    0.865    -0.192
b11   0.503     0.540
b12   0.696     0.329
b14   0.673    -0.130
b15   0.663     0.239
                 Factor1   Factor2
SS loadings      5.688     0.985
```

使用 factanal( ) 函數萃取二個共同因素，進行最大變異法進行正交轉軸：

```
>r.va= factanal(sca[-c(3,10,13)], factors=2,data=sca, rotation="varimax")
> r.va$loadings
Loadings:
     Factor1   Factor2
b1    0.241     0.685
b2    0.322     0.498
b4    0.391     0.228
b5    0.415     0.670
b6    0.632     0.383
b7    0.851     0.242
```

b8  0.819    0.284

b9  0.825    0.324

b11 0.116    0.729

b12 0.394    0.661

b14 0.631    0.268

b15 0.416    0.569

                  Factor1  Factor2

SS loadings    3.701    2.971

使用繪圖函數 **plot( )** 繪製十二個題項變數轉軸前之因素負荷圖：

```
>plot(r.no$loadings[,1],r.no$loadings[,2],pch=16,cex=1.6,col=2)
> grid(nx=10,ny=10)
```

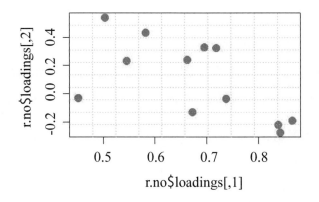

轉軸前的因素負荷量無法適當的將題項變數分為二個群組。

使用繪圖函數 **plot( )** 繪製十二個題項變數轉軸後之因素負荷圖：

```
> plot(r.va$loadings[,1],r.va$loadings[,2],pch=16,cex=1.6,col=4)
> grid(nx=10,ny=10)
```

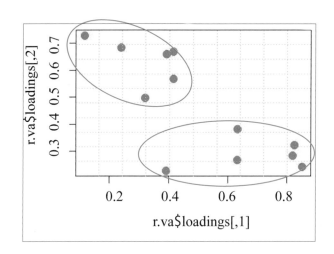

轉軸後的因素負荷量可以根據題項變數在因素 1 或因素 2 的因素負荷量值高低分為二個群組，一個群組在因素 1 有較高的因素負荷量、一個群組在因素 2 有較高的因素負荷量。

量表題項變數中是否適合進行因素分析，可從 KMO 值（Kaiser-Meyer-Olkin measure）來判別，KMO 值又稱為「抽樣適切性量測值」（measure of sampling adequacy），KMO 值愈接近 1 愈好，一般而言，當 KMO 值大於等於 .80 時，表示資料愈適合進行因素分析，最小可接受值為 .60 以上，當 KMO 值小於 .60 時，表示指標變數間不適合進行分群，指標變數間的共同因素過於凌亂。KMO 判斷的準則如下（吳明隆，2008）：

| KMO 值 | 建議 |
|---|---|
| KMO ≧ .90 | 非常適合（marvelous） |
| .90>KMO ≧ .80 | 良好程度（meritorious） |
| .80>KMO ≧ .70 | 適中程度（middling） |
| .70>KMO ≧ .60 | 普通程度（mediocre） |

指標變數 / 題項與共同因素的相關程度值稱為因素負荷量（factor loading），因素負荷量介於 −1.00 至 +1.00 間，因素負荷量絕對值愈接近 1，表示指標變數 / 題項愈能有效反映對應的潛在因素。因素負荷量最低的選取標準是 .40 以上，普通的選取標準是大於 .45 以上，較佳的選取標準是大於 .50 以上，

若是考量到因素（構面／向度）包含的題項個數，因素負荷量的指標值可放寬為 0.35 以上。

 **壹 因素分析函數語法**

一、factanal( ) 函數

　　基本套件中的 **factanal( )** 函數可以使用最大概似估計法抽取共同因素，函數可以使用共變異數矩陣（covariance matrix）或資料矩陣（data matrix）進行最大概似法因素分析（maximum-likelihood factor analysis;[mle]），函數 **factanal( )** 抽取共同因素的內定唯一方法為 "mle"，引數 method 選項只能界定 "mle"，抽取共同因素方法的選項無法更改。

　　函數 **factanal( )** 基本語法為：

factanal(x, factors, data = NULL, covmat = NULL, n.obs = NA,

　　　　 subset, na.action, scores = c("none", "regression", "Bartlett"),

　　　　 rotation = "varimax", control = NULL)

　　引數 x 為運算式或數值陣列，或能轉換為數值矩陣的物件。引數 factors 為界定抽取的適配因素個數。引數 data 界定資料框架物件名稱，只有引數 x 界定為運算式時才需使用。引數 covmat 為界定共變數矩陣或共變數列表（covariance list）。引數 n.obs 為使用 covmat 界定共變數矩陣時，界定的觀察值個數。引數 subset 界定使用的觀察值子資料檔。引數 na.action 界定如果 x 使用運算式時，遺漏值是否排除。引數 scores 為界定因素分數型態，內定選項為「none」，選項 "regression" 表示為 Thompson 分數、選項 "Bartlett" 為 Bartlett 加權最小平方分數。引數 rotation 界定因素轉軸方法，內定選項 "varimax" 為最大變異法，屬正交轉軸法中的一種，界定其他轉軸法如：rotation = "promax"（最優斜交法）。引數 control 界定數值的列表。如果 start = NULL 引數選項被設定，引數 nstart 內定的起始數值 =1，表示抽取因素時只抽取一個因素。

二、psych 套件

　　psych 套件中的轉軸方法必須配合 GPArotation 套件，因而使用 psych 套件中的函數時，最好能一併將 GPArotation 套件載入。

　　套件 psych 中的函數 **fa( )** 使用最小殘差法（minimum residual;[minres]）進行探索性因素 (Exploratory Factor analysis) 分析。

　　函數 **fa( )** 基本語法為：

fa(r,nfactors=1,n.obs = NA,n.iter=1, rotate="oblimin", scores="regression", residuals=FALSE, SMC=TRUE, covar=FALSE,missing=FALSE,impute="median", max.iter = 50,fm="minres",oblique.scores=FALSE,use="pairwise",cor="cor")

　　相似函數為 **fac( )**，**fac( )** 函數基本語法為：

fac(r,nfactors=1,n.obs = NA, rotate="oblimin", scores="tenBerge", SMC=TRUE, covar=FALSE,missing=FALSE,impute="median", max.iter=50,fm="minres",oblique.scores=FALSE)

　　函數中相關引數（arguments）說明如下：

　　引數 r 界定相關矩陣、共變數矩陣或原始資料框架物件矩陣，如果是共變數矩陣，另一個引數 covar 選項要改設定為 TRUE，才能將共變數矩陣轉換為相關矩陣。引數 nfactors 界定萃取共同因素的個數，內定選項 =1（只抽取一個共同因素）。引數 n.obs 界定觀察值的個數，此個數界定為因素分析使用相關矩陣物件時，如果是資料框架物件可以不用界定。引數 rotate 界定因素軸間轉軸的方法，選項內容包括："none"（不進行轉軸）、"varimax"（最大變異法）、"quartimax"（四方最大法）、"bentlerT"、"equamax"（均等最大法），上述轉軸法均為正交 / 直交轉軸法（orthogonal rotations）。斜交轉軸法（obique rotations）有："promax"（最優斜交法）、"oblimin"（直接斜交法）、"simplimax"（簡單最大法）等，內定選項為 "oblimin"（直接斜交轉軸法）。fa.poly 函數中的引數 n.iter 界定拔鞋法疊代次數（bootstrap interations）。引數 scores 內定選項 ="regression" 表示使用迴歸法估算因素分析（factor scores），其他選項方法還有 "Thurstone"、"tenBerge"、"Anderson"、"Bartlett" 等。

　　引數 SMC 表示使用平方多元相關（SMC=TRUE）或使用常數 1 作為起始共同性估計值，此引數一般是在主軸因子萃取法中使用，配合引數 fm="pa"。引數 covar 為邏輯選項，選項 =TRUE，表示呈現因素共變異數矩陣，否則呈現因素相關矩陣，內定選項為 FALSE。引數 missing 選項如界定為 TRUE、且

scores=TRUE，表示使用中位數或平均數進行遺漏值插補。引數 impute 界定置換遺漏值的方法，選項包括 "median"（中位數）、"mean"（平均數）。引數 digits 界定輸出數值的位數。引數 fm 界定因素抽取方法，選項 fm="minres" 表示以最小殘差法（OLS）抽取共同因素；fm="wls" 為加權最小平方法（weighted least squares;[WLS]）；fm="gls" 為一般化加權最小平方法（generalized weighted least squares; [GLS]）；fm="pa" 為主軸抽取法（principal axis factoring）；fm="ml" 為最大概似估計法（maximum likelihood）；fm="minchi" 為最小化樣本加權卡方估計法。引數 oblique.scores 界定使用斜交轉軸時要輸出何種因素矩陣：結構矩陣（structure matrix）或樣式矩陣／組型矩陣（pattern matrix），內定選項為結構矩陣（選項界定 =FALSE），選項界定若改為 oblique.scores=TRUE 表示輸出的矩陣為樣式矩陣（但不論引數 oblique.scores 界定為真或假，R 軟體輸出的因素矩陣都是樣式矩陣）。

輸出套件 psych 之函數建構的物件，使用函數 **print( )** 與 **summary( )** 可以輸出結果，函數 **print( )** 與 **summary( )** 基本語法為：

print(x,digits=2,all=FALSE,cut=NULL,sort=FALSE,lower=TRUE)

summary(object,digits=2)

引數 object 為 psych 函數建構的物件。引數 digits 界定輸出的數值位數。

引數 cut 界定小於某個集群負荷量的數值會被抑制（不會被輸出），因素分析內定的數值 =0。引數 sort 界定因素負荷量是否依絕對值大小排列輸出，內定選項 =FALSE 表示依題項順序輸出因素矩陣。引數 lower 界定是否只輸出方形矩陣的下三角矩陣。

探索性因素分析程序，使用 psych 套件中的函數 **principal( )** 可以直接採用主成分方法抽取共同因素，函數 **principal( )** 基本語法為：

principal(r, nfactors = 1,rotate="varimax",n.obs=NA,

scores=TRUE,missing=FALSE,impute="median",oblique.scores=TRUE,method ="regression")

引數 nfactors 界定抽取共同因素的個數。引數 rotate 界定因素軸轉軸的方法，選項有："none"、"varimax"、"quatimax"、"promax"、"oblimin"、"simplimax"、 "cluster"。引數 n.obs 界定樣本觀察值個數（資料物件為相關矩陣時才需界定）。引數 scores 為邏輯選項，選項 =TRUE 表示輸出成分分數。引數 missing 是否進行遺漏值插補，插補的統計量數有中位數或平均數。（語法函數必須同時界定 scores=TRUE, missing=TRUE）。引數 impute 界定置換遺漏值的統計量數："median" 或 "mean"。引數 oblique.scores 內定選項界定 =TRUE，表示進行斜交轉軸輸出結構矩陣，選項改為 =FALSE，輸出樣本式矩陣。引數 method 內定選項為 "regression"，表示以迴歸方法估算因子分數。

##  基本套件 factanal( ) 函數的應用

匯入資料檔，R 主控台的資料框架物件名稱為 temp。

```
>temp<-read.csv("efa_0.csv",header=T)
> head(temp)
   literal word read essay reason space calcul
1    5     8   10    8     7     7     6
2    8     7    9    8     8     9     8
3    9     8    8    4     5     5     5
4    8     9    6    8     6     6     5
5    9     8   10    8     7     9     9
6    9     5    9    9     6     8    10
```

資料檔中有七個變數：literal（字義）、word（語詞）、read（閱讀）、essay（作文）、reason（推理）、space（空間）、calcul（計算）。

使用 **factanal( )** 函數進行因素分析，因素抽取方法為最大概似估計法，因素轉軸方法為最大變異法，因素分析程序物件名稱為 fac.m：

```
> fac.m=factanal(temp, factors=2)
```

使用 **print( )** 函數輸出物件 fac.m 內容：

> print(fac.m,digits=2)

Call:

factanal(x = temp, factors = 2)

Uniquenesses:

literal　word　read　essay　reason　space　calcul

　0.18　　0.41　　0.44　0.29　　0.23　　0.00　　0.34

［說明］

參數值為獨特性，數值等於 1- 共同性，是題項變數無法解釋因素構念的誤差變異

Loadings:

|  | Factor1 | Factor2 |
|---|---|---|
| literal | 0.85 | 0.33 |
| word | 0.72 | 0.26 |
| read | 0.69 | 0.29 |
| essay | 0.78 | 0.32 |
| reason | 0.20 | 0.85 |
| space | 0.46 | 0.88 |
| calcul | 0.37 | 0.72 |

［說明］

轉軸後的成分矩陣，萃取的二個共同因素名稱分別為 Factor1、Factor2。Factor1 包含的指標變數有 literal（字義）、word（語詞）、read（閱讀）、essay（作文），因素負荷量分別為 0.85、0.72、0.69、0.78；Factor2 因素包含的題項變數有 reason（推理）、space（空間）、calcul（計算），因素負荷量分別為 0.85、0.88、0.72。從因素包含的題項變數內容來看，Factor1 因素構面反映的是受試者的語文表現能力，因素可以命名為「語文能力」；Factor2 因素構面反映的是受試者的數學表現能力，因素可以命名為「數學能力」。

|  | Factor1 | Factor2 |
|---|---|---|
| SS loadings | 2.71 | 2.39 |
| Proportion Var | 0.39 | 0.34 |
| Cumulative Var | 0.39 | 0.73 |

[ 說明 ]

第一列為共同因素的特徵值，二個因素的特徵值分別為 2.71、2.39。

第二列為因素解釋題項變數的變異量，二個因素可解釋題項變數的變異量分別為 39%、34%。

第三列為累積解釋變異量，萃取的二個共同因素共可解釋七個指標變數總變異量中的 73%。

Test of the hypothesis that 2 factors are sufficient.

The chi square statistic is 11.77 on 8 degrees of freedom.

The p-value is 0.162

[ 說明 ]

參數值在於檢定萃取的共同因素個數是否足夠，自由度 =8，檢定統計量卡方值 =11.77、顯著性 p 值 = 0.162>.05，接受虛無假設，表示抽取之因素個數足夠反映題項變數的所有構面，EFA 程序抽取二個共同因素是適切的。相對的，如果卡方值統計量達到統計顯著水準（p<.05），拒絕虛無假設，因素分析程序界定的因素個數不足以反映資料檔中的所有構面，在題項變數沒有刪除下，要再增加萃取因素的個數。

factanal( ) 函數物件中的副函數或參數名稱如下：

```
> names(fac.m)
 [1] "converged"   "loadings"   "uniquenesses"   "correlation"   "criteria"   "factors"
 [7] "dof"         "method"     "rotmat"         "STATISTIC"     "PVAL"       "n.obs"
[13] "call"
```

參數 "loadings" 為題項變數的因素負荷量，範例為求出題項變數在二個共同因素的因素負荷量：

```
> round(fac.m$loadings[,1],2)
literal   word   read   essay   reason   space   calcul
 0.85    0.72   0.69   0.78    0.20    0.46    0.37
> round(fac.m$loadings[,2],2)
literal   word   read   essay   reason   space   calcul
 0.33    0.26   0.29   0.32    0.85    0.88    0.72
```

使用參數 loadings，配合 **sum( )** 函數求出二個共同因素的特徵值：

```
> sum(fac.m$loadings[,1]^2)
[1] 2.707071
> sum(fac.m$loadings[,2]^2)
[1] 2.389799
```

求出題項變數 literal 的共同性：

```
> sum(fac.m$loadings[1,]^2)
[1] 0.8224352
```

使用迴圈求出題項變數的共同性與誤差變異（獨特性），R 編輯器視窗指令列如下：

```
for( i in 1:7 )
{
h2=round( sum(fac.m$loadings[i,]^2),2)
u2=1- h2
print( paste("h2=",h2," u2=",u2))
}
```

R 主控台執行 R 編輯器指令列的視窗結果如下：

```
> for( i in 1:7 )
+ {
+ h2=round( sum(fac.m$loadings[i,]^2),2)
+ u2=1- h2
+ print( paste("h2=",h2," u2=",u2))
+ }
[1] "h2= 0.82   u2= 0.18"
[1] "h2= 0.59   u2= 0.41"
[1] "h2= 0.56   u2= 0.44"
[1] "h2= 0.71   u2= 0.29"
[1] "h2= 0.77   u2= 0.23"
[1] "h2= 1       u2= 0"
[1] "h2= 0.66   u2= 0.34"
```

參數 factors 可以查詢萃取的因素個數，參數 method 可以查詢萃取共同因素的方法：

```
> fac.m$factors
[1] 2
> fac.m$method
[1] "mle"
```

參數 correlation 可以求出題項變數間的相關矩陣：

```
> round(fac.m$correlation,2)
        literal  word   read   essay  reason  space  calcul
literal  1.00    0.71   0.65   0.76   0.44    0.68   0.58
word     0.71    1.00   0.58   0.65   0.45    0.56   0.28
read     0.65    0.58   1.00   0.64   0.35    0.58   0.41
essay    0.76    0.65   0.64   1.00   0.42    0.64   0.59
reason   0.44    0.45   0.35   0.42   1.00    0.85   0.63
space    0.68    0.56   0.58   0.64   0.85    1.00   0.81
calcul   0.58    0.28   0.41   0.59   0.63    0.81   1.00
```

 **principal( ) 函數的應用**

principal( ) 函數與 fa( ) 函數均歸屬於外加套件 psych 與 GPArotation 之中，因而使用時必須同時載入 psych 套件與 GPArotation 套件。

```
> library(psych)
>library(GPArotation)
```

**一、直交轉軸**

使用 principal( ) 函數進行因素分析，因素萃取採用主成分分析法，因素轉軸採用正交轉軸法中的最大變異法（varimax）。

```
> efa.v=principal(temp,nfactors=2,rotate = "varimax")
> print(efa.v)
Principal Components Analysis
```

rimax")

Standardized loadings (pattern matrix) based upon correlation matrix

|  | PC1 | PC2 | h2 | u2 | com |
|---|---|---|---|---|---|
| literal | 0.82 | 0.37 | 0.82 | 0.183 | 1.4 |
| word | 0.84 | 0.19 | 0.74 | 0.260 | 1.1 |
| read | 0.81 | 0.22 | 0.70 | 0.301 | 1.1 |
| essay | 0.79 | 0.38 | 0.77 | 0.232 | 1.4 |
| reason | 0.19 | 0.88 | 0.81 | 0.188 | 1.1 |
| space | 0.45 | 0.86 | 0.95 | 0.054 | 1.5 |
| calcul | 0.27 | 0.85 | 0.80 | 0.204 | 1.2 |

[ 說明 ]

參數值為轉軸後的成分矩陣，PC1、PC2 為抽取出之共同因素變數名稱，
h2 為共同性、u2 為獨特性（=1－共同性參數值），獨特性為誤差變異，
即指標變數無法解釋的變異誤分。共同性為變數在共同性因素之因素負
荷量平方和，以 literal 變數為例，在 PC1、PC2 因素之因素負荷量分別
為 0.82、0.37，共同性為：

> 0.82^2+0.37^2

[1] 0.8093

|  | PC1 | PC2 |
|---|---|---|
| SS loadings | 2.97 | 2.61 |
| Proportion Var | 0.42 | 0.37 |
| Cumulative Var | 0.42 | 0.80 |
| Proportion Explained | 0.53 | 0.47 |
| Cumulative Proportion | 0.53 | 1.00 |

[ 說明 ]

SS loadings 列為特徵值，特徵值為所有題項或變數在共同因素之因素負
荷量的平方總和，七個指標變數在萃取因素 PC1 之因素負荷量如下：

> efa.v$loadings[,1]

| literal | word | read | essay | reason | space | calcul |
|---------|------|------|-------|--------|-------|--------|
| 0.8234310 | 0.8380864 | 0.8066748 | 0.7917789 | 0.1938675 | 0.4529834 | 0.2663393 |

特徵值求法為因素負荷量平方的總和，使用 **sum( )** 函數進行加總：

> sum((efa.v$loadings[,1])^2)

[1] 2.971781

七個指標變數在萃取因素 PC2 之因素負荷量如下：

> efa.v$loadings[,2]

| literal | word | read | essay | reason | space | calcul |
|---------|------|------|-------|--------|-------|--------|
| 0.3733712 | 0.1930328 | 0.2193129 | 0.3755736 | 0.8799908 | 0.8608480 | 0.8515923 |

第二個共同因素 PC2 的特徵值求法為：

>sum((efa.v$loadings[,2])^2)   ## 指標題項在 PC2 變數之因素負荷量平方的總和

[1] 2.606474

Proportion Var 列的數值分別為 0.42、 0.37，表示共同因素 PC1、PC2 可以解釋七個指標變數的變異量分別為 42%、37%。

Cumulative Var 列的參數值分別 0.42、 0.80，表示的是 PC1、PC2 共同因素累積的解釋變異量，萃取出的二個共同因素可以解釋七個指標變數的解釋變異量達 80.0%。

Mean item complexity =  1.3

Test of the hypothesis that 2 components are sufficient.

The root mean square of the residuals (RMSR) is 0.07

with the empirical chi square  7.02  with prob <  0.53

Fit based upon off diagonal values = 0.98>

[ 說明 ]

萃取二個共同因素之 EFA 模式是否足夠或模式是否適切的指標統計量 RMSEA=0.07、模式適配的卡方值 =7.02，顯著性機率值 <0.53。當 RMSEA 值愈小，或卡方值統計量未達統計顯著水準（p>.05），表示萃取的共同因素個數是足夠的。在探索性因素分析程序，模式適配度的檢定一般只作為因素萃取個數是否足夠的判別指標而已。

使用 **print( )** 函數輸出因素負荷量,引數 cut 界定 =0.45,表示因素負荷量絕對值小於 0.45 者,因素負荷量估計值會被抑制不會輸出,引數 sort 界定 =T 表示各共同因素依據因素負荷量絕對值大小排列:

```
> print(efa.v,cut=0.45,sort=T)
```

```
> print(efa.v,cut=0.45,sort=T)
Principal Components Analysis
Call: principal(r = temp, nfactors = 2, rotate = "varimax")
Standardized loadings (pattern matrix) based upon correlation matrix
        item  PC1  PC2   h2    u2   com
word       2  0.84       0.74 0.260 1.1
literal    1  0.82       0.82 0.183 1.4
read       3  0.81       0.70 0.301 1.1
essay      4  0.79       0.77 0.232 1.4
reason     5        0.88 0.81 0.188 1.1
space      6  0.45 0.86 0.95 0.054 1.5
calcul     7        0.85 0.80 0.204 1.2

                    PC1  PC2
SS loadings         2.97 2.61
Proportion Var      0.42 0.37
```

七個指標變數之因素分析結果摘要表:

| 指標變數 | 語文能力 樣式負荷量 | 數學能力 樣式負荷量 | 共同性 | 獨特性變異 |
|---|---|---|---|---|
| **literal**(字義) | 0.82 | 0.37 | 0.82 | 0.18 |
| **word**(語詞) | 0.84 | 0.19 | 0.74 | 0.26 |
| **read**(閱讀) | 0.81 | 0.22 | 0.70 | 0.30 |
| **essay**(作文) | 0.79 | 0.38 | 0.77 | 0.23 |
| **reason**(推理) | 0.19 | 0.88 | 0.81 | 0.19 |
| **space**(空間) | 0.45 | 0.86 | 0.95 | 0.05 |
| **calcul**(計算) | 0.27 | 0.85 | 0.80 | 0.20 |
| 特徵值 | 2.97 | 2.61 | | |
| 解釋變異 % | 42.0% | 37.0% | | |
| 累積解釋變異 % | 42.0% | 80.0% | | |

函數 **principal( )** 物件輸出的參數值名稱如下：

```
> names(efa.v)
 [1] "values"    "rotation"   "n.obs"        "communality" "loadings"   "fit"
 [7] "fit.off"   "fn"         "Call"         "uniquenesses" "complexity" "chi"
[13] "EPVAL"     "R2"         "objective"    "residual"     "rms"        "factors"
[19] "dof"       "null.dof"   "null.model"   "criteria"     "STATISTIC"  "PVAL"
[25] "weights"   "r.scores"   "Structure"    "scores"
```

次函數 values 輸出共同因素的特徵值：

```
> round(efa.v$values,3)
[1] 4.530  1.049  0.554  0.407  0.243  0.154  0.064
```

七個題項／變數進行主成分分析之初始成分因素有七個，七個成分之特徵值（未轉軸前的特徵值）大於 1.000 者有二個，因而進行因素分析程序，可以只保留二個共同因素（特徵值大於 1.000 的共同因素），七個成分特徵值的總和等於題項／指標變數的總個數 7：

```
> sum(efa.v$values)
[1] 7
```

使用 factors 次函數輸出共同因素的個數：

```
> sum(efa.v$factors)
[1] 2
```

使用 scores 次函數輸出樣本觀察值在二個共同因素變數的分數：

```
> round(efa.v$scores,3)
      PC1    PC2
[1,]  0.964  -0.436
[2,]  0.633   0.709
<略>
```

使用 loading 次函數輸出樣本觀察值在二個共同因素變數的因素負荷量（轉軸後的因素負荷量）：

```
> efa.v$loading
Loadings:
         PC1   PC2
literal  0.823  0.373
word     0.838  0.193
read     0.807  0.219
essay    0.792  0.376
reason   0.194  0.880
space    0.453  0.861
calcul   0.266  0.852


                 PC1    PC2
SS loadings      2.972  2.606
Proportion Var   0.425  0.372
Cumulative Var   0.425  0.79
```

轉軸後二個共同因素的特徵值分別為 2.972、2.606。

求出第一個題項（指標變數）在二個共同因素的共同性：

```
> (efa.v$loading[1,])^2    ## 因素負荷量的平方
    PC1          PC2
0.6780387    0.1394060
> round(sum((efa.v$loading[1,])^2),3)    ## 共同性
[1] 0.817
```

求出第五個題項（指標變數）在二個共同因素的共同性：

```
> (efa.v$loading[5,])^2            ## 因素負荷量的平方
    PC1          PC2
0.03758462    0.77438385
> round(sum((efa.v$loading[5,])^2),3)    ## 共同性
[1] 0.812
```

使用參數（副函數）rotation 可以輸出因素分析程序使用何種轉軸方法：

```
> efa.v$rotation
[1] "varimax"
```

七個指標變數之共同因素未轉軸與轉軸後因素圖：

```
> efa.v=principal(temp,nfactors=2,rotate = "varimax")
> efa.n=principal(temp,nfactors=2,rotate = "none")
```

繪製未轉軸前的因素結構圖：

```
> n.varx=round(efa.n$loadings[,1],2)
> n.vary=round(efa.n$loadings[,2],2)
> plot(n.varx,n.vary,cex=2,pch=15,col=4)
>grid(nx=10,ny=10)
```

　　從指標變數在二個共同因素之因素負荷量散布圖可以看出：七個指標變數很難分成二個群組。

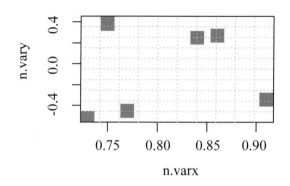

　　繪製轉軸後的因素結構圖：

```
> v.varx=round(efa.v$loadings[,1],2)
> v.vary=round(efa.v$loadings[,2],2)
> plot(v.varx,v.vary,cex=2,pch=16)
> grid(nx=9,ny=9)
```

　　從指標變數在二個共同因素之因素負荷量散布圖可以看出：七個指標變數很容易分成二個群組，一個群組包含三個指標變數，一個群組包含四個指標變數，前面群組的特性是題項變數在 Y 軸的負荷量很高（數學能力特質）、在 X 軸的負荷量很低；後者群組的特性是題項變數在 Y 軸的負荷量很低、在 X 軸的負荷量很高（語文能力特質）。

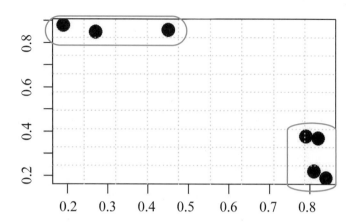

使用 **substring( )** 函數簡化題項變數名稱,題項變數簡化為第一個英文字母:

```
> itn=names(v.varx)
> itn
[1] "literal" "word"   "read"   "essay"  "reason" "space"  "calcul"
> itn=substring(itn,1,1)
> itn
[1] "l" "o" "r" "s" "r" "p" "c"
```

使用 **text( )** 函數增列題項變數的簡稱:

```
> v.varx=round(efa.v$loadings[,1],2)
> v.vary=round(efa.v$loadings[,2],2)
> plot(v.varx,v.vary,cex=2,pch=16,col=4)
> text(v.varx,v.vary,itn,pos=2,offset=1.5,font=2,cex=)
> grid(nx=10,ny=10)
```

右下角的群組包含 literal（字義）、word（語詞）、read（閱讀）、essay（作文）四個指標變數，左上角的群組包含 reason（推理）、space（空間）、calcul（計算）三個指標變數。

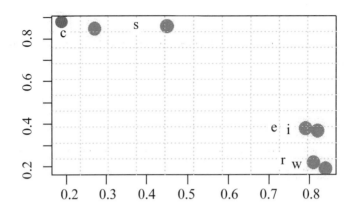

二、斜交轉軸

採用主成分方法萃取共同因素，轉軸法為直接斜交轉軸，輸出組型矩陣／
樣式矩陣：

```
> efa.op=principal(temp,nfactors=2,rotate = "oblimin",oblique.scores=TRUE)
> print(efa.op)
Principal Components Analysis
Call: principal(r = temp, nfactors = 2, rotate = "oblimin", oblique.scores =
TRUE)
Standardized loadings (pattern matrix) based upon correlation matrix
        PC1    PC2    h2     u2     com
literal  0.83   0.12   0.82   0.183  1.0
word     0.91  -0.09   0.74   0.260  1.0
read     0.86  -0.05   0.70   0.301  1.0
essay    0.79   0.14   0.77   0.232  1.1
reason  -0.10   0.95   0.81   0.188  1.0
space    0.21   0.83   0.95   0.054  1.1
calcul   0.00   0.89   0.80   0.204  1.0
```

[ 備註 ]

輸出的因素矩陣為樣式矩陣 (pattern matrix)，變數 PC1、PC2 為二個共同因素名稱，變數 h2、u2 為共同性與獨特性 (1- 共同性欄數值 )。

|                        | PC1  | PC2  |
|------------------------|------|------|
| SS loadings            | 3.04 | 2.54 |
| Proportion Var         | 0.43 | 0.36 |
| Cumulative Var         | 0.43 | 0.80 |
| Proportion Explained   | 0.54 | 0.46 |
| Cumulative Proportion  | 0.54 | 1.00 |

[ 說明 ]

SS loadings 列的參數值 3.04、2.54 為二個共同因素的特徵值。

Proportion Var 列的參數值 0.43、0.36 為共同因素個別解釋變異量。

Cumulative Var 列的參數值 0.43、0.80 為共同因素累積解釋變異量，萃取的二個共因素共可解釋七個指標變數 80% 的變異量。

With component correlations of

|     | PC1  | PC2  |
|-----|------|------|
| PC1 | 1.00 | 0.58 |
| PC2 | 0.58 | 1.00 |

[ 說明 ]

成分相關參數為二個共同因素間的相關矩陣，二個共同因素間的相關係數 =0.58。

直交轉軸結果顯示：第一個共同因素因素負荷量大於 .45 以上的指標變數有 literal（字義）、word（語詞）、read（閱讀）、essay（寫作），因素負荷量分別為 0.83、0.91、0.86、0.79，第一個共同因素命名為「語文能力」；第二個共同因素因素負荷量大於 .45 以上的指標變數有 reason（字義）、space（空間）、calcul（計算），因素負荷量分別為 0.95、0.83、0.89，第一個共同因素命名為「數學能力」。七個指標變數的共同性依序為 0.817、0.740、0.699、0.768、0.812、0.946、0.796，均大於 .200 以上，表示各指標變數均能有效反映二個潛在因素構念。

參數 communality 可以求出共同性估計值：

```
> round(efa.v$communality,3)
literal   word   read   essay   reason   space   calcul
 0.817   0.740  0.699   0.768   0.812    0.946   0.796
```

使用 fa( ) 函數進行因素分析，因素抽取方法為最大概估法（maximum likelihood），因素轉軸採用斜交轉軸法之最優斜交法（promax）。

```
>ml.p=fa(temp,nfactors=2,rotate="promax",oblique.scores=FALSE,fm="ml")
> print(ml.p)
Factor Analysis using method =  ml
Call: fa(r = temp, nfactors = 2, rotate = "promax", fm = "ml", oblique.scores =
FALSE)
Standardized loadings (pattern matrix) based upon correlation matrix
          ML2   ML1    h2     u2    com
literal   0.90   0.01  0.82  0.178  1.0
word      0.78  -0.02  0.59  0.413  1.0
read      0.72   0.04  0.56  0.445  1.0
essay     0.82   0.03  0.71  0.289  1.0
reason   -0.13   0.96  0.77  0.231  1.0
```

space    0.17    0.88    1.00    0.005    1.1
calcul   0.14    0.71    0.66    0.343    1.1

[ 說明 ]

使用最大概似法抽取共同因素，因素變數名稱分別為 ML2、ML1，ML2
共同因素包含 literal、word 、read、 essay 四個指標變數，因素負荷量分
別為 0.90、0.78、0.72、0.82；ML1 共同因素包含 reason 、space 、calcul
三個指標變數，因素負荷量分別為 0.96、0.88、0.71。從共同因素包含
的指標變數來看，ML2 因素命名為語文能力、ML1 命名為數學能力。

|                       | ML2  | ML1  |
|-----------------------|------|------|
| SS loadings           | 2.79 | 2.31 |
| Proportion Var        | 0.40 | 0.33 |
| Cumulative Var        | 0.40 | 0.73 |
| Proportion Explained  | 0.55 | 0.45 |
| Cumulative Proportion | 0.55 | 1.00 |

[ 說明 ]

ML2  ML1 因素的特徵值分別為 2.79、2.31，二個共同因素可以解釋七
個指標變數總變異中 73.0% 的變異量。

 With factor correlations of

|     | ML2  | ML1  |
|-----|------|------|
| ML2 | 1.00 | 0.65 |
| ML1 | 0.65 | 1.00 |

[ 說明 ]

ML2  ML1 二個共同因素間的相關係數 =0.65

< 略 >

# 肆 人格特質量表的 EFA

人格特質量表共有十七個題項，內容效度建構的構面／向度有三個，構面名稱與指標題項內容如下：（摘錄修改自 Neubauer,2013,pp.682-692）

## （一）外向性（extraversion）

1. 溫暖型 [DA1]：溫柔親切的，充滿愛心的。

2. 樂群型 [DA2]：善交際的、外向的。

3. 自信型 [DA3]：熱情的、強而有力的。

4. 活躍型 [DA4]：主動的、精力充沛的。

5. 正向情感型 [DA5]：勇敢的、活潑的。

## （二）經驗開放性（Openness to Experience）

6. 愛幻想型 [DB6]：富有想像力的、愛做夢的。

7. 美學型 [DB7]：富美感的、愛賞析的。

8. 情感型 [DB8]：情緒反應大的，情緒敏感的

9. 點子型 [DB9]：有好奇心的，奇特的。

10. 價值型 [DB10]：心胸寬廣的，包容的。

11. 追求成就型 [DB11]：雄心勃勃的，有目的的。

## （三）宜人性（Agreeableness）

12. 信任型 [DC12]：易信任他人的、易上當的。

13. 直率型 [DC13]：誠實的，易吐露心事的。

14. 利他型 [DC14]：好施的，犧牲奉獻的。

15. 順從型 [DC15]：合作的，溫順的。

16. 謙遜型 [DC16]：自謙的，柔順的。

17. 善心型 [DC17]：富有同情心的，有同理心的。

註：[ ] 內為指標題項的變數名稱

匯入資料檔（第一個直行變數為編號），資料框架物件 efa 只包只十七個指標變數名稱。

```
> temp<-read.csv("efa_1.csv",header=T)
> efa<-temp[,2:18]
> names(efa)
[1]  "DA1" "DA2" "DA3" "DA4" "DA5" "DB6" "DB7" "DB8" "DB9" "DB10"
[11] "DB11" "DC12" "DC13" "DC14" "DC15" "DC16" "DC17"
```

載入 psych 套件與 GPArotation 套件。

```
> library(psych)
> library(GPArotation)
```

### 一、量表共同因素的檢核

使用 **KMO( )** 函數求出指標變數間適合進行因素分析：

```
> KMO(efa)
Kaiser-Meyer-Olkin factor adequacy
Call: KMO(r = efa)
Overall MSA =  0.87
MSA for each item =
DA1  DA2  DA3  DA4  DA5  DB6  DB7  DB8  DB9  DB10  DB11 DC12
DC13  DC14  DC15  DC16  DC17
0.88   0.87   0.84   0.85   0.92   0.89   0.84   0.92   0.89   0.94   0.90   0.82
0.82   0.87   0.86   0.86   0.83
```

Kaiser-Meyer-Olkin 因素適切性指標值 =0.87>0.80（良好程度，KMO 指標值若大於 .900 為非常適合），KMO 指標值愈高，表示指標變數間有共同因素存在，適合進行因素分析程序，如果 KMO 指標值小於 .600，量表之所有指標變數間不適合進行因素分析程序，因為萃取的共同因素可能過於凌亂。

MSA for each item 列表示個別題項變數之取樣適切性量數（MSA），MSA 指標值表示的是該指標變數與其他指標變數間的相關程度，MSA 指標值愈小，表示題項變數與其他題項變數間的相關性愈低，無法反映共同的潛在因素或潛在特質，因而該題項變數在因素分析結果中可能單獨成一個因素。範例中十七個指標變數的 MSA 值均大於 .800，表示將所有題項變數納入因素分析程序中是適切的。

使用 **cortest.bartlett( )** 函數求出 Bartlett 球形檢定：

```
> cortest.bartlett(efa)
R was not square, finding R from data
$chisq
[1] 1371.55
$p.value
[1] 4.770119e-203
$df
[1] 136
```

Bartlett 球形檢定在於進行變數間淨相關係數的檢核，淨相關係數指的是控制其他指標變數後，估算每對指標變數間的相關。Bartlett 球形檢定的自由度 =136，檢定統計量卡方值 =1371.55，顯著性 p 值 <.001，達到統計顯著水準，表示指標變數間有共同因素存在，資料結構適合進行因素分析。相對的，若是 Bartlett 球形檢定卡方值統計量未達統計顯著水準（p>.05），表示資料結構間題項變數間因素過於凌亂，資料結構不適合進行因素分析。

### 二、因素個數的判別

根據內容效度，限定抽取因素個數 =3，未進行共同因素的轉軸程序：

```
> pc.no=principal(efa,nfactors=3,rotate="none")
> print(pc.no,digits=2)
```

未轉軸之因素負荷量之成分矩陣（樣式矩陣）如下：

```
Standardized loadings (pattern matrix)
       PC1   PC2    PC3   h2   u2  com
DA1   0.75  0.40   0.04 0.72 0.28 1.5
DA2   0.24  0.23  -0.15 0.13 0.87 2.7
DA3   0.69  0.51   0.11 0.76 0.24 1.9
DA4   0.58  0.48   0.30 0.66 0.34 2.5
DA5   0.74  0.18  -0.06 0.59 0.41 1.1
DB6   0.62  0.08   0.03 0.39 0.61 1.0
DB7   0.66 -0.52   0.24 0.76 0.24 2.2
DB8   0.68 -0.09   0.45 0.68 0.32 1.8
DB9   0.71 -0.36   0.27 0.71 0.29 1.8
DB10  0.61 -0.30   0.36 0.59 0.41 2.1
DB11  0.63 -0.19   0.15 0.46 0.54 1.3
DC12  0.69 -0.30  -0.43 0.75 0.25 2.1
DC13  0.66 -0.24  -0.49 0.73 0.27 2.1
DC14  0.82  0.10  -0.13 0.70 0.30 1.1
DC15  0.78 -0.05  -0.16 0.64 0.36 1.1
DC16  0.75  0.18  -0.17 0.63 0.37 1.2
DC17  0.70 -0.02  -0.30 0.58 0.42 1.4

                        PC1  PC2  PC3
SS loadings            7.80 1.47 1.20
```

未轉軸的成分矩陣中，多數題項 / 指標變數在 PC1（第一個共同因素）均有較高的因素負荷量，無法達到簡單結構目標，題項的分群不容易。

檢定三個因素（成分）是否足夠：

Mean item complexity = 1.7
Test of the hypothesis that 3 components are sufficient.
The root mean square of the residuals (RMSR) is 0.06
 with the empirical chi square 145.68 with prob < 0.00011

RMSR=0.06，檢定統計量卡方值 =145.68、顯著性機率值 p<0.001，達到統計顯著水準，拒絕虛無假設，萃取的因素個數無法適配題項變數反映的潛在構面，因素分析程序中，可考慮再增列萃取的因素個數。

使用參數 values 求出因素分析物件的特徵值：

```
> round(pc.no$values,2)
 [1] 7.80 1.47 1.20 1.02 0.86 0.74 0.58 0.56 0.48 0.46 0.43 0.41 0.31 0.21 0.19
0.15 0.12
```

特徵值大於 1.00 的成分共有四個，以保留特徵值大於 1.00 成分的準則來看，十七個題項變數初始萃取的因素個數可以限定為 4。

使用參數 values 求出特徵值，配合 **plot( )** 函數繪製陡坡圖：

```
> eig=round(pc.no$values,2)
> plot(eig,pch=16,cex=1.5)  ## 繪製陡坡圖
> lines(eig,col=4,lwd=2)     ## 增列線條
> grid(nx=17,ny=10)          ## 增列格線
```

陡坡圖如下：

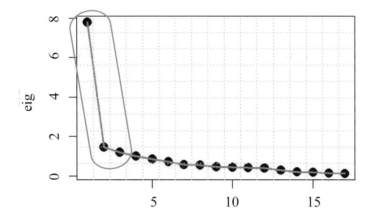

陡坡圖考驗中，橫軸（X 軸）為主成分編號（範例有十七個主成分），縱軸（Y 軸）為特徵值，當圖例符號突然變為水平狀態時，轉折點後的主成分可以考慮刪除。

共同因素抽取的個數限定為四個，不進行轉軸：

```
> pr4.no=principal(efa,4,rotate="none")
> print(pr4.no,digits=2)
```

因素分析之成分矩陣如下：

```
Call: principal(r = efa, nfactors = 4, rotate = "none")
Standardized loadings (pattern matrix) based upon corre
      PC1   PC2   PC3   PC4  h2   u2  com
DA1  0.75  0.40  0.04  0.05 0.72 0.28 1.6
DA2  0.24  0.23 -0.15  0.84 0.84 0.16 1.4
DA3  0.69  0.51  0.11  0.00 0.76 0.24 1.9
DA4  0.58  0.48  0.30  0.00 0.66 0.34 2.5
DA5  0.74  0.18 -0.06  0.04 0.59 0.41 1.1
DB6  0.62  0.08  0.03  0.01 0.39 0.61 1.0
DB7  0.66 -0.52  0.24  0.02 0.76 0.24 2.2
DB8  0.68 -0.09  0.45  0.06 0.68 0.32 1.8
DB9  0.71 -0.36  0.27  0.10 0.72 0.28 1.9
DB10 0.61 -0.30  0.36  0.04 0.59 0.41 2.1
DB11 0.63 -0.19  0.15  0.11 0.47 0.53 1.4
DC12 0.69 -0.30 -0.43  0.18 0.78 0.22 2.3
DC13 0.66 -0.24 -0.49  0.14 0.75 0.25 2.3
DC14 0.82  0.10 -0.13 -0.20 0.74 0.26 1.2
DC15 0.78 -0.05 -0.16 -0.26 0.71 0.29 1.3
DC16 0.75  0.18 -0.17 -0.23 0.68 0.32 1.4
DC17 0.70 -0.02 -0.30 -0.25 0.64 0.36 1.6
```

　　主成分分析函數 principal( ) 語法輸出的共同因素名稱為 PC1、PC2、PC3、PC4，共同性變數名稱為 h2、誤差變異（獨特性或唯一性變異量）的變數名稱為 u2。

　　四個共同因素的特徵值與解釋變異量如下：

|  | PC1 | PC2 | PC3 | PC4 |
|---|---|---|---|---|
| SS loadings | 7.80 | 1.47 | 1.20 | 1.02 |
| Proportion Var | 0.46 | 0.09 | 0.07 | 0.06 |
| Cumulative Var | 0.46 | 0.55 | 0.62 | 0.68 |
| Proportion Explained | 0.68 | 0.13 | 0.10 | 0.09 |
| Cumulative Proportion | 0.68 | 0.81 | 0.91 | 1.00 |

### 三、因素萃取方法為主成分，轉軸方法為最大變異法

　　使用 principal( ) 函數進行因素分析，因素萃取方法為主成分，轉軸方法為直交轉軸法中的最大變異法，限定抽取的因素個數為 4：

```
> principal(efa,4,rotate="varimax")
Principal Components Analysis
Call: principal(r = efa, nfactors = 4, rotate = "varimax", sort = T)
Standardized loadings (pattern matrix) based upon correlation matrix
      PC1   PC2   PC3   PC4   h2    u2    com
DA1   0.75  0.29  0.21  0.16  0.72  0.28  1.6
DA2   0.17  0.08  0.03  0.90  0.84  0.16  1.1
DA3   0.83  0.19  0.15  0.11  0.76  0.24  1.2
DA4   0.78  -0.02 0.22  0.07  0.66  0.34  1.2
DA5   0.56  0.42  0.28  0.13  0.59  0.41  2.5
DB6   0.44  0.31  0.31  0.06  0.39  0.61  2.7
DB7   0.05  0.33  0.81  -0.04 0.76  0.24  1.3
DB8   0.43  0.07  0.70  0.03  0.68  0.32  1.7
DB9   0.19  0.28  0.77  0.06  0.72  0.28  1.4
```

DB10　0.21　0.15　0.72　-0.01　0.59　0.41　1.3
DB11　0.25　0.29　0.56　0.10　0.47　0.53　2.0
DC12　0.06　0.78　0.33　0.25　0.78　0.22　1.6
DC13　0.08　0.80　0.24　0.23　0.75　0.25　1.4
DC14　0.56　0.57　0.29　-0.10　0.74　0.26　2.5
DC15　0.43　0.62　0.33　-0.17　0.71　0.29　2.6
DC16　0.58　0.56　0.18　-0.11　0.68　0.32　2.3
DC17　0.36　0.68　0.19　-0.14　0.64　0.36　1.8

［說明］

變數列 PC1、PC2、PC3、PC4、h2、u2 分別表示的為因素一、因素二、因素三、因素四、共同性、獨特性（唯一性）。

第四個共同因素因素負荷量高於或等於 .45 的指標題項變數只有 DA2 一題，未符合因素構念至少要有三個指標題項的準則，因而第二次因素分析程序中可以將 DA2 指標變數移除。

|  | PC1 | PC2 | PC3 | PC4 |
|---|---|---|---|---|
| SS loadings | 3.70 | 3.42 | 3.29 | 1.07 |
| Proportion Var | 0.22 | 0.20 | 0.19 | 0.06 |
| Cumulative Var | 0.22 | 0.42 | 0.61 | 0.68 |
| Proportion Explained | 0.32 | 0.30 | 0.29 | 0.09 |
| Cumulative Proportion | 0.32 | 0.62 | 0.91 | 1.00 |

［說明］

四個共同因素的特徵值（SS loadings 列的參數）分別為 3.70、3.42、3.29、1.07，個別共同因素可以所有指標變數的變異量分別為 22%、0.20%、19%、6%，累積解釋變量為 68%，大於社會科學設定的 60% 指標值，表示抽取四個共同因素之 EFA 的構念效度良好。

「Proportion Explained」列的解釋量是以抽取的共同因素特徵值總和為分母，以個別共同因素特徵值為分子的比值，如 0.32=3.70/(3.70+3.42+3.29+1.09)，「Cumulative Proportion」列的累積解釋量是以共同因素四個特徵值總和為分母的累積百分比，最後二列的參數估計值在 EFA 報表中較少研究者使用

使用 **print( )** 函數輸出轉換後的成分矩陣，引數 sort 界定「=T」表示因素矩陣依因素負荷量絕對值大小排列，引數 cut 設定 =「0.40」表示因素負荷量小於 .40 的估計值不會被呈現：

```
> pc.m=principal(efa,nfactors=4,rotate="varimax")
> print(pc.m,cut=0.40,sort=T)
```

R 主控台輸出結果視窗界面如下，共同因素欄中的因素負荷量如為空白，表示其因素負荷量小於 0.40。

```
          item  PC1   PC2   PC3   PC4   h2    u2   com
DA3        3  0.83                    0.76  0.24  1.2
DA4        4  0.78                    0.66  0.34  1.2
DA1        1  0.75                    0.72  0.28  1.6
DC16      16  0.58  0.56              0.68  0.32  2.3
DA5        5  0.56  0.42              0.59  0.41  2.5
DB6        6  0.44                    0.39  0.61  2.7
DC13      13        0.80              0.75  0.25  1.4
DC12      12        0.78              0.78  0.22  1.6
DC17      17        0.68              0.64  0.36  1.8
DC15      15  0.43  0.62              0.71  0.29  2.6
DC14      14  0.56  0.57              0.74  0.26  2.5
DB7        7              0.81        0.76  0.24  1.3
DB9        9              0.77        0.72  0.28  1.4
DB10      10              0.72        0.59  0.41  1.3
DB8        8  0.43        0.70        0.68  0.32  1.7
DB11      11              0.56        0.47  0.53  2.0
DA2        2                    0.90  0.84  0.16  1.1

                      PC1   PC2   PC3   PC4
SS loadings          3.70  3.42  3.29  1.07
Proportion Var       0.22  0.20  0.19  0.06
```

PC4 共同因素中因素負荷量大於 .40 的指標變數只有 DA2，因素負荷量 =0.90、共同性 =0.84。

四、刪除第二題 (DA2) 的 EFA

刪除 DA2 指標變數後的資料框架物件界定為 efa.1：

```
> efa.1=efa[,-2]
> names(efa.1)
[1]"DA1" "DA3" "DA4" "DA5" "DB6" "DB7" "DB8" "DB9" "DB10" "DB11"
[11] "DC12" "DC13" "DC14" "DC15" "DC16" "DC17"
```

進行因素分析程序，轉軸法為最大變異法，抽取因素個數限定為 3 個：

```
> pc.m1=principal(efa.1,3,rotate="varimax")
> print(pc.m1,sort=TRUE)
Principal Components Analysis
Call: principal(r = efa.1, nfactors = 3, rotate = "varimax")
Standardized loadings (pattern matrix) based upon correlation matrix
```

R 主控台輸出結果視窗界面如下：

```
        item  PC2   PC1   PC3   h2   u2  com
DA3      2  0.84              0.76 0.24 1.2
DA4      3  0.78              0.66 0.34 1.2
DA1      1  0.76              0.71 0.29 1.5
DA5      4  0.57  0.44        0.59 0.41 2.4
DC16    15  0.57  0.55        0.65 0.35 2.2
DB6      5  0.43              0.39 0.61 2.7
DC13    12        0.82        0.73 0.27 1.2
DC12    11        0.80        0.74 0.26 1.3
DC17    16        0.66        0.60 0.40 1.7
DC15    14  0.41  0.61        0.65 0.35 2.4
DC14    13  0.55  0.57        0.71 0.29 2.5
DB7      6              0.81  0.76 0.24 1.3
DB9      8              0.77  0.72 0.28 1.4
DB10     9              0.72  0.59 0.41 1.3
DB8      7  0.43        0.70  0.68 0.32 1.7
DB11    10              0.56  0.47 0.53 2.0

                      PC2   PC1   PC3
SS loadings          3.67  3.49  3.24
Proportion Var       0.23  0.22  0.20
Cumulative Var       0.23  0.45  0.65
```

共同因素 PC2 包含的指標變數有 DA3（因素負荷量 =0.84）、DA4（因素負荷量 =0.78）、DA1（因素負荷量 =0.76）、DA5（因素負荷量 =0.57）、DC16（因素負荷量 =0.57）、DB6（因素負荷量 =0.43），其中題項變數 DC16 在共同因素 PC2、PC1 因素負荷量分別為 0.57、0.55，均大於 .45，表示此題項變數同時反映二個潛在因素構念，此種題項變數稱為跨因素效度的指標變數。指標變數 DC16 原先編製應歸於 PC1 因素構念中，構念效度與原先內容效度未能符合，因而下一步因素分析程序將此指標變數刪除。

指標變數 DC14（第十四題）也具有跨因素效度，在共同因素 PC1、PC2 的因素負荷量分別為 0.57、0.55，依變數分群結果歸屬於共同因素 PC1，雖然與原先內容效度吻合，但如果構面的包含的題項變數夠（一個共同因素至少要有三個指標變數），第十四題也可考慮刪除。

五、刪除第二題、第十六題 (DA2、DC16) 的 EFA

使用資料框架物件變數索引，排除第 2 題與第 16 題指標變數，語法為 efa[,-c(2,16)]：

```
>efa.2=efa[,-c(2,16)]
> pc.m2=principal(efa.2,3,rotate="varimax")
> print(pc.m2,cut=0.40,sort=TRUE)
Principal Components Analysis
Call: principal(r = efa.2, nfactors = 3, rotate = "varimax")
```

R 主控台輸出結果視窗界面如下：

```
        item  PC2   PC1   PC3    h2   u2  com
DA3      2  0.83              0.75 0.25  1.2
DA4      3  0.78              0.66 0.34  1.2
DA1      1  0.77              0.73 0.27  1.5
DA5      4  0.58  0.46        0.61 0.39  2.3
DB6      5  0.45              0.40 0.60  2.6
DC13    12        0.84        0.75 0.25  1.1
DC12    11        0.82        0.76 0.24  1.3
DC17    15        0.64        0.56 0.44  1.8
DC15    14  0.42  0.61        0.65 0.35  2.4
DC14    13  0.55  0.57        0.71 0.29  2.5
DB7      6              0.81  0.77 0.23  1.3
DB9      8              0.78  0.73 0.27  1.4
DB10     9              0.72  0.59 0.41  1.3
DB8      7  0.44        0.68  0.67 0.33  1.8
DB11    10              0.56  0.47 0.53  2.0


                       PC2   PC1   PC3
SS loadings           3.40  3.24  3.17
Proportion Var        0.23  0.22  0.21
```

　　共同因素 PC2（外向性人格特質構面）包含的指標變數為 DA3（因素負荷量 =0.83）、DA4（因素負荷量 = 0.78）、DA1（因素負荷量 =0.77）、DA5（因素負荷量 =0.58）、DB6（因素負荷量 =0.45），DB6 指標變數歸屬的向度與原先內容效度不同，因素分析程序再將之排除。

六、刪除 DA2、DB6、DC16 的 EFA

　　指令列 efa.3=efa[,-c(2,6,16)] 表示使用負向量數值變數索引，移除第 2 題、第 6 題、第 16 題，新的資料框架物件名稱界定為 efa.3：

```
> efa.3=efa[,-c(2,6,16)]
> pc.m3=principal(efa.3,3,rotate="varimax")
> print(pc.m3,cut=0,sort=TRUE)
Principal Components Analysis
Call: principal(r = efa.3, nfactors = 3, rotate = "varimax")
Standardized loadings (pattern matrix) based upon correlation matrix
```

| item | | PC1 | PC2 | PC3 | h2 | u2 | com |
|------|-----|------|------|------|------|------|-----|
| DC13 | 11 | 0.84 | 0.11 | 0.19 | 0.76 | 0.24 | 1.1 |
| DC12 | 10 | 0.82 | 0.08 | 0.29 | 0.76 | 0.24 | 1.3 |
| DC17 | 14 | 0.64 | 0.30 | 0.22 | 0.55 | 0.45 | 1.7 |
| DC15 | 13 | 0.62 | 0.40 | 0.34 | 0.65 | 0.35 | 2.3 |
| DC14 | 12 | 0.58 | 0.54 | 0.29 | 0.70 | 0.30 | 2.5 |
| DA3 | 2 | 0.21 | 0.83 | 0.15 | 0.75 | 0.25 | 1.2 |
| DA4 | 3 | 0.01 | 0.79 | 0.22 | 0.68 | 0.32 | 1.2 |
| DA1 | 1 | 0.33 | 0.77 | 0.19 | 0.74 | 0.26 | 1.5 |
| DA5 | 4 | 0.47 | 0.59 | 0.25 | 0.63 | 0.37 | 2.3 |
| DB7 | 5 | 0.33 | 0.03 | 0.81 | 0.77 | 0.23 | 1.3 |
| DB9 | 7 | 0.29 | 0.18 | 0.78 | 0.73 | 0.27 | 1.4 |
| DB10 | 8 | 0.16 | 0.22 | 0.72 | 0.59 | 0.41 | 1.3 |
| DB8 | 6 | 0.10 | 0.43 | 0.69 | 0.67 | 0.33 | 1.7 |
| DB11 | 9 | 0.30 | 0.24 | 0.56 | 0.46 | 0.54 | 2.0 |

| | PC1 | PC2 | PC3 |
|------|------|------|------|
| SS loadings | 3.19 | 3.14 | 3.11 |
| Proportion Var | 0.23 | 0.22 | 0.22 |
| Cumulative Var | 0.23 | 0.45 | 0.67 |
| Proportion Explained | 0.34 | 0.33 | 0.33 |
| Cumulative Proportion | 0.34 | 0.67 | 1.00 |

　　PC1 共同因素包含的指標變數有 DC12、DC13、DC14、DC15、DC17，指標變數的因素負荷量分別為 0.82、0.84、0.58、0.62、0.64，因素名稱為「宜人性」。

　　PC2 共同因素包含的指標變數有 DA1、DA3、DA4、DA5 等四題，指標變數的因素負荷量分別為 0.77、0.83、0.79、0.59，因素名稱為「外向性」

　　PC2 共同因素包含的指標變數有 DB7、DB8、DB9、DB10、DB11 等五題，指標變數的因素負荷量分別為 0.81、0.69、0.78、0.72、0.56，因素名稱為「經驗開放性」。

人格特質量表因素分析結果摘要表統整如下：

| 題項 | 共同因素 | | | 共同性 |
|---|---|---|---|---|
| | 宜人性 | 外向性 | 經驗開放性 | |
| DC13 | .84 | .11 | .19 | .76 |
| DC12 | .82 | .08 | .29 | .76 |
| DC17 | .64 | .30 | .22 | .55 |
| DC15 | .62 | .40 | .34 | .65 |
| DC14 | .58 | .54 | .29 | .70 |
| DA3 | .21 | .83 | .15 | .75 |
| DA4 | .01 | .79 | .22 | .68 |
| DA1 | .33 | .77 | .19 | .74 |
| DA5 | .47 | .59 | .25 | .63 |
| DB7 | .33 | .03 | .81 | .77 |
| DB9 | .29 | .18 | .78 | .73 |
| DB10 | .16 | .22 | .72 | .59 |
| DB8 | .10 | .43 | .69 | .67 |
| DB11 | .30 | .24 | .56 | .46 |
| 特徵值 | 3.19 | 3.14 | 3.11 | |
| 解釋變異 | 23% | 22% | 22% | |
| 累積解釋變異 | 23% | 45% | 67% | |

註：採用主成分分析法抽取共同因素，以最大變異法進行因素轉軸。

如果要輸出個別共同因素的因素負荷量，可以使用物件參數 loadings，範例為輸出第二個共同因素之因素負荷量：

```
> round(pc.m3$loadings[,2],2)
DA1 DA3 DA4 DA5 DB7 DB8 DB9 DB10 DB11 DC12 DC13 DC14 DC15 DC17
0.77 0.83 0.79 0.59 0.03 0.43 0.18 0.22 0.24 0.08 0.11 0.54 0.40 0.30
```

使用 **print( )** 函數輸出因素分析物件之因素負荷量，引數 sort 界定為真，表示根據指標變數因素負荷量絕對值大小進行排序：

>print(pc.m3,cut=0,sort=TRUE)

R 主控台擷取的視窗圖示如下：

```
       item  PC1  PC2  PC3   h2   u2  com
DC13    11  0.84 0.11 0.19 0.76 0.24 1.1
DC12    10  0.82 0.08 0.29 0.76 0.24 1.3
DC17    14  0.64 0.30 0.22 0.55 0.45 1.7
DC15    13  0.62 0.40 0.34 0.65 0.35 2.3
DC14    12  0.58 0.54 0.29 0.70 0.30 2.5
DA3      2  0.21 0.83 0.15 0.75 0.25 1.2
DA4      3  0.01 0.79 0.22 0.68 0.32 1.2
DA1      1  0.33 0.77 0.19 0.74 0.26 1.5
DA5      4  0.47 0.59 0.25 0.63 0.37 2.3
DB7      5  0.33 0.03 0.81 0.77 0.23 1.3
DB9      7  0.29 0.18 0.78 0.73 0.27 1.4
DB10     8  0.16 0.22 0.72 0.59 0.41 1.3
DB8      6  0.10 0.43 0.69 0.67 0.33 1.7
DB11     9  0.30 0.24 0.56 0.46 0.54 2.0

                         PC1  PC2  PC3
SS loadings             3.19 3.14 3.11
Proportion Var          0.23 0.22 0.22
Cumulative Var          0.23 0.45 0.67
```

引數 sort 界定為假，表示依原始題項變數順序排序，因素負荷量只輸出大於或等於 0.45 之估計值：

>print(pc.m3,cut=.45,sort=F)

R 主控台擷取的視窗圖示如下：

```
         PC1   PC2   PC3    h2    u2  com
DA1           0.77       0.74  0.26  1.5
DA3           0.83       0.75  0.25  1.2
DA4           0.79       0.68  0.32  1.2
DA5    0.47   0.59       0.63  0.37  2.3
DB7                0.81  0.77  0.23  1.3
DB8                0.69  0.67  0.33  1.7
DB9                0.78  0.73  0.27  1.4
DB10               0.72  0.59  0.41  1.3
DB11               0.56  0.46  0.54  2.0
DC12   0.82              0.76  0.24  1.3
DC13   0.84              0.76  0.24  1.1
DC14   0.58   0.54       0.70  0.30  2.5
DC15   0.62              0.65  0.35  2.3
DC17   0.64              0.55  0.45  1.7
```

使用 **fa.diagram( )** 函數繪製直交轉軸的因素構念圖：

```
> fa.diagram(pc.m3,digits=2)
```

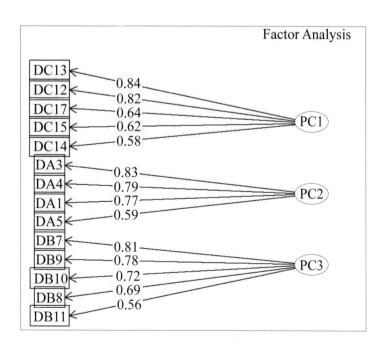

因素分析構念圖中，由於共同因素轉軸使用正交轉軸法，因而三個共同因素之間沒有共變相關的雙箭號線條。

使用斜交轉軸法，萃取三個共同因素：

```
> efa.3=efa[,-c(2,6,16)]
> pc.p3=principal(efa.3,3,rotate="promax")
> print(pc.p3)
```

R 主控台視窗輸出結果如下：

```
Principal Components Analysis
Call: principal(r = efa.3, nfactors = 3, rotate = "promax")
Standardized loadings (pattern matrix) based upon correlati
         PC2   PC1   PC3   h2   u2  com
DA1     0.83  0.12 -0.08 0.74 0.26 1.1
DA3     0.95 -0.04 -0.12 0.75 0.25 1.0
DA4     0.94 -0.31  0.05 0.68 0.32 1.2
DA5     0.56  0.33  0.00 0.63 0.37 1.6
DB7    -0.27  0.16  0.91 0.77 0.23 1.2
DB8     0.34 -0.22  0.71 0.67 0.33 1.7
DB9    -0.05  0.07  0.84 0.73 0.27 1.0
DB10    0.04 -0.08  0.79 0.59 0.41 1.0
DB11    0.07  0.14  0.54 0.46 0.54 1.2
DC12   -0.20  0.92  0.09 0.76 0.24 1.1
DC13   -0.13  0.97 -0.05 0.76 0.24 1.0
DC14    0.45  0.47  0.03 0.70 0.30 2.0
DC15    0.25  0.55  0.12 0.65 0.35 1.5
DC17    0.15  0.64  0.00 0.55 0.45 1.1

                     PC2   PC1   PC3
SS loadings         3.27  3.12  3.06
Proportion Var      0.23  0.22  0.22
```

使用 **fa.diagram( )** 函數繪製斜交轉軸之因素構念圖：

```
> fa.diagram(pc.p3,digits=2)
```

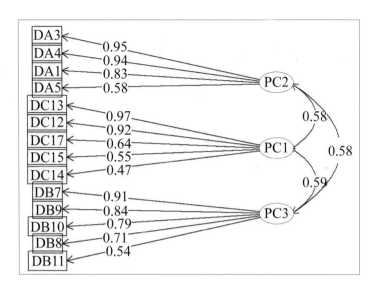

## 伍 fa( ) 函數的應用

使用 **fa( )** 函數進行因素分析，因素萃取方法為主軸法，因素轉軸採用最大
變異法（直交轉軸），限定因素個素等於 4：

```
> fam=fa(efa,nfactors=4,rotate="varimax",fm="pa")
> print(fam,sort=T)
Factor Analysis using method =  pa
Call: fa(r = efa, nfactors = 4, n.obs = 138, rotate = "varimax", fm = "pa")
Standardized loadings (pattern matrix) based upon correlation matrix
```

|      | item | PA4 | PA2 | PA1 | PA3 | h2 | u2 | com |
|------|------|------|------|------|------|-------|------|-----|
| DB7  | 7    | 0.80 | 0.00 | 0.29 | 0.17 | 0.762 | 0.24 | 1.4 |
| DB9  | 9    | 0.73 | 0.20 | 0.21 | 0.22 | 0.663 | 0.34 | 1.5 |
| DB8  | 8    | 0.61 | 0.40 | 0.17 | 0.07 | 0.569 | 0.43 | 1.9 |
| DB10 | 10   | 0.58 | 0.23 | 0.16 | 0.16 | 0.444 | 0.56 | 1.6 |
| DB11 | 11   | 0.46 | 0.27 | 0.23 | 0.23 | 0.389 | 0.61 | 2.7 |

| | | | | | | | | |
|---|---|---|---|---|---|---|---|---|
| DA3 | 3 | 0.15 | 0.81 | 0.26 | 0.11 | 0.757 | 0.24 | 1.3 |
| DA1 | 1 | 0.22 | 0.69 | 0.33 | 0.19 | 0.671 | 0.33 | 1.8 |
| DA4 | 4 | 0.22 | 0.62 | 0.22 | -0.02 | 0.475 | 0.52 | 1.5 |
| DA5 | 5 | 0.29 | 0.55 | 0.27 | 0.34 | 0.575 | 0.43 | 2.9 |
| DA2 | 2 | 0.05 | 0.22 | 0.02 | 0.16 | 0.079 | 0.92 | 1.9 |
| DC17 | 17 | 0.22 | 0.17 | 0.72 | 0.23 | 0.659 | 0.34 | 1.5 |
| DC15 | 15 | 0.36 | 0.26 | 0.65 | 0.24 | 0.678 | 0.32 | 2.2 |
| DC14 | 14 | 0.30 | 0.42 | 0.63 | 0.24 | 0.715 | 0.29 | 2.6 |
| DC16 | 16 | 0.21 | 0.43 | 0.57 | 0.23 | 0.609 | 0.39 | 2.5 |
| DB6 | 6 | 0.30 | 0.31 | 0.40 | 0.10 | 0.361 | 0.64 | 3.0 |
| DC13 | 13 | 0.22 | 0.17 | 0.28 | 0.78 | 0.771 | 0.23 | 1.5 |
| DC12 | 12 | 0.31 | 0.15 | 0.29 | 0.76 | 0.779 | 0.22 | 1.7 |

| | PA4 | PA2 | PA1 | PA3 |
|---|---|---|---|---|
| SS loadings | 2.85 | 2.79 | 2.53 | 1.78 |
| Proportion Var | 0.17 | 0.16 | 0.15 | 0.10 |
| Cumulative Var | 0.17 | 0.33 | 0.48 | 0.59 |
| Proportion Explained | 0.29 | 0.28 | 0.25 | 0.18 |
| Cumulative Proportion | 0.29 | 0.57 | 0.82 | 1.00 |

| | PA4 | PA2 | PA1 | PA3 |
|---|---|---|---|---|
| Correlation of scores with factors | 0.90 | 0.90 | 0.85 | 0.89 |
| Multiple R square of scores with factors | 0.81 | 0.81 | 0.72 | 0.79 |
| Minimum correlation of possible factor scores | 0.61 | 0.62 | 0.44 | 0.58 |

　　萃取四個共同因素的因素名稱為 PA4、PA2、PA1、PA3（如果因素負荷量沒有依據絕對值排列，萃取的共同因素名稱依序為 PA1、PA2、PA3、PA4。四個共同因素的特徵值分別為 2.85、2.79、2.53、1.78，共同因素的解釋變異量分別為 0.17、0.16、0.15、0.10，累積解釋變異量為 59%。

　　其中第二題的共同性只有 0.079，在四個共同因素的因素負荷量分別為 0.05、0.22、0.02、0.16，雖歸屬於 PA2 共同因素，但因素負荷量卻低於 .40，題項變數無法有效其對應的潛在構念，第二題 DA2 在下一次因素分析程序中可以優先刪除。

DB6 歸屬於共同因素 PA1（因素負荷量 =0.40），但與 PA1 中的其他題項變數反映的潛在構念不同，題項變數在之後的因素分析也可以考慮刪除。

R 主控台的視窗界面如下：

```
       item  PA4   PA2   PA1    PA3    h2    u2  com
DB7      7  0.80  0.00  0.29   0.17  0.762  0.24  1.4
DB9      9  0.73  0.20  0.21   0.22  0.663  0.34  1.5
DB8      8  0.61  0.40  0.17   0.07  0.569  0.43  1.9
DB10    10  0.58  0.23  0.16   0.16  0.444  0.56  1.6
DB11    11  0.46  0.27  0.23   0.23  0.389  0.61  2.7
DA3      3  0.15  0.81  0.26   0.11  0.757  0.24  1.3
DA1      1  0.22  0.69  0.33   0.19  0.671  0.33  1.8
DA4      4  0.22  0.62  0.22  -0.02  0.475  0.52  1.5
DA5      5  0.29  0.55  0.27   0.34  0.575  0.43  2.9
DA2      2  0.05  0.22  0.02   0.16  0.079  0.92  1.9
DC17    17  0.22  0.17  0.72   0.23  0.659  0.34  1.5
DC15    15  0.36  0.26  0.65   0.24  0.678  0.32  2.2
DC14    14  0.30  0.42  0.63   0.24  0.715  0.29  2.6
DC16    16  0.21  0.43  0.57   0.23  0.609  0.39  2.5
DB6      6  0.30  0.31  0.40   0.10  0.361  0.64  3.0
DC13    13  0.22  0.17  0.28   0.78  0.771  0.23  1.5
DC12    12  0.31  0.15  0.29   0.76  0.779  0.22  1.7

                          PA4   PA2   PA1   PA3
SS loadings              2.85  2.79  2.53  1.78
Proportion Var           0.17  0.16  0.15  0.10
```

**fa( )** 函數建立的物件中可使用的次函數或參數名稱如下：

```
> names(fam)
 [1] "residual"      "dof"           "chi"
 [4] "nh"            "rms"           "EPVAL"
 [7] "crms"          "EBIC"          "ESABIC"
[10] "fit"           "fit.off"       "sd"
[13] "factors"       "complexity"    "n.obs"
[16] "objective"     "criteria"      "STATISTIC"
[19] "PVAL"          "Call"          "null.model"
[22] "null.dof"      "null.chisq"    "TLI"
```

| [25] "RMSEA" | "BIC" | "SABIC" |
|---|---|---|
| [28] "r.scores" | "R2" | "valid" |
| [31] "score.cor" | "weights" | "rotation" |
| [34] "communality" | "uniquenesses" | "values" |
| [37] "e.values" | "loadings" | "fm" |
| [40] "Structure" | "communality.iterations" | "scores" |
| [43] "r" | "np.obs" | "fn" |

使用 **fa( )** 函數進行因素分析,因素萃取方法為主軸法,因素轉軸採用最大變異法(直交轉軸),限定因素個素等於 3,資料框架物件為 efa.3(資料檔移除第二題 DA2、第六題 DB6、第十六題 DC16):

```
> efa.3=efa[,-c(2,6,16)]
> fam=fa(efa.3,nfactors=3,rotate="varimax",fm="pa")
> print(fam,sort=T)
```

R 主控台完整的輸出結果如下:

Factor Analysis using method = pa
Call: fa(r = efa.3, nfactors = 3, rotate = "varimax", fm = "pa")
Standardized loadings (pattern matrix) based upon correlation matrix

| item | | PA2 | PA1 | PA3 | h2 | u2 | com |
|---|---|---|---|---|---|---|---|
| DA3 | 2 | 0.79 | 0.15 | 0.19 | 0.68 | 0.32 | 1.2 |
| DA1 | 1 | 0.74 | 0.21 | 0.29 | 0.68 | 0.32 | 1.5 |
| DA4 | 3 | 0.67 | 0.22 | 0.05 | 0.49 | 0.51 | 1.2 |
| DA5 | 4 | 0.57 | 0.27 | 0.41 | 0.57 | 0.43 | 2.3 |
| DC14 | 12 | 0.55 | 0.32 | 0.50 | 0.66 | 0.34 | 2.6 |
| DB7 | 5 | 0.08 | 0.81 | 0.29 | 0.75 | 0.25 | 1.3 |

| | | | | | | | |
|---|---|---|---|---|---|---|---|
| DB9 | 7 | 0.22 | 0.74 | 0.27 | 0.67 | 0.33 | 1.5 |
| DB8 | 6 | 0.43 | 0.59 | 0.13 | 0.55 | 0.45 | 1.9 |
| DB10 | 8 | 0.25 | 0.58 | 0.20 | 0.44 | 0.56 | 1.6 |
| DB11 | 9 | 0.28 | 0.45 | 0.30 | 0.37 | 0.63 | 2.5 |
| DC13 | 11 | 0.17 | 0.21 | 0.80 | 0.71 | 0.29 | 1.2 |
| DC12 | 10 | 0.14 | 0.30 | 0.78 | 0.71 | 0.29 | 1.4 |
| DC15 | 13 | 0.43 | 0.38 | 0.51 | 0.59 | 0.41 | 2.8 |
| DC17 | 14 | 0.33 | 0.29 | 0.49 | 0.44 | 0.56 | 2.5 |

[ 說明 ]

因素矩陣為轉軸後成分矩陣，萃取出三個共同因素

| | PA2 | PA1 | PA3 |
|---|---|---|---|
| SS loadings | 2.98 | 2.75 | 2.60 |
| Proportion Var | 0.21 | 0.20 | 0.19 |
| Cumulative Var | 0.21 | 0.41 | 0.59 |
| Proportion Explained | 0.36 | 0.33 | 0.31 |
| Cumulative Proportion | 0.36 | 0.69 | 1.00 |

[ 說明 ]

參數估計值前三列為特徵值、共同因素個別解釋變異量、共同因素累積
解釋變異量

Mean item complexity = 1.8

Test of the hypothesis that 3 factors are sufficient.

The degrees of freedom for the null model are 91 and the objective function was 8.74 with Chi Square of 1149.69

The degrees of freedom for the model are 52 and the objective function was 1.14

[說明]

平均題項複雜性估計值 =1.8。

檢定萃取三個因素之假定是否充足。

虛無模式的自由度 =91，物件函數的自由度 =8.74，卡方值統計量 =1149.69。

EFA 模式的自由度 =52，物件函數的自由度 =1.14。

The root mean square of the residuals (RMSR) is 0.04

The df corrected root mean square of the residuals is 0.06

[說明]

RMSR 值 =0.04，校正之 RMSR 值 =0.06。

The harmonic number of observations is 138 with the empirical chi square 44.44 with prob < 0.76

The total number of observations was 138 with MLE Chi Square = 147.51 with prob < 4.5e-11

[說明]

觀察值的調和個數 =138，卡方值檢定統計量 =44.44，機率值 <0.76，未達統計顯著水準，EFA 模式佳。

觀察值總數 =138，MLE 卡方值 = 147.51（顯著性機率值 p<.001）

Tucker Lewis Index of factoring reliability = 0.839

RMSEA index = 0.121 and the 90 % confidence intervals are 0.094 0.137

BIC = -108.71

Fit based upon off diagonal values = 0.99

[說明]

Tucker Lewis 因素信度指標值 =0.839

RMSEA 指標值 =0.121

BIC 值 = -108.71

Measures of factor score adequacy

|  | PA2 | PA1 | PA3 |
|---|---|---|---|
| Correlation of scores with factors | 0.91 | 0.90 | 0.89 |
| Multiple R square of scores with factors | 0.82 | 0.80 | 0.79 |
| Minimum correlation of possible factor scores | 0.65 | 0.61 | 0.59 |

[ 說明 ]

第一列為分數與共同因素間的相關

第二列為分數與共同因素間多元相關的平方

第三列為可因素分數間最小的相關估計值

人格特質量表使用主軸法萃取共同因素之結果統整如下：

| 題項 | 共同因素 | | | 共同性 |
|---|---|---|---|---|
|  | 外向性 | 經驗開放性 | 宜人性 |  |
| DA3 | .79 | .15 | .19 | .68 |
| DA1 | .74 | .21 | .29 | .68 |
| DA4 | .67 | .22 | .05 | .49 |
| DA5 | .57 | .27 | .41 | .57 |
| DC14 | .55 | .32 | .50 | .66 |
| DB7 | .08 | .81 | .29 | .75 |
| DB9 | .22 | .74 | .27 | .67 |
| DB8 | .43 | .59 | .13 | .55 |
| DB10 | .25 | .58 | .20 | .44 |
| DB11 | .28 | .45 | .30 | .37 |
| DC13 | .17 | .21 | .80 | .71 |
| DC12 | .14 | .30 | .78 | .71 |
| DC15 | .43 | .38 | .51 | .59 |
| DC17 | .33 | .29 | .49 | .44 |
| 特徵值 | 2.98 | 2.75 | 2.60 |  |
| 解釋變異量 | 21% | 20% | 19% |  |
| 累積解釋變異量 | 21% | 41% | 59% |  |

之前採用主成分分析法配合最大變異法進行直交轉軸，題項 DC14 具有跨因素效度，在外向性、宜人性共同因素中的因素負荷量分別為 0.54、0.58；採用主軸法抽取共同因素時，題項 DC14 也具有跨因素效度，在外向性、宜人性共同因素中的因素負荷量分別為 0.55、0.50，此題項變數在二個構面的因素負荷量均高於 .50，若是構面的題項個數足夠（一個共同因素 / 向度 / 構面的指標變數或題項個數最少要有三題），跨因素效度的題項可以刪除；相對的，若是指標變數刪除後，共同因素包含的題項數太少，指標變數也可以保留。

刪除第 2 題、第 6 題、第 14 題、第 16 題後的 EFA，轉軸法為直交斜交轉軸，因素萃取法為主軸法：

```
> efa.4=efa[,-c(2,6,14,16)]
> fam.p=fa(efa.4,nfactors=3,rotate="oblimin",oblique.scores=F,fm="pa")
> print(fam.p,sort=T)
Factor Analysis using method =  pa
Call: fa(r = efa.4, nfactors = 3, rotate = "oblimin", fm = "pa", oblique.scores =
F)
Standardized loadings (pattern matrix) based upon correlation matrix
```

| item | | PA2 | PA1 | PA3 | h2 | u2 | com |
|------|---|------|------|-------|------|------|-----|
| DA3 | 2 | 0.83 | -0.04 | 0.01 | 0.67 | 0.33 | 1.0 |
| DA1 | 1 | 0.78 | -0.01 | 0.13 | 0.71 | 0.29 | 1.1 |
| DA4 | 3 | 0.72 | 0.09 | -0.15 | 0.51 | 0.49 | 1.1 |
| DA5 | 4 | 0.54 | 0.08 | 0.29 | 0.59 | 0.41 | 1.6 |
| DB7 | 5 | -0.14 | 0.90 | 0.05 | 0.76 | 0.24 | 1.1 |
| DB9 | 7 | 0.06 | 0.76 | 0.05 | 0.67 | 0.33 | 1.0 |
| DB8 | 6 | 0.33 | 0.58 | -0.12 | 0.54 | 0.46 | 1.7 |
| DB10 | 8 | 0.13 | 0.58 | 0.01 | 0.44 | 0.56 | 1.1 |
| DB11 | 9 | 0.17 | 0.40 | 0.14 | 0.37 | 0.63 | 1.6 |
| DC13 | 11 | 0.03 | -0.03 | 0.86 | 0.74 | 0.26 | 1.0 |

```
DC12    10  -0.02   0.08  0.83  0.76  0.24  1.0
DC17    13   0.23   0.17  0.38  0.41  0.59  2.1
DC15    12   0.29   0.28  0.33  0.54  0.46  2.9
```

[ 說明 ]

因素矩陣為樣式矩陣 ( 組型矩陣 )

```
                        PA2   PA1   PA3
SS loadings            2.81  2.74  2.15
Proportion Var         0.22  0.21  0.17
Cumulative Var         0.22  0.43  0.59
Proportion Explained   0.37  0.36  0.28
Cumulative Proportion  0.37  0.72  1.00
```

```
 With factor correlations of
      PA2   PA1   PA3
PA2  1.00  0.49  0.44
PA1  0.49  1.00  0.55
PA3  0.44  0.55  1.00
```

[ 說明 ]

參數值為因素間的相關矩陣，配對因素間的相關係數分別為 0.49、0.44、0.55，萃取之共同因素間有中度正相關

　　PA2 共同因素包含的題項變數有 DA1、DA3、DA4、DA5 四題，四個題項的因素負荷量分別為 0.78、0.83、0.72、0.54，共同因素名稱為「外向性」。

　　PA1 共同因素包含的題項變數有 DB7、DB8、DB9、DB10、DB11 等五題，五個題項變數的因素負荷量分別為 0.90、0.58、0.76、0.58、0.40，共同因素名稱為「經驗開放性」。

　　PA3 共同因素包含的題項變數有 DC12、DC13、DC15、DC17 等四題，四個題項變數的因素負荷量分別為 0.83、0.86、0.33、0.38。

　　萃取三個共同因素的特徵值為 2.81、2.74、2.15，累積解釋變異量為 59%。

函數 **fac( )** 的語法與函數 **fa( )** 類似，輸出的參數結果相同：

```
fam.p=fac(efa.4,nfactors=3,rotate="oblimin",oblique.scores=F,fm="pa")
```

使用 **factor.congruence( )** 函數可以進行不同共同因素分析萃取方法之因素結構一致性的檢核：

```
> library(psych)
> library(GPArotation)
> pc=principal(efa.3,3,rotate="none")
> fa=fa(efa.3,3,rotate="none")
> factor.congruence(fa,pc)
       PC1   PC2   PC3
MR1  1.00  -0.02  -0.02
MR2  0.13   0.98   0.08
MR3  0.10  -0.10   0.94
```

最小殘差法（minres）與主成分分析法（PCA）未轉軸之因素結構，萃取共同因素順序對應間的相關分別為 1.00、0.98、0.94，因素結構的一致性很高。

轉軸方法使用最大變異法進行直交轉軸：

```
> pcv=principal(efa.3,3,rotate="varimax")
> fav=fa(efa.3,3,rotate="varimax")
> factor.congruence(fav,pcv)
       PC1  PC2  PC3
MR2  0.66  0.99  0.62
MR3  0.70  0.59  0.99
MR1  0.99  0.56  0.64
```

最小殘差法（minres）與主成分分析法（PCA）進行直交轉軸之因素結構，萃取共同因素對應順序間的相關分別為 0.99、0.99、0.99，PC1 共同因素對應 MR1 共同因素、PC2 共同因素對應 MR2 共同因素、PC3 共同因素對應 MR3 共同因素。

共同因素萃取方法為主成分分析法（PCA）、主軸因子分析法（PAFA）/ 主軸法，轉軸方法採用最大變異法進行直交轉軸：

```
> pcv=principal(efa.3,3,rotate="varimax")
> pav=fa(efa.3,3,rotate="varimax",fm="pa")
> factor.congruence(pav,pcv)
      PC1  PC2  PC3
PA2  0.65 0.99 0.62
PA1  0.68 0.59 0.99
PA3  1.00 0.58 0.65
```

主軸法（PA）與主成分分析法（PCA）進行直交轉軸之因素結構，萃取共同因素間的對應關係為 PA1 ⟷ PC3（一致性估計值 =0.99）、PA2 ⟷ PC2（一致性估計值 =0.99）PA3 ⟷ PC1（一致性估計值 =1.00）。使用主軸法萃取共同因素時，共同因素一（PA1）包含的指標變數 / 題項變數，在使用主成分分析法萃取法共同因素時，其因素結構中為共同因素三（PC3）包含的指標變數 / 題項變數；使用主軸法萃取共同因素時，共同因素三（PA3）包含的指標變數 / 題項變數，在使用主成分分析法萃取法共同因素時，其因素結構中為共同因素一（PC1）包含的指標變數 / 題項變數；使用主軸法萃取共同因素時，共同因素二（PA2）包含的指標變數 / 題項變數，在使用主成分分析法萃取法共同因素時，其因素結構中為共同因素二（PC2）包含的指標變數 / 題項變數。

使用主成分分析法萃取共同因素之因素結構如下：

```
Principal Components Analysis
Call: principal(r = efa.3, nfactors =
Standardized loadings (pattern matrix)
      PC1   PC2   PC3   h2    u2  com
DA1   0.33  0.77  0.19  0.74  0.26  1.5
DA3   0.21  0.83  0.15  0.75  0.25  1.2
DA4   0.01  0.79  0.22  0.68  0.32  1.2
DA5   0.47  0.59  0.25  0.63  0.37  2.3
DB7   0.33  0.03  0.81  0.77  0.23  1.3
DB8   0.10  0.43  0.69  0.67  0.33  1.7
DB9   0.29  0.18  0.78  0.73  0.27  1.4
DB10  0.16  0.22  0.72  0.59  0.41  1.3
DB11  0.30  0.24  0.56  0.46  0.54  2.0
DC12  0.82  0.08  0.29  0.76  0.24  1.3
DC13  0.84  0.11  0.19  0.76  0.24  1.1
DC14  0.58  0.54  0.29  0.70  0.30  2.5
DC15  0.62  0.40  0.34  0.65  0.35  2.3
DC17  0.64  0.30  0.22  0.55  0.45  1.7

                        PC1   PC2   PC3
SS loadings             3.19  3.14  3.11
Proportion Var          0.23  0.22  0.22
Cumulative Var          0.23  0.45  0.67
```

以主成分分析法萃取共同因素，PC1、PC2、PC3 三個共同因素的潛在構念名稱分別為宜人性、外向性、經驗開放性。

使用主軸法萃取共同因素之因素結構如下：

```
Factor Analysis using method =  pa
Call: fa(r = efa.3, nfactors = 3, rota
Standardized loadings (pattern matrix)
      PA2  PA1  PA3   h2   u2 com
DA1  0.74 0.21 0.29 0.68 0.32 1.5
DA3  0.79 0.15 0.19 0.68 0.32 1.2
DA4  0.67 0.22 0.05 0.49 0.51 1.2
DA5  0.57 0.27 0.41 0.57 0.43 2.3
DB7  0.08 0.81 0.29 0.75 0.25 1.3
DB8  0.43 0.59 0.13 0.55 0.45 1.9
DB9  0.22 0.74 0.27 0.67 0.33 1.5
DB10 0.25 0.58 0.20 0.44 0.56 1.6
DB11 0.28 0.45 0.30 0.37 0.63 2.5
DC12 0.14 0.30 0.78 0.71 0.29 1.4
DC13 0.17 0.21 0.80 0.71 0.29 1.2
DC14 0.55 0.32 0.50 0.66 0.34 2.6
DC15 0.43 0.38 0.51 0.59 0.41 2.8
DC17 0.33 0.29 0.49 0.44 0.56 2.5


                   PA2  PA1  PA3
SS loadings       2.98 2.75 2.60
Proportion Var    0.21 0.20 0.19
Cumulative Var    0.21 0.41 0.59
```

以主軸法萃取共同因素，PA1、PA2、PA3 三個共同因素的潛在構念名稱分別為經驗開放性、外向性、宜人性。

二個萃取方法之因素構面對照表如下：

| 因素變數 | PC1 | PC2 | PC3 |
|---|---|---|---|
| 因素構面名稱 | 宜人性 | 外向性 | 經驗開放性 |
| 因素變數 | PA3 | PA2 | PA1 |
| 因素構面名稱 | 宜人性 | 外向性 | 經驗開放性 |
| 指標變數 /<br>題項變數 | DC12、DC13<br>DC14、DC15<br>DC17 | DA1、DA3<br>DA4、DA5 | DB7、DB8<br>DB9、DB10<br>DB11 |

## 陸 信度分析

信度（reliability）指的是量表或測驗的一致性、穩定性。估計信度常用的方法有再測信度（重測信度）、折半信度（split-half reliability）與內部一致性信度。折半信度是將受試者填答的量表或測驗分成相等的兩半（如奇數題、偶數題），求出兩半試題或題項得分之相關程度；至於態度量表（如李克特式量表）一般則採取內部一致性 $\alpha$ 係數（Cronbach alpha）作為其信度指標值，內部一致性 $\alpha$ 係數愈接近 1.00，表示量表或測驗的信度愈佳。就向度（因素構面）而言，最低的信度指標值為 .60 以上，普通的信度指標值為 .70 以上，較佳（良好）的信度指標值為 .80 以上；就總量表或測驗而言，最低的信度指標值為 .70 以上，普通的信度指標值為 .80 以上，較佳（良好）的信度指標值為 .90 以上。

一、使用套件 psych 中的函數 alpha( )

套件 psych 中的函數 **alpha( )** 可以進行量表之信度（reliability）分析。**alpha( )** 基本語法為：

alpha(x, cumulative=FALSE, title=NULL, max=10,na.rm = TRUE,n.iter=1)

引數 x 為資料框架或資料矩陣（也可以為共變數異數矩陣或相關矩陣）

引數 title 界定執行信度分析的文字說明。引數 cumulative 界定為假表示輸出題項（items）的平均數，若界定為真，輸出題項的總和。引數 max 界定題項或類別的最大個數，如果類別次數大於 10，連結 {response.frequencies} 語法。引數 na.rm 界定為真，表示排除遺漏值後再進行配對組相關分析。引數 n.iter 界定使用拔鞋信賴區間法時，進行疊代的次數。

載入 psych 套件：

> library(psych)

載入資料檔，界定資料框架物件名稱為 efa（排除受試者編號變數 stid）：

```
>temp<-read.csv("efa_1.csv",header=T)
> names(temp)
[1] "stid" "DA1"  "DA2"  "DA3" "DA4" "DA5" "DB6" "DB7" "DB8"  "DB9"
[11]"DB10" "DB11" "DC12" "DC13" "DC14" "DC15" "DC16" "DC17"
>efa=temp[,2:18]
```

（一）求出外向性構面的信度

外向性因素構面包含 DA1（溫暖型）、DA3（自信型）、DA4（活躍型）、DA5（正向情感型）等四題（DA2 題項變數刪除）。

界定因素構面包含的變數名稱：

```
> fact1=efa[c(1,3,4,5)]
> names(fact1)
[1] "DA1" "DA3" "DA4" "DA5"
```

使用 **alpha( )** 函數求出信度統計量：

```
> alpha(fact1)
Reliability analysis
Call: alpha(x = fact1)
 raw_alpha  std.alpha  G6(smc)  average_r  S/N   ase   mean   sd
     0.84       0.85     0.82      0.58    5.6  0.056  4.5   0.73
```
[ 說明 ]
原始 Cronbach Alpha（$\alpha$）係數值 =0.84，標準化 Cronbach Alpha（$\alpha$）係數值 =0.85，G6 估計值 =0.82。四個指標變數的平均數 =4.50、標準差 =0.73。

```
lower  alpha  upper    95% confidence boundaries
 0.73   0.84   0.95
```

[說明]

原始 Cronbach Alpha（α）係數值 95% 信賴區間 =[0.73,0.95]。

Reliability if an item is dropped:

|     | raw_alpha | std.alpha | G6(smc) | average_r | S/N | alpha se |
|-----|-----------|-----------|---------|-----------|-----|----------|
| DA1 | 0.76      | 0.78      | 0.71    | 0.54      | 3.5 | 0.080    |
| DA3 | 0.76      | 0.79      | 0.73    | 0.55      | 3.7 | 0.080    |
| DA4 | 0.83      | 0.84      | 0.78    | 0.64      | 5.3 | 0.073    |
| DA5 | 0.82      | 0.82      | 0.76    | 0.61      | 4.6 | 0.074    |

[說明]

參數值為題項刪除後，剩餘題項（指標變數）之信度變化情況，以 DA1 為例，因素構面刪除 DA1 指標變數後，餘三個題項的原始 alpha 係數值 =0.76、標準化 alpha 係數值 =0.76、 G6 係數值 =0.71。alpha se 欄的參數 為信度係數估計值標準誤。

如果某個題項刪除後，原始信度係數估計值比原先因素構面之 α 估計 值還高，表示刪除該指標變數後，可以提高因素構面的信度，又可以簡 化因素構面，該題項變數可以考慮從因素構面中刪除。

Item statistics

|     | n   | raw.r | std.r | r.cor | r.drop | mean | sd   |
|-----|-----|-------|-------|-------|--------|------|------|
| DA1 | 138 | 0.86  | 0.87  | 0.82  | 0.76   | 4.6  | 0.77 |
| DA3 | 138 | 0.86  | 0.86  | 0.80  | 0.73   | 4.5  | 0.88 |
| DA4 | 138 | 0.75  | 0.78  | 0.66  | 0.59   | 4.6  | 0.76 |
| DA5 | 138 | 0.85  | 0.81  | 0.72  | 0.66   | 4.3  | 1.13 |

[說明]

raw.r 欄為題項與因素構面總分的相關係數、std.r 欄為題項與因素構面 總分標準化的相關係數；r.drop 欄為刪除題項後，因素構面總分（未包 含該題）與題項變數間的相關，此相關係數也稱為校正的項目總相關； mean 欄為題項變數的平均數、sd 欄為題項變數的標準差。

Non missing response frequency for each item
```
         1     2     3     4     5  miss
DA1 0.01  0.01  0.07  0.20  0.71    0
DA3 0.02  0.01  0.09  0.18  0.70    0
DA4 0.01  0.00  0.08  0.15  0.75    0
DA5 0.04  0.07  0.08  0.22  0.59    0
```
[ 說明 ]
miss 欄為題項變數遺漏值的個數，數值 =0 表示該題變數沒有遺漏值。

使用 **rowSums( )** 函數可以求出觀察值在因素構面的總分，使用 **cor( )** 函數求出題項變數與構面因素總分間的相關：

```
>factsum=rowSums(fact1)
> round(cor(fact1,factsum),2)
        [,1]
DA1  0.86
DA3  0.86
DA4  0.75
DA5  0.85
```

DA1、DA3、DA4、DA5 四個題項變數與因素構面總分（外向性總分）間的相關係數分別為 0.86、0.86、0.75、0.85。

使用變數索引求出校正的題項總相關（修正的項目總相關）估計值：

```
> cor(fact1[,1],rowSums(fact1[-1]))
[1] 0.7569418
> cor(fact1[,2],rowSums(fact1[-2]))
[1] 0.7340097
> cor(fact1[,3],rowSums(fact1[-3]))
[1] 0.5942543
> cor(fact1[,4],rowSums(fact1[-4]))
[1] 0.6580153
```

表中的估計值為輸出結果 Item statistics（項目統計量）內容中 r.drop 變數欄的參數。

（二）求出經驗開放性構面的信度

經驗開放性因素構面包含 DB7、DB8、DB9、DB10、DB11 等五題（DB6題項變數刪除）。

界定經驗開放性因素構面包含的題項變數：

```
> fact2=efa[c(7:11)]
> names(fact2)
[1] "DB7"  "DB8"  "DB9"  "DB10" "DB11"
```

使用 **alpha( )** 函數求出信度係數估計值：

```
> alpha(fact2)
Reliability analysis
Call: alpha(x = fact2)
```

| raw_alpha | std.alpha | G6(smc) | average_r | S/N | ase | mean | sd |
|-----------|-----------|---------|-----------|-----|-----|------|-----|
| 0.84 | 0.84 | 0.82 | 0.52 | 5.4 | 0.047 | 3.9 | 0.86 |

[ 說明 ]

原始信度估計值 $\alpha$ =0.84，以標準化轉換的信度估計值 $\alpha$ =0.84。

```
 lower alpha upper     95% confidence boundaries
 0.75  0.84  0.94
```

Reliability if an item is dropped:

|      | raw_alpha | std.alpha | G6(smc) | average_r | S/N | alpha se |
|------|-----------|-----------|---------|-----------|-----|----------|
| DB7  | 0.79      | 0.80      | 0.75    | 0.49      | 3.9 | 0.062    |
| DB8  | 0.81      | 0.81      | 0.78    | 0.52      | 4.3 | 0.059    |
| DB9  | 0.79      | 0.79      | 0.75    | 0.49      | 3.8 | 0.062    |
| DB10 | 0.82      | 0.82      | 0.79    | 0.54      | 4.7 | 0.058    |
| DB11 | 0.84      | 0.84      | 0.80    | 0.56      | 5.2 | 0.056    |

Item statistics

|      | n   | raw.r | std.r | r.cor | r.drop | mean | sd  |
|------|-----|-------|-------|-------|--------|------|-----|
| DB7  | 138 | 0.83  | 0.83  | 0.79  | 0.72   | 3.6  | 1.2 |
| DB8  | 138 | 0.78  | 0.79  | 0.71  | 0.65   | 4.2  | 1.0 |
| DB9  | 138 | 0.83  | 0.83  | 0.80  | 0.73   | 3.9  | 1.1 |
| DB10 | 138 | 0.77  | 0.76  | 0.66  | 0.61   | 3.9  | 1.2 |
| DB11 | 138 | 0.71  | 0.72  | 0.60  | 0.55   | 4.2  | 1.0 |

（三）求出宜人性構面的信度

　　宜人性因素構面包含 DC12、DC13、DC14、DC15、DC17 等五題（DC16
題刪除）。

　　界定宜人性因素構面包含的題項變數：

```
> fact3=efa[c(12:15,17)]
> names(fact3)
[1] "DC12" "DC13" "DC14" "DC15" "DC17"
```

使用 **alpha( )** 函數求出信度係數估計值：

```
> alpha(fact3)
Reliability analysis
Call: alpha(x = fact3)
  raw_alpha   std.alpha   G6(smc)   average_r   S/N   ase     mean   sd
    0.87        0.87        0.88       0.57      6.7   0.044   3.8    0.92
```

[ 說明 ]

原始信度估計值 $\alpha=0.87$，以標準化轉換的信度估計值 $\alpha=0.87$，G6 信度估計值 =0.88。

```
 lower  alpha  upper     95% confidence boundaries
  0.78   0.87   0.95
```

```
Reliability if an item is dropped:
        raw_alpha   std.alpha   G6(smc)   average_r   S/N   alpha se
DC12    0.84        0.85        0.82       0.58       5.5   0.056
DC13    0.84        0.85        0.82       0.58       5.5   0.056
DC14    0.83        0.83        0.82       0.56       5.0   0.056
DC15    0.83        0.83        0.82       0.56       5.0   0.056
DC17    0.85        0.86        0.87       0.60       5.9   0.054
 Item statistics
        n    raw.r  std.r  r.cor  r.drop  mean  sd
DC12 138   0.82   0.80   0.76   0.70    3.6   1.2
DC13 138   0.82   0.80   0.76   0.70    3.3   1.3
DC14 138   0.82   0.83   0.80   0.72    4.0   1.0
DC15 138   0.82   0.84   0.80   0.72    4.1   1.1
DC17 138   0.77   0.78   0.68   0.64    4.1   1.1
```

（四）人格特質十四題的信度

　　界定人格特質量表保留的十四題的題項變數，以負索引排除第二題、第六題、第十六題：

```
> totscale=efa[-c(2,6,16)]
> names(totscale)
 [1] "DA1" "DA3" "DA4" "DA5" "DB7" "DB8" "DB9" "DB10" "DB11"
"DC12" "DC13" "DC14"
[13] "DC15" "DC17"
```

　　使用 **alpha( )** 函數求出信度係數估計值：

```
> alpha(totscale)
Reliability analysis
Call: alpha(x = totscale)


 raw_alpha  std.alpha  G6(smc)  average_r  S/N   ase   mean   sd
   0.92       0.92      0.94      0.45      11   0.019  4.1   0.73
```
［說明］
原始信度估計值 α=0.92，以標準化轉換的信度估計值 α=0.92、G6(smc)
信度估計值 =0.94。
```
 lower  alpha  upper     95% confidence boundaries
  0.88   0.92   0.95
```
信度估計值 95% 信賴區間為 [0.88 , 0.95]
```
Reliability if an item is dropped:
      raw_alpha  std.alpha  G6(smc)  average_r  S/N  alpha se
DA1     0.91       0.91      0.93      0.44      10    0.021
DA3     0.91       0.91      0.94      0.45      11    0.021
<略
```

二、使用函數 splitHalf( ) 求折半信度

使用 psych 套件中函數 **splitHalf( )** 可以進行量表折半信度的分析：

（一）外向性因素構面的折半信度

```
> splitHalf(fact1)
Split half reliabilities
Call: splitHalf(r = fact1)
Maximum split half reliability (lambda 4) =  0.86
Guttman lambda 6                          =  0.82
Average split half reliability            =  0.56
Guttman lambda 3 (alpha)                  =  0.85
Minimum split half reliability  (beta)    =  0.84>
```

參數估計值呈現五種折半信度估計值：

1. 最大折半信度估計值 =0.86。

2. Guttman lambda 6 校正估計值 =0.82（Guttman lambda 為可靠性統計量，lambda 值一般有 lambda1、lambda2、lambda3、lambda4、lambda5、lambda6 六種類型統計量）。

3. 平均折半信度估計值 =0.56。

4. Guttman lambda 3（$\alpha$）校正估計值 =0.85。

5. 最小折半信度估計值（$\beta$）=0.84。

（二）經驗開放性因素構面的折半信度

```
> splitHalf(fact2)
Split half reliabilities
Call: splitHalf(r = fact2)
Maximum split half reliability (lambda 4) =  0.85
Guttman lambda 6                          =  0.82
Average split half reliability            =  0.66
Guttman lambda 3 (alpha)                  =  0.84
Minimum split half reliability  (beta)    =  0.8>
```

　　參數估計值中 Guttman lambda 6 校正估計值 =0.82，Guttman lambda 3（$\alpha$）校正估計值 =0.84，最小折半信度估計值（$\beta$）=0.80。

（三）宜人性因素構面的折半信度

```
> splitHalf(fact3)
Split half reliabilities
Call: splitHalf(r = fact3)
Maximum split half reliability (lambda 4) =  0.89
Guttman lambda 6                          =  0.88
Average split half reliability            =  0.7
Guttman lambda 3 (alpha)                  =  0.87
Minimum split half reliability(beta)      =  0.73>
```

　　參數估計值中 Guttman lambda 6 校正估計值 =0.88，Guttman lambda 3（$\alpha$）校正估計值 =0.87，最小折半信度估計值（$\beta$）=0.73。

（四）人格特質總量表的折半信度

```
> splitHalf(totscale)
Split half reliabilities
Call: splitHalf(r = totscale)
Maximum split half reliability (lambda 4) =  0.96
Guttman lambda 6                          =  0.94
Average split half reliability            =  0.92
Guttman lambda 3 (alpha)                  =  0.92
Minimum split half reliability  (beta)    =  0.82>
```

　　參數估計值中 Guttman lambda 6 校正估計值 =0.94，Guttman lambda 3（$\alpha$）校正估計值 =0.92，最小折半信度估計值（$\beta$）=0.82。

### 三、使用函數 splithalf.r( ) 求信度

套件 multicon 中的函數 **splithalf.r( )** 也可以進行折半信度，參數估計值包含兩半間的相關與內部一致性 $\alpha$ 係數，**splithalf.r( )** 函數語法如下：

splithalf.r(x, graph = TRUE)

引數 x 為資料框架物件或包含計量變數的矩陣，引數 graph 界定為真表示繪製兩半間的相關（內定選項），選項界定為假，表示不繪製折半信度關係直方圖。

（一）求出外向性因素構念的信度

```
> library(multicon)
> fact1=efa[c(1,3,4,5)]
> splithalf.r(fact1,graph=F)
         N Vars Mean   Split-Half r      Rel        Rel SD
Results     4         0.7327183    0.8457443    0.04805349
```

輸出結果參數包括題項變數的個數 =4，兩個折半間的相關係數 0.733，信度估計值 $\alpha$=0.846，折半信度估計值標準誤 =0.048。

（二）求出經驗開放性因素構念的信度

```
> fact2=efa[c(7:11)]
> splithalf.r(fact2,graph=F)
         N Vars Mean   Split-Half r      Rel        Rel SD
Results     5         0.7277531    0.8424272    0.07676661
```

結果參數顯示：題項變數個數 =5，兩個折半間的相關係數 0.728，信度估計值 $\alpha$=0.842。

（三）求出宜人性因素構念的信度

```
> fact3=efa[c(12:15,17)]
> splithalf.r(fact3,graph=F)
           N Vars Mean   Split-Half r      Rel        Rel SD
Results       5          0.7778246   0.8750296     0.188162
```

結果參數顯示：題項變數個數 =5，兩個折半間的相關係數 0.778，信度估計值 $\alpha$=0.875。

（四）求出整體人格特質量表的信度

```
> totscale=efa[-c(2,6,16)]
> splithalf.r(totscale,graph=F)
           N Vars Mean   Split-Half r      Rel        Rel SD
Results      14          0.8533179   0.9208543     0.1288413
```

結果參數顯示：題項變數個數 =14，兩個折半間的相關係數 0.853，信度估計值 $\alpha$=0.921。

人格特質量表信度分析結果摘要表如下：

| 因素構念 | 指標變數 / 題項 | Cronbach α | 折半信度 |
|---|---|---|---|
| 外向性 | 1. 溫暖型 [DA1]<br>3. 自信型 [DA3]<br>4. 活躍型 [DA4]<br>5. 正向情感型 [DA5] | 0.84 | 0.84 |
| 經驗開放性 | 7. 美學型 [DB7]<br>8. 情感型 [DB8]<br>9. 點子型 [DB9]<br>10. 價值型 [DB10]<br>11. 追求成就型 [DB11] | 0.84 | 0.80 |
| 宜人性 | 12. 信任型 [DC12]<br>13. 直率型 [DC13]<br>14. 利他型 [DC14]<br>15. 順從型 [DC15]<br>17. 善心型 [DC17] | 0.87 | 0.73 |
| 整體人格特質量表 | 三個因素構念共 14 題 | 0.92 | 0.82 |

註：折半信度係數摘自最小折半信度估計值（$\beta$）列的參數（psych 套件函數估算結果）。

677

# 18 | 項目分析與試題分析

- ■極端值檢定

- ■信度估計法

- ■使用 levene 法進行變異數相等性檢定

- ■因素負荷量指標值

- ■極端組比較之完整指令

- ■ t 檢定語法函數

- ■試題分析

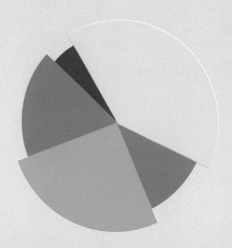

　　問卷調查或量化研究中，預試問卷的統計分析程序一般為：1. 題項的項目分析，目的在進行題項適切性的檢核，將對受試者沒有鑑別能力的題項刪除；2. 因素分析，目的在求出量表的構念效度或建構效度；3. 信度檢定，使用折半信度或內部一致性信度，求出量表與構面的一致性。

　　項目分析（item analysis）在於檢測量表或測驗中題項的適切性。從成就測驗的觀點而言，一個良好的試題必須具有「題項鑑別度」（item discrimination），鑑別度是高分答對百分比與低分組答對百分比的差異值，鑑別度介於 −1.00 至 +1.00 間，鑑別度指標值愈接近 1.00，表示試題的鑑別度愈佳。

　　以態度量表而言，項目分析結果若是指標值符合標準，表示指標題項可以正確反映潛在心理特質外，且可以鑑別個別差異的程度。項目分析的指標值常用者為極端組比較（comparisons of extreme groups），極端組比較在於檢核高（得分前 27% 的樣本觀察值）低（得分後 27% 的樣本觀察）二組在題項得分的差異情況，檢定統計量為 t 值，又稱為決斷值（critical ration;[CR 值 ]）。

　　極端組檢定圖示如下：

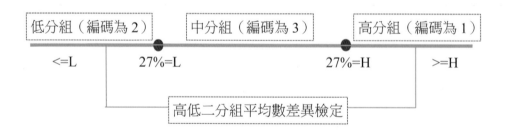

　　範例為一份「護理人員工作適應量表」，量表題項共有 15 題，受試者在量表得分愈高者，表示工作適應愈好；反之，則表示工作適應較差。

護理人員工作適應量表題項內容如下：

| | 非常符合 | 大部份符合 | 一半符合 | 少部份符合 | 非常不符合 |
|---|---|---|---|---|---|
| 1. 我與同事間的互動良好。[b1] | ☐ | ☐ | ☐ | ☐ | ☐ |
| 2. 我的表現符合醫院對護理人員的要求。[b2] | ☐ | ☐ | ☐ | ☐ | ☐ |
| 3. 我對病患的服務品質符合醫院的要求。[b3] | ☐ | ☐ | ☐ | ☐ | ☐ |
| 4. 醫院能放心的交付我所有的工作。[b4] | ☐ | ☐ | ☐ | ☐ | ☐ |
| 5. 我深受同事的信賴與支持。[b5] | ☐ | ☐ | ☐ | ☐ | ☐ |
| 6. 對於醫院工作環境，我有很高的歸屬感。[b6] | ☐ | ☐ | ☐ | ☐ | ☐ |
| 7. 我能傾聽並協助病患解決問題。[b7] | ☐ | ☐ | ☐ | ☐ | ☐ |
| 8. 我能準時完成每日例行工作。[b8] | ☐ | ☐ | ☐ | ☐ | ☐ |
| 9. 我重視團隊的互動與合作。[b9] | ☐ | ☐ | ☐ | ☐ | ☐ |
| 10. 我覺得目前的工作，極能發揮我的才能。[b10] | ☐ | ☐ | ☐ | ☐ | ☐ |
| 11. 從事護理工作使我覺得很有成就感。[b11] | ☐ | ☐ | ☐ | ☐ | ☐ |
| 12. 我對於同事間相處的情形，感到滿意。[b12] | ☐ | ☐ | ☐ | ☐ | ☐ |
| 13. 我滿意現在的工作環境。[b13] | ☐ | ☐ | ☐ | ☐ | ☐ |
| 14. 我滿意醫院所提供的升遷機會。[b14] | ☐ | ☐ | ☐ | ☐ | ☐ |
| 15. 我滿意醫院的休假制度。[b15] | ☐ | ☐ | ☐ | ☐ | ☐ |

註：取自簡菁燕（2011）修訂編製之量表題項。每題 [ ] 內的名稱為資料檔中變數名稱。

## 壹 極端值檢定

匯入資料檔，資料框架物件名稱為 temp，以 **head( )** 函數輸出前六筆資料。

```
> temp=read.csv("item.csv",header=T)
> attach(temp)
> head(temp)
   num b1 b2 b3 b4 b5 b6 b7 b8 b9 b10 b11 b12 b13 b14 b15
1 s001  4  3  3  3  4  4  4  4  4   4   4   4   3   4   4
2 s002  4  4  3  4  4  4  4  4  4   4   4   4   5   4   3
3 s003  4  4  3  4  4  4  4  4  4   4   4   4   4   4   4
4 s004  4  4  4  4  4  4  4  4  4   4   4   5   4   4
5 s005  4  4  4  4  4  4  4  4  4   4   4   4   4   4   4
6 s006  4  4  4  4  4  4  4  4  4   4   4   4   4   4   3
```

由於變數索引中的第一個直行變數名稱為受試者編號，此變數在項目分析中不會使用，將直行變數資料從資料框架物件中移除（項目分析時只保留量表題項變數，進行項目分析、因素分析與信度考驗等較為方便），新的資料框架物件名稱為 sca，使用 **names( )** 函數檢核新資料框架物件 sca 中的變數名稱：

```
> sca=temp[-1]
> head(sca)
> names(sca)
 [1]  "b1"  "b2"  "b3"  "b4"  "b5"  "b6"  "b7"  "b8"  "b9" "b10" "b11" "b12"
[13] "b13" "b14" "b15
```

## 一、進行量表題項加總

由於十五個指標題項均為正向題,不用進行反向計分,量表題項若有反向題,在進行題項加總之前要先進行反向題的反向計分程序。使用 **rowSums( )** 函數進行所有題項變數的加總(橫向數值變數的加總):

```
>sca$total=rowSums(sca)
```

題項加總變數名稱為 total,使用 **head( )** 檢核前六筆資料內容,資料框架物件增列一個加總變數:

```
> head(sca)
  b1 b2 b3 b4 b5 b6 b7 b8 b9 b10 b11 b12 b13 b14 b15 total
1  4  3  3  3  4  4  4  4  4   4   4   4   3   4   4    56
2  4  4  3  4  4  4  4  4  4   4   4   4   5   4   3    59
3  4  4  3  4  4  4  4  4  4   4   4   4   4   4   4    59
4  4  4  3  4  4  4  4  4  4   4   4   4   5   4   4    60
5  4  4  3  4  4  4  4  4  4   4   4   4   4   4   4    59
6  4  4  4  4  4  4  4  4  4   4   4   4   4   4   3    59
```

## 二、求出得分前 27%、後 27% 的臨界分數

極端組的臨界點一般取得分前 27%、後 27% 之樣本觀察值,由於要找出前、後 27% 臨界分數點,樣本觀察值要以加總變數進行排序,使用 **sort( )** 函數進行排序,使用 **length( )** 函數求出有效觀察值個數,配合數學函數 **round( )** 求出 27% 之臨界樣本觀察值:

```
> length(sca$total)
[1] 95
> length(sca$total)*.27
[1] 25.65
> round(length(sca$total)*.27,0)
[1] 26
```

樣本觀察值總個數有 95 位，第 27% 臨界點之樣本觀察值為第 26 位。上述三列函數語法可以直接使用「round(length(sca$total)*.27,0)」指令，範例前二個語法函數在於說明，第一個語法函數為求出觀察值 N，第二個語法函數為 N×0.27 的數值 =25.65，因為樣本沒有小數點，因而進行四捨五入至整數位。

使用 **sort( )** 函數進行排序，求出遞增排序與遞減排序第 26 位樣本的分數：

```
> sort_d<-sort(sca$total, decreasing=F)[26]
> sort_d
[1] 65
> sort_a<-sort(sca$total, decreasing=T)[26]
> sort_a
[1] 71
```

量表題項加總後，前 27% 臨界分數為 71 分、後 27% 臨界分數為 65 分。

三、增列高分組、低分組

找出前後 27% 臨界分數點後，前 27% 臨界分數點以上者（大於等於 71 分）編碼為高分組、後 27% 臨界分數點以下者（小於等於 65 分）編碼為低分組，分組編碼的圖示如下：

使用 **ifelse( )** 函數進行分組：

```
> sca$gro=ifelse(sca$total >=71,1,ifelse(sca$total<=65,2,3))
```

語法函數表示的是加總變數 total 的分數若大於等於 71 分，組別變數 gro 的水準數值為 1；加總變數 total 的分數若小於等於 65 分，組別變數 gro 的水準數值為 2，其餘分數者（大於 65 分且小於 71 分），組別變數 gro 的水準數值為 3。

語法函數之臨界分數可以直接以數值變數名稱取代，語法函數為：

```
> sca$gro=ifelse(sca$total >=sort_a,1,ifelse(sca$total<=sort_d,2,3))
```

以數值變數取代常數數值，進行項目分析時較有彈性，也較有效率。

增列組別變數 gro 後，資料框架物件第 45 位至 50 位樣本觀察值資料如下，其中組別變數 gro 為三分類別變數，水準數值分別為 1、2、3：

```
> sca[45:50,]
   b1 b2 b3 b4 b5 b6 b7 b8 b9 b10 b11 b12 b13 b14 b15 | total gro
45  5  4  4  3  4  5  5  5  5   4   5   4   5   5   5 |   68   3
46  5  5  3  5  5  5  4  5  5   4   5   5   4   5   5 |   70   3
47  5  4  4  4  5  4  5  4  5   4   5   5   4   5   5 |   68   3
48  4  3  4  4  5  5  5  5  5   4   5   5   5   4   4 |   68   3
49  4  4  4  4  5  5  5  5  5   5   5   5   5   5   5 |   71   1
50  5  4  4  4  5  5  5  5  5   5   4   5   4   5   5 |   70   3
```

### 四、重新選取標的樣本觀察值

進行項目分析程序，只進行高分組（組別水準數值編碼為 1）、低分組（組別水準數值編碼為 2）二個群組之平均數的差異檢定，中分組（組別水準數值編碼為 3）之樣本觀察值可以排除，使用 **subset( )** 函數選取組別水準數值編碼為 1 與 2 的樣本觀察值，資料框架物件名稱設定為 dsca：

```
> dsca=subset(sca,sca$gro<3)
```

資料框架物件第 25 位至 31 位樣本觀察值資料如下，組別變數 gro 的水準數值只有 1（高分組）、2（低分組）二個水準：

```
> dsca[25:31,]
   b1 b2 b3 b4 b5 b6 b7 b8 b9 b10 b11 b12 b13 b14 b15 | total gro
25  5  4  4  4  5  3  4  5  5   3   4   4   4   3   5 |   62   2
26  4  5  3  4  4  4  4  4  5   4   5   5   5   5   4 |   65   2
27  4  4  3  4  4  4  4  4  4   4   5   5   5   5   5 |   64   2
33  4  4  4  4  4  4  5  4  4   5   5   4   5   5   4 |   65   2
49  4  4  4  4  5  5  5  5  5   5   5   5   5   5   5 |   71   1
53  5  5  4  4  5  5  5  5  5   5   5   5   5   5   5 |   73   1
56  5  4  5  4  5  5  5  5  5   4   5   5   5   4   5 |   71   1
```

使用 **table( )** 函數查看各水準群組的人數：

```
> table(dsca$gro)  ## 資料框架物件為 dsca

 1    2
36   28
> table(sca$gro)  ## 資料框架物件為 sca

 1   2   3
36  28  31
```

高分組樣本觀察值個數為 36（組別變數水準數值編碼 1）、低分組樣本觀察值個數為 28（組別變數水準數值編碼 2）、中分組樣本觀察值個數為 31（組別變數水準數值編碼 3）。高分組、低分組雖同時取前、後 27% 的臨界分數，因為臨界分數點相同分數的樣本觀察值人數不同，因而二組人數才會不一樣。

五、進行變異數同質性檢定

使用 **var.test( )** 函數進行變異數相等性檢定：逐一進行十五個題項變數之變異數相等性檢定。

```
> var.test(dsca$b1~dsca$gro,alternative="t")

       F test to compare two variances
data:  dsca$b1 by dsca$gro
F = 0.1429, num df = 35, denom df = 27, p-value = 2.2e-07
alternative hypothesis: true ratio of variances is not equal to 1
95 percent confidence interval:
 0.06811811    0.28957525
sample estimates:
ratio of variances
       0.1428571
```

語法函數進行的是第一題二個群組之變異數相等性檢定，F 值統計量 =0.142，顯著性 p 值 <.05，達到統計顯著水準，拒絕虛無假設（二個群組變異

數比值等於 1），接受對立假設：二個群組變異數比值不等於 1，即二個群組在
第一個題項變數之變異數不相等。

因為變異數不相等，使用 **t.test( )** 函數進行獨立樣本 t 檢定時，引數 var.
equal 選項界定為 F（假）。

```
> t.test(dsca$b1~dsca$gro,alternative="t",var.equal=F)

      Welch Two Sample t-test

data:  dsca$b1 by dsca$gro

t = 8.2219, df = 33.019, p-value = 1.7e-09

alternative hypothesis: true difference in means is not equal to 0

95 percent confidence interval:

 0.5435121    0.9009323

sample estimates:

mean in group 1 mean in group 2

4.972222      4.250000
```

項目分析之決斷值為輸出報表中的 t 值統計量，範例的 t 值 =8.22（p<.05），
CR 值 =8.22。如果 t 值統計量未達統計顯著水準（p>.05），表示題項沒有顯著
鑑別能力，題項變數必須刪除，若是 t 值統計量達到統計顯著水準（p<.05），
但 t 值統計量小於 3.00，表示題項只有低度鑑別能力，題項變數也可以考慮刪
除。

使用迴圈指令執行變異數相等性檢定，R 編輯器視窗指令列如下：

```
for( i in 1:15)
{
print(paste("DEvar:",names(dsca[i])) )
print(var.test(dsca[[i]]~dsca$gro,alternative="t"))
}
```

第三列使用 **paste( )** 函數輸出變數名稱，第四列使用 **var.test( )** 函數進行變異數同質性檢定：

R 主控台執行 R 編輯器視窗指令列結果如下：

```
> for( I in 1:15)
+ {
+ print(paste("DEvar:",names(dsca[i])) )
+ print(var.test(dsca[[i]]~dsca$gro,alternative="t"))
+ }


[1] "DEvar: b1"
        F test to compare two variances
data:  dsca[[i]] by dsca$gro
F = 0.1429, num df = 35, denom df = 27, p-value = 2.2e-07
alternative hypothesis: true ratio of variances is not equal to 1
```
[ 說明 ]
二個群組變異數異質。

```
[1] "DEvar: b2"
        F test to compare two variances
data:  dsca[[i]] by dsca$gro
F = 0.4107, num df = 35, denom df = 27, p-value = 0.01391
```
[ 說明 ]
二個群組變異數異質。

```
 [1] "DEvar: b3"
        F test to compare two variances
data:  dsca[[i]] by dsca$gro
F = 1.1075, num df = 35, denom df = 27, p-value = 0.7923


[1] "DEvar: b4"
```

F test to compare two variances

data: dsca[[i]] by dsca$gro

F = 1.113, num df = 35, denom df = 27, p-value = 0.782


[1] "DEvar: b5"

F test to compare two variances

data: dsca[[i]] by dsca$gro

F = 0, num df = 35, denom df = 27, p-value < 2.2e-16

[ 說明 ]

二個群組變異數異質。


[1] "DEvar: b6"

F test to compare two variances

data: dsca[[i]] by dsca$gro

F = 0.4916, num df = 35, denom df = 27, p-value = 0.04886

[ 說明 ]

二個群組變異數異質。


[1] "DEvar: b7"

F test to compare two variances

data: dsca[[i]] by dsca$gro

F = 0.375, num df = 35, denom df = 27, p-value = 0.006827

[ 說明 ]

二個群組變異數異質。


[1] "DEvar: b8"

F test to compare two variances

data: dsca[[i]] by dsca$gro

F = 0.7846, num df = 35, denom df = 27, p-value = 0.4949

[1] "DEvar: b9"

    F test to compare two variances

data: dsca[[i]] by dsca$gro

F = 0, num df = 35, denom df = 27, p-value < 2.2e-16

[ 說明 ]

二個群組變異數異質。

[1] "DEvar: b10"

    F test to compare two variances

data: dsca[[i]] by dsca$gro

F = 3.8308, num df = 35, denom df = 27, p-value = 0.0005639

[ 說明 ]

二個群組變異數異質。

[1] "DEvar: b11"

    F test to compare two variances

data: dsca[[i]] by dsca$gro

F = 0.3094, num df = 35, denom df = 27, p-value = 0.001285

[ 說明 ]

二個群組變異數異質。

[1] "DEvar: b12"

    F test to compare two variances

data: dsca[[i]] by dsca$gro

F = 0, num df = 35, denom df = 27, p-value < 2.2e-16

[ 說明 ]

二個群組變異數異質。

[1] "DEvar: b13"

```
        F test to compare two variances
data:  dsca[[i]] by dsca$gro
F = 1.034, num df = 35, denom df = 27, p-value = 0.9395


 [1] "DEvar: b14"
        F test to compare two variances
data:  dsca[[i]] by dsca$gro
F = 0.0864, num df = 35, denom df = 27, p-value = 2.135e-10
```
[ 說明 ]
二個群組變異數異質。

```
 [1] "DEvar: b15"
        F test to compare two variances
data:  dsca[[i]] by dsca$gro
F = 0.2092, num df = 35, denom df = 27, p-value = 2.279e-05
```
[ 說明 ]
二個群組變異數異質。

　　變異數同質性檢定結果，二個群組在十五個題項變數之變異數相等者（顯著性 p 值 >.05）之題項有 b3、b4、b8、b13 等四題，其餘十一個題項變數之變異數不相等（顯著性 p 值 <.05）。

六、進行獨立樣本 t 檢定

　　R 編輯器視窗之指令列如下：

```
for( i in c(3,4,8,13))      ## 變異數相等的題項變數
{
print(paste("DEvar:",names(dsca[i])) )
print(t.test(dsca[[i]]~dsca$gro,alternative="t",var.equal=T))
}
```

```
for( i in c(1,2,5,6,7,9:12,14:15))        ## 變異數不相等的題項變數
{
print(paste("DEvar:",names(dsca[i])) )
print(t.test(dsca[[i]]~dsca$gro,alternative="t",var.equal=F))
```

R 主控台執行 R 編輯器視窗指令列之結果如下：

```
> for( i in c(3,4,8,13))
+ {
+ print(paste("DEvar:",names(dsca[i])) )
+ print(t.test(dsca[[i]]~dsca$gro,alternative="t",var.equal=T))
+ }
[1] "DEvar: b3"
        Two Sample t-test
data:  dsca[[i]] by dsca$gro
t = 2.0422, df = 62, p-value = 0.04539
alternative hypothesis: true difference in means is not equal to 0
[1] "DEvar: b4"
        Two Sample t-test
data:  dsca[[i]] by dsca$gro
t = 7.9231, df = 62, p-value = 5.381e-11
[1] "DEvar: b8"
        Two Sample t-test
data:  dsca[[i]] by dsca$gro
t = 14.0952, df = 62, p-value < 2.2e-16

[1] "DEvar: b13"
        Two Sample t-test
data:  dsca[[i]] by dsca$gro
t = 2.2523, df = 62, p-value = 0.02786
```

題項 b3 的 t 值統計量 =2.04（p<.05）、題項 b13 的 t 值統計量 =2.25（p<.05），二個題項變數的 CR 值均小於 3.00，試題的鑑別能力屬低度程度。

變異數不相等題項變數之獨立樣本 t 檢定結果：

```
> for( i in c(1,2,5,6,7,9:12,14:15))
+ {
+ print(paste("DEvar:",names(dsca[i])) )
+ print(t.test(dsca[[i]]~dsca$gro,alternative="t",var.equal=F))
+ }
[1] "DEvar: b1"
        Welch Two Sample t-test
data:  dsca[[i]] by dsca$gro
t = 8.2219, df = 33.019, p-value = 1.7e-09
alternative hypothesis: true difference in means is not equal to 0


[1] "DEvar: b2"
        Welch Two Sample t-test
data:  dsca[[i]] by dsca$gro
t = 7.2409, df = 43.574, p-value = 5.361e-09
1] "DEvar: b5"
        Welch Two Sample t-test
data:  dsca[[i]] by dsca$gro
t = 7.5498, df = 27, p-value = 4.029e-08


[1] "DEvar: b6"
        Welch Two Sample t-test
data:  dsca[[i]] by dsca$gro
t = 13.3135, df = 46.364, p-value < 2.2e-16
```

[[1] "DEvar: b7"

     Welch Two Sample t-test

data: dsca[[i]] by dsca$gro

t = 16.6317, df = 42.273, p-value < 2.2e-16


[1] "DEvar: b9"

     Welch Two Sample t-test

data: dsca[[i]] by dsca$gro

t = 11.1445, df = 27, p-value = 1.322e-11


[1] "DEvar: b10"

     Welch Two Sample t-test

data: dsca[[i]] by dsca$gro

t = 3.5319, df = 54.481, p-value = 0.0008487


[1] "DEvar: b11"

     Welch Two Sample t-test

data: dsca[[i]] by dsca$gro

t = 4.6012, df = 39.78, p-value = 4.219e-05


[1] "DEvar: b12"

     Welch Two Sample t-test

data: dsca[[i]] by dsca$gro

t = 6.4597, df = 27, p-value = 6.361e-07


[1] "DEvar: b14"

     Welch Two Sample t-test

data: dsca[[i]] by dsca$gro

t = 7.8157, df = 30.645, p-value = 8.735e-09

[1] "DEvar: b15"

      Welch Two Sample t-test

data: dsca[[i]] by dsca$gro

t = 8.7805, df = 35.772, p-value = 1.88e-10

以極端組法進行項目分析程序，R 編輯器視窗完整的指令列如下：

```
temp=read.csv("item.csv",header=T)
attach(temp)
sca=temp[-1]
sca$total=rowSums(sca)
sort_d<-sort(sca$total, decreasing=F)[26]
sort_a<-sort(sca$total, decreasing=T)[26]
sca$gro=ifelse(sca$total >=sort_a,1,ifelse(sca$total<=sort_d,2,3))
dsca=subset(sca,sca$gro<3)
for( i in 1:15)
{
print(paste("DEvar:",names(dsca[i])) )
print(var.test(dsca[[i]]~dsca$gro,alternative="t"))
}
for( i in c(3,4,8,13))
{
print(paste("DEvar:",names(dsca[i])) )
print(t.test(dsca[[i]]~dsca$gro,alternative="t",var.equal=T))
}
for( i in c(1,2,5,6,7,9:12,14:15))
{
print(paste("DEvar:",names(dsca[i])) )
print(t.test(dsca[[i]]~dsca$gro,alternative="t",var.equal=F))
}
```

## 貳  信度估計法

　　試題適切性檢定的第二種方法為信度估計法，信度估計法在於檢核題項變數刪除後，量表信度值 $\alpha$ 的變化情形。如果題項刪除後，量表的內部一致性 $\alpha$ 係數比原先總量表信度係數值還高，則表示刪除該題項變數後，可以有效提升量表的信度係數，此情況表示該題項變數與其他題項變數反映的潛在特質相似性不大，題項變數可以考慮從項目分析程序中刪除。

　　使用 psych 套件中的 **alpha( )** 函數求出內部一致性 $\alpha$ 係數等估計值，資料框架物件名稱 sca，資料檔包含全部觀察值（N=95）：

```
>library(psych)
> alpha(sca[c(1:15)])
Reliability analysis
Call: alpha(x = sca[c(1:15)])
  raw_alpha  std.alpha  G6(smc)  average_r  S/N  ase   mean  sd
     0.87       0.88      0.91      0.33     7.3  0.029  4.5  0.31
```
[ 說明 ]

總量表的內部一致性 $\alpha$ 係數 =0.87

```
 lower  alpha  upper    95% confidence boundaries
 0.81   0.87   0.93
```

```
 Reliability if an item is dropped:
```
[ 題項刪除後量表信度的估計值 ]

|    | raw_alpha | std.alpha | G6(smc) | average_r | S/N | alpha se |
|----|-----------|-----------|---------|-----------|-----|----------|
| b1 | 0.86      | 0.87      | 0.90    | 0.32      | 6.7 | 0.031    |
| b2 | 0.86      | 0.87      | 0.91    | 0.33      | 6.8 | 0.031    |
| b3 | 0.88      | 0.89      | 0.91    | 0.36      | 7.9 | 0.028    |

| | | | | | |
|---|---|---|---|---|---|
| b4 | 0.87 | 0.88 | 0.91 | 0.34 | 7.1 | 0.030 |
| b5 | 0.86 | 0.86 | 0.90 | 0.31 | 6.4 | 0.032 |
| b6 | 0.85 | 0.86 | 0.90 | 0.31 | 6.4 | 0.032 |
| b7 | 0.85 | 0.86 | 0.90 | 0.31 | 6.3 | 0.033 |
| b8 | 0.85 | 0.86 | 0.90 | 0.31 | 6.4 | 0.032 |
| b9 | 0.85 | 0.86 | 0.90 | 0.31 | 6.3 | 0.032 |
| b10 | 0.88 | 0.89 | 0.92 | 0.36 | 7.9 | 0.029 |
| b11 | 0.86 | 0.87 | 0.91 | 0.33 | 7.0 | 0.031 |
| b12 | 0.86 | 0.87 | 0.90 | 0.32 | 6.4 | 0.032 |
| b13 | 0.88 | 0.89 | 0.92 | 0.36 | 8.0 | 0.028 |
| b14 | 0.86 | 0.87 | 0.90 | 0.32 | 6.5 | 0.032 |
| b15 | 0.86 | 0.87 | 0.90 | 0.32 | 6.6 | 0.032 |

[ 說明 ]

題項刪除後內部一致性 α 係數值增加的題項變數有 b3、b10、b13（raw_alpha 直行的參數），總量表的內部一致性 α 係數為 0.87，b3 題項刪除後，α 係數變為 0.88；b10 題項刪除後，α 係數變為 0.88；b13 題項刪除後，α 係數變為 0.88。

Item statistics

| | n | raw.r | std.r | r.cor | r.drop | mean | sd |
|---|---|---|---|---|---|---|---|
| b1 | 95 | 0.65 | 0.66 | 0.64 | 0.59 | 4.7 | 0.48 |
| b2 | 95 | 0.62 | 0.61 | 0.58 | 0.53 | 4.5 | 0.56 |
| b3 | 95 | 0.29 | 0.27 | 0.20 | 0.16 | 3.8 | 0.62 |
| b4 | 95 | 0.55 | 0.52 | 0.47 | 0.44 | 4.3 | 0.63 |
| b5 | 95 | 0.75 | 0.76 | 0.76 | 0.71 | 4.8 | 0.42 |
| b6 | 95 | 0.76 | 0.76 | 0.75 | 0.71 | 4.6 | 0.54 |
| b7 | 95 | 0.78 | 0.78 | 0.79 | 0.73 | 4.6 | 0.51 |
| b8 | 95 | 0.76 | 0.76 | 0.77 | 0.70 | 4.6 | 0.48 |
| b9 | 95 | 0.78 | 0.79 | 0.80 | 0.74 | 4.7 | 0.45 |
| b10 | 95 | 0.27 | 0.28 | 0.20 | 0.18 | 4.1 | 0.46 |

| b11 | 95 | 0.55 | 0.57 | 0.54 | 0.47 | 4.7 | 0.45 |
| b12 | 95 | 0.71 | 0.74 | 0.72 | 0.67 | 4.8 | 0.40 |
| b13 | 95 | 0.25 | 0.24 | 0.15 | 0.13 | 4.4 | 0.54 |
| b14 | 95 | 0.72 | 0.71 | 0.70 | 0.66 | 4.6 | 0.55 |
| b15 | 95 | 0.69 | 0.69 | 0.67 | 0.62 | 4.5 | 0.58 |

[ 說明 ]

參數為校正題項與總分的相關估計值（題項刪除後，該題項與其餘十四題加總分數的相關），相關係數小於 0.40 者有 b3（r.drop=0.16）、b10（r.drop=0.18）、b13（r.drop=0.13）等三題。

raw.r 直行為題項與量表總分的相關，如果相關係數值大於 .400 以上，表示題項變數與加總分數有中高度的相關，題項反映的潛在特質或心理構念與其他題項變數一致性很高，題項變數應予保留，指標值未達 .400 以上者有題項 b3（r=0.29）、b10（r=0.27）、b13（r=0.25）。

求出題項與總分的相關，也可以使用 **cor( )** 函數，資料框架物件 sca 使用的數值變數有 15 個題項變數與 1 個加總變數，變數索引 17 為組別變數：

```
> cor.m=round(cor(sca[-17]),2)
> cor.m[,16]
  b1    b2    b3    b4    b5    b6    b7    b8    b9    b10   b11   b12   b13   b14
b15   total
 0.65  0.62  0.29  0.55  0.75  0.76  0.78  0.76  0.78  0.27  0.55  0.71  0.25  0.72
0.69  1.00
```

相關矩陣為一個陣列物件，只取出第 16 個直行變數（加總變數）的元素，使用 cor.m[,16] 語法。相關矩陣也可以只輸出第 16 橫列之元素：

```
> cor.m[16,]
  b1   b2   b3   b4   b5   b6   b7   b8   b9   b10  b11  b12
0.65 0.62 0.29 0.55 0.75 0.76 0.78 0.76 0.78 0.27 0.55 0.71
  b13  b14  b15  total
0.25 0.72 0.69 1.00
```

使用 which( ) 函數求出題項變數與加總變數相關係數小於 .400 的題項：

```
> which(cor.m[16,]<.400)
 b3  b10  b13
  3   10   13
```

　　題項 b3 與加總變數（總分）的相關係數 =0.29、題項 b10 與加總變數（總分）的相關係數 =0.27、題項 b13 與加總變數（總分）的相關係數 =0.25，就同質性檢定指標值而言，三個題項變數未達標準。題項與量表總分的相關圖示如下（以題項變數 b1、b15 為例）：

　　r.drop 欄為校正題項與總分的相關，為題項變數與量表其餘十四題加總分數間的相關，圖示如下：

項目分析結果摘要表統整如下：

| 題項 | CR 值 | 顯著性 | 題項與總分相關 | 校正題項相關 | 題項刪除後 α 值 | 未達標準指標數 | 備註 |
|---|---|---|---|---|---|---|---|
| b1 | 8.22 | <.05 | 0.65 | 0.59 | 0.86 | 0 | ○ |
| b2 | 7.24 | <.05 | 0.62 | 0.53 | 0.86 | 0 | ○ |
| b3 | 2.04 | <.05 | 0.29 | 0.16 | 0.88 | 4 | x |
| b4 | 7.92 | <.05 | 0.55 | 0.44 | 0.87 | 0 | ○ |
| b5 | 7.55 | <.05 | 0.75 | 0.71 | 0.86 | 0 | ○ |
| b6 | 13.31 | <.05 | 0.76 | 0.71 | 0.85 | 0 | ○ |
| b7 | 16.63 | <.05 | 0.78 | 0.73 | 0.85 | 0 | ○ |
| b8 | 14.10 | <.05 | 0.76 | 0.71 | 0.85 | 0 | ○ |
| b9 | 11.14 | <.05 | 0.78 | 0.74 | 0.85 | 0 | ○ |
| b10 | 3.53 | <.05 | 0.27 | 0.18 | 0.88 | 3 | x |
| b11 | 4.60 | <.05 | 0.55 | 0.47 | 0.87 | 0 | ○ |
| b12 | 6.46 | <.05 | 0.71 | 0.67 | 0.86 | 0 | ○ |
| b13 | 2.25 | <.05 | 0.25 | 0.13 | 0.88 | 4 | x |
| b14 | 7.82 | <.05 | 0.73 | 0.66 | 0.86 | 0 | ○ |
| b15 | 8.78 | <.05 | 0.69 | 0.62 | 0.86 | 0 | ○ |

 **參** # 使用 levene 法進行變異數相等性檢定

上述 R 軟體基本套件中函數 **var.test( )** 進行二個群組變異數相等性檢定方法與統計軟體（如 SPSS）採用之檢定方法不同，因而變異數相等性之檢定結果稍有差異，如改用外掛套件 car 中的函數 **leveneTest( )** 進行變異數相等性檢定，再進行獨立樣本 t 檢定程序，二者結果會相同。

使用 **leveneTest( )** 函數進行變異數相等性檢定：

```
>library(car)
> for( i in 1:15)
+ {
+ print(paste("DEvar:",names(dsca[i])) )
+ print(leveneTest(dsca[[i]]~ factor(dsca$gro)))
+ }
[1] "DEvar: b1"
```
Levene's Test for Homogeneity of Variance (center = median)

|       | Df | F value | Pr(>F)       |
|-------|----|---------|--------------|
| group | 1  | 7.75    | 0.007112 **  |
|       | 62 |         |              |

[ 說明 ]：變異數不相等。

```
 [1] "DEvar: b2"
```
Levene's Test for Homogeneity of Variance (center = median)

|       | Df | F value | Pr(>F) |
|-------|----|---------|--------|
| group | 1  | 2.1392  | 0.1486 |
|       | 62 |         |        |

[ 說明 ]：變異數相等。

```
[1] "DEvar: b3"
```
Levene's Test for Homogeneity of Variance (center = median)

|       | Df | F value | Pr(>F) |
|-------|----|---------|--------|
| group | 1  | 0.4306  | 0.5141 |
|       | 62 |         |        |

[ 說明 ]：變異數相等。

```
[1] "DEvar: b4"
```
Levene's Test for Homogeneity of Variance (center = median)

|       | Df | F value | Pr(>F) |
|-------|----|---------|--------|
| group | 1  | 0.4589  | 0.5007 |
|       | 62 |         |        |

[ 說明 ]：變異數相等。

[1] "DEvar: b5"

Levene's Test for Homogeneity of Variance (center = median)

     Df  F value  Pr(>F)

group  1    16.52   0.0001379 ***

     62

[ 說明 ]：變異數不相等。


 [1] "DEvar: b6"

Levene's Test for Homogeneity of Variance (center = median)

     Df  F value  Pr(>F)

group  1    0.569    0.4535

     62

[ 說明 ]：變異數相等。


[1] "DEvar: b7"

Levene's Test for Homogeneity of Variance (center = median)

     Df  F value  Pr(>F)

group  1   0.6576   0.4205

     62

[ 說明 ]：變異數相等。


[1] "DEvar: b8"

Levene's Test for Homogeneity of Variance (center = median)

     Df  F value  Pr(>F)

group  1   0.0657   0.7986

     62

[ 說明 ]：變異數相等。

[1] "DEvar: b9"

Levene's Test for Homogeneity of Variance (center = median)

|  | Df | F value | Pr(>F) |
|---|---|---|---|
| group | 1 | 7.5815 | 0.007727 ** |
|  | 62 |  |  |

[ 說明 ]：變異數不相等。

 [1] "DEvar: b10"

Levene's Test for Homogeneity of Variance (center = median)

|  | Df | F value | Pr(>F) |
|---|---|---|---|
| group | 1 | 6.7953 | 0.01143 * |
|  | 62 |  |  |

[ 說明 ]：變異數不相等。

[1] "DEvar: b11"

Levene's Test for Homogeneity of Variance (center = median)

|  | Df | F value | Pr(>F) |
|---|---|---|---|
| group | 1 | 12.115 | 0.0009219 *** |
|  | 62 |  |  |

[ 說明 ]：變異數不相等。

[1] "DEvar: b12"

Levene's Test for Homogeneity of Variance (center = median)

|  | Df | F value | Pr(>F) |
|---|---|---|---|
| group | 1 | 22.566 | 1.244e-05 *** |
|  | 62 |  |  |

[ 說明 ]：變異數不相等。

[1] "DEvar: b13"

Levene's Test for Homogeneity of Variance (center = median)

     Df  F value    Pr(>F)

group  1    7.8469   0.006782 **

     62

[ 說明 ]：變異數不相等。

 

[1] "DEvar: b14"

Levene's Test for Homogeneity of Variance (center = median)

     Df  F value    Pr(>F)

group  1    11.894   0.001018 **

     62

[ 說明 ]：變異數不相等。

 

[1] "DEvar: b15"

Levene's Test for Homogeneity of Variance (center = median)

     Df  F value    Pr(>F)

group  1    5.1717   0.02643 *

     62

[ 說明 ]：變異數不相等。

採用 Levene 變異數同質性檢定法，檢定統計量 F 值對應的顯著性機率值 $p>.05$ 者的題項變數有 b2、b3、b4 、b6、b7、b8 等六題，高分組、低分組二個群組在六個題項變數的變異數相等（變異數同質）。變異數不相等（變異數異質）的題項變數有 b1、b5、b9 至 b15 等九題。

R 編輯器視窗執行變異數相等性與 t 檢定之語法指令如下：

```
library(car)
for( i in 1:15)      ## 二個群組變異數相等性檢定
{
    print(paste("DEvar:",names(dsca[i])) )
    print(leveneTest(dsca[[i]]~ factor(dsca$gro)))
}


for( i in c(2,3,4,6:8))   ## 獨立樣本 t 檢定，題項變異數相等
{
    print(paste("DEvar:",names(dsca[i])) )
    print(t.test(dsca[[i]]~dsca$gro,alternative="t",var.equal=T))
}


for( i in c(1,5,9:15))  ## 獨立樣本 t 檢定，題項變異數不相等
{
    print(paste("DEvar:",names(dsca[i])) )
    print(t.test(dsca[[i]]~dsca$gro,alternative="t",var.equal=F))
}
```

進行二個群組之 t 檢定，R 主控台視窗輸出結果如下：

題項變數 b2、b3、b4、b6、b7、b8 等六題由於二個群組之變異數相等，引數 var.equal 選項界定「=T」：

```
> for( i in c(2,3,4,6:8))
+ {
+ print(paste("DEvar:",names(dsca[i])) )
+ print(t.test(dsca[[i]]~dsca$gro,alternative="t",var.equal=T))
+ }
```

[1] "DEvar: b2"

      Two Sample t-test

data: dsca[[i]] by dsca$gro

t = 7.6362, df = 62, p-value = 1.694e-10

alternative hypothesis: true difference in means is not equal to 0

[1] "DEvar: b3"

      Two Sample t-test

data: dsca[[i]] by dsca$gro

t = 2.0422, df = 62, p-value = 0.04539

[1] "DEvar: b4"

      Two Sample t-test

data: dsca[[i]] by dsca$gro

t = 7.9231, df = 62, p-value = 5.381e-11

[1] "DEvar: b6"

      Two Sample t-test

data: dsca[[i]] by dsca$gro

t = 13.9034, df = 62, p-value < 2.2e-16

[1] "DEvar: b7"

      Two Sample t-test

data: dsca[[i]] by dsca$gro

t = 17.6222, df = 62, p-value < 2.2e-16

[1] "DEvar: b8"

      Two Sample t-test

data: dsca[[i]] by dsca$gro

t = 14.0952, df = 62, p-value < 2.2e-16

二個群組之變異數不相等的題項變數，引數 var.equal 選項界定「=F」：

```
> for( i in c(1,5,9:15))
+ {
+ print(paste("DEvar:",names(dsca[i])) )
+ print(t.test(dsca[[i]]~dsca$gro,alternative="t",var.equal=F))
+ }
[1] "DEvar: b1"
        Welch Two Sample t-test
data:  dsca[[i]] by dsca$gro
t = 8.2219, df = 33.019, p-value = 1.7e-09


[1] "DEvar: b5"
        Welch Two Sample t-test
data:  dsca[[i]] by dsca$gro
t = 7.5498, df = 27, p-value = 4.029e-08


[1] "DEvar: b9"
        Welch Two Sample t-test
data:  dsca[[i]] by dsca$gro
t = 11.1445, df = 27, p-value = 1.322e-11


[1] "DEvar: b10"
        Welch Two Sample t-test
data:  dsca[[i]] by dsca$gro
t = 3.5319, df = 54.481, p-value = 0.0008487


[1] "DEvar: b11"
        Welch Two Sample t-test
data:  dsca[[i]] by dsca$gro
t = 4.6012, df = 39.78, p-value = 4.219e-05
```

```
[1] "DEvar: b12"
        Welch Two Sample t-test
data:  dsca[[i]] by dsca$gro
t = 6.4597, df = 27, p-value = 6.361e-07


[1] "DEvar: b13"
        Welch Two Sample t-test
data:  dsca[[i]] by dsca$gro
t = 2.2571, df = 58.636, p-value = 0.02774


[1] "DEvar: b14"
        Welch Two Sample t-test
data:  dsca[[i]] by dsca$gro
t = 7.8157, df = 30.645, p-value = 8.735e-09


[1] "DEvar: b15"
        Welch Two Sample t-test
data:  dsca[[i]] by dsca$gro
t = 8.7805, df = 35.772, p-value = 1.88e-10
```

使用 **t.test( )** 函數物件的參數 statistic，表示結果只輸出 t 值統計量，簡化
輸出內容，R 編輯器視窗的語法函數修改為：

```
for( i in c(2,3,4,6:8))
{
print(paste("DEvar:",names(dsca[i])) )
m.test=t.test(dsca[[i]]~dsca$gro,alternative="t",var.equal=T)
print(round (m.test$statistic,2))   ## 輸出統計量 t 值
}
```

```
for( i in c(1,5,9:15))
{
print(paste("DEvar:",names(dsca[i])) )
m.test=t.test(dsca[[i]]~dsca$gro,alternative="t",var.equal=F)
print(round (m.test$statistic,2))     ## 輸出統計量 t 值
}
```

如果要再輸出 t 值統計量對應的顯著性機率值 p，使用參數 p.value，函數語法為 print(round(m.test$p.value,3))，小數點輸出至小數第三位：

```
for( i in c(2,3,4,6:8))
{
print(paste("DEvar:",names(dsca[i])) )
m.test=t.test(dsca[[i]]~dsca$gro,alternative="t",var.equal=T)
print(round (m.test$statistic,2))     ## 輸出統計量 t 值
print(round(m.test$p.value,3))        ## 輸出統計量 t 值之顯著性 p 值
}
```

R 主控台執行 R 編輯器視窗語法指令列結果如下：

```
> for( i in c(2,3,4,6:8))
+ {
+ print(paste("DEvar:",names(dsca[i])) )
+ m.test=t.test(dsca[[i]]~dsca$gro,alternative="t",var.equal=T)
+ print(round (m.test$statistic,2))
+ print(round(m.test$p.value,3))
```

```
[1] "DEvar: b2"
   t
7.64
[1] 0
[1] "DEvar: b3"
   t
2.04
[1] 0.045
[1] "DEvar: b4"
   t
7.92
[1] 0
[1] "DEvar: b6"
   t
13.9
[1] 0
[1] "DEvar: b7"
   t
17.62
[1] 0
[1] "DEvar: b8"
   t
14.1
[1] 0
```

輸出結果參數包括 t 值統計量、t 值統計量對應的顯著性 p 值。

只輸出 t 值統計量之 R 主控台的語法指令視窗如下：

```
> for( i in c(2,3,4,6:8))
+ {
+ print(paste("DEvar:",names(dsca[i])) )
+ m.test=t.test(dsca[[i]]~dsca$gro,alternative="t",var.equal=T)
+ print(round (m.test$statistic,2))
+ }
[1] "DEvar: b2"
   t
7.64
[1] "DEvar: b3"
   t
2.04
[1] "DEvar: b4"
   t
7.92
[1] "DEvar: b6"
   t
13.9
[1] "DEvar: b7"
    t
17.62
[1] "DEvar: b8"
   t
14.1
> for( i in c(1,5,9:15))
+ {
```

```
+ print(paste("DEvar:",names(dsca[i])) )
+ m.test=t.test(dsca[[i]]~dsca$gro,alternative="t",var.equal=F)
+ print(round (m.test$statistic,2))
+ }
[1] "DEvar: b1"
   t
8.22
[1] "DEvar: b5"
   t
7.55
[1] "DEvar: b9"
   t
11.14
[1] "DEvar: b10"
   t
3.53
[1] "DEvar: b11"
   t
4.6
[1] "DEvar: b12"
   t
6.46
[1] "DEvar: b13"
   t
2.26
[1] "DEvar: b14"
   t
7.82
[1] "DEvar: b15"
   t
8.78
```

## 肆 因素負荷量指標值

因素分析之因素負荷量也可作為項目分析之同質性檢定的指標值,分析時萃取共同因素限定為 1,表示所有題項變數反映一個潛在構念或心理特質,因素負荷量愈大(指標值準則為 >.400)表示題項變數可以解釋潛在構念(工作適應)的變異愈多。

使用 **factanal( )** 函數進行因素分析程序,參數 factors 的因素個數限定 =1,表示只抽取一個共同因素(心理適應):

```
> fact.m=factanal(sca[1:15],factors=1)
```

使用 **factanal( )** 函數物件參數 loadings 輸出題項變數的因素負荷量,配合 **round( )** 函數估計值四捨五入到小數第二位:

```
> fact.1=round(fact.m$loadings,2)
> print(fact.1)
Loadings:
    Factor1
b1  0.57
b2  0.55
b3  0.15
b4  0.46
b5  0.70
b6  0.75
b7  0.84
b8  0.83
b9  0.86
b10 0.19
```

```
b11 0.48
b12 0.68
b13 0.11
b14 0.69
b15 0.65
                    Factor1
SS loadings      5.688
Proportion Var   0.379
```

工作適應量表十五個題項變數之因素負荷量小於 .400 者有三題：b3（因素負荷量估計值 =0.15）、b10（因素負荷量估計值 =0.19）、b13（因素負荷量估計值 =0.11）。

項目分析摘要表整理如下表：

| 題項 | CR 值 | 顯著性 | 題項與總分相關 | 校正題項相關 | 題項刪除後 α 值 | 因素負荷量 | 未達標準指標數 | 備註 |
|------|-------|--------|----------------|--------------|------------------|------------|----------------|------|
| b1  | 8.22  | .000 | 0.65 | 0.59 | 0.86 | 0.57 | 0 | ○ |
| b2  | 7.64  | .000 | 0.62 | 0.53 | 0.86 | 0.55 | 0 | ○ |
| b3  | 2.04  | .045 | 0.29 | 0.16 | 0.88 | 0.15 | 5 | x |
| b4  | 7.92  | .000 | 0.55 | 0.44 | 0.87 | 0.46 | 0 | ○ |
| b5  | 7.55  | .000 | 0.75 | 0.71 | 0.86 | 0.70 | 0 | ○ |
| b6  | 13.90 | .000 | 0.76 | 0.71 | 0.85 | 0.75 | 0 | ○ |
| b7  | 17.62 | .000 | 0.78 | 0.73 | 0.85 | 0.84 | 0 | ○ |
| b8  | 14.10 | .000 | 0.76 | 0.71 | 0.85 | 0.83 | 0 | ○ |
| b9  | 11.14 | .000 | 0.78 | 0.74 | 0.85 | 0.83 | 0 | ○ |
| b10 | 3.53  | .000 | 0.27 | 0.18 | 0.88 | 0.19 | 4 | x |
| b11 | 4.60  | .001 | 0.55 | 0.47 | 0.87 | 0.48 | 0 | ○ |
| b12 | 6.46  | .000 | 0.71 | 0.67 | 0.86 | 0.68 | 0 | ○ |
| b13 | 2.26  | .000 | 0.25 | 0.13 | 0.88 | 0.11 | 5 | x |
| b14 | 7.82  | .028 | 0.73 | 0.66 | 0.86 | 0.69 | 0 | ○ |
| b15 | 8.78  | .000 | 0.69 | 0.62 | 0.86 | 0.65 | 0 | ○ |

| 題項 | CR 值 | 顯著性 | 題項與總分相關 | 校正題項相關 | 題項刪除後 α 值 | 因素負荷量 | 未達標準指標數 | 備註 |
|---|---|---|---|---|---|---|---|---|
| 準則 | >3.00 | p<.05 | >.40 | >.40 | <α(=.87) | >.40 | | |

註：○ 保留　　X 刪除

　　「工作適應量表」十五個題項經項目分析程序，b3、b10、b13 三題在五個項目分析指標值未達標準的指標值各有 5 個、4 個、5 個，三個題項變數的鑑別程度不佳，三個題項在項目分析程序中均加以刪除，之後因素分析程序納入的指標變數或題項數剩 12 題。

　　使用 **fa( )** 函數進行因素分析，因素分析程序納入的題項變數排除第 3 題、第 10 題、第 13 題等三題，萃取共同因素方法為主軸法，轉軸法使用直交轉軸之最大變異法，共同因素萃取個數 =2：

```
> library(psych)
> m.fact=fa(sca[-c(3,10,13)],nfactors=2,rotate="varimax",fm="pa")
> print(m.fact)
Factor Analysis using method =  pa
Call: fa(r = sca[-c(3, 10, 13)], nfactors = 2, rotate = "varimax", fm = "pa")
Standardized loadings (pattern matrix) based upon correlation matrix
     PA1  PA2   h2   u2  com
b1   0.24 0.69 0.53 0.47 1.2
b2   0.38 0.47 0.36 0.64 1.9
b4   0.43 0.21 0.23 0.77 1.5
b5   0.41 0.68 0.62 0.38 1.6
b6   0.65 0.37 0.57 0.43 1.6
b7   0.84 0.24 0.77 0.23 1.2
b8   0.80 0.30 0.72 0.28 1.3
b9   0.79 0.34 0.74 0.26 1.3
```

```
b11  0.11  0.72  0.54  0.46  1.0
b12  0.38  0.67  0.59  0.41  1.6
b14  0.68  0.25  0.52  0.48  1.3
b15  0.40  0.58  0.49  0.51  1.8
                   PA1   PA2
SS loadings        3.73  2.96
Proportion Var     0.31  0.25
Cumulative Var     0.31  0.56
```

二個共同因素的特徵值分別為 3.73、2.96，累積解釋變異量為 56%。上述特徵值的參數為轉軸後的特徵值，如要查看轉軸前的特徵值，使用因素分析物件之參數 e.values：

```
>round(m.fact$e.values,2)
 [1] 6.18  1.33  0.98  0.63  0.56  0.48  0.44  0.40  0.36  0.32  0.21  0.13
```

十二個共同因素中特徵值大於 1.00 者有二個，以保留特徵值大於 1.00 共同因素的準則而言，萃取共同因素的個數可以限定為 2。

未進行轉軸之因素分析物件，使用參數 e.values 求出特徵值：

```
> nm.fact=fa(sca[-c(3,10,13)],nfactors=2,rotate="none",fm="pa")
> round(nm.fact$e.values,2)
 [1]6.18  1.33  0.98  0.63  0.56  0.48  0.44  0.40  0.36  0.32  0.21  0.13
```

使用 **fa( )** 函數進行因素分析時，不論引數 rotate 是否界定轉軸，因素分析物件參數 e.values 呈現的參數為未轉軸前的特徵值，根據初始特徵值的參數，可以決定萃取共同因素的個數。特徵值的總和等於題項變數的個數，範例中納入因素分析程序的題項變數共有 12 題，12 個因素特徵值的總和等於 12：

```
> sum(m.fact$e.values)
[1] 12
> sum(nm.fact$e.values)
[1] 12
```

## 伍 極端組比較之完整指令

項目分析之極端組比較，採用 levene 法進行變異數相等性檢定，獨立樣本 t 檢定程序只輸出 t 值統計量與顯著性 p 值的完整語法指令如下：

```
temp=read.csv("item.csv",header=T)
sca=temp[-1]
sca$total=rowSums(sca)
cut.p=round(length(sca$total)*.27,0)
sort_d<-sort(sca$total, decreasing=F)[cut.p]
sort_a<-sort(sca$total, decreasing=T)[cut.p]
sca$gro=ifelse(sca$total >=sort_a,1,ifelse(sca$total<=sort_d,2,3))
dsca=subset(sca,sca$gro<3)
library(car)
for( i in 1:15)
{
print(paste("DEvar:",names(dsca[i])) )
print(leveneTest(dsca[[i]]~ factor(dsca$gro)))
}
for( i in c(2,3,4,6:8))
{
print(paste("DEvar:",names(dsca[i])) )
m.test=t.test(dsca[[i]]~dsca$gro,alternative="t",var.equal=T)
```

```
print(round (m.test$statistic,2))
print(round(m.test$p.value,3))
}
for( i in c(1,5,9:15))
{
print(paste("DEvar:",names(dsca[i])) )
m.test=t.test(dsca[[i]]~dsca$gro,alternative="t",var.equal=F)
print(round (m.test$statistic,2))
print(round(m.test$p.value,3))
}
```

　　上述語法指令中，變異數相等的題項變數與變異數不相等的題項變數分別進行獨立樣本 t 檢定，因而研究者要先進行變異數同質性檢定，從輸出結果檢核那些題項變數在高、低二個群組的變異數相等，此種指令敘述比較簡單，研究者較易了解。

　　下列 R 編輯器視窗之指令列為一次執行項目分析，不用將程序分開執行（指令列前面的數值為增列加註，在 R 編輯器視窗中沒有）：

```
1.temp=read.csv("item.csv",header=T)
2.sca=temp[-1]
3.sca$total=rowSums(sca)
4.cut.p=round(length(sca$total)*.27,0)
5.sort_d<-sort(sca$total, decreasing=F)[cut.p]
6.sort_a<-sort(sca$total, decreasing=T)[cut.p]
7.sca$gro=ifelse(sca$total >=sort_a,1,ifelse(sca$total<=sort_d,2,3))
8.dsca=subset(sca,sca$gro<3)
9.library(car)
10. for( i in 1:15)
```

```
11.{
12. print(paste("DEvar:",names(dsca[i])) )
13. var.m=(leveneTest(dsca[[i]]~ factor(dsca$gro)))
14. m.test=t.test(dsca[[i]]~dsca$gro,alternative="t",var.equal=F)
15.if (var.m$Pr[1]>.05)
16.{
17.m.test=t.test(dsca[[i]]~dsca$gro,alternative="t",var.equal=T)
18.print(c("variance equal"))
19.}
20. print(round (m.test$statistic,2))
21. print(round(m.test$p.value,3))
22.}
```

　　第 1 列為匯入資料檔，第 2 列將樣本觀察值編號變數排除（若資料檔中沒有編號變數、人口變數，第 2 列不用界定）。

　　第 3 列進行量表題項變數的加總，加總變數名稱界定為 total。

　　第 4 列找出樣本觀察值 27% 的受試者，第 5 列、第 6 列找出前後 27% 受試者的分數（臨界點的分數）。

　　第 7 列根據前後 27% 臨界點分數，增列組別變數，高分組編碼為 1、低分組編碼為 2、中分組編碼為 3。

　　第 8 列界定新的資料框架物件，資料檔內容中的組別變數只有高分組、低分組二個樣本群組（選取 gro 組別變數水準數值小於 3 的觀察值）。

　　第 9 列載入 car 套件，使用 **leveneTest( )** 函數進行變異數同質性檢定。

　　第 10 列界定變數索引迴圈數值從 1 至 15（共有 15 個變數）。

　　第 11 列界定迴圈數值指令的起始處。

　　第 12 列使用 **paste( )** 函數輸出變數名稱的標記說明。

　　第 13 列使用 **leveneTest( )** 函數進行群組在題項變數的同質性檢定，函數物件設定為 var.m。

　　第 14 列內定獨立樣本 t 檢定為變異數不相等，引數 var.equal 選項設定為「=F」。

第 15 列至第 19 列為一個邏輯判斷式，如果變異數同質性檢定物件 var. m 的顯著性（參數名稱為 Pr）大於 0.05，表示二個群組變異數相等，獨立樣本 t 檢定引數 var.equal 設定為「=T」，並輸出「variance equal」標記說明。leveneTest( ) 函數物件之參數 Pr 有二個數值元素，第一個元素為顯著性機率值 p、第二個元素為 NA（加註顯著性 * 符號，增列元素索引 [1]，表示只取出第一個元素內容）。

以第一個題項變數 b1 為例，變異數同質性檢定的物件界定為 var.m，使用物件參數 Pr 輸出參數值：

```
> library(car)
> var.m=(leveneTest(dsca[[1]]~ factor(dsca$gro)))
> var.m$Pr
[1] 0.007111955      NA
```

第一個參數值為變異數同質性檢定的顯著性 p 值、第二個為 NA，只取出第一個數值向量：

```
> var.m$Pr[1]
[1] 0.007111955
```

第 20 列輸出獨立樣本 t 檢定的 t 值統計量（輸出至小數第二位）。

第 21 列輸出獨立樣本 t 檢定統計量之顯著性 p 值（輸出至小數第三位）。

第 22 列界定迴圈指令的結束。

R 主控台執行 R 編輯器指令列的結果如下：

```
> temp=read.csv("item.csv",header=T)
> sca=temp[-1]
> sca$total=rowSums(sca)
> cut.p=round(length(sca$total)*.27,0)
> sort_d<-sort(sca$total, decreasing=F)[cut.p]
> sort_a<-sort(sca$total, decreasing=T)[cut.p]
> sca$gro=ifelse(sca$total >=sort_a,1,ifelse(sca$total<=sort_d,2,3))
> dsca=subset(sca,sca$gro<3)
> #library(car)
> for( i in 1:15)
+ {
+  print(paste("DEvar:",names(dsca[i])) )
+  var.m=(leveneTest(dsca[[i]]~ factor(dsca$gro)))
+  m.test=t.test(dsca[[i]]~dsca$gro,alternative="t",var.equal=F)
+ if (var.m$Pr[1]>.05)
+ {
+ m.test=t.test(dsca[[i]]~dsca$gro,alternative="t",var.equal=T)
+ print(c("variance equal"))
+ }
+  print(round (m.test$statistic,2))
+  print(round(m.test$p.value,3))
+ }
[1] "DEvar: b1"
   t
8.22
[1] 0
[1] "DEvar: b2"
[1] "variance equal"
```

```
 t
7.64
[1] 0
[1] "DEvar: b3"
[1] "variance equal"
 t
2.04
[1] 0.045
[1] "DEvar: b4"
[1] "variance equal"
 t
7.92
[1] 0
[1] "DEvar: b5"
 t
7.55
[1] 0
[1] "DEvar: b6"
[1] "variance equal"
 t
13.9
[1] 0
[1] "DEvar: b7"
[1] "variance equal"
 t
17.62
[1] 0
[1] "DEvar: b8"
[1] "variance equal"
```

```
          t
14.1
[1] 0
[1] "DEvar: b9"
          t
11.14
[1] 0
[1] "DEvar: b10"
          t
3.53
[1] 0.001
[1] "DEvar: b11"
          t
4.6
[1] 0
[1] "DEvar: b12"
          t
6.46
[1] 0
[1] "DEvar: b13"
          t
2.26
[1] 0.028
[1] "DEvar: b14"
          t
7.82
[1] 0
[1] "DEvar: b15"
          t
8.78
[1] 0
```

　　變異數同質檢定，如果直接使用基本套件中的 **var.test( )** 函數，第 15 列物件參數修改為「if (var.m$p.value > .05)」，因為 **var.test( )** 函數建立的物件中，顯著性 p 的參數名稱為「p.value」。有關各函數物件的參數名稱，可以使用 names（物件名稱）函數查看：

```
> var.m=var.test(dsca[[1]]~ factor(dsca$gro))
> names(var.m)
[1] "statistic"    "parameter"  "p.value"   "conf.int"    "estimate"
[6] "null.value" "alternative" "method"    "data.name"
```

　　R 編輯器視窗中的第 10 列至第 22 列的語法指令如下：

```
10.for( i in 1:15)
11.{
12. print(paste("DEvar:",names(dsca[i])) )
13. var.m=(var.test(dsca[[i]]~ factor(dsca$gro)))
14. m.test=t.test(dsca[[i]]~dsca$gro,alternative="t",var.equal=F)
15.if (var.m$p.value > .05)
16. {
17.  m.test=t.test(dsca[[i]]~dsca$gro,alternative="t",var.equal=T)
18.  print(c("variance equal"))
19. }
20. print(round (m.test$statistic,2))
21. print(round(m.test$p.value,3))
22.}
```

R 主控台視窗執行 R 編輯器語法指令的結果如下：

```
> for( i in 1:15)
+ {
+ print(paste("DEvar:",names(dsca[i])) )
+ var.m=(var.test(dsca[[i]]~ factor(dsca$gro)))
+ m.test=t.test(dsca[[i]]~dsca$gro,alternative="t",var.equal=F)
+ if (var.m$p.value > .05)
+ {
+   m.test=t.test(dsca[[i]]~dsca$gro,alternative="t",var.equal=T)
+   print(c("variance equal"))
+ }
+ print(round (m.test$statistic,2))
+ print(round(m.test$p.value,3))
+ }
[1] "DEvar: b1"
   t
8.22
[1] 0
[1] "DEvar: b2"
   t
7.24
[1] 0
[1] "DEvar: b3"
[1] "variance equal"
   t
2.04
[1] 0.045
[1] "DEvar: b4"
[1] "variance equal"
```

```
      t
7.92
[1] 0
[1] "DEvar: b5"
      t
7.55
[1] 0
[1] "DEvar: b6"
      t
13.31
[1] 0
[1] "DEvar: b7"
      t
16.63
[1] 0
[1] "DEvar: b8"
[1] "variance equal"
      t
14.1
[1] 0
[1] "DEvar: b9"
      t
11.14
[1] 0
[1] "DEvar: b10"
      t
3.53
[1] 0.001
[1] "DEvar: b11"
```

```
 t
4.6
[1] 0
[1] "DEvar: b12"
 t
6.46
[1] 0
[1] "DEvar: b13"
[1] "variance equal"
 t
2.25
[1] 0.028
[1] "DEvar: b14"
 t
7.82
[1] 0
[1] "DEvar: b15"
 t
8.78
[1] 0
```

## 陸 t 檢定語法函數

　　項目分析程序其實是獨立樣本 t 檢定程序的應用，獨立樣本 t 檢定程序可以分別進行，先進行二個群組變異數相等性檢定，再進行二個群組平均數的差異檢定，配合使用邏輯判斷式可以一次完成，不僅較為簡便也較有效率。

　　範例為性別變數在七種不同測驗成績的差異檢定，資料檔「t_demo.csv」的變數名稱如下：

```
> names(temp)
[1] "stid" "sex"  "home" "ach1" "ach2" "ach3" "ach4" "ach5" "ach6" "ach7"
```

　　資料檔匯入 R 軟體主控台視窗的資料框架物件名稱界定為 temp，依變數的變數索引從第 4 個至第 10 個（ach1 至 ach7）。

```
temp=read.csv("t_demo.csv",header=T)
attach(temp)
library(car)
sex=as.factor(temp$sex)  ## 界定性別變數類型為因子變數
for( i in 4:10)
{
 print(paste("DEvar:",names(temp[i])) )  ## 輸出依變數之變數名稱
 var.m=(leveneTest(temp[[i]]~ sex))    ## 變異數相等性檢定
 m.test=t.test(temp[[i]]~ sex,alternative="t",var.equal=F)
if (var.m$Pr[1]>.05)  ## 如果 F 值顯著性 p>.05，群組變異數相等
 {
 m.test=t.test(temp[[i]]~ sex,alternative="t",var.equal=T)
 }
print(round(m.test$estimate,2)) ## 輸出群組平均數
print(round (m.test$statistic,2)) ## 輸出 t 值統計量
print(round(m.test$p.value,3))  ## 輸出 t 值統計量對應之顯著性 p 值
}
```

　　函數語法中只輸出二個群組平均數、平均數差異檢定的 t 值統計量、顯著性機率值 p 值。如果研究者要輸出完整 t 檢定的報表，輸出結果函數簡化為「print(m.test)」。

```
for( i in 4:10)
{
print(paste("DEvar:",names(temp[i])) )   ## 輸出依變數之變數名稱
var.m=(leveneTest(temp[[i]]~ sex))     ## 變異數相等性檢定
m.test=t.test(temp[[i]]~ sex,alternative="t",var.equal=F)
if (var.m$Pr[1]>.05)  ## 如果 F 值顯著性 p>.05，群組變異數相等
 {
   m.test=t.test(temp[[i]]~ sex,alternative="t",var.equal=T)
 }
print(m.test)
}
```

R 主控台執行上述 R 編輯器視窗指令列的結果如下：

```
> for( i in 4:10)
+ {
+ print(paste("DEvar:",names(temp[i])) )
+ var.m=(leveneTest(temp[[i]]~ sex))
+ m.test=t.test(temp[[i]]~ sex,alternative="t",var.equal=F)
+ if (var.m$Pr[1]>.05)
+ {
+ m.test=t.test(temp[[i]]~ sex,alternative="t",var.equal=T)
+ }
+ print(round(m.test$estimate,2))
+ print(round (m.test$statistic,2))
+ print(round(m.test$p.value,3))
+ }
```

```
[1] "DEvar: ach1"
mean in group 1   mean in group 2
       11.82              12.29
   t
-0.63
[1] 0.528
[1] "DEvar: ach2"
mean in group 1   mean in group 2
       12.02              13.81
   t
-2.09
[1] 0.04
[1] "DEvar: ach3"
mean in group 1   mean in group 2
       18.08              21.07
   t
-2.91
[1] 0.004
[1] "DEvar: ach4"
mean in group 1   mean in group 2
       22.31              24.05
   t
-1.64
[1] 0.103
[1] "DEvar: ach5"
mean in group 1   mean in group 2
       10.70              12.85
   t
-4.05
```

```
[1] 0
[1] "DEvar: ach6"
mean in group 1    mean in group 2
        9.93                  11.05
   t
-1.68
[1] 0.096
[1] "DEvar: ach7"
mean in group 1    mean in group 2
        50.54                 62.98
   t
-4.66
[1] 0
```

就檢定變數 ach1 而言，二個群組平均數分別為 11.82、12.29，平均數差異檢定之 t 值統計量 =−0.63，顯著性 p 值 = 0.528>.05，未達統計顯著水準，二個群組平均數差異值顯著等於 0，女生群組的平均數與男生群組的平均數沒有顯著不同。

上述語法函數可以一次執行性別變數在七個依變數之獨立樣本 t 檢定程序，包括二個群組變異數相等性的檢定，二個群組平均數的差異檢定。

家庭結構變數中，水準數值 1 為單親家庭群組、水準數值 2 為完整家庭群組，家庭結構變數在七種測驗成績差異檢定的語法指令如下：

```
home=as.factor(temp$home)      ## 界定 home 變數為因子變數
for( i in 4:10)                ## 依變數的變數索引
{
print(paste("DEvar:",names(temp[i])) ) ## 輸出檢定變數之變數名稱
var.m=(leveneTest(temp[[i]]~ home))  ## 進行變異數同質性檢定
```

```
m.test=t.test(temp[[i]]~home,alternative="t",var.equal=F)
if (var.m$Pr[1]>.05)   ## 如果 F 值顯著性 p>.05，群組變異數相等
 {
   m.test=t.test(temp[[i]]~home,alternative="t",var.equal=T)
 }
print(round(m.test$estimate,2))   ## 輸出群組平均數
print(round (m.test$statistic,2))    ## 輸出 t 值統計量
 print(round(m.test$p.value,3))    ## 輸出 t 值統計量對應之顯著性 p 值
}
```

R 主控台執行上述 R 編輯器視窗指令列的結果如下：

```
> home=as.factor(temp$home)
> for( i in 4:10)
+ {
+ print(paste("DEvar:",names(temp[i])) )
+ var.m=(leveneTest(temp[[i]]~ home))
+ m.test=t.test(temp[[i]]~home,alternative="t",var.equal=F)
+ if (var.m$Pr[1]>.05)
+ {
+ m.test=t.test(temp[[i]]~home,alternative="t",var.equal=T)
+ }
+  print(round(m.test$estimate,2))
+ print(round (m.test$statistic,2))
+ print(round(m.test$p.value,3))
+ }
[1] "DEvar: ach1"
mean in group 1  mean in group 2
        10.82            13.12
```

```
     t
-3.24
[1] 0.002
[1] "DEvar: ach2"
mean in group 1    mean in group 2
      12.02              13.67
   t
-1.94
[1] 0.055
[1] "DEvar: ach3"
mean in group 1    mean in group 2
      17.66              21.20
   t
-3.4
[1] 0.001
[1] "DEvar: ach4"
mean in group 1    mean in group 2
      22.07              24.12
    t
-1.94
[1] 0.054
[1] "DEvar: ach5"
mean in group 1    mean in group 2
      10.57              12.80
    t
-4.22
[1] 0
[1] "DEvar: ach6"
mean in group 1    mean in group 2
       9.77              11.11
```

```
   t
-2.03
[1] 0.044
[1] "DEvar: ach7"
mean in group 1     mean in group 2
      49.73               62.72
   t
-4.91
[1] 0
```

就檢定變數 ach1 而言，二個群組平均數分別為 10.82、13.12，平均數差異檢定之 t 值統計量 =−3.24，顯著性 p 值 =0.002<.05，達到統計顯著水準，二個群組平均數差異值顯著不等於 0，完整家庭群組的平均數顯著高於單親家庭群組的平均數。

## 柒 試題分析

若是量表為成就測驗，項目分析的結果在於求出每個試題的難度與鑑別度。試題分析的簡要步驟如下：

1. 計算每位受試者在成就測驗的分數（成績）。
2. 將受試者依成就測驗得分排序，分別求出前 27%、後 27% 觀察值的分數。
3. 依臨界分數點將受試者測驗得分分成高低二組。
4. 選取高分組、低分組的受試者樣本群組。
5. 求出高分組、低分組二組樣本在每個題項答對的比率（百分比）。
6. 求出每個題項的難度與鑑別度：

難度 $P = \dfrac{P_H + P_L}{2}$ 、鑑別度指數 $D = P_H - P_L$

上述中 $P_H$ 表示高分組在試題答對的百分比；$P_L$ 表示低分組在試題答對的百分比（答對率）。試題的難度指標值表示的是高分組、低分組在題項答對率的平均數值，鑑別度指數為高分組、低分組在題項答對率的差異值。試題難度指標值（item difficulty index）的數值介於 0.00 至 1.00 中間，難度數值愈接近 0.00，表示試題愈困難（答對者愈少）；難度數值愈大者，表示試題愈簡單（答對者愈多），整體難度百分比值若接近 0.50，表示試題難易適中。鑑別度指標值介於 −1.00 至 +1.00 中間，鑑別度指標值若為負值，表示試題的鑑別度為負向，此種題項必須刪除，鑑別度指標值愈接近 +1.00，表示題項的鑑別力愈佳，一般判斷標準是鑑別度指標值 D 要大於或等於 0.20 以上。試題難度指標值難易度之區間值如下，難度指標值 P=0.50 為難易適中，P 值介於 0.40 至 0.50 間為中間偏難、P 值介於 0.50 至 0.60 間為中間偏易。

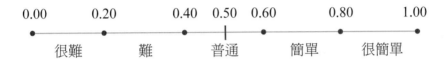

鑑別度指標值鑑別能力之區間值如下，D 值介於 0.20 至 0.30 間表示鑑別度普通，D 值介於 0.30 至 0.40 間表示鑑別度佳，D 值大於 0.40 以上表示試題的鑑別度優良。

範例為一份國中數學成就測驗，題目型態為選擇題（單選），題目總數共 20 題，每題 5 分，總分 100 分。

題項的標準答案與變數名稱如下：

| 答案 | 題項 | 原始作答變數<br>（為四分名義變數） | 批改後的變數名稱<br>（二分名義變數） | 批改後的變數名<br>水準數值標記 |
|---|---|---|---|---|
| A 或 1 | 第 2 題<br>第 7 題<br>第 12 題<br>第 13 題<br>第 19 題 | v02、v07、v12、<br>v13、v19 | v02、v07、v12、<br>v13、v19 | 水準數值 1 為答對<br>水準數值 0 為答錯 |

| 答案 | 題項 | 原始作答變數<br>（為四分名義變數） | 批改後的變數名稱<br>（二分名義變數） | 批改後的變數名<br>水準數值標記 |
|---|---|---|---|---|
| B 或 2 | 第 3 題<br>第 6 題<br>第 9 題<br>第 14 題<br>第 16 題 | v03、v06、v09、<br>v14、v16 | v03、v06、v09、<br>v14、v16 | 水準數值 1 為答對<br>水準數值 0 為答錯 |
| C 或 3 | 第 4 題<br>第 5 題<br>第 11 題<br>第 15 題<br>第 18 題 | v04、v05、v11、<br>v15、v18 | v04、v05、v11、<br>v15、v18 | 水準數值 1 為答對<br>水準數值 0 為答錯 |
| D 或 4 | 第 1 題<br>第 8 題<br>第 10 題<br>第 17 題<br>第 20 題 | v01、v08、v10、<br>v17、v20 | v01、v08、v10、<br>v17、v20 | 水準數值 1 為答對<br>水準數值 0 為答錯 |

R 編輯器視窗完整指令列如下（前面數值編號為增列的標記列，原始 R 編輯器視窗語法指令中沒有）：

```
1.temp=read.csv("exam_1.csv",header=T)
2.attach(temp)
3.head(temp)
4.exam=temp[-1]
5.ans=c(4,1,2,3,3,2,1,4,2,4,3,1,1,2,3,2,4,3,1,4)
6.for( i in 1:20)
7.{
8. exam[i]=ifelse(exam[i] == ans[i],1,0)
9.}
10.exam$total=rowSums(exam)
11.cut.p=round(length(exam$total)*.27,0)
12.sort_l<-sort(exam$total, decreasing=F)[cut.p]
13.sort_h<-sort(exam$total, decreasing=T)[cut.p]
14.exam$group=ifelse(exam$total >=sort_h,1,ifelse(exam$total<=sort_l,2,3))
```

```
15.h.num=table(exam$group)[1]
16.l.num=table(exam$group)[2]
17h.group=subset(exam,exam$group=="1")
18.l.group=subset(exam,exam$group=="2")
19.for ( i in 1:20)
20.{
21. h.prop=round(table(h.group[[i]])/h.num,2)
22. l.prop=round(table(l.group[[i]])/l.num,2)
23. print(paste("item:",i,"--DEvar:",names(h.group[i])) )
24.print(paste("high right=",h.prop[2]))
25.print(paste("low right=",l.prop[2]))
26.P=round((h.prop[2]+l.prop[2])/2,2)
27.D=(h.prop[2]-l.prop[2])
28.print(paste("P=",P))
29.print(paste("D=",D))
30.}
```

第 1 列匯入資料檔「exam_1.csv.」，R 軟體的資料框架物件名稱為 temp。

第 2 列使用 **attach( )** 函數將資料框架物件 temp 依附 R 主控台。

第 3 列使用 **head( )** 函數檢核前六筆資料：

```
> head(temp)
   num v1 v2 v3 v4 v5 v6 v7 v8 v9 v10 v11 v12 v13 v14 v15 v16 v17 v18 v19
1 s001 1  1  2  3  3  2  1  4  2  3   3   1   4   1   2   3   1   3   1
2 s002 4  1  2  3  3  2  1  4  4  1   4   1   3   3   4   4   4   4   1
3 s003 2  3  2  3  2  2  2  4  1  2   1   3   3   2   1   4   3   1
4 s004 4  3  2  2  3  1  1  3  2  4   3   1   4   3   2   4   1   1   1
5 s005 3  1  3  3  3  2  3  4  1  2   1   3   4   4   2   4   1   4
6 s006 3  4  4  3  3  2  1  1  4  1   3   1   2   4   3   1   4   3   4
```

```
    v20
1   4
2   4
3   2
4   4
5   4
6   4
```

第 4 列使用變數索引排除受試者編號 num 變數。

第 5 列使用數值向量輸入 20 個題項的正確答案，使用元素索引可以求出各題答案的元素：

```
> ans=c(4,1,2,3,3,2,1,4,2,4,3,1,1,2,3,2,4,3,1,4)
> ans[1]      ## 第 1 題正確答案
[1] 4
> ans[5]      ## 第 5 題正確答案
[1] 3
> ans[10]      ## 第 10 題正確答案
[1] 4
```

檢核二十個題項的答案：

```
> ans[c(2,7,12,13,19)]
[1] 1 1 1 1 1
> ans[c(3,6,9,14,16)]
[1] 2 2 2 2 2
> ans[c(4,5,11,15,18)]
[1] 3 3 3 3 3
```

```
> ans[c(1,8,10,17,20)]
[1] 4 4 4 4 4
```

　　第 6 列至第 9 列使用迴圈批改受試者在 20 個題項作答情形，答對者變數的水準數值編碼為 1、答錯者變數的水準數值編碼為 0。

　　題項變數重新編碼後，變數屬性為二分類別變數，水準數值 1 表示答對、水準數值 2 表示答錯。

```
> head(exam)
   v1 v2 v3 v4 v5 v6 v7 v8 v9 v10 v11 v12 v13 v14 v15 v16 v17 v18 v19 v20
1   0  1  1  1  1  1  1  1  1   0   1   1   0   0   0   0   0   1   1   1
2   1  1  1  1  1  1  1  1  0   0   0   1   0   0   0   0   1   0   1   1
3   0  0  1  1  0  1  0  1  0   0   0   0   0   0   1   0   0   1   1   0
4   1  0  1  0  1  0  1  0  1   1   1   1   0   0   0   0   0   0   1   1
5   0  1  0  1  1  1  0  1  0   0   0   0   0   0   0   1   1   0   0   1
6   0  0  0  1  1  1  1  0  0   0   1   1   0   0   1   0   1   1   0   1
```

　　第 10 列使用 rowSums( ) 函數計算每位受試者答對的總題數，因為每題的配分相同，以題數或總分作為分組依據均可以，要以總分表示，第 10 列的語法函數修改為「exam$total=rowSums(exam)*5」，總分變數名稱為 total。

　　第 11 列求出 27% 樣本觀察值的人數（N*0.27=100*0.27=27）。

　　第 12 列、第 13 列分別求出後 27%、前 27% 觀察值答對題數／分數的臨界點。

　　第 14 列依臨界分數將高分組樣本觀察值編碼為 1、低分組樣本觀察值編碼為 2、中分組樣本觀察值編碼為 3，組別變數名稱為 group。

```
> head(exam)
   v1 v2 v3 v4 v5 v6 v7 v8 v9 v10 v11 v12 v13 v14 v15 v16 v17 v18 v19 v20
1   0  1  1  1  1  1  1  1  1   0   1   1   0   0   0   0   0   1   1   1
2   1  1  1  1  1  1  1  1  0   0   0   1   0   0   0   0   1   0   1   1
3   0  0  1  1  0  1  0  1  0   0   0   0   0   1   0   0   1   1   1   0
4   1  0  1  0  1  0  1  0  1   0   1   1   1   0   0   0   0   0   1   1
5   0  1  0  1  1  1  0  1  0   1   0   0   0   0   0   0   1   1   0   1
6   0  0  0  1  1  1  1  0  0   0   1   1   0   0   1   0   1   1   0   1
   total  group
1    13      1
2    12      1
3     8      3
4    10      1
5     8      3
6    10      1
```

第 15 列使用 **table( )** 函數求出高分組的人數。

第 16 列使用 **table( )** 函數求出低分組的人數。

```
> table(exam$group)  ## 求出三個組別的人數

 1  2  3
39 41 20
> table(exam$group)[1]  ## 取出高分組群組的人數
 1
39
> table(exam$group)[2]  ## 取出低分組群組的人數
 2
41
```

第 17 列使用 **subset( )** 函數取出高分組樣本觀察值，子集框架物件名稱為
h.group。

第 18 列使用 **subset( )** 函數取出低分組樣本觀察值，子集框架物件名稱為
l.group。

第 21 列求出高分組樣本觀察值中編碼為 1 的百分比（試題答對百分比），
使用 **round( )** 函數四捨五入到小數第二位。

第 22 列求出低分組樣本觀察值中編碼為 1 的百分比（試題答對百分比），
使用 **round( )** 函數四捨五入到小數第二位。

使用 **with( )** 函數可以分別指定資料框架物件名稱，以免變數混淆，如要求
出高分組、低分組在第 1 題的答對、答錯的人數，使用 **with( )** 函數結果如下：

```
> with(h.group,{table(v1)})
v1
 0    1
17   22
> with(l.group,{table(v1)})
v1
 0    1
29   12
```

將 0、1 樣本觀察值的次數除以各組總人數，可以求出百分比值：

```
> with(h.group,{table(v1)/h.num})
v1
    0            1
0.4358974    0.5641026
> with(l.group,{table(v1)/l.num})
v1
    0            1
0.7073171    0.2926829
```

就第一題而言，高分組答對的百分比為 22÷39（答對人數除以高分組人數）；低分組答對的百分比為 12÷41（答對人數除以低分組人數）：

```
> 22/39
[1] 0.5641026
> 12/41
[1] 0.2926829
```

高分組答對百分比為 0.56、低分組答對百分比為 0.29，難度與鑑別度指標值計算如下：

```
> (0.56+0.29)/2
[1] 0.425
> 0.56-0.29
[1] 0.27
```

第一題 v1 的難度指標值 P=0.43（中間偏難）、鑑別度指標值 D=0.27。

由於題項變數為二分類別變數，使用 **table( )** 函數輸出次數分配表時，同時包含水準數值 0 的次數（答錯人數）與水準數值 1 的次數（答對人數），若只要取出第二個數值元素（只呈現水準數值 1 的次數），必須配合向量索引，函數語法如下：

```
> with(h.group,{table(v1)/h.num}[2])
        1
0.5641026
> with(l.group,{table(v1)/l.num}[2])
        1
0.2926829
```

　　高分組答對百分比為 0.56、低分組答對百分比為 0.29。直接使用二個語法
函數可以直接求出題項變數的難度與鑑別度參數：

```
> (with(h.group,{table(v1)/h.num}[2])+with(l.group,{table(v1)/l.num}[2]))/2
    1
0.4283927
> with(h.group,{table(v1)/h.num}[2])-with(l.group,{table(v1)/l.num}[2])
    1
0.2714196
```

　　第一題 v1 的難度指標值 P=0.43（中間偏難）、鑑別度指標值 D=0.27。
　　求出第二題 v2 的難度與鑑別度指標值：

```
> round(with(h.group,{table(v2)/h.num}[2]),2)
   1
0.64
> round(with(l.group,{table(v2)/l.num}[2]),2)
   1
0.46
> (with(h.group,{table(v2)/h.num}[2])+with(l.group,{table(v2)/l.num}[2]))/2
    1
0.5522201
> with(h.group,{table(v2)/h.num}[2])-with(l.group,{table(v2)/l.num}[2])
    1
0.177611
```

　　就第二題試題 v2 而言，高分組答對百分比為 0.64、低分組答對百分比為
0.46，試題的難度指標值 =0.55、試題的鑑別度指標值 =0.18。
　　第 23 列使用 **paste( )** 函數與 **names( )** 函數輸出變數名稱標記說明。
　　第 24 列使用 **paste( )** 函數呈現高分組在題項答對百分比參數。

第 25 列使用 **paste( )** 函數呈現低分組在題項答對百分比參數。

第 26 列計算試題的難度值，P=（高分組答對 1 的百分比＋低分組答對 1 的百分比）/2。

第 27 列計算試題的鑑別度值，D=（高分組答對 1 的百分比－低分組答對 1 的百分比）。

第 28 列呈現難度指標值。

第 29 列呈現鑑別度指標值。

R 主控台執行 R 編輯器視窗第 19 列至第 30 列語法指令列結果如下：

```
> for ( i in 1:20)
+ {
+   h.prop=round(table(h.group[[i]])/h.num,2)
+   l.prop=round(table(l.group[[i]])/l.num,2)
+ print(paste("item:",i,"--DEvar:",names(h.group[i])) )
+ print(paste("high right=",h.prop[2]))
+ print(paste("low right=",l.prop[2]))
+ P=round((h.prop[2]+l.prop[2])/2,2)
+ D=(h.prop[2]-l.prop[2])
+ print(paste("P=",P))
+ print(paste("D=",D))
+ }
[1] "item: 1 --DEvar: v1"
[1] "high right= 0.56"
[1] "low right= 0.29"
[1] "P= 0.43"
[1] "D= 0.27"
[1] "item: 2 --DEvar: v2"
[1] "high right= 0.64"
[1] "low right= 0.46"
[1] "P= 0.55"
```

[1] "D= 0.18"

[1] "item: 3 --DEvar: v3"

[1] "high right= 0.54"

[1] "low right= 0.22"

[1] "P= 0.38"

[1] "D= 0.32"

[1] "item: 4 --DEvar: v4"

[1] "high right= 0.62"

[1] "low right= 0.29"

[1] "P= 0.45"

[1] "D= 0.33"

[1] "item: 5 --DEvar: v5"

[1] "high right= 0.62"

[1] "low right= 0.46"

[1] "P= 0.54"

[1] "D= 0.16"

[1] "item: 6 --DEvar: v6"

[1] "high right= 0.64"

[1] "low right= 0.34"

[1] "P= 0.49"

[1] "D= 0.3"

[1] "item: 7 --DEvar: v7"

[1] "high right= 0.69"

[1] "low right= 0.37"

[1] "P= 0.53"

[1] "D= 0.32"

[1] "item: 8 --DEvar: v8"

[1] "high right= 0.54"

[1] "low right= 0.29"

[1] "P= 0.42

[1] "D= 0.25"

[1] "item: 9 --DEvar: v9"

[1] "high right= 0.31"

[1] "low right= 0.27"

[1] "P= 0.29"

[1] "D= 0.04"

[1] "item: 10 --DEvar: v10"

[1] "high right= 0.38"

[1] "low right= 0.27"

[1] "P= 0.32"

[1] "D= 0.11"

[1] "item: 11 --DEvar: v11"

[1] "high right= 0.49"

[1] "low right= 0.29"

[1] "P= 0.39"

[1] "D= 0.2"

[1] "item: 12 --DEvar: v12"

[1] "high right= 0.64"

[1] "low right= 0.41"

[1] "P= 0.52"

[1] "D= 0.23"

[1] "item: 13 --DEvar: v13"

[1] "high right= 0.38"

[1] "low right= 0.29"

[1] "P= 0.34"

[1] "D= 0.09"

[1] "item: 14 --DEvar: v14"

[1] "high right= 0.44"

[1] "low right= 0.34"

[1] "P= 0.39"

[1] "D= 0.1"

[1] "item: 15 --DEvar: v15"

[1] "high right= 0.41"

[1] "low right= 0.22"

[1] "P= 0.32"

[1] "D= 0.19"

[1] "item: 16 --DEvar: v16"

[1] "high right= 0.41"

[1] "low right= 0.22"

[1] "P= 0.32"

[1] "D= 0.19"

[1] "item: 17 --DEvar: v17"

[1] "high right= 0.44"

[1] "low right= 0.22"

[1] "P= 0.33"

[1] "D= 0.22"

[1] "item: 18 --DEvar: v18"

[1] "high right= 0.41"

[1] "low right= 0.2"

[1] "P= 0.3"

[1] "D= 0.21"

[1] "item: 19 --DEvar: v19"

[1] "high right= 0.51"

[1] "low right= 0.2"

[1] "P= 0.36"

[1] "D= 0.31"

[1] "item: 20 --DEvar: v20"

```
[1] "high right= 0.54"
[1] "low right= 0.2"
[1] "P= 0.37"
[1] "D= 0.34"
```

　　輸出結果各試題之標記「high right」為高分組答對百分比、「low right」為低分組答對百分比，P 參數為難度指標值、D 參數為鑑別度指標值。以第 20 題為例（Devar:v20），高分組答對百分比為 0.54、低分組答對百分比為 0.20，難度指標值 =0.37、鑑別度指標值 =0.34。

　　參數輸出結果改用 **cat( )** 函數，註解說明文字為中文，R 編輯器視窗第 19 列至第 30 列語法指令列如下：

```
for ( i in 1:20)
{
 h.prop=round(table(h.group[[i]])/h.num,2)
 l.prop=round(table(l.group[[i]])/l.num,2)
cat(" 第 ",i," 題題項變數：",names(h.group[i]),"\n")
cat(" 高分組答對百分比值 =",h.prop[2],"\n")
cat(" 低分組答對百分比值 =",l.prop[2],"\n")
P=round((h.prop[2]+l.prop[2])/2,2)
D=(h.prop[2]-l.prop[2])
cat(" 試題難度 =",P,"\n")
cat(" 試題鑑別度 =",D,"\n")
}
```

R 主控台執行 R 編輯器指令列結果如下：

```
> for ( i in 1:20)
+ {
+ h.prop=round(table(h.group[[i]])/h.num,2)
+ l.prop=round(table(l.group[[i]])/l.num,2)
+ cat(" 第 ",i," 題題項變數：",names(h.group[i]),"\n")
+ cat(" 高分組答對百分比值 =",h.prop[2],"\n")
+ cat(" 低分組答對百分比值 =",l.prop[2],"\n")
+ P=round((h.prop[2]+l.prop[2])/2,2)
+ D=(h.prop[2]-l.prop[2])
+ cat(" 試題難度 =",P,"\n")
+ cat(" 試題鑑別度 =",D,"\n")
+ }
第 1 題題項變數： v1
高分組答對百分比值 = 0.56
低分組答對百分比值 = 0.29
試題難度 = 0.43
試題鑑別度 = 0.27
第 2 題題項變數： v2
高分組答對百分比值 = 0.64
低分組答對百分比值 = 0.46
試題難度 = 0.55
試題鑑別度 = 0.18
第 3 題題項變數： v3
高分組答對百分比值 = 0.54
低分組答對百分比值 = 0.22
試題難度 = 0.38
試題鑑別度 = 0.32
第 4 題題項變數： v4
```

高分組答對百分比值 = 0.62

低分組答對百分比值 = 0.29

試題難度 = 0.45

試題鑑別度 = 0.33

第 5 題題項變數：v5

高分組答對百分比值 = 0.62

低分組答對百分比值 = 0.46

試題難度 = 0.54

試題鑑別度 = 0.16

第 6 題題項變數：v6

高分組答對百分比值 = 0.64

低分組答對百分比值 = 0.34

試題難度 = 0.49

試題鑑別度 = 0.3

第 7 題題項變數：v7

高分組答對百分比值 = 0.69

低分組答對百分比值 = 0.37

試題難度 = 0.53

試題鑑別度 = 0.32

第 8 題題項變數：v8

高分組答對百分比值 = 0.54

低分組答對百分比值 = 0.29

試題難度 = 0.42

試題鑑別度 = 0.25

第 9 題題項變數：v9

高分組答對百分比值 = 0.31

低分組答對百分比值 = 0.27

試題難度 = 0.29

試題鑑別度 = 0.04

第 10 題題項變數：v10

高分組答對百分比值 = 0.38

低分組答對百分比值 = 0.27

試題難度 = 0.32

試題鑑別度 = 0.11

第 11 題題項變數：v11

高分組答對百分比值 = 0.49

低分組答對百分比值 = 0.29

試題難度 = 0.39

試題鑑別度 = 0.2

第 12 題題項變數：v12

高分組答對百分比值 = 0.64

低分組答對百分比值 = 0.41

試題難度 = 0.52

試題鑑別度 = 0.23

第 13 題題項變數：v13

高分組答對百分比值 = 0.38

低分組答對百分比值 = 0.29

試題難度 = 0.34

試題鑑別度 = 0.09

第 14 題題項變數：v14

高分組答對百分比值 = 0.44

低分組答對百分比值 = 0.34

試題難度 = 0.39

試題鑑別度 = 0.1

第 15 題題項變數：v15

高分組答對百分比值 = 0.41

低分組答對百分比值 = 0.22

試題難度 = 0.32

試題鑑別度 = 0.19

第 16 題題項變數：v16

高分組答對百分比值 = 0.41

低分組答對百分比值 = 0.22

試題難度 = 0.32

試題鑑別度 = 0.19

第 17 題題項變數：v17

高分組答對百分比值 = 0.44

低分組答對百分比值 = 0.22

試題難度 = 0.33

試題鑑別度 = 0.22

第 18 題題項變數：v18

高分組答對百分比值 = 0.41

低分組答對百分比值 = 0.2

試題難度 = 0.3

試題鑑別度 = 0.21

第 19 題題項變數：v19

高分組答對百分比值 = 0.51

低分組答對百分比值 = 0.2

試題難度 = 0.36

試題鑑別度 = 0.31

第 20 題題項變數：v20

高分組答對百分比值 = 0.54

低分組答對百分比值 = 0.2

試題難度 = 0.37

試題鑑別度 = 0.34

國中數學成就測驗題項之難度與鑑別度統整如下表：

| 題項 | 高分組答對百分比 | 低分組答對百分比 | 難度 | 鑑別度 | 備註 |
|------|------------------|------------------|------|--------|------|
| v1 | 0.56 | 0.29 | 0.43 | 0.27 | ○ |
| v2 | 0.64 | 0.46 | 0.55 | 0.18 | x |
| v3 | 0.54 | 0.22 | 0.38 | 0.32 | ○ |
| v4 | 0.62 | 0.29 | 0.46 | 0.33 | ○ |
| v5 | 0.62 | 0.46 | 0.54 | 0.16 | x |
| v6 | 0.64 | 0.34 | 0.49 | 0.30 | ○ |
| v7 | 0.69 | 0.37 | 0.53 | 0.32 | ○ |
| v8 | 0.54 | 0.29 | 0.42 | 0.25 | ○ |
| v9 | 0.31 | 0.27 | 0.29 | 0.04 | x |
| v10 | 0.38 | 0.27 | 0.33 | 0.11 | x |
| v11 | 0.49 | 0.29 | 0.39 | 0.20 | ○ |
| v12 | 0.64 | 0.41 | 0.53 | 0.23 | ○ |
| v13 | 0.38 | 0.29 | 0.34 | 0.09 | x |
| v14 | 0.44 | 0.34 | 0.39 | 0.10 | x |
| v15 | 0.41 | 0.22 | 0.32 | 0.19 | x |
| v16 | 0.41 | 0.22 | 0.32 | 0.19 | x |
| v17 | 0.44 | 0.22 | 0.33 | 0.22 | ○ |
| v18 | 0.41 | 0.20 | 0.31 | 0.21 | ○ |
| v19 | 0.51 | 0.20 | 0.36 | 0.31 | ○ |
| v20 | 0.54 | 0.20 | 0.37 | 0.34 | ○ |

註： ○表示題項保留、X表示鑑別度小於 0.20，題項變數刪除。

試題分析中，如果題項的難度指標值太小（題目太難）或難度指標值太高（題目太簡單），題項的鑑別度通常比較低，當試題的難度接近 0.40 至 0.60 間，試題的鑑別度最佳，難度與正鑑別度指標值的關係圖如下，試題難度指標值接近兩極端上（1.00）下限（0.00）值時，鑑別度最差，難度指標值在 0.50 附近時，試題的鑑別度最好。

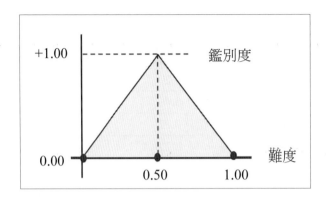

求出 20 個題項的平均難度係數值，R 編輯器視窗的指令列如下：

```
## 平均難度
totP=0     ## 初始難度值設定 =0
for ( i in 1:20)
{
 h.prop=round(table(h.group[[i]])/h.num,2)  ## 高分組答對百分比
 l.prop=round(table(l.group[[i]])/l.num,2)  ## 低分組答對百分比
 P=round((h.prop[2]+l.prop[2])/2,3)  ## 題項的難度
 totP=totP+P     ## 題項難度係數值的累加
}
totP=round(totP/20,2)  ## 求出平均難度
print(paste("average P=",totP))  ## 輸出結果
```

R 主控台執行 R 編輯器視窗語法指令列結果如下：

```
> ## 平均難度
> totP=0
> for ( i in 1:20)
+ {
```

```
+ h.prop=round(table(h.group[[i]])/h.num,2)
+ l.prop=round(table(l.group[[i]])/l.num,2)
+ P=round((h.prop[2]+l.prop[2])/2,3)
+ totP=totP+P
+ }
> totP=round(totP/20,2)
> print(paste("average P=",totP))
[1] "average P= 0.4"
```

平均難度 =0.40。

# 19 二元邏輯斯迴歸分析

- ■ 自變數為類別變數

- ■ 預測變數為每日讀書時間

- ■ 一個以上的預測變數

- ■ 使用 logistic.display( ) 函數求出勝算比

- ■ 使用 logistic.regression( ) 函數

- ■ 區別分析

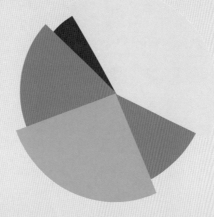

迴歸分析中，依變數如果是間斷變數不能採用傳統複迴歸分析法，必須改用區別分析或邏輯斯迴歸分析法（logistic regression）。效標變數（依變數 / 反應變數）若是二個群組（水準數值編碼 1 之群體為目標群組、水準數值編碼 0 之群體為參照群組），如「公立」與「私立」、「錄取」與「未錄取」、「有攻擊行為」與「沒有攻擊行為」、「及格」與「不及格」等，探究一個或一個以上自變數（解釋變數 / 預測變數）對依變數的預測情形，迴歸分析法為二元邏輯斯迴歸分析。

範例資料檔為「log_reg.csv」，資料檔匯入 R 主控台視窗之資料框架名稱為 temp，資料框架內有六個變數：cram（有無補習）為二分類別變數，水準數值編碼 1 為有補習者、水準數值編碼 0 為沒有補習者，pass（通過證照考試）為二分類別變數，水準數值編碼 1 為通過證照考試者、水準數值編碼 0 為沒有通過證照考試者。time( 每日讀書時間 )、friend（朋友支持）、family（家人支持）、tacti（讀書策略）等四個變數為計量變數（連續變數）。

使用 **read.csv( )** 函數讀入試算表 .csv 資料檔：

```
> temp=read.csv("log_reg.csv",header=T)
> attach(temp)
> head(temp)
  cram time friend family tactic pass
1   0    1     7      9     10    0
2   0    1    11     15     11    0
3   0    2     7     20     12    0
4   0    1     8     19     12    0
5   1   10     7     22     15    0
6   1    1     9     16     15    0
```

## 壹 自變數為類別變數

範例問題之自變數為有無補習（cram）、依變數為是否通過證照考試（pass）。邏輯斯迴歸方程為：$\ln\left(\dfrac{p}{1-p}\right)=f(x)=\beta_0+\beta_1 X_1$，其中 p 為事件結果發生的機率（通過證照考試的機率），水準數值編碼為 1（通過證照考試受試者）；$1-p$ 為事件結果未發生的機率（未通過證照考試的機率），水準數值編碼為 0（未通過證照考試受試者）。

範例方程式為：$\ln\left(\dfrac{通過證照考試機率}{1-通過證照考試機率}\right)=f(x)=\beta_0+\beta_1\times cram$

使用 **glm( )** 函數界定邏輯斯迴歸模式：

> m.log=glm(pass ~ cram,data=temp,family ='binomial')

使用 **summary( )** 輸出邏輯斯迴歸模式物件：

```
> summary(m.log)
Call:
glm(formula = pass ~ cram, family = "binomial", data = temp)
Deviance Residuals:
   Min     1Q   Median     3Q     Max
-1.4823  -0.5350  -0.5350   0.9005   2.0074
Coefficients:
             Estimate  Std.Error  z value   Pr(>|z|)
(Intercept)  -1.8718    0.3397    -5.510    3.58e-08 ***
cram          2.5649    0.4641     5.527    3.26e-08 ***
---
Signif. codes:  0 '***' 0.001 '**' 0.01 '*' 0.05 '.' 0.1 ' ' 1
(Dispersion parameter for binomial family taken to be 1)
    Null deviance: 152.76  on 119  degrees of freedom
Residual deviance: 116.19  on 118  degrees of freedom
AIC: 120.19
Number of Fisher Scoring iterations: 4
```

　　邏輯斯迴歸分析之勝算對數方程式中，截距項 $=-1.872$、係數估計值 $2.565$，勝算對數方程式為 $\ln[odds(通過 | 有無補習)] = -1.872+2.565 \times cram = f(x)$。邏輯斯迴歸模式為：$\ln\left(\dfrac{p}{1-p}\right) = -1.872+2.565 \times cram$

　　使用 **exp( )** 函數將邏輯斯迴歸物件原始係數轉為勝算比值：

```
> exp(m.log$coefficients)
(Intercept)      cram
0.1538462    13.0000000
> exp(m.log$coef)
(Intercept)      cram
0.1538462    13.0000000
```

　　勝算比 $=13.00$。勝算比值求法如下，使用 **table( )** 函數求出交叉表次數：

```
> table(cram,pass)
    pass
cram  0   1
  0   65  10
  1   15  30
```

　　交叉分類表整理如下：

| | | | pass | | 總和 |
|---|---|---|---|---|---|
| | | | 0 | 1 | |
| cram | 0 | 個數 | 65 | 10 | 75 |
| | | 百分比 | 86.7% | 13.3% | 100.0% |
| | 1 | 個數 | 15 | 30 | 45 |
| | | 百分比 | 33.3% | 66.7% | 100.0% |

　　有補習的人數有 45 人，通過證照考試者有 30 人，通過百分比 $=30/45$，未通過證照考試者有 15 人，未通過百分比 $=15/45$，勝算值 $=30/45:15/45=2$，

有補習者通過證照考試的勝算是 2；沒有補習的人數有 75 人，通過證照考試者有 10 人，通過百分比 =10/75，，未通過證照考試者有 65 人，未通過百分比 =65/75，勝算值 =10/75:65/75=0.1538，二個群組通過證照考試的勝算比 =2:0.1538=13.00，表示有補習者通過證照考試的機率是沒有補習者的 13.00 倍。

使用 **round( )** 函數輸出勝算比估計值至小數第三位：

```
> round(exp(m.log$coef),3)
(Intercept)        cram
   0.154        13.000
```

使用 **exp( )** 函數求出勝算比 95% 信賴區間：

```
> exp(confint(m.log))
Waiting for profiling to be done...
                  2.5 %              97.5 %
(Intercept) 0.07429851          0.2854853
  cram        5.41675822         33.7468061
> round(exp(confint(m.log)),3)        ## 配合 round( ) 函數輸出至小數第三位
                  2.5 %     97.5 %
(Intercept)      0.074     0.285
  cram           5.417     33.747
```

勝算比 95% 信賴區間為 [5.417, 33.747]，未包含 1 數值點，表示勝算比值為 1.00 的可能性很低，勝算比值顯著不等於 1（勝算比估計值對應的顯著性 p<.05）。相對的，勝算比 95% 信賴區間如果包含 1.00 數值點，表示勝算比值等於 1 的可能性很高（勝算比估計值對應的顯著性 p>.05），接受虛無假設（勝算比 =1.00），當勝算比等於 1，表示有補習者通過證照考試的機率（勝算）與沒有補習者通過證照考試的機率（勝算）相同，有無補習變數對於通過證照考試機率值（勝算值）是相等的。

使用 **predict( )** 函數求出預測的組別，數值 0 為預測沒有通過證照考試者、

數值 1 為預測有通過證照考試者。**predict( )** 函數的基本語法為：

predict(object, newdata, type = c("link", "response", "terms"))

引數 object 界定 glm 之邏輯斯模式物件。引數 newdata 界定資料框架物件名稱。引數 type 界定「="link"」表示預測二元模式之勝算比，type 界定「="response"」表示預測組別出現機率，選項「="terms"」界定回傳項目適配值矩陣：

```
> mpred=round(predict(m.log, newdata=temp,type = "response"))
> m.tab=table(mpred,pass)
> print(m.tab)
      pass
mpred  0    1
   0   65   10
   1   15   30
> rate=round(100*sum(diag(m.tab))/sum(m.tab),1)
> cat(" 預測正確百分比 =",rate,"% \n")
預測正確百分比 = 79.2 %
```

上述預測分類表整理如下：

| 觀察次數（調查次數） | | 預測次數（預測變數為 cram） | | |
|---|---|---|---|---|
| | | pass | | 總和 |
| | | 0 | 1 | |
| cram | 0 | 65 | 15 | 81.3 |
| | 1 | 10 | 30 | 75.0 |
| 正確百分比 | | | | 79.2 |

80 位沒有補習的受試者，以有無補習作為預測變數，預測不會通過證照考試者有 65 位，預測正確百分比 =81.3%；40 位有補習的受試者，預測會通過證照考試者有 30 位，預測正確百分比 =75.0%，全體受試者 N=120，預測結果為正確的受試者有 95 位，總預測正確百分比 =95/120=79.2%。

預測物件 mpred 為邏輯斯迴歸模式預測受試者的組別等於 1（預測為通過證照考試者）或等於 0（預測為未通過證照考試者）。

```
> print(mpred)
  1  2  3  4  5  6  7  8  9 10 11 12 13 14 15 16 17 18 19
  0  0  0  0  1  1  1  0  0  0  0  1  1  1  1  1  0  0  0
 20 21 22 23 24 25 26 27 28 29 30 31 32 33 34 35 36 37 38
  0  0  0  0  0  0  0  0  0  0  0  0  0  0  0  0  0  0  0
 39 40 41 42 43 44 45 46 47 48 49 50 51 52 53 54 55 56 57
  0  0  1  1  1  1  1  0  0  0  0  0  0  0  0  0  0  0  0
 58 59 60 61 62 63 64 65 66 67 68 69 70 71 72 73 74 75 76
  0  0  0  0  0  0  0  1  0  0  0  0  0  0  0  0  0  0  0
 77 78 79 80 81 82 83 84 85 86 87 88 89 90 91 92 93 94 95
  0  0  0  0  1  1  1  1  1  1  1  1  1  1  1  1  1  1  1
 96 97 98 99 100 101 102 103 104 105 106 107 108 109 110 111 112 113 114
  1  1  1  1   0   0   0   1   1   1   1   1   1   1   1   0   0   1   1
115 116 117 118 119 120
  0   0   0   1   1   1
> table(mpred)
mpred
 0  1
75 45
```

預測通過證照考試的受試者有 45 位（水準數值編碼 =1）、預測未通過證照考試的受試者有 75 位（水準數值編碼 =0）。

語法函數中使用 **table( )** 函數可以求出預測變數與實際調查變數的次數交叉表，使用 **diag( )** 函數可以擷取交叉表對角線次數（預測正確的人數）

```
> m.tab=table(mpred,pass)
> m.tab
    pass
mpred  0   1
   0   65  10
   1   15  30
> diag(m.tab)
 0   1
65  30
```

實際水準數值編碼 =0、預測水準數值也等於 0 者（未通過證照考試受試者）有 65 位、實際水準數值編碼 =1、預測水準數值也等於 1 者（通過證照考試受試者）有 30 位，預測正確的總人數 =95。

使用 **sum( )** 函數進行交叉表對角線次數的加總，表示是預測正確的總人數：

```
> sum(diag(m.tab))
[1] 95
```

預測正確的總人數共有 65+30=95 位。

 預測變數為每日讀書時間

使用 **glm( )** 函數界定邏輯斯迴歸模式，自變數為 time、依變數為 pass：

```
> m.log=glm(pass ~ time,data=temp,family ='binomial')
> summary(m.log)
Call:
glm(formula = pass ~ time, family = "binomial", data = temp)
Deviance Residuals:
   Min     1Q   Median     3Q     Max
-2.4302 -0.7322 -0.2801  0.6730  1.9281
Coefficients:
             Estimate   Std. Error   z value    Pr(>|z|)
(Intercept)  -4.23852     0.76835    -5.516    3.46e-08 ***
time          0.50985     0.09827     5.188    2.12e-07 ***
---
Signif. codes:  0 '***' 0.001 '**' 0.01 '*' 0.05 '.' 0.1 ' ' 1
(Dispersion parameter for binomial family taken to be 1)
   Null deviance: 152.76 on 119  degrees of freedom
Residual deviance: 107.75 on 118  degrees of freedom
AIC: 111.75
Number of Fisher Scoring iterations: 5
```

邏輯斯迴歸分析之勝算對數方程式中，截距項 $=-4.239$、係數估計值 0.510，勝算對數方程式為 $\ln[\text{odds(通過}\,|\,\text{讀書時間})]=-4.239+0.510\times\text{time}=f(x)$。邏輯斯迴歸模式為：$\ln\left(\dfrac{p}{1-p}\right)=-4.239+0.510\times\text{time}$。係數估計值 0.510 顯著性檢定之 z 值統計量 $=5.188$、顯著性 p 值 $<.05$，係數估計值顯著不等於 0，對應的勝算比值顯著不等於 1。從邏輯斯迴歸模式可以看出，自變數「每日讀書時間」原始分數增加一個單位，會不會通過證照考試勝算比的對數就增加 0.510 倍；自變數「每日讀書時間」原始分數增加 10 個單位，會不會通過證照考試勝算比

的對數就增加 5.10 倍，表示自變數 time（每日讀書時間）對會不會通過證照考試「勝算比之對數」的影響是正向的，受試者每日讀書時間愈多，通過證照考試的可能性（勝算）愈大，未通過證照考試的可能性（勝算）愈小。

Residual deviance 列的參數 =107.75、自由度 =118，殘差差異值即為 −2 對數概似值（卡方值），當 −2 對數概似值之卡方統計量達到統計顯著水準（p<.05），表示邏輯斯迴歸模式中至少有一個自變數的預測力達到顯著；Null deviance 列的參數為虛無模式的 −2 對數概似值，虛無模式的卡方值 =152.76、自由度 =119。AIC 指標值 =111.75，AIC 指標值愈小表示邏輯斯迴歸模式愈佳。

使用 **exp( )** 函數將邏輯斯迴歸物件原始係數轉為勝算比值，使用 **confint( )** 函數求出勝算比值 95% 信賴區間：

```
> exp(m.log$coef)
(Intercept)        time
 0.01442893   1.66504667
> exp(confint(m.log))
                 2.5 %          97.5 %
(Intercept) 0.002694952     0.05625352
time        1.396768454     2.06054659
```

勝算比值 =1.665，勝算比值 95% 信賴區間為 [1.397, 2.061]，未包含 1 數值點，表示勝算比值為 1.00 的可能性很低，勝算比值顯著不等於 1（勝算比估計值對應的顯著性 p<.05）。

使用 **predict( )** 函數求出預測分類表：

```
> mpred=round(predict(m.log, newdata=temp,type = "response"))
> m.tab=table(mpred,pass)
> print(m.tab)
    pass
mpred  0   1
  0   72  16
  1    8  24
> rate=round(100*sum(diag(m.tab))/sum(m.tab),1)
> cat(" 預測正確百分比 =",rate,"% \n")
預測正確百分比 = 80 %
```

預測分類表整理如下：

| 觀察次數<br>（調查次數） | | 預測次數 | | |
|---|---|---|---|---|
| | | pass | | 正確百分比 |
| | | **0** | **1** | |
| pass | **0** | 72 | 8 | 90.0 |
| | **1** | 16 | 24 | 60.0 |
| 正確百分比 | | | | 80.0 |

　　在其他影響變因均相等的情況下，以每日閱讀時間變數來預測受試者是否通過證照考試，120 位受試者中，預測正確的受試者共有 96 位（=72+24），預測正確百分比 =80.0%。

**一個以上的預測變數**

　　邏輯斯迴歸模式中投入的自變數有 time（每日閱讀時間）、friend（朋友支持）、family（家人支持）、tactic（讀書策略）等四個，依變數為有無通過證照考試（pass）：

　　R 編輯器視窗的指令列如下：

```
m.log=glm(pass ~ time+friend+family+tactic,data=temp,family ='binomial')
summary(m.log)
round(exp(m.log$coef),3)
round(exp(confint(m.log)),3)
mpred=round(predict(m.log, newdata=temp,type = "response"))
m.tab=table(mpred,pass)
print(m.tab)
rate=round(100*sum(diag(m.tab))/sum(m.tab),1)
cat(" 預測正確百分比 =",rate,"% \n")
```

　　引數 family 為界定分析方法，內定選項為 gaussian，選項界定 binomial（二項式）表示進行二元邏輯斯迴歸，其中選項單引號可以界定為雙引號 "binomial"，或直接將引號省略：

```
> m.log=glm(pass ~ time+friend+family+tactic,data=temp,family =binomial)
```

　　預測函數 **predict( )** 也可使用 **predict.glm( )** 函數，輸出結果相同：

```
> m.pred=round(predict.glm(m.log, newdata=temp,type = "response"))
> table(m.pred)
m.pred
 0  1
77 43
```

```
> table(m.pred,temp$pass)
m.pred  0   1
    0  72   5
    1   8  35
```

R 主控台執行 R 編輯器視窗指令列結果如下：

```
> m.log=glm(pass ~ time+friend+family+tactic,data=temp,family ='binomial')
> summary(m.log)
Call:
glm(formula = pass ~ time + friend + family + tactic, family = "binomial",
    data = temp)
Deviance Residuals:
    Min       1Q     Median      3Q       Max
-2.47765  -0.31228  -0.09233  0.34928   1.60027
Coefficients:
            Estimate   Std.Error   z value   Pr(>|z|)
(Intercept) -15.66736   3.03217    -5.167    2.38e-07 ***
time          0.49574   0.13879     3.572    0.000355 ***
friend        0.02501   0.05630     0.444    0.656890
family        0.21362   0.06230     3.429    0.000607 ***
tactic        0.56094   0.15156     3.701    0.000215 ***
---
Signif. codes: 0 '***' 0.001 '**' 0.01 '*' 0.05 '.' 0.1 ' ' 1
(Dispersion parameter for binomial family taken to be 1)
    Null deviance: 152.763  on 119  degrees of freedom
Residual deviance: 62.105  on 115  degrees of freedom
AIC: 72.105
Number of Fisher Scoring iterations: 6
```

邏輯斯迴歸模式之 AIC 值 =72.105、−2 對數概數值（卡方值）等於 62.105、自由度 =115。迴歸係數之截距項 =−15.667，time 斜率係數值 =0.496，顯著性 z 值統計量 =3.572（p<.05），friend 斜率係數值 =0.025，顯著性 z 值統計量 =0.444（p>.05），family 斜率係數值 =0.214，顯著性 z 值統計量 =3.429（p<.05），tactic 斜率係數值 =0.561，顯著性 z 值統計量 =3.701（p<.05）。投入迴歸模式的四個預測變數中，friend（朋友支持）自變數的迴歸係數未達統計顯著水準（p>.05），表示迴歸係數顯著等於 0，對應的勝算比值 =1；time（每日讀書時間）、family（家人支持）、tactic（讀書策略）三個預測變數的迴歸係數估計值顯著不等於 0，三個預測變數迴歸係數估計值對應的勝算比值均顯著不等於 1。

邏輯斯迴歸模式為：$\ln\left(\frac{p}{1-p}\right)$ =−15.667+0.496×time+0.025×friend+0.214×family+0.561×tactic

$\ln\left(\frac{通過證照考試機率}{未通過證照考試機率}\right)$ =−15.667+0.496×time+0.025×friend+0.214×family+0.561×tactic

原始迴歸係數估計值並不是預測變數的權重係數，它表示的是預測變數原始分數改變一個單位，目標群體改變多少的邏輯或勝算比，勝算比值若等於 1，表示自變數預測反應群組（通過證照考試）的機率與參照群組（未通證照考試）的機率相同，在其他變因相同的情況下，自變數預測對於通過證照考試的勝算與未通過證照考試的勝算相同（機率均為 50%），對於依變數（二分類別變數）而言，該自變數沒有顯著的預測力。

```
> round(exp(m.log$coef),3)
(Intercept)      time      friend    family    tactic
   0.000       1.642      1.025     1.238     1.752
> round(exp(confint(m.log)),3)
Waiting for profiling to be done...
```

| | 2.5 % | 97.5 % |
|---|---|---|
| (Intercept) | 0.000 | 0.000 |
| time | 1.286 | 2.232 |
| friend | 0.916 | 1.147 |
| family | 1.110 | 1.424 |
| tactic | 1.340 | 2.453 |

　　四個預測變數 time、friend、family、tactic 的勝算比值分別為 1.642、1.025、1.238、1.752。

　　四個預測變數 time、friend、family、tactic 勝算比值 95% 信賴區間值分別為 [1.286, 2.232]（未包含 1 數值點）、[0.916, 1.147]（包含 1 數值點）、[1.110, 1.424]（未包含 1 數值點）、[1.340, 2.453]（未包含 1 數值點）；其中 friend（朋友支持）自變數勝算比 95% 信賴區間值包含 1 數值點，表示勝算比值等於 1 的可能性很高，接受虛無假設（勝算比 =1），對應的顯著性 p 值 >.05，未達統計顯著水準，其餘三個自變數的勝算比顯著均不等於 1。

　　time、family、tactic 三個自變數的勝算比估計值分別為 1.642、1.238、1.752，勝算比均大於 1.00，表示三個自變數原始分數增加，通過證照考試的勝算（機率）會大於未通過考試的勝算（機率）。在其他變因相等的情況下，每日讀書時間的原始分數增加一個單位，受試者通過證照考試的勝算會增加 0.642 倍；在其他變因相等的情況下，家人支持的原始分數增加一個單位，受試者通過證照考試的勝算會增加 0.238 倍；在其他變因相等的情況下，讀書策略的原始分數增加一個單位，受試者通過證照考試的勝算會增加 0.752 倍。

```
> mpred=round(predict(m.log, newdata=temp,type = "response"))
> m.tab=table(mpred,pass)
> print(m.tab)
     pass
```

```
         pass
mpred  0  1
    0   72  5
    1    8  35
> rate=round(100*sum(diag(m.tab))/sum(m.tab),1)
> cat(" 預測正確百分比 =",rate,"% \n")
預測正確百分比 = 89.2 %
```

預測分類表整理如下：

| 觀察次數<br>（調查次數） | | 預測次數 | | |
|---|---|---|---|---|
| | | pass | | 預測正確<br>百分比 |
| | | **0** | **1** | |
| **pass** | **0** | 72 | 8 | 90.0 |
| | **1** | 5 | 35 | 87.5 |
| 預測正確百分比 | | | | 89.2 |

　　投入每日讀書時間、朋友支持、家人支持、讀書策略四個自變數預測受試者是否通過證照考試情形，120 位受試者中，預測正確的受試者共有 107 位（=72+35），預測正確百分比 =107/120=89.2%。

 # 使用 logistic.display( ) 函數求出勝算比

　　套件 epiDisplay 中的函數 **logistic.display( )** 函數可以求出勝算比估計值與勝算比顯著性檢定，統計量有 Wald 檢定、Likelihood Ratio（概似比）檢定：

```
> library(epiDisplay)
>logistic.display(m.log)
Logistic regression predicting pass
```

| | crude OR(95%CI) | adj. OR(95%CI) | P(Wald's test) | P(LR-test) |
|---|---|---|---|---|
| time (cont. var.) | 1.67 (1.37,2.02) | 1.64 (1.25,2.15) | < 0.001 | < 0.001 |
| friend (cont. var.) | 1.11 (1.04,1.18) | 1.03 (0.92,1.14) | 0.657 | 0.657 |
| family (cont. var.) | 1.15 (1.07,1.23) | 1.24 (1.1,1.4) | < 0.001 | < 0.001 |
| tactic (cont. var.) | 1.8 (1.46,2.24) | 1.75 (1.3,2.36) | < 0.001 | < 0.001 |

Log-likelihood = -31.0525
No. of observations = 120
AIC value = 72.105

crude OR（95%CI）欄參數為原始勝算比與勝算比 95% 信賴區間、adj. OR(95%CI) 欄參數為校正勝算比與勝算比 95% 信賴區間、P（Wald's test）欄為勝算比顯著性檢定，採用的是 Wald 值統計量，P(LR-test) 欄採用的勝算比顯著性檢定統計量為 LR 法。time、friend、family、tactic 四個自變數的勝算比估計值分別為 1.64（p<.05）、1.03（p>.05）、1.24（p<.05）、1.75（p<.05）。對數概似值 =−31.05、−2 對數概似值統計量 =−2×（−31.05）=62.105( 整體模式顯著性檢定的卡方值 )、觀察值個數 =120、AIC 數值 =72.105。

## 伍 使用 logistic.regression( ) 函數

邏輯斯迴歸模式物件也可以使用 **logistic.regression( )** 函數界定。**logistic.regression( )** 函數屬於套件 spatialEco 內的函數之一。**logistic.regression( )** 函數基本語法為：

logistic.regression(ldata, y, x, penalty = TRUE)

引數 ldata 為界定資料框架物件名稱。引數 y 為依變數、引數 x 為自變數（多個自變數以文字向量型態設定）。引數 penalty 界定迴歸模式耗損值，內定選項值為真，二元邏輯斯迴歸分析模式界定時，引數選項界定為假，其結果與統計分析軟體估計值相同。

使用 **cor.test( )** 函數求出四個自變數與依變數 pass 間之點二系列相關係數，R 編輯器視窗指令列如下：

```
for ( i in 2:5)
{
  m.cor=cor.test(temp[[i]],temp$pass,alternative="two.
sided",method="pearson")
  print(m.cor)
}
```

R 主控台執行 R 編輯器視窗指令列結果如下：

```
> for ( i in 2:5)
+ {
+ m.cor=cor.test(temp[[i]],temp$pass,alternative="two.
sided",method="pearson")
+ print(m.cor)
+ }
        Pearson's product-moment correlation
data:  temp[[i]] and temp$pass
t = 7.5403, df = 118, p-value = 1.059e-11
alternative hypothesis: true correlation is not equal to 0
sample estimates:
     cor
0.5702268
        Pearson's product-moment correlation
data:  temp[[i]] and temp$pass
t = 3.5465, df = 118, p-value = 0.000561
```

```
sample estimates:
    cor
0.3103564

        Pearson's product-moment correlation
data: temp[[i]] and temp$pass
t = 4.4791, df = 118, p-value = 1.743e-05
sample estimates:
    cor
0.3812022

        Pearson's product-moment correlation
data: temp[[i]] and temp$pass
t = 8.0109, df = 118, p-value = 9.068e-13
sample estimates:
    cor
0.5935227
```

time、friend、family、tactic 四個自變數與依變數的相關係數均達統計顯著水準（p<.05），表示四個點二系列相關係數均顯著不等於 0。**cor.test( )** 函數物件，若只要輸出相關係數估計值，使用「物件 $estimate」參數、輸出顯著性 p 值，使用「物件 $p.value」參數，輸出 t 值統計量，使用「物件 $statistic」參數。

使用 **cor( )** 求出四個自變數與依變數 pass 間的相關矩陣，係數值輸出至小數第二位：

```
> round(cor(temp[-1]),2)
        time   friend  family  tactic  pass
time    1.00   0.15    0.06    0.51    0.57
friend  0.15   1.00    0.44    0.25    0.31
family  0.06   0.44    1.00    0.09    0.38
tactic  0.51   0.25    0.09    1.00    0.59
pass    0.57   0.31    0.38    0.59    1.00
```

time、friend 、family、 tactic 四個自變數與依變數 pass 間的點二系列相關係數值分別為 0.57、0.31、0.38、0.59，由於相關係數值為正值，表示依變數 pass 水準數值編碼為 1 之群組（通過證照考試群組）在四個計量變數的平均數均顯著高於水準數值編碼為 0 之群組 ( 未通過證照考試群組 )。點二系列相關分析中，如果相關係數值未達統計顯著水準（p>.05），則在邏輯斯迴歸分析中，該自變數對依變數的預測力通常也不會達到顯著。

使用 **logistic.regression( )** 函數進行邏輯斯迴歸分析：

```
> library(spatialEco)
> lmodel=logistic.regression(ldata=temp, y="pass", x=c("time","friend",
"family","tactic"),penalty=F)
```

自變數向量變數的界定也以使用傳統的單引號「'」：

```
l.model=logistic.regression(temp, y='pass', x=c('time','friend','family','tactic'),
penalty=F)
```

使用 **print( )** 函數輸出模式物件，或分別使用參數輸出：lmodel$model、lmodel$diagTable、lmodel$coefTable。

使用 lmodel$model 輸出邏輯斯迴歸模式參數：

```
> lmodel
$model

Logistic Regression Model

rms::lrm(formula = form, data = ldata, x = TRUE, y = TRUE)

                        Model Likelihood      Discrimination      Rank Discrim.
                          Ratio Test             Indexes            Indexes
Obs            120    LR chi2       90.66    R2      0.736      C       0.950
 0              80    d.f.              4    g       4.045      Dxy     0.901
 1              40    Pr(> chi2) <0.0001    gr     57.101      gamma   0.901
max |deriv| 7e-06                           gp      0.406      tau-a   0.404
                                            Brier   0.081

          Coef     S.E.   Wald Z Pr(>|Z|)
Intercept -15.6674 3.0327 -5.17  <0.0001
time        0.4957 0.1388  3.57   0.0004
friend      0.0250 0.0563  0.44   0.6569
family      0.2136 0.0623  3.43   0.0006
tactic      0.5609 0.1516  3.70   0.0002
```

　　模式概似比檢定（Model Likelihood Ratio Test）統計量卡方值 = 90.66、自由度 =4，顯著性 p 值 <.001，達到統計顯著水準，拒絕虛無假設（$H_0:\beta_1=\beta_2=\beta_3=\beta_4=0$），四個自變數中至少一個有一個迴歸係數顯著不等於 0，截距項 =−15.667，time 自變數的迴歸係數 = 0.496（p<.05）、friend 自變數的迴歸係數 =0.025（p>.05）、family 自變數的迴歸係數 =0.214（p<.05）、tactic 自變數的迴歸係數 = 0.561（p<.05）。區別指標值（Discrimination Indexes）欄中的 R2 值 =0.736 為模擬之 R 平方值（Nagelkerke R 平方值），參數值為自變數與依變數 pass 間之關聯強度檢定，其性質類似複迴歸中的多元相關係數值的平方。

　　迴歸係數值表中的 Wald Z 欄統計量為 Coef 欄估計值除以 S.E. 欄標準誤，如 0.5609/0.1516=3.70（SPSS 統計軟體中的 Wald 欄統計量數值為 R 軟體 Wald Z 欄統計量的平方，若將 Wald Z 欄統計量數值平方，數據結果與使用 SPSS 統計軟體輸出結果完全相同）。

　　使用模式物件之參數 diagTable 求出模式中的適配統計量：

```
> lmodel$diagTable
```

| | Names | Value |
|---|---|---|
| 1 | Obs | 1.200000e+02 |
| 2 | Max Deriv | 7.056361e-06 |
| 3 | Model L.R. | 9.065843e+01 |
| 4 | d.f. | 4.000000e+00 |
| 5 | P | 0.000000e+00 |
| 6 | C | 9.504687e-01 |
| 7 | Dxy | 9.009375e-01 |
| 8 | Gamma | 9.012191e-01 |
| 9 | Tau-a | 4.037815e-01 |
| 10 | R2 | 7.363962e-01 |
| 11 | Brier | 8.083144e-02 |
| 12 | g | 4.044826e+00 |
| 13 | gr | 5.710126e+01 |

| 14 | gp | 4.060293e-01 |
|----|-----|--------------|
| 15 | PEN | 0.000000e+00 |
| 16 | AIC | 8.265843e+01 |

輸出參數中「e-01」表示的是 $\frac{1}{10^1} = \frac{1}{10} = 0.1$、「e+01」表示的是 $10^1 = 10$、「e+00」表示的是 $10^0 = 1$。AIC 值 $=8.265843e+01 = 8.265843 \times 10 = 82.658$。

使用變數索引，簡化輸出參數的小數位數：

```
> lmodel$diagTable[,1]
 [1] Obs       Max Deriv   Model L.R.  d.f.    P       C
 [7] Dxy       Gamma       Tau-a       R2      Brier   g
[13] gr        gp          PEN         AIC
16 Levels: AIC Brier C d.f. Dxy g Gamma gp gr Max Deriv Model L.R. Obs ...
> round(lmodel$diagTable[,2],3)
 [1] 120.000   0.000  90.658   4.000   0.000   0.950   0.901   0.901   0.404
[10]   0.736   0.081   4.045  57.101   0.406   0.000  82.658
```

有效樣本數 =120、模式概似比 =90.658、自由度 =4，模擬 R 平方值（Nagelkerke R 平方）=0.736、AIC 值 =82.658。

使用模式物件之參數 coefTable 求出迴歸係數估計值、估計值標準誤、Wald 檢定統計量、顯著性 p 值：

```
> lmodel$coefTable
  Variable      Coef      StdError      Wald        Prob
1 Intercept -15.66735551 3.03265255 -5.1662217  2.388734e-07
2   time      0.49573496 0.13880710  3.5713949  3.550850e-04
3   friend    0.02501031 0.05630627  0.4441834  6.569100e-01
4   family    0.21361690 0.06231115  3.4282290  6.075327e-04
5   tactic    0.56094115 0.15157359  3.7007841  2.149343e-04
```

使用變數索引，配合 **round( )** 函數分別輸出原始迴歸係數估計值、Wald 檢定統計量、顯著性 p 值，數值四捨五入至小數第三位：

```
> round(lmodel$coefTable[,2],3)
[1] -15.667  0.496  0.025  0.214  0.561
> round(lmodel$coefTable[,4],3)
[1] -5.166 3.571 0.444 3.428 3.701
> round(lmodel$coefTable[,5],3)
[1] 0.000 0.000 0.657 0.001 0.000
```

使用 **predict( )** 函數求出受試者被模式預測之組別：

```
m.pred= round(predict(lmodel$model, type='fitted.ind'))
```

```
> m.pred= round(predict(lmodel$model, type='fitted.ind'))
> m.pred
  1   2   3   4   5   6   7   8   9  10  11  12  13  14  15  16  17  18  19
  0   0   0   0   1   0   1   0   0   0   0   0   0   0   0   0   0   0   0
 20  21  22  23  24  25  26  27  28  29  30  31  32  33  34  35  36  37  38
  0   0   0   0   0   0   0   1   1   1   0   1   0   0   0   0   0   0   0
 39  40  41  42  43  44  45  46  47  48  49  50  51  52  53  54  55  56  57
  0   0   0   0   0   0   0   0   0   0   0   0   0   0   0   0   0   0   0
 58  59  60  61  62  63  64  65  66  67  68  69  70  71  72  73  74  75  76
  0   0   0   0   0   0   0   0   1   0   0   0   0   0   0   0   0   1   1   1
 77  78  79  80  81  82  83  84  85  86  87  88  89  90  91  92  93  94  95
  0   0   0   1   0   0   1   0   1   0   1   1   0   1   1   1   1   1   1
 96  97  98  99 100 101 102 103 104 105 106 107 108 109 110 111 112 113 114
  1   1   1   1   1   1   1   1   1   1   1   0   0   1   1   0   1   1   1
115 116 117 118 119 120
  1   1   1   1   1   1
```

有效樣本數共 120 位，樣本觀察值編號下方的數值 0 或 1 為預測組別。

使用 **table( )** 函數求出分類交叉表：

```
> table(m.pred,pass)
      pass
m.pred  0   1
     0  72  5
     1   8  35
```

使用 **exp( )** 函數求出勝算比值：

```
> round(exp(lmodel$coefTable[,2]),3)
[1] 0.000  1.642  1.025  1.238  1.752
```

邏輯斯迴歸模式估計結果摘要表如下：

| 預測變數 | 迴歸係數估計值 | S.E. | Wald 檢定 | df | 顯著性 | 勝算比 |
|---|---|---|---|---|---|---|
| time | .496 | .139 | 3.571 | 1 | .000 | 1.642 |
| friend | .025 | .056 | 0.444 | 1 | .657 | 1.025 |
| family | .214 | .062 | 3.428 | 1 | .001 | 1.238 |
| tactic | .561 | .152 | 3.701 | 1 | .000 | 1.752 |
| 常數 | -15.667 | 3.033 | -5.166 | 1 | .000 | .000 |
| -2 對數概似值 =62.105、Nagelkerke $R^2$=.736 | | | | | | |

邏輯斯迴歸分析預測正確百分比也可以直接使用函數運算式指令計算，R 編輯器視窗的指令列如下：

```
1.library(spatialEco)
2.lmodel=logistic.regression(ldata=temp, y="pass", x=c("time","friend",
"family","tactic"),penalty=F)
3.m.pred= round(predict(lmodel$model, type='fitted.ind'))
4.totnum=120
```

```
5.fright=0
6.for ( i in 1:totnum)
7.{
8. if ( m.pred[i]==temp$pass[i]) fright=fright+1
9. }
10.pr=round((fright/totnum)*100,1)
11.cat(" 預測正確的受試者 =",fright,"\n")
12.cat(" 預測錯誤的受試者 =",totnum-fright,"\n")
13.cat(" 預測正確的百分比 =",pr,"% \n")
```

第 1 列語法指令為載入 spatialEco 套件。

第 2 列語法指令界定邏輯斯迴歸模式物件，使用函數 **logistic.regression( )**。

第 3 列語法指令界定預測模式物件，使用函數 **predict( )**。

第 4 列語法指令界定有效觀察值個數 N=120。

第 5 列語法指令界定初始答對次數變數 =0

第 8 列語法指令界定如果受試者之預測組別水準數值（元素）與實際組別水準數值（元素）相同，則答對次數變數之數值加 1。

第 10 列語法指令求出答對百分比，答對次數變數除以有效觀察值個數。

第 11 列語法指令輸出預測正確的受試者人數。

第 12 列語法指令輸出預測錯誤的受試者人數。

第 13 列語法指令輸出預測正確的百分比值。

R 主控台執行 R 編輯器視窗指令列第 4 列至第 13 列的結果如下：

```
> totnum=120
> fright=0
> for ( i in 1:totnum)
+ {
+ if ( m.pred[i]==temp$pass[i]) fright=fright+1
+ }
```

```
> pr=round((fright/totnum)*100,1)
> cat(" 預測正確的受試者 =",fright,"\n")
預測正確的受試者 = 107
> cat(" 預測錯誤的受試者 =",totnum-fright,"\n")
預測錯誤的受試者 = 13
> cat(" 預測正確的百分比 =",pr,"%  \n")
預測正確的百分比 = 89.2 %
```

　　預測正確的受試者人數有 107 人、預測錯誤的受試者人數有 13 人，預測正確的百分比為 89.2%。

## 陸 區別分析

　　依變數的水準群組若是在二個以上，探究自變數對依變數分類區別能力的統計分析方法為區別分析法（discriminant analysis）。依變數水準群組如果只有二個群組，使用邏輯斯迴歸分析法與區別分析法均可以求出自變數對依變數預測分類情況。

　　範例中依變數為受試者的學習壓力（變數名稱 lepress）三個群組，水準數值 1 為高學習壓力組、水準數值 2 為中學習壓力組、水準數值 3 為低學習壓力組。自變數為受試者的學業成就（變數名稱 achieve）、同儕關係（變數名稱 peer）、考試焦慮（變數名稱 eanxious）、課堂焦慮（canxious），學業成就變數測量值愈高，表示受試者學業成就愈佳；同儕關係變數測量值愈高，表示受試者感受的同儕關係愈好；考試焦慮變數測量值愈大，表示受試者感受的考試焦慮愈高，課堂焦慮變數測量值愈大，表示受試者感受的課堂焦慮愈高。

　　使用 **lda( )** 函數建立區別分析模式物件，對於遺漏值處理內定選項引數為 na.action，引數表示資料檔中有遺漏值時，停止區別分析程序的進行，引數選項改為 na.omit，表示資料檔中有遺漏值時，區別分析程序自動排除有遺漏值的樣本。引數 method 界定 ="moment"，表示使用平均數與變異數的標準化估計值進行分析。引數 CV 界定為真（true）回傳分類與事後機率。

使用 **lda( )** 函數界定區別分析模式物件：

```
> m.dis=lda(lepress~achieve+peer+eanxious+canxious,data=temp)
> print(m.dis)
Call:
lda(lepress ~ achieve + peer + eanxious + canxious, data = temp)
Prior probabilities of groups:
        1         2         3
0.3333333  0.3333333  0.3333333
```

[ 備註 ]

三個群組事前機率各為 0.333。

```
Group means:
     achieve      peer    eanxious   canxious
1  43.26667  21.46667  43.53333  18.40000
2  49.66667  37.00000  29.86667  13.73333
3  61.53333  46.60000  18.66667   9.40000
```

[ 備註 ]

參數值為三個學習壓力群組在四個自變數的平均數

```
Coefficients of linear discriminants:
                LD1            LD2
achieve    0.02833992  -0.117555585
peer      -0.03452483   0.099315744
eanxious   0.13821910   0.009400288
canxious   0.07156449   0.020061165
```

[ 備註 ]

參數值為二條線性區別函數。

```
Proportion of trace:
  LD1     LD2
0.9761  0.0239
```

函數 **lda( )** 的參數名稱如下：

```
> names(m.dis)
 [1] "prior"   "counts"  "means"  "scaling" "lev"     "svd"    "N"       "call"
"terms"
[10] "xlevels"
> m.dis$counts ## 求出三個組別分類前的觀察值人數
 1   2   3
15  15  15
```

使用 **predict( )** 函數進行預測分類，預測分組之參數為 class：

```
> m.pred=predict(m.dis,temp)$class
> table(m.pred,lepress)
     lepress
m.pred  1   2   3
    1   14   1   0
    2    1  11   2
    3    0   3  13
```

語法函數 table(m.pred,lepress) 為求出預測組別變數與實際組別變數的交叉表，使用 **diag( )** 函數求出對角線預測分類正確的人數：

```
> m.table=table(m.pred,temp$lepress)
> diag(m.table)
 1   2   3
14  11  13
```

使用 **which( )** 函數求出學習壓力實際組別與預測組別不同樣本觀察值：

```
> which(!temp$lepress==m.pred)
[1] 13 21 23 25 26 32 42
```

預測分類錯誤的樣本觀察值共有 7 位。

使用向量求出預測錯誤之樣本觀察值的實際組別與預測分類組別之水準數值編碼：

```
> temp$lepress[c(which(!temp$lepress==m.pred))]   ## 實際調查組別
[1] 1 2 2 2 2 3 3
Levels: 1 2 3
> m.pred[c(which(!temp$lepress==m.pred))]    ## 預測分類組別
[1] 2 1 3 3 3 2 2
Levels: 1 2 3
```

預測分類錯誤的樣本觀察值中，高學習壓力群組有 1 位、中學習壓力群組有 4 位、低學習壓力群組有 2 位。

使用 **sum( )** 函數求出預測分類百分比：

```
> sum(diag(m.table))/sum(m.table)
[1] 0.8444444
> pr=round(sum(diag(m.table))/sum(m.table),3)
> cat(" 預測正確百分比 =",pr*100,"%","\n")
預測正確百分比 = 84.4 %
```

區別分析之預測分類表如下：

| | lepress | 預測分類個數 | | | 總和 |
|---|---|---|---|---|---|
| | | 高學習壓力組 | 中學習壓力組 | 低學習壓力組 | |
| 調查個數 | 高學習壓力組 | 14 | 1 | 0 | 15 |
| | 中學習壓力組 | 1 | 11 | 3 | 15 |
| | 低學習壓力組 | 0 | 2 | 13 | 15 |
| % | 高學習壓力組 | 93.3 | 6.7 | .0 | 100.0 |
| | 中學習壓力組 | 6.7 | 73.3 | 20.0 | 100.0 |
| | 低學習壓力組 | .0 | 13.3 | 86.7 | 100.0 |

整體分類正確百分比 =84.4%。

套件 HiDimDA 中的函數 **Dlda( )** 也可以進行線性區別分析，函數 **Dlda( )** 基本語法為：

Dlda(data, grouping, prior = "proportions",ldafun=c("canonical","classification")

引數 prior 界定事前機率（區別分析程序事前機率引數選項較少更改）。引數 ldafun 選項界定 ="canonical"，表示輸出結果為最大區別典型線性函數（maximum-discrimination canonical linear functions），選項界定 ="classification" 表示輸出結果為直接分類線性函數（direct-classification linear functions）。

使用 **Dlda( )** 函數界定區別分析模式物件，引數 ldafun 界定為 "canonical"：

```
>temp$lepress=as.factor(temp$lepress)
>library(HiDimDA)
> ca.lda=Dlda(temp[1:4],temp$lepress,ldafun="canonical")
> ca.lda$scaling
```

| | LD1 | LD2 |
|---|---|---|
| achieve | -0.02734547 | 0.07612530 |
| peer | -0.04129405 | -0.04639485 |
| eanxious | 0.12341043 | 0.01667752 |
| canxious | 0.07370369 | -0.02329765 |

輸出結果參數為線性區別係數。

引數 ldafun 選項界定為 ="classification"：

```
> cl.lda=Dlda(temp[1:4],temp$lepress,ldafun="classification")
> > cl.lda$coef
            CF1         CF2
achieve   0.05100569   0.1455787
peer      0.13392637   0.2166963
eanxious -0.35723176  -0.6499876
canxious -0.20161843  -0.3888356
```

參數 coef 輸出的數值為分類函數係數（Coefficients of classification functions）。

使用 **predict( )** 界定預測分類模式物件：

```
> pre.lda=predict(cl.lda,temp[1:4],grpcodes=levels(temp$lepress))$class
```

使用 **table( )** 函數求出預測組別變數與實際組別變數的交叉表：

```
> table(pre.lda,temp$lepress)
pre.lda  1  2  3
      1 13  1  0
      2  2 12  3
      3  0  2 12
```

使用 **diag( )** 函數擷取對角線的個數（實際組別與預測組別相同的樣本觀察值）：

```
> diag(table(pre.lda,temp$lepress))
 1  2  3
13 12 12
```

被預測正確的總人數 =13+12+12=37 人，被預測錯誤的人數有 8 人。
求出預測正確人數的百分比：

```
> tab.lda=table(pre.lda,temp$lepress)
> round(sum(diag(tab.lda))/sum(tab.lda),3)*100
[1] 82.2
```

整體分類正確百分比 =82.2%。

使用套件 HiDimDA 中的函數 **Dlda( )** 與使用套件 MASS 中的函數 **lda( )** 進行區別分析程序，預測分類的百分比有稍許的差異。

二個函數語法預測分類錯誤之樣本觀察值如下：

```
> which(!temp$lepress==pre.lda) ## 使用 Dlda() 函數
[1]3 13 21 25 26 32 33 42
> which(!temp$lepress==m.pred)  ## 使用 lda() 函數
[1] 13 21 23 25 26 32 42
```

使用 **Dlda( )** 函數預測分類錯誤的樣本觀察值有 8 位，其學習壓力實際組別與預測分類組別如下：

```
> temp$lepress[c(which(!temp$lepress==pre.lda))]
[1] 1 1 2 2 2 3 3 3
Levels: 1 2 3
> pre.lda[c(which(!temp$lepress==pre.lda))]
 Obs3  Obs13  Obs21  Obs25  Obs26  Obs32  Obs33  Obs42
   2      2      1      3      3      2      2      2
Levels: 1 2 3
```

區別分析程序之預測分類百分比值是否由機遇造成（p>.05），可以檢定群組變數在預測變數組合的形心間差異是否達到統計顯著水準，若是多變量差異檢定統計量達到顯著（p<.05），表示計量變數組成的線性區別函數可以有效預測區別組別變數，線性區別函數在各組的形心有顯著不同。

使用 **manova( )** 函數進行 MANOVA 分析，MANOVA 分析程序中，自變數為原先區別分析中的依變數（學習壓力組別）、依變數為原先區別分析中的自變數 achieve（學業成就）、peer（同儕關係）、eanxious（考試焦慮）、canxious（課堂焦慮）。

```
> m.ma=manova( cbind(achieve,peer,eanxious,canxious) ~
factor(lepress),data=temp
```

使用 **summary( )** 函數輸出多變量分析摘要表，多變量檢定統計量引數界定為 "Wilks"：

```
> summary(m.ma,test = "Wilks")
                 Df    Wilks    approx F   num Df    den Df     Pr(>F)
factor(lepress)   2   0.20279    11.901       8        78     6.23e-11 ***
Residuals        42

---
Signif. codes:  0 '***' 0.001 '**' 0.01 '*' 0.05 '.' 0.1 ' ' 1
```

多變量檢定之自由度 =2、檢定統計量 Wilks Λ 值 =0.203、轉換為 F 值統計量 =11.901（分子自由度 =8、分母自由度 =78），顯著性 p 值 <.05，達到統計顯著水準。學習壓力群組變數在 achieve、peer、eanxious、canxious 四個變數中，至少有一個檢定變數的平均數有顯著差異，achieve（學業成就）、peer（同儕關係）、eanxious（考試焦慮）、canxious（課堂焦慮）四個變數之形心，在學習壓力三個群組中有顯著差異存在，對應進行區別分析程序時，至少會有一條區別函數的預測分類達到顯著（p<.05），正確預測分類百分比值並不是機遇造成的。

範例為不同家庭結構變數 hotype 在 achieve（學業成就）、peer（同儕關係）、eanxious（考試焦慮）、canxious（課堂焦慮）四個變數之 MANOVA 分析，家庭結構變數 hotype 為三分類別變數，水準數值 1 為他人照顧組家庭、 水準數值 2 為單親家庭群組、水準數值 3 為完整家庭群組：

```
> m.ma=manova( cbind(achieve,peer,eanxious,canxious) ~
factor(hotype),data=temp)
> summary(m.ma,test = "Wilks")
                Df    Wilks   approx F   num Df   den Df   Pr(>F)
factor(hotype)  2    0.89233  0.57148      8        78     0.7982
Residuals       42
```

多變量檢定之自由度 =2、檢定統計量 Wilks Λ 值 =0.892、轉換為 F 值統計量 =0.571（分子自由度 =8、分母自由度 =78），顯著性 p 值 =0.798>.05，未達統計顯著水準，家庭結構三個群組在四個計量變數之形心沒有顯著差異存在。如果統計程序改採用區別分析，achieve（學業成就）、peer（同儕關係）、eanxious（考試焦慮）、canxious（課堂焦慮）四個變數組成的線性區別函數無法有效預測組別，預測分類百分比值純粹是由機遇造成的。

# 20 効果值與淨相關

■效果值

■淨相關與部分相關

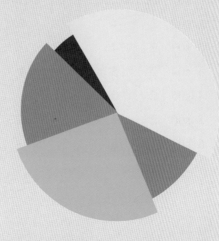

本章主要就實務顯著性（臨床顯著性）之效果值 / 效果量（effect size）與淨相關加以介紹。

## 效果值

效果值（effect size）是一種實務顯著性，t 檢定中二個群組的平均數差異若達到統計顯著水準，研究者可進一步就因子變數對計量變數的解釋變異程度加以說明。效果值的大小，根據 Cohen（1992）觀點，Cohen's d 的絕對值 |d|<0.2 是一種微弱的效果量、絕對值 |d|<0.5 是小（small）的效果量、絕對值 |d|<0.8 是中（medium）的效果量、絕對值大於 0.80 以上是大（large）的效果量。Cohen's 的公式求法為：

$$\text{Cohen's d} = \frac{M_1 - M_2}{\sqrt{\dfrac{sd_1^2 + sd_2^2}{2}}} = \frac{M_1 - M_2}{\sqrt{\dfrac{var_1 + var_2}{2}}}$$

匯入資料檔，資料檔檔名為「partial_cor.csv」，匯入 R 主控台後之資料框架物件名稱為 temp：

```
>temp=read.csv("partial_cor.csv",header=T)
>attach(temp)
> head(temp)
   stid ses resource escore cscore IQ mscore pscore pretest posttest
1  s02  2      4        2      2    8    20     5      4       12
2  s03  2      4        2      2    1    27     5      4        8
3  s04  2      5       11      4    7    29     5      4        8
4  s05  2      5        1      4    2    29     5      5        8
5  s06  2      5        2     12    2    35     6      5       12
6  s07  1      6        3      6    6    36     7      5        5
```

套件 lsr 中的函數 **cohensD( )** 可以進行效果量分析。函數 **cohensD( )** 的基本語法為：

cohensD( x = NULL, y = NULL, data = NULL, method = "pooled", mu = 0)

引數 method 界定二個群體分析的類型，如果是相依樣本 t 檢定，選項界定為 ="paired"，若是獨立樣本 t 檢定程序，二個群體變異數相等（變異數同質），選項界定為 = "pooled"，二個群體變異數不相等，選項界定為 "unequal"。

不同社經地位二個群組在家庭資源差異的效果量，以公式求出如下，ses 變數為二分類別變數，水準數值 1 為高社經家庭群組、水準數值 2 為低社經家庭群組，家庭資源變數 resource 為計量變數，測量值愈大，表示家庭資源愈豐富（愈多）：

```
> m1=mean(resource[ses==1]) ## 高社經地位群組平均數
> m2=mean(resource[ses==2]) ## 低社經地位群組平均數
> var1=var(resource[ses==1]) ## 高社經地位群組變異數 ( 標準差平方 )
> var2=var(resource[ses==2]) ## 低社經地位群組變異數 ( 標準差平方 )
> cohend =(m1-m2)/sqrt(((var1+var2)/2))
> print(cohend)
[1] 1.246874
```

Cohen's d=1.247>0.80，社經地位與家庭資源二個變數間有大關聯強度關係。

使用函數語法進行二個群組在家庭資源變異數同質性檢定判別，並以 **t.test( )** 函數進行獨立樣本 t 檢定分析，R 編輯器視窗指令列為：

```
library(car)
ses=as.factor(temp$ses)
var.m=(leveneTest(temp[[3]] ~ ses))
m.test=t.test(temp[[3]] ~ ses,alternative="t",var.equal=F )
if (var.m$Pr[1]>.05)
{
 m.test=t.test(temp[[3]]~ ses,alternative="t",var.equal=T)
}
print(paste(" 檢定變數 =",names(temp[3]) ))
print(var.m)
print(m.test)
```

R 主控台的輸出結果如下：

```
> print(paste(" 檢定變數 =",names(temp[3]) ))
[1] " 檢定變數 = resource"
> print(var.m)
Levene's Test for Homogeneity of Variance (center = median)
       Df   F value   Pr(>F)
group  1    1.2719    0.265
       48
> print(m.test)
     Two Sample t-test
data:  temp[[3]] by ses
t = 4.4084, df = 48, p-value = 5.843e-05
alternative hypothesis: true difference in means is not equal to 0
```

95 percent confidence interval:

4.372993 11.707007

sample estimates:

mean in group 1    mean in group 2

18.64                10.60

高、低社經地位二個群組在家庭資源的平均數分別為 18.64、10.60，平均數差異檢定的 t 值統計量 = t = 4.408、自由度 df = 48、顯著性 p<.05，達到統計顯著水準，進一步可進行效果量估計值強度的判別。

使用套件 lsr 中的函數 **cohensD( )** 求出效果量估計值，二個群體的變異數相等，引數方法選項界定為 "pooled"：

```
> library(lsr)
>cohensD(resource~ses, data = temp, method = "pooled")
[1] 1.246874
```

Cohen's d=1.247>0.80，效果量為大的關聯強度關係。

高低社經地位二個群組在英文成績差異的 t 檢定：

```
> var.m=(leveneTest(temp[[4]] ~ ses))
> m.test=t.test(temp[[4]] ~ ses,alternative="t",var.equal=F )
> if (var.m$Pr[1]>.05)
+ {
+  m.test=t.test(temp[[4]]~ ses,alternative="t",var.equal=T)
+ }
> print(paste(" 檢定變數 =",names(temp[4]) ))
[1] " 檢定變數 = escore"
> print(var.m)
```

```
Levene's Test for Homogeneity of Variance (center = median)
        Df   F value    Pr(>F)
group  1     0.0271     0.8699
       48
> print(m.test)

      Two Sample t-test

data:  temp[[4]] by ses
t = 3.1892, df = 48, p-value = 0.002513
alternative hypothesis: true difference in means is not equal to 0
95 percent confidence interval:
 0.9017221 3.9782779
sample estimates:
mean in group 1    mean in group 2
       7.96               5.52
```

高、低社經地位二個群組在英文成績的平均數分別為 7.96、5.52，平均數差異檢定的 t 值統計量 = t = 3.190、自由度 df = 48、顯著性 p<.05，達到統計顯著水準，進一步可進行效果量估計值強度的判別。

使用套件 lsr 中的函數 **cohensD( )** 求出效果量估計值，二個群體的變異數相等，引數方法選項界定為 "pooled"：

```
> cohensD(escore~ses, data = temp, method = "pooled")
[1] 0.9020554
```

Cohen's d=0.902>0.80，效果量為大效果值之關聯關係。
直接以公式求出：

```
> m1=mean(escore[ses==1])
> m2=mean(escore[ses==2])
> var1=var(escore[ses==1])
> var2=var(escore[ses==2])
> cohend=(m1-m2)/sqrt(((var1+var2)/2))
> print(cohend)
[1] 0.9020554
```

Cohen's d=0.902。

高低社經地位二個群組在國文成績差異的 t 檢定：

```
> var.m=(leveneTest(temp[[5]] ~ ses))
> m.test=t.test(temp[[5]] ~ ses,alternative="t",var.equal=F )
> if (var.m$Pr[1]>.05)
+ {
+  m.test=t.test(temp[[5]]~ ses,alternative="t",var.equal=T)
+ }
> print(paste(" 檢定變數 =",names(temp[5]) ))
[1] " 檢定變數 = cscore"
> print(var.m)
Levene's Test for Homogeneity of Variance (center = median)
      Df   F value   Pr(>F)
group  1    0.0841   0.7731
      48
> print(m.test)
      Two Sample t-test
data:  temp[[5]] by ses
t = 2.8284, df = 48, p-value = 0.006806
alternative hypothesis: true difference in means is not equal to 0
```

```
95 percent confidence interval:
 1.538153 9.101847
sample estimates:
mean in group 1      mean in group 2
        17.36                12.04
```

　　高、低社經地位二個群組在國文成績的平均數分別為 17.36、12.04，平均數差異檢定的 t 值統計量 t = 2.828、自由度 df = 48、顯著性 p<.05，達到統計顯著水準，進一步可進行效果量估計值強度的判別。

　　使用套件 lsr 中的函數 **cohensD( )** 求出效果量估計值，二個群體的變異數相等，引數方法選項界定為 "pooled"，如果二個群體變異數不相等，方法選項界定為 "unequal"：

```
> cohensD(cscore~ses, data = temp, method = "pooled")
[1] 0.7999925
```

Cohen's d=0.800<=0.80，效果量為中強度的關聯關係。
直接使用公式求出：

```
> m1=mean(temp[,5][ses==1])
> m2=mean(temp[,5][ses==2])
> var1=var(temp[,5][ses==1])
> var2=var(temp[,5][ses==2])
> cohend=(m1-m2)/sqrt(((var1+var2)/2))
> print(cohend)
[1] 0.7999925
```

Cohen's d=0.800。
使用套件 effsize 中的函數 **cohen.d( )** 也可以進行效果量或效果值的分析，

函數 **cohen.d( )** 的基本語法為：

> cohen.d(d,f,pooled=TRUE,paired=FALSE)

引數 d 為數值向量、引數 f 為因子變數或數值向量、引數 pooled 界定為真表示二個群組變異數相等、引數 paired 界定為假表示進行的是獨立樣本 t 檢定，如果是相依樣本或配對樣本，paired 選項界定為真。

```
> library(effsize)
> cohen.d(temp[,3]~factor(temp$ses),pooled=TRUE,paired=FALSE)
Cohen's d

d estimate: 1.246874 (large)
95 percent confidence interval:
    inf        sup
0.6104108  1.8833369
> cohen.d(temp[,4]~factor(temp$ses),pooled=TRUE,paired=FALSE)
Cohen's d

d estimate: 0.9020554 (large)
95 percent confidence interval:
    inf        sup
0.291661   1.512450
> cohen.d(temp$cscore~factor(temp$ses),pooled=TRUE,paired=FALSE)
Cohen's d

d estimate: 0.7999925 (medium)
95 percent confidence interval:
    inf        sup
0.1958723  1.4041126
```

　　高、低社經地位群組在家庭資源、英文成績、國文成績差異之效果量 Cohens'd 值分別為 1.247（large）、0.902（large）、0.800（medium），效果量估計值 95% 信賴區間值分別為 [0.610,1.883]、[0.292, 1.512]、[0.196、1.404]，

95% 信賴區間值均未包含 0 數值點，表示效果量估計值為 0 的可能性很低，拒絕虛無假設，三個效果量估計值均顯著不等於 0。

求出前測分數、後測分數間之效果量，**cohen.d( )** 函數中的引數 paired 選項界定為「=TRUE」：

```
> cohen.d(pretest,posttest,pooled=TRUE,paired=TRUE)
Cohen's d
d estimate: -0.3029931 (small)
95 percent confidence interval:
     inf        sup
-0.7062566  0.1002704
```

前測分數、後測分數間差異之效果值 =−0.303，絕對值小於 0.50，表示效果量是小的關聯強度關係。效果量 95% 信賴區間值未包含 0 數值點，表示效果量為 0 的可能性很低，拒絕虛無假設，效果量估計值顯著不等於 0。

以效果量公式直接計算：

```
> m1=mean(temp[,9])   ## 前測平均數
> m2=mean(temp[,10])   ## 後測平均數
> var1=var(temp[,9])   ## 前測變異數
> var2=var(temp[,10])   ## 後測變異數
> cohend=(m1-m2)/sqrt(((var1+var2)/2))
> print(cohend)
[1] -0.3029931
```

R 主控台的運算式直接使用資料框架物件之變數名稱：

```
> m1=mean(pretest)    ## 前測平均數
> m2=mean(posttest)    ## 後測平均數
> var1=var(pretest)     ## 前測變異數
> var2=var(posttest)    ## 後測變異數
> cohend=(m1-m2)/sqrt(((var1+var2)/2))
> print(round(cohend,3))
[1] -0.303
```

Cohen's d 效果值 $=-0.303$。

## 貳 淨相關與部分相關

所謂「淨相關」（partial correlation）是指一組雙變數變項同時與第三個變項有關係存在，當研究者排除第三個變項的影響後（即控制第三個變項的影響），配對變數間之關係稱為淨相關或稱為「偏相關」。

控制變數只有一個時，此種淨相關稱為「一階淨相關」（first-order partial correlation），「一階淨相關」的公式如下：$r_{12.3} = \dfrac{r_{12} - r_{13} \times r_{23}}{\sqrt{1 - r^2_{13}} \times \sqrt{1 - r^2_{23}}}$。

$r_{12.3}$ 表示第一個變數與第二個變數同時排除第三個變數的影響後，第一個變數與第二個變數間的淨相關。$r_{12}$ 表示第一個變數與第二個變數間的積差相關（零階淨相關）。$r_{13}$ 表示第一個變數與第三個變數間的積差相關（零階淨相關）。$r_{23}$ 表示第二個變數與第三個變數間的積差相關（零階淨相關）。控制變數若有二個，稱為「二階淨相關」（$r_{12.34}$），二階淨相關的公式如下：

$r_{12.34} = \dfrac{r_{12.4} - r_{13.4} \times r_{23.4}}{\sqrt{1 - r^2_{13.4}} \times \sqrt{1 - r^2_{23.4}}}$。

假使有三個變數 $X_1$、$X_2$、$X_3$，從自變數 $X_2$ 中排除變數 $X_3$ 的解釋力後（以 $X_{(2.3)}$ 符號表示），變數 $X_1$ 和變數以 $X_{(2.3)}$ 的相關稱為「部分相關」（part correlation），或又稱「半淨相關」（semipartial correlation）。以數學成績（$X_1$）、

物理成績（$X_2$）與智力變數（$X_3$）為例，研究者只想自物理成績變數（$X_2$）中排除智力變數（$X_3$）的解釋變異（新的變數為 $X_{(2.3)}$），但不想自數學成績變數（$X_1$）中排除智力變數（$X_3$）的解釋變異，因為只排除部分的變異，$X_1$ 與 $X_{(2.3)}$ 間之相關，稱為部分相關或半淨相關。

部分相關的計算公式如下：$r_{1(2.3)} = \dfrac{r_{12} - r_{13} \times r_{23}}{\sqrt{1 - r^2_{23}}}$

使用基本套件 **cor( )** 函數求出學生智力（IQ）、數學成績（mscore）、物理成績（pscore）三個變數之零階積差相關：

```
> m.cor=(cor(temp[6:8]))
> round(m.cor,3)
          IQ    mscore  pscore
IQ     1.000  0.458    0.837
mscore 0.458  1.000    0.580
pscore 0.837  0.580    1.000
```

使用 psych 套件中的函數 **lowerCor( )** 可以求出下三角相關矩陣：

```
>library(psych)
>lowerCor(temp[6:8])
          IQ   mscor  pscor
IQ     1.00
mscore 0.46  1.00
pscore 0.84  0.58   1.00
```

使用 corpcor 套件中的函數 **cor2pcor( )** 可以求出變數間的淨相關係數，二個變數間的淨相關係數，是指控制（排除）相關矩陣中的其餘變數對配對變數的影響後，二個配對變數間的淨相關係數估計值矩陣：

```
> library(corpcor)
> round(cor2pcor(m.cor),3)
       [,1]    [,2]    [,3]
[1,]  1.000  -0.061   0.789
[2,] -0.061   1.000   0.404
[3,]  0.789   0.404   1.000
```

範例中的參數 0.404 為排除智力對學生物理成績變數與數學成績變數的影響之後，學生物理成績變數與數學成績變數間的淨相關（partial correlation）係數，淨相關係數估計值 =0.404，未排除智力變數的影響前，學生物理成績與數學成績二個變數間的零階相關係數 =0.580（積差相關係數 r）。排除物理成績變數對智力與數學成績二個變數的影響後，智力與數學成績二個變數間淨相關係數 =−0.061，未排除物理成績變數的影響前，學生智力與數學成績二個變數間的零階相關係數 =0.458；排除數學成績變數對智力與物理成績二個變數的影響後，智力與物理成績二個變數間淨相關係數 =0.789，未排除數學成績變數的影響前，學生智力與物理成績二個變數間的零階相關係數 =0.837。就數學成績、物理成績、智力三個變數而言，智力可能是數學成就表現、物理成就表現的影響共同變因，其圖示如下：

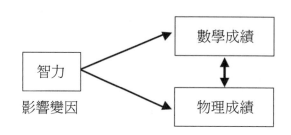

使用 R 軟體主控台直接求出一階淨相關係數，$r_{12}$ 為數學成績與物理成績間之積差相關係數、$r_{13}$ 為數學成績與智力變數間之積差相關係數、$r_{23}$ 為物理成績與智力變數間之積差相關係數：

```
> r12=cor(temp[7:8])
> r12=r12[1,2]    ## 從相關矩陣中擷取元素 r12
> r13=cor(temp[c(6,7)])
> r13=r13[1,2]    ## 從相關矩陣中擷取元素 r13
> r23=cor(temp[c(6,8)])
> r23=r23[1,2]    ## 從相關矩陣中擷取元素 r23
> r12.3=(r12-r13*r23)/((sqrt(1-r13^2))*(sqrt(1-r23^2)) )
> print(round(r12.3,3))
[1] 0.404
```

使用套件 ppcor 中的函數 **pcor.test( )** 求出一階淨相關係數之顯著性檢定與估計值：

```
> library(ppcor)
> pcor.test(temp$mscore,temp$pscore,temp$IQ,method="pearson")
    estimate      p.value     statistic   n  gp  Method
1  0.4037268   0.002483634   3.025328   50   1   pearson
```

排除智力變數對數學成績、物理成績的影響後，數學成績與物理成績間之一階淨相關係數 =0.404，顯著性檢定統計量 =3.025、顯著性 p 值 =0.002<.05，一階淨相關係數顯著不等於 0。

使用套件 ppcor 中的函數 **spcor.test( )** 求出一階半淨相關（部分相關）係數之顯著性檢定與估計值：

```
> library(ppcor)
> spcor.test(temp$mscore,temp$pscore,temp$IQ,method="pearson")
    estimate      p.value     statistic  n  gp  Method
1  0.3589256  0.008380578  2.63634  50  1    pearson
```

　　排除智力變數對物理成績變數的影響後，數學成績與物理成績間之半淨相關係數 =0.359，顯著性檢定統計量 =2.636、顯著性 p 值 =0.008<.05，半淨相關係數或部分相關係數顯著不等於 0。

　　控制變數為家庭資源、智力二個變數，數學成績與物理成績間之二階淨相關係數如下，其中第三組控制變數的變數索引為 temp[,c(3,6)]：

```
> pcor.test(temp$mscore,temp$pscore,temp[,c(3,6)],method="pearson")
    estimate      p.value     statistic   n  gp  Method
1  0.4196437  0.001714949  3.135614  50   2    pearson
```

　　排除家庭資源、智力二個變數對數學成績、物理成績的影響後，數學成績與物理成績間之二階淨相關係數 =0.420，顯著性檢定統計量 =3.136、顯著性 p 值 =0.002<.05，二階淨相關係數顯著不等於 0。

　　使用 **spcor.test( )** 函數求出部分相關（半淨相關）：

```
> spcor.test(temp$mscore,temp$pscore,temp[,c(3,6)],method="pearson")
    estimate      p.value     statistic   n  gp  Method
1  0.3727859  0.006434718  2.724765  50   2    pearson
```

　　部分相關係數 =0.373，顯著性 p 值 =0.006<.05，達到統計顯著水準，部分相關係數顯著不等於 0。

　　控制變數為家庭資源，排除家庭資源的影響變異後，英文成績與國文成績間之一階淨相關係數：

```
> library(ppcor)
> pcor.test(temp$escore,temp$cscore,temp$resource,method="pearson")
    estimate     p.value     statistic   n  gp  Method
1  0.2011071   0.1592861   1.407477    50   1   pearson
```

　　一階淨相關係數估計值 =0.201，顯著性 p 值 =0.159>.05，未達統計顯著水準，接受虛無假設，一階淨相關係數為 0，控制家庭資源變數對學生英文學習成績、國文學習成績的影響變異後，英文成績與國文成績二個變數間的相關未達統計顯著水準。

　　使用 psych 套件中的函數 **lowerCor( )** 可以求出下三角相關矩陣：

```
> library(psych)
> lowerCor(temp[3:5])
           resrc  escor  cscor
resource   1.00
escore     0.81   1.00
cscore     0.85   0.75   1.00
```

　　家庭資源變數與英文成績、國文成績的積差相關係數分別為 0.81、0.85，英文成績與國文成績的積差相關係數為 0.75。

　　使用套件 psych 中的函數 **corr.test( )** 可以求出變數間的相關係數估計值與顯著性：

```
> library(psych)
> corr.test(temp[4], temp[5], use = "pairwise",method="pearson")
Call:corr.test(x = temp[4], y = temp[5], use = "pairwise", method = "pearson")
Correlation matrix
        cscore
escore  0.75
Sample Size
[1] 50
Probability values  adjusted for multiple tests.
        cscore
escore    0
```

　　50 位受試者之英文成績與國文成績間積差相關係數 =0.75、顯著性 $p<.05$，英文成績與國文成績間有顯著高度正相關。

　　英文成績、國文成績與家庭資源變數間之相關檢定：

```
> corr.test(temp[4:5], temp[3], use = "pairwise",method="pearson")
Call:corr.test(x = temp[4:5], y = temp[3], use = "pairwise", method =
"pearson")
Correlation matrix
        resource
escore    0.81
cscore    0.85
Sample Size
[1] 50
Probability values  adjusted for multiple tests.
        resource
escore     0
cscore     0
```

家庭資源變數與英文成績、國文成績的積差相關係數分別為 0.81、0.85，顯著性 p 值 <.05，家庭資源變數與英文成績、國文成績二個變數間均有顯著高度正相關。

使用套件 corpcor 中的函數 **cor2pcor( )** 求出淨相關矩陣：

```
> m.cor=cor(temp[3:5])
> cor2pcor(m.cor)
          [,1]        [,2]        [,3]
[1,] 1.0000000  0.4921468  0.6253570
[2,] 0.4921468  1.0000000  0.2011071
[3,] 0.6253570  0.2011071  1.0000000
```

表中參數為學生智力、英文成績、國文成績間之淨相關矩陣，排除智力變數對英文成績、國文成績的影響變異後，英文成績與國文成績的淨相關係數 =0.201。

以公式求取淨相關係數估計值，$X_1$ 變數為英文成績、$X_2$ 變數為國文成績、$X_3$ 變數為家庭資源（控制變數）：

```
> r12=cor(temp[4:5])
> r12=r12[1,2]
> r13=cor(temp[c(3,5)])
> r13=r13[1,2]
> r23=cor(temp[c(3,4)])
> r23=r23[1,2]
> r12.3=(r12-r13*r23)/((sqrt(1-r13^2))*(sqrt(1-r23^2)) )
> print(round(r12.3,3))
[1] 0.201
```

使用 **pcor2cor( )** 函數可以輸入淨相關矩陣或淨共變異數矩陣參數求出變數間的相關矩陣：

```
> m.partial=cor2pcor(m.cor)
> pcor2cor(m.partial)
          [,1]        [,2]        [,3]
[1,] 1.0000000  0.8083645  0.8494292
[2,] 0.8083645  1.0000000  0.7491221
[3,] 0.8494292  0.7491221  1.0000000
```

表中參數為學生智力、英文成績、國文成績間之相關矩陣。

家庭資源變數與英文成績、國文成績的積差相關係數分別為 0.81、0.85，英文成績與國文成績的積差相關係數為 0.75。

# 參考文獻

Maindonald, J. H.(2008). Using R for data analysis and graphics introduction, code and commentary. Center for Mathematics and Application, Australian National University.(R 軟體線上手冊 )

吳明隆 (2008)。SPSS 操作與應用 - 變異數分析實務。台北市：五南。

吳明隆 (2009)。SPSS 操作與應用 - 多變量分析實務。台北市：五南。

張夏菁譯 (2015)。R 錦囊妙計 (Paul Teetor 著 )。台北市：碁峰資訊。

陳景祥 (2014)。R：軟體應用統計方法。台北市：東華。

黃文、王正林 (2015)。利用 R 語言打通大數據的經脈。台北市：佳魁。

蔡佳泓 (2015)。基礎統計分析 -R 程式在社會科學之應用。台北市：雙葉。

韓偉 (2015)。R 語言與商業應用。台北市：上奇。

國家圖書館出版品預行編目資料

R軟體統計應用分析實務 / 吳明隆著. -- 初
版. -- 臺北市：五南, 2015.10
　面；　公分
ISBN 978-957-11-8305-3(平裝)

1.統計套裝軟體 2.統計分析

512.4　　　　　　　　　104017129

1H97

# R軟體統計應用分析實務

作　　者 — 吳明隆

發 行 人 — 楊榮川

總 編 輯 — 王翠華

主　　編 — 張毓芬

責任編輯 — 侯家嵐

文字校對 — 鐘秀雲

封面設計 — 盧盈良

排版設計 — 徐慧如

出 版 者 — 五南圖書出版股份有限公司

地　　址：106台北市大安區和平東路二段339號4樓

電　　話：(02)2705-5066　　傳　　真：(02)2706-6100

網　　址：http://www.wunan.com.tw

電子郵件：wunan@wunan.com.tw

劃撥帳號：01068953

戶　　名：五南圖書出版股份有限公司

法律顧問　林勝安律師事務所　林勝安律師

出版日期　2015年10月初版一刷

定　　價　新臺幣1200元